Mildred Harnack und die Rote Kapelle

Shareen Blair Brysac

# Mildred Harnack und die Rote Kapelle

## Die Geschichte einer ungewöhnlichen Frau und einer Widerstandsbewegung

Aus dem Amerikanischen
von Klaus Kochmann

Scherz

Für Karl, meinen Partner bei dieser Ermittlung

Die Originalausgabe erschien unter dem Titel «Resisting Hitler»
bei Oxford University Press, New York

www.scherzverlag.ch

Erste Auflage 2003


Bearbeitung der deutschen Ausgabe: Ferdinand Schwenkner, Berlin

Bildnachweis:
Alle Fotografien: Gedenkstätte Deutscher Widerstand, Berlin
mit folgenden Ausnahmen:
S. 29 Bercie Frohmann
S. 53 Neal Donner
S. 125 Fred Sanderson
S. 241 Rudolf Heberle

ISBN 3-502-18090-3

# Inhalt

# Vorwort

Vor mehr als fünfzehn Jahren hörte ich bei einer zufälligen Begegnung zum ersten Mal von Mildred Fish-Harnack. Dies geschah bei einem Essen für eine Kollegin, die Recherchen für einen Film über das leider erfolglose Attentat gegen Hitler vom 20. Juli 1944 durchführte. Während der Unterhaltung erwähnte mein Ehemann Karl Meyer, seine Familie habe eine Amerikanerin gekannt, die sich dem deutschen Widerstand angeschlossen habe und im Jahre 1943 enthauptet worden sei. Meine Kollegin hatte noch nie etwas von Mildred Fish-Harnack gehört. Und trotz der ungewöhnlichen Umstände ihres Todes wusste auch ich nichts über sie. Mildred Fish-Harnack war die einzige Amerikanerin, die im Dritten Reich auf Hitlers Befehl hingerichtet wurde. Sie wurde aus Rachsucht in aller Heimlichkeit umgebracht. Ihre Hinrichtung ereignete sich im Schatten der sich bereits abzeichnenden Niederlage des nationalsozialistischen Deutschland nach der Schlacht um Stalingrad, ein Ereignis, das zu Recht als Wendepunkt des Zweiten Weltkriegs gilt. Die nationalsozialistische Führung war davon überzeugt, dass Mildred Fish-Harnack und ihr Mann Arvid Harnack einen großen Teil der Schuld an der Katastrophe trugen.

Mein Mann Karl hatte seinerseits von seiner Mutter Dorothy, die inzwischen mehr als neunzig Jahre alt war, etwas über Mildred Fish-Harnack gehört, und als ich meine Schwiegermutter dazu befragte, erfuhr ich, dass Mildred Fish in Milwaukee geboren worden war und einer sehr alteingesessenen Siedler-Familie Neuenglands entstammte. In den zwanziger Jahren studierte sie an der Universität von Wisconsin in Madison. Dort schloss sie Freundschaft mit meiner Schwiegermutter und ihrem Mann Ernest L. Meyer, einem Leitartikel-Verfasser bei der *Capital Times* in Madison. Mildred galt als herausragende Schönheit. Damals lernte sie den Deutschen Arvid Harnack kennen, der mit einem Stipendium der Rockefeller-Stiftung, nach Madison gekommen war, um über die Geschichte der Arbeiterbewegung zu arbeiten. Gemeinsam mit den Meyers fuhren die beiden jung Verliebten Kanu und wanderten um den Lake Mendota. Sie schlürften illegal hergestellten Wein, nahmen an studentischen Schauspielaufführungen teil und heirateten schließlich.

Nach Ablauf seines Stipendiums kehrte Arvid zusammen mit Mildred nach Deutschland zurück. Nun lernte sie ihre neuen Verwandten kennen, eine große Familie von Gelehrten und Künstlern: Die Harnacks und ihre Cousins und Cousinen, die Delbrücks und Bonhoeffers wurden in der akademischen Welt geradezu als Aristokraten des Geistes angesehen. Das junge Ehepaar ließ sich in Berlin nieder und empfing dort 1932 den Besuch von Dorothy und Ernest Meyer. Ein Jahr später war die Weimarer Republik praktisch am Ende und Hitler der unbestrittene Diktator Deutschlands. Zur Überraschung und zum Entsetzen seiner amerikanischen Freunde wurde Arvid Harnack Beamter, trat der NSDAP bei und übernahm einen bedeutenden Posten im Reichswirtschaftsministerium. Als Mildred Fish-Harnack im Jahre 1937 zu Besuch in den Vereinigten Staaten weilte, wurde allgemein angenommen, sie habe sich «den Nazis angeschlossen». Erst nach dem Ende der Hitler-Diktatur wurde die Wahrheit bekannt.

Es stellt sich allerdings die Frage, warum Mildred Harnack trotz des ungeheuren Interesses der Amerikaner an der nationalsozialistischen Ära und dem Zweiten Weltkrieg in der zeitgeschichtlichen Literatur kaum genannt wird. Um eine Antwort darauf zu finden, reiste ich seinerzeit nach West- und nach Ostberlin. Die Harnacks hatten zum linken Widerstand gehört. In der Bundesrepublik wurden sie mehr oder weniger als sowjetische Spione eingestuft, während sie in der DDR als Helden galten, als Vorläufer einer zukünftigen, vom Marxismus geprägten, sozialistischen Republik. Glücklicherweise konnte ich nach dem Umbruch in Osteuropa, die sehr komplizierte Wahrheit aus den lange verschlossenen Geheimdienstarchiven und in Gesprächen mit Deutschen auf beiden Seiten der gefallenen Mauer zusammentragen. Ich möchte hier zeigen, dass die Harnacks und die Rote Kapelle – so der Name, den die Gestapo der Gruppe gab – redlich im Widerstand gegen Hitler wirkten und ihr Leben riskierten, um nicht nur der Sowjetunion, sondern auch den Vereinigten Staaten wesentliche Informationen zukommen zu lassen, während sie sich persönlich als Patrioten betrachteten, die danach strebten, eine illegitime Tyrannei zu beseitigen, die von einem wahnsinnigen, verhassten und anmaßenden Diktator geführt wurde.

Für dieses Buch habe ich zahlreiche neue Dokumente entdeckt.

Da ich im Rahmen des *Freedom of Information Act* vorging, konnte ich eine Vielzahl von Dokumenten auswerten, die mit der Roten Kapelle und den Harnacks zu tun hatten – besonders die so genannten Abschlussberichte der Gestapo –, dazu zählten auch Materialien des CIC, der CIA, des FBI und des militärischen Nachrichtendienstes. Nach den turbulenten Ereignissen in der Sowjetunion im Jahre 1991 machte auch der KGB, der sowjetische Geheimdienst, seine Harnack-Akten zugänglich. Deutsche Historiker, die die Spuren der Roten Kapelle verfolgten, entdeckten im Militärgeschichtlichen Archiv in Prag verschollen geglaubte Dokumente. An abgelegenen Orten fanden sich zwei wichtige Konvolute mit Briefen. Das erste enthielt fast hundert Briefe von Mildred Harnack an ihre Mutter aus den Jahren 1929 bis 1935. Sie berichteten von Hitlers Aufstieg zur Macht und davon, wie Mildred Harnack sich der politischen Linken zuwandte. Der zweite Fund umfasste den Briefwechsel von Mildred Harnack mit Martha Dodd, der Tochter des seinerzeitigen amerikanischen Botschafters William E. Dodd in Berlin. Er gelangte nach deren Tod im Prager Exil an die *Library of Congress*. Schließlich erhielt ich auf Grund der großzügigen Unterstützung eines deutschen Diplomaten Zugang zu Gerichtsakten in Hannover, in denen die erfolglosen Bemühungen von Überlebenden und Verwandten der Opfer aus dem Kreis der Roten Kapelle dokumentiert sind, ihren Verfolger Manfred Roeder zur Rechenschaft zu ziehen.

Ich habe mich entschlossen, die Geschichte meiner Heldin nicht einfach in Form einer konventionellen Biografie zu erzählen, sondern sie umfangreich durch Dokumente und Gespräche mit Zeitzeugen zu vermitteln; unter ihnen befinden sich einige ehemalige Geheimdienstmitarbeiter. Es handelt sich um Überlebende, die Mildred Harnack größtenteils gut gekannt haben. Zwischen diesen Zeugen besteht häufig keine Übereinstimmung; sie bringen einander widerstreitende Interpretationen dessen vor, was sie für die Wahrheit halten. Ihre Erinnerungen sind durch den zeitlichen Abstand eines halben Jahrhunderts und durch die Wechselfälle der Besetzung und Spaltung Deutschlands im Kalten Krieg getrübt. Solche Reminiszenzen sind häufig unzuverlässig. Dazu erklärt Elizabeth Loftus, eine Expertin für Zeugen und deren Aussagen vor Gericht: «Wir interpretieren die Vergangenheit, korrigieren uns selbst, fügen kleinere und größere Stücke hinzu, lassen wenig schmeichelhafte oder störende Erinnerungen weg, kehren manches fort, stauben es ab und säubern es.» Die Zeugen legen die Dinge möglicherweise nicht so dar, wie sie waren, sondern wie sie sie sehen wollen. Selbst wenn ihre Schilderungen nicht immer durch Dokumente bestätigt werden konnten, habe ich sie persönlich zu Wort kommen lassen. Historiker würden an diese Begegnungen wohl eher noch kritischer herangehen, als ich es getan habe. Ich fand es jedoch wichtig, diese Erinnerungen aus erster Hand aufzunehmen, um die Leidenschaften anschaulich werden zu lassen, die die Lebensspanne und Existenz von Mildred Harnack prägten.

Im Übrigen möchte ich mir zum Motto machen, was Virginia Woolf einmal über die Aufgabe des Biografen geschrieben hat: «So muss der Biograf vor uns anderen hergehen, kann wie des Bergmanns Kanarienvogel die Atmosphäre prüfen, muss Falschheit und Unwirklichkeit aufspüren und etwa vorhandene überlebte Konventionen. Sein Gefühl für Wahrhaftigkeit muss hellwach und auf dem Sprung sein.»[1]

# 1

# Plötzensee

Plötzensee

Am 15. Februar 1943 verließ eine grüne Minna kurz nach 21 Uhr das Gerichtsgefängnis in der Kantstraße in Berlin-Charlottenburg. Auf dem Weg zum Strafgefängnis Plötzensee holperte das Fahrzeug über Kopfsteinpflaster und die von alliierten Bomben zernarbten Straßen. Nachdem der Wagen das Tor des Gefängnisses passiert und angehalten hatte, erhob sich die mit Handschellen gefesselte Mildred Harnack von der hölzernen Bank, stieg aus und ließ sich von den Wärtern über das dunkle Gelände zum Gefängnistrakt geleiten, wo sich die Todeszellen befanden.

Ihre Zelle war kalt und düster. Die Heizkörper waren in das Innere der Wände eingelassen, damit Inhaftierte, die Selbstmord begehen wollten, sich ihre Köpfe nicht daran einschlagen konnten. Sie gaben nur wenig Wärme ab. In der Nacht brannte eine Glühbirne, damit man die einsame Gefangene beobachten konnte. Die Birne warf ein schwaches Licht auf einen Beamten, der der Gefangenen mitteilte, dass man ein Gnadengesuch abgelehnt habe.

Den nächsten Tag, an dem die Exekution stattfinden sollte, verbrachte Mildred Harnack damit, Malzkaffee zu trinken, zu lesen und einige Zeilen eines Gedichts von Goethe ins Englische zu übersetzen. Mit ihrer sauberen klaren Handschrift schrieb sie auf den Rand ihres Exemplars der Gedichte ihre Übersetzung von «Vermächtnis»:

No being can to nothing fall,
The everlasting lives in all,
Sustain yourself in joy within
Life is eternal; there are laws
To keep the living treasures' cause
With which the worlds are rife.

Kein Wesen kann zu nichts zerfallen!
Das Ew'ge regt sich fort in allen,
Am Sein erhalte dich beglückt!
Das Sein ist ewig: denn Gesetze
Bewahren die lebend'gen Schätze,
Aus welchen sich das All geschmückt.

Als der Gefängnisgeistliche Harald Poelchau ihre Zelle betrat, saß Mildred Harnack über den Goetheband gebeugt. Während der zwölf Jahre des Dritten Reiches erlebte der evangelische Pfarrer mehr als tausend Hinrichtungen – darunter jene von Mildred Harnacks Freunden im Widerstand und von zahlreichen Beteiligten am Umsturzversuch des 20. Juli 1944. Poelchau bemerkte, wie krank und geschwächt Mildred Harnack aussah. Sie litt an Unterernährung und Tuberkulose, und einige Zeugen geben an, sie sei auch gefoltert worden. Jedenfalls wirkte sie deutlich älter, als es ihrem wirklichen Lebensalter – vierzig – entsprach. Im Laufe der fünfmonatigen Haft, während deren keine Besucher zugelassen waren, war sie sichtbar verfallen; ihr einstmals dichtes blondes Haar war dünn und weiß geworden. Die Gefangene und der Geistliche sprachen über biblische Themen, dann über Goethe und über ihre Arbeit. In einem Gedächtnisprotokoll hält Mildreds Schwager Falk Harnack fest: «Alles könne man übersetzen, so sagte Mildred, man müsse eben nur den Dichter menschlich voll und ganz begreifen, dann sei es möglich, auch die schwierigste äußere Form zu übertragen.»

Der Pfarrer konnte ihr kaum Hoffnung geben, nur Trost spenden, indem er schilderte, mit welcher Tapferkeit ihr Mann in den Tod gegangen war. Bislang hatte sie offiziell noch nichts von seinem Tod erfahren. Arvid Harnacks Bitte, seine Frau vor seiner Hinrichtung ein letztes Mal sehen zu dürfen, war abgelehnt worden. Wenige Stunden vor seinem Tod, am Abend des 22. Dezember 1942, hatte er zwei Briefe geschrieben: einen an seine Familie, den anderen an Mildred. Arvid Harnack hatte seine letzten Stunden in Plötzensee damit verbracht, Platons «Verteidigung des Sokrates» zu lesen. Als ihn Poelchau das letzte Mal besuchte, bat er ihn, die biblische Geschichte von Jesu Geburt vorzulesen, wie sie sein Vater an jedem Weihnachtsfest vorgetragen hatte. Außerdem wünschte er, noch einmal den «Prolog im Himmel» aus «Faust» zu hören. Poelchau zitierte ihn aus dem Gedächtnis.

Vor der Hinrichtung bat Harnack Poelchau, mit ihm gemeinsam den Choral «Ich bete an die Macht der Liebe» zu singen.

In jenem Winter 1942/43 kamen Hunderttausende deutscher und sowjetischer Soldaten in den Schneemassen Stalingrads um. In Berlin starb Arvid Harnack in der Überzeugung, dass Hitlers Krieg verloren sei. Er zweifelte nicht daran, dass er und seine Gefährten recht daran getan hatten, den Nationalsozialisten Widerstand entgegenzusetzen; sie hatten gehofft, Deutschland vor der Katastrophe bewahren zu können.

Obwohl sie seelisch und körperlich gelitten hatte, war Mildred Harnack bis zur Verhaftung beider nie von der Seite ihres Mannes gewichen. Nun wirkte sie resigniert, wie abgeschnitten von ihrer Umgebung. Um sich weiteres Leid zu ersparen, hatte sie eine Mauer um sich errichtet. Erst als Pfarrer Poelchau ihr Familienfotos übergab, die er ins Gefängnis geschmuggelt hatte, sowie eine Apfelsine als Geschenk ihrer Schwägerin Ingeborg Havemann, war es um ihre Gelassenheit geschehen. Ihre Augen füllten sich mit Tränen, als sie das Bild ihrer Mutter sah. Immer wieder küsste sie es und schrieb dann mit Bleistift auf die Rückseite: «16. II. 43 / Das Gesicht meiner Mutter drückt alles aus, was ich in diesem Augenblick sagen möchte. Mildred. Dieses Gesicht war bei mir all die Monate hindurch.»

Sie hielt die Orange in ihren Händen – eine Seltenheit im Deutschland der Kriegszeit –, drehte und drehte sie, betrachtete genau ihre Form und ihre Farbe, bevor sie sie zögernd aß. Sie war so eingeschüchtert und misstrauisch, dass Poelchau es nicht wagte, sie um den Ring mit dem Wappen der Harnacks zu bitten, ein Erbstück, das er für die Familie retten wollte. Er fürchtete, sie würde annehmen, er wolle das Schmuckstück unterschlagen. Als Poelchau sie verließ, erwiderte sie die Wärme seines Händedrucks.

Allein gelassen, las sie in der englischen Bibel, die Poelchau ihr überlassen hatte, ihre Tränen benetzten Verse des ersten Korintherbriefs, Kapitel 13: «Wenn ich mit Menschen- und mit Engelszungen redete und hätte der Liebe nicht, so wäre ich ein tönendes Erz oder eine klingende Schelle. Nun aber bleiben Glaube, Hoffnung, Liebe, diese drei; aber die Liebe ist die Größte unter ihnen.»

Dann betrat ein Gefängniswärter die Zelle. Routinemäßig, ohne Gefühlsregung untersuchte er ihren Mund auf Goldplomben. Er tauschte ihre Schuhe gegen Holzpantinen aus und schnitt ihr die Haare ab, um den Nacken für die Klinge des Fallbeils freizulegen. Mit auf dem Rücken gefesselten Händen führten zwei Wärter sie von der Zelle zum Hinrichtungsschuppen. Die Diensthabenden erhielten für diese Aufgabe eine Zusatzration von acht Zigaretten.

Der Zug überquerte den Hof und gelangte in den Exekutionsraum, der in der Mitte durch einen schwarzen Vorhang geteilt war. Zur Rechten saßen die Exekutionszeugen an einem Tisch. Nachdem die Identität der Gefangenen überprüft worden war, wurde das Todesurteil verlesen und der Scharfrichter aufgefordert, seine Pflicht zu tun.

Der schwarze Vorhang wurde zurückgezogen und gab den Blick auf einen kärglichen weißen Raum frei. Es war Abend, kein Licht fiel durch die beiden Bogenfenster. Unter der Decke zog sich ein Eisenträger mit Haken quer durch den Raum. Hier war Arvid Harnack wenige Wochen zuvor erhängt worden. Links an der Wand befand sich ein Waschbecken. Rechts davon, bei den schlechten Beleuchtungsverhältnissen kaum zu sehen, stand die Guillotine. Drei Minuten vor 19 Uhr wurde an jenem Abend in Anwesenheit eines Vertreters des Justizministeriums, eines Beamten der SS und eines Gefängnisbeamten Frau Dr. Mildred Harnack-Fish, vierzig Jahre alt – Ehefrau des verstorbenen Ministerialbeamten Dr. Arvid Harnack, Lehrbeauftragte für englische und amerikanische Literatur an der Friedrich-Wilhelms-Universität Berlin und Goethe-Übersetzerin – enthauptet. Nach sieben Sekunden, das stellte der Protokollbeamte fest, war sie tot. Der Vorhang wurde geschlossen. Der Beamte erklärte: «Das Urteil ist vollstreckt.» Neben der Nummer 2782/42 wurde der Name Mildred Harnack-Fish ins «Bibliotheksbuch» eingetragen, in dem festgehalten wurde, wer in Plötzensee hingerichtet worden war.

Zu diesem Zeitpunkt bestieg Manfred Roeder, Oberstkriegsgerichtsrat und Vertreter der Anklage in beiden Prozessen gegen Mildred Harnack, auf dem Bahnhof Friedrichstraße den Nachtexpress. Man hatte ihn nach Paris geschickt, um den *Nacht-und-Nebel-Erlass* gegen die französische und belgische Widerstandsbewegung durchzusetzen. Verdächtige, deren Verurteilung an Ort und Stelle unwahrscheinlich gewesen wäre, sollten bei Nacht und Nebel von der Gestapo ins Reich deportiert werden, um sie vor ein deutsches Gericht zu stellen oder sie einfach spurlos verschwinden zu lassen.

Roeder war ein stattlicher Mann von Anfang vierzig. Er wurde als brutal und mitleidslos geschildert – ein Mann mit schlechten Manieren und ohne Charme. Kollegen und Feinde nannten ihn gleichermaßen «Hitlers Bluthund». Er hatte die Familie Harnack davor gewarnt, einen Rettungsversuch für Mildred zu unternehmen. Er wusste von ihrem Tod, und er empfand kein Mitleid. Da er die Untersuchung kundig geleitet und die Harnack-Gruppe gnadenlos verfolgt hatte, kam Roeder in seiner Karriere einen großen Schritt voran. Im letzten Kriegsjahr wurde er Generalrichter der Luftwaffe. Während des Dritten Reiches war Deutschland, wie der österreichische Schriftsteller und Zeitkritiker Karl Kraus geschrieben hatte, vom Land der «Dichter und Denker» zum Land der «Richter und Henker» geworden. Aber vier Jahre später sollte das Todesurteil im Fall Mildred Harnack Manfred Roeder noch erhebliche Schwierigkeiten bereiten.

Pfarrer Poelchau hielt Mildred Harnacks letzte Worte fest: «Und ich habe Deutschland so geliebt.» Für die Tote gab es keine Zeremonie. Es sollte keine Bestattung geben. Die Wärter legten den enthaupteten Leichnam in einen bereitgestellten Holzkasten, der an das Anatomisch-Biologische Institut der Friedrich-Wilhelms-Universität geliefert wurde.

2

# Verwandlungen

DDR-Briefmarke 1964

Im Sommer 1942 lief das Unternehmen Barbarossa, der Krieg gegen die Sowjetunion, für die Deutschen nicht mehr gut. Nach Anfangserfolgen der Wehrmacht blieb die Offensive im herbstlichen Schlamm und winterlichen Kälteeinbruch bei minus dreißig Grad stecken. Das Kriegsmaterial versagte; die Soldaten hatten keine Winterkleidung. In Berlin und zahlreichen anderen Orten wurde warme Kleidung für die Truppen in Russland gesammelt. Dann kam der Frühling. Tauwetter setzte ein. Panzer und Lastkraftwagen blieben erneut im russischen Schlamm stecken. Immerhin gab es in diesem dritten Jahr des Krieges einen großen Erfolg. Die geheimen Nachrichtendienste der Nationalsozialisten «knackten» den russischen Militärcode und drangen in eine große Berliner Widerstandsgruppe ein, zu deren Spitze ein Beamter des Reichswirtschaftsministeriums, Arvid Harnack, ein Oberleutnant der Luftwaffe, Harro Schulze-Boysen, und deren Ehefrauen, Mildred Harnack-Fish und Libertas Schulze-Boysen, gehörten.

Die Gestapo handelte schnell, Harro Schulze-Boysen wurde am 31. August 1942, einem Montag, in seinem Büro im Luftwaffenministerium verhaftet. Eine Woche später griff sie dessen Ehefrau Libertas auf, als sie im Begriff war, mit einem Zug in Richtung Süden aus Berlin zu fliehen: Am Tag zuvor waren die Harnacks während ihres Urlaubs in einem Seebad in Ostpreußen verhaftet worden. Am 12. September tauchten Beamte in den Barandov-Filmstudios in Prag auf, um Adam Kuckhoff, einen weiteren Angehörigen der Gruppe, festzunehmen, der gerade an einem Film arbeitete. 18 weitere Verdächtige, darunter Kuckhoffs Frau Greta, befanden sich inzwischen schon in Berlin in Haft. Am 16. September, es war Mildred Harnacks 40. Geburtstag, verhaftete die Gestapo ihren früheren Schüler Karl Behrens. Er war zu diesem Zeitpunkt Soldat an der Ostfront in der Nähe von Leningrad. Ansonsten wurden in Berlin noch zwölf weitere Verdächtige verhört. Am Nachmittag des 26. September 1942, eines Sonnabends, verhaftete die Gestapo Harnacks Stiefneffen Wolfgang Havemann in der Nachrichtenschule der Marine in Flensburg-Mürwik, während in Hamburg weitere Widerstandskämpfer ausgehoben wurden. Bis März 1943 gab es

139 Verhaftungen im Zusammenhang mit der «Roten Kapelle». Die Inhaftierten wurden sämtlich erkennungsdienstlich in der Gestapozentrale in der Berliner Prinz-Albrecht-Straße registriert und fotografiert. Darüber hinaus legte die Gestapo ein Album mit Haftfotografien von über hundert Personen an. Zu welchem Zweck, ist unbekannt. Das Album wurde 1992 in Faksimile und versehen mit einer ausführlichen Dokumentation herausgegeben: «Erfasst?, Das Gestapo-Album zur Roten Kapelle». Darunter befanden sich junge und alte Menschen, Angehörige des Adels, Intellektuelle und Arbeiter, und viele standen in engen verwandtschaftlichen Verhältnissen. Die Gruppe hatte sich keinen Namen gegeben, aber Hitlers Spürhunde nannten sie die Rote Kapelle, weil man den Verdächtigten unterstellte, sie hätten der Sowjetunion Hunderte von Funkbotschaften mit militärischen Geheimnissen übermittelt oder «zugespielt».

In den Vereinigten Staaten drang die Meldung von Mildred Harnacks Tod nur langsam durch die Nachrichtensperre, die das Deutsche Reich der Kriegszeit umgab; sie traf erst im April 1943 dort ein. Die *New York Times* brachte eine kurze Meldung über den Tod ihres Gatten unter der Überschrift «Von Harnacks Sohn hingerichtet. Opfer in Berlin auf Hitlers Befehl exekutiert. Britischer Bericht». In diesem Beitrag wurde Arvid Harnack irrtümlich als «Sohn des bekannten deutschen Theologen von Harnack, Freund des verstorbenen Kaisers Wilhelm II.» bezeichnet. Im Mai folgte ein Artikel mit Zitat aus einer amtlichen Verlautbarung, in der es hieß, dass Mildred Harnacks Vermögen eingezogen worden sei: «Als Grund werden kommunistische Machenschaften angegeben. [...] Aus der offiziellen Bekanntmachung wird nicht deutlich, ob Frau Harnack, Gattin eines deutschen Beamten, der im Februar wegen Verrats gehängt wurde, auch an der sensationellen Verschwörung beteiligt war, die noch nicht ganz aufgeklärt ist.»[1]

Mildred Harnacks Heimatzeitung, das *Milwaukee Journal,* berichtete am 16. Mai ebenfalls, Frau Harnack sei möglicherweise in eine «sensationelle Verschwörung» verwickelt gewesen, bei der ihr Mann und etwa ein Dutzend weitere Deutsche eine Rolle gespielt hätten, mutmaßlich hätten die Verschwörer mit Madame Kollontai zu tun gehabt, der sowjetischen Botschafterin in Stockholm.[2] Am selben

Tag schrieb Mildred Harnacks Schwester Marion an ihren Zwillingsbruder Bob und ihre ältere Schwester Harriette:

> Als ich heute Morgen die Sonntagspfannkuchen zubereitete, kam eine Nachbarin herein, und ich konnte es ihr gleich ansehen, dass etwas nicht in Ordnung war. Sie hatte das *Milwaukee Journal* dabei und zeigte uns den beiliegenden Artikel über Mildred. Es ist entsetzlich, dass Arvid nicht mehr lebt, und ich frage mich, was aus Mildred geworden sein mag. Morgen werde ich zum *Journal* und auch zum Roten Kreuz Kontakt aufnehmen, um herauszufinden, ob man irgendwie erfahren kann, wo sie sich befindet und wie es ihr geht.
> Ich meine, dass ich euch dies unverzüglich mitteilen sollte, und wenn man überhaupt etwas in dieser Angelegenheit tun kann, sollten wir zumindest versuchen, es zu tun.

Harriette bemühte sich um Vermittlung des Vatikans, um ein Telegramm an Mildred schicken zu können, welches lautete: «Liebste kleine Schwester, Bob, Marion und Fred versichern dir mit mir gemeinsam, dass dein Zuhause dich erwartet und auch Mittel für eine Rückreise bereitstehen.» Im September übermittelte der Vatikan eine Antwort der Apostolischen Nuntiatur in Berlin, in der es hieß, «‹dass Frau Mildred Harnack zu Anfang dieses Jahres starb und dass in der Wohnung in der Woyrschstraße 16 [heute Genthiner Straße] keiner ihrer Familienangehörigen mehr lebt.› Der Bericht enthält keine weiteren Einzelheiten, ich möchte Ihnen und den anderen Angehörigen Ihrer Familie mein herzliches Beileid zum Tode Ihrer Schwester aussprechen, der angesichts des Fehlens weiterer Auskünfte hinsichtlich ihres Hinscheidens besonders schwer zu ertragen ist.»[3]

In einem Artikel, der nach dem Krieg unter der Überschrift «Harnacks Tod verdeckt die Spur zu einem deutschen Schatz» Ende 1947 in der *Washington Times Herald* erschien, klang ein melodramatischer Unterton an: «Als Hitler die Enthauptung von Frau Mildred Fish-Harnack aus Washington und ihres Ehegatten anordnete, brachte er damit für immer jene beiden zum Schweigen, die die Fährte kannten, die zu in Amerika deponierten deutschen Vermögenswerten in Höhe von dreihundert Millionen Dollar führte.» Das offenbarte ein hoher Beamter des Justizministeriums, Harry LeRoy Jones, Assistent des Treuhänders für Fremdvermögen. Glaubt man diesem Beamten, dann kannte Arvid Harnack, einschließlich der Kartellvereinbarungen und der Auslandsinvestitionen, sämtliche Machenschaften der berühmten und weit verzweigten I.G. Farbenindustrie, Deutschlands Chemie-Giganten. Jones fügte hinzu, das Finanzministerium habe vorgehabt, Harnack als Zeugen bei jenen Untersuchungen anzuhören, die den Verbleib der Vermögenswerte klären sollten, die die Deutschen im Ausland, besonders in den Vereinigten Staaten, vertuscht hatten. Durch die Hinrichtung Harnacks und seiner Frau sei dies nicht mehr möglich: «Hitlers horrende persönliche Furcht vor der Aufdeckung versteckten Nazi-Vermögens durch Frau Harnack wurde offenbar, als er persönlich ihre Hinrichtung mit dem Fallbeil verfügte, nachdem er den Bericht über ihren Prozess als Gegnerin des NS-Regimes überprüft und die Wiederaufnahme ihres Verfahrens befohlen hatte.»[4]

Im April desselben Jahres berichtete die *Washington Post* über einen Gedenkgottesdienst der Frauenorganisation *Daughters of the American Revolution* in der Constitutional Hall in Washington. Die Vorsitzende der Organisation, Frau Roscoe C. O'Byrne, gedachte feierlich des früheren Mitglieds Mildred Harnack, die Repräsentantin der Berliner Niederlassung der Vereinigung gewesen war. In ihrer Gedenkrede, die mehr von Begeisterung als von Sachkenntnis zeugte, charakterisierte sie die Hingerichtete als typisch für «jenes harte Holz, aus dem die Töchter der amerikanischen Revolution geschnitzt sind»[5].

Schließlich erschien im Dezember 1947 die umfassendste Darstellung von Mildred Harnacks Ende im *Alumnus,* einem Organ der Universität von Wisconsin. Die Zeitschrift bezeichnete Mildred Harnack als «die einzige in Amerika geborene Frau, die von der Gestapo hingerichtet wurde», und sah in ihr eine «Schutzpatronin des wiederauferstandenen deutschen Liberalismus». In dem Bericht wurde der Besuch der Harnacks in den Vereinigten Staaten im Jahr 1937 erwähnt. Damals hatten ihre Freunde Unverständnis darüber gezeigt, dass das Paar über Ereignisse in Deutschland nicht sprechen wollte, und dessen Schweigsamkeit als Loyalität gegenüber den Nationalsozialisten ausgelegt. Der Artikel erwähnt ausdrücklich die Rote Kapelle als Widerstandsbewegung gegen den Nationalsozialismus. Allerdings wird nirgends gesagt, dass die geheimen Funksprüche in die Sowjetunion gingen. Nach Darstellung der Zeitschrift hatte die Rote Kapelle mehr als sechshundert Mitglieder; unter ihnen sei einer in der Funkstation des Führerhauptquartiers tätig gewesen, ein anderer in der Führung der Luftwaffe.

Der Artikel, der sich hauptsächlich auf Material stützte, das von Mildreds Schwägerin Ingeborg Havemann, geborene Harnack, stammte, wollte verdeutlichen, dass Frau Harnack weit mehr als nur die Ehefrau des Chefs der Roten Kapelle gewesen sei. Sie hätte Flugblätter für ihren Mann getippt und verteilt, Kontakt zu anderen Mitgliedern der Organisation gehalten und geheime Zusammenkünfte arrangiert. Unter Ausnutzung ihrer Stellung als literarische Beraterin eines Berliner Buchverlags, die ihr häufige Reisen erlaubte, hätte sie sich um die Verbindungen zwischen den verschiedenen Zweigen einer das ganze Reich umfassenden Widerstandsorganisation gekümmert. Die Einzelheiten seien so geheim gewesen, dass Angehörige dieses Netzes einander oftmals nicht als Gegner des Nationalsozialismus gekannt hätten, bis sie schließlich im Gefängnis zusammengetroffen seien.

An späterer Stelle des Berichts wird geschildert, wie Hitler die Prozessakten durchgegangen und schließlich auf die Akte von Mildred Harnack gestoßen sei. Sogleich hätte er die Wiederaufnahme des Verfahrens gegen sie angeordnet: «Als die einzige Amerikanerin, die sich in seiner Gewalt befand», sei sie «zum Ziel seines Hasses auf dieses Land geworden».

Als der Krieg zu Ende war, untersuchte das *Counter Intelligence Corps* (CIC) der Armee der Vereinigten Staaten den Fall Mildred Harnack-Fish, und im November 1946 legte das *Federal Bureau of Investigation* (FBI) einen eigenen Vorgang dazu an. Die meisten Dokumente wurden erst 1998 freigegeben. Die interessantesten ermöglichen Gegenproben zu den Akten von Martha Dodd Stern, der Tochter des früheren Botschafters der Vereinigten Staaten in Berlin. Ab 1948 überwachte das FBI Frau Stern unter dem Verdacht kommunistischer Betätigung. In einem Brief, den das FBI abfing, schrieb Martha Stern:

> Man hat mir einiges wirklich aufschlussreiche Material über M[ildred] und A[rvid] und ihren Leidensweg in Deutschland geschickt. A. hat man Daumenschrauben angelegt und die Gelenke verrenkt und dergleichen mehr. M. musste bei seinem langsamen Tod durch Erhängen dabei sein, sie führten die Hinrichtung mit einem Seil von drei Zentimeter Durchmesser durch oder wandten eine ähnlich schreckliche Methode an, die langsame Strangulierung bedeutete. Praktisch war es eine Kreuzigung. Als sie ins Gefängnis eingeliefert wurde, hatte sie eine Bauchhöhlenschwangerschaft und wurde nicht ärztlich versorgt. Sie folterten sie beinahe zu Tode. Ihr Haar wurde weiß, sie erlahmte, litt unter Tuberkulose und sonstigen Scheußlichkeiten aller Art, bis man sich entschied, sie auf dem Richtblock von ihrem Leiden zu erlösen.[6]

Nach dem Krieg beteiligte sich die 1947 gegründete *Central Intelligence Agency* (CIA) an der Aufarbeitung der Vorgänge. Sie hoffte, Überlebende der Gruppe aufzuspüren, die der Verhaftung oder dem Todesurteil entkommen waren und nun möglicherweise immer noch für die Sowjets Spionage betrieben. Die CIA führte eine geheime Akte über die Rote Kapelle, die 1973 in Buchform gebunden wurde. Sie stützte sich auf beschlagnahmte Dokumente der Gestapo und Befragungen deutscher Geheimdienstler durch die Alliierten nach dem Krieg. Gemäß dem Gesetz über die Informationsfreiheit (*Freedom of Information Act*), das der Kongress nach den Watergate-Ereignissen verabschiedet hatte, gab die Regierung 1976 diese Dokumente frei. Die kurze Eintragung über Mildred Harnack lautet so:

> Mildred Elizabeth HARNACK geborene Fish wurde um 1902 in den Vereinigten Staaten geboren. Die US-Bürgerin studierte in den zwanziger Jahren an der Universität von Wisconsin, wo sie Harnack kennen lernte. Sie reiste mit ihm nach Deutschland zurück, wo beide Wirtschaft und Politik unterrichteten. Sie sympathisierte mit der Neigung ihres Ehemanns zum Kommunismus. 1939 hielt sie Vorlesungen an der Berliner Universität und im Auswärtigen Amt. Sie nahm an den geheimen Aktivitäten ihres Ehemanns teil und wurde am 16. Februar 1943 hingerichtet.

Der Rest des Dossiers enthält einige Informationen, die aus dem Buch «Verrat im 20. Jahrhundert» stammen, das die deutsche Journalistin Margaret Boveri verfasst hat:

> [Der Berliner Korrespondent von Associated Press] Louis LOCHNER muss als Präsident der Amerikanischen Handelskammer in Deutschland mit HARNACK dienstlich zu tun gehabt haben, der das Amerika-Referat im Wirtschaftsministerium hatte. Als Mitglied der amerikanischen Kolonie wird er die Amerikanerin MILDRED HARNACK-FISH sehr gut gekannt haben, die in der Zeit des Botschafters DODD die literarischen Tees von dessen Tochter Martha an der Botschaft organisieren half und in einem Club amerikanischer Frauen tätig war. Es liegt daher nahe anzunehmen, dass einer der beiden Codes von der ‹Roten Kapelle› stammte, wodurch die bisherige Auffassung, dass diese ausschließlich bereit war, sich mit den Sowjets zu verständigen, erschüttert würde.[7]

Bereits im Januar 1946, als das Nürnberger Kriegsverbrechertribunal zusammentrat, wurde eine Untersuchung über den Tod Mildred Harnacks durch die Untersuchungsstelle für Kriegsverbrechen [*War Crimes Group*] der amerikanischen Armee eingeleitet. Die Akte Nr. 12-2262 wurde 1990 freigegeben. Hier heißt es: «21. Februar 1946: Frau Harnack besitzt zwei Staatsbürgerschaften, die amerikanische und die deutsche. Es ist durchaus möglich, dass die Untersuchung ein Kriegsverbrechen aufdecken wird und dass höchst interessante Informationen zu Tage treten.» Welches Kriegsverbrechen sollten Mildred Harnacks Verfolger begangen haben? Die Antwort auf diese Frage lautet: «Q-27 Verweigerung eines rechtsstaatlichen Verfahrens.»[8]

Neun Monate später änderten die Amerikaner ihre Auffassung. Am 21. November 1946 gelangte das Untersuchungsverfahren der zuständigen Stelle des Heeres der Vereinigten Staaten zu dem Ergebnis, die beiden Harnacks seien «tief in Untergrundaktivitäten in Deutschland, die sich gegen den Nationalsozialismus richteten, verwickelt gewesen», und beide «seien vor Gericht gestellt und des Hochverrats für schuldig befunden und anschließend hingerichtet worden».

In einem weiteren Abschnitt dieses Dokuments wird aus einer Denkschrift zitiert, die an Hauptmann Sloan von der Untersuchungsstelle für Kriegsverbrechen gerichtet war:

> Während Mildred HARNACKS Handlungen anerkennenswert sind und sie als Bürgerin der Vereinigten Staaten an einer Verschwörung gegen die deutsche Regierung teilnahm und vor Gericht gestellt wurde, scheint es genügend Beweise gegeben zu haben, um ein Todesurteil auszusprechen. Wir bitten zu entscheiden, ob die *War Crimes Group* für solch einen Fall zuständig ist. Wenn Ihre Antwort vorliegt, werden wir Ihnen entweder den bereits sehr umfangreichen Vorgang übergeben oder die Untersuchung fortsetzen.[9]

Am 15. Januar 1947 antwortete Oberstleutnant Ellis, Chef der Beweissicherung der *War Crimes Group*: «Dieser Fall ist als S/R [special reference – Sonderfall] klassifiziert worden, und man hätte keine Untersuchung durchführen sollen. Entziehen Sie den Fall Kommando D, und setzen Sie die Untersuchung nicht fort.»[10]

Damit war der Vorgang für die amerikanische Armee abgeschlossen.

# 3

# Die Gefährtin

Mildred, Washington, D.C., 1918

Schreib mir lieber nicht, aber vergiss mich nicht», schrieb Mildred Harnack auf einer letzten Postkarte aus London an Clara Leiser, ihre Freundin und frühere Klassenkameradin. Clara Leiser hat Mildred Harnack nie vergessen. Wie ich sehr bald herausfand, hat niemand, der sie kannte, Mildred Harnack je vergessen. Als ich anrief und fragte, ob sie sich an Arvid Harnacks Frau erinnere, zögerte Hazel Rice Briggs, dann erinnerte sie sich an Begegnungen vor 65 Jahren und erwiderte: «Mildred Harnack war das schönste Mädchen, das ich je gesehen habe.» Eine andere Mitschülerin dachte rückblickend an «eine brillante Kommilitonin, sehr selbstsicher», mit einem «Hals wie ein Schwan»; sie war eine Persönlichkeit und pflegte ihren eigenen Stil; sie trug «langes, glattes Haar, während die meisten von uns Dauerwellen ausprobierten». Sie war eine Art präraffaelitischer Schönheit wie «Rossettis *Beata Beatrix* und verfügte gleichzeitig über die Sinnlichkeit eines Filmstars wie Veronica Lake».

Mady Emmerling Knowles, die sich gemeinsam mit Mildred Fish beim *Wisconsin Literary Magazine* journalistisch betätigt hatte, durchbrach die Stille unserer spätnachmittäglichen Teestunde: «Ich kann immer noch ihre Stimme hören. Hören Sie nicht auch ihre Stimme?» Das Gesicht der neunzigjährigen Dorothy Meyer leuchtete auf, als sie die dramatische Wirkung von Mildreds Haar im Kontrast zu dem schwarzen samtenen Morgenrock beschrieb, den sie als junge Hausfrau trug. Die Meyers haben die Harnacks nur einmal während ihrer Europareise im August 1932 in ihrer Berliner Wohnung besucht.

Auf meine Anzeige in der *New York Times Book Review,* bei der ich Zeitzeugen um Unterstützung bei meiner Arbeit an Mildred Harnacks Biografie bat, erhielt ich einen Brief aus Ann Arbor im Bundesstaat Michigan. Elizabeth Fine beschrieb darin einen Frühlingstag an der Universität von Wisconsin. Damals hatten die Teilnehmer von Professor Lairds Griechischkurs für Anfänger erlebt, wie Mildred Fish, damals bereits Studentin in höherem Semester, die ersten hundert Zeilen der «Ilias» auswendig vortrug – auf Altgriechisch. Ein damaliger Schulfreund, inzwischen emeritierter Professor für

Geophysik an der Harvard-Universität, der ihr zu High-School-Zeiten leidenschaftlich den Hof gemacht hatte, schickte ein Foto von Mildred, das er all die Jahre über gewissenhaft aufbewahrt hatte.

Die Deutschen, die sie kannten, erwähnten Mildred Harnacks Charakterstärke, ihre Standhaftigkeit und Unerschütterlichkeit. Sie verglichen sie mit Gretchen aus Goethes «Faust», mit der Skulptur der Uta im Naumburger Dom und mit der Senta in Richard Wagners «Fliegendem Holländer». Edith Reindl konnte ihre Tränen nicht zurückhalten, als sie sich an die erste Begegnung erinnerte: «Mildred trug ein einfaches blaues Kleid. Sie hatte ein strahlendes Gesicht und wunderschönes blondes Haar, das sie zum Knoten gebunden trug. Als sie am Arm ihres Mannes hereinkam, dachte ich: ‹Diese Frau sieht ganz bezaubernd aus. Ich würde sie gern näher kennen lernen.›» Die beiden Frauen unternahmen in Berlin gerne Ausflüge im Sportwagen; Mildred Harnacks offenes Haar flatterte im Wind, wenn sie sich nach Art Isadora Duncans vom Rücksitz des schnellen Kabrioletts erhob.

Rudolf Heberle war Mildred Harnack zum ersten Mal in Wisconsin begegnet, als sie «*die* Schönheit des Campus» war. Ihr fester Blick und ihre stolze Haltung fielen ihm auf: «Sie schritt, während die meisten Frauen trippelten», schrieb Heberle 1946 in einem Brief an Ricarda Huch, den ich in einem Münchener Archiv entdeckte. Und er berichtet weiter: «Wir wanderten durch die Wälder, und Mildred las uns Gedichte vor.» Professor Hugo Munsterberg erinnert sich, dass er sie von der anderen Seite des Raumes angestaunt habe: «Alle jungen Männer waren in sie verliebt. Ich erinnere mich an einige Vorträge über amerikanische Literatur, die sie im *American Women's Club* hielt. [...] Mildreds Mann stammte aus einer der berühmtesten Familien Berlins, und sie, die eine Frau von außerordentlicher Schönheit war, bewegte sich in literarischen Kreisen.»

Tatsächlich sehnte sich die junge Mildred nach dem Außerordentlichen. Sie hatte eine Neigung zum Theatralischen: Sie schauspielerte gern, rezitierte mit lauter Stimme, nahm Posen ein und fiel in jeder Ansammlung von Menschen auf. Sie war das besondere Mädchen, die Einzige unter den Mitschülern, die für das Wisconsin *Badger Yearbook* von 1925 im Profil aufgenommen wurde. Das letzte Foto von ihr, das während der Haft gemacht wurde – in den Akten trägt es die Signatur «Gestapo 42 Spt. 228» –, zeigt einen trotzigen Blick und Entschlossenheit um die Mundpartie. Hier ist jemand bereit, todesmutig in die Geschichte einzugehen.

Unter jenen, die Mildred Harnack kannten, mag kaum einer glauben, dass sie eine Spionin war. «Die Mildred, die ich kannte, hätte sich dem Widerstand angeschlossen, aber niemals spioniert», sagt Dorothy Whipple Clague, einstmals eine Linksliberale in Wisconsin und nun eine pensionierte Kinderärztin in Washington. Wie lassen diese Unschuld, diese Unerschrockenheit, dieses Streben, ringsum Aufmerksamkeit zu erringen, sich mit jenen Zügen vereinbaren, die für ein konspiratives Dasein notwendig sind?

Als Mildred Harnack 1937 nach einem Besuch in den Vereinigten Staaten nach Deutschland zurückkehrte, ließ sie die Fragmente eines autobiografischen Romans in sicheren Händen zurück. Das Manuskript – sauber getippte 71 Seiten – überstand in einer braunen Mappe in der Obhut des Germanistikprofessors Friedrich Bruns die Wechselfälle des Zweiten Weltkriegs. An einer einleitenden Stelle bezeichnet Mildred Harnack ihren Roman überschwänglich als ein Werk mit «starken Gegensätzen: Es geht um Entschlossenheit und Willenskraft, um Alter und bittere Enttäuschung, um entbehrungsreiche Jugend und auch um Jugend mit ihren Fehlern und ihrer höchsten Erfüllung in der Freundschaft.» Anliegen ihres Romans ist es, die «Entwicklung einer Familie der unteren Mittelklasse in einer Stadt im Mittleren Westen in den Jahren 1915 bis 1918» zu verfolgen.[1]

Die Stadt war Milwaukee, wo Mildred Elizabeth Fish am 16. September 1902 geboren wurde. Heute ist Milwaukee eine Arbeiterstadt, die schwere Zeiten hinter sich hat. Geschlossen sind die Gerbereien, und auch die Brauereien der Stadt existieren nicht mehr. Die Luft wird längst nicht mehr vom Geruch von Leder und Hopfen geschwängert. Es lässt sich kaum sagen, ob Mildred Fishs altes Wohnviertel sich noch im Niedergang oder schon wieder im Aufschwung befindet, weil die Bewohner so häufig gewechselt haben. Die deutschsprachigen Familien, die unmittelbar nördlich der Wisconsin Avenue lebten, wo sie aufwuchs, sind fortgezogen; hier leben heute Einwanderer aus Südostasien. An der Stelle ihres Geburtshauses in der Grand Street, das vor langer Zeit abgerissen wurde, befindet sich der Parkplatz der Marshall and Illsley Bank.

In den letzten Jahren des 19. Jahrhunderts hatten Einwanderer aus Mitteleuropa Milwaukee – eine typische Yankee-Grenzstadt – in eine weltläufige Metropole verwandelt, die von ihren stolzen Bürgern als das «deutsche Athen am Michigansee» bezeichnet wurde. 1902 waren drei von vier Einwohnern der Stadt deutscher Abstammung. Sie lebten in den nördlichen und westlichen Vierteln, und dort verkündeten die Schilder mancher Geschäfte: «Hier wird Englisch gesprochen.» Die Deutschen von Milwaukee gründeten Musikschulen, Kunstinstitute und Leihbüchereien. In den gepflegten öffentlichen Parks waren Denkmäler von Steuben, Goethe, Schiller und einem hier sehr teutonisch aussehenden Robert Burns errichtet worden. Die Einwanderer interessierten sich vor allem für Musik und Literatur. Junge irische Hausmädchen staubten Wohnzimmer voller Gips- und Marmorbüsten von Beethoven und Mozart ab, die auf Klavieren und Flügeln der Marken Steinway und Chickering standen. Für diese neuen Amerikaner war Kultur eine Welt ohne Grenzen: Farbige Drucke mit Porträts großer amerikanischer Dichter – Ralph Waldo Emerson und Walt Whitman – hingen über schweren, aus Eichenholz geschnitzten Kamineinfassungen. Die großen Werke von Schiller und Shakespeare standen neben dem «Hund von Baskerville» von Arthur Conan Doyle in der deutschen Übersetzung des ortsansässigen Redakteurs Georg Meyer.

An den Wochentagen versammelte sich ein Kreis von Schauspielern und Malern, Professoren und Ärzten, Brauern und Bankiers zum Stammtisch im «Martini» bei Kaffee und Butterkuchen. Auf dem stockdunklen Holzgestell hinter dem gewaltigen, glühenden Ofen des «Kaffeehauses» lagen zwölf Zeitungen aus Milwaukee, sieben von ihnen in der «Muttersprache», nämlich in Deutsch. Eine davon, die *Germania,* enthielt die Kolumne eines gewissen Philip Sauerampfer, verfasst im lokalen Dialekt, dem Milwaukee-Deutsch («Die Cow hat über die Fence geyumpt»). Es gab Lokalberichte über die fast hundert Gesangsvereine, bei denen so gut wie jeder mitmachte, ob er nun singen konnte oder nicht, und es gab Kritiken über die jeden Mittwoch stattfindenden Aufführungen im deutschen Repertoire-Theater, dem Pabst-Theater. Im Sommer erklangen in den Biergärten Trinklieder, das Bier wurde in Krügen gereicht. Im Schlitz-Park drehten sich Kinder auf einem quietschenden Karussell, das von einem Brauereipferd gezogen wurde. Beim Rückblick auf die friedlichen Jahre in Milwaukee schrieb der Kolumnist Ernest Meyer, der sein Leben lang mit Mildred Harnack befreundet war: «Eine schwer zu beschreibende, angenehm leichte Art von Gemütlichkeit strömte wie ein ruhiger Fluss durch das Leben der Stadt.»[2]

Die deutschen Einwanderer ließen sich gerne im Westen der Stadt nieder: dort war der Deutsche Klub mit einer Turnhalle zu finden, wo Papa Brosius «die Jungen» am Sonnabendvormittag in Leibesübungen unterrichtete. Im Laufe des 19. Jahrhunderts zog die so genannte Grand Avenue Milwaukees Mitglieder des Brauereiadels an, die dort besonders prachtvolle Wohnsitze errichteten. Doch zu dem Zeitpunkt, da Mildred Fish das Licht der Welt erblickte, verließen die Brauereibarone – die Pabst, Miller und Schlitz – bereits ihre Villen im 16. Bezirk und zogen in «Rheinschlösser» am Michigansee. Ihre bisherigen Wohnsitze wurden von einer sparsamen Bürgerschicht übernommen, der der Lärm und die Gefahren, die von der Straßenbahn ausgingen, nichts ausmachte. Diese Angehörigen einer neuen Mittelklasse scheuten nicht davor zurück, Zimmer unterzuvermieten und sozialistische Bürgermeister zu wählen.

Da Mildred Fish aus einer Stadt stammte, die beinahe so deutsch wie jene war, in der sie ihr Leben beendete, ging die Berliner Presse nach ihrem Tod davon aus, sie sei deutsch-amerikanischer oder jüdischer Abstammung gewesen. Tatsächlich aber waren die Fishs Yankees (Neuengländer) von altem Schrot und Korn.

Als Mildred Harnack sich 1936 um die Mitgliedschaft in der Berliner Niederlassung der *Daughters of the American Revolution* bewarb, führte sie ihre Abstammung auf einen gewissen John Fish zurück. Dieser Urahn stand als gemeiner Soldat im Sold von Hauptmann Christopher Manchesters Kompanie der *Rhode Island Minutemen*. John Fish war seinerseits ein Urenkel von Thomas Fish, der 1642 aus England eingewandert war, dann einer der ersten Siedler in Rhode Island und ein Gründer dieses Staates wurde. Die Fishs aus Rhode Island waren Emporkömmlinge; der berühmtere, aus Massachusetts stammende Zweig der Familie, der sich durch Heirat mit den Stuyvesants und den Schuylers verband, war 1635 mit der *Increase* ins Land gekommen. Diese Fishs, die zu den großen «vierhundert» von New York zählten, waren der prominente Teil der Familie. Zu ihnen gehörte auch Mrs. Stuyvesant Fish, von der Generationen von Hamilton Fishs abstammen. Während Mrs. Stuyvesant ihre berühmten Partys feierte – bei einer wurde ein Fürst del Drago als Ehrengast angekündigt, der in Wirklichkeit ein Affe in Gesellschaftskleidung war –, gingen andere Fishs nach Norden und Westen und lebten als bescheidene Farmer in Wisconsin, auf der oberen Halbinsel von Michigan und in Kanada.

Mildreds Großvater, Charles Henry Fish, zog von Franklin, Connecticut, nach Arcadia im Bundesstaat New York, und dann nach Menomonee Falls in Wisconsin, wo er als Hufschmied arbeitete. Sein einziger Sohn, Mildreds Vater William Cooke Fish, wurde 1856 in den «Falls» geboren. William besuchte eine pädagogische Hochschule, um Lehrer zu werden. Doch er entwickelte schließlich andere Vorstellungen vom Leben und verlor das Interesse am vorgezeichneten Berufsweg – eine Unstetigkeit, die für sein Leben kennzeichnend werden sollte.

Die Familie mütterlicherseits, die Hesketh waren Protestanten englischen Ursprungs. Mildred führte ihre eigene Neigung zu radikalen Ansichten auf einen nonkonformistischen Ahnen der mütterlichen Seite zurück. Dieser, ein Geistlicher, nahm, gegen den Brauch seiner Zeit verstoßend, seine Tochter zu seinen Predigten mit, die er gemeinsam mit John Wesley, dem Begründer des Methodismus, hielt. Mildreds Großeltern mütterlicherseits hatten Mitte des 19. Jahrhunderts mit einer Gruppe von Angehörigen Lancashire im industriellen Norden Englands verlassen und waren in die Vereinigten Staaten eingewandert. Als sie Wisconsin erreichten, schlossen sie sich der ersten Welle von Siedlern in der Stadt Hartford in der Nähe Milwaukees an. Hier wirkte der Großvater als Lehrer und Posthalter. Er hatte einen Sohn und sieben Töchter, sechs von seiner englischen Ehefrau Jane Hill; das letzte Kind von einer Amerikanerin. Mildreds Mutter Georgina, der vierte Spross in dieser Kinderschar, wurde am 22. Dezember 1865 geboren.

Georgina Hesketh war ehrgeizig, sie lernte Schreibmaschine schreiben und Stenografie und zog mit zwei Schwestern nach Milwaukee. Dort verliebte sie sich in einen jungen Mann, der die Spencer-Kurzschrift sehr gut beherrschte. Und als sie viele Jahre später die Bilder im Familienalbum durchsah, schilderte die älteste Tochter Harriette ihren Vater William Fish als einen «feschen Kavalier mit gewachstem Schnurrbart, nach der damaligen Mode». Mit seiner eleganten Kleidung, seinen blitzenden Augen und seiner selbstbewussten Haltung war William gewiss «kein Bauerntölpel».[3]

1893, nach einer Verlobungszeit von vier Jahren, heirateten Georgina Hesketh und William Fish. Sie war damals im dritten Monat schwanger; sechs Monate später kam die Tochter Harriette zur Welt. Die neue Verantwortung veränderte den unsteten William keineswegs. Er stand in dem Ruf, ein Filou zu sein, ein Herzensbrecher und Pferdenarr. Sein Werdegang war das Gegenteil des amerikanischen Traums vom materiellen Erfolg als Belohnung für harte Arbeit. Er erlebte einen beruflichen Abstieg: vom Lehrer über den Versicherungsvertreter und Verkäufer zum Büroangestellten und schließlich zum Pferdehändler. Er konnte nicht nach anderer Leute Pfeife tanzen und langweilte sich leicht. Er war ein Nichtskönner, seine Tochter sprach es ganz offen aus: «Es fehlte ihm an Beständigkeit und Fleiß.»

Georgina Fish tröstete sich mit ihren vier Kindern: Harriette, den Zwillingen Marion und Marbeau (Bob), geboren 1895, und Mildred, die 1902 geboren wurde, als Georgina bereits sechsunddreißig Jahre alt war. Der Familienlegende nach hatte sie eine leichte Geburt, was Georgina auf ihre Neigung zur *Christian Science* zurückführte.

Zu jener Zeit, da heute praktisch vergessene Epidemien wie Kinderlähmung, Diphtherie, Typhus, Pocken eine allgegenwärtige Gefahr für die Menschen bedeuteten, bot eine neue Glaubensrichtung, die *Christian Science,* «Christliche Wissenschaft», Hoffnung, schien die Möglichkeit einer Kontrolle des Unkontrollierbaren zu eröffnen, verhieß den Triumph des Geistes über das alltägliche Gefühl der Hinfälligkeit. Diese Lehre des «mentalen Heilens» war 1875 von Mary Baker Eddy, einer auf Unabhängigkeit bedachten Frau, begründet worden. Die Christliche Wissenschaft bekannte sich zur Gleichheit der Geschlechter und zu einem Bild Gottes mit sowohl väterlichen als auch mütterlichen Zügen, weshalb die Sekte so viele Frauen und relativ wenige Männer ansprach. In den ersten Jahrzehnten des 20. Jahrhunderts konvertierten besonders in Milwaukee viele Menschen zur Christlichen Wissenschaft. Voller Ehrfurcht erlebte Georgina Fish persönlich zwei «Heilungen» mit: Ihr Neffe Charles genas von der Kinderlähmung und die Tochter einer Freundin überstand ein «Gehirnfieber».

Georgina Fish, eine Persönlichkeit voller Kraft und Selbstvertrauen, war Zeit ihres Lebens Anhängerin und zuweilen auch «Praktizierende» der Christlichen Wissenschaft. Sie organisierte ihren Wochenablauf ganz im Sinne ihres Glaubens zum Wohle ihrer Kinder. Mittwochabends fanden Bekenntnisveranstaltungen statt, sonntags gab es Gottesdienste. Mildred und die Zwillinge – Harriette war bereits an der Universität – kämpften sich durch ihr tägliches Lernpensum, das Themen wie «antike und moderne Nekromantik» oder auch die «Entschleierung von Mesmerismus und Hypnose» behandelte. Sie suchten und fanden Antworten auf Fragen wie diese: «Sind Sünde, Krankheit und Tod real?» An den Wochenenden setzten sie mit Bändern geschmückte Hüte auf, zogen hochgeknöpfte Schuhe an und fuhren mit der Straßenbahn in die Innenstadt, um an der Sonntagsschule teilzunehmen.

«Sie war ein großer Schatz, ein Liebling der ganzen Familie. Wir waren alle sehr stolz auf sie und spielten viel mit ihr», erinnerte sich Mildred Harnacks älteste Schwester Harriette. Ihre Erinnerungen an Mildred, die 1987 in einem Interview festgehalten wurden, sind aber eher spärlich. Und als ich die schriftliche Fassung durchlas, fielen mir auch negative Äußerungen Harriettes auf. So hatte sie an Mildreds Freundin Clara Leiser geschrieben: «Wir sollten Mildred nie zu einer Heiligen machen. Sie hat immer nur an sich gedacht!»[4]

Dank Harriette Fishs Tagebuch können wir uns die Kindheit der Geschwister vergegenwärtigen. Im Winter vereiste der Hof des Wohnhauses, so dass man dort Schlittschuh laufen konnte, und es gab Schlittenfahrten die abschüssige Booth Street hinab. Im Sommer gingen die Kinder im Milwaukee River schwimmen, machten Ausflüge oder Ruderpartien im Mitchell Park. Die Sommerferien verbrachte man auf den Farmen von Verwandten. Mildred sammelte in geflochtenen Körben süßen Mais und sah zu, wie ihre Tante Butter machte und ihr Onkel auf der rückwärtigen Treppe mit jungen Kätzchen spielte. Der Herbst begann, wenn berittene Polizei die Parade am Labor Day anführte, ein Ereignis, an dem in dieser Hochburg der Gewerkschaften jedermann teilnahm. Für die Kinder von Milwaukee bot diese Zeit eine willkommene Abwechslung: Sie folgten den von Pferden gezogenen Feuerwehrwagen oder sahen den Gespannen von grauen Percheronpferden nach, die die Bierwagen der Brauerei Pabst zogen. Wirklich eine Verführung war es, im Kaufhaus Schuster Schulartikel oder Geburtstagsgeschenke zu kaufen, für ein Fünf-Cent-Stück auf der Elefantin Gräfin Heinie im Zoo von Milwaukee zu reiten, sich in der Schlange anzustellen, um die alljährliche Parade der Autos mitzuerleben, und am 4. Juli, dem Unabhängigkeitstag, Feuerwerkskörper anzuzünden.

Es hätte ein sehr angenehmes Leben sein können, wenn nicht die Wirtschaftskrise, die in den neunziger Jahren des vorhergehenden Jahrhunderts begonnen hatte, 1907 ihren Höhepunkt erreicht hätte. Es gab eine schlechte Ernte, eine Viehseuche raffte die Rinder dahin, Hypothekarschulden wurden nicht bezahlt, überall kam es zu Konkursen, und dauernd bestand Brandgefahr. Die Winter waren kalt, offene Feuer und Öfen sorgten für Wärme, Öllampen gaben Licht. Blitze schlugen in Getreidespeicher ein. An sich hätte William Fishs Versicherungsgeschäft damals eine Hochblüte erleben müssen, da die Menschen nicht nur aus Profitgier, sondern auch rein «aus Spaß» Brände legten Doch William Fish wollte es nie und nimmer gelingen, das Auskommen seiner Familie zu sichern.

Die Fishs vermieteten Zimmer und nahmen zahlende Gäste auf, doch die lokalen Adressbücher zeigen, dass sie fast jedes Jahr innerhalb der gleichen Gegend umzogen, da sie ihre Miete nicht bezahlen konnten. Die Häuser lagen sämtlich in der Nähe der Grand Avenue (der heutigen Wisconsin Avenue), so dass William Fish seine Pferde in den verlassenen Ställen unterbringen konnte, während die wohlhabenderen Leute sich Autos kauften. Ihre Mutter, schrieb Mildred einmal, war von Falten gezeichnet und verbraucht, als die letzte Tochter geboren wurde. Sie distanzierte sich immer mehr von ihrem Ehemann, der sich als treulos erwiesen hatte und nicht imstande war, für seine Familie zu sorgen.

Interessant ist, dass es keine der üblichen Familienfotos von den Fishs gibt: kein Vater mit steifem weißem Kragen; keine Mutter, die im Sonntagskleid aus Satin mit dem gewickelten Baby dasitzt, kein Knabe in kurzen Hosen, keine kleinen Mädchen mit Bändern im Haar. Solche Familienbilder erwecken den Eindruck einer Zusammengehörigkeit, die es in der Familie Fish nie gab. Mildred Fishs Eltern William und Georgina passten einfach nicht zusammen. Während die Mutter sich mit der Bibel beschäftigte, liebte der Vater Wildwestgeschichten über alles. Als Mildred zwölf Jahre alt war, trennten sich die Eltern. Mildred zog 1915 mit ihrer Mutter für kurze Zeit zu deren Schwester Laura nach Madison in Wisconsin. Aus Mildreds Aufzeichnungen geht hervor, dass dies ein kühner Versuch war, Eigenständigkeit zu erlangen, der jedoch schnell fehl schlug. Warum sie nach Milwaukee zurückkehrten, ist unklar.

Ihre Eltern, so Mildred Harnack, konnten den Unterschied «zwischen der Welt des Mannes mit Meißel, Schraubstock und Stallgerüchen» und «der von Sehnsucht bestimmten Welt einer Frau» nicht überbrücken.[5] Dass sich ihre Mutter vor allem für die Christliche Wissenschaft interessierte, vergrößerte den Abstand zu ihrem Mann, denn ihm war eine Religion fremd, die «Empfindsamkeit anstelle von Begeisterung» pflegte, die die Transzendenz gegenüber den irdischen Freuden des Fleisches betonte.[6] Der Vater hielt seine jüngste Tochter für seltsam und verschlossen. Die Objekte seiner rauen Zuneigung – und seines Zorns – waren nicht seine Kinder, sondern seine Pferde und Hunde. Gemeinsam mit der zweiten Tochter Marion unterstützte Georgina Fish die im sozialen Abstieg befindliche Familie durch gelegentliche Arbeit in fremden Haushalten. Eines Tages, es ist nicht ganz klar, wann das war, wurde William endgültig «hinausgeworfen».

Wenn Mildred Harnacks Vater ein ganz gewöhnlicher Mann war, so war ihre Mutter eine außerordentliche Frau. Sie hielt die Familie zusammen, versorgte die Kinder, ermutigte sie in ihrem Ehrgeiz und sorgte dafür, dass sie eine gute Erziehung erhielten. Georgina Fish brachte ihren Kindern bei, sich nie zu fürchten, und ihre Tochter erkannte, dass diese tief eingeprägte Einstellung sich stark auf ihren späteren Lebensweg auswirkte. Wenn ihre Kinder irgendetwas wollten - zum Beispiel ein College besuchen –, dann räumte Georgina jedes Hindernis aus dem Weg. Mildred sah in ihrer eigenen beträchtlichen Charakterstärke ein Erbteil der Mutter, das sie als elementare kreative Kraft begriff. Georgina vermittelte ihrer Tochter «Wahrhaftigkeit, Stärke und Empfindungsreichtum» durch «gegenseitige Liebe». Im Krisenjahr 1933 schrieb Mildred aus Deutschland, sie habe gelernt, «wie man diese Qualitäten produktiv einsetzt und es nicht zulässt, dass sie von unproduktiven Kräften zerstört werden».[7]

Doch sie erinnerte sich durchaus auch an die Widerwärtigkeit und Trostlosigkeit des Familienlebens, das sie als eine «Art von Tragödie» empfand. Während die autobiografischen Vergegenwärtigungen ihrer Jugendzeit oft düster sind, sind die Erinnerungen an ihre Entwicklungsjahre in den Briefen an ihre Mutter in ein freundlicheres Licht getaucht. In einem Brief an ihre Mutter aus dem Jahre 1931 schildert Mildred die Begegnung mit einer Freundin, die zu ihr gesagt habe: «Du hast sehr großes Glück, denn du hattest eine glückliche Kindheit. Man erkennt das an einer gewissen Ruhe und Zuversicht, die in dir stecken.» Mildred erwiderte, ihre Kindheit sei ihrer Mutter wegen sehr glücklich gewesen, die «trotz ihres sehr schwierigen Lebens innerlich immer ruhig und stark geblieben ist».[8]

Insgeheim aber entwickelte Mildred immer mehr Zweifel an der Christlichen Wissenschaft. Sie bezeichnete sich selbst als eine «instinktiv Ungläubige, was Sonntagsschule und religiöse Begriffe angeht». Vielleicht weil sie wusste, dass hier ein Ursprung der Konflikte zwischen ihren Eltern lag, sprach sie nur ungern über Gott und über Glaubensfragen. Dennoch ging es nicht spurlos an ihr vorüber, dass sie bereits in frühen Jahren mit der Christlichen Wissenschaft konfrontiert wurde. Sie neigte stets dazu, ihre Mitmenschen optimistisch zu betrachten – oftmals trotz aller Anzeichen, die in eine ganz andere Richtung wiesen –, und sie glaubte an deren Erlösung, sobald sie die Wahrheit erfahren hätten.

In den dreißiger Jahren verfasste Mildred Harnack einen autobiografischen Romanentwurf. Darin zeichnet sie das Bild einer sensiblen, poetisch begabten Heranwachsenden, die sich der gesellschaftlichen Klassenunterschiede bewusst ist. Die Geschichte hat viele melodramatische Züge, die Heldinnen «sehnen sich», «träumen» und «verspüren Verlangen», und Magda, eine von ihnen, stirbt an Magersucht. Sie besitzen einen verletzbaren Stolz und üben äußerste Vorsicht angesichts der schroffen Abfertigung durch jene, «die davon träumen, in dieser Welt aufzusteigen». Wie Mildred sind sie isoliert, Außenseiterinnen, die sich bewusst sind, dass sie in einer wohlhabenden Umgebung arm sind. Weil sie das eigene Zuhause als schäbig empfinden, können sie keine Freunde einladen. Bei Einladungen zu Geburtstagen und anderen Festen kommt es zu Krisen, weil es schwer ist, angemessene Geschenke zu besorgen. Wenn die Heldinnen auch verschiedene Namen tragen – Dorothy, Eula –, so verkörpern sie doch immer und nur oberflächlich verschleiert Mildred selbst. Nie haben sie ausreichend zu essen, stets tragen sie abgelegte Kleidung. Obwohl es sie nie danach verlangt, reich zu sein, bereitet es ihnen doch Kummer, arm zu sein.

Im Roman erwähnt Mildred Harnack viele Freundinnen, aber nur einer vertraut sie vollkommen. Sie hat Schuldgefühle, als sie ihre erste Freundin verlässt, ein älteres Mädchen, das die Armut und die literarischen Interessen mit ihr teilt, um sich einer anderen namens Grace zuzuwenden.

Grace und Mili, wie ihre Freunde in Milwaukee Mildred nannten, gehen eine so enge Verbindung ein, wie sie nur unter Backfischen möglich ist. Grace lebt in einer anderen sozialen Schicht; Mili liebt den «simplen Luxus und die Harmonie von Grace' Zuhause»[9], wofür der Vater sorgt, der ein erfolgreicher Handelsreisender ist. Grace ist wunderschön, groß und dunkel, während Mili hoch gewachsen und blond ist. Mili bezeichnet ihre Freundin als ägyptische Prinzessin. Sie stellen sich vor, siamesische Zwillinge zu sein, auf dem Weg von der Schule nach Hause flechten sie ihr braunes und goldenes Haar zusammen.

Gespräche über einen nackten Indianerjungen, der in Maria Evans Büchern über die Hopi-Indianer Liebesbriefe verfasst, regen das geschlechtliche Interesse der beiden an. Sie liebäugeln mit dem Gedanken, den nackten braunen Körpern nachzueifern, aber das Äußerste, was sich die beiden Mädchen trauen, ist, barfuß zu tanzen. Auf einem großen Wohnzimmersofa lesen sie die Gedichte über das ländliche Leben von James Whitcomb Riley. Sie lieben «deren fröhlichen Schwung, die Leichtigkeit, mit der sie dahinplätschern».[10] Sie unterhalten sich über Jungs und über die Schule. Aber am glücklichsten sind sie, wenn man sie in Ruhe sich selbst überlässt. Wenn sie zu Aufführungen ins Pabst-Theater gehen, dann tragen sie Rosen, und sie tun das nicht, um die Aufmerksamkeit junger Männer auf sich zu ziehen, sondern in der Hoffnung, dass von dem Mysterium und der Pracht der Blumen ein wenig für sie abfallen möge. In der idyllischen Zukunft, die sie sich gemeinsam ausmalen, spielt Grace die Rolle des Galahad und Mili jene der Guinevere, der eine wird malen, die andere schreiben. Als «alte Jungfern» wollen sie später einmal mit Katze, Kanarienvogel und Tee in einem weißen Fachwerkhaus an einem grünen Flussufer zusammenleben. Grace'

Mutter sagte einmal zu Mildred: «Wenn du ein Mann wärst, dann hättest du sicher Grace geheiratet.» Viele Jahre später gab Mildred zu: «Sie hatte Recht.»[11]

Grace interessierte mich. Ob sie wohl noch lebte?

*Margaret Emmerling Knowles antwortete auf meine Suchanzeige in der* New York Times Book Review. *Sie wisse nicht, ob sie mir helfen könne, denn ihre Erinnerungen seien «ein wenig nebelhaft». Dennoch schrieb sie: «Ich kann immer noch ihre Stimme hören und ihr Gesicht vor mir sehen.» Meinen Berechnungen nach musste Mrs. Emmerling inzwischen fast neunzig sein, aber sie wirkte immer noch ungemein präsent.*

*Nachdem sie die Universität von Wisconsin besucht hatte, war sie Sportreporterin bei einer Zeitung in Philadelphia geworden. Margaret Emmerling kannte Mildred aus Milwaukee:*

*«Meiner Erinnerung nach war sie eine scharfsinnige, bemerkenswert offene, vielseitig interessierte und aufmerksame Person. Sie hatte eine auffallend schöne Stimme und las gern laut Gedichte vor […] Als ich sie kennen lernte, war ich noch ein Teenager. Sie und meine Freundin, die auf der gegenüberliegenden Straßenseite wohnte, waren befreundet. Sie waren wirklich enge Freundinnen und gingen gemeinsam zur High School. Ich ging noch nicht dorthin. Aber ich spazierte oftmals am Abend mit ihnen um den Häuserblock und dergleichen. Mildred war wirklich eine Freundin von Grace Carlsruh, und so lernte ich sie kennen.»*

Lange Zeit hielt Mrs. Emmerling lockeren Kontakt zu Grace Carlsruh. Sie schrieben einander Karten zu Weihnachten. Dann aber hörte sie eine Reihe von Jahren nichts mehr von ihr. Margaret Emmerling wusste nicht einmal, ob Grace Carlsruh überhaupt noch lebte. Sie wollte sich aber um die Adresse bemühen.

Es vergingen keine drei Wochen, da schickte Mrs. Emmerling mir eine Karte mit der Adresse von Grace Carlsruh in Florida. Ich schrieb dorthin und erhielt einen Monat später einen Brief von ihrer Tochter, in dem es hieß, ihre Mutter sei in ein Pflegeheim in Cincinnati umgezogen. Sie berichtete weiter, dass ihre Mutter zwar gesundheitliche Probleme habe, ihr Gedächtnis scheine jedoch recht gut zu sein.

Ich telefonierte mit der Tochter, und wir vereinbarten, dass ich ihr Mildred Fishs Romanskizze, in der ihre Mutter vorkam, verbunden mit einigen Fragen schicken würde. Das Ergebnis war enttäuschend. Nach all der Zeit konnte Grace Carlsruh sich nur daran erinnern, dass Mildred «brillant war und wir sehr viel miteinander Rollschuh liefen». Diese kurze Mitteilung sollte in vielen Varianten wiederkehren.

Fast ein Jahr später traf aus Cincinnati per Post ein kleines, goldgeprägtes grünes Buch mit Rileys Bauerngedichten ein. Die Tochter hatte es zusammen mit vier Schnappschüssen von Mildred gefunden, als sie das Haus ihrer Mutter putzte. Mildred hatte ihr eine Widmung in das Buch geschrieben: «Meiner Gefährtin, der reizenden Grace, Weihnachten 1918 – von Mili.» In dem Buch hatte sie zahlreiche Stellen unterstrichen und auf die letzte Seite hatte sie ein selbst verfasstes Gedicht geschrieben:

And this is the pledge that shall never grow old,
and this is the Chum Song that silently sings
Through the *now* and the *then* and *what will be* – forever
I love you, my chum, with a love that was never begun,
With a love that will silently live through – the always
My love is the same through all space and a time,
For a love of a chum for a chum ‹endureth forever›!
Mildred Fish, 1918

Und dies ist das Versprechen, dass wir nie alt werden,
Es ist das Gefährtinnenlied, das leise erklingt
Durch Gegenwart und Vergangenheit und Zukunft – allezeit.
Ich liebe dich, meine Gefährtin, mit einer Liebe, die nie begonnen hat,
Mit einer Liebe, die still weiterleben wird – die stets
Meine Liebe ist, allenthalben in Raum und Zeit gleich,
Denn die Liebe einer Gefährtin für eine Gefährtin ‹währet ewiglich›!
Mildred Fish, 1918

Mildred Fish begann ihre Lehrzeit als Journalistin und Autorin bei der Schulzeitung der West Side High School. Sie nahm häufig an Literaturwettbewerben teil und gewann einige Preise. Mit einer Geschichte unter dem deutschsprachigen Titel «Mein Kamerad», die von der «christlichen Liebe in Kriegszeiten» handelte, errang sie in einem amerikanischen Wettbewerb zu Weihnachten, den der *Ellsworth Messenger* in Kansas auslobte, den ersten Preis – eine Kodak-Kamera im Wert von acht Dollar. Das brachte ihr auch die erste wohlwollende Literaturkritik ein: Der *Indiana Interlude* in South Bend schrieb, dass «‹Mein Kamerad› mehr wert (sei) als eine Kodak zum Preis von acht Dollar».[12] Mildred hatte sich entschlossen, die Journalistenlaufbahn einzuschlagen. Sie wusste, dass bereits zwei andere Frauen aus Wisconsin in ähnlicher Weise eine Erfolg versprechende Berufslaufbahn begonnen hatten. Die eine war Edna Ferber, deren Buch *Dawn O'Hara* 1911 erschien. Es handelte von einem jungen Mädchen, das in Milwaukee als Reporterin Erfolg hat. Ihre Romangestalten waren durch das Milieu des *Milwaukee Journal* angeregt. Edna Ferber wiederum orientierte sich an einer anderen jungen Reporterin aus Wisconsin, Zona Gale, die später Romanautorin und Dramatikerin wurde und den Pulitzer-Preis erhielt.

Die Kugeln eines Attentäters in der bosnischen Stadt Sarajevo hatten ihre Wirkung auch auf das friedliche Leben in Milwaukee. Es sollten keine drei Jahre vergehen, da hatte die starke Deutschfeindlichkeit des Ersten Weltkriegs die unbeschwerte «Gemütlichkeit» zerstört.

Viele Deutsche waren unter anderem deswegen an die Gestade des Michigansees ausgewandert, weil sie nicht im deutschen Heer dienen wollten. Anarchisten und Sozialisten mochten ihr Leben nicht für etwas hingeben, was sie als den Krieg des Kaisers ansahen. Zwar gab es in Milwaukee sowohl pro-deutsche wie pro-britische Gruppierungen, doch herrschte eine isolationistische Stimmung vor. Die gewählten Repräsentanten, darunter der sozialistische Bürgermeister Daniel Hoan, der sozialistische Kongressabgeordnete Victor Berger und der progressiv-republikanische Senator Robert M. La Follette, wurden nachdrücklich von jenen unterstützt, die dafür waren, dass sich Amerika aus dem Krieg heraushielt.

Der Justizausschuss des Senats beschäftigte sich mit einer eventuellen Verbindung zwischen den Interessen der Bierbrauer – die sehr viele Anzeigen in die deutschsprachige Presse setzten – und der Propaganda des Deutschen Reiches. Die Untersuchungen blieben zwar ergebnislos, dennoch wurden die deutschsprachigen Zeitungen in Milwaukee der Zensur unterworfen. Auf dem Höhepunkt des Krieges konnten die Redakteure der sozialistischen Zeitung *Milwaukee Leader* weder Post absenden noch welche empfangen. Im Jahre 1916 versammelten sich die in der Stadt ansässigen Deutschen, um für die Sache ihres Vaterlandes zu demonstrieren. 175 000 Menschen demonstrierten für das kriegführende Deutsche Reich. Doch als die Vereinigten Staaten kurz danach, am 6. April 1917, in den Krieg eintraten, erklärte das *Milwaukee Journal*, man wolle «keine deutsch-amerikanischen Banken und deutschen Klubs mehr», und diese Haltung setzte sich durch. Das Standbild der Germania wurde vom Brumder Newspaper Building entfernt; die Zeitung *Germania* wurde in *Herold* umbenannt, es gab kein deutsches Theater mehr, aus dem «Deutschen Klub» wurde nun der Wisconsin Club. Die Männer rasierten die Schnurrbärte ab, die an Kaiser Wilhelm erinnerten. Sauerkraut wurde zum «Freiheitskohl», und ein Süßgebäck namens Bismarckrolle hieß jetzt «Schöne Amerikanerin». Die Bewegungsfreiheit der deutschen Mitbewohner wurde eingeschränkt – sie durften die Brücken über den Fluss nicht mehr benutzen –, auch war es ihnen verboten, die Umgebung von Fabriken zu betreten, weil hier mit Sabotage zu rechnen war. Man verschwendete reichlich gelbe Farbe an die Wohnstätten von Deutschamerikanern im Westen der Stadt, da die Bürger von «Amerikas rötlichster Stadt» sehr bald danach strebten, einander bei Loyalitätsbekundungen gegenüber den Vereinigten Staaten zu übertreffen.

Zeit ihres Lebens sollte Mildred Fish die Auswirkungen dieses Krieges nicht vergessen. Am Anfang stand im Jahr 1914 die Anweisung, der Krieg könne «nur insofern für eine Behandlung in der Schule von Interesse sein, als damit zusammenhängende geografische und handelspolitische Probleme sich automatisch auf die alltäglichen Gespräche der Kinder auswirken». Kein Lehrer aber solle «dazu anstiften oder es zulassen, dass sich ein Kind auf eine ablehnende Haltung gegenüber irgendeiner Nation einlässt».[13] Doch als im Mai 1915 die *Lusitania* vor Südirland von den Deutschen versenkt wurde, wobei fast 1200 Menschen ertranken, unter ihnen über hundert Amerikaner, änderte sich die Stimmung. Die Hoffnung des Deutschen Reiches, die Amerikaner könnten sich an seine Seite stellen, war dahin. Nun wurde es verboten, die Sprache

Goethes zu lehren. In den Aulen der Schulen erklangen patriotische Lieder. Die Schüler der West Side High School errichteten Fahnenstangen und stellten Tafeln zum Aushängen der Kriegsberichte auf. Die Mädchen der West Side High School nähten Fahnen, stopften Strümpfe und rollten Verbände auf. Mildred Fish wurde Kriegsberichterstatterin des *Comet*, und sie verfasste damals ein Gedicht, das man geradezu als Vorwegnahme ihres Schicksals verstehen kann.

Our Boys!

They saw the need – and went; their life
Narrowed in a sterner living,
Stripped of tinsel, leaving the bare intent:
To fight and love.
Perhaps a nobler life is theirs in death –
How little of the debt can we repay!
Even our gratitude they need not now!
'Tis not enough to give our thanks,
Thanks that they justified our high ideal. –
Oh, God, is ev'n the fullest measure of our lives
Enough to justify the sacrifice.
*The Comet*, 1917

Unsere Jungs!

Sie sahen die Notwendigkeit – und sie gingen; ihr Dasein
Wurde enger in einer strengeren Lebensführung,
Ihm fehlte der Flitterkram, übrig blieb nur der reine Wille:
Zu kämpfen und zu lieben.
Vielleicht führen sie im Tod ein edleres Leben –
Wie wenig können wir zurückzahlen, was wir ihnen schulden!
Selbst von unserer Dankbarkeit werden sie nichts erfahren!
Es reicht nicht, ihnen zu danken,
Dass sie unserem hohen Ideal gerecht wurden. –
O Gott, nicht einmal das volle Maß unseres Lebens reicht,
Um dieses Opfer zu rechtfertigen.
*The Comet*, 1917

Freundschaft, Liebe, Opfer, ein edles Leben: mit fünfzehn Jahren hatte sie ihre großen Themen formuliert. Später jedoch sollte Mildred Harnack ihren patriotischen Eifer bedauern.

Im Januar 1918 ergingen allgemeine Warnungen vor Lungenentzündung und Grippe. Als ob es ein Nachhall des Krieges wäre, sollte eine Epidemie über die ganze Erde hinwegfegen. Im Mittleren Westen wütete ein Wirbelsturm. In Milwaukee gab es den schwersten Schneefall seit zwanzig Jahren. Kohle konnte nicht geliefert werden, und auch die Müllabfuhr musste ihren Betrieb einstellen. Die Menschen hatten Schwierigkeiten, Milch und Brot zu beschaffen. Für Schaufeln wurden Höchstpreise gezahlt, da die Bewohner der Stadt Gräben ausheben mussten, um sich ihren Weg durch hüfthohen Schnee zu bahnen. William Fish wurde unter einer meterhohen Schneeverwehung in einem Stall, in den ihn seine Frau verbannt hatte, tot aufgefunden. Er war einsam und allein, hatte seine Pferde verkaufen müssen, um Schulden zu bezahlen. In seinem kleinen Büro war der Heizofen ausgegangen, doch das Gaslicht brannte immer noch.

Das war ein Schock für Mildred. Einige Jahre später verfasste sie eine Geschichte unter dem Titel «Der Tod des Frank Burke» über dieses Thema. Sie zog es vor, ihren Vater als «immer noch hochgewachsen und aufrecht» in Erinnerung zu haben. Doch «in der Art wie er sich verhielt, konnte man auch Spuren seiner früheren Arroganz und Angeberei erkennen».[14] Mildred Fish beschrieb den Tod ihres Vaters als «Schwindsucht». In der Sterbeurkunde des Vaters ist sehr viel nüchterner von «akuter Herzmuskelentzündung» die Rede. Am Mittwoch, den 9. Januar, erschien eine Todesanzeige im *Milwaukee Journal*. Um acht Uhr früh sollte ein Trauergottesdienst für William Cooke Fish stattfinden, der «61 Jahre, 10 Monate und 26 Tage alt» geworden war. Er wurde «im Kreise seiner Familie» in Menomonee Falls bestattet.

Im Rückblick war die Familie davon überzeugt, dass sie ohne ihn besser zurechtkommen könne. Wenn seine Frau auch Bedauern zum Ausdruck brachte, dass sie nicht freundlicher zu William gewesen war, stand es ihr nun frei, nach Washington umzuziehen, wo es bei den Bundesbehörden Nachfrage nach Bürokräften gab.

Niemand erinnert sich daran, dass Mildred Harnack je über ihren Vater gesprochen hat. Sie erwähnte ihn auch nie in den Hunderten von Briefen, die sie an ihre Mutter schrieb.

Ihre stärksten Gefühle wurden durch ihre Trennung von Grace Carlsruh geweckt. An einem Julimorgen begegneten die beiden einander zum letzten Mal. Mildred trug einen tiefgrünen Umhang und umklammerte ihren Strohhut, der mit einem passenden grünen Band verziert war. Als sie zu Grace zurückblickte, die an der Ecke stand, war ihr Gesicht «von Schmerz und Trauer gezeichnet».[15] Mit Tränen in den Augen bestieg Mildred den Zug, der sie nach Washington bringen sollte.

Die vier Fotos, die Mildred Fish im nächsten Jahr zusammen mit Rileys Gedichtband an Grace Carlsruh schickte, zeigen ein hochgewachsenes, schmales Mädchen mit elegantem langem Hals, scharf geschnittener Nase, üppigem Mund und hellem Teint. Den Kopf hielt sie in der gewohnten Weise schräg. Zwar war sie noch nicht die Schönheit, die sie einmal werden sollte, aber sie wirkt lebhaft, selbstsicher, lächelnd und recht kokett auf dem Bild, auf dem sie ihr volles blondes Haar zeigt, das bis unter die Taille ihrer Matrosenbluse herabfällt.

In Washington trat Georgina Fish eine Stellung als Stenografin im Amt für Kriegsveteranen an. Weil ihre Töchter Harriette und Marion verheiratet waren und ihr Sohn Bob auf einer gepachteten Farm in der Nähe von Madison seinen Lebensunterhalt zu verdienen versuchte, konzentrierte sich Georgina Fish ganz und gar auf Mildred, die nun im Mittelpunkt ihrer Träume und Hoffnungen stand. Harriettes Ehemann, Fred Esch, überließ ihnen ein zur Straße gelegenes, braun tapeziertes Schlafzimmer in dem zweistöckigen weißen Holzhaus an der Brookville Road in Chevy Chase, einem Ort in dem unmittelbar an Washington grenzenden Bundesstaat Maryland. Er pflanzte eine Ulme, damit sie eine Erinnerung an die Heimat hätten. Mildred lebte nun mit zwei kleinen Nichten zusammen, Jane und Marion, um die sie sich kümmerte. In der Abschlussklasse schloss sie in der Western High School neue Freundschaften. Die Schule lag im vornehmen Washingtoner Stadtteil Georgetown, was lange Fahrten mit der Straßenbahn bedeutete.

Western High galt in Washingtons Gesellschaft als die beste öffentliche Schule; Abgeordnete des Kongresses und zahlreiche Diplomaten schickten ihre Kinder dorthin. Hier wurde nicht nur auf eine solide wissenschaftliche Vorbereitung auf die Hochschule Wert gelegt, sondern auch die «große erzieherische Kraft» des Speisesaals hervorgehoben: «fleckenlose Tischdecken, glänzendes Silber, schönes Porzellan und gepflegte Dekorationen». Einer der Mitschüler, der mit an Mildreds Tisch saß, war der Nachbarsjunge Francis Birch. Er wurde ihr Vertrauter und zeitweilig auch ihr Verehrer. Birch hatte Mildred als «eine sehr liebenswürdige Person» in Erinnerung. Sie war «nach innen gekehrt und sorgte sich um Dinge», so versicherte er mir, aber «ihr Interesse an sozialen Fragen machte sie zu einer leichten Beute für Leute, die sich wünschten, dass sie sich engagiere».

Beide arbeiteten an der *Western Breeze* mit, der Schulzeitung, die von der Journalismusklasse unter Margaret Merrill herausgegeben wurde, und sie zählten auch zu den Redakteuren des Jahrbuchs *The Trailblazer.* Margaret Merrill leitete auch die Theatergruppe. 1919 übernahm Mildred die Rolle der Prinzessin Angelica, als man vor ausverkauftem Haus Thackerays Stück «The Rose and the Ring» spielte. Außerdem trieb sie Sport, sicherte sich einen Platz im Basketball- und im Baseballteam. Ihre Klassenkameraden wählten sie zu ihrem Klassendichter. Der Text zu ihrem Bild im Jahrbuch, verfasst von ihren Klassenkameraden, charakterisiert Mildred im Alter von sechzehn Jahren:

Her writings have that touch of skill,
Which will yet lead to fame;
And in the drama speaking
Her ability's the same.

Ihre Schriften zeugen von Können,
Das zur Berühmtheit führen wird.
Und wenn sie Dramen vorträgt,
Stellt sie dieselbe Fähigkeit unter Beweis.

Es gibt kaum Berichte über die ersten zwei Jahre nach ihrem Schulabschluss. Im ersten Jahr scheint sie gearbeitet zu haben, möglicherweise im Amt für die Kriegsveteranen, wo «Effizienz bedeutete, dass jeder wie eine Maschine arbeitete».[16] Während des letzten

Jahres, das sie in der Hauptstadt verbrachte, besuchte sie die George-Washington-Universität. Dort gefiel es ihr nicht. Sie litt unter Heimweh. Sie war eben ein Mädchen aus Wisconsin, und es entsprach der Familientradition, die Universität des Staates Wisconsin zu besuchen. Daher kehrte sie im Herbst 1921 mit ihren Ersparnissen und mit Geld, das sie von ihrer Mutter erhalten hatte, nach Wisconsin zurück. Nach Ansicht ihrer Schwester Harriette hatte sie viel zu viel Geld bekommen; sie hatte das Gefühl, Mildred habe die Mutter ausgenutzt.

4

# Die Nonkonformistin

Mildred an der Universität von Wisconsin, 1926

Während ich die Papiere von Louis Lochner durchsah, der einmal Mildred Harnacks alte Schule, die Western Division High School in Milwaukee, besucht hatte und später – während des Dritten Reichs – Chef des Berliner Büros von Associated Press war, stieß ich auf ein langes Gedicht – «To and from the Guillotine» –, das Mildred Harnack gewidmet war. Im Jahre 1947 hatte die Verfasserin, Clara Leiser, ihre Verse an Lochner geschickt und ihn um Unterstützung bei der Gründung einer Mildred-Fish-Harnack-Stiftung gebeten. Damals schrieb Frau Leiser: «Es ist fast unglaublich, dass sich hier in Amerika niemand für diesen Fall interessiert.» Ihr Gedicht schildert Mildred Harnack bei der Arbeit in der Todeszelle und rief die letzten beiden Zeilen des «Faust» ins Gedächtnis: «Das Ewig-Weibliche zieht uns hinan.»

Clara Leiser war die Empfängerin der Postkarte, in der Mildred geschrieben hatte: «Schreib mir lieber nicht, aber vergiss mich nicht.» Diese Karte hatte Mildred Harnack 1939 in London abgeschickt. Wie ich erfahren sollte, vergaß Clara Leiser tatsächlich nicht nur ihre Freundin nie, sondern im Laufe der Jahre wurde sie zur selbst ernannten Hüterin ihrer Legende und bewahrte einige ihrer Briefe. Vor langer Zeit hatte sie Mildred Harnack versprochen, wenn notwendig, Zeugnis von den antifaschistischen Taten der Harnacks abzulegen, falls jemand sie beschuldigen sollte, «Nazis [gewesen] zu sein».

*«Sie war wohl eine Kommunistin», sagte Frau Leiser am Telefon, als wolle sie mich von meinen Erkundungen abhalten. Ihre eigenen Versuche, ein Ehrenmal für Mildred Harnack zu errichten, waren, so behauptete sie, von «diesem üblen Burschen aus Wisconsin» sabotiert worden, und damit meinte sie Senator Joseph R. McCarthy. Mildred Harnacks Schwester Harriette hatte eine verantwortliche Stellung im Arbeitsministerium inne und fürchtete Enthüllungen mit Mildreds kommunistischem Hintergrund. Auf ihre Bitten hin stellte Clara Leiser «in der Ära McCarthy» alle weiteren Bemühungen ein. Wenn sie auch die Erinnerungen an ihre «glückstrahlende Freundin» pflegen wollte, stimmte sie doch mit Harriette insoweit überein, dass «wir Mildred nicht zum Objekt der Verehrung machen sollten».*

*Außerdem meinte sie, wenn ich die Absicht hätte, eine Biografie zu schreiben, so sei sie sich nicht sicher, ob sie mir helfen wolle. Doch rief sie mich gelegentlich an, um Fragen zu stellen, und am Ende erwärmte sie sich für mein Projekt. Schließlich, nach mehreren Terminverschiebungen, kletterte ich die vier Treppen zur obersten Etage eines wunderbaren alten Sandsteinhauses am St. Luke's Place in New York hinauf, um Clara Leiser aufzusuchen und den Karton zu sehen, der das Material enthielt, das sie seit 1945 gesammelt hatte.*

*Clara Leisers Gefühle Mildred Fish gegenüber waren durchaus zwiespältig; ihre Anekdoten begannen hochherzig, aber sie schaltete mitten im Nachdenken um und brachte dann auch negative Aspekte zum Ausdruck. «Sicher sah Mildred gut aus, aber sie konnte auch ziemlich derb sein. Sie hatte schreckliche Tischmanieren», berichtete sie einmal. Sie behauptete, Mildreds engste Freundin gewesen zu sein, und es hatte zwischen 1933 und 1939 gegenseitige Besuche gegeben – vier in Berlin, einen in New York. 1935 sahen sie sich gemeinsam in Berlin einen Schauprozess an. Danach drängte Clara Leiser ihre Freundin, das Land zu verlassen, doch Mildred erwiderte anspielungsreich: «Einige von uns haben das Gefühl, wir müssen bleiben, um die Entwicklungen genau zu beobachten.»*

*Im August 1939 hielt sich Clara Leiser erneut in Berlin auf und traf Mildred Harnack bei dieser Gelegenheit zum letzten Mal. Mildred gab ihr einen Geldbeutel mit, in dem Clara Leiser einen Diamanten für einen Flüchtling aus dem Land schmuggelte. Clara Leiser schrieb, übersetzte oder lektorierte drei Bücher über Deutschland. 1940 wurden diese von den Nationalsozialisten «zum Schutz von Volk und Staat» verboten.[1] Während der Kriegsjahre war sie in der Flüchtlingshilfe tätig.*

*Wir sprachen über das Gedicht, das sie zu Ehren von Mildred Harnack geschrieben hatte. Die Verse waren ihr ganz plötzlich in den Sinn gekommen. Spät an einem Sonnabend im Jahre 1945 befand sie sich auf dem Heimweg, nachdem sie einen Brief an Mildred Harnacks Schwester aufgegeben hatte, in dem sie ihre letzte Begegnung mit Mildred während des Krieges schilderte.*

*«Der Beginn war eindringlich. Es musste einfach niedergeschrieben werden. Die Verse strömten nur so heraus», erinnerte sie sich. Ihr Lehrer, William Ellery Leonard, hatte einmal zu ihr gesagt: «Ob du jemals etwas leisten wirst, wird davon abhängen, ob dich jemals etwas genügend bewegt.» «Natürlich», so sagte sie, «geschah genau das, als ich von Mildreds Tod erfuhr.»*

«Madison ist meine Heimat wie kein anderer Fleck auf Erden», so schrieb Professor William Ellery Leonard in seiner Autobiografie, «ich brauche diese stillen Binnenseen und Klippen, diese bewaldeten Ufer, diese langen Felsentäler, die sonnigen, von Eichen umstandenen Lichtungen und auch die Westwinde von Wisconsin. [...] Madison war für mich eine ganz besondere Stadt, die Kuppel des Kapitols auf einem Hügel, die Kuppel der Universität auf einem anderen, und beide Kuppeln spiegelten sich im Wasser, das gab es in keiner anderen Stadt. Dann waren da die Wohnviertel, die Fabriken und die Geschäfte; wie in keiner anderen Stadt waren sie von nahe gelegenen Maisfeldern umgeben, und daran grenzten Wälder voll wilder Blumen.»[2]

Madison war in den zwanziger Jahren der Inbegriff einer amerikanischen Stadt. Es war das Vorbild für «Our Town» [«Unsere kleine Stadt»], das Schauspiel von Thornton Wilder, dessen Vater Amos Eigentümer und Herausgeber des *Wisconsin State Journal* war, einer der beiden Lokalzeitungen. Wie Athen, mit dem es von Lokalpatrioten verglichen wurde, war Madison eine Stadt, in deren Mitte sich zwei markante Hügel erhoben. Auf einem der Hügel befand sich die Universität. Ein Student, der auf die höchste Etage von Bascom Hall, den Parnass der Dichter und Denker, stieg, schaute auf das wettergegerbte Bronzestandbild des «Großen Emanzipators» auf der Wiese des unteren Campus hinab, er sah auch die Hot-Dog-Karren und Popcorn-Buden entlang der State Street und gegenüber das weiße Kapitol aus Granit, Sitz eines der progressivsten Staatsparlamente der Vereinigten Staaten.

Madison war zwar eine kleine Stadt, aber keineswegs provinziell. Ältere Bewohner erzählen noch heute voller Stolz, dass es auf der North Western Railway einen Schaffner gab, der, wenn der Zug in den Bahnhof einfuhr, zu rufen pflegte: «Madison, Hauptstadt der Welt.» Es lag etwas in der Luft, etwas, was man das «Summen der Kultur» nannte. Für kulturelle Vielfalt sorgten Konzerte, Bridgezirkel, Theatergruppen und ein Klub der Naturwissenschaftler sowie ein Verein, der jede Woche einmal zusammentraf, um nach dem Genuss von Tee Homer zu lesen – und zwar im griechischen Original. Der Snobismus war eine rein intellektuelle Angelegenheit, im Übrigen war man egalitär eingestellt. Die gesellschaftlich maßgebende Gertrude Slaughter, Ehefrau des Dekans der Fakultät für klassische Philologie, schrieb in ihren Erinnerungen: «Nirgends habe ich weniger Respekt vor dem allmächtigen Dollar erlebt. Wenn unsere einzige reiche Erbin einen armen Mann mit Geist heiratete, dann galt das als höchst angemessen; ganz anders wurde es gesehen, wenn eine Frau aus einer der guten alten Familien einen reichen Mann heiratete, der über keinerlei geistige Gaben verfügte.»[3]

Es gab viele berühmte Besucher. Einer von ihnen, Horace Greeley, bemerkte: «Madison hat unter allen Städten des Landesinneren die großartigste Lage.»[4] Das war keineswegs auf irgendeine bemerkenswerte Weitsicht oder sorgfältige Planung der Stadtväter zurückzuführen, vielmehr schlängelte sich die Stadt entlang einer Gruppe wunderschöner Seen mit indianischen Namen – Mendota, Wingra, Monona und Waubesa.

Madisons breite Straßen durchschnitten weite Rasenflächen. Die Gebäude der Universität und einige stattliche Wohnhäuser in der Langdon Street waren aus dem honiggelben Sandstein der Region erbaut; die meisten Privat- und Logierhäuser lagen in Sackgassen um den Campus herum; es handelte sich um weiße Holzbauten. Der Campus, der an die von Bäumen eingefassten Buchten des Mendotasees grenzte, wirkte wie ein ländliches Idyll: Auf der Wiese vor der landwirtschaftlichen Fakultät grasten immer noch Kühe. Picknicks, die das ganze Jahr über stattfanden, Erntedankfeuer im Herbst, Vergnügungen auf dem Eis im Winter, Serenaden auf der Sorority Alley in Frühlingsnächten, Sonnenbäder an den Landungsstegen der Verbindungshäuser und das träge Dahintreiben von Kanus im Sommer waren für das Leben auf dem Campus weit wichtiger, als sie es heute sind. Mildred Harnacks persönliche Erinnerungen sind stark mit den Naturschönheiten von Madison verwoben – dem Aussichtspunkt am Wingrasee, von dem man die Sonnenuntergänge beobachtete, dem Picknickplatz am Mendotasee.

Als Mildred Fish 1921 auf dem Campus von Madison eintraf, war der Kampf um die Frauenrechte kein großes Thema mehr. Der 19. Verfassungszusatz hatte ihnen 1920 endlich das Wahlrecht zugestanden. Die typische Feministin der Jahrhundertwende war noch ein recht exklusives Geschöpf. Sie wählte sich unter den elitären «Sieben Schwestern» ein College aus und entstammte den obersten

Schichten des Mittelstands. Die jungen Frauen der Generation Mildred Fishs stammten aus einer neuen Schicht. Nach dem Krieg strömten Frauen aus dem unteren Mittelstand, ja sogar aus ärmeren Kreisen in staatliche Universitäten wie Wisconsin. Wie Mildred Fish finanzierten sie ihr Studium durch Arbeit, wenn es ihnen nicht gelang, Stipendien zu erlangen.

Während ihres ersten Jahres auf der Universität arbeitete Mildred Fish für das *Wisconsin State Journal* und schrieb Theater- und Filmkritiken. So kam sie an Eintrittskarten für kulturelle Veranstaltungen. Ihre Kritiken im *State Journal* waren nicht namentlich gezeichnet, aber möglicherweise war sie im Fuller-Theater dabei, als Richard Strauss bei einem Liederabend die Sängerin Elizabeth Schumann am Flügel begleitete. Ganz gewiss aber wird sie die Pavlova gesehen haben, denn sie war «verrückt auf Ballett». Das *State Journal* ließ Mildred Fish später Hauptartikel schreiben, schließlich wurde sie Gesellschaftsredakteurin.

In den zwanziger Jahren erlebte Madison die Qualen der Prohibition, sie waren besonders schlimm für eine Stadt, die zu Recht auf ihre Brauereien stolz war. Mit dem Frieden brach der 18. Verfassungszusatz (1920) über das Land herein, der Verkauf und Herstellung, Import und Export von Alkoholika untersagte. Nun, so behaupteten die Verfechter der Enthaltsamkeit, könne eine Frau in völliger Sicherheit unbegleitet die State Street entlanggehen, ohne auf Kneipen und Ähnliches zu stoßen. Doch weil das Zechen nun in aller Heimlichkeit vor sich ging, wurde es für die Studenten zu einer außerordentlich attraktiven Freizeitbeschäftigung. Im Jahre 1921 widersprach die für das Frauenstudium zuständige Dekanin Behauptungen in der überregionalen Presse über «Sauforgien»; auch stimme es nicht, dass die «Mädels ihre Kleider ablegten und in den Heimen für Studentinnen fast nackt getanzt hätten».[5]

Derlei Berichte über sexuelle Liederlichkeit beruhten zweifellos auf Übertreibungen. Prosaische Wirklichkeit war dagegen die Sperrstunde um 22 Uhr, die in Studentenheimen, Logierhäusern und Verbindungshäusern strikt durchgesetzt wurde. Wenngleich die Bücher der Autoren Richard Krafft-Ebbing, Havelock Ellis und Sigmund Freud von Hand zu Hand gingen, wurde Sexualität eher befürwortet als praktiziert. Horace Gregory, ein Zeitgenosse Mildreds in Wisconsin, fragte sich, «ob es je eine Zeit gegeben habe, da

Studenten und akademische Lehrer so freimütig über das Intimleben tratschten. Selbst in vollkommen unschuldig aussehenden Salons und Musikzimmern herrschte eine verschwörerisch-bekenntnisfreudige Stimmung, wann immer ein Teewagen, beladen mit Kuchen und Kressebroten, ins Blickfeld geriet.»[6]

Die «Griechen», Verbindungen von Studenten und Studentinnen, die sich mit griechischen Buchstaben bezeichneten, beherrschten das Leben auf dem Campus. Einer, der dazugehörte, berichtet: «Wer nicht eine Art von Dingsda an seiner Uhrkette hat, ist tatsächlich arm dran.» Die «Griechen» leiteten die Clubs und *The Cardinal,* die Zeitung der Hochschule. Sie stellten die «Homecoming Queens» und die führenden Football-Spieler. Da es nur zwei Wohnheime für Studentinnen gab, traten viele den weiblichen Verbindungen in der Langdon Street bei, um so den Logierhäusern und den Mahlzeiten in der Mensa zu entgehen.

Mildred Fish schloss sich keiner der Verbindungen für Studentinnen an. Da sie ihr Studium durch Arbeit finanzierte, hatte sie dafür weder Zeit noch Geld. Sie hatte das Unabhängigkeitsstreben ihrer Mutter geerbt und schien angesichts ihres Rangs als «Barbarin» keinerlei Bedauern zu verspüren. Zuerst lebte sie im *Journalism House* auf der Frances Street, einem Genossenschaftsheim, das Frauen offen stand, die sich für eine journalistische Laufbahn interessierten. Die Unterkunft hatte den zusätzlichen Vorteil, dass sich hier Journalisten und Autoren, darunter viele Frauen, zu Vorträgen einfanden. Einige brachten die typischen Vorurteile ihrer Zeit zum Ausdruck. So verkündete Mrs. Frank B. Morrison, eine Journalistin: «Weibliche Journalisten sind den männlichen im Allgemeinen unterlegen, besonders als Reporter. Es gibt aber einiges, was die Frauen bei einer Zeitung besser erledigen können als Männer. Sie sollten aber in der Regel die Finger von Aufgaben lassen, die ein Mann gut erledigen kann, etwa auf dem Gebiet der politischen Berichterstattung.» Eine erfolgreiche Zeitungsjournalistin muss «den menschlichen Charakter beurteilen können und Selbstvertrauen kultivieren, statt sich auf andere zu verlassen».[7]

Bekam Mildred Fish die Schroffheit solcher Behauptungen beim *State Journal* zu spüren, wo sie sich in den traditionell weiblichen Gettos der Gesellschafts- und Kulturberichterstattung abmühte? Konnte das Geschwätz einer Mrs. Morrison oder sonst irgendetwas zu Mildreds Fachwechsel beigetragen haben? Sie entschied sich jedenfalls für das Hauptfach Geisteswissenschaften und studierte daneben englische Literatur.

Nachdem Mildred Fish *Journalism House* verlassen hatte, lernte sie viele Logierhäuser kennen. Sie schloss sich einer Gruppe von Poeten und Radikalen beim *Wisconsin Literary Magazine* an, die immer wieder ihre Verachtung für die «Griechen» zum Ausdruck brachten. Das *Lit* liebte es, die verschiedenen Typen auf dem Campus satirisch zu behandeln – da gab es «Teesüchtige», «vorlaute Backfische», «Intellektuelle», kurzum: «die Schönen und die Schweigsamen». Mildred Fish geißelte die Oberflächlichkeit der Studenten der Staatsuniversität von Wisconsin in zwei Beiträgen: in einem Sketch unter dem Titel «Silber und Gold» und in einem ätzenden Aphorismus:

Universitätsbildung

> Eine riesige Raupe mit fünftausend Köpfen, zehntausend Augen, zehntausend Beinen kriecht jeden Morgen auf den Hügel; kostet lustlos von der Nahrung, die andere ihr vorsetzen; und dann kriecht sie wieder hinunter. Ihren Kokon soll sie in vier Jahren fertig gesponnen haben und sich in einen Schmetterling verwandeln.[8]

Und prompt kam Kritik vom *Daily Cardinal*:

> Mildred Fishs Vorstellung von universitärer Bildung ist doch vollkommen falsch. Niemand hat je gehört, dass der Verwaltungsrat die Empfehlung ausgesprochen hat, vier Jahre ein College zu besuchen, um dann ein Schmetterling zu werden. [...] Einige werden als Schmetterlinge geboren, andere stellen Schmetterlinge her und wieder anderen (etwa College-Professoren und dem *Wisconsin Literary Magazine*) werden Schmetterlinge aufgedrängt.[9]

Das *Lit* wurde in diesen großen Tagen der «kleinen Zeitschriften» hoch geschätzt; man konnte es selbst in New York an Zeitungsständen erwerben. Es war außerdem chronisch verschuldet und wurde häufig kritisiert, weil es zu intellektuell sei, auch seien ihm die Sorgen der gewöhnlichen Studenten allzu fremd. Sein Konkurrent, der *Daily Cardinal,* beschuldigte das *Lit,* es werde für seine Autoren, nicht für seine Leser gemacht. Während des Weltkriegs, so behauptete die Zeitung, habe die Zeitschrift «wegen ihrer pseudo-linksliberalen Tendenz einen schlechten Ruf» gehabt. Damals hielten es «einige Intellektuelle für ein Kennzeichen von Fortschrittlichkeit, wenn sie den Patriotismus heruntermachten». Den «Makel des Bolschewismus» schleppte das *Lit* bis weit in die zwanziger Jahre hinein mit sich.[10]

Die Autoren, die in den frühen zwanziger Jahren für diese Zeitschrift schrieben – Kenneth Fearing, Margery Latimer, Horace Gregory, Stanley Weinbau, Marya Zaturenska –, waren äußerst bemerkenswert, auch wenn sie heute nahezu vergessen sind. Fearing, ein Dichter der dreißiger Jahre, der regelmäßig in der *New Masses* publizierte, ist am ehesten wegen seines Spannungs-Klassikers «The Big Clock» in Erinnerung geblieben. Stanley Weinbaum, der 1935 im Alter von 33 Jahren an Krebs starb, war einer der ersten bedeutenden Sciencefiction-Autoren Amerikas. Andere Mitarbeiter des *Lit* erfreuten sich eines längeren Lebens, unter ihnen der Kolumnist Marquis Childs und Emily Hahn, eine vielseitige Autorin des *New Yorker.* Die Mitarbeiterin, deren Begabung sich am frühesten zeigte, Margery Latimer, veröffentlichte zwei Bände Kurzgeschichten und zwei Romane, ehe sie im Alter von 33 Jahren im Kindbett starb. Margery Latimer war hoch gewachsen und kräftig gebaut, sie hatte rotgoldenes lockiges Haar, große porzellanblaue Augen und trug mit Vorliebe hochtaillierte Kattunkleider. Ein Freund erinnert sich, wie sie über den Campus schritt: «Immer ganz allein, abgesehen von den gepflegten Jungs und Mädels, die aus einiger Distanz nachzuahmen versuchten, was mir als eine elegante Haltung erschien, die sich an der jeweils jüngsten Ausgabe von Modezeitschriften wie *The Smart Set* oder *Vanity Fair* orientierte.»[11]

Margery Latimers Verehrer Kenneth Fearing war ein schlagfertiger Typ und suchte stets nach einem zündenden Bonmot. Margery Latimer beschrieb ihn folgendermaßen: «Jung, zynisch, anbetungswürdig, ein Beobachter des Lebens, ein Gast.»[12] Sie zitierte sehr gern einige seiner beißenden Sprüche: «Romantik ist die Vorstellung eines jungen Mannes vom Leben, wie es einmal sein wird; Realismus ist die falsche Auffassung eines alten Mannes von dem, was es war.»[13] Margery überwand ihre Abneigung vor Kenneth Fearings unsauberem Haar, seinen zerschlissenen Hosen und seinem «Aussehen, als habe er in Kleidern geschlafen»; allerdings hielt sich das Gerücht, sie sorge dafür, dass er gelegentlich ein Bad nehme.[14] Als sie ihn einmal fragte, wohin er gehe, verkündete Fearing: «Ich erfülle eine staatsbürgerliche Pflicht und lasse mir die Haare schneiden.»[15]

1922, als Mildred feste Mitarbeiterin wurde, waren die mit Engagement und Leidenschaft arbeitenden Redakteure der Kriegsjahre längst durch tuntige und schwuchtelige Typen ersetzt worden, «die Villanellen schrieben [einfaches, dreistimmiges Kunstlied], Balladen, Ghaseln [Gedichtform der orientalischen Lyrik], Palinodien, Ringelgedichte, Chansons. [...] ohne den geringsten Zusammenhang mit dem, was die Autoren möglicherweise erlebt haben konnten».[16] Im Jahre 1923 wurde Fearing, der selbst schneidende, sarkastische Texte verfasste, Herausgeber, und damit veränderte sich das *Lit,* um nun seinen und Margery Latimers Geschmack widerzuspiegeln. Die Redakteure trafen sich freitags um 16 Uhr in einem verqualmten Raum des Gebäudes der Student Union mit Blick über den Mendotasee. Hier wurden eingegangene Werke vorgelesen. An Stilblüten herrschte kein Mangel: «Seine Gedanken waren wie Äpfel, die mit Stahl an stacheligen Zweigen befestigt waren.» Zunächst wurde diskutiert: «Um Gottes willen, aufhören! Muss man sich denn solchen Mist anhören?» Dann wurde abgestimmt: «Wer für diesen Beitrag ist, möge bitte die rechte Hand heben.» Die Entscheidung war negativ: «Das Gedicht ist abgelehnt.» Normalerweise lautete Kenneth' Tadel: «Viel zu sentimental.»[17]

Obwohl das Auswahlverfahren «demokratisch» sein sollte, war Kenneth' Stimme doch entscheidend. Die Sitzungen wurden in einem nahe gelegenen Restaurant fortgesetzt, wo es ständig Anzeichen von Revolte gab. Margery Latimer spielte gewöhnlich die Rolle des Boten, der schlechte Nachrichten bringt; sie setzte Redakteure vor die Tür, lehnte Einsendungen ab. Mildred Fish hatte die undankbare Aufgabe, neue Mitarbeiter zu gewinnen und sich um Beiträge zu bemühen. Einmal gab Fearing die Ausrichtung eines Wettbewerbs bekannt. Das Preisgeld betrug zehn Dollar. Es sollte für den besten Einzelbeitrag vergeben werden, selbstverständlich war er der Juror. Die Bemühungen, ein größeres Publikum für die Zeitschrift zu finden, waren so gut wie erfolglos, weil die Neigungen der Redakteure eher auf Exklusivität denn auf Breitenwirkung gerichtet waren.

In Jahre 1923 erlebte das *Lit* eine Krise, die Zahl der Leser nahm ab. Fearing verfasste einen Leitartikel, in dem er die eingeschlagene Richtung heftig gegen Vorwürfe verteidigte, das Blatt sei «intellektuell zu hochgestochen», es habe sich dem Boden entfremdet, aus dem es eigentlich hätte hervorgehen sollen, kurzum es betreibe, «keine Konkurrenz mit [für Kinder gedachten Zeitschriften wie] *St. Nicholas* und *The American Boy*».[18] Der *Daily Cardinal* reagierte mit heiterem Spott: «Kenneth Fearing, Chefredakteur der melancholischen Blicke und der gedrückten Stimmung, trägt eine Verteidigung der *Lit*-Ausgabe des letzten Monats vor, die mit einem einzigen Wort charakterisiert werden kann: verstörend.»[19]

Professor Leonard, der Außenseiter des Fachs Anglistik, der bevorzugte Lehrer der Redakteure und regelmäßige Lieferant von Beiträgen für das *Lit,* wehrte den Angriff ab. Im *Daily Cardinal* pries er die Bemühungen des *Lit,* Bestandteil der aktuellen Literaturszene zu sein, und richtete die Aufmerksamkeit auf ein tiefer liegendes Problem: «Das Ärgernis besteht darin, dass die Studenten sich für das Universum von Kunst und Literatur nicht interessieren, sie haben keine humanistischen Interessen. Es ist nicht nur so, dass sie keine literarischen Zeitschriften lesen; sie lesen auch sonst nichts. Studenten interessieren sich nicht für Meinungen, Ideen oder kreatives Tun. Dieser Mangel, der sich bei ihren Lesegewohnheiten offenbart, zeigt sich ebenso in ihren Gesprächen.» Dann schließt er sich der ewigen Klage der Professoren über die Studenten an: Sie interessieren sich nur dafür, ihre Lehrveranstaltungen zu absolvieren, nicht aber dafür, etwas für sich mitzunehmen; sie sehen im College eine Vorbereitung für irgendwelche Jobs, nicht aber für ein gehaltvolles Leben und für Erfolge auf anderen Gebieten als dem Sport.[20]

Mildred Fish stellte fest, der Universität fehle es an «großer Rhetorik – an gegenseitigen Anregungen zwischen freisinnigen, kreativen Köpfen – und an einer goldenen Ruhe sowie schließlich daran, dass man Gedanken langsam wie Rauch in den Geist eindringen lässt».[21] Sie verabscheute Oberflächlichkeit und schrieb im *Lit:* «Über diese Frau bin ich entsetzt. Wenn ich mit ihr rede, fühle ich mich wie ein mottenzerfressener Teppich. Mit dem feuchtkalten Rüssel ihres Geistes, mit dem ständigen mechanischen Gesumme ihrer Worte fährt sie wie ein Staubsauger über mich her und zieht mir die Fäden meiner Gedanken heraus, säubert mich, bis ich fadenscheinig bin.»[22]

Am Ende war Fearing zum Rücktritt gezwungen, nachdem Kritiker ihm vorgeworfen hatten, seine Redaktionspolitik sei «provozierend, sarkastisch, unerträglich menschenverachtend, höhnisch und verletzend». Als man ihn ins Dekanat vorlud, gab er bekannt: «Ich bin zum Rücktritt bereit.»[23] Mit der bei ihm üblichen Schlagfertigkeit fügte er hinzu: «Nun, wo der misanthropische Herausgeber nicht mehr da ist, wird die Universität eine sichere Heimstätte für Demokratie und Sittlichkeit sein.»[24] Die große Zeit dieser Zeitschrift war vorbei. Die meisten der Autoren, darunter Mildred Fish, verloren das Interesse.

Zwei Jahre lang war das *Lit* für Mildred Fish das Ventil ihrer Kreativität gewesen. Als Redakteurin trug sie Gedichte, Aphorismen und zwei Sketche bei. Hier erlangte sie zum ersten Mal Anerkennung als Autorin. Außerdem machte sie die für sie neue Erfahrung, was es bedeutet, eine unpopuläre Sache zu unterstützen, bei einem ernsthaften und harten Kampf zu verlieren. Sie fühlte sich solidarisch mit der kleinen, tapferen Gruppe, die gegen das Spießertum ankämpfte.

William Ellery Leonard, der Prototyp des Nonkonformisten, war der Professor, der auf Mildred Fish den größten Einfluss ausübte. Unter seinem prüfenden Blick, dem nichts entging und der nichts durchgehen ließ, gelangte sie zur geistigen Unabhängigkeit, denn er glaubte mit allem Nachdruck an den Grundsatz des radikal-indivualistischen Philosophen und Dichters Emerson, der auf dem Umschlag seiner Autobiografie zu finden war: «Nichts ist heilig, außer der Integrität deines eigenen Geistes.» Sein Seminarraum war der erste Prüfstand, auf dem Mildred lernte, ihre Ansichten frei zum Ausdruck zu bringen, denn «Mister Leonard» war der Überzeugung, eines der Kennzeichen eines guten Lehrers sei «das unbewusste Gespür für einen Geist, der noch nicht ganz zu sich selbst gefunden hat». Oft machte er zu bestimmten Themen schneidende Bemerkungen: «Macht eigene Erfahrungen.» «Strebt nach intellektueller Redlichkeit.» «Überwindet alle Sentimentalitäten.» In späteren Jahren erinnerte sich Mildred an seine Lehrveranstaltungen wegen des Bemühens um schriftliche Klarheit: Eine Aufgabe bestand darin, die genaue Bedeutung von Begriffen wie etwa «Propaganda», «Sozialismus» und «Radikalismus» herauszuarbeiten.

William Leonard war einer der schillerndsten und umstrittensten Männer, die die Fakultät je gesehen hatte. Zu seinen Lebzeiten eilte Leonard ein geradezu legendärer Ruf voraus, die Lokalzeitungen brachten auf der ersten Seite Artikel, in denen von seinen Eskapaden berichtet wurde. Machte man Leonard einen unerwarteten Besuch, so war, wie Ernest Meyer schrieb, damit zu rechnen, «dass er mit einem zu Gast weilenden Gelehrten aus Oxford, einem deutschen Gestaltpsychologen oder einem russischen Historiker beschäftigt war, eventuell auch mit einem Archäologen, der gerade erst aus Kleinasien eingetroffen war, oder aber mit Kollegen von der eigenen Hochschule, die sich mit Astronomie, Paläontologie und anderen Feldern der exakten Wissenschaften beschäftigten, von denen er weit mehr wusste, als man von einem Laien erwarten konnte.»[25]

Über einen Meter achtzig groß, schlank, mit wallendem, vorzeitig ergrautem Haar und schwarzen Augen war Leonard auch äußerlich eine auffallende Gestalt: Durchdringend blickte er durch seine Brillengläser, die Wörter brachte er explosionsartig hervor. Wie Mark Twain hatte er ein Faible für weiße Anzüge; und dies verband er wie Byron mit einer Vorliebe für lavendelfarbene Kreppkrawatten. Er litt unter Platzangst und war außerstande, Eisenbahnschienen zu überqueren; er nahm an, als kleines Kind habe ihm eine Lokomotive einen Schreck eingejagt. Er war in einem Dutzend verschiedener Sprachen und Literaturen zu Hause und wurde allmählich zu einem Gefangenen seiner Wohnung in der Murray Street. Seiner Angstzustände wegen fanden sich seine Studenten in seiner Wohnung ein.

William Leonard gewann die Bewunderung seiner Studenten aus genau den Gründen, aus denen Eltern und Dekane ihn ablehnten: Er schwelgte geradezu darin, unpopuläre Themen und Meinungen zu verfechten. So schrieb er beispielsweise Gedichte zur Unterstützung des Gewerkschafters Tom Mooney und des Sozialisten Eugene Debs. Während des Ersten Weltkriegs weigerte er sich, den Alliierten zuzujubeln. Er sah die Dinge so: «Die amerikanische Fahne wurde zu einem fremden Symbol, nicht unbedingt deshalb, weil sie über den Transporten gehisst wurde, sondern weil Gauner sich mit ihr zierten, nämlich die Sadisten, die Einfaltspinsel und die Trottel, die jetzt in jedem Kaff allmächtig sind.»[26] Zwar trat er nicht unbedingt für die freie Liebe ein, doch kritisierte er vehement die Restriktionen, die an der Universität hinsichtlich des Umgangs der Geschlechter galten.

Obwohl die Zeitschrift *Atlantic* Leonard als einen der sechs besten lebenden amerikanischen Dichter bezeichnete, erinnert man sich heute an ihn in erster Linie als Übersetzer. Leonards Version des Lukrez stand in dem Ruf, jene Schwärmerei für das Epikuräertum ausgelöst zu haben, die zu Mildreds Zeiten an den Hochschulen des Mittleren Westens grassierte. Auch sein eigenes Leben gestaltete er nach den Grundsätzen Epikurs.

Leonard war insgesamt viermal mit drei verschiedenen Frauen verheiratet – zwei davon trugen den Namen Charlotte, und alle waren sie rothaarig. Seine erste Ehefrau, Charlotte Freeman Leonard, stammte aus einer Familie, in der Geisteskrankheiten verbreitet waren, sie beging schließlich Selbstmord. Die «Aristokratie der Langdon Street» oder der «Mob von Madison», wie er diese Kreise zu nennen pflegte, schrieb ihm die Schuld zu. Leonard aber legte seine Gefühle in die Dichtung «Two Lives», eine umfangreiche Folge von Sonetten, und lieferte damit dem Klatsch auf dem Campus für vier Jahrzehnte Material. Seine Studentin Marya Zaturenska ließ im *Daily Cardinal* ihren Gefühlen freien Lauf und sprach in diesem Zusammenhang von «einer höchst geheimnisvollen und schönen Erregung». «Wenn man sagen kann, dass man es gelesen hat, und geneigten Zuhörern Teile davon vortragen kann, so hat man das Höchste erreicht. Man kann sich auf ewig damit rühmen.»[27]

Leslie Fiedler zufolge, der zu Leonards Schülern zählte und selbst ein Gelehrter und umstrittener Kritiker wurde, trat Leonard eher wie ein Dichter und nicht wie ein akademischer Lehrer auf. In einem Brief legte Fiedler dar: «Wenn er unterrichtete, nahm er sich stets die Freiheit, nicht nur über das vorgesehene Thema zu sprechen, sondern über alles, was ihn gerade bewegte. Er ließ sich auf keinerlei vom Lehrplan diktierte thematische Einschränkung ein, sondern trug in seinen Lehrveranstaltungen anzügliche Limericks und alte Geschichten über Boxer vor. Von ihm erfuhr ich (und daran erinnere ich mich noch), welche Sprüche Bob Fitzsimmons Frau durch die Seile keifte und wie John L. Sullivans letzte Worte lauteten. Von Leonard lernte ich, dass ein richtiger Profi keine Seele besitzt, die Tabus seiner Zeit ignoriert und sich für alles interessiert.»[28]

Nachdem er sein Magisterexamen in Harvard abgelegt hatte, studierte Leonard zunächst in Göttingen und dann in Bonn, wobei er eine dauerhafte Liebe zur deutschen Kultur entwickelte. Zu Mildred Fishs Zeiten war er fest davon überzeugt, dass Deutschland nicht am Ersten Weltkrieg schuld war. Sie teilte nicht nur Leonards Begeisterung für die deutsche Kultur, besonders für Goethe, sondern auch seinen starken Sinn für gesellschaftliche Moral und seine Hochachtung für die Ideale Ralph Waldo Emersons. Da er für weibliche Schönheit sehr empfänglich war, nahm Leonard Mildred Fish gewiss zur Kenntnis. Sie blieb ihrerseits nach dem ersten Examen an der Hochschule, um in die Fakultät für englische Literatur einzutreten, und sie war ihr ganzes Leben lang mit ihm befreundet; sie korrespondierte in deutscher Sprache mit ihm.

Einer der besten Freunde Leonards war der in Deutschland geborene Philosoph Max Otto, einer der beliebtesten Hochschullehrer dieser Universität. Seine Vorlesung «Mensch und Natur» füllte das größte Auditorium auf dem Campus, die *Agricultural Hall*. Die Veranstaltung war so überbelegt, dass er die Hörer häufig aufforderte fortzubleiben. Weil er früher als Karikaturist für das *Wisconsin State Journal* gearbeitet hatte, pflegte er während seiner Vorlesungen zu zeichnen. Obwohl er eine so große Zuhörerschaft hatte, erinnerte sich ein Student wie folgt an ihn: «Er sprach so, als rede er mit mir persönlich.» Während der 25 Jahre, die er als Hochschullehrer wirkte, wurde Otto immer wieder von fundamentalistischen Geistlichen, Leitartiklern und Abgeordneten angegriffen, weil er Atheismus predige. Regelmäßig traten die Universitätspräsidenten für ihn ein und argumentierten, dass er das «Recht habe, die Wahrheit so zu lehren, wie er sie sehe». Die Philosophie, wie Otto sie vertrat, war eine Methode, mit den Problemen des Alltagslebens fertig zu werden, nicht aber mit den Problemen der Philosophen.

Offensichtlich war Mildred Fish von Max Otto stark beeindruckt. Er bestärkte sie in ihrem Glauben an die Notwendigkeit moralischen Engagements in einer Welt ohne einen allmächtigen Gott. Als Kind hatte sie sich als «unbewusst Ungläubige» bezeichnet. Sie hatte sich mit der Christlichen Wissenschaft nicht wirklich anfreunden können. Von nun an verstand sie sich – beispielsweise bei ihrer Bewerbung für die weiterführenden Studien – als eine Nichtgläubige.

Doch war die klassische Philologie und nicht die Philosophie das Gebiet, auf dem Mildred Fish Außerordentliches leistete. Sie schrieb im Graduiertenstudium ihre Abschlussarbeit über das Thema: «Ein Vergleich von Chapmans und Popes Übersetzung der Ilias mit dem Original». Sie blieb eine Lieblingsstudentin von Professor Laird. 65 Jahre später erinnerte sich eine Anfängerin im Studienfach Griechisch immer noch an eine hoch gewachsene Kommilitonin älteren Semesters mit einer blonden Haarflechte um den Kopf, die in die Lehrveranstaltungen des Professors einführte. Das war Mildred Fish. Die Studenten hörten ihr zu, als sie mit klarer «griechischer Stimme» das erste Buch der «Ilias» ohne Zuhilfenahme des Textes in der Originalsprache rezitierte. Die Studentin Elizabeth Bunting Fine schrieb über Mildred: «Ihre Stimme war lieblich, ihre Hexameter perfekt, und obwohl wir als Anfänger die Vokabeln nicht verstehen konnten, waren wir völlig fasziniert.»[29]

In Lairds Homer-Kurs lernte Mildred Fish Clara Leiser kennen. Clara Leiser beneidete Mildred um ihr «Schweben», die unglaubliche Leichtigkeit und Selbstsicherheit, mit der sie «überall vollkommen anmutig hineingleiten konnte». Sie war «von Ehrfurcht ergriffen», als Mildred sie fragte, warum sie nicht an der kleinen Studiengruppe von Gertrude Slaughter teilnehmen wollte, die sich einmal in der Woche traf, um den Dichter auf Griechisch zu lesen.[30] Später besuchten sie gemeinsam ein Oberseminar, in dem es um George Meredith und Thomas Hardy ging. Sie lasen zusammen Meredith' Sonettfolge «Modern Love», verglichen sich persönlich mit seiner furchtlosen Heldin, und sie gelobten, «das Schicksal armer Frauen zu revolutionieren». Viele Jahre später schrieb Mildred Harnack an den Rand ihrer letzten Postkarte an Clara Leiser unter Anspielung auf Meredith' Befürwortung «eines würdigen Geisteslebens für Frauen»: «Ich bin Meredith' nicht untreu geworden.»[31] Clara Leiser interpretierte das so: «Frauen sind so lange Jungfrauen, bis Männer ihren Geist lieben.»

Mildred Fish verspürte auch eine starke Affinität zu Ralph Waldo Emerson. Für sie waren Walt Whitman und Emerson die beiden wichtigsten Exponenten jener amerikanischen Literatur, die das «Wesen des Landes» zum Ausdruck brachte.[32] Ein Buch, das sie besaß und intensiv mit Randbemerkungen versah, überstand den Krieg: Emersons «Character and Other Essays». Als Mildred ihrer Schwägerin Ingeborg zu Weihnachten ein Buch über Emerson schenkte, schrieb sie dazu: «Ganz besonders liebe ich Emerson der Leuchtkraft wegen, die von seiner Seele ausgeht.»[33] Ihr persönliches Glaubensbekenntnis war vor allem in gewissen Sentenzen des Essays «Slf-Reliance» [Selbstvertrauen] enthalten, den sie häufig las und mit Unterstreichungen versah.

Wer wirklich ein Mann sein will, muss ein Nonkonformist sein.

Groß zu sein bedeutet, misverstanden zu werden.

Diese und andere Zeilen von Emerson sollten die Leitsterne ihres Lebens werden.

Ihre Freundinnen erinnerten sich nicht daran, dass es in Mildred Fishs Leben einen besonderen Mann gegeben hätte, doch irgendwann im Herbst 1924 oder Frühling 1925 sollte ein solcher auftauchen. Mildred Fish war damals mit dem Abschluss ihrer Dissertation beschäftigt. Harry Turney-High, ein Südstaatler und Mitglied einer Episkopalkirche, war ein Student im höheren Semester und Dozent im Fachbereich Soziologie, als sie einander kennen lernten. Doch ihre Familie war mit der Beziehung nicht einverstanden. «Er war klein und neigte schon früh zur Kahlheit», erinnerte sich Mildreds Nichte und zog dabei eine Grimasse. «Wir mochten ihn nicht besonders. Meine Mutter bezeichnete ihn als ein Muttersöhnchen.» Ob er nun um ihre Hand anhielt oder nicht, auf jeden Fall betrachtete Mildred sich als verlobt. Sie empfand es als Katastrophe, als er sich anders entschied, denn «sie hatte geglaubt, Liebe sei für die Ewigkeit».[34]

Mildred Fish wohnte in Madison, Turney-High unterrichtete in South Dakota. Falls es im März einen Brief gegeben haben sollte, in dem er seine Entscheidung erklärte, so ging dieser verloren. Doch im April erschien im *Daily Cardinal* eine Anzeige, aus der hervorging, dass Harry Turney-High Ruth York geheiratet hatte, eine Sekretärin an der Universität. Vierzehn Jahre später gaben drei Zeilen in einem Brief, den Mildred Harnack mitten im Krieg in Europa an ihre Schwester schrieb, einen persönlichen Fingerzeig: «Ich danke dir, Harriette und ihm [ihrem Ehemann Fred Esch] für die Blumen, die ihr geschickt habt, als ich im März 1926 sehr traurig war. Sie bedeuteten mir sehr, sehr viel.»[35]

Harry Turney-High wurde Anthropologe. Als er starb, hinterließ er eine Reihe von Büchern und Aufsätzen über die Kriegführung von Eingeborenen. Er lehrte an der Universität von South Carolina und galt als Konservativer. («Die Vereinigten Staaten haben zwei Bürgerkriege geführt – die Amerikanische Revolution und den Sezessionskrieg –, beide waren Fehler.») Als sie sechs Jahre später ihre eigenen Erinnerungen an jene Zeit in konzentrierter Form zusammenfasste, beantwortete Mildred Harnack die Frage, woran ihre Beziehung zu Harry scheiterte. Turney-High bewunderte James Branch Cabell, einen Schriftsteller aus den Südstaaten, dessen Romane sich hauptsächlich mit Ritterlichkeit in Südstaaten-Manier und dementsprechend formvollendeter Minne beschäftigen, «in denen eine vollkommene Lady von einem heldenhaften Dichter und Liebhaber verzweifelt verehrt wurde». Aber diese Ideale waren im realen Leben nicht zu verwirklichen, und Mildred Harnack stellte fest: «Cabells ritterliche Helden sind in Wirklichkeit nur ganz gewöhnliche Männer – und das bedeutet, dass sie in der Regel Streber, grausame Schurken und Schwindler sind.»[36]

Eine Freundin half Mildred dabei, sich von Harry Turney-High zu lösen. Außerdem stürzte sie sich in die Arbeit – sie unterrichtete englische Literatur an der Universität – und unternahm lange Spaziergänge in der freien Natur. An diesem Tiefpunkt trat Arvid Harnack in ihr Leben.

# 5

# Die Ehefrau

Mildred und Arvid in Saalfeld, 1929

Arvid Harnack kam am 24. Mai 1901 als Sohn einer baltendeutschen Familie in Darmstadt zur Welt. Darmstadt war damals die Hauptstadt des Großbritannien und Russland gegenüber freundlich eingestellten, antipreußischen Großherzogtums Hessen. Sowohl Arvid als auch Mildred, die dem Alter nach ein Jahr auseinander lagen, näherten sich im Laufe des Ersten Weltkriegs dem Erwachsenenalter. Doch während Mildred Fish Kriegsgedichte schrieb und Verbände wickelte, erlebte Arvid Harnack den Konflikt aus geringerer Distanz. Bei der Familie Harnack waren deutsche Soldaten einquartiert, und während der letzten Tage des Krieges lief der patriotisch gestimmte Siebzehnjährige von zu Hause fort, um sich als Freiwilliger beim Heer zu melden. Da er aber zu jung war und ihm gewisse Dokumente fehlten, wurde er zu seiner Familie zurückgeschickt. Nach Waffenstillstand und Revolution im November 1918 trat er 1919 in ein Freikorps ein, einen rechts gerichteten, paramilitärischen Kampfverband. In Deutschland herrschten aufrührerische Zustände, und Arvid Harnack beteiligte sich in Oberschlesien an Kämpfen gegen Kommunisten, bis er schließlich verhaftet wurde. Es gibt dazu eine offizielle Version, die lautet, man habe sowohl in Anbetracht seiner Jugend als auch wegen seiner Herkunft aus einer angesehenen Akademikerfamilie von weiterer gerichtlicher Verfolgung abgesehen und ihn unter der Bedingung freigelassen, dass er von weiteren kämpferischen Aktivitäten Abstand nehme und in den Schoß seiner Familie zurückkehre. Sein Freund Rudolf Heberle meinte dagegen recht nüchtern, sie hätten Harnack einfach laufen lassen.[1]

Doch im Jahre 1921 suchte er, während einer Unterbrechung seines Jurastudiums in Graz und Jena, erneut das Abenteuer. Diesmal reiste er mit einem Schulfreund durch das neu gegründete Jugoslawien. Für die Fahrt verfügte er zwar über nützliche Adressen, es fehlte ihm aber an den erforderlichen Visen und an Geld. Nachdem sie die Grenze Österreichs überschritten hatten, setzten die beiden ihre Reise per Floß den Fluss Drau hinab fort, der die Grenze zwischen Jugoslawien und Ungarn bildete. Freundliche Kroaten gewährten ihnen drei Nächte lang Unterkunft. In der vierten jedoch wurden sie durch einen Schaden an ihrem Floß aufgehalten und von zwei serbisch-jugoslawischen Soldaten verhaftet, die sie beschuldigten, ungarische Spione zu sein. Ihre Lage verschlimmerte sich dadurch, dass sie Teile von deutschen und österreichischen Uniformen trugen, Kleidungsstücke also, die in dieser Gegend, die ehemals zu Österreich-Ungarn gehört hatte, verboten waren. Während sie sich in Haft befanden, vertrieben sie sich die Zeit damit, ein wenig Mundharmonika zu spielen und eine unzulängliche Landkarte zu studieren. Als sie einmal mit der Frau eines der Soldaten allein waren, versetzte Harnack seinen Begleiter in Erstaunen, als er vor der Frau niederkniete und sie mit Gebärden darum bat, sie beide davonziehen zu lassen. So wenig heldenhaft diese Vorgehensweise auch war, sie führte doch zum Erfolg. Die gutherzige Frau öffnete die Tür und zeigte ihnen, in welche Richtung sie verschwinden sollten.

Da sie Angst hatten, österreichisches Geld zu wechseln, schlichen sie sich in einen nach Osten fahrenden Zug, stellten sich schlafend und entkamen so der Fahrkartenkontrolle. Doch als sie den Zug verließen, liefen sie einer Polizeistreife direkt in die Arme. Wieder wurden sie gerettet, diesmal durch die Einladung eines in der Nachbarschaft wohnenden Industriellen, den sie namentlich kannten. Als sie anschließend Belgrad, Zagreb und Sarajevo besuchten, konnten sie weitere Schwierigkeiten durch glückliche Zufälle knapp überwinden. Die Moscheen und Minarette der bosnischen Hauptstadt faszinierten Harnack. Bald war er wieder unterwegs, diesmal allein, drang tiefer in den Balkan ein und kam bis nach Rumänien. Mit Hilfe von Waffenschmugglern überquerte der leichtsinnige junge Mann das Schwarze Meer und gelangte in die Türkei.[2]

Wieder in Deutschland, schloss er sein Jurastudium 1924 mit einer Promotion ab, dann setzte Harnack sein Studium in Hamburg und an der *London School of Economics* fort, bis er dank eines Rockefeller-Stipendiums 1926 nach Madison kam.

Der Familienüberlieferung nach begegneten Arvid Harnack und Mildred Fish einander ganz zufällig. Der noch ortsunkundige Stipendiat soll auf dem Universitätsgelände die *Sterling Hall* mit der *Bascom Hall* verwechselt haben. Als er zu einer Vorlesung erschien, traf Arvid Harnack statt des ehrwürdigen Professors John R. Commons eine junge Dozentin auf dem Katheder an. Ihr strahlender Blick und ihre tiefe, angenehme Stimme faszinierten ihn, er blieb, um ihr zuzuhören. Später erinnerte er sich an einen außergewöhnlichen ersten Eindruck: «Mir war, als ob Mildred zur Familie gehörte.»[3]

Am Ende der Vorlesung entschuldigte er sich für die Störung und vor allem für sein schlechtes Englisch. Mildred lachte und räumte ein, dass ihr Deutsch nicht besser sei. Entzückt schlug er vor, sie könnten die Sprachen doch gemeinsam studieren. Sie stimmte interessiert zu. Als er zum nächsten Beisammensein erschien, «brachte er einen großen Strauß weißer, duftender Blumen mit». Irgendwann im Frühjahr war es so weit, dass Mildred die Trennung von Harry Turney-High endgültig überwand und jene Zeit begann, die sie «die zwei glücklichsten Jahre meines Lebens» nannte.[4]

Die Familien Harnack und Fish waren einander ähnlich, wenngleich sie auf verschiedenen Kontinenten lebten. In jeder von ihnen gab es vier Kinder, und die Mütter sorgten trotz bescheidener Verhältnisse dafür, dass die Kinder die bestmögliche Erziehung erhielten. Beide, Arvid, der älteste Sohn seiner Familie, und Mildred, die Jüngste, waren die Lieblinge ihrer Mütter. Die Väter waren in beiden Fällen Männer, deren Existenz von großen Schwierigkeiten gekennzeichnet gewesen war. Sie starben, als Arvid und Mildred noch nicht erwachsen waren. In finanzieller Hinsicht gab es jedoch einen wichtigen Unterschied. In den zwanziger Jahren, als es Mildreds Mutter materiell gut ging, da sie jetzt für die Regierung in Washington arbeitete, musste Arvids Familie, an deren Spitze die Mutter stand, darum kämpfen, von ihrer bescheidenen Witwenpension leben zu können, denn die Ersparnisse wurden durch die galoppierende Inflation in Deutschland vernichtet.

Arvid Harnack besaß glücklicherweise eine Wesensart, die es ihm gestattete, ein spartanisches Leben zu führen. Eine Episode aus der Teenagerzeit verdeutlicht dies. Er versuchte einen Jungen zu «entwaffnen», der einen spitzen Stock besaß, den er als Lanze benutzte, um Vorübergehende zu behelligen. Daraufhin richtete der Junge seinen Stock auf Arvid und zerschlug ihm die Brillengläser. Neun Splitter drangen in Harnacks Auge. Er wies seine zwölfjährige Schwester Inge an, nicht zu weinen, und ging in aller Gelassenheit zum Krankenhaus, wobei er ein Taschentuch auf das blutende

Auge presste. Dort entfernte ein Chirurg in einer langen Operation ohne Betäubung einen Teil seiner Iris. Vor der Operation sagte Arvid zu dem Arzt: «Bitte, binden Sie mich nicht fest, ich werde ganz stillhalten.» Und das tat er auch. Später am Krankenbett fragte der Operateur ganz väterlich: «Nun, mein Junge, hast du noch einen Wunsch?» Arvid erwiderte stramm: «Ja, ich bitte um B[ülows] ‹Deutsche Politik›.» Als Arvid mit verbundenen Augen bewegungslos dalag, beruhigte er seine Mutter: «Das Schwerste an der Sache ist, dass du wieder so leidest – wäre es wenigstens ein Opfer fürs Vaterland – aber nicht wahr, es hat natürlich auch Männer mit einem Auge gegeben, die Großes geleistet haben!»[5] Harnack verlor einen großen Teil der Sehkraft des einen Auges, dennoch konnte er sein Studium abschließen.

Arvid Harnack war auch künstlerisch begabt. Er konnte gut zeichnen, und sein schriftliches Ausdrucksvermögen offenbarte Feingefühl und Eleganz. Außerdem arbeitete er sehr hart. Seit seiner Kindheit zierte sein Arbeitszimmer stets das Motto: «Nutze die Zeit» – und er verschwendete seine Zeit in der Tat nicht. Er führte ein Tagebuch und war daher, wie Goethe, imstande, über jede Stunde seines Lebens Rechenschaft abzulegen. Er war sehr ehrgeizig und offenbarte ein geradezu erhabenes Selbstvertrauen sowie eine gewisse Arroganz, was sich aus natürlicher Überlegenheit ergab. Er promovierte sogar zweimal: zum Dr. iur. (Jena 1924) und zum Dr. phil. (Gießen 1931) summa cum laude, was in Deutschland selten vorkommt. Harnack, der über eine eher kontemplative Grundhaltung verfügte, war ein meisterhafter Debattenredner. In den Augen mancher war er jedoch zu ehrgeizig, unbedingt jeden Punkt gewinnen zu wollen, seinen Kontrahenten in die Ecke zu drängen, ihn auf jeden Fall niederzumachen. Greta Kuckhoff, die ein Leben lang mit ihm befreundet war, sprach von seiner «Ausgeglichenheit, gemischt mit einigen Körnchen Spotts», die sich bereits zeigte, als er Mitte zwanzig war. Auch seine Klugheit wurde schon damals ebenso deutlich wie das Talent, «all sein Wissen, seine Gaben auf ein politisches Ziel zu richten: ein neues Deutschland».[6]

Der blonde, blauäugige und hoch gewachsene Arvid Harnack bildete der äußeren Erscheinung nach die passende Ergänzung zu Mildred. Sie war sich dessen durchaus bewusst und schrieb in ihrer autobiografischen Erzählung «Prothalamion» nicht ohne eine Spur von Eitelkeit: «Sie sahen beide gut aus. Das berührte sie jedes Mal, wenn sie einander anschauten. Sie besaßen beide sehr klare, offene Gesichter mit einem Zug ins Poetische, doch er war kräftig, sie dagegen zart gebaut.»[7] Ursprünglich hatte Mildred ein starkes emotionales Engagement nicht zugelassen. Sie wollte einen Kameraden, einen Bruder, nicht aber einen Geliebten. Ihre Vermieterin, die Ehefrau eines College-Professors, förderte die Verbindung und meinte dazu: «Es ist klar, was er wollte, ihr Blumen schenken und dergleichen – solch wunderschöne Blumen. Männer, die von der Nordsee (gemeint ist hier Harnacks Herkunft aus dem Baltikum) stammen, sind in der Regel sehr gute Ehemänner.»

In ihrer Erzählung erinnert sich Mildred, dass sie frühmorgens im Regen über den Mendotasee paddelten und «an ihrer Einsamkeit Freude hatten». Die Sonne ging auf, sie zogen ihr Kanu an Land und legten sich auf die Kieselsteine nieder. Nach einem langen Schweigen kämpfte er um Worte: «So etwas kommt in meinem Leben nicht oft vor.» Er bat sie, ihn zu küssen. Sie dachte «sehr vorsichtig über solche Dinge nach, seit die Welt für sie untergegangen war», und sie «wollte nicht, dass alles auf eine triviale Art und Weise von vorn beginne». Daher sagte sie Nein. Sie hatte jemanden geliebt. Er war gegangen und würde nicht wiederkehren. Sie weinte. Er streichelte ihr Gesicht und versicherte, dass er sie verstehe. Es habe eine Frau in London gegeben. Er habe sie so gemocht, «wie er die Bäume und die Erde im Frühjahr» mochte, aber er würde sie nie geheiratet haben. Am Nachmittag gingen sie schwimmen. Er verschwand und Mildred «zitterte», wie sie sich später erinnerte.

Als ihre Beziehung sich vertiefte, sprachen sie davon, dass sie «eine Seele in zwei Körpern» besäßen, wie Goethe dies in seinen «Wahlverwandtschaften» dargestellt hatte. Ihre gemeinsame Begeisterung galt der Natur und der Literatur. Häufig ruderten sie im Frühling und Sommer mit dem Kanu nach Picnic Point hinaus, wanderten bis Palfreys Glen und tanzten im Mondschein zum Klang eines Saxophons am Waubesasee. Sie las ihm Walt Whitman und Carl Sandburg vor; dafür führte er sie in Goethes Werke ein. Sein Englisch verbesserte sich geradeso wie ihr Deutsch. Sie aßen gemeinsam in preiswerten Selbstbedienungsrestaurants und tranken geschmuggelten Wein.

Brieflich hielt er bei ihrer Mutter um ihre Hand an. Sein Antrag offenbart bei all dem selbstbewussten Tonfall bürgerlicher Förmlichkeit die Unbeholfenheit der Persönlichkeit des Schreibenden. Sein Brief begann mit den Worten «Sehr verehrte, gnädige Frau». Sein Antrag erschien ihm so wichtig, dass er auf Deutsch formuliert werden musste. In persönlichen Angelegenheiten war er ein besonnener Mann, und seine Vorsicht ist nicht zu übersehen. «Als ich sie das zweite Mal sah, war es mir klar, dass wir zusammengehören und beide das Beste in uns wecken können. Mildred ist in ihrem tiefsten Wesen so fein und zart, dass ich nicht anders als gut sein kann, wenn ich mit ihr zusammen bin. Ich glaube auch, dass sie gut in meine Familie passt, denn sie gleicht sehr einer meiner Schwestern und meinem verstorbenen Vater.» Nachdem er Mildreds Mutter Georgina einiges über seine persönlichen Lebensumstände und seine Familie mitgeteilt hatte, legte er seine berufliche Qualifizierung dar. Er sei ein promovierter Jurist und habe eines der vier Rockefeller-Stipendien gewonnen, die für Deutsche vorgesehen seien. «Nach meiner Rückkehr nach Deutschland hoffe ich, im Arbeitsministerium mit internationalen Arbeiterfragen beschäftigt zu werden.» Seine finanzielle Lage, so musste er einräumen, sei so, dass es schwierig werden würde, für beide einen auskömmlichen Lebensunterhalt zu sichern, daher hätten sie beschlossen, dass Mildred «versuchen werde, eine Anstellung an der Universität zu bekommen». Da es seine Arbeit mit sich bringe, dass er hin und wieder von Madison abwesend sein müsse, wollten sie so bald wie möglich heiraten, damit «wir so viel wie möglich zusammen sein können».[8]

Die Verlobung stieß auf allgemeine Zustimmung. Sie heirateten am Sonnabend, den 7. August 1926, auf der Farm des Bruders der Braut im nahe gelegenen Brooklyn, Wisconsin. Bobs Ehefrau Jane und ihre Mutter bereiteten alles vor. Mildreds Mutter kam aus Washington, und ihre Schwester Marion reiste mit ihrem schweigsamen norwegischen Ehemann aus Evanston an. Die Zeremonie war kurz. Arvid schrieb seiner Mutter: «Danach drückten Mildred und mir meine neuen Verwandten die Hände, die neuen Schwäger ließen auch ein Well done Harnack hören, und damit war die Sache erledigt.»[9] Die Jungvermählten kauften sich einen gebrauchten Ford und begaben sich wie andere Flitterwöchner zu den Niagarafällen.

Mildred war von dem Naturschauspiel fasziniert. Sie hatte Nathaniel Hawthorne intensiv studiert, dessen Aufsatz über die Niagarafälle sie zweifellos gelesen hatte. Seine Schilderung schlägt Töne an, die bei Mildred leicht Resonanz fanden: «Ich begann auf das Donnern des Katarakts zu hören und zitterte vor ehrfürchtiger Erregung, als der Augenblick nahe kam, da seine uralte Stimme zum ersten Mal an mein Ohr wogte.»[10] Die übliche Wanderung wird die Harnacks hinter den Horseshoe Falls entlang nach Termination Rock geführt haben. Sie werden an American Falls vorbei zur *Cave of the Winds* [Höhle der Stürme] gegangen sein, um dann über eine glitschige Treppe nach unten zu steigen. Sie wurden von Sprühregen durchnässt und von Stürmen gepeitscht. Schließlich werden sie die Stromschnellen im aufsteigenden Nebel auf dem Weg nach Terrapin Tower passiert haben. Wenn sie Glück hatten, dann war die Belohnung wie bei Hawthorne «ein verwirrender, regenbogenartiger Lichteffekt». Wie es von alters her Brauch war, mussten sie ihre Initialen in die Bäume auf Goat Island oder Table Rock einritzen. Haben sie Fotos gemacht? Haben sie sich ein Souvenir gekauft? Wenn dem so war, dann sind, wie so oft in ihrem Leben, alle Spuren davon verschwunden.

Mildred Harnack war 24 Jahre alt. Will man George Meredith folgen, so hatte sie einen Mann gefunden, der ihre Seele liebte, die sich noch in der Entwicklung befand. In der Verlobungszeit hatte Arvid sie davon überzeugt, dass sie im Mittelpunkt seines Daseins stehe, sie sollte nicht nur seine Frau, sondern auch eine Freundin und Gefährtin sein. Während der nächsten Jahre sollte er häufig monatelang abwesend sein, und so wurde diese Ehe notwendigerweise zu einer Beziehung, die Mildred ein großes Maß an Unabhängigkeit gewährleistete. Wenn die Harnacks ihre Gemeinschaft auch als eine Verbindung definierten, die sich auf die Autonomie beider Seiten gründete (so bestand Mildred beispielsweise darauf, ihren Mädchennamen weiterzuführen; sie nannte sich in den Vereinigten Staaten Fish-Harnack, in Deutschland hingegen Harnack-Fish), so waren doch Elemente einer traditionellen Ehe ebenfalls vorhanden.

Arvid Harnack war ein Mann, der einen starken Familiensinn besaß. Als er 13 Jahre alt war, starb sein Vater, und er musste die emotionale Last auf sich nehmen, für seinen jüngeren Bruder und die Schwestern die Vaterrolle zu übernehmen. Im Unterschied zu Mildreds schwachem Vater war Arvid Harnack ein Mann, der seine

Verantwortung ernst nahm. Arvid war diszipliniert und konzentriert, Mildred war anschmiegsam und treu. Nachdem Arvid Harnack ihr einmal den Kurs ihres Lebens vorgegeben hatte, verfolgte sie ihn geradlinig. Die Freunde bewunderten und respektierten Arvid, aber sie liebten Mildred. Arvid Harnack war außergewöhnlich, aber es war Mildred mit ihrem sonnigen Gemüt und ihrem kräftigen Lachen, die Menschen anzog und Bündnisse schmiedete.

In späteren Jahren schrieben Mildreds Verwandte ihr politisch links gerichtete Ansichten zu, die sie während ihrer Hochschuljahre in Madison gehabt haben soll. Klassenfragen und soziale Probleme hätten sie bewegt. Sender Garlin, ein Linksradikaler aus Wisconsin, der später Auslandskorrespondent des *Daily Worker* wurde, erinnert sich, sie bei Versammlungen des *Social Science Club* getroffen zu haben. Garlin berichtet: «Sie war attraktiv und lebhaft, mehr als rege. Sie war das, was wir damals ‹liberal und aufgeschlossen› nannten, mit starkem Interesse an sozialen Problemen.»[11] Kritiker sollten dagegen einwenden, dieser «Klub» sei keine Organisation, die «zum Studium von Wirtschaftsfragen geschaffen wurde, er habe vielmehr einzig und allein der Verbreitung von Propaganda linksradikaler und anarchistischer Art unter den Studenten gedient».[12]

Organisationen auf dem Campus wie der *Social Science Club* lieferten dem damaligen Vizepräsidenten der USA, Calvin Coolidge, 1922 Anlass, die Universität als «Brutstätte des Linksradikalismus» anzugreifen.[13] Dieser Ruf lebte noch nach dem Zweiten Weltkrieg fort. Nach dem Krieg beschäftigte sich das FBI, veranlasst durch den Fall Harnack, näher mit der Universität von Wisconsin, und die entsprechenden Akten wurden erst 1989 freigegeben. Ein Dokument aus dem Jahr 1947 zitiert aus einem Artikel unter dem Titel «Hitler ließ junge Amerikanerin hinrichten», die in *Stars and Stripes,* der Zeitschrift der Streitkräfte der Vereinigten Staaten erschien. Die Akten erwecken den Eindruck, dass ein harmloser Beitrag im *Wisconsin Alumni Magazine* eine Überprüfung der Universität auslöste.

«Der Artikel in *Stars and Stripes* bezieht sich auf einen Bericht im *WISCONSIN Alumni Magazine*, in dem Mildred FISH-HARNACK glorifiziert wird, eine Amerikanerin, die als Mitglied der deutschen

Untergrundbewegung starb. Unser Informant über diesen Bericht an der Universität bietet uns möglicherweise einen Hinweis für weitere Untersuchungen von prosowjetischen Aktivitäten in den Vereinigten Staaten durch frühere Mitglieder der R/K [Rote Kapelle]. Vielleicht hat Frau Kuckhoff das Material für den oben erwähnten Artikel geliefert, da sie eine ehemalige Studentin der University of WISCONSIN ist.»[14]

Greta Kuckhoff, die damals noch nicht verheiratet war und ihren Mädchennamen Lorke führte, studierte von 1927 bis 1929 an der Universität von Wisconsin Soziologie. Aus dieser Zeit datiert ihre nähere Bekanntschaft mit den jungen Harnacks. In den fünfziger Jahren des vorigen Jahrhunderts bekleidete sie eine leitende Stellung im Außenministerium der DDR und war anschließend Präsidentin der Deutschen Notenbank (DDR). Greta Kuckhoff hätte einem Biografen sicher viel über die Harnacks erzählen können. Aber sie starb bereits 1981 in Ost-Berlin. In Interviews, Zeitungsartikeln und in ihren 1972 veröffentlichten Erinnerungen «Vom Rosenkranz zur Roten Kapelle» verbreitete sie eine höchst vorsichtige, offiziös gefärbte Version des Komplexes Rote Kapelle. 1976 hielt sie die Eröffnungsrede bei der Einweihung der Mildred-Harnack-Oberschule in Ostberlin.

In Berlin lernte Greta Lorke 1930 den Schriftsteller Adam Kuckhoff kennen, den sie 1937 heiratete. Vorher zählte sie zu den deutschen Studenten, die ein Stipendium für die Vereinigten Staaten erhalten hatten. In einer märchenhaften Winternacht begegnete sie auf dem Mendotasee in Madison den Harnacks, als sie mit Eisschlitten segelten und Schweinekoteletts über einem Holzfeuer grillten. Die Freundschaft entwickelte sich weiter bei langen Querfeldein-Wanderungen, bei denen sie, je nach nationaler Herkunft der Farmer, die sie besuchten, mit Waffeln, Krapfen, Pfannkuchen oder Zimttoast verwöhnt wurden, gelegentlich, auf einer der größeren Farmen, auch mit hausgemachtem Speiseeis. Wie es der Tradition entsprach, revanchierten sie sich bei den Gastgebern und trugen Geschichten oder Lieder vor.

Greta Kuckhoff berichtete: «Ich mochte Mildred gern. Es war keine Freundschaft ‹auf den ersten Blick›. Unsere Temperamente waren zu verschieden. Aber ich lernte Mildred schneller kennen als den etwas verschlossenen Arvid. Ich wusste, wie sehr sie die Schönheit ihrer Heimat im Mittleren Westen liebte mit den leuchtenden Farben der Wälder im *Indian Summer.* Sie liebte die noch ungebärdig aus vielen Strömen gemischte Sprache der neuen amerikanischen Schriftsteller.» Wie Greta Kuckhoff erzählt, liebte Mildred Harnack inzwischen auch Arvids Heimatland und seine Sprache, obwohl sie den Eindruck hatte, Mildreds Vorstellung von Deutschland stütze sich einzig auf die Lektüre von Gedichten, Märchen und historischen Dramen der Romantik. All dies sollte sich ändern, als Mildred nach Deutschland kam, dort «wehte schon an mehreren Orten die Hakenkreuzfahne». Natürlich gab es auch in Deutschland großartige Wälder, wie Mildred sie von Gemälden und Buchillustrationen her kannte, aber auch aus ihnen sollte alsbald das bevorzugte Revier des Reichsjägermeisters Hermann Göring werden.[15]

Zu Hause veranstalteten die Harnacks mit Freunden Shakespeare-Lesungen mit verteilten Rollen. «Manche schmunzelten wie ich», so berichtet Greta Kuckhoff, «wenn Arvid die schwierigsten Rollen übernahm: den Lear, den Coriolan oder Heinrich IV. Er sprach nicht akzentfrei, zeigte aber ein umfangreiches Wissen, was die Zeitumstände anging, in denen die Dramen spielten.» Arvid besaß die Fähigkeit, «in klassischen Werken Stellen zu entdecken, die von aktueller Bedeutung sind, wenn man sie in den richtigen Zusammenhang bringt».[16] Wirklicher oder vermeintlicher Verrat spielt in Shakespeares Dramen eine große Rolle, und die Diskussionen in Madison nahmen bereits Themen wie Loyalität und Verrat vorweg, die später in Deutschland so wichtig werden sollten.

Durch die Harnacks sollte Greta Kuckhoff in Wisconsin einen bemerkenswerten Kreis von «Linksradikalen» kennen lernen, der sich um Professor John R. Commons gebildet hatte. Diese Gruppierung hatte sich selbst den Namen *Friday Niters* [Freitagabendklub] gegeben, denn die Mitglieder trafen sich dreißig Jahre lang allwöchentlich zu Gesprächen, die ein regelmäßiger Teilnehmer humorvoll als «einen Austausch rein theoretischer und in der Wirklichkeit unhinterfragter gut gemeinter Absichtserklärungen auf dem Gebiet der Wirtschaftsphilosophie» bezeichnete.[17] Manchmal fanden Picknicks statt, und gelegentlich gab es auch gemeinsame Abendessen im Wohnzimmer von Commons' Haus in der Middleton Road in Madison; häufiger noch waren Mahlzeiten im Untergeschoss des Universitäts-Klubs. Die meisten *Friday Niters* waren Studenten von Professor Commons in höheren Semestern. Manchmal tauchten am Freitagabend auch andere Interessierte auf – darunter der sehr freimütige Architekt Frank Lloyd Wright. Zwar wurden die Debatten ernsthaft geführt, doch gab es dabei auch jede Menge Sticheleien über gelehrte Wichtigtuer, Witzeleien über bestimmte parlamentarische und juristische Prozeduren und schließlich über das Golfspiel von «John R.».

Die so genannte *Wisconsin Idea*, die Adlai Stevenson, der spätere Uno-Botschafter der USA, einmal die einzige originelle amerikanische politische Idee des 20. Jahrhunderts nannte, bildete bei diesen Zusammenkünften ein zentrales Thema. Sie hatte ihre Ursprünge in der besonderen Beziehung zwischen der Universität und dem Staat Wisconsin unter dem Gouverneur und späteren Senator Robert M. La Follette senior. Damals wurden Professoren zu Beratern und ihre Studenten zu Rechercheuren. Vor und nach dem Ersten Weltkrieg diente Wisconsin als Laboratorium der «Progressiven Bewegung» auf nationaler Ebene. So gewann dieser Bundesstaat wegen seiner Innovationsbereitschaft und seines Linksliberalismus einen besonderen Ruf, der bis zum Erscheinen von Senator Joseph R. McCarthy, dem später berüchtigten «Kommunistenjäger», anhielt. Commons und seine Studenten lieferten durchdachte Konzepte für eine staatliche Arbeitslosenversicherung, eine Arbeiterunfallversicherung, einen Mindestlohn und eine progressive Einkommenssteuer. Ende der zwanziger Jahre bereitete es einigen *Friday Niters* Sorgen, dass auf der Ebene des einzelnen Bundesstaats kaum noch etwas zu erreichen war. Doch nach der Amtsübernahme durch Präsident Franklin D. Roosevelt 1933 traten 75 Schüler und Kollegen von Commons in die New-Deal-Bundesverwaltung ein. Sie übernahmen wichtige Aufgaben beim Entwurf des Gesetzes über die soziale Sicherheit und bei der Gründung der Tennessee Valley Authority (TVA), eines großen staatlichen Entwicklungs- und Bewässerungsprojekts, was einen Sozialisten aus Milwaukee zu der Bemerkung veranlasste, er habe niemals so viele «klar denkende, sozial gesinnte und alles in allem nützliche Männer und Frauen» gesehen.[18]

Nach Aussage von Dorothy Meyer, die zu den *Friday Niters* gehörte, betrachteten die Angehörigen des Kreises sich als die «crème de la crème» der Universität, als eine Elite. Commons' Sekretärin, Hazel Briggs Rice, fügte hinzu: «Wir waren alle Linksliberal, und dies sehr entschieden, aber wir waren keine Extremisten. Wir waren Anhänger von Senator La Follette. Die Demokratische Partei machte jetzt gewaltige Fortschritte, aber bevor es so weit war, gab es die Progressiven. Wir alle waren Progressive.»

*«Mildred war so schön, dass es mit Worten nicht zu beschreiben ist», erzählte mir Hazel Rice. Mrs. Rice war inzwischen 94 Jahre alt und lebte in einem von Grün umgebenen Haus in Shorewood, einer besseren Gegend von Madison. «Ich habe nie mehr als ein halbes Dutzend Worte mit ihr gewechselt. Sie hielt ganz eindeutig Distanz zu den Kommunisten. Ich denke, sie war an ihnen nicht interessiert, und sie waren nicht besonders an ihr interessiert. Arvid Harnack war ein typischer Preuße. Es gab nichts Besseres als einen Deutschen. Niemand war so gut erzogen und so umfassend gebildet wie ein Deutscher. Er war in Philosophie und Geschichte zu sehr beschlagen, um sich wirklich den Nazis an den Hals zu werfen – das war kein Umgang für ihn; sie waren ungebildet und gewalttätig.*

*Ich hatte damals nicht den Eindruck, dass Mildred eine hervorragende Persönlichkeit war. Und wie sie sich später verhielt, in echten Grenzsituationen unter enormem Druck, ist etwas, worüber ich nichts weiß. Aber ich habe einmal gesagt: ‹Er hätte sich niemanden aussuchen können, der sich stärker von ihm hätte dominieren lassen.› Sie war ganz eindeutig ein passiver Frauentyp. Er gab den Ton an, und sie richtete sich danach. Ich will nicht sagen, dass sie nach seiner Pfeife tanzte. Aber sie passte sich an. Für sie war es eindeutig ein sozialer Aufstieg. Jeder, der sowohl Arvids als auch Mildreds Hintergrund kannte, dachte: Meine Güte, Mildred Fish kommt aus dem Nichts. Das war eine Einschätzung, die wir alle teilten.*

*Ich war stets der Ansicht, dass Arvid sie geheiratet hat, weil sie so unglaublich schön war. Sie war eine typische deutsche Maid, groß, schlank, außerordentlich blond, lang gestreckt. Wenn sie ihn in Sterling Hall abholte, zeigte selbstverständlich jeder Interesse. Hier war ein amerikanisches Mädchen, das sich mit einem Deutschen verlobte. Das interessierte uns jedenfalls alle; für Romantik hatten wir durchaus etwas übrig.»*

Sollte Arvid Harnack einige der *Friday Niters* durch sein preußisches Gehabe erzürnt haben, durchschaute Professor Commons dieses Abwehrverhalten und half ihm aus der Verlegenheit. Nach dem Zweiten Weltkrieg erinnerte sich John R. Commons junior, wie sehr sein Vater die intellektuellen und wissenschaftlichen Fähigkeiten von Arvid Harnack und seiner Frau Mildred geschätzt hatte. Der alte Herr war sich stets des Gewinns bewusst, den seine Freundschaft mit Arvid ihm einbrachte, und dies «nicht nur wegen seines umfassenden Verständnisses und seiner Kenntnis der deutschen und europäischen Verhältnisse, in denen er wurzelte, sondern auch wegen des Scharfsinns, mit dem er Ideen und Tatsachen zu einer klaren, menschlichen Philosophie zusammenfasste».[19]

Harnack schätzte in Commons sehr den Mentor, «der mich entscheidend beeinflusst hat».[20] 1929 schrieb er an John R. Commons: «Die Zeit, die ich in Wisconsin verbracht habe, zählt zu den schönsten meines Lebens, und ich habe auch Mildred dort gefunden.»[21] Das akademische Ergebnis seiner Studien bestand in einer Dissertation, die er 1930 in Deutschland veröffentlichte, sie trug den Titel: «Die vormarxistische Arbeiterbewegung in den Vereinigten Staaten». Hierbei handelte es sich nicht nur um eine gelehrte Untersuchung, so hob Harnack hervor, sondern «um eine Ausdrucksform seiner Ideale und ein Programm für sein weiteres Leben».[22]

Neben seinen Lehrverpflichtungen verfasste Commons eine Autobiografie, der er in seiner entwaffnenden Art den Titel «Myself» [Ich] gab, hinzu kamen eine vier Bände umfassende, ausführliche Geschichte der amerikanischen Gewerkschaftsbewegung und eine große Zahl von Aufsätzen, die seine Studenten, darunter auch Arvid Harnack, übersetzten. Während sein Ruf wuchs, fanden ausländische Gelehrte wie Harnack und der politische Theoretiker Erich Voegelin den Weg nach Madison, ebenso ein weiterer Rockefeller-Stipendiat, Rudolf Heberle, ein Soziologe aus Kiel.

Heberle hatte die Harnacks 1927 kennen gelernt, und er sah das Paar ganz anders als Hazel Rice. Er schrieb: «Mildred Harnack war in der Tat von überwältigender Schönheit. Groß, schlank, von stolzer Haltung und federnden Ganges – sie schritt, während die meisten Mädchen trippelten – ihr schmales Gesicht von halblangem, strahlend blondem Haar umrahmt, ihr Profil kühn und edel – blaue Augen, strahlend und festen Blickes, und eine wundervolle melodische Stimme.» Weiter schreibt Heberle: «Neben ihr erschien Arvid damals bieder und etwas unbedeutend.» Für Heberle, der einige

Zeit in New York und Chicago verbracht hatte, ohne dort Freundschaften zu schließen, «war die Begegnung mit den Harnacks ein freudiges und bereicherndes Erlebnis». Sie wanderten gemeinsam in den Wäldern, und Mildred las Gedichte vor. Dieser ersten Begegnung folgten weitere. Im Spätsommer trafen sie einander erneut, und darauf wieder im nächsten Winter bei Heberle in Washington, wo die *Friday Niters* sich diesmal versammelten.[23]

«Arvid Harnack sprach über den Streik der Bergarbeiter in den Kohlenminen von Colorado im Jahre 1927», erzählte Professor Heberle mehr als sechzig Jahre später und schaute dabei zur Sicherheit in seinem Gästebuch nach. «Er hatte mit den Streikenden gesprochen und, soweit ich mich erinnere, auch mit den Streikführern, die sich im Gefängnis befanden – es war wohl seine erste persönliche Erfahrung mit der amerikanischen Arbeiterklasse, und allem Anschein nach war er höchst beeindruckt.»[24]

Arvid und Mildred Harnacks bisweilen Schwindel erregende Begegnungen mit den *Friday Niters* waren jedoch nur ein Vorspiel zu dem sich zuspitzenden Drama für viele junge Linksradikale in Madison: dem Fall Sacco und Vanzetti.

1921 hatte ein Geschworenengericht zwei italienische Anarchisten, Nicola Sacco und Bartolomeo Vanzetti, wegen Mordes an zwei Wachleuten beim Überfall auf einen Transport mit Lohngeldern in South Braintree, Massachusetts, zum Tode verurteilt. Die Verhaftungen ereigneten sich im Umfeld der «Roten Panik» von 1919/20, einer Phase starker politischer Repression in Amerika. Richter Webster Thayer, der bereits bei einem früheren Prozess gegen Vanzetti den Vorsitz geführt hatte, verbarg seinen Abscheu vor den Angeklagten, einem Fischhändler und einem Schuhmacher, nicht. Auf dem Golfplatz brüstete sich Thayer: «Habt ihr gesehen, was ich mit diesen anarchistischen Bastarden angestellt habe?» Als das bekannt wurde, zogen viele Amerikaner den Schluss, in Wirklichkeit würden die Angeklagten nicht wegen Mordes, sondern auf Grund ihrer Überzeugungen bestraft. Mit viel Geschick mobilisierten diese Kreise die Presse und brachten beträchtliche Gelder für die Verteidigung auf. Die von ihnen engagierten Anwälte kämpften sechs Jahre lang, um die Angeklagten zu retten, doch am Ende vergebens. Als Richter Thayer am 19. April 1927 die Todesurteile verkündete, rief im Gerichtssaal jemand aus: «Hier verurteilt der Tod das Leben.»

Der Fall bewegte die Weltöffentlichkeit. In allen Ländern unterstützten Sympathisanten das Komitee zur Verteidigung von Sacco und Vanzetti, führten Protestmärsche durch und unterzeichneten Bittschriften, in denen sie um deren Begnadigung nachsuchten. In Wisconsin meldete der *Daily Cardinal,* dass der Präsident der Hochschule, Glenn Frank, sowie die Professoren William Ellery Leonard, John R. Commons und der graduierte Student Arvid Harnack zu jenen gehörten, die eine Bittschrift an den Gouverneur von Massachusetts Fuller richteten, worin «die Einsetzung eines Ausschusses unabhängiger Bürger» verlangt wurde, «um eine öffentliche Untersuchung über den gesamten Fall durchzuführen».[25]

Doch es wurde kein unabhängiges Komitee eingesetzt. Vielmehr offenbarte, wie Edmund Wilson schrieb, dieser Fall «eine komplette Innenansicht des amerikanischen Lebens mit all seinen Schichten, Berufsständen und Ansichten und all ihren Wechselbeziehungen, und daher wurde fast jede Grundfrage unseres politischen und gesellschaftlichen Systems aufgeworfen. Und das geschah darüber hinaus in unerwartet dramatischer Weise.»[26]

Am 3. Mai nahmen die Harnacks gemeinsam mit hunderten von Studenten und Hochschullehrern an einer gewaltigen Protestversammlung in der Sporthalle teil. Der Bezirksstaatsanwalt von Dane County, Philip La Follette, der jüngere Sohn von «Fighting Bob», und der *Friday Niter* Selig Perlman hielten bei dieser Gelegenheit Ansprachen.[27]

Am 4. Juni berief Gouverneur Fuller einen Ausschuss zur Untersuchung des Falles ein. Zwei College-Präsidenten, A. Lawrence Lowell von der Harvard-Universität in Massachusetts und Samuel Stratton vom dortigen Massachusetts Institute of Technology, zählten zu jenen, die eine unparteiische Untersuchung durchführen sollten. Nach wenigen Wochen wurde ihr Bericht veröffentlicht: Sacco und Vanzetti seien schuldig, lautete die Schlussfolgerung. Dazu bemerkte Heywood Broun in seiner Kommentarreihe in der *New York World* in beißendem Ton: «Nicht jeder Häftling kann sich dessen rühmen, dass ihm der Präsident der Harvard-Universität das Lebenslicht ausgeknipst hat.»[28]

Im Laufe des Sommers 1927 begaben sich Liberale, Linksradikale und Dutzende von Journalisten nach Boston. «Wir sehen uns auf den Barrikaden wieder», lautete der Schlachtruf, als Vanzetti mit einem Hungerstreik begann. Eine Gruppe von fünfhundert Intellektuellen – das *Citizens National Committee for Sacco and Vanzetti* – richtete ein Hauptquartier im Hotel Bellevue, gegenüber dem Staatsparlament von Massachusetts ein.

Die Harnacks und ihre Freunde aus Wisconsin beteiligten sich an der «Belagerung» von Boston. Die *Friday Niters* marschierten mit ihren Parolen vor dem *State House* auf und nahmen an Massenveranstaltungen teil. Hin und wieder wurde jemand verhaftet. Unter Führung von Elizabeth Brandeis versuchten die *Friday Niters* den Vater von Elizabeth, Louis Brandeis, Richter am Obersten Gericht, zu veranlassen, zugunsten der beiden Anarchisten zu intervenieren. Er jagte die Bittsteller davon.

Am Abend vor der Hinrichtung kam es zu einer gewaltigen Versammlung. Saccos Frau Rosa und Vanzettis Schwester Luigia traten vor den Massen auf. Es gab leidenschaftliche Reden von Arbeitern und Arbeiterinnen, meist in italienischer Sprache, die ihren Zorn zum Ausdruck brachten, wobei ihnen Tränen über das Gesicht liefen. Rosa Sacco bedeckte ihr Antlitz, während Luigia Vanzetti wie versteinert auf die laute Versammlung starrte. Katherine Anne Porter, die zu den Demonstranten zählte, hielt fest: «Es war die erschütterndste Szene, die ich je erlebt habe.»[29]

Am 23. August, am Abend vor der Hinrichtung, versammelte sich eine noch größere Menschenmenge um Mitternacht zur Nachtwache vor dem Gefängnis von Charlestown. Berittene Polizei, ausgerüstet mit Pistolen, Granaten und Tränengas, versuchte das Gebiet rund um das Gefängnis zu räumen. Den ganzen Abend lang standen die Demonstranten schweigend da, ihre Gesichter hatten sie dem Licht zugewandt, das im Turm flackerte. Man hatte ihnen gesagt, «das Verlöschen dieses Lichtes entspreche der Zahl der Stromstöße, die man durch die Körper von Sacco und Vanzetti jage». Um Mitternacht ging das Licht an und aus; Katherine Anne Porter schrieb fünfzig Jahre später, wenn sie sich daran erinnere, gefriere ihr immer noch das Blut in den Adern.[30]

Eine tausendköpfige Trauergemeinde zog an den offenen Särgen auf dem Langone-Friedhof im Norden der Stadt vorbei. Die Leichen der beiden hingerichteten Männer waren in blaue Anzüge gehüllt, und man sah die grauen Spuren, welche die Elektroden hinterlassen hatten, die ihre Hirne ausgebrannt hatten. Der Leichenzug – die Trauernden trugen scharlachrote Armbinden, auf denen sich schwarze Buchstaben befanden – geleitete die sterblichen Überreste vom North End Park zwölf Kilometer weit nach Süden durch die Straßen Bostons zum Friedhof Forest Hills. An diesem grauen Regentag bildeten 200 000 Menschen einen endlosen Kondukt.

Für die Harnacks, wie für so viele Idealisten mit linken Neigungen, war der Prozess gegen Sacco und Vanzetti eine Erfahrung, die sehr zu ihrer Radikalisierung beitrug. Für die *Friday Niters* lag es auf der Hand, dass die plutokratische Oberschicht darauf aus war, ein Exempel zu statuieren, und armen Einwanderern eine Lektion erteilen wollte. Sie stellten fest, dass diese italienischen Autodidakten Briefe von beträchtlicher Eloquenz schrieben. In einer Kolumne in der *Capital Times* in Madison verglich Ernest Meyer Saccos einfache Abschiedsworte mit liebevollen Ratschlägen an seinen Sohn Dante mit den eiskalten Investitionsvorschlägen, die Elbert Gary, Aufsichtsratsvorsitzender von US Steel, seinen Erben gab.

«Kein anderes Anliegen kann so rein sein; keine Helden sonst können so flammend leuchten», schrieb der Kolumnist Murray Kempton. «Und kein anderes Ende wird so rein und scharf und so völlig vernichtend für die Seelen jener sein, die sich darum sorgten. Wer einmal im Leben an einem Ereignis wie der Totenwache für Sacco und Vanzetti teilgenommen hat, der ist einsam und allein auf höchsten Höhen gewandert.»[31]

Eine Frau bemerkte dazu: «Das ist der Anfang vom Ende – wir haben etwas Unwiederbringliches verloren.» Illusionen schmolzen zusammen mit einer gewissen vertrauensvollen Leichtgläubigkeit dahin. Für die Harnacks erwies sich der Fall Sacco und Vanzetti als Vorspiel der vernichtenden Prozesse, zu denen es noch kommen sollte: Bei den Moskauer Schauprozessen von 1937 wurden Berliner Freunde von ihnen verurteilt, bedingungslose Anhänger der Russischen Revolution. Dann folgte ihr eigener Prozess in Hitlers Reich. All diese Verfahren waren Inszenierungen, nichts sagende und doch so folgenreiche Farcen.

Die Blicke der Harnacks richteten sich nun nach Osten, und

Mildred Harnack hielt eine Lehrveranstaltung für Anfänger, die Englisch studierten, zu dem provozierenden Thema «Russlands Anteil an der internationalen Anarchie». Einer ihrer Studenten, Thomas Holstein, erhielt eine Spitzennote für seine Arbeit. Mildred Harnack stellte dazu fest: «Höchst lobenswert, sowohl wegen der Bemühung, zu einer bedeutenden Frage nicht nur eine oberflächliche Untersuchung zu liefern, als auch für den klaren, systematischen Aufbau.» Darüber hinaus erhielt Holstein von ihr ein Geschenk, nämlich G. Lowes Dickinsons Buch «The International Anarchy, 1904–1914», als Widmung hatte sie ein Zitat aus Alfred Tennysons Gedicht «Ulysses» hineingeschrieben: «Dem Wissen folgen wie einem strahlenden Stern über die äußersten Grenzen menschlichen Denkens hinaus.»[32]

Mit Ende des Frühjahrssemesters 1928 endete Arvid Harnacks Stipendium. Er bestand darauf und Mildred stimmte dem zu: Wenn sie nicht die traditionelle Hausfrauenrolle übernehmen wolle, dann müsse sie weiterhin einen Beruf ausüben, also unterrichten. Weil er immer noch an seiner zweiten Dissertation schrieb, wäre Harnack nicht in der Lage gewesen, eine Frau zu ernähren, deshalb akzeptierte sie ein Angebot, in Goucher, einem Frauen-College in Baltimore, Maryland, Englisch zu unterrichten. Nachdem sie anlässlich der Feier ihres Geburtstags eine kurze Reise zur Chesapeake Bay unternommen hatten, trennten sich im September vorübergehend ihre Wege.

Baltimore war damals, wie ein anderes Mitglied der *Friday Niters,* Dorothy Whipple Clague, schrieb, die «schmutzigste, langsamste, gemeinste, engste und jämmerlichste Stadt in Amerika». Und sie fuhr in ihrer Schilderung fort: «Was Vergnügungen angeht, so gibt es die dort praktisch nicht, denn die Menschen können nicht über sich selbst lachen.» Am Sonntag waren die Kinos, die Theater, die Restaurants ausnahmslos geschlossen. «Kurzum», so schloss Whipple düster, «am Sonntag ist Baltimore einem Friedhof bemerkenswert ähnlich.»[33] Für Mildred Harnack hatte Baltimore jedoch einen offensichtlichen Vorteil – es lag in der Nähe von Washington, und daher hatte sie es nicht weit zu ihrer Mutter, ihrer Schwester, ihrem Schwager, ihren Nichten und ihren Freunden, den Heberles und einigen *Friday Niters.*

Mildred Harnack hatte Schwierigkeiten, sich in Goucher einzugewöhnen. Im Vergleich zu der idyllisch gelegenen Universität von Wisconsin war dieser städtische Campus heruntergekommen, ja sogar hässlich. Ein Mitglied des Lehrkörpers beschrieb die Hochschule als «einen Ort für Mädels aus dem Süden, die gern ein Frauen-College in einem der früheren Unions-Staaten besuchen, sich aber nicht zu weit von der Grenze zwischen Nordstaaten und Südstaaten entfernen wollen».[34] Die Geschlechterdiskriminierung war so umfassend, wie sie es im Fachbereich Englisch in Wisconsin gewesen war – Frauen übernahmen die niedere und monotone Aufgabe, die Arbeiten der jüngeren Studenten zu korrigieren, selbst promovierte weibliche Mitglieder der Fakultät erhielten keine Führungspositionen und ihre Gehälter waren gering. Doch Mildred Harnack hatte Spaß gehabt an der Geselligkeit ihres Gemeinschaftsbüros in der dritten Etage von *Bascom Hall* sowie an den Nachmittagstees des Fachbereichs. Weil in Goucher alle am Vormittag in die Hochschule kamen und sie nach dem Unterricht wieder verließen, gab es hier kaum eine Spur von dem Kameradschaftsgeist, den sie in Madison so genossen hatte.

Mildred Harnack begann ihre Unterrichtstätigkeit mit einem neuen Kurs: «Autoren Neuenglands um die Mitte des 19. Jahrhunderts.» Sie schrieb ihrer Schwiegermutter, dass sie in ihrer Vorlesung zunächst Nathaniel Hawthorne behandle: «Seine Ethik, seine Ästhetik und den Konflikt zwischen beiden; anschließend geht es um Emerson und seine Philosophie der Über-Seele»; anschließend behandele sie James Russell Lowell und seine kritischen Arbeiten.[35] Sie setzte auch ihre wissenschaftliche Weiterqualifizierung bei Professor Raymond Havens an der dortigen Johns-Hopkins-Universität fort. Ihr Thema, der «Konflikt zwischen Ästhetik und Ethik bei Nathaniel Hawthorne», war ein Gegenstand, auf den sie später zurückkommen sollte. Allerdings klagte sie, dass all dies ihr wenig Zeit ließ, um Deutsch zu lernen.

Während ihrer ersten Zeit mit Arvid hatte sie herausfinden wollen, wie eine ideale Ehe sein sollte. In einem Brief an ihre Schwiegermutter klagte sie, dass sie nun neun Monate lang niemanden habe, an den sie sich anlehnen könne. Sie fügte aber hinzu, dies sei gut so, denn sie müsse lernen, allein mit dem Leben zurechtzukommen. «Eine starke Persönlichkeit kann ein besserer *Kamerad* sein», fügte sie – auf Deutsch – hinzu. «Wir sind so sehr zu einer einzigen Person verschmolzen, dass wir uns ein wenig betrübt und verloren vorkommen, wenn einer von uns nicht da ist.»[36] In einem Aufsatz, der im Zusammenhang mit der Vorlesung über Hawthorne entstand, fasste Mildred Harnack zusammen, was sie für das Ideal der ehelichen Liebe hielt: «Ein erfülltes Leben bedeutetet nicht nur die Herausbildung der sittlichen Persönlichkeit, sondern auch den harmonischen Einklang mit einem voll entwickelten Dasein des Körpers und der Sinne.»[37]

Im weiteren Verlauf dieses Jahres fand Mildred Harnack Gelegenheit, bei der Aufführung von George Bernard Shaws Einakter «Passion, Poison, and Petrification» [deutsch: «Leidenschaft, Gift und Verstimmung»] am Fachbereich den anderen die Schau zu stehlen. In der Rolle der Phyllis, «der hysterischen, gütigen und bescheidenen Kammerzofe», die Leichen in die Ecke kehrt, zeigte sie ein weiteres Mal ihre komödiantischen Talente.[38]

Während des Jahres, das sie in Goucher verbrachte, bewarb sie sich für ein Stipendium des Deutschen Akademischen Austauschdiensts (DAAD). Die Kandidaten mussten folgende Voraussetzungen unter Beweis stellen: «Praktische Beherrschung der deutschen Sprache, eine zweijährige Tätigkeit an einer amerikanischen Universität, die Fähigkeit, eigenständig Untersuchungen und Forschungen durchzuführen, einen guten charakterlichen Ruf, Anpassungsfähigkeit und einen guten Gesundheitszustand.» Außerdem musste der Bewerber bereit sein, «mindestens zehn Monate lang in Deutschland zu leben». Im Empfehlungsschreiben für das Stipendium charakterisiert Professor Havens Mildred Harnack als eine «außergewöhnliche Persönlichkeit: eine reife, originelle Denkerin, unkonventionell und vielversprechend». Und er fügt hinzu: «Sie schreibt gut, und ich nehme an, dass sie Bücher verfassen wird, die auf ein beträchtliches Interesse stoßen werden.»[39]

Das Semester ging im Mai 1929 zu Ende. Im September gab die *Evening Sun* aus Baltimore unter der Überschrift «Drei Dozenten aus Goucher nehmen dieses Jahr Abschied» bekannt, dass Mrs. Mildred Fish-Harnack, Dozentin für Englisch, im nächsten Hochschuljahr in Deutschland studieren werde, um den Doktorgrad zu erwerben.[40] Voller Hoffnungen und ausgestattet mit ihren vielfach unterstrichenen Arbeitsexemplaren der Werke von Wordsworth und Emerson, machte sie sich auf die Reise nach Deutschland, in ein Leben «materieller Bescheidenheit, aber mit hohen geistigen Ansprüchen». Doch sehr bald sollte sie die Erfahrung machen, wie viel Wirklichkeit die folgenden Zeilen des Dichters Emerson enthielten, die sie unterstrichen hatte:

Things are in the saddle
And ride mankind

Die Dinge sitzen im Sattel,
Und reiten die Menschheit.

6

# Die Intellektuelle

Die Familie Harnack in Jena. Von links nach rechts: Clara, Falk, Angela, Inge, Mildred, Johannes Auerbach, Arvid. Vorn die beiden Söhne von Inge.

Heute liegen die Docks des Norddeutschen Lloyd in Manhattan überwuchert und ausgestorben da, hier gibt es keine lärmenden, mitternächtlichen Abfahrten von Schiffen mehr, wie es einst beim Ablegen der Ozeanriesen üblich war. Man versuche, sich eine Szene wie jene am Montagabend, dem 2. Juni 1929, vorzustellen, als zweitausend Reisende auf dem Linienschiff des Norddeutschen Lloyd, der *SS Berlin,* von Zehntausenden Abschiednehmenden bedrängt wurden. Am Landungssteg in der Morton Street sammelten verwirrte Eltern ihre verloren gegangenen Kinder unter den Bogenlampen ein. Liebende trennten sich voneinander mit züchtigen Küssen. Die Chauffeure von Passagieren der ersten Klasse bemühten sich, für Massen von Überseekoffern aus Leder Träger zu finden. Schließlich trieben die Stewards die letzten Besucher von den Landungsstegen; Seeleute zogen die Laufplanken hoch; die Menge brach in Rufe aus. Der Dampfer lichtete die Anker, ließ sein Horn erschallen und glitt hinaus in die kühle, klare Nacht.

Man stelle sich Mildred Harnack vor, als die *Berlin* den Hafen von New York verließ. Sie stand einsam an Deck. Höchstwahrscheinlich wurde sie von Schwermut überwältigt, wenn sie daran dachte, dass sie nun Familie und Freunde hinter sich ließ. Wenn sie sich auch darauf freute, eine neue, vollkommenere Mildred zu schaffen – kultivierter und klüger als die alte –, war sie doch ihrem Wesen nach wehmütig gestimmt und blickte zurück. In den Jahren, die vor ihr lagen, sollten die Seen, die einsamen Täler und die Kornfelder von Wisconsin, auch die Freunde in Milwaukee Themen sein, auf die sie nur schreibend eingehen konnte.

Gertrude Stein hat einmal über das Paris der zwanziger Jahre geschrieben: «Damals war jeder 26 Jahre alt. Während der nächsten zwei, drei Jahre waren alle jungen Männer 26. Das war allem Anschein nach für jene Zeit und jenen Ort das richtige Alter.» Im Laufe der zwanziger Jahre gingen viele literarisch interessierte Amerikaner nach Europa; für die meisten war Paris das Ziel. Während der Weltwirtschaftskrise sollten viele von ihnen auf immer nach Amerika zurückkehren.

Im Rückblick könnte man meinen, dass Mildred Harnack 1929

mit 26 Jahren das richtige Alter hatte, sich aber den falschen Ort aussuchte. Ihr Ziel war Berlin, die Metropole vieler, die im Exil lebten und die überwiegend aus dem Osten kamen, besonders Russen, die durch die Oktoberrevolution entwurzelt worden waren. Falls sie Gold, Edelsteine oder Devisen besaßen, konnten sie im inflationsgeschädigten Deutschland schlecht und recht leben. Und doch erfolgte Mildred Harnacks Reise in die Ferne in der Konsequenz einer klaren Entscheidung. Die selbstbewusste Amerikanerin hatte sich vorgenommen, hart zu arbeiten, die deutsche Sprache beherrschen zu lernen, zu promovieren und ihr Leben der wissenschaftlichen Arbeit zu widmen. Sie hatte die Absicht, ihren «zarten Idealismus» mit Arvids «pragmatischem Realismus» zu verbinden.

Das Amerika, das Mildred Harnack 1929 verließ, erlebte gerade einen radikalen Umbruch. Am Abreisetag berichtete die *New York Times* vom Sturz der Weizenpreise. Auf der Getreidebörse in Chicago wurde Weizen zu einem Preis gehandelt, der ein Rekordtief bedeutete. Aber es gab gute Nachrichten aus Deutschland. An der Berliner Börse stiegen die Kurse wegen der Herabsetzung der Reparationsleistungen, die das Land seit dem verlorenen Weltkrieg belasteten. Ein Ausschuss unter Leitung des Amerikaners Owen Young schlug neue Anleihen und eine Umschuldung vor. Allerdings gab es in Berlin auch ein gewisses Maß an Enttäuschung, weil es dem Luftschiff *Graf Zeppelin* nicht gelungen war, seinen ersten Flug über den Atlantik erfolgreich abzuschließen. In Italien erteilte Benito Mussolini der katholischen Kirche eine Lektion: Unterrichtet die Jugend, aber überlasst die Charakterbildung dem Staat. Schließlich kabelte der Korrespondent Walter Duranty aus Russland eine weitere irreführende Meldung über fröhliche Bauern an der Wolga – erneut eine «Erfolgsgeschichte» über die Kollektivierung in der Sowjetunion.

An Bord des Ozeanriesen hatte Mildred Harnack ihre erste Begegnung mit Exemplaren einer seltenen Gattung: dem deutschen Professor, der in seine «natürliche Umgebung» zurückkehrte. Ihr Mann hatte sie bereits vor dieser teutonischen Spezies gewarnt, die sich so stark von der amerikanischen Variante unterschied. Auf deutschen Schiffen war es üblich, dass akademische Grade und besondere Ehrentitel in den Passagierlisten erwähnt wurden. Die privilegierten Mandarine und ihre Ehefrauen nahmen am Tisch des

Kapitäns die besten Plätze ein; nur königliche Hoheiten rangierten noch über ihnen. Daheim konnte man in Universitätsstädten wie Heidelberg oder Göttingen ihre Fotos in den Schaufenstern sehen wie die von Filmstars. Die Berliner machten sich über solches Gehabe eher lustig.

Arvid Harnack lebte in der Annahme, dass er ebenfalls in die Gelehrtenkaste eintreten werde. Seine Stipendien, akademischen Abschlüsse und wissenschaftlichen Erfolge, seine zwei Dissertationen und Doktortitel prädestinierten ihn zum Eintritt in das «Familienunternehmen». Sein Vater und drei Onkel aus der Familie Harnack waren Professoren. Und Arvid Harnack ging davon aus, dass sich Mildred sehr bald ebenso wie die Ehefrauen der übrigen Harnacks an die Anrede «Frau Professor» gewöhnen werde.

Arvid und Mildred Harnack trafen am Kai von Bremerhaven wieder zusammen. Der Sonderzug für die Schiffsreisenden brachte sie nach Bremen, wo Reisende aus Übersee am Bahnhof von einer Blaskapelle willkommen geheißen wurden. Mildred Harnack war, wie Generationen von Touristen vor ihr, über die Sauberkeit deutscher Städte höchst erstaunt. Selbst die Pflastersteine wirkten wie poliert. Zahlreiche Fenster der Wohnhäuser waren mit Kästen voller Blumen geschmückt.

Ihre Reise führte sie nach Jena, wo Mildred Harnack ihre neuen Verwandten kennen lernen sollte: ihre Schwiegermutter Clara, die beiden Schwägerinnen Ingeborg und Angela sowie Ingeborgs beiden Söhne Wulf und Klaus und schließlich Arvids sechzehnjährigen Bruder Falk. Auf ihrer Hochzeitsreise hatte sie eine Postkarte an Falk geschrieben, auf der sie die Frage stellte: «Wirst du mich mögen, obwohl ich keine Deutsche bin?»[1] In dieser Hinsicht hätte sie sich keine Sorgen zu machen brauchen. Vielmehr gewann sie die Familie mit ihren Griechischkenntnissen, ihrem Wissen über Goethe, ihrem guten Deutsch und ihrem vornehmen Aussehen für sich. Die Harnacks staunten, dass Arvid, ein armer Student, ein so fabelhaftes Mädchen geheiratet hatte. Ingeborg und Mildred lernten einander bald sehr schätzen. Wenn sie sich in derselben Stadt aufhielten, sprachen sie jeden Tag miteinander. Ingeborg schilderte die Sensation, die die «blonde Indianerin» in jenem Sommer in Jena auslöste, als Mildred im leuchtend blauen Badeanzug, das Haar ohne den üblichen Knoten, vom Fünf-Meter-Turm im Saalebad sprang. Manche der Menschen in Jena gerieten ins Staunen «angesichts dieses fremdartigen Geschöpfs, das sich mit langem Haar ohne Kappe im Wasser tummelte».[2]

Ihre Schwiegermutter war nicht weniger hingerissen. Clara Harnack erinnert sich: «Unsere Familie wurde noch größer und glücklicher, als meine – vom ersten Blick an geliebte – Schwiegertochter zu uns kam. Sie war mit der Fülle goldblonden Haares und den strahlenden blauen Augen schon äußerlich das Gegenstück zu Arvid. Aber sie besaß auch seine innere Schönheit: seine Herzensgüte und Menschenliebe.»[3]

*Eines der nie gelösten Rätsel um Mildred Harnack war ihr bedauernder letzter Satz: «Und ich habe Deutschland so geliebt.» Da die Jahre, die sie in diesem Land verbrachte, eben jene waren, die von Hitlers Aufstieg zur Macht geprägt waren, könnte eine Lösung dieses Rätsels Licht auf ihre Entscheidung werfen, in Berlin zu bleiben. Was hatte sie bewogen, vom Nonkonformismus ihrer Jugendzeit zur unbeirrbaren Selbstlosigkeit ihrer letzten Jahre fortzuschreiten? Auf der Suche nach einer Antwort auf diese Frage traf ich an einem Spätsommernachmittag des Jahres 1989 Arvid Harnacks jüngeren Bruder Falk. Er hatte eine Wohnung in einem Haus in Dahlem, einem Villenviertel im westlichen Berlin.*

*Falk Harnack lebte im Ruhestand, und sein Gesundheitszustand war schlecht. Seine Frau, die bekannte Schauspielerin Käthe Braun, kümmerte sich rührend um ihn. Falk war zunächst Schauspieler gewesen, dann wurde er Theater- und später Filmregisseur. Während des Krieges hatte er der Widerstandsgruppe Weiße Rose in München angehört. Er konnte seinen älteren Bruder im Gestapogefängnis in der Prinz-Albrecht-Straße besuchen und bemühte sich vergeblich um dessen Begnadigung, wodurch er den Verdacht des Reichsführers SS Heinrich Himmler auf sich lenkte. Anfang März 1943 wurde er verhaftet und stand am 19. April mit anderen Angehörigen der Weißen Rose vor dem Volksgerichtshof München, der ihn überraschenderweise freisprach. Man schickte ihn zum Fronteinsatz nach Griechenland. Dort erhielt er einen Hinweis, dass Himmler seine erneute Verhaftung befohlen habe. Daraufhin desertierte er im Dezember 1943 und kämpfte bis Kriegsende an der Seite griechischer Partisanen. Dann arbeitete er für die Filmgesellschaft DEFA, in Ostdeutschland. Als sein Film «Das Beil von Wandsbek», den er nach dem gleichnamigen Roman von Arnold Zweig gedreht hatte, in der DDR nicht aufgeführt werden durfte, ging er nach Westberlin.*

*Falk Harnack war ein Mann mit großen Sympathien für den Osten, aber es war für ihn unmöglich, sich den Zwängen der kommunistischen Ideologie zu unterwerfen. Auf der anderen Seite verabscheute er in der Nachkriegszeit die Anpassungspolitik führender bundesrepublikanischer Politiker, die es früheren Nationalsozialisten möglich machte, hohe Positionen im Staatsdienst einzunehmen. Obwohl er niemals mehr als ein paar Zeilen über Mildred und Arvid geschrieben hatte, verbrachte er doch einen Großteil seines Lebens damit, über den Widerstand zu sprechen und nachzudenken. Da er seine Geschichte so häufig erzählt hatte, überraschte es mich, als er von ganz frischen Gefühlen überwältigt zu sein schien. Manchmal stand er auf, oft hob er seine Stimme, um einem Detail Nachdruck zu verleihen. All dies erinnerte an das Agieren eines Schauspielers – aufgeführt vor einer amerikanischen Besucherin –, doch mehr als einmal musste ich um seine angeschlagene Gesundheit fürchten, wenn er sich fünfzig Jahre zurückliegende Ereignisse ins Gedächtnis rief. Seine stärksten Gefühle, so konnte ich bei meinen beiden Besuchen feststellen, waren den Amerikanern vorbehalten.*

*Nun wurden Tee und Kuchen aufgetragen. Dann folgten ein Buch und einige Fotos. Unsere erste Zusammenkunft begann damit, dass er über die Grabstätte seiner Schwägerin sprach. Auf meiner Karte von Berlin zeigte er mir den Städtischen Friedhof Zehlendorf an der Onkel-Tom-Straße und erklärte mir, wo ich dort den einfachen Grabstein aus Granit finden könne.*

*«Seitdem Mildred hier bestattet wurde, hat kein offizieller Vertreter der Vereinigten Staaten ihr Grab besucht. Nicht ein einziger! Mildred war eine Heldin, eine Heldin! Die Amerikaner müssen unbedingt anerkennen, dass sie die einzige amerikanische Frau war, die von den Nationalsozialisten in Deutschland hingerichtet worden ist. Sie war eine Kämpferin – für die Amerikaner, für die Alliierten! Mildred kämpfte an der Front der Alliierten! Amerika schuldet ihr höchste Achtung und sollte sie nicht vergessen!»*

*Falk Harnack sprach über die Ereignisse, die seine Familie vernichteten: «Es gab diese weit verzweigten Gelehrtenfamilien. Unsere Verwandtschaft bestand aus vier Familienstämmen, den Bonhoeffers, den Dohnanyis, den Delbrücks und den Harnacks – sie waren alle miteinander verschwägert. Wir waren Cousins und Cousinen.» Und worauf diese Akademikerfamilien besonders stolz sind, ist, dass sie gegen Hitler gekämpft und sich gegen den Nationalsozialismus aufgelehnt haben. Arvid und Mildred, Hans von Dohnanyi, Justus Delbrück, Ernst von Harnack, Klaus Bonhoeffer [...], der Pastor [Dietrich Bonhoeffer]. Sie sind allesamt hingerichtet worden.*

*Unsere ganze Elite. Das ist das Wichtigste, was ich überhaupt zu diesem Thema sagen kann. Sie alle standen für sittliche Prinzipien. Sie alle hatten sehr gute berufliche Positionen. Sie fühlten sich moralischen Grundsätzen verpflichtet, und sie kämpften bis zum Letzten, bis sie von den nationalsozialistischen Verbrechern hingerichtet wurden. Und ich bin einer der wenigen Überlebenden – und Hitler wollte auch mich ermorden. Ich bin stolz auf die sittlichen Grundsätze, für die die Familie eintrat.»*

*Wer waren diese Männer, diese Angehörigen angesehener Familien, habe ich mich gefragt, die Mildred Harnack so sehr beeinflusst und Hitler Widerstand geleistet hatten?*

Die Harnacks zählten zu den herausragendsten Akademikerfamilien in Deutschland. Sie waren Protestanten und stammten aus dem Baltikum. Arvid Harnacks Großvater Theodosius war in St. Petersburg zur Welt gekommen, und er brachte es trotz bescheidener Herkunft zum Rektor der Universität Dorpat, dem heutigen Tartu in Estland. Diese Stellung hatte zuvor sein Schwiegervater innegehabt.

Auch Arvid Harnacks Mutter stammte aus einem Professorenhaus. Clara Reichau war eine Urenkelin des Begründers der Agrikulturchemie in Deutschland, Justus von Liebig, nach dem die Universität Gießen benannt ist. Sie absolvierte in Berlin eine Lehrerausbildung; sie sprach fließend Französisch, Englisch und Italienisch. Sie widersetzte sich der preußischen Strenge in ihrer Familie und entschloss sich, Malerin zu werden. Zunächst nahm sie eine Stellung als Gouvernante in Florenz an. In der Villa Borghese in Rom lernte sie Otto Harnack kennen. Er war zwanzig Jahre älter als sie; als sie 1898 heirateten, war er bereits über vierzig. Was sie verband, war eine tiefe Liebe für die klassische Kultur, die sich in ihrer Begeisterung für Italien, der Verehrung für Johann Wolfgang von Goethe und einem gemeinsamen Interesse an Natur und Kunst manifestierte, und diese Leidenschaften wurden von ihren Kindern übernommen. Nach der Rückkehr aus Italien 1896 lebten sie in Darmstadt, wohin Otto Harnack einen Ruf als ordentlicher Professor für Literaturgeschichte und Ästhetik an der Technischen Hochschule erhalten hatte.

Arvid wurde am 24. Mai 1901 in Darmstadt geboren, der Hauptstadt des Großherzogtums Hessen. Dessen großherzogliche Familie war eng mit den Romanows verwandt. Drei Jahre später wechselte Otto Harnack an die Technische Hochschule Stuttgart. Hier verbrachte Arvid den größten Teil seiner Kindheit in einer intellektuell anspruchsvollen Umgebung, die Greta Kuckhoff als «kulturdurchtränkt» bezeichnete. Otto Harnack verfasste mehrere Bücher, darunter Biografien von Goethe und Friedrich von Schiller. Wie seine Eltern konnte auch Arvid lange Passagen aus dem «Faust» auswendig rezitieren. Wie Goethe war Arvid durch einen bereits bejahrten Vater geprägt, von dem er die Gelehrsamkeit und die Wanderlust übernahm; von seiner viel jüngeren Mutter hatte er eine gewisse Frohnatur und die Fürsorglichkeit für andere.

In der Familie hatte es oft geheißen, dass Otto Harnack eine «Tasso-Natur» besitze, die Fähigkeit, tief zu empfinden und zu leiden. Ein «Nervenleiden», eine schwere Depression, quälte ihn, und im März 1914, am Vorabend des Weltkriegs, beging er Selbstmord. Arvid, das älteste der Kinder, litt sehr unter dem Tod des Vaters. Im Alter von zehn Jahren hatte er ihn fröhlich auf Fahrten in den Schwarzwald und an den Bodensee begleitet; mit zwölf stand er ohne Vater da. Jahre später, als er dem eigenen Tod ins Angesicht schaute, schrieb er an seinen Vetter: «Ich habe in der letzten Zeit viel an ihn und meine Mutter gedacht, die – im tieferen Sinn – sehr gut zueinander passten. Merkwürdig, ich sehe beide vor mir stehen. [...] Er hat seinen großen Radmantel um und einen weichen, schwarzen Hut auf. Sein Gesicht ist ernst, seine blauen Augen sehen mich an, und sein, von dem blonden Vollbart umrahmter Mund hat den für ihn bezeichnenden Ausdruck, den man nicht beschreiben kann.»[4]

«Ich bin erstaunt, wie sehr ich doch Papas und dein Sohn bin», schrieb Arvid Harnack 1929 an seine Mutter in einem Brief, der über seinen Charakter sehr viel aussagt. «Ich lese eben ziemlich viel Goethe. [...] Goethe belebt sich mehr und mehr in mir und wird zu meinem Führer. Ich verstehe auch jetzt, wie du als eine Freundin Goethes zu deiner Familie in Gegensatz geraten musstest. Das nüchterne, pflichtbewusste preußische Beamtentum hat mit dem weltumfassenden, irdische Schönheit liebenden Goethe wenig zu tun. Beides hat seine Vorzüge, das Preußentum gibt ein enges Zugehörigkeitsgefühl zum Staat und zur Gesellschaft, während Goethe aus beiden herauslöst, dafür aber mit der Welt verbindet und die Persönlichkeit formt. Für Papa muss das Leben sehr schwer gewesen sein. Auf der einen Seite liebte er Goethe so sehr, auf der anderen war er in seinem persönlichen Leben in manchem Professor in negativem Sinn.»[5]

Otto Harnack war der jüngste von vier Brüdern, die alle Professoren wurden. Nach seinem Tod übernahm Adolf, sein ältester Bruder, die Rolle des Familienoberhaupts für die Kinder seines Bruders, die auch kurze Zeit bei ihm in Berlin wohnten. Für die dreizehnjährige Ingeborg stellte die «Disziplin und genaue Tageseinteilung» der älteren Harnacks eine starke Veränderung gegenüber der «Freiheit und Liebe» dar, an die sie zu Hause gewöhnt waren, doch «obwohl wir vor Heimweh fast umgekommen sind», so schrieb sie, hätten sie doch eine Menge gelernt. Nach einigen Monaten, als die «wilden Harnäckels» zu ihrer Mutter nach Jena zurückkehrten, stand Clara Harnack «zwar an Jahren sehr jungen, aber im Charakter ausgeprägten Töchtern gegenüber».[6]

Die jungen Harnacks, die noch leicht zu beeindrucken waren, hätten gar nicht in kompetentere Hände gelangen können. Adolf von Harnack, der von Kaiser Wilhelm II. 1914 in den erblichen Adelsstand erhoben worden war, gehörte zu den glanzvollsten Vertretern der Bildungselite, jener Schicht, die die Universität und den öffentlichen Dienst Preußens und dann des Deutschen Reiches zum beneideten Vorbild für die Welt machte. Adolf von Harnack war einer der außerordentlichsten Männer des wilhelminischen Deutschland. Zu seiner Zeit gehörte er zu den einflussreichsten protestantischen Theologen. Als enger Berater des letzten Kaisers trug er den Titel Geheimrat. Er war Professor an der Berliner Friedrich-Wilhelms-Universität, Generaldirektor der Preußischen Staatsbibliothek, Mitbegründer und bis zu seinem Lebensende 1930 Präsident der Kaiser-Wilhelm-Gesellschaft zur Förderung der Wissenschaften, der heutigen Max-Planck-Gesellschaft, und Mitglied der Preußischen Akademie der Wissenschaften. Anlässlich einer Amerikareise stimmte die New Yorker Presse ein Loblied auf ihn an: «Professor Harnack ist weit mehr als ein großer Gelehrter und Kritiker, er ist ein bedeutender Mann.»[7]

Adolf von Harnack konnte überzeugen, besaß viel Charme und einen wachen Humor. Er verfügte über ein geradezu enzyklopädisches Wissen, was zum Teil auf ein sehr gutes Gedächtnis zurückzuführen war. Als er einmal gefragt wurde, wie lange er brauche, um einen griechischen Text von einer Seite Umfang auswendig zu lernen, den er zuvor nie gesehen habe, erwiderte er: «Wenn ich die Seite langsam durchlese, dann kann ich sie wohl auswendig.»[8] Dank seiner zahlreichen Ämter wurde Harnack zu zahllosen Festessen, Ereignissen bei Hofe und Wohltätigkeitsbällen geladen. Als begabten Redner forderte man ihn häufig auf, Festreden bei Jahrestagen und Eröffnungsansprachen bei Kongressen zu halten. Trotz seiner knapp bemessenen Zeit verfasste der Gelehrte bedeutende und umfangreiche Werke zur Theologie und Kirchengeschichte, darunter sein dreibändiges «Lehrbuch der Dogmengeschichte». Seine Bibliografie enthält über 1600 Eintragungen.

Adolf von Harnack war Anhänger eines aufgeklärten Nepotismus, daher half er seinem Neffen Arvid finanziell, und er klebte an den Fersen eines Kollegen, um sicherzustellen, dass Arvid Harnack und Max Delbrück sowie sein Schüler Dietrich Bonhoeffer Stipendien für die Vereinigten Staaten erhielten. Sein Enkel Adolf-Henning Frucht (Sohn der Tochter Anna) meinte dazu: «Die Balten sind wie die Juden, sie sind Völker, die in der Diaspora leben, sie halten zusammen.»[9]

Beim Besuch in Berlin im Januar 1930 wurde Mildred dem großen Mann und seiner Familie vorgestellt. Sie war natürlich ein wenig ängstlich; doch war die Begegnung, wie sie berichtet, «außerordentlich interessant» und «erfolgreich». Sie legte den Grundstein für «echte Freundschaften» mit Onkel Adolf und seinen Töchtern Elisabeth und Agnes von Zahn-Harnack. Mildred erkannte: Wenn der Onkel auch nicht mehr jung war, so war sein Verstand doch «tief und klar». Er empfing sie in seinem Arbeitszimmer, und sie sprachen dort eine halbe Stunde über Philosophie, ihren früheren Professor William Ellery Leonard und schließlich über ihre Arbeit.

Der alte Herr warnte Mildred: Ihre Arbeitsprojekte in Philosophie seien sehr kompliziert, aber aller Mühen wert. «Weißt du, warum es auf dieser Welt Schwierigkeiten gibt?», fragte er sie, um sie zu prüfen. «Ich weiß nicht», lautete ihre Antwort.

«Damit der Mensch sie überwindet.»

Er fragte dann auch nach Arvid und ihren gemeinsamen Plänen und bot seine Hilfe an. Beim Abschied, so berichtet Mildred, küsste sie ihm die Hand und war von Gefühlen so überwältigt, dass ihr Tränen in die Augen stiegen.[10]

Es war noch keine Woche seit ihrer Begegnung verstrichen, da sorgte Harnack dafür, dass sie seine einflussreichen Freunde kennen lernte. Bei einem offiziellen Essen saß sie zwischen zwei preußischen Ministern. Er stellte sie beim Tee im Harnack-Haus, dem kürzlich eröffneten Klub- und Gästehaus, der Kaiser-Wilhelm-Gesellschaft, vor. Bereits Ende der Woche teilte ihr der Leiter des Deutschen Akademischen Austauschdienstes mit, er halte es für möglich, dass sie ein Stipendium der Alexander-von-Humboldt-Stiftung erhalte. Einen Monat später wurde es ihr zugesprochen.

In vielfacher Hinsicht war Adolf von Harnack eine einzigartige Persönlichkeit und der hervorragendste Vertreter seines Standes; in anderen Aspekten war er ein Nonkonformist. Als keineswegs orthodoxer Theologe hatte er häufig Konflikte mit der lutherischen Geistlichkeit, die versuchte, seine Berufung an die Berliner Universität zu verhindern. Als Mitglied des Kreises um Kaiser Wilhelm unterstützte er die Monarchie. Dennoch war er kein simpler Gefolgsmann von Kirche und Krone.

Während des Ersten Weltkriegs warnte er vor einer Expansion des Deutschen Reiches in Richtung Osten. Nachdem der Krieg einmal begonnen hatte, unterstützte er ihn, griff aber öffentlich die Kriegszielpolitik und die Kriegsgewinnler an. Später gab er die Monarchie auf und stellte sich im Unterschied zu vielen Akademikern auf die Seite der Weimarer Republik. Gemeinsam mit dem zum Politiker gewordenen Geistlichen Friedrich Naumann entwarf er jene Teile der neuen Verfassung, die Kirchenangelegenheiten und Erziehungsfragen betrafen. In einer Art, die spätere Auffassungen seines Neffen Arvid vorwegnahm, trat er für das Eingreifen in öffentliche Angelegenheiten ein, als die meisten Gelehrten die Ansicht vertraten, sie sollten sich von der Politik fern halten. Er aber sah seine Hauptaufgabe darin, «seine Mitmenschen auf das richtige Handeln in der Gegenwart vorzubereiten».[11]

Adolf von Harnacks Schwager Hans Delbrück, ein Erzieher des Kronprinzen Friedrich, war ein führender Militärhistoriker. Als Politiker vertrat er liberal-fortschrittliche Ansichten. Im Jahre 1915 organisierte er eine Bewegung, die sich gegen die hegemonialen Pläne des Alldeutschen Verbandes und ähnlich gearteter Kreise für ein Nachkriegsdeutschland richtete sowie für maßvolle Kriegsziele und innere Reformen eintrat. Mit Unterstützung berühmter Wissenschaftler wie Harnack, Max Planck, Albert Einstein und Ludwig Quidde verfasste Delbrück im Frühjahr 1916 eine Petition, in der er sich nicht grundsätzlich gegen jedwede territoriale Veränderung aussprach, jedoch betonte, «der höchste Siegerpreis (werde) immer in der stolz errungenen Gewissheit bestehen, dass Deutschland auch eine Welt von Feinden nicht zu fürchten braucht, und in dem beispiellosen Kraftbeweis, den unser Volk den anderen Völkern der Welt [...] gegeben hat».[12]

Die Petition fand nur ein geringes publizistisches Echo.

Delbrück war Herausgeber und Leitartikler der *Preußischen Jahrbücher,* einer einflussreichen Zeitschrift jener Epoche. Als freikonservativer Politiker saß er von 1882 bis 1885 im Preußischen Abgeordnetenhaus und von 1884 bis 1890 im Reichstag. Nach Kriegsende übte er scharfe Kritik an der Kriegführung des Generals Erich Ludendorff und des Admirals Alfred von Tirpitz. Er verurteilte die Dolchstoßlegende ebenso wie die These von der alleinigen deutschen Kriegsschuld. Gemeinsam mit Adolf von Harnack wandte sich Hans Delbrück gegen Adolf Stoecker, den demagogischen protestantischen Hofprediger und Politiker, der antisemitische Parolen verbreitete.

Mehr als vierzig Jahre lang trafen sich Adolf von Harnack und Hans Delbrück jeden Sonntag zusammen mit ihren Frauen, den Schwestern Amalie und Lina Thiersch. Die beiden waren obendrein Cousinen, mit der sie einen gemeinsamen Vorfahren hatten: Justus von Liebig. Nach einem einfachen, aber herzhaften Mahl und wenig belangreichen Gesprächen über Familienangelegenheiten, die nicht ohne gutwillige Neckereien und Prüfungen für die Kinder abliefen, gab es gewöhnlich eine kurze Pause. Dann aber, so schildert es Ernst, Sohn Harnacks, begann Delbrück stets eine Diskussion mit den Worten: «Was sagst du zu ...» Jeder wusste, dass dies nur eine rhetorische Frage war, denn nun war der Augenblick gekommen, da Delbrück seine Ansichten zum Besten gab, gewöhnlich eine Vorschau auf einen Leitartikel in den *Preußischen Jahrbüchern.* Dann wandten sich alle Köpfe Harnack zu, der diplomatisch fortfuhr: «Du hast ganz Recht ...» Der ältere Harnack sagte niemals «aber», doch an seinem Tonfall erkannten alle, es werde sich «eine interessante Auseinandersetzung ergeben».[13]

Ernst von Harnack schrieb, wie er diese Sonntage erlebte: «Langsam wuchs ich in den Ideenkreis hinein, dem unsere Väter angehörten, und ich hatte das unermessliche Glück, Staats- und Weltgeschichte so kennen zu lernen, wie sie kein Geschichtsbuch schildern kann, immer im Hinblick auf ihre Träger, immer von der persönlichen Seite. Es wurde wenig theoretisiert; aber dass hinter all den großen menschlichen Institutionen wie Staat, Armee, Kirche, Schule *Menschen* stehen, lebendige Menschen mit ihren eigenen Wünschen und Zielen, das prägte sich mir unauslöschlich ein.»[14]

Die von Harnacks und die Delbrücks waren Nachbarn in der Kunz-Buntschuh-Straße im feinen Grunewald. Gleich um die Ecke lebten die Bonhoeffers in einer großen gelben Villa in der Wangenheimstraße. Karl Bonhoeffer war der führende Psychiater und Neurologe der Berliner Universität. Nach 1923, so hielt Adolf von Harnack in seinem Tagebuch fest, schloss sich Bonhoeffer dem «Kränzchen» von Harnack und Delbrück an, einem Kreis prominenter Professoren und Politiker, die sich jeden Mittwoch zu einem «Bierabend» im Hause Delbrück trafen.[15]

Diese freundschaftlichen Beziehungen zwischen Vätern und Müttern weiteten sich auf Söhne und Töchter aus, unter denen sich je nach Alter oder Interesse engste Freundschaften herausbildeten. So gab es ein Quartett mit Arvid Harnack, Justus Delbrück, Klaus Bonhoeffer und dessen zukünftigem Schwager Hans von Dohnanyi. Sie alle waren um 1901 oder 1902 geboren und wurden später Anwälte oder Beamte. Max Delbrück, Karl-Friedrich Bonhoeffer und der einige Jahre jüngere Adolf-Henning Frucht wurden prominente Naturwissenschaftler. In einigen Fällen entstanden aus Jugendfreundschaften Ehen.

Akademiker heirateten im Allgemeinen spät und hatten große Familien. Das bedeutete, dass die jüngsten Kinder geboren wurden, als ihre Väter sich bereits in den Vierzigern oder Fünfzigern befanden. Amalie von Harnack, Lina Delbrück und Clara Harnack hatten zusammen 21 Kinder; Paula Bonhoeffer brachte in zehn Jahren acht Kinder zur Welt. Den Familien ging es materiell gut; das galt vor dem Kriege ebenso wie in den finanziellen Krisenjahren der Weimarer Republik. Es gab ausreichend Hilfe im Haushalt, auch durch Kindermädchen. Da sie Eltern hatten – so drückt es Dietrich Bonhoeffer aus –, «die alle Schwierigkeit erleichtern. Und ob wir noch so weit weg sind, gibt uns das eine so unverschämte Sicherheit.»[16]

Mildred übernahm den Lebensstil der Harnacks recht schnell. Trotz der Wohlhabenheit der Eltern lebte die jüngere Generation bescheiden. Arvids Cousine Agnes lebte mit ihrem Ehemann in einer im Hause ihres Onkels Adolf eingerichteten Wohnung.

Mildred Harnack bemerkte dazu: «Immerhin hat ihr Mann eine hohe Stellung im Staatsdienst inne.» Daraus zog sie den Schluss, dass «die gebildetsten und interessantesten Leute am bescheidensten leben. Niemand vergibt sich etwas in Deutschland, wenn er bescheiden wohnt. Seit dem Krieg ist es das übliche Los.»[17] (Weil dies für sie ein Vorbild bedeutete, muss hinzugefügt werden, dass zu einer Zeit, da die Deutschen eine akademische Ausbildung für Frauen nicht schätzten, zwei der drei Töchter aus dem Hause Harnack, Agnes und Elisabeth, den Doktortitel erwarben.)

«Wenn ich an Mildred denke», so sagte ihre Nichte Jane Donner Sweeney, «dann sehe ich zwei Ströme, die zusammenfließen, die Transzendentalisten aus Neuengland (zum Beispiel Emerson) und die Familientradition der Harnacks – also das, was die Deutschen ‹Dichter und Denker› nennen. Mildred und Arvid verbanden Emersons Prinzip des ‹einfachen Lebens und anspruchsvollen Denkens› mit den besten Zügen der deutschen geistigen Tradition des 19. und frühen 20. Jahrhunderts. Sie waren im besten Sinne deutsch. Und sie empfand es als Privileg, dass sie dazugehörte.»

In diesen zutiefst patriarchalischen Haushalten kam es ganz und gar auf die Herren Professoren an. In den biografischen Standardwerken über Harnack und Delbrück findet sich kaum etwas über die Frauen. Obwohl Letztere außerordentlich fähige Wirtschafterinnen und Mütter gewesen zu sein scheinen, bleiben sie doch schemenhaft. In der ersten Auflage der umfangreichen Biografie ihres Vaters unterließ es Agnes von Zahn-Harnack, eine der ersten deutschen Feministinnen, über ihre Mutter Amalie mehr als einen genealogischen Hinweis zu geben. Nach dem Zweiten Weltkrieg füllte sie diese Lücke, indem sie ein Kapitel über Amalie hinzufügte; hier bekannte sie: «Es ist für die Tochter leichter, den Vater zu schildern als die Mutter. Dem Vater sieht sie sich von Anfang an gegenübergestellt; er verkörpert nicht *ihre* Welt, sondern die *nicht-ihre,* die andere Welt ... Sein Tageslauf zeichnet sich in großen kräftigen Linien ab; das Tagewerk der Mutter setzt sich aus unzähligen, winzigen Punkten und Strichen zusammen, und in all diesen wichtigen Einzelheiten ist die Tochter unlösbar mit eingewebt.»[18]

Adolf von Harnack sprach einmal von drei Möglichkeiten glücklicher Ehen: Er nannte sie «die kongruente, die konträre und die Ergänzungsehe». Und die Tochter Agnes meint, für die «harnacksche Ehe [...] lässt es sich von Ergänzung sprechen, aber fast noch mehr von der Gegensätzlichkeit der Naturen».[19] Amalies Vater Karl Thiersch war ein berühmter Arzt, und sie litt unter einem Sauberkeitsfimmel, das veranlasste den Ehemann, im Scherz zu behaupten, seine Frau habe drei Leidenschaften: Hände waschen, Fenster öffnen und Kleider in die Reinigung bringen. Doch wie die Tochter berichtete, behielt Amalie während ihrer Ehe mit dem berühmten Mann ihre vollständige geistige Freiheit; sie blieb unabhängig. «Sie lebte in ihm, aber sie ging nicht in ihm auf.»[20]

Amalie war die erste und wichtigste Leserin ihres Mannes. Harnack las viel von dem, was er schrieb, laut seiner Frau vor und nahm ihren Rat gern an, denn sie besaß «ein ungewöhnlich feines Sprachgefühl», was es ihr leicht machte, «jeden falschen Ton in einem Satzgebilde zu erkennen».[21] Zweitrangiges ließ sie nicht durchgehen. Wenn seine Frau etwas guthieß, dann war sich Harnack sicher, dass auch sein Publikum es akzeptieren würde. «Sie war im tiefsten Grunde sein und unser aller Gewissen. An ihr gewannen wir immer erneut den sittlichen Maßstab für wahr und unwahr, rein oder trübe, echt oder unecht.»[22]

Bereits als Kinder spürten die Söhne und Töchter der drei Familien die Last ihrer besonderen Herkunft. Die Bildungsmaßstäbe waren rigoros. Clara besaß ein natürliches Talent, ihre Kinder zu unterrichten, womit sie bereits begann, als sie noch klein waren. Sie nahm an, dass Arvid intelligent sei, meinte aber, es fehle ihm an Ehrgeiz. So begriff er die Lehrer des Stuttgarter Gymnasiums nicht, «wenn sie verlangten, er müsse wegen seiner Gaben und, ‹weil sein Vater Professor war› der Erste sein. ‹Die anderen wollen auch mal der Erste sein›, meinte Arvid freundschaftlich.»[23]

Max, der Sohn von Hans Delbrück, empfand seine Kindheit in der Rückschau als «Paradies», er schrieb aber auch, dass der Vater sich über die Mädchen ärgerte, obwohl sie ihn wie einen Gott verehrten.[24] Seine Schwester Emmi Delbrück (sie heiratete Klaus Bonhoeffer) erinnert sich an folgende Episode: Als man dem sechsjährigen Max, immerhin ein zukünftiger Nobelpreisträger, bei einem Familientreffen vorhielt, leider hätten berühmte Männer sehr selten bedeutende Kinder, da bemerkte dieser kurz und bündig: «Wartet nur ab!»[25] (Er emigrierte 1937 in die Vereinigten Staaten und erhielt 1969 als Biophysiker den Nobelpreis für Medizin.)

In diesem protestantisch geprägten, doch aufgeschlossenen Kreis wurden die Kinder nach dem Motto «Goethe, Goethe und nochmals Goethe» erzogen.[26] Und auf so einem besonderen Acker gedieh das Selbstvertrauen vorzüglich, aber auch ein Sinn für Fairness und Gerechtigkeit gegen jedermann. Es reichte nicht aus, zu wissen, was richtig war, man musste dementsprechend handeln, welche Konsequenzen das auch immer haben mochte. Neben diesem starken Gefühl von sittlicher Verpflichtung und Stolz auf die beeindruckende Ahnenreihe, meinten manche Kollegen doch auch ein beträchtliches Quantum Arroganz zu entdecken: Amerikanische Freunde stellten fest, dass Dietrich Bonhoeffer und Arvid Harnack den Eindruck erweckten, sie seien selbstverständlich als Deutsche anderen überlegen.

Die Ansichten der Harnacks und ihrer Verwandten deckten ein breites politisches Spektrum ab – es reichte in der Weimarer Republik von Liberal-Konservativen über Sozialdemokraten und Christlich-Sozialen bis zu den Kommunisten –, allerdings wählte keiner von ihnen die Nationalsozialisten. Selbst wenn Eltern angesichts der politischen Neigungen ihrer Kinder Bedenken hatten, blieb die Harmonie innerhalb der Familie erhalten. Dazu stellte Arvids Cousine Anna Frucht fest: «Die Nazis haben die Familie geeint.» Dazu schrieb Renate Bethge, eine Enkelin von Karl Bonhoeffer: «Die Familie hatte so viel Gewicht, dass es für den Einzelnen ungleich schwieriger gewesen wäre, ein Nazi oder auch nur ‹Mitläufer› zu werden, als in den Widerstand zu gehen.»[27]

Clara Harnack stand politisch links. Als Sechzehnjährige hatte sie in Berlin gegen den Willen ihrer Eltern eine Versammlung besucht, auf der August Bebel sprach. Er machte einen unauslöschlichen Eindruck auf sie. Als ihre Söhne geboren wurden, gab sie ihnen die Namen Arvid und Falk nach Gestalten aus August Strindbergs Roman «Das rote Zimmer», eine aufrührende, skeptisch geprägte Gesellschaftssatire, die seit ihrem Erscheinen 1879 unter europäischen Linken verbreitet war. Als überzeugte Pazifistin gehörte sie zu den

Mitbegründerinnen der Internationalen Frauenliga für Frieden und Freiheit (1915 in Den Haag). Unkonventionell, wie sie war, konnte sie «ebenso entschieden ablehnen wie rückhaltlos bejahen».[28] Sie war spontan und verschwieg ihre Ansichten niemals, was ihr nach 1933 einige Probleme bereiten sollte. Sogar Mildred, die sie «interessant und außerordentlich energisch» fand, musste zugeben, dass ihre Schwiegermutter Clara «hitzköpfig» war und manchmal den «Frieden erheblich stören» konnte.[29] Obwohl die Familie arm war, gab es immer einen Platz für bedürftige Fremde: hungrige Studenten oder Fabrikarbeiterinnen, deren Kinder in der Küche in Wäschekörben schliefen. Clara Harnack vermittelte ihren Kindern auch ein Gefühl für gesellschaftliche Verantwortung: Ihre Töchter Ingeborg und Angela taten freiwillig in Jenaer Waisenhäusern Dienst.

Ihr erstes Jahr in Deutschland verbrachte Mildred Harnack in der thüringischen Universitätsstadt Jena. Sie liegt an der Saale, umgeben von sanften Bergen und Wäldern. Es ist einer der Orte, an den man heute denkt, wenn man sehnsuchtsvoll von «früher» spricht, da die Dinge weniger kompliziert schienen, als sie es heute sind. In der durch Krieg und Nachkriegszeit zerstörten Altstadt weisen Tafeln an klassizistischen Gebäuden auf dem Marktplatz auf Hans Christian Andersen und August Wilhelm von Schlegel hin, die hier einst gewohnt haben. Eine Tafel an einem Jugendstilhaus in der Westendstraße 20 teilt mit, dass Arvid Harnack, der im Jahre 1942 als antifaschistischer Widerstandskämpfer hingerichtet wurde, von 1920 bis 1923 an der hiesigen Universität studiert hat. Außerdem gibt es eine Arvid-Harnack-Straße in der Nähe des Planetariums und des Griesbach-Parks, in dem bereits Johann Wolfgang von Goethe und Friedrich von Schiller Entspannung suchten.

Der Ruf der Stadt Jena ist auf dreierlei zurückzuführen: die 1548 gegründete Universität, an der Schiller, Friedrich Wilhelm von Schelling, Johann Gottlieb Fichte und Georg Wilhelm Friedrich Hegel gelehrt haben und Karl Marx einige Zeit danach promoviert hat; die weltberühmten Optischen Werke der Firma Zeiss und schließlich die Nähe zu jenem Schlachtfeld, auf dem Napoleon 1806 die Preußen geschlagen hat. Während der letzten Jahrzehnte des 19. Jahrhunderts blühte Jena als Musterstadt im Spannungsfeld zwischen Universität und Industrie.

Die Zeiss-Werke wurden in Form einer Stiftung geführt, die Ernst Abbe 1889 errichtet hatte. Die Zeiss-Stiftung war nicht nur ein Wirtschaftsunternehmen, sondern vertrat auch bestimmte gesellschaftliche und pädagogische Vorstellungen. Die Gewinne flossen in die Stadt und die Universität. Es gab kostenlose Gesundheitsfürsorge, subventionierte Arbeiterwohnungen, bezahlten Urlaub, Kinderversorgung, Erwachsenenbildung, billige Kredite, Anspruch auf Pension – Sozialleistungen, die zu jener Zeit einzigartig waren. Die Stiftung finanzierte Lehrstühle an der Universität, gründete den Botanischen Garten, ließ das «Volkshaus» errichten und schuf das erste Planetarium der Welt.

Arvid Harnacks Familie stand im Mittelpunkt des kulturellen Lebens der Stadt, die in den zwanziger Jahren, während der kulturellen Renaissance der Weimarer Republik, zu einem Anziehungspunkt für Künstler wurde. Nach dem Tod ihres Ehemanns zog Clara Harnack nach Jena und eröffnete in ihrer Vier-Zimmer-Wohnung ein Atelier. Um ihre magere Witwenrente zu ergänzen, erteilte sie dort Kunstunterricht.

Sie trat dem Jenaer Kunstverein bei, wo sie Angehörige des Bauhauses und der expressionistischen Dresdner Künstlergruppe «Die Brücke» kennen lernte. Hier veranstaltete Clara 1920 eine Ausstellung ihrer Gemälde, hauptsächlich Landschaften. Der Kunstverein förderte auch literarische und musikalische Veranstaltungen, expressionistische Literaturabende, Auftritte der Dadaisten, Filmvorführungen und Fotoausstellungen. Das Essen an der Tafel der Harnacks mag bescheiden gewesen sein, aber es wurde von den Kindern erwartet, dass sie Vorträge durchreisender Gelehrter besuchten; und Clara Harnack hatte immer etwas Geld für Konzerte und Theater übrig. In Jena entwickelte Mildred jenes Interesse an moderner Kunst, das 1936 seinen Höhepunkt fand, als sie Irving Stones Roman «Lust for Life» [deutsch: «Ein Leben in Leidenschaft»; Berlin 1936] übersetzte, eine Biografie Vincent van Goghs in Romanform.

In Jena stand das fortschrittlich gesinnte Ehepaar Felix und Anna Auerbach den Harnacks am nächsten. Auerbach lehrte Theoretische Physik und gehörte zu jenem Kreis von Professoren, die die moderne Kunst förderten und den Kunstverein gegründet hatten.[30] Arvids Schwester Ingeborg (Inge) heiratete Auerbachs Neffen Johannes, einen Bildhauer und Grafiker, der zu den ersten Schülern des Bauhauses in Weimar zählte. Walter Gropius, der Gründer und Direktor des Bauhauses (1919, seit 1925 in Dessau), entwarf das funktionalistische, mit einem Flachdach versehene Haus der Auerbachs, das aus miteinander verbundenen Würfeln bestand. Mildred schickte ihrer Mutter eine Fotografie des Hauses Auerbach, das sie regelmäßig aufsuchte, um mit Anna gemeinsam Goethe zu lesen. «Nun lesen wir den zweiten Band von Goethes Autobiografie ‹Dichtung und Wahrheit›», berichtete Mildred. Frau Auerbachs «unerschöpfliches Wissen über die Sitten und Gebräuche der Goethezeit» mache die Lektüre für sie «doppelt so interessant», als es sonst der Fall gewesen wäre.[31]

Nach einer Schwarzwaldreise mit Arvid richteten sich die Harnacks im Jenenser Universitätsmilieu ein. Das Paar bewohnte ein möbliertes Zimmer in einem Haus am Landgrafensteig, über das Inge feststellt: «Es war alles ganz einfach und peinlich sauber.»[32] Mildred schrieb ihrem Neffen, von diesem Hause aus habe man «einen schönen Blick auf die Berge». Jeden Abend ging sie in Begleitung Arvids oder des sechzehnjährigen Falk im Gebirge spazieren; sonntags machten sie einen Ausflug, «um sich eine schöne alte Burg anzusehen oder in einem Dorf in der Nähe zu essen».[33]

Als sie in Jena ihre Dissertation vorbereitete, verfügte Mildred Harnack über weit mehr Freiheiten als ihre amerikanischen Kommilitonen zu jener Zeit. Sie musste nicht an bestimmten Vorlesungen teilnehmen, es gab auch keine Pflichtseminare. Darüber hinaus stand es ihr völlig frei, die Universität zu wechseln. Im Laufe der nächsten zwei Jahre studierte sie in Jena, Gießen und Berlin. Ihr Fachgebiet war die amerikanische Literatur, aber die Lehrveranstaltungen orientierten sich nicht an einem bestimmten Studienplan, sie besuchte Vorlesungen in anderen Fächern, von denen sie zwei – Philosophie und Wirtschaftswissenschaften – als Nebenfächer für ihr Examen auswählte.

Die Professoren in Jena fand Mildred Harnack freundlich, aber wenig interessant. In Gießen jedoch, einer kleinen hessischen Universität, die in der Familiengeschichte der Harnacks eine Rolle gespielt hatte (Adolf von Harnack und Arvids Urgroßvater Justus von Liebig hatten dort gelehrt), wurde Mildred höchst bereitwillig aufgenommen und dort, so berichtete sie später, erhielt sie den allergünstigsten Eindruck vom Hochschulleben in Deutschland. Karl Viëtor, den Arvid Harnack in einem Brief als «sehr jung, aber begabt» bezeichnete, leitete sie beim Studium der deutschen Literatur an.[34] Er war erst 37 Jahre alt und gerade Dekan der Philosophischen Fakultät geworden. Mona Wollheim, eine Kommilitonin, erinnert sich an die Harnacks, die älter und gebildeter als die übrigen Studenten in Viëtors Seminar wirkten. Arvid brachte bereits «in Auftreten und Garderobe etwas Maßvolles zum Ausdruck, er wirkte wie ein Beamter». Mildred zog durch ihre hohe Stirn und ihr hell schimmerndes Haar Aufmerksamkeit auf sich, ihre wenig modische Frisur betonte die schöne Regelmäßigkeit ihres Gesichts. Über Mildred Harnacks Kleidung berichtete Frau Wollheim, sie sei «in Schnitt und Stil individuell gewesen, dies aber in höchst zurückhaltender Weise».[35]

Zu jener Zeit war es selbst in den Vereinigten Staaten üblich, dass Gelehrte die amerikanische Literatur als eine arme Verwandte der englischen behandelten. Die Amerikaner litten an einer Art von Minderwertigkeitskomplex, was ihre eigenen Autoren anging. In Deutschland beruhte die Entwicklung der wissenschaftlichen Auseinandersetzung mit Amerika auf den Erfahrungen des Ersten Weltkriegs, als die Deutschen nicht in der Lage gewesen waren, Kultur und Gesellschaft der Vereinigten Staaten zu verstehen. Sie waren von einer falschen Grundannahme ausgegangen: Weil sich so viele Deutsche in der Neuen Welt niedergelassen und einflussreiche Positionen erreicht hatten, meinten sie, die Amerikaner würden im Kriegsfall ebenso viel Sympathien für die Deutschen wie für die Briten empfinden. Dabei übersahen sie die entscheidende Tatsache, dass die meisten Amerikaner Englisch sprachen.

Friedrich Schönemann, später ein Kollege von Mildred an der Berliner Universität, kehrte 1921 nach einem längeren Aufenthalt an der Harvard-Universität nach Hause zurück, um einen einflussreichen Aufruf zur Institutionalisierung von Amerikastudien zu veröffentlichen. Darin hieß es: «Wir haben den Weltkrieg schließlich verloren, weil wir die Vereinigten Staaten von Amerika nicht genügend kannten. Wir wussten weder mit ihren Menschen etwas anzufangen, noch begriffen wir ihre Kultur, ihre natürliche Macht und ihre nationale Stärke.»[36] Er forderte dazu auf, die amerikanische Literatur zu studieren, da sie ein wahrer Spiegel der amerikanischen Kultur sei.

Walther Fischer, Mildred Harnacks Doktorvater, war eine andere wichtige Persönlichkeit auf dem Gebiet der Amerikanistik. Sie assistierte Fischer bei einem seiner Seminare in Gießen. Er hielt sie für «eine überzeugende Pädagogin und hervorragende Vortragsrednerin». Und 1936 führte er in einem Empfehlungsschreiben aus, er sei «sehr beeindruckt von dem selbständigen und gründlichen Herangehen an alle wissenschaftlichen Themen, die ihr Interesse erregten. Ebenso fiel mir ihr Fleiß und das außerordentliche Feingefühl auf, das sie auch unter oft schwierigen Bedingungen an den Tag legte.»[37]

Das «außerordentliche Feingefühl», das Mildred Harnack unter schwierigen Umständen unter Beweis stellte, hatte zweifellos mit der wachsenden Bedeutung der Nationalsozialisten unter den Studenten in Gießen zu tun, denn diese Universität erlag als eine der ersten dem Ansturm der braunen Bewegung.[38] Bereits 1931 unterstützte mehr als die Hälfte der Gießener Studenten die Studentenorganisation der Nationalsozialisten. Diese erschütternde statistische Tatsache – die Gießener Studenten waren doppelt so anfällig für den Nationalsozialismus wie die deutsche Bevölkerung insgesamt – ist zum Teil dadurch zu erklären, dass man schwere Krisenzeiten durchlebte. Der britische Schriftsteller Stephen Spender beschrieb diese Generation junger Deutscher recht anschaulich: «Sie war in den Krieg hineingeboren, durch die Hungerblockade beinahe zugrunde gegangen, durch die Inflation verarmt – und jetzt [1929] war sie ohne Geld und ohne Überzeugungen. [...] Sie wartete wie eine Drachenbrut auf einen Führer, der sie ins Zentrum Europas führen würde.»[39] Bis 1933 stammte die Mehrheit der Studenten aus dem Bildungsbürgertum, also aus der Oberschicht und der anspruchsvolleren oberen Mittelschicht. Im Laufe der Weimarer Jahre war es zu einer Überfüllung der Universitäten gekommen, weil außerhalb kaum Arbeit zu finden war. «Das *Bonmot* unter den Studenten ‹Nur noch ein paar Semester bis zur Arbeitslosigkeit› entsprach vollkommen der Realität.»[40] Selbst als Arbeitsplätze an der Universität und im öffentlichen Dienst immer knapper wurden, hingen viele Studenten weiter an der Universität herum, weil ein akademischer Titel einen besonderen Status bedeutete.

Mildred Harnack, die Armut gegenüber immer besonders sensibel reagierte, führte das Chaos auf die immer schlechter werdenden wirtschaftlichen Bedingungen zurück. Als sie sich bemühte, «die völlig Verarmten in Deutschland» zu beschreiben, hielt sie fest, es gebe «hier nicht so viel unverhüllte, schmutzige Armut wie in den USA». Die Armen in Deutschland trügen alte, aber respektabel aussehende Kleidung, «die sorgfältig geflickt sei»; dies verschleiere die Tatsache, dass diese Menschen oft Hunger litten. «Du kannst dir vorstellen, warum die Deutschen ihre Teller sauber kratzen», schrieb sie ihrer Mutter Georgina. Das gelte in Deutschland nicht als Zeichen von schlechten Manieren; es sei vielmehr «eine wirtschaftliche Notwendigkeit». Auch unter den jungen Männern an den Universitäten herrsche «wirtschaftliche Panik». Das Problem bestehe darin, dass «der Krieg nicht nur gegen den Kaiser geführt wurde. Das Volk blutete zur Hälfte aus, und die schweren Zeiten sind für die Deutschen noch nicht vorbei.»[41]

Während sich amerikanische Professoren in der Zeit nach dem Ersten Weltkrieg engagiert an politischen Debatten beteiligten – einer von ihnen, Woodrow Wilson, war kurz zuvor (1913–1921) noch Präsident der Vereinigten Staaten gewesen –, hielten sich die deutschen Gelehrten im Allgemeinen von der Politik fern. Es herrschte die Ansicht vor, parteipolitisches Engagement vertrage sich nicht mit wissenschaftlichen Leistungsansprüchen. (Adolf von Harnack und Hans Delbrück waren Ausnahmen.) Wie die meisten Angehörigen der gebildeten Klassen, die in der Regel politisch rechts eingestellt waren, standen auch die Professoren 1929 den Nationalsozialisten reserviert gegenüber, doch brachten sie auch wenig Begeisterung für die Republik auf. Da sie im wilhelminischen Reich aufgewachsen waren, zählten sie überwiegend zu den Monarchisten oder den Nationalisten. Sieht man von den Großstädten ab, so gab es nur wenige Sozialisten, Sozialdemokraten, Pazifisten und Marxisten unter den Gebildeten. Auch waren sie in der Regel keine Bewunderer dessen, was man heute als die Kultur der Weimarer Republik bezeichnet. Viele von ihnen hielten sie für undeutsch und bekämpften sie als dekadent, jüdisch oder bolschewistisch.

Als Mildred Harnack nach Gießen kam, waren viele Studenten bereits lautstarke und unverhohlene Gegner der wenigen Hochschullehrer, denen man unterstellte, Sozialisten oder Pazifisten zu sein. Ein Hauptgegner der Nationalsozialisten war Ernst von Aster,

Mildred Harnacks Philosophieprofessor, der vom Marxismus beeinflusst war, pazifistische Positionen vertrat und die Sozialdemokraten unterstützte. Seine Ehefrau, Hildur Dixelius, die Romane verfasste, befreundete sich mit Mildred und besuchte sie später in Berlin. Eine andere Zielscheibe war Arvid Harnacks Doktorvater, Friedrich Lenz, der in Gießen zu den «roten Professoren» zählte. Lenz war zwar kein orthodoxer Marxist, aber doch ein Bewunderer der sowjetischen Planwirtschaft. Lenz schrieb 1946 in einer sachlichen Würdigung der Theorien Harnacks, die wohl auch den seinen entsprachen: «Deutschlands Mittlerrolle zwischen West und Ost verbietet gewiss die sklavische Übernahme fremder Ordnungsgedanken. Aber jede positive Auseinandersetzung mit der im Bolschewismus erneuerten Großmacht des Ostens ist grundsätzlich fruchtbar und überdies für ein gesundes und damit nach Osten wie Westen wieder unabhängiges Deutschland nicht zu entbehren.»[42]

1929 hatte sich Arvid Harnack einer Studentengruppe angeschlossen, deren Ziel die «Verbreitung des republikanischen Gedankens unter der Studentenschaft [sowie die] Verbreitung in seinen Rahmen gehöriger Ideen des Sozialismus und Pazifismus durch wissenschaftliche Erarbeitung aller in Betracht kommender Fragen» war. Später trat er der dortigen sozialistischen Studentengruppe bei.[43]

Neben dem Seminar von Lenz baute Arvid Harnack eine Diskussionsgruppe auf, die sich jeden zweiten Dienstag in einem Hotel traf, um über ein bestimmtes Thema zu debattieren, zu dem ein Redner referierte. Diese Gruppe, so berichtete Mildred, umfasste Professoren der Philosophie, Literatur, Wirtschaftswissenschaften und Soziologie sowie drei oder vier besonders begabte Studenten. Mildred Harnack fand diese Leute «interessant und originell», sie war stolz, «auf Grund der Tatsache» dabei sein zu dürfen, «dass ich Lehrveranstaltungen an einer amerikanischen Universität gegeben habe».[44]

Zu den Doktoranden von Professor Lenz gehörte auch Georg Donatus, Erbprinz von Hessen. Bei einer dieser Veranstaltungen legte Arvid Harnack dar, wie er als Chef einer sozialistischen Regierung in Deutschland das Land regieren würde. Auf einmal stellte der Prinz eine Frage an Arvid: «Was würden Sie mit mir tun, wenn die Dinge nach Ihrem Plan verlaufen?» Harnacks Antwort lautete:

«Wenn Sie für meine Regierung eintreten, dann möchte ich, dass Sie mitarbeiten. Wenn Sie neutral bleiben und sich still verhalten, dann lasse ich Sie in Ruhe.» Und dann fügte er, wohl halb im Scherz, aber doch nicht ohne eine gewisse unbarmherzige Kälte hinzu: «Wenn Sie gegen mich arbeiten, dann lasse ich Sie erschießen.» Wie Mildred Harnack ihrer Mutter berichtete, nahm Seine Königliche Hoheit dies huldvoll auf und versprach, Arvid Harnacks Regierung zu unterstützen, obwohl ein Onkel von ihm der letzte Zar von Russland gewesen war.[45]

Am Morgen des 15. Juni 1930 um 11.30 Uhr hängt in Berlin ein starker Duft von Lindenblüten in der Luft, als Mildred und Arvid im Goethesaal des Harnack-Hauses mit Verwandten, Freunden und Kollegen zu einem Gedenkgottesdienst zusammentreffen. Adolf von Harnack war am 10. Juni in Heidelberg gestorben, wohin er gereist war, um einen Vortrag zu halten. Sein Schwager Hans Delbrück ist bei dieser Gedenkfeier nicht dabei, er ist ein Jahr zuvor gestorben. Ein Streichquartett spielt das Adagio aus Joseph Haydns Quartett in G-Moll. Alle Anwesenden spüren, dass eine Ära zu Ende geht. Es sprechen der Präsident der Notgemeinschaft der deutschen Wissenschaft und ehemalige preußische Kulturminister Friedrich Schmidt-Ott und der Theologe Hans Lietzmann für die Universität. Dann ergreifen der Zentrumspolitiker und Reichsinnenminister Joseph Wirth und der Sozialdemokrat und preußische Kultusminister Adolf Grimme das Wort. Letzteren, einen ihrer künftigen Mitverschwörer, lernen die Harnacks bei dieser Gelegenheit kennen. Er wird bereits von den Nationalsozialisten attackiert.[46] Ein anderer Redner geht lobend auf Harnacks Jahre an der Preußischen Staatsbibliothek ein. Der 24-jährige Dietrich Bonhoeffer ergreift das Wort für Harnacks jüngste Studenten:

> Fast zwei Menschenalter trennen uns von ihm, dessen eigentlichste Schüler selbst schon wieder unsere Lehrer geworden sind. Wir kennen ihn nur als den greisen Meister, auf dessen Urteil die gesamte kulturelle Welt aufmerksam hörte, der jeden, wem auch immer er begegnete, zur Ehrfurcht zwang vor einem Leben, das im Geist und im Kampf um die Wahrheit geführt wurde, der, wo auch immer er hinkam, eine Welt mit sich brachte, mit der in Be-

rührung zu kommen für jeden einen unauslöschlich tiefen Eindruck bedeuten musste.[47]

Bonhoeffers Rhetorik ist schwerfällig, fast zögerlich, hinterlässt aber einen starken Eindruck. Wenn sich die Bonhoeffers und die drei Witwen, Amalie Harnack, Clara Harnack und Lina Delbrück, im Raum umschauen, dann mischt sich wohl ihre Trauer mit Stolz. Dietrich Bonhoeffer hat vor wenigen Monaten seine Habilitation im Fach Theologie an der Berliner Universität abgeschlossen. Er bereitet sich nun darauf vor, nach Amerika zu gehen, wo er am Union Theological Seminary in New York tätig sein soll. Klaus Bonhoeffer, den sein Vater für das begabteste seiner Kinder hält, war bereits seit ihrem 13. Lebensjahr mit Emmi Delbrück verlobt. Die beiden haben gerade geheiratet. Klaus, ein Jurist, hat die Examina für den Eintritt in den öffentlichen Dienst abgelegt. Da er das Reisen über alles liebt, wird auch er bald nach Amerika fahren.

Christine Bonhoeffer hat Hans von Dohnanyi geheiratet, den Sohn des ungarischen Komponisten Ernst von Dohnanyi. Auch er ist ein viel versprechender junger Jurist und im Reichsjustizministerium tätig. Seine Schwester Grete ist die Ehefrau von Karl-Friedrich Bonhoeffer. Dieser hat in der Kaiser-Wilhelm-Gesellschaft in den Labors von Max Planck und Albert Einstein gearbeitet und ist bereits in sehr jungen Jahren Ordinarius in Frankfurt geworden. Sein enger Freund und Schützling Max Delbrück hat gerade ein Studienjahr in England hinter sich gebracht und bereitet sich nun darauf vor, mit einem Rockefeller-Stipendium nach Kopenhagen zu gehen, um bei Niels Bohr Theoretische Physik zu studieren. Justus Delbrück wird dem Vorbild von Klaus, Hans und Arvid folgen, indem er zunächst Jura studiert und dann in den öffentlichen Dienst eintritt. Ursula Bonhoeffer ist mit einem Nachbarn verheiratet, der in Grunewald direkt nebenan gewohnt hat: Rüdiger Schleicher. Er hat die Absicht, ins Luftfahrtministerium einzutreten. Gerhard Leibholtz, der Ehemann von Dietrichs Zwillingsschwester Sabine, ist unlängst zum ordentlichen Professor für öffentliches Recht an der Universität Greifswald ernannt worden.

Ernst von Harnack hat die Funktionen des stellvertretenden Regierungspräsidenten in Hannover und Köln hinter sich gebracht, und der Sozialdemokrat ist nun Regierungspräsident von Halle-

Merseburg. Sein Bruder, Axel von Harnack, der kürzlich aus Rom zurückgekehrt ist, ist nun als Bibliotheksrat an der Preußischen Staatsbibliothek tätig. Agnes von Harnack zählt zu den anerkannten Führerinnen und Historikerinnen der Frauenbewegung in Deutschland. Arvid bereitet sich auf sein Rigorosum vor, das im Juli stattfinden soll, dann wird er sein zweites Doktorat wie das erste mit der seltenen Note summa cum laude erlangen. Mildred und Arvid haben die Absicht, im Herbst nach Berlin zu ziehen, wo sie ein Stipendium der Alexander-von-Humboldt-Stiftung erhalten hat, um ihr Studium an der Friedrich-Wilhelms-Universität fortzusetzen.

Bonhoeffer gelangt nun ans Ende seiner Rede: «Wir sahen in ihm den Vorkämpfer des freien Ausdrucks einmal erkannter Wahrheit. [...] Das machte ihn zum Feind aller unechten Bildung in der Wissenschaft, aller festgelegten Engherzigkeit. [...] Hier liegt Adolf von Harnacks Vermächtnis an uns: echte Freiheit des Forschens, des Schaffens und des Lebens und tiefstes Gehalten- und Gebundensein durch den ewigen Grund alles Denkens und Lebens überhaupt.»[48]

Harnacks Nachfahren sind bereit, der Republik als Professoren, Geistliche, Anwälte und Beamte zu dienen. Diese privilegierten, talentierten und stolzen jungen Leute scheinen allesamt an der Schwelle zu bedeutenden Karrieren zu stehen. Es sollten keine 15 Jahre vergehen, bis jene unter ihnen, die in Deutschland geblieben sind, von einem tyrannischen Regime zu Verzweiflungstaten gezwungen werden. Als Gejagte werden sie in Fallen geraten und eingesperrt werden. Aber als an diesem Junitag die Feier mit dem langsamen Satz aus Ludwig van Beethovens Opus 135 zu Ende geht, spielt Adolf Hitler noch keine Rolle auf der Hauptbühne der großen Politik. Klaus Bonhoeffer ist unter den wenigen, die Voraussicht beweisen. Anfang November 1930 schreibt er an seinen Bruder Dietrich einen recht pessimistischen Brief: «Man liebäugelt mit dem Faschismus. Ich fürchte, wenn diese radikale Welle sich der Gebildeten bemächtigt, ist es um das Volk der Dichter und Denker geschehen.»[49]

# 7

# Die Genossin

Die ARPLAN-Gruppe, aufgenommen im Institut für Nationalökonomie in Charkow (Ukraine). Arvid Harnack sitzt in der vordersten Reihe (2. v. r.), ebenso Friedrich Lenz (4. v. r.). Ernst Niekisch steht dahinter (3. v. r.).

Ein Frühjahrsputz zur rechten Zeit kann zu einem stillen Partner der Geschichtsschreibung werden. Mildred Harnack war seit 49 Jahren tot, als ihre Nichten Marion und Jane einmal in Marions Haus in Maryland im Jahre 1992 das Dachgeschoss gründlich aufräumten. In diesem Haus hatten Mildred und ihre Mutter nach dem Tode des Vaters zwei Jahre lang gelebt. Als Marion und Jane eine alte Kiste öffneten, fanden sie eine Strähne von Mildreds blondem Haar und ganze Bündel handgeschriebener Briefe Mildreds an ihre Mutter. Auf den Umschlägen klebten deutsche Briefmarken. Der erste Brief datierte vom 12. Oktober 1929; der letzte vom Heiligabend 1935, wenig später zog die Mutter wieder nach Wisconsin. Hier lagen also in Form von Mildred Harnacks persönlichen Briefen Schilderungen aus erster Hand über die letzten Tage der Weimarer Republik und die ersten Jahre nach der Machtübernahme Hitlers.

Vor dem Hintergrund einer sich vertiefenden Krise begann Mildred Harnack im Jahr 1930 ihr Leben als Dozentin für englische und amerikanische Literatur an der Berliner Universität. Man kann sich vorstellen, wie sie auf dem eleganten Kurfürstendamm von verdrießlichen Bettlern bedrängt wurde, auch von Obdachlosen, die in der feuchten Kälte des Tiergartens schliefen, und wie sie bei Zugfahrten die Zeltstädte an den äußeren Rändern Berlins zu Gesicht bekam. An der Universität unterrichtete sie erbärmlich verarmte Studenten. Wie sie ihrer Mutter schrieb, war sie entsetzt, «dass 96 Prozent der Deutschen praktisch nichts besitzen und von der Hand in den Mund leben».[1] Ihrem Bruder Bob teilte sie mit: Die «Lage ist hier sehr schlecht und wird immer schlechter».[2]

Anfang der dreißiger Jahre verlor die westliche Welt sozusagen den Boden unter den Füßen. Nach dem Ersten Weltkrieg war der Dollar zum Fieberthermometer der Weltwirtschaft geworden. Zuerst kam 1929 der große Krach an der Wall Street. Anschließend brach das Kreditwesen zusammen, als immer mehr Banken schließen mussten. Die Amerikaner riefen ihre Auslandsanleihen zurück, und die deutsche Wirtschaft, die verwundbarste in Europa, lag am Boden. Was für die Vereinigten Staaten eine Krise gewesen war, wurde für die Weimarer Demokratie zu einer Katastrophe. Der Historiker Arnold Toynbee bezeichnete 1931 als das *annus horribilis* [das schreckliche Jahr], denn es hatte den Anschein, «dass die Menschen überall auf der Welt ernsthaft damit rechneten, dass das westliche Gesellschaftssystem zusammenbrechen und nicht mehr funktionieren würde».

Dazu äußerte Hitlers Lieblings-Filmregisseurin, Leni Riefenstahl, 1992 gegenüber einem amerikanischen Interviewer: «Diese Zeit war so anders, dass es unmöglich ist, sie jemandem zu schildern, der sie nicht erlebt hat. Können Sie sich vorstellen, dass Sie in einem Land lebten, das sehr arm, ja beinahe kaputt war und in dem es sechs Millionen Arbeitslose gab? Es war schrecklich in Berlin.»[3] Die amerikanische Journalistin Dorothy Thompson, die damals in Deutschland war, schrieb: «Jedes Gespräch, das ich in Deutschland mit irgendeinem Menschen unter dreißig führte, endete mit dem Satz: ‹Es kann so nicht weitergehen. Es muss etwas geschehen.›»[4]

Gemeinsam mit Arvid erlebte Mildred Harnack die Todeszuckungen der Weimarer Republik, und wie nicht wenige Angehörige ihrer Generation wandten die Harnacks ihre Blicke nach Osten in Richtung Sowjetunion. Jenes Land befand sich damals mitten in einem revolutionären Wirtschaftsexperiment, dem ersten Fünfjahresplan zur Entwicklung der Volkswirtschaft (1928/29 bis 1933). Wie viele andere waren auch die beiden Harnacks davon überzeugt, dass der Kapitalismus am Ende sei, und sie schauten voll Zuversicht und Interesse auf das, was sie für ein egalitäres System hielten, das Arbeit und Würde für alle versprach. Auch sie gelangten zu dem Eindruck, den der amerikanische Autor Edmund Wilson, einer der Sympathisanten der Sowjets und gewiss kein Dummkopf, dahingehend formulierte, dass die «Sowjetunion in politisch-moralischer Hinsicht eine Spitzenstellung einnimmt, denn dort wird niemand wirklich im Stich gelassen».[5] Schritt für Schritt gingen Mildred und Arvid von einer Neugier am Marxismus, die durch Sympathie geprägt war, zu direktem Engagement über. In Opposition zur «neuen Weltordnung» der Nationalsozialisten gelangten sie schließlich zum heimlichen Widerstand.

Im Sommer 1930 taumelte die Reichsregierung unter Reichskanzler Heinrich Brüning, einem in die Enge getriebenen katholischen Konservativen und Führer der Zentrumspartei, von Krise zu Krise. Da er unter den 29 Parteien des Reichstags keine regierungsfähige Mehrheit zustande bringen konnte, versuchte er durch Notverordnungen nach Artikel 48 der Weimarer Verfassung zu regieren. Als der Reichstag die Notverordnungen – und zwar ebenfalls auf Grund von Artikel 48 – außer Kraft setzte, fällte Brüning eine schicksalsschwere Entscheidung: Er ließ sich durch Reichspräsident Paul von Hindenburg zur Auflösung des Reichstags bevollmächtigen. Bei den Wahlen, die daraufhin im September folgten, errangen die Nationalsozialisten fast sechseinhalb Millionen Stimmen, und die Zahl der Reichstagsabgeordneten der NSDAP stieg von zwölf auf 107. Hitler versprach «ein Programm, ein gigantisches neues Programm, hinter dem nicht die neue Regierung stehen muss, sondern ein neues deutsches Volk, das aufgehört hat, ein Gemengsel von Klassen, Berufen, Ständen usw. zu sein».[6] Die Kommunisten, die die Weimarer Republik nicht weniger als die Nationalsozialisten verachteten, errangen knapp über viereinhalb Millionen Stimmen und 77 Sitze, hauptsächlich auf Kosten der geschwächten Sozialdemokraten.

Bei der Eröffnung des neuen Reichstags marschierten die Nationalsozialisten in braunen Hemden ins Haus, salutierten mit dem Hitlergruß und brüllten: «Deutschland erwache! Juda verrecke!» Auf dem Weg zum Parlament zerstörten nationalsozialistische Abgeordnete die Fensterscheiben jüdischer Kaufhäuser in der Leipziger Straße. Am Abend versammelten sich die Nationalsozialisten wieder einmal auf dem Potsdamer Platz. Auf den Straßen ereignete sich das übliche Schauspiel. Die preußische Polizei, teils zu Pferde, teils in Fahrzeugen hin und her fahrend, versuchte die Menge mit Gummiknüppeln auseinander zu jagen. Und es passierte (obwohl Preußen damals von Sozialdemokraten regiert wurde) genau das, was noch oft geschehen sollte: Keiner der «spontanen Demonstranten» wurde verhaftet, keiner wurde verfolgt. Stattdessen gab die Hetzpresse der Nationalsozialisten den Kommunisten die Schuld, die diese Unruhen angeblich provoziert hätten. So begann ein Kreislauf von Straßenkämpfen zwischen «Roten» und «Braunen». Auf gewaltigen Kundgebungen im Sportpalast bearbeiteten Hitler und Goebbels die Massen und zogen über die «Verräter» von Versailles und «jüdisch-kommunistische Verschwörungen» her. Gegner, die nicht im Saal waren, hörten voll Abscheu und Misstrauen die Rundfunkübertragungen.

«Die Wahlen waren beunruhigend», schrieb Mildred Harnack im Oktober 1930 an ihre Mutter, denn sehr viele Deutsche, die angesichts ihrer Lage verzweifelten, hielten es «für eine gute Idee, wieder einmal einen starken Staat zu haben. [...] Diese Leute nennen sich Nationalsozialisten, haben aber mit Sozialismus nichts zu tun, und schon der Name ist eine Lüge. Man hält sich dort für hochmoralisch und betreibt wie der Ku-Klux-Klan eine Hasskampagne gegen Juden. Die Existenz dieser Gruppe wie auch der kleineren Gruppierung der Kommunisten, deren Ziele lauterer sind, bedeutet eine Gefahr für die Regierung in Deutschland. Keine dieser Parteien will im Reichstag mitarbeiten, obwohl sie beide dort vertreten sind.»[7]

Bis 1930 hatte sich das Leben von Mildred und Arvid Harnack in kleinen Universitätsstädten in der Provinz abgespielt. Berlin war nicht nur die deutsche Hauptstadt, sondern es hatte auch einen Ruf als Weltstadt, auf den es stolz war. Klaus Bonhoeffer sprach für die jüngeren Angehörigen des Harnack-Klans, als er die deutsche Hauptstadt in einem Brief an seinen Schwager Hans von Dohnanyi so charakterisierte: «Ich glaube, dass es z. Zt. vielleicht die geistig regsamste Stadt der Welt ist», und man ist «doch allmählich in dem Alter, um das zu genießen».[8] Die Berliner Friedrich-Wilhelms-Universität war die größte Hochschule in Mitteleuropa. Die Berliner Forschungsinstitute waren die besten der Welt und konnten mit Nobelpreisträgern glänzen. Berlin war eine Metropole der internationalen Presse und konnte sich rühmen, dass es hier mehr als hundert Zeitungen gab. Auch als Zentrum der Kultur gab es nur wenige vergleichbare Weltstädte. Die Theater waren ebenso bedeutend wie die in London, und als Filmzentrum konkurrierte Berlin auf gleicher Augenhöhe mit Hollywood. Die Museen waren hervorragend, die Galerien der Avantgarde kamen jenen in Paris gleich. Auf dem Gebiet der Musik stand die Stadt an der Spitze. Immer wieder wurde hervorgehoben, dass es unter den Künstlern nur wenige gebürtige Berliner gab. Sie kamen aus allen Gegenden des Reiches, denn «kein junger Schauspieler, kein neuer Dramatiker, kein Maler, Bildhauer, Architekt in Deutschland konnte groß werden, ohne

Berlin passiert, ohne sich am Berliner Publikum erprobt zu haben».[9]

Es gab aber auch kritische Stimmen gegenüber Berlin. Hitler verabscheute die Berliner, und er hielt die Stadt für dekadenter als das alte Rom. Er tat die kulturelle Hauptstadt der Weimarer Republik als «Trümmerfeld» ab: Auf der politischen Rechten äußerte man sich voller Hohn über den Berliner «Kulturbolschewismus», den man den Juden und Kommunisten zuschrieb. Carl von Ossietzky, Herausgeber der angesehenen *Weltbühne,* einer *Wochenzeitschrift für Politik, Kunst und Wirtschaft,* schoss gegen die Spießer zurück:

«Wenn der Kapellmeister Klemperer die Tempi anders nimmt als der Kollege Furtwängler, wenn ein Maler in eine Abendröte einen Farbton bringt, den man in Hinterpommern selbst am hellen Tage nicht wahrnehmen kann, wenn man für Geburtenregelung ist, wenn man ein Haus mit flachem Dach baut, so bedeutet das ebenso Kulturbolschewismus wie die Darstellung eines Kaiserschnitts im Film. Kulturbolschewismus betreibt der Schauspieler Chaplin, und wenn der Physiker Einstein behauptet, dass das Prinzip der konstanten Lichtgeschwindigkeit nur dort geltend gemacht werden kann, wo keine Gravitation vorhanden ist, so ist das Kulturbolschewismus und eine Herrn Stalin persönlich erwiesene Gefälligkeit.»[10]

Berlin bildete ein Amalgam all jener beunruhigenden Tendenzen, die sich hinter dem Wort «Modernität» verbargen. Seine Moral war locker – für manche Besucher zu nonchalant, etwa für Wyndham Lewis, der von einem «Lasterpfuhl» sprach. Ausländer wie W. H. Auden, Stephen Spender und Christopher Isherwood reisten nach Berlin, um die «Sonnenkinder» kennen zu lernen – nackte junge Ästheten am Wannseestrand, geschminkte Knaben in schillernden Kabaretts. Unter einigen Heterosexuellen kam es zu einer neuen Welle der Promiskuität, weil die Superinflation die Ersparnisse der Familien der Mittelschicht vernichtete und diese sich eine Mitgift nicht länger leisten konnten. Ein Berliner Journalist meinte, die Tatsache, dass diese Vorbedingung für eine Heirat verschwand, habe das Ende der vorehelichen Abstinenz bedeutet.[11]

Arvid Harnack hatte eine zeitlich befristete Beschäftigung als Jurist bei der Stadtverwaltung im thüringischen Saalfeld angenommen, daher war Mildred wochentags in Berlin allein. Sie verbrachte ihre Zeit an der Universität, zu deren berühmtem Lehrkörper der Historiker und Nazi-Gegner Friedrich Meinecke, der Begründer der Quantentheorie, der Physiker Max Planck, und der Philosoph Eduard Spranger gehörten. Mildred schätzte die förmliche Art ihrer Kommilitonen, die weiße Kragen und Krawatten trugen, akademische Titel als Anrede benutzten und sich miteinander in der konventionellen «Sie»-Form unterhielten. Sie amüsierte sich sehr über die langen Märsche der Studenten am Morgen und am Nachmittag, mit Butterbroten in der Tasche, rund um den Kuppelbau der Staatsbibliothek. Es sei, so seufzte sie, ein «schnelles Leben» mit «Pflichten und Vergnügen». Arvids Familie, ihr Studium, das Theater und die Musik – all das führte dazu, dass sie «von morgens bis Mitternacht in Eile» war.[12]

Heute ist die genaue Zahl der amerikanischen Studenten in Berlin während der letzten Jahre der Weimarer Republik kaum festzustellen; die Schätzungen schwanken zwischen zweihundert und tausend. Die meisten von ihnen waren Naturwissenschaftler, aber der deutsche akademische Grad eines Doktors – in welchem Fach auch immer – galt jedenfalls sehr viel. Außerdem war Berlin neben Wien *die* Stadt, wo man Musik studierte. Und vor 1933 gab es auch jüdische Studenten aus den Vereinigten Staaten, die dem dort existierenden konfessionellen Numerus clausus aus dem Weg gingen, indem sie in Deutschland Medizin studierten.

Mildred Harnacks Freund, Landsmann und Kommilitone Warren Tomlinson zählte die verschiedenen Gruppierungen unter den Amerikanern in einem Brief in die Heimat auf: «Die Kirchengruppe, das sind keine erstklassigen Leute; die Studenten, sie sind klassenmäßig stark gemischt; die Botschafts‹gruppe›, das sind die diplomatischen Kreise einschließlich wohlhabender Wirtschaftsleute, die wir allesamt für zu snobistisch und abgehoben halten, mit ihnen wollen wir nichts zu tun haben! Dann gibt es noch jene Amerikaner, die praktisch wie Deutsche leben, weil sie die Sprache lernen und sich mit den Ansichten und Lebensweisen der Deutschen vertraut machen wollen, und noch die stets gegenwärtige, lästige Masse der Touristen. Wir sind eine große Nation!»[13]

Obwohl Mildred Harnack «wie eine Deutsche lebte» und in erster Linie mit den deutschen Verwandten und Freunden zu tun hatte, ließ sie sich doch auch in der amerikanischen Szene blicken, sie benutzte die Bibliothek des Amerika-Instituts und nahm an den Picknicks, Bootsfahrten und Tanzveranstaltungen der *American Student Association* teil. Als noch folgenreicher sollte sich erweisen, dass die Harnacks regelmäßig die studentischen und internationalen Veranstaltungen der *American Church* besuchten.

Der neue Pastor der *American Church,* Reverend Ewart Turner, traf mit seiner Braut Martha ebenfalls im Sommer 1930 in Berlin ein. Beide waren erst Mitte zwanzig. Besonders ungewöhnlich an der seelsorgerischen Arbeit der Turners war ihr Interesse an den gesellschaftlichen und politischen Problemen Deutschlands. Während der vier Jahre, die Turner in Berlin amtierte, wurde die Kirche zu einem höchst lebendigen Diskussionsforum. Gäste der Gemeinde waren Nationalsozialisten, Monarchisten, jüdische Geschäftsleute, Kommunisten und Journalisten. Durch Einladungen zu Vorträgen in der Gemeinde an Gastredner wie Hitlers Pressesprecher Putzi Hanfstaengl, den ehemaligen (und zukünftigen) Reichsbankpräsidenten Hjalmar Horace Greely Schacht [im April 1930 war Schacht zurückgetreten], Ernst von Harnack (Arvids Vetter) und den amerikanischen Korrespondenten Edgar Ansel Mowrer hoffte Turner das Verständnis für die sich verschlechternde Lage Deutschlands zu fördern. Schacht löste eine kleine Sensation aus, als er bei einem Vortrag im Jahre 1932 erklärte, er werde künftig Hitler unterstützen. Daraufhin strömten neugierige Berliner in Scharen in das *International Forum* der *American Church,* um ihn zu hören. Eine zusätzliche Attraktion war beim studentischen Forum eine sehr nahrhafte amerikanische Mahlzeit, die zum bescheidenen Preis von fünfzig Pfennig angeboten wurde.[14]

Martha Turner erinnert sich, dass Mildred Harnack sehr engagiert an den Veranstaltungen teilnahm: «Die Harnacks kamen zu den Treffen, weil sie sich für aktuelle Ereignisse interessierten. Ich kann mich genau an Mildred erinnern – sie war sehr attraktiv, blond und sehr lebendig. Arvid war viel ruhiger. Wir mochten beide.»

Doch bereits im Jahr 1930 war sich Mildred Harnack bewusst, dass sie sich in der hoch politisierten Atmosphäre Berlins vorsichtig verhalten musste. In einem Weihnachtsbrief an ihre Mutter schildert sie die Begegnung mit dem früheren Kultusminister Carl Becker – das war der Mann, der ihr das Stipendium verschafft hatte. Er war inzwischen nicht mehr Regierungsmitglied, es war aber denkbar, dass er in Zukunft wieder eine wichtige Position übernehmen würde: «In solchen Situationen muss ich mich außerordentlich vorsichtig verhalten, wenn ich auch nur einen Fehler mache, kann das meine Zukunftsaussichten schwer gefährden ... Bei solchen gesellschaftlichen Ereignissen sage ich mir immer wieder, dass ich schließlich Mildred bin, nicht mehr und nicht weniger als das.» Die junge Frau ist entschlossen, aus allen Leuten das Beste herauszuholen, und bemerkt dazu: «Alle Menschen, ob sie nun besonders geistvoll oder außerordentlich dumm sind, ob sie beeindruckende Titel tragen oder gar keine, besitzen nicht mehr und nicht weniger als das, was tief in ihnen steckt, und daher sind sie alle in gleicher Weise meines Respekts würdig.»[15] In dieser Hinsicht waren ihre Bemühungen von Erfolg gekrönt, denn die Eigenschaft, an die sich ihre Schüler und Freunde bei ihr am stärksten erinnerten, war die Fähigkeit, bei jedem Menschen das Positive hervorzuheben.

Im Februar 1931 wurde Mildred Harnack zu einer Probevorlesung vor Hochschullehrern und Studenten über «Die romantische und die eheliche Liebe in den Werken von Hawthorne» eingeladen. Das war der erste von vielen öffentlichen Vorträgen über amerikanische Literatur, die sie noch halten sollte. Voller Stolz, aber nicht ganz korrekt berichtete sie ihrer Familie, sie sei die «erste amerikanische Lektorin, die je von der preußischen Regierung eingestellt worden sei».[16] Allerdings hatte sie gute Gründe, stolz auf sich zu sein. Sie begann ihre Karriere an der Universität, an der die meisten Professoren die ihre gern beendet hätten. Das war eine ungewöhnliche Ehre, besonders angesichts der in jeder Hinsicht schwierigen Zeiten. Drei Semester lang hielt sie Vorlesungen über amerikanische und englische Sprache und Literatur. Ihre Schüler, so schrieb Mildred Harnack, waren «vergleichsweise intelligent und interessiert». Sie hatten weit bessere Vorkenntnisse als «meine lieben alten amerikanischen Jungs und Mädchen in Wisconsin und Goucher». Die Studenten der Berliner Universität waren vielfach arm und hungrig und daher nationalsozialistischem oder kommunistischem Gedankengut leicht zugänglich. Sie waren «erschöpft und traurig, denn sie hatten keine Zukunft». Die kapitalistische Zivilisation, so Mildred Harnacks Erwartung, bewegte sich auf eine «immer ernsthaftere Krise» zu.[17]

Der Hinweis auf ein Versagen des Kapitalismus wurde zu einem Leitmotiv jener Briefe, die sie nach Hause schrieb. Wie viele Intellektuelle in Deutschland waren die Harnacks davon überzeugt, dass die Weltwirtschaftskrise und der Aufstieg Hitlers das Ende des Kapitalismus ankündigten. Mildred Harnack sah keinen Ausweg, nur die Sowjetunion schien Hoffnung zu bieten. «Russland ist das einzige Land, das sich bemüht, all seinen Bürgern Arbeit und Brot zu geben und sie alle gleich zu behandeln», schrieb sie. Die Harnacks bemühten sich, möglichst viel über die Sowjetunion zu erfahren, «den Schauplatz eines außerordentlich wichtigen Experiments, bei dem es um Nächstenliebe geht».[18] Mildred Harnack fährt dann begeistert fort: «Es ist eine hochinteressante Tatsache, dass der Fünfjahresplan in Russland erfolgreich ist und dass er der Arbeiterklasse mehr Gutes bringt, als sie es je kennen gelernt hat.»[19]

Zu jener Zeit war über die Sowjetunion recht wenig bekannt. Sie war vom übrigen Europa isoliert und wurde erst 1933 von den Vereinigten Staaten diplomatisch anerkannt. Vor 1930 hatten nur wenige die Sowjetunion bereist. Russland erschien wie ein schwer leidendes, fernes Neues Jerusalem. Mehrere prominente Reisende verkündeten ein Loblied auf die Sowjetunion. Das taten sie allerdings meist, wenn sie längst wieder die Annehmlichkeiten des Kapitalismus genossen. Der gesellschaftskritische Autor Lincoln Steffens sah im Sowjetsystem ein brauchbares Zukunftskonzept. Aber, so fügte er 1926 hinzu, als er es sich an der italienischen Riviera gemütlich gemacht hatte: «Ich persönlich möchte dort nicht leben. Es ähnelt zu sehr dem Dienst in einer Armee in Kriegszeiten, es gibt keine Gnade für die Schwachen.»[20]

Mildred Harnack hatte von den dunkleren Seiten des Kommunismus keine Ahnung; sie wusste nichts von Josef Stalins tief sitzendem Misstrauen gegenüber der Linken in Deutschland. Erst später sollten seine Säuberungen und Schauprozesse, die auch vor ausländischen Kommunisten nicht Halt machten, die Brutalität des Diktators unter Beweis stellen. Und die wenigen beunruhigenden Gerüchte, die in der westlichen Presse auftauchten – Hunger in der Ukraine, Verrat an den chinesischen Kommunisten, Unterdrückung Andersdenkender –, wurden so ganz nebenbei als Propaganda der Rechten abgetan. Wollte man eine schöne neue Gesellschaftsordnung aufbauen, so musste man einfach einige Exzesse und gelegentliche Fehler hinnehmen. Wie sagte doch Walter Duranty, der einflussreichste Lobhudler, den Stalin im Westen hatte: «Man kann kein Omelett zubereiten, ohne ein paar Eier zu zerbrechen.»

Während Stalin im Jahr 1930 seine Macht weiter konsolidierte, vervollkommnete sein Regime jenen Typus von gelenkten Gruppenreisen, die immer mehr «Pilgern» die Gelegenheit gab, immer weniger vom «Gelobten Land» zu sehen. Doch die Harnacks waren voller Glaubensbereitschaft. Arthur Koestler, ein aus Ungarn stammender Zeitgenosse der Harnacks, war damals Journalist bei den Ullstein-Blättern und im September 1930 nach Berlin gekommen. Über die Stimmung unter jungen Intellektuellen im Deutschland jener Zeit schreibt er in seinem 1951 erschienenen «Bericht eines Lebens»:

> In den dreißiger Jahren war es weder exzentrisch noch Modesache, wenn man sich zum Kommunismus bekannte – es war vielmehr der spontane und naive Ausdruck eines aus Verzweiflung geborenen Optimismus: eine missglückte Revolution des Geistes, eine fehlgeschlagene Renaissance, ein falscher Ansatz der Geschichte. Sich von dem neuen Bekenntnis angezogen zu fühlen, war, wie ich immer noch glaube, ein ehrenhafter Irrtum. Wir handelten aus den richtigen Gründen falsch, und meinem Gefühl nach handelten, mit wenigen Ausnahmen, fast alle diejenigen, die von Anfang an die russische Revolution schmähten, vorwiegend aus Motiven, die weniger ehrenhaft waren als unser Irrtum. Zwischen dem desillusionierten Liebenden und dem der Liebe völlig Unfähigen liegt eine ganze Welt.[21]

Diese Sehnsucht nach dem Pfeil, der ins Blaue schwirrte, nach dem allumfassenden Anliegen, nach der Zauberformel, die ein goldenes Zeitalter hervorbringen würde (um sich der Sprache Koestlers zu bedienen), verspürte Arvid Harnack mit besonderer Leidenschaft. Er war in die Vereinigten Staaten gereist, um die frühen utopischen Gemeinschaften zu untersuchen, die der Sozialreformer Robert Owen und andere Träumer gegründet hatten, und er schilderte sie in seiner Dissertation über die vormarxistische Arbeiterbewegung. Diese Haltung charakterisierte Koestler so: «Nach Marx und Engels sollte die klassenlose kommunistische Gesellschaft, in der die dialektische Spirale ausläuft, eine Wiederauferstehung der primitiven kommunistischen Gesellschaft sein, von der die Spirale ihren Ausgang nahm.»[22]

*«Wie konnte ein Deutscher wie Arvid Harnack Kommunist werden?» Das fragte ich Franz-Joseph Müller, der dem deutschen Widerstand angehört hatte und nun Leiter der Stiftung Weiße Rose in München war. Für jene, die nach der Weltwirtschaftskrise das Licht der Welt erblickt haben, die den Untergang des Kommunismus und den Zusammenbruch der osteuropäischen Planwirtschaften erlebt haben, ist der besondere Reiz des Kommunismus, die Faszination der Fünfjahrespläne und schließlich der besondere Schlag deutscher Kommunisten, dem Arvid Harnack angehörte, schwer zu verstehen.*

*Ich saß mit Müller in einem Münchener Hotel zusammen, und er beantwortete meine Frage so: «Sie waren Idealisten, also hatten sie Hoffnung. Daraus konnte unter den Nazis nichts werden.» Und was den Reiz des Kommunismus anging, so zogen die jungen Menschen den Kommunismus und sogar den Krieg der Wirtschaftskrise und dem Faschismus vor. In den dreißiger Jahren gab es nicht zu unterschätzende Unterschiede. «Ein deutscher Kommunist ist nicht mit einem russischen Kommunisten gleichzusetzen. Da besteht ein großer Unterschied. Wie kommunistisch ist ein deutscher Kommunist? Oder ein französischer Kommunist? Die kann man mit den Stalinisten nicht vergleichen. Die deutschen Kommunisten der alten Schule waren Idealisten. In der DDR war es etwas anderes, nachdem sie zu Wohlstand gelangt waren. Doch nach 1933 waren die meisten getöteten deutschen Widerständler Kommunisten.»*

Die Bedenken, die Arvid Harnack ganz sicher gegenüber dem bolschewistischen Experiment hatte, ließen sich in einem Satz zusammenfassen, der damals unter deutschen Linken in Mode war: «Wir werden es besser machen.» Russland hatte die Prognose von Karl Marx widerlegt, die neue Ordnung werde zuerst in einem fortgeschrittenen kapitalistischen Land wie Deutschland entstehen. Dieser Verstoß gegen die Doktrin hatte dazu geführt, dass ungebildete russische Bauern, nicht aber qualifizierte Arbeiter an die Macht kamen, Deutschland würde diese falsche Weichenstellung der Geschichte korrigieren.

Dazu meint ein britischer Industrieller und Neffe von Arvid

Harnack: «Er war ein großer Bewunderer der Vereinigten Staaten. Tatsächlich hatte er seine linken Ansichten ja in den Vereinigten Staaten erworben. Er hatte eine bestimmte ‹Krisentheorie› – von der wir alle wussten, dass sie im Wesentlichen stimmte –, auf jeden Wirtschaftsaufschwung müsse irgendeine Krise folgen und so weiter. Aber Arvid Harnack vertrat die Ansicht, es müsse durch Anwendung marxistischer Prinzipien möglich sein, all dies sanfter zu gestalten, die Produktionskapazität bis zum Äußersten auszunutzen. Er war überzeugt, dass das größte Glück der größten Zahl in einer zentralen Verwaltungswirtschaft gewährleistet sei, und er sah sich selbst als jemanden, der in der Lage sein würde, sie zu kontrollieren.»[23]

Ein weiterer Faktor, der die Aufgeschlossenheit mancher Berliner Moskau gegenüber förderte, war die geografische Nähe. Jeder, so schien es, der aus Moskau kam oder dorthin reisen wollte, fuhr früher oder später durch Berlin. Außerdem wurde Berlin während der Weimarer Epoche, als die russische Kolonie in der Stadt auf 320 000 Menschen anwuchs, wie es der Exildichter Wladislaw F. Chodassewitsch ausdrückte, zur «Stiefmutter der russischen Städte». Einige, etwa Vladimir Nabokov, waren dem Sowjetregime gegenüber feindlich eingestellt, aber nicht alle Russen in Berlin waren vor der Revolution geflohen. Bis 1934 war es für viele sowjetische Künstler wie etwa Ilja Ehrenburg, Boris Pasternak, El Lissitzky und Sergej Eisenstein immer noch möglich, hin- und herzureisen.

Die Roten wie die Weißen Russen ließen sich gleichermaßen im Westen Berlins nieder. Hier gab es rund um den Zoo und in Charlottenburg (häufig Charlottengrad genannt) zahlreiche russische Restaurants: man spielte Balalaika, aß Blinis und Borschtsch. Der elegante Boulevard des Berliner Westens, der Kurfürstendamm, erhielt den Spitznamen «Nepski Prospekt», eine Anspielung auf die unter Wladimir Iljitsch Lenin für die Sowjetunion propagierte Neue Ökonomische Politik [NEP]. Die Emigranten waren auch als Unternehmer tätig. Es gab russische Verlage, Theater und avantgardistische Kunstausstellungen. Für die Harnacks waren allerdings die russischen Filme am wichtigsten.

Damals erlebte der russische Film seine große Zeit. Regisseure wie Eisenstein, Wsewolod I. Pudowkin, Alexand[e]r P. Dowschenko und Dsiga Wertow drehten Meisterwerke wie «Panzerkreuzer Potemkin» (1925) und «Oktober» (1927), «Die Mutter» (1926) und «Sturm über Asien» (1928), «Erde» (1930), «Der Mann mit der Kamera» (1929). Diese Regisseure waren samt und sonders in Deutschland populärer als in der Sowjetunion, denn in Berlin errangen sie ihren internationalen Ruf. Stephen Spender schildert «lange Reisen zu kleinen Kinos in entlegenen Vororten Berlins, wo «wir zwischen schmutzigen Wohnblöcken Bilder vom Neuen Leben der Arbeiter sahen, die mit Maschinen und Traktoren ihre sozial gerechte Welt aufbauten».[24]

Wann immer sie konnte, sah Mildred Harnack sich diese wunderbaren Filme an. Begeistert schrieb sie an ihre Mutter, dass «Erde» einer der «beiden schönsten Filme» sei, die sie je gesehen habe. Der «prächtige männliche Bursche», der Grund und Boden vollkommen aufteilen wollte, erinnere sie an ihren Bruder Bob, der sich in Wisconsin als Farmer durchkämpfte: «Ich fände es wundervoll, hättest du die wundervollen Bilder der Getreidefelder und der Wolken am Himmel gesehen und auch die vielen Äpfel und Melonen. Es war so großartig … Ich habe geheult und mir den Film zweimal angesehen.»[25]

Tatsächlich schreibt Mildred Harnack seit 1931 in ihren Briefen immer wieder über Russland: Arvid liest gerade eine Zeitschrift über Russland; sie liest «Nacht über Russland», die 1926/27 auf Deutsch erschienenen Erinnerungen von Vera N. Figner. Sie war als Mitglied der radikalen Geheimorganisation «Volkswille» an der Ermordung Zar Alexander II. (1881) beteiligt gewesen. Das war jemand, den sie bewundern konnte: «Schließlich wurde sie [Figner] gemeinsam mit vielen Genossen zwanzig Jahre lang in die russische Bastille eingesperrt. Sie musste miterleben, wie die Kameraden einer nach dem anderen den Tod fanden, sie starben an Tuberkulose, begingen vor Verzweiflung Selbstmord – einer überschüttete sich selbst mit Öl und zündete sich an – oder sie wurden verrückt. Schließlich kam sie wohl 1903 [tatsächlich 1904] frei, sie konnte sich aber kaum mehr an das normale Leben gewöhnen. Wenn man dieses Buch liest, staunt man über die Willenskraft dieser Menschen.»[26] (Während des 19. Jahrhunderts spielten in Russland bemerkenswert viele Frauen eine Rolle in der revolutionären Bewegung. Häufig waren sie auf Universitäten in der Schweiz ausgebildet worden; viele von ihnen wurden hingerichtet oder mussten als Revolutionärinnen ins Exil gehen.)

Eifrig las Mildred alles Erreichbare über das neue Russland «und die Theorien, auf die sich das neue System stützt».[27] Gleichzeitig beschäftigte sie sich intensiv mit amerikanischer Geschichte, aber ihr schien jeder Vergleich der Zustände in Russland mit denen im Westen zugunsten der Sowjetunion zu sprechen. Das waren Ansichten, die man in ihrer Familie nicht so einfach verstehen konnte, von Zustimmung gar nicht zu reden. Die Angehörigen fanden ihre Briefe ermüdend, wenn nicht gar herablassend. Ihrer Schwester Harriette gefiel Mildreds Bekehrungseifer nicht. Mildred beklagte sich bei ihrer Mutter: «Harriette wirft mir vor, bekehren zu wollen, selbstverständlich möchte ich das. Aber ich habe in den letzten paar Jahren so viele neue Ideen kennen gelernt, und ich möchte gern das Gefühl haben, dass ihr sie teilt und versteht.»[28]

Die neuen Gedanken beeinflussten zunehmend ihr Urteil über amerikanische Autoren. Sie gab zu, dass es ihr Schwierigkeiten bereite, ihre in Arbeit befindliche Dissertation abzuschließen, eine Untersuchung über die amerikanische Literatur auf der Grundlage von Vorstellungen des Philosophen Wilhelm Dilthey, eines der großen Väter der Ideengeschichte. Nun, so bekannte sie, stand ihr Projekt nicht mehr so klar vor ihren Augen: Dilthey erschien im Lichte einer jüngeren Generation marxistischer Kritiker nicht mehr zeitgemäß. Mildred las nun Beiträge von Georg Lukács in der *Linkskurve,* dem Organ des Bundes proletarisch-revolutionärer Schriftsteller. Von ihrem proletarischen Dogmatismus ist einiges zu spüren, wenn Mildred Harnack Edith Wharton als eine Autorin ablehnt, «die hauptsächlich über die alte Elite von New York schreibt»; über James Branch Cabell heißt es, er sei der Exponent einer «dekadenten Südstaaten-‹Aristokratie›».[29]

Im Laufe der nächsten Jahre war Mildred Harnack als Referentin begehrt, denn amerikanische Autoren wurden immer beliebter. Ende 1931 hielt sie in Marburg und Gießen Vorträge über den amerikanischen Lyriker Carl Sandburg. Sie berichtet über das zweite dieser Ereignisse voller Stolz: «Der Saal war total überfüllt, und aus dem Kreise der Professorenfrauen, die sich für englische Literatur interessierten und vor denen ich meine Vorträge zu halten pflegte, wurden mir Rosen geschickt. Und Professor Fischer, der die Abteilung für englische Literatur leitet, sagte mir, es sei der erfolgreichste Vortrag gewesen, der je unter seiner Schirmherrschaft gehalten worden sei. Danach begleiteten uns viele alte Freunde in ein Café. Schließlich war es Zeit für mich, den Nachtzug nach Berlin zu nehmen. Die größte Nettigkeit bekam ich von Fräulein Gail (der Haushälterin von Professor Lenz) zu hören. Sie sagte: ‹Ihr Vortrag war genau so, wie Sie sind.›»[30]

Mildred Harnacks wachsende Selbstsicherheit war augenfällig, und Arvid fand Geschmack an ihren Erfolgen. Er stellte fest, ihre Fähigkeit, die Dinge klar zu durchdenken, sei stark gewachsen. Ihr Ehemann, so schrieb sie an ihre Mutter Georgina, «sei sehr froh und sehr stolz über seine Frau, was seine Frau glücklich mache».[31]

Während sie 1931 ihr erstes Jahr an der Berliner Universität verbrachte, arbeitete Arvid Harnack in Marburg an seiner Habilitation. Mildred räumte ein, dass die aus finanziellen Gründen und wegen der gemeinsamen akademischen Ziele notwendige Trennung eine schwierige Angelegenheit war. Sie schrieb jeden Tag – es wurden schließlich Hunderte von «langen Briefen über Arbeit und Vergnügen». Darin bezeugte sie, dass sie beide «füreinander die wichtigsten Kritiker und Ratgeber und außerdem Liebende» seien.[32] All diese Briefe, in denen sie ihr Herz ausschüttete, gingen bei Razzien der Gestapo und Bombenangriffen der Alliierten verloren. Geblieben sind nur einige wenige Postkarten an Verwandte, die von gemeinsam verbrachten Urlaubsreisen berichten.

Ihrer Mutter schrieb sie, sie hätten den fünften Jahrestag ihres Kennenlernens zwei Tage lang mit Blumen, Kuchen, Kerzen und kandierten Früchten gefeiert; außerdem gab es einen «wundervollen Ausflug über die Berge und durch die Buchen- und Fichtenwälder». Sie schienen beneidenswert glücklich: «Die letzten fünf Jahre sind es wert, gefeiert zu werden. Wir lieben einander immer stärker und tiefer, wir sind gesünder geworden, unsere Ideale sind deutlicher geworden. Wir sind tüchtiger und klüger geworden. Unsere Arbeit befriedigt uns jetzt mehr.»[33] Wenn sie allein waren, so bekannte sie, enthüllte Arvid «viele herrliche Seiten seiner Persönlichkeit für mich, die er niemand anderen sehen lässt».[34] Wenn sie zusammen sind, dann ist es, «als sei Weihnachten … Er ist eine Art Weihnachtsbaum, an dem alle Kerzen brennen.»[35] Darüber hinaus hätten sie gern so bald wie möglich eine größere Familie, allerdings «ist es jetzt noch zu früh, schon Kinder zu haben». Jeden Morgen treibe sie zwanzig Minuten lang Gymnastik, damit ihr eine spätere Niederkunft leichter falle.[36]

Für Mildred Harnack war die Sowjetunion unter anderem deshalb hochinteressant, weil sie zu Frauenfragen einen radikalen Standpunkt einnahm – dabei ging es um Geburtenkontrolle, Kinderbetreuung, Abtreibung und Scheidung. Die frühen Feministinnen der Russischen Revolution betrachteten die Frauen als ausgebeutete Gruppe. Zu den ersten Schritten, die die Revolutionäre zu ergreifen hätten, sollten Gesetze gehören, die die Scheidung vereinfachten, die Abtreibung erlaubten und den Frauen gleiche Rechte und gleiche Bezahlung gewährleisteten.[37] Aleksandra M. Kollontai, eine frühe russische Feministin und später sowjetische Diplomatin, formulierte ein Konzept, in dem von einem «beschwingten Eros» die Rede war – es ging um erotische Freundschaften zwischen Menschen verschiedener Geschlechter, die spirituell als Genossen in einem Kollektiv zusammenwirkten. Hier sollte Sexualität ohne Besitzstreben möglich sein, Gleiche sollten füreinander attraktiv sein.[38] Das waren Vorstellungen, denen Mildred Harnack sich anschließen konnte.

Als sie ihren Mann im Sommer 1931 in Marburg besuchte, hörte sich Mildred Harnack einen umstrittenen Vortrag von Frau Dr. Kienle an, einer Ärztin, die als Autorität in Abtreibungsfragen galt und wegen der Durchführung von Schwangerschaftsabbrüchen im Gefängnis gesessen hatte. Sie trat dafür ein, Gesetze gegen die Abtreibung und gegen die Verbreitung von Informationen über Geburtenkontrolle abzuschaffen. Allerdings musste Mildred berichten: «Es waren viele junge Männer anwesend, die Nationalsozialisten waren. Sie störten zu Beginn des Vortrags, denn sie sind gegen Geburtenkontrolle und für die Unterdrückung der Frauen. Aber dann wurden sie ruhiger und hörten zu.»[39]

Wieder in Berlin, erlebte Mildred Harnack Demonstrationen nationalsozialistischer Studenten und Gegendemonstrationen von Kommunisten. So schrieb sie im Juli 1931: «Vor ein paar Tagen wurde ein neunzehnjähriger Kommunist exmatrikuliert, weil er Demonstrationen angeführt hatte, und in seinem Elend und in seiner Enttäuschung brachte er sich um.» Es bereitete ihr Sorgen, dass «mehr und mehr Menschen ihre Arbeit verlieren. Junge Männer sehen keine Zukunft mehr vor sich.»[40]

Auch die finanzielle Lage der Harnacks wurde immer prekärer. Mildred erhielt kein festes Gehalt für die sieben Stunden, die sie an der Universität unterrichtete; sie wurde nach der Anzahl der Studenten bezahlt, die an ihren Veranstaltungen teilnahmen. Wegen des zunehmenden nationalsozialistischen Einflusses an den Hochschulen und der steigenden Zahl akademisch ausgebildeter Arbeitsloser gelang es Arvid Harnack nicht, eine Stelle als Dozent an der Universität Marburg zu erhalten.[41] Mildred erhielt einträglichere Angebote von Universitäten anderer Städte; aber da es so aussah, als würde Arvid bald wieder als Jurist in Berlin arbeiten, wollte sie nicht umziehen.[42] Die gemeinsamen Ersparnisse aus den vergleichsweise «fetten» Jahren in den Vereinigten Staaten hatten sie in europäischen Staatsanleihen angelegt, die in den Krisenjahren keine Rendite erbrachten. Die meisten Regierungen erklärten vielmehr später ihre Zahlungsunfähigkeit. Arvid Harnacks Mutter, die mit ihrer kleinen Witwenpension für Falks Ausbildung und für Inges zwei kleine Söhne aufkam, konnte nicht helfen. Mildreds Mutter schickte kleinere Geldbeträge; ihre Schwestern versorgten sie mit abgelegter Kleidung.

In Marburg lernten die Harnacks Egmont Zechlin kennen, einen Privatdozenten an der dortigen Universität, der gerade über Bismarck und die Grundlegung der deutschen Großmacht forschte. Zwischen den beiden Männern entwickelte sich eine Freundschaft, die bis in Arvid Harnacks letzte Tage anhalten sollte. Kurz nach dem Krieg verfasste Zechlin bewegende Erinnerungen an die Harnacks.[43] Im Wesentlichen stimmte Harnack mit Zechlins Grundauffassung überein, die seit Bismarcks Zeiten allenthalben akzeptiert wurde: Deutschlands Schicksal sei durch seine «Mittellage» bestimmt. Nunmehr habe das Land zwischen dem sozialistischen Osten und dem kapitalistischen Westen zu wählen. Zechlin trat für eine Westorientierung ein, während Harnack eine Planwirtschaft nach sowjetischem Muster befürwortete und in dem agrarischen Russland Deutschlands natürlichen Partner sah.

Zechlin schrieb: «Hier hatten wir nun verschiedene Ansichten. Wenn er für die Option für Russland plädierte, dann pflegte ich … dagegenzuhalten.» Im Falle eines deutsch-russischen Bündnisses gegen den kapitalistischen Westen befürchtete Zechlin, dass «wir dann unsere Souveränität verlieren und ein Anhängsel Russlands werden würden. Russland würde dann nach Bismarcks Worten ‹am längeren Ende des Hebelarms sein›.» Harnack war dagegen der Auffassung, dass Deutschland bei der Auseinandersetzung mit dem Westen auf Russland setzen solle. Zechlin plädierte für eine Politik der «freien Hand», die Deutschland «das größtmögliche Maß an nationaler Freiheit lassen würde».[44]

Im Herbst 1931 waren Arvid und Mildred Harnack wieder gemeinsam in Berlin. Sie zogen in eine moderne Wohnung («ein Arbeitszimmer und daran anschließend ein kleines Schlafzimmer») der Waldsiedlung «Onkel Toms Hütte» im Vorort Zehlendorf. Diese vielgestaltige Großsiedlung entstand unter Federführung des für sozialistische Ideen aufgeschlossenen Architekten Bruno Taut. Einfamilienhäuser wechselten mit bis zu viergeschossigen Mietshäusern ab. Taut hatte für die Siedlung eine rhythmische und abwechslungsreiche Farbgebung entwickelt. Die Gebäude mit ihren strengen Linien und flachen Dächern waren beispielhafter Ausdruck modernen, sozialen Bauens.

Die Harnacks waren von ihrer farbenfrohen Umgebung begeistert. Die neue Siedlung hatte sehr bald den Spitznamen «Papageiensiedlung». Im angrenzenden Wald gingen sie spazieren. Mildred, die immer besonders glücklich war, wenn sie von belebender Landluft umgeben war, schickte ihrer Mutter eine Fotografie der neuen Häuser. Sie wollte ihr «eine ungefähre Vorstellung von ihrem Aussehen vermitteln – sie sind in hellen Farben bemalt und fröhlich, und die hohen Fichten mit ihren seltsamen Spitzen harmonisieren in ihrer langen Geradheit mit den absichtlich sehr schlicht gehaltenen Linien der Häuser.»[45]

Arvid Harnack war sehr eifrig mit der Gründung einer «Arbeitsgemeinschaft zum Studium der sowjetrussischen Planwirtschaft» (ARPLAN) beschäftigt, einer Organisation von Schriftstellern und Gelehrten, die einmal im Monat zusammentrafen, um Berichte über die sowjetische Wirtschaftsplanung anzuhören und zu diskutieren. Für ihn bedeuteten diese Veranstaltungen eine natürliche Fortsetzung der Treffen der *Friday Niters* um John R. Commons in Madison oder der wöchentlichen Treffen in Gießen. Als im Januar 1932 der erste ARPLAN-Kongress stattfand, wurde Harnack zum

Geschäftsführer und Friedrich Lenz zum Vorsitzenden bestellt. Andere führende Mitglieder von ARPLAN waren der Sinologe Karl August Wittfogel, der Berliner Universitätsprofessor und frühere Reichstagsabgeordnete Otto Hoetzsch, Adolf Grabowski von der Hochschule für Politik, der ungarische Literaturkritiker und Philosoph Georg Lukács, der Volkswirt Richard Oehring, der Nationalbolschewist Ernst Niekisch, der Schriftsteller Ernst Jünger, der Publizist Klaus Mehnert und Paul Massing; Letzterer wurde später in den Vereinigten Staaten Professor an der Rutgers-Universität und war zeitweise sowjetischer Agent.

Sergej Bessonow, ein leitender Mitarbeiter der russischen Handelsvertretung, und Alexander Hirschfeld, ein Angehöriger der sowjetischen Botschaft, der später Harnacks Kontaktmann werden sollte, kümmerten sich um technische Angelegenheiten der Arbeitsgemeinschaft.

Bessonow, der im Laufe der nächsten drei Jahre häufig mit Arvid Harnack zu Mittag aß und Gast im Hause Harnack war, war ein außerordentlicher Mann mit ungewöhnlichen Aufgaben: Rekrutierung von Sympathisanten unter Ökonomen, Ingenieuren und Naturwissenschaftlern für Einsätze in der Sowjetunion und das Aufspüren derjenigen, die zwar lieber zu Hause blieben, aber die sowjetische Handelsvertretung mit Informationen über technische Geheimnisse vor allem der deutschen Wirtschaft versorgen konnten.[46]

Als außerordentlich nützlich für die Anwerbung von Arbeitskräften und Kontaktleuten für die Sowjets erwiesen sich links gerichtete Akademikergruppen wie ARPLAN oder der «Bund der Geistesarbeiter», eine Tarnorganisation der Kommunisten, der die Harnacks angehörten.[47] Die Mitglieder waren, wie der Name andeutet, Intellektuelle.[48] Die offizielle Moskauer Parteilinie sang ein Loblied auf das Proletariat und betrachtete die Intelligenz mit großer Skepsis. Doch deutsche Kommunisten wie der höchst gewandte publizistische Unternehmer Willi Münzenberg erkannten schon 1922, beim Aufbau des Sozialismus brauche man «die Mitwirkung bekannter Persönlichkeiten», die «aber kein kommunistisches Parteibuch besaßen», also Intellektuelle, Meinungsführer, Leute mit Goodwill. Man unternahm den Versuch, «die bürgerlichen Intellektuellen für die Sache Sowjetrusslands zu interessieren und ihr Urteil agitatorisch auszunutzen».[49]

Das ausdrückliche Ziel des Bundes der Geistesarbeiter bestand nach den Worten Georgi Dimitrows, eines ursprünglich aus Bulgarien stammenden Funktionärs, Mitangeklagten im Reichstagsbrandprozess und späteren Generalsekretärs der Kommunistischen Internationale (Komintern), darin, «unseren ideologischen Einfluss auf solche Kreise der Intelligenz auszudehnen, die aus unterschiedlichen Gründen von unseren anderen Massenorganisation[en] schwer zu erreichen waren». Ende 1932 verstärkte der Bund seine Tätigkeit: Fragen, die die Intelligenz interessierten, wurden in öffentlichen Veranstaltungen erörtert und besondere Abteilungen für Lehrer, Ingenieure, Architekten und so weiter gegründet. Dimitrow schrieb dazu: «Im Allgemeinen wurde aus taktischen Erwägungen das Auftreten bekannter Kommunisten vermieden, die nur selten – und dann nur in der Diskussion – in den für jeden zugänglichen Versammlungen auftraten. Die Mitglieder der KPD blieben im Hintergrund. Sie halfen denen, die uns am nächsten standen, bei der Ausarbeitung der Themen und des Arbeitsplans.»[50]

ARPLAN entsprach ebenso dieser Beschreibung einer Vorfeldorganisation; und ihr Zweck bestand nach Dimitrow darin, «hoch qualifizierte Vertreter der Intelligenz mit der richtigen Haltung in unseren Einflussbereich einzubeziehen, die gleichzeitig Anhänger einer prosowjetischen Orientierung der deutschen Politik waren. In der ARPLAN existierte eine kommunistische Parteigruppe. Ihre Aufgabe bestand darin, die Ausarbeitung von Themen und die Arbeit der ARPLAN in eine Richtung zu lenken, die für das Erreichen der von uns gewünschten ideologischen Einflussnahme auf diese Kreise der Intelligenz notwendig war.»[51] Münzenberg bezeichnete diese Vorfeldorganisationen als «Klubs der Unschuldigen», er räumte ein, dass die Mitglieder über das wahre Ziel dieser Vereinigungen nicht Bescheid wussten.[52]

Ein Mitglied von ARPLAN, der ungarische marxistische Literaturwissenschaftler und Philosoph Georg Lukács, betrachtete Arvid nicht nur als hervorragenden Wirtschaftswissenschaftler, sondern auch als einen Denker, der sich für alle theoretischen und philosophischen Fragen interessierte. Als Lukács ihm einen Aufsatz über den jungen Hegel zeigte, den er gerade geschrieben hatte, las Harnack ihn mit «viel Interesse und Verständnis». Der Ungar bewertete Arvid Harnack als «sehr klug, diplomatisch und doch energisch. Er war ein tief überzeugter Kommunist.» Mildred Harnack war in Lukács' Augen «ebenfalls eine tief überzeugte Kommunistin».[53]

Ein Dokument belegt, dass die Sowjets selbst in den ruhigen Tagen von ARPLAN ein wachsames Auge auf die Harnacks warfen. Als Dimitrow 1941 eine Nachfrage Pawel Fitins, Chef des Auslandsnachrichtendienstes des NKGB, über das Ehepaar beantwortete, zitierte er den «Gen. Lukács Georg»:

> «Arvid Harnack entstammt einer alten bekannten Gelehrtenfamilie. Er war (nicht öffentlich) Mitglied der KPD. Anfangs überwogen bei ihm noch Reste bürgerlicher Anschauungen, aber er arbeitete sehr ernsthaft daran, sie zu überwinden. In der ARPLAN und im Bund der Geistesarbeiter leistete er eine sehr gute Arbeit, er erwies sich in taktischen Fragen als diszipliniert und geschickt. [...] Seine Frau, vermutlich eine gebürtige Amerikanerin, hielt Vorlesungen in englischer Sprache an der Berliner Universität. Sie nahm auch an der Arbeit des Bundes der Geistesarbeiter und an den Seminaren des Bundes Proletarischer Schriftsteller teil. Im Sommer 1933 weilte sie in der Sowjetunion. Aus den damals mit ihr geführten Gesprächen hat Gen. Lukács den Eindruck gewonnen, dass sie und ihr Mann ihren Überzeugungen treu geblieben waren.»[54]

Damals ging in Deutschland die politische Lage von der Krise zur Katastrophe über. Christopher Isherwood schrieb in seinem Roman «Christopher and His Kind», der seine Erinnerungen an jene Zeit enthält, dass in Berlin zu leben «wie das Leben in der Hölle» war. «Jeder pfeift buchstäblich auf dem letzten Loch, ist am Ende seiner Kräfte. Wir stehen unter Kriegsrecht und leben praktisch unter einem kommunistischen Regime, allerdings ohne die Vorteile des Kommunismus. [...] Hitler und die Kommunisten erörtern in aller Öffentlichkeit Bürgerkriegspläne, und niemand kann irgendetwas dagegen tun.»[55]

Im Januar 1932 erlebte Mildred Harnack einen Zusammenstoß zwischen Nationalsozialisten und Kommunisten vor dem Karl-Liebknecht-Haus am Bülowplatz, der Zentrale der KPD. Empört schrieb sie an ihre Mutter: «Die Polizei hat den Faschisten ganz offen geholfen und sie geschützt, sie hat die protestierenden Arbeiter mit ihren Gummiknüppeln geprügelt, sie hat den ganzen Platz abgeriegelt und nur Nazis durchgelassen. Ein gewaltiges Auto – eine Art Panzer mit kleinen Schießscharten und einem schwenkbaren Maschinengewehr, das die Menge und die Häuser auf beiden Seiten der schmalen Straße beschoss, fuhr auf und ab. Die Arbeitslosen, die Arbeiter, Kommunisten und Sozialdemokraten, gingen in großer Zahl an den Rändern des Polizeikordons die Straße auf und ab – wie eine stille Mahnung an Polizei und Faschisten. In der Nähe des Alexanderplatzes schrien die Arbeitslosen: ‹Wir haben Hunger! Kämpft mit den Kommunisten für Arbeit und Brot! Nieder mit den Faschisten! Schießt nicht auf eure Brüder!›»[56]

Im Mai verlor Mildred Harnack ihre Stelle an der Universität. Sie hatte sich in Sicherheit gewiegt, weil ihre Lehrveranstaltungen gut liefen und die Zahl ihrer Studenten sich verdreifacht hatte. Aber die Universität steckte in finanziellen Nöten. Es herrschten Vorurteile gegen Ausländer und Frauen, weil so viele deutsche Lehrende ohne Arbeit waren. Es gab auch Intrigen innerhalb des Englischen Seminars der Universität, dessen Abteilung für Nordamerikanistik Professor Friedrich Schönemann seit 1926 leitete. Er war ein leidenschaftlicher Nationalsozialist und gerade von einem Aufenthalt in den Vereinigten Staaten zurückgekehrt. Mildred Harnacks linke Neigungen waren kaum ein Geheimnis – sie hatte geschrieben, dass sie ihre Studenten zur Marx-Lektüre «als praktische Lösung für die Missstände der Gegenwart» ermutige.[57] Obwohl ihre Studenten für sie eintraten, eine Bittschrift mit hundert Unterschriften zirkulieren ließen, wurde ihr Arbeitsvertrag nicht verlängert. Aber das Semester endete «wunderbar». Die Studenten überreichten ihr einen großen Blumenstrauß und begleiteten sie in ihre Wohnung, wo man bis Mitternacht diskutierte. Mildred Harnack war überzeugt, dass mindestens «ein Mann und eine Frau in der Klasse meine Freunde bleiben werden … Sollte die Beziehung aufhören, so wäre das meine Schuld.»[58] Tatsächlich hörten die Verbindungen zu ihren Studenten nicht auf. Im Lauf der Jahre erhielt sie immer wieder Besuch von ihnen, und sie schrieben ihr ausführliche Briefe. Einer von ihnen, Paul Thomas, ein einarmiger Kriegsveteran, wurde ein wichtiger Teilnehmer an den Gesprächsabenden bei den Harnacks und bei ihrer Widerstandsarbeit.

Außerdem mussten die Harnacks ihre angenehme Wohnung in

Zehlendorf aufgeben. Im Juni schrieb Mildred Harnack an ihre Mutter, dass «unsere Nachbarn Nationalsozialisten sind». Sie schilderte sie als Deutsche, deren patriotische Leidenschaft irrational aufflackerte und die sich als moralisch überlegen ansahen, nur weil sie Deutsche waren. Da die Harnacks sich keineswegs bemühten, ihre Ansichten für sich zu behalten (Arvid Harnack hielt viele Reden in der Öffentlichkeit), kam es gewiss zu Auseinandersetzungen. Daher bat Mildred Harnack ihre Mutter, den «nächsten Brief an die Universität Berlin, Englisches Seminar, zu schicken». Sie waren im Begriff, «in aller Stille» umzuziehen.[59]

Die Adresse der Harnacks lautete für die beiden nächsten Jahre Hasenheide 61, dieses Haus liegt an der Grenze von Neukölln zu Kreuzberg. Neukölln war 1932 eine Hochburg der Kommunistischen Partei. Beide Bezirke hatten ihren Charakter als Arbeiterbezirke behalten. Ihre Wohnungen mit anderen zu teilen war für viele mittelständische Familien im Berlin der Weimarer Jahre zu einer Notwendigkeit geworden. Auch die Harnacks nahmen Untermieter in ihre Wohnung im fünften Stock auf, die sie mit sanften, modischen Farben – Hellbraun, Hellblau und Grün» – frisch renoviert hatten.[60]

Mildred Harnacks sonnendurchflutetes Zimmer gab den Blick auf grüne Alleen, steile Dächer und breite Straßen frei. Sie berichtete: «Selbst bei warmem Wetter sind unsere Räume kühl und angenehm.» All das wäre geradezu ideal, wenn nicht «ein wenig zu viel Lärm aus der Konditorei im Erdgeschoss hereindringen würde».[61] Ein paar Wochen später schilderte sie ihr freundliches Heim: «Unser vorderes Zimmer mit seinem türmchenartigen Erker sieht nun wunderbar aus mit all den Blumen, die in verschiedenen Vasen vor den hellgelben Wänden stehen. Unter der Lampe sitzt mein Arvid an seinem Schreibtisch, den Kopf in der Hand, und liest die Zeitung. Ich sitze an meinem Schreibtisch, schreibe bei dem gelben Licht meiner Schirmlampe und kann ihn durch die breite Türöffnung sehen.»[62]

Die Wohnung lag nicht weit vom Flughafen Tempelhof entfernt. Unten im Haus gab es Geschäfte, und auf der anderen Straßenseite befand sich eine kleine Gaststätte, wo sie «gut und reichlich essen» konnten. Hinter einer katholischen «Kirche, die mitten auf dem Platz auf einer Wiese liegt», befand sich die Hasenheide, ein wunderschöner Park, in dem sie spazieren gingen. Die dortigen Schießstände trübten die Idylle. Westlich mündete die Straße Hasenheide auf den Kaiser-Friedrich-Platz (heute Südstern) mit einer großen evangelischen Kirche. Von dort führte die Fontane-Promenade in ein paar Minuten zum Landwehrkanal. Manchmal, in der Nacht, wenn das Licht all dies höchst romantisch erscheinen ließ, besuchten die Harnacks den Urbanhafen.[63] «In diesen Zimmern kann man wirklich arbeiten», so schloss sie, «das Licht, die Luft, die Freundlichkeit der Räume», all das sei förderlich. «Wir sind sehr glücklich darüber.» Sie sah Berlin nun mit freundlicheren Augen: «Es kommt wohl ganz darauf an, wo man lebt.»[64]

Im Mai 1932 stürzte die Regierung des Reichskanzlers Brüning. Er wurde durch Franz von Papen ersetzt, einen parteilosen ehemaligen Zentrumspolitiker und doppelzüngigen Diplomaten, der ebenfalls ohne parlamentarische Mehrheit regierte. Als die für Juli angesetzten Reichstagswahlen heranrückten, gab es allein in Preußen fast fünfhundert Zusammenstöße radikaler Parteien. Da die Harnacks nun im Arbeiterbezirk Neukölln wohnten, im «roten Herzen Berlins», wo es immer wieder Unruhe und Aufruhr gab, erlebten sie die Kämpfe dieses langen, drückenden Sommers zwischen «Braunen» und «Roten» aus nächster Nähe.

Hierzu schrieb Arthur Koestler im «Bericht eines Lebens»:

«Kaum ein Tag verging, ohne dass ein oder zwei Leute in Berlin getötet wurden. Die Hauptschlachtfelder waren die Bierstuben, die verräucherten kleinen Kneipen der Arbeiterviertel. Einige waren Verkehrslokale der Nazis, andere waren unsere Verkehrslokale. Das falsche Lokal betreten hieß, in die feindlichen Linien vordringen. Von Zeit zu Zeit zerschossen die Nazis, in der klassischen Gangstertradition Chicagos, eines unserer Verkehrslokale. Eine Gruppe von SA-Leuten pflegte dazu langsam an der Kneipe vorbeizufahren und durch die Fensterscheiben zu schießen; dann rasten sie mit halsbrecherischer Geschwindigkeit davon. Wir besaßen viel weniger Autos als die Nazis, und die Vergeltungsmaßnahmen wurden meist mit gestohlenen oder von Sympathisierenden ausgeliehenen Wagen unternommen.»[65]

Mildred Harnack berichtete in ihren Briefen nach Amerika von der Verschlechterung der Lage. Am 3. Juli erlebten sie und ihr Mann eine kommunistische Massenveranstaltung im Lustgarten, vor dem Schloss in der Mitte Berlins. In den Gesichtern der Arbeiter zeigte sich «eine neue Art von Entschlossenheit», als sie an der Wohnung der Harnacks vorbei zur Demonstration zogen. «Der Vorbeimarsch des Zuges dauerte etwa fünfzehn Minuten.» Doch obwohl es eine «gewaltige Menge» war, so fügte Mildred Harnack hinzu, «war sie doch nicht so groß wie jene der Nationalsozialisten».[66] In ihrem nächsten Brief nach Hause ging sie darauf ein, wie schnell die Jahre verflossen: «Wer hätte gedacht, dass ich am 12. Juli 1932 in Deutschland leben würde, dass ich Musik hören würde, die aus Berliner Restaurants kommt, während Deutschland voller Unruhe ist, die an Bürgerkrieg grenzt?»[67]

Im Sommer 1932 lieferten Gespräche zwischen sozialdemokratischen und kommunistischen Politikern in Preußen zusammen mit blutigen Straßenkämpfen der Radikalen (im Juni und Juli fanden 29 Menschen den Tod und über tausend wurden verletzt) Reichskanzler Papen den lang gesuchten Vorwand, gegen die preußische Regierung vorzugehen, indem er deren Polizei Untätigkeit vorwarf: Am 20. Juli 1932 wurde die Regierung unter dem sozialdemokratischen Ministerpräsidenten Otto Braun abgesetzt und der Reichskanzler als Reichskommissar eingesetzt, eine verfassungsrechtlich zweifelhafte Maßnahme. Doch die Sozialdemokraten unternahmen nichts; der Aufruf der KPD zum Generalstreik stieß auf taube Ohren. «Die Schlacht gegen Hitler», so spürte Koestler, war verloren, «ehe sie begonnen hatte. Nach dem 20. Juli 1932 war es mit Ausnahme von uns jedermann klar, dass die KPD, die stärkste kommunistische Partei in Europa, ein kastrierter Riese war, dessen Prahlerei und Großmäuligkeit nur dazu diente, den Verlust seiner Mannhaftigkeit zu verbergen.»[68]

Mildred Harnack sah die Lage jedoch weniger pessimistisch. Gewiss berichtete sie am 24. Juli: «Die Diktatur der Rechtsparteien hat über Nacht begonnen», die «kommunistische Presse» werde unterdrückt, doch sie sah auch Anlass zum Optimismus: «Leute, die die gegenwärtige Lage einschätzen können, sagen, in Deutschland werde es keine Diktatur wie in Italien geben. Der Grund liegt darin, dass die Linke, die gegen die Herrschaft der Besitzenden Widerstand leistet, also die Arbeiter, weit besser organisiert und sich der eigenen Ziele stärker bewusst ist, als es in Italien der Fall war.»

Daher, da war sie sich sicher, würden die Konservativen am Ende das Nachsehen haben, «denn die Menschen beginnen nun wirklich zu verhungern».[69]

Mildred Harnack schätzte die Lage allzu optimistisch ein. Bei den Wahlen vom 31. Juli 1932 konnten die Nationalsozialisten die Zahl ihrer Stimmen mehr als verdoppeln: Weit über 13½ Millionen Wähler hatten der NSDAP ihre Stimme gegeben; 230 Nationalsozialisten zogen in den Reichstag ein. Die jungen Menschen, besonders die Studenten, entschieden sich überproportional für Hitler. Aber immer noch besaßen die Nationalsozialisten keine Mehrheit im Reichstag; Reichspräsident Hindenburg bemerkte, er habe nicht die Absicht, Deutschland «wie ein Versuchskaninchen» Hitler zu übergeben.[70]

Als Mildred Harnacks alte Freunde aus Madison, Ernest Meyer, der Leitartikler der *Capital Times*, und seine Frau Dorothy, zu Besuch nach Berlin kamen, stellten sie fest, dass die Harnacks nach wie vor überzeugt waren: die Deutschen würden Hitler nie als Führer akzeptieren. Und Arvid Harnack argumentierte tatsächlich so überzeugend, dass Meyer in einem Leitartikel etwas schrieb, was er später bereuen sollte: «In einem Jahr sind die Nazis möglicherweise so an den Rand gedrängt wie der Ku-Klux-Klan in Amerika.»[71] Die Harnacks entschuldigten sich bei den Meyers, dass sie ihnen nicht mehr Zeit und Gastfreundschaft widmen konnten, denn sie wollten am nächsten Tag in die Sowjetunion reisen – um einen Blick in die Zukunft zu werfen.

# 8

# Die Pilgerin

Die «Shakespeare-Gruppe» am Berliner Abendgymnasium

1932 war die große wirtschaftliche Krise noch nicht vorbei; Voraussagen, die auf einen bald bevorstehenden Wiederaufschwung hindeuteten, erwiesen sich als falsch, und dadurch wurde die Sowjetunion für die desorientierten Linksliberalen im Westen eine verlockende Alternative. Hier existierte eine Gesellschaft, die allem Anschein nach Krisenzyklen gegenüber immun war und die außerdem den Reiz des Verbotenen hatte. Wie nie zuvor wurde Moskau zu einem Anziehungspunkt, ja zu einem Mekka für jene «Pilger», die zu einem humanistischen Glauben konvertierten, der sich auf Vernunft und Wissenschaft zu gründen schien. Dieser Anspruch wirkte umso glaubwürdiger, da die Weltkrise Unheil verkündende marxistische Warnungen im Hinblick auf unüberbrückbare Widersprüche des Kapitalismus zu bestätigen schien.

Im August 1932 arrangierte Sergej Bessonow, den die Harnacks kannten, eine Studienreise von 23 ARPLAN-Mitgliedern in die Sowjetunion, die vom 20. August bis zum 12. September dauerte. Mildred Harnack wäre gern mit ihrem Mann zusammen gereist, aber weil sie zum 1. September eine neue Arbeit als Lehrerin am Berliner Städtischen Abendgymnasium angenommen hatte, reiste sie noch im August mit einer Gruppe von Arbeitern, die das offizielle sowjetische Reisebüro Intourist organisiert hatte. Es schien ihr interessant, gemeinsam mit Arbeitern unterwegs zu sein, und sie war sich auch sicher, dass es für eine Frau gut sei, allein zu reisen, dann nämlich «werde man aktiver».[1] Ihre Tour führte sowohl nach Leningrad wie auch nach Moskau. In der sowjetischen Hauptstadt war sie mit einer Freundin namens Stella zusammen, die sie als «eine äußerst humorvolle und freundliche Lehrerin» bezeichnete.[2]

Horst Menderhausen, der damals an der Universität Frankfurt studierte, lernte Arvid Harnack während der ARPLAN-Reise kennen: «Harnack machte nicht den Eindruck eines Hardliners. Er war ein objektiver Führer. Ich habe erst nach dem Krieg erfahren, dass er enge Beziehungen zur Kommunistischen Partei unterhielt.» Von Friedrich Lenz hatte Menderhausen folgenden Eindruck: Er «war kein Radikaler, und andere in der Gruppe waren im Grunde konservativ, sie waren jedoch auf Grund der Weltwirtschaftskrise zu einer kritischen Einstellung gegenüber der Marktwirtschaft gelangt». Auf die Frage, ob die Reise von den Russen finanziell unterstützt worden sei, gab er eine verneinende Antwort: «Es war keine kostenlose Exkursion. Wir waren keine eingeladenen Gäste der sowjetischen Regierung. Die Reise kostete, soweit ich mich erinnere, fünfhundert Mark. Wir reisten aus Interesse dorthin, und weil es sich hier um die einzige Volkswirtschaft handelte, die nicht unter einer Depression litt.»[3]

Mehr als einmal ist behauptet worden, Arvid Harnack sei während dieser Reise in den Dienst des sowjetischen Geheimdienstes getreten. Denn David Dallin hat 1953 in seinem Buch «Soviet Espionage» [deutsche Ausgabe: «Sowjet-Spionage», 1956] geschrieben, die Studienreise von ARPLAN sei ein «Wendepunkt» in Harnacks Leben gewesen: «Bei den Besuchen, die Harnack offiziellen Dienststellen in Moskau abstattete, wurden seine Ergebenheit und seine Fähigkeiten bemerkt. Noch vor seiner Rückkehr nach Berlin wurde er von den Komintern-Führern Otto Kuusinen und Ossip Piatnitsky empfangen und geradeheraus gefragt, ob er bereit sei, direkt für die sowjetische Regierung tätig zu werden. Er willigte ein.»[4]

Wenngleich Arvid Harnacks Reise gut dokumentiert ist, gibt es in seinem Reisebericht und auch in kürzlich zugänglich gemachten Aktenbeständen des KGB keinen Hinweis auf derartige Treffen. Dennoch wiederholte der frühere stellvertretende Direktor des KGB, Pawel Sudoplatow, noch im Jahre 1994 diese Version, als er behauptete, Harnack habe «ein ganzes Jahrzehnt lang» für die Sowjets gearbeitet.[5]

Obwohl sie auf dem Höhepunkt der Hungersnot in der Ukraine mit dem Zug nach Charkow, der damaligen Hauptstadt der Sowjetrepublik Ukraine, fuhren und trotz all ihrer fachlichen Kenntnisse als Ökonomen und Ingenieure schienen die Angehörigen von Harnacks Gruppe die ungeheure Katastrophe nicht wahrzunehmen, die sich um sie herum abspielte – damals verhungerten sechs Millionen Menschen, es gab Tag für Tag Tausende von Toten. Arthur Koestler, der Deutschland im Juli 1932 verließ und ebenfalls Charkow besuchte, erinnert sich wie folgt an die Zugreise: «Der Zug dampfte langsam durch die ukrainische Steppe. Er hielt häufig an. An jedem Bahnhof standen Massen zerlumpter Bettler, die Ikonen und Bettwäsche zum Tausch gegen einen Laib Brot anboten. Die Frauen hoben ihre kleinen Kinder zum Zugfenster – Mitleid und Schrecken erregende Kinder: Arme und Beine wie Stecken, aufgedunsene Bäuche, große Köpfe, an dünnen Hälsen hängend. Die Ironie des Schicksals hatte es gewollt, dass ich in Russland gerade zur Zeit der großen Hungersnot 1932/33 eintraf, von deren Existenz ich, so wie die meisten Europäer, nichts wusste. Sie hat ganze Distrikte entvölkert und mehrere Millionen Opfer gekostet.»

Zu jener Zeit wurde dieses entsetzliche Geschehen vor der Außenwelt geheim gehalten. «Meine russischen Reisegefährten gaben sich große Mühe, mir zu erklären, dass diese elenden Menschen *Kulaki* waren, reiche Bauern, die sich gegen die Kollektivierung des Landes gewehrt hatten und die man deshalb von ihren Bauerngütern vertreiben musste.»[6]

Warum wurden der Hunger und das offensichtliche Versagen der staatlichen Planung von einem so gescheiten Beobachter wie Arvid Harnack nicht bemerkt? Auch hierauf liefert Koestler eine plausible Antwort: «Meine Reaktion auf den brutalen Zusammenprall von Realität und Illusion war typisch für einen wahren Gläubigen. Ich war überrascht und verwirrt – aber der elastische Stoßdämpfer meiner Parteiausbildung funktionierte sofort. Ich hatte Augen, die sehen konnten, aber einen Verstand, der darauf trainiert war, das, was die Augen sahen, auf vorgeschriebene Weise auszulegen. Dieser ‹innere Zensor› ist zuverlässiger und tüchtiger als die offizielle Zensur.»[7]

Und Koestler fährt fort: «Ich lernte, alles, was mich erschreckte, automatisch als ‹Erbschaft der Vergangenheit›, und was mir gefiel, als ‹Saat der Zukunft› zu klassifizieren. Mit dieser automatischen Sortiermaschine im Kopf war es 1932 einem Europäer noch möglich, in Russland zu leben und dabei Kommunist zu bleiben.»[8]

In jener Zeit, bevor die beeindruckenden öffentlichen Arbeitsbeschaffungsprojekte des New Deal in den Vereinigten Staaten begonnen hatten, verstärkte der Unterschied zwischen den gewaltigen technischen Anstrengungen des Fünfjahresplans – Dnjepr-Staudamm, Weißmeer-Kanal, Turkestanisch-Sibirische Eisenbahn – im Vergleich mit der Notlage in den kapitalistischen Ländern bei vielen Linksliberalen den Eindruck, dass der Fünfjahresplan ein Erfolg war. Malcolm Muggeridge, der als britischer Korrespondent in

Moskau lebte, wunderte sich über die Intourist-Reisenden, die sich all die Wunderwerke ansahen. Sie reisten von «einem Wunderwerk zur nächsten Kraftanstrengung, fuhren fort, unsere Finsternis zu erleuchten, uns zu führen, zu beraten und zu belehren; gelegentlich gerieten sie für einen Augenblick aus der Fassung, waren aber stets bereit, wieder Haltung anzunehmen, ihren Papphelm aufzusetzen, das Pferd Rosinante zu besteigen und in einen weiteren Beutezug im Namen der Ausgebeuteten und Unterdrückten zu reiten.»[9]

In Moskau konnte Mildred Harnack herausfinden, dass es für Besucher mehr als genug zu essen und anderen Luxus gab, der in anderen Landesteilen nicht bekannt war. Es mangelte ihr an der Erfahrung eines desillusionierten Revolutionärs wie Victor Serge, der seine Eindrücke vom II. Kongress der Kommunistischen Internationale 1920, der abgeschirmt im Kreml tagte, schilderte: «Die einzige Stadt, die die ausländischen Delegierten nicht kennen lernten – und ihr Mangel an Neugier in diesem Punkte verwirrte mich –, war das lebendige Moskau mit seinen Hungerrationen, seinen Verhaftungen, seinen schmutzigen Gefängnisgeschichten, seinen Spekulationskulissen.»[10] Damals praktizierten die Russen noch nicht das «Moskauer Zucken», den Blick nach hinten über die Schulter, bevor sie es wagten, irgendeine politische Bemerkung zu machen. Mildred Harnack kam aus dem von Verzweiflung geprägten Berlin, reiste allein, sprach nur ein «paar Worte Russisch» und hatte Zettel in kyrillischer Schrift dabei, um bestimmte Ziele aufsuchen zu können.

Moskau erinnerte sie an «Washington in den Tagen des Wohlstands gegen Ende des Krieges». Die Straßen waren voller «geschäftiger, energischer Menschen». Überall trat man ihr mit einem «offenen Lächeln» entgegen. Die Luft, die sie atmete, war «von Hoffnung und großen Taten» durchdrungen.[11]

Arthur Koestler charakterisierte die Mentalität von Besuchern wie Mildred Harnack: «Alle Ausländer, die ich kannte, und auch die aufgeweckteren Russen hatten diese Sortiermaschine in ihren Köpfen. Sie wussten, dass die offizielle Propaganda aus einem Haufen Lügen bestand, rechtfertigten das aber mit dem Hinweis auf die ‹rückständigen Massen›. Sie wussten, dass der Lebensstandard in der kapitalistischen Welt viel höher war als in Russland, und rechtfertigten das mit der Versicherung, es sei den Russen unter den Zaren eben noch viel schlechter gegangen.»[12]

Diese Worte erfassen mit geradezu unheimlicher Präzision, was Mildred Harnack ihrer Mutter berichtete: «Ganz sicher ist Russland ein Land, dessen kulturelles Niveau insgesamt weit unter dem der Vereinigten Staaten und Westeuropas liegt, und obwohl es seit 1917 gewaltige Verbesserungen gegeben hat, ist immer noch viel zu tun. Niemand weiß das besser als die Russen selbst. [...] Das Russland der Zaren war ein Land mit unterdrückten und zurückgebliebenen Menschen. Es ist eine gewaltige Aufgabe, die Lage dieses Volkes zu ändern, Schmutz und Alkoholismus durch Sauberkeit und Energie, Unwissenheit und Aberglauben durch ein Wissen zu ersetzen, das jede Frau und jeden Mann in die Lage versetzt, den Staat zu regieren.»[13]

Mildred Harnack strebte nach Gleichberechtigung für Frauen, und hier fand sie sie. Frauen «dürfen ihren geistigen und körperlichen Fähigkeiten gemäß überall arbeiten, wo sie es möchten». Gleiche Arbeit wird gleich bezahlt. Wenn Frauen schwanger sind, «wird ihnen die Arbeit erleichtert», aber sie wird ihnen nicht weggenommen. Vielmehr «erhalten sie vor und nach der Entbindung einen bezahlten Urlaub von zwei Monaten». Frauen werden nicht gezwungen, Kinder auszutragen, «aber sie werden ermutigt, Maßnahmen zur Geburtenkontrolle zu ergreifen, und unter gewissen Bedingungen ist Abtreibung erlaubt». Wenn sie von ihren Ehemännern nicht anständig behandelt werden, «können sie diese jederzeit verlassen, und mit dem Geld, das sie verdienen, sowie bestimmten Leistungen, zu denen der Ehemann verpflichtet ist, sowie mit der Hilfe des Staates können sie für ihre Kinder sorgen». Auch der Ehemann besitzt das «Privileg», seine Frau jederzeit verlassen zu können. Geld ist kein Bindemittel zwischen den Ehegatten; vielmehr ist jeder von ihnen finanziell unabhängig.[14]

Nach seiner Rückkehr aus der Sowjetunion verfasste, vervielfältigte und verbreitete Arvid Harnack den Schlussbericht von ARPLAN. Hier schilderte er die Vorträge, an denen die Reisegruppe teilgenommen hatte, die Besuche in Musterfabriken, Musterfarmen und am vorbildlichen Dnjepr-Staudamm; er ging auch auf eine Modellanstalt für jugendliche Straftäter und auf kulturelle Veranstaltungen ein, die sie erlebt hatten.[15] Er begann, ein Handbuch über die Sowjetunion zu verfassen; es sollte die Besonderheiten Russlands und das neue Planungssystem beschreiben. Das Buch sollte im Berliner Rowohlt Verlag erscheinen, die Fahnen lagen bereits vor.

Mildred Harnack kehrte ebenfalls voller Optimismus nach Berlin zurück, sie trat nun ihre neue Stellung am Berliner Abendgymnasium an, einer Institution, die 1927 mit Förderung der Sozialdemokraten gegründet worden war. Das BAG, wie es von den Schülern genannt wurde, war die erste Einrichtung in Deutschland, auf der es berufstätige Erwachsene zum Abitur und damit zur Hochschulreife bringen konnten. Es wurde von Männern und Frauen besucht, was zu jener Zeit an deutschen Schulen nicht verbreitet war, und die Atmosphäre war weit weniger autoritär als üblich. Die Lehrenden behandelten die Studenten als gleichrangig. Der Unterricht kostete nicht viel, die Lehrbücher wurden kostenfrei zur Verfügung gestellt. Vor Beginn des abendlichen Unterrichts erhielten bedürftige Studenten eine subventionierte warme Mahlzeit in einem nahe gelegenen Lokal.[16]

Während die zukünftigen Schüler noch auf den Abschluss ihrer Zulassungprüfungen warteten, verfasste Mildred Harnack ein schriftliches Portrait dieser Gruppe: «Männer und Frauen in meinem Alter, manche auch älter oder jünger, werden von den Lehrern mündlich geprüft. Sie tragen dunkle Anzüge, die Schuhe glänzen; das Haar ist ordentlich gekämmt; ihre Unterlippen zittern ein wenig, wenn sie den Prüfern gegenübersitzen. Sie haben jahrelang in Büros gearbeitet. Sie sind hierher gekommen in der Hoffnung, in Zukunft freier atmen zu können.»[17] Doch ihrer Ansicht nach gründete sich die Existenz der Schule auf der falschen Voraussetzung, «dass es für Arbeiter und Angestellte möglich sei, durch ein Studium bessere Stellungen in der Gesellschaft zu erringen. Diese Vorstellung ist im Deutschland von heute unhaltbar. [...] Sie sind weitgehend dazu verurteilt, sozial eher ab- als aufzusteigen. Es gibt einfach zu wenig Arbeit; sie verlieren ihre Stellungen; die Arbeitslosenversicherung zahlt nur eine gewisse Zeit lang, und dann fallen sie der Fürsorge anheim, und das bedeutet, wenn ihnen nicht von anderer Seite geholfen wird, schrittweise Hunger und Verderben.» Mildred Harnack gelangte zu dem düsteren Urteil, dass nur einige Glückliche Erfolg haben könnten.[18]

Sie musste 15 Stunden pro Woche unterrichten, was eine ganze Menge war.[19] Außerdem kümmerte sie sich um den Englisch-Klub, dort gab es Vorträge, «die die Studenten mit bedeutenden Persönlichkeiten des englischen und amerikanischen Lebens bekannt machten. Sie [Mildred] hat auch erfolgreich englische Dramen mit Studenten einstudiert.» So schrieb der Direktor des Abendgymnasiums 1936. Sie scheint eine außerordentliche Pädagogin und eine sympathische Kollegin gewesen zu sein. Und der Direktor fährt fort: «Mit ihr als einziger Frau im Lehrkörper war die Zusammenarbeit jederzeit angenehm, und sie hat sich ausgezeichnet dem spezifischen Charakter dieser Ausbildungsstätte für Erwachsene angepasst.»[20]

Für viele Schüler bedeutete «Miss Harnack» die erste Begegnung mit Amerika. Dazu haben sich mehrere von ihnen nach dem Krieg schriftlich geäußert. Am häufigsten erinnerte man sich daran, dass sie Lieder wie «Old Folks at Home», «Clementine» und «John Brown» mit ihren Schülern gesungen hatte.[21]

Zu Beginn gefiel einigen das Singen überhaupt nicht. Dazu Maria-Dorothea Beck in einem Artikel, der 1967 in einer westdeutschen Zeitung erschien: «Immerhin waren wir erwachsen und zu Hause in den verschiedensten Berufen: Prokuristen und Lehrlinge, Schauspieler und Vertreter, Arbeiter und Angestellte, Korrespondenten und Kontoristen – alle hungrig nach Wissen, alle müde nach dem üblichen Räderwerk des Tages.» Aber wenn Mildred Harnack ihren Schülern «frei und ungezwungen» vorsang, fühlten sich diese «nicht mehr müde und verlegen, sondern wach und frisch»; das graue Klassenzimmer erschien nun weniger «eng und bedrückend».

Zum letzten Mal sah Frau Beck Mildred Harnack beim Abiturientenball in den Festsälen am Zoo: «Sie trug einen kostbaren Spitzenkragen, hell auf dunklem Grund. Dieser Kragen hob ihre Schönheit ins Zeitlose und Malerische. Von jenem Abiturientenball bewahre ich nur eine ungenaue Erinnerung. Nur ihr Bild ist mir geblieben und die Wirkung, die von ihr ausging. Mit dem nur ihr eigenen Zauber der Gewährung und Zurückhaltung verwandelte sie eine bisweilen verlegene Geselligkeit ins Festliche und Heitere.»[22]

Mildred Harnack setzte eine Gewohnheit fort, die sie schon an der Universität praktiziert hatte – gesellige Zusammenkünfte mit Schülern beziehungsweise Studenten nach dem Unterricht; dazu gehörten Spaziergänge im Tiergarten und Gespräche im Romanischen Café, einem berühmten Treffpunkt Berliner Intellektueller.[23] Samson Knoll war zwar kein Student am Abendgymnasium, wohl aber Mitglied des dortigen Englisch-Klubs. Er wurde später Professor in Amerika und bewahrte Aufzeichnungen über seine allwöchentlichen Begegnungen mit Mildred Harnack. Manchmal gingen sie gemeinsam nach Hause. Sie blieben stets beim förmlichen «Sie». Dennoch schrieb er: «Es schien absolut keine Schranke zwischen uns zu geben. Von Anfang an herrschte ein gegenseitiges Verständnis, über das wir nie sprachen, was aber die Entfaltung von Ideen und Gefühlen leicht und natürlich machte. [...] Unsere langen Gespräche fanden in einer Atmosphäre vollständigen gegenseitigen Verständnisses und Vertrauens statt. Mildreds Offenheit und ihr echtes Interesse an Menschen waren wichtige Elemente.»[24] Mildred war «ein sehr stiller und ruhiger Typ, aber ihre Ruhe war in keiner Weise kalt, ganz im Gegenteil. Sie war eine sehr warmherzige Persönlichkeit.» Arvid war «recht freundlich», so erinnerte sich Knoll, und «obwohl sie niemals besonders gefühlsbetont miteinander umgingen, schien es zwischen ihnen doch ein tiefes Verständnis zu geben».

Der Herbst 1932 war eine Zeit, da Kader, Zellen und Studienzirkel eine große Rolle spielten, während Kommunisten und Nationalsozialisten ihren «ideologischen Kampf» fortsetzten, um bei den für den 6. November 1932 angesetzten Wahlen zum Reichstag sozialdemokratische Arbeiter auf ihre Seite zu ziehen. Es gab nationalsozialistische Schulungslager und marxistische Abendkurse. Maria-Dorothea Beck entsinnt sich eines Treffens mit Mitschülern und Lehrern in der Wohnung der Harnacks, wo sie gemeinsam marxistische Themen studierten, wie die Krise des Kapitalismus und die Planwirtschaft in der Sowjetunion. Arvid Harnacks Bruder Falk erinnert sich an einen Schulungskurs, den Arvid in einem Restaurant in der Nähe des Alexanderplatzes durchführte. In einem Brief bestätigt Mildred, dass «Arvid in der letzten Zeit sehr oft öffentlich über die gegenwärtige Krise gesprochen» habe.[25]

Es musste als eine bizarre Wendung der Ereignisse erscheinen, als sich die Kommunisten kurz vor der Novemberwahl in selbstmörderischem Zynismus mit den Nationalsozialisten zusammentaten und sie gemeinsam einen Transportarbeiterstreik ausriefen. In den Augen Moskaus waren die Sozialdemokraten, nicht die NSDAP der wirkliche Feind; und nach Ernst Thälmann, dem Führer der Kommunistischen Partei in Deutschland, waren die Sozialdemokraten nicht einmal Demokraten, sondern vielmehr «Sozialfaschisten». Inzwischen wurde die KPD völlig von Moskau kontrolliert, und sie unterschätzte Hitler sehr stark. Sie glaubte, ihn benutzen zu können, um die letzten Reste des Kapitalismus zu zerstören. Goebbels, der Berliner Gauleiter der NSDAP, rühmt sich in seinem Tagebuch: «Die Arbeiter der Berliner Verkehrsgesellschaft sind in den Streik getreten. Wir haben auch für die Partei die Parole zu Streik ausgegeben. [...] In Berlin fährt keine Straßenbahn und keine Untergrundbahn mehr.»[26]

Als die Nationalsozialisten bei den Wahlen im November gegenüber denen vom Juli 1932 einen unerwarteten Rückschlag erlitten – sie verloren zwei Millionen Stimmen und 34 Sitze im Reichstag –, schien es zunächst so, als hätten die Kommunisten ihre Gegner überflügelt. Die KPD erlebte einen großen Aufschwung, gewann 750 000 Stimmen und hundert Sitze hinzu. Am 7. November feierten in der sowjetischen Botschaft mehr als tausend Gäste diesen Sieg sowie den 15. Jahrestag der Oktoberrevolution. Die Harnacks, die inzwischen häufig die Botschaft besuchten, nahmen wahrscheinlich daran teil.

Dass Mildred Harnacks Stimmung sich gebessert hatte, wurde im Weihnachtsbrief an ihre Mutter deutlich: «Mein Leben wird im Laufe der Zeit immer interessanter und lebenswerter. [...] Die Welt entwickelt sich schnell und ununterbrochen mit so vielen neuen und attraktiven – ja faszinierenden Aspekten –, dass ich das Gefühl haben muss, die beste Zeit meines Lebens zu erleben.»[27] Noch optimistischer äußerte sie sich auf einer Postkarte vom 29. Januar 1933: «In der Welt von heute gibt es so viel zu tun. Nie waren die Perspektiven besser ... Ich bin dreißig Jahre alt und eine freie Frau – ich habe die Arbeit, die ich haben möchte, es gibt keine unüberwindlichen Hindernisse, um weiterzukommen ... Es ist ein gutes Leben.»[28]

Einen Tag später erfolgte Hitlers Machtergreifung.

Auf Grund der kommunistischen Stimmengewinne bei der Wahl war die nationalistische Rechte bereit, Hitler eine Chance zu geben. Als es Franz von Papen nicht gelang, eine Regierung zu bilden, unternahm der letzte Reichskanzler der Weimarer Republik, Kurt von Schleicher, der starke Mann hinter Reichspräsident Hindenburg, einen letzten Versuch, sich Hitler in den Weg zu stellen. Aber Schleichers Bemühungen schlugen fehl. Nach zweitägigen Verhandlungen ernannte der altersschwache 85-jährige Hindenburg Hitler zum Kanzler. Noch am Nachmittag desselben Tages trat das Koalitionskabinett unter Hitler zu einer ersten Sitzung zusammen. Die Konservativen gingen davon aus, dass es ihnen gelingen werde, die nationalsozialistischen Partner im Zaum zu halten.

Die Nationalsozialisten begannen ihre Herrschaft mit einem gigantischen Fackelzug von SA- und SS-Leuten, die durch die Wilhelmstraße marschierten. Von ihrem Standort nahe der Reichskanzlei beobachteten Arvid Harnack und sein Stiefneffe Wolfgang Havemann das endlose Meer von braunen und schwarzen Uniformen sowie 20 000 brennenden Fackeln. Die beiden konnten beobachten, wie Hitler sich aus dem beleuchteten offenen Fenster lehnte, um sich im Jubel seiner Anhänger zu sonnen. Sie konnten erleben, wie Hitler die «Heil»- und «Deutschland erwache»-Rufe mit dem Faschistengruß erwiderte, den er von Mussolini übernommen hatte. Sie hörten den Chor Tausender Stimmen, die die deutsche Nationalhymne – «Deutschland, Deutschland über alles» – sangen. Arvid Harnack, der hinter Havemann stand, bemerkte in aller Ruhe: «Sieh sie dir nur genau an. Das sind Schlächtertypen. Mit den heruntergezogenen Sturmriemen und den Dolchen sind sie zu allem fähig. Du wirst es noch erleben, wie sie mit ihren Fackeln erst Deutschland und dann Europa in Brand stecken. Wart es nur ab, dir werden sie auch bald eine Uniform anziehen.» (Harnack behielt Recht. Im Mai – er war noch Student an der Universität – wurde Havemann in die erste von einem halben Dutzend Uniformen gesteckt, die er während des Dritten Reichs anziehen sollte.)[29]

Am 1. Februar trug Joseph Goebbels ebenfalls prophetische Worte in sein Tagebuch ein: «In einer Unterredung mit dem Führer legen wir die Richtlinien im Kampf gegen den roten Terror fest. Vorläufig wollen wir von direkten Gegenmaßnahmen absehen. Der bolschewistische Revolutionsversuch muss zuerst einmal aufflammen. Im geeigneten Moment werden wir dann zuschlagen.»[30]

Ein Tag später wurde der Weg dorthin vorbereitet. Nun gewährte Hindenburg dem neuen Reichskanzler, was er Schleicher verweigert hatte – die Auflösung des Reichstags. Am 5. März sollten Neuwahlen stattfinden.

Samson Knoll erinnert sich an die Fragen, die Mildred Harnack im ersten Monat nach Hitlers Machtübernahme stellte: «Was, glauben Sie, kann man tun?» «Was werden Sie tun, wenn …?» «Was werden die Deutschen tun?» Knoll versichert: «Sie war vom ersten Tage an eine Gegnerin der Nationalsozialisten. Es war kein Zufall, dass sie sich am Widerstand beteiligte.» Knoll, der Jude war, entschied sich, das Land zu verlassen. Die Harnacks gaben wertvolle moralische Unterstützung. Er setzte seine Besuche bis Ende Mai fort: «Es war immer tröstlich, mit ihr zusammen zu sein. […] Da hatte man jemanden, mit dem man ohne Angst reden konnte. Das war sehr wichtig.»[31]

Im Unterschied zu sehr vielen anderen Angehörigen ihrer Schicht nahmen die Harnacks, Delbrücks und Bonhoeffers Hitlers Aufstieg zur Macht sehr, sehr ernst. Später schrieb der Psychiater Karl Bonhoeffer: «Den Sieg des Nationalsozialismus im Jahre 1933 und die Ernennung Hitlers zum Reichskanzler betrachteten wir von vornherein, und zwar einheitlich alle Glieder der Familie, als ein Unglück. Die Abneigung und das Misstrauen gegen Hitler gründete sich bei mir auf seine demagogischen Propagandareden, […] seine Autofahrten durchs Land mit der Reitpeitsche in der Hand, die Auswahl seiner Mitarbeiter, über deren Qualitäten uns hier in Berlin vielleicht mehr Einzelheiten bekannt waren als anderwärts, schließlich auf das, was an psychopathischen Eigenschaften von ihm im Kreise der Fachkollegen kursierte.»[32]

Arvid Harnack kritisierte sehr bald jene, die Hitler als einen harmlosen Hanswurst betrachteten. «Meine Herren, es ist keine Komödie, die sich vorbereitet, sondern eine Riesentragödie, und nicht nur eine deutsche, sondern eine Menschheitstragödie!»[33]

Am 1. Februar 1933 sprach Dietrich Bonhoeffer im Berliner Rundfunk über das Thema «Wandlungen des Führerbegriffs in der jungen Generation». Sein Biograf Bethge fasst den Vortrag zusammen: «Bonhoeffer analysiert das Aufkommen des Führergedankens und seine Veränderungen in der Jugendbewegung der Nachkriegszeit. Er lässt eine Verachtung spüren für die ‹widernatürliche Selbstbespiegelung der … von alten Narren eitel gemachten Jugend›.» Er warnte seine Hörer, dass «das Bild des Führers» allzu leicht «in das des Verführers» gleiten könne. Während Bonhoeffer noch sprach, schaltete man das Mikrofon ab.[34]

Am Abend des 27. Februar beobachteten zahlreiche sowjetische Diplomaten aus den Fenstern ihrer ganz in der Nähe gelegenen Botschaft, dass der Reichstag aus rätselhaften Gründen brannte.[35] Wenn es auch unter Historikern noch immer eine Debatte über die politischen Motive der Angelegenheit gibt, so lieferte das große Feuer Hitler auf jeden Fall den Vorwand, den er benötigte, um gegen die Kommunisten vorzugehen. Innerhalb von drei Stunden waren die Flammen unter Kontrolle. Doch Hitler konnte bei Hindenburg am 28. Februar die «Verordnung zum Schutz von Volk und Staat» erwirken. Von diesem Augenblick an – bis zur deutschen Kapitulation am 8. Mai 1945 – waren alle bürgerlichen Rechte, die die Weimarer Verfassung garantierte, suspendiert. Pressefreiheit, Vereinigungsfreiheit, Versammlungsfreiheit, Post- und Fernmeldegeheimnis, überhaupt die Freiheit der Person und Unverletzlichkeit der Privatsphäre wurden auf unbeschränkte Zeit abgeschafft. Die Verordnung machte die Weitergabe militärischer Geheimnisse, ja sogar die Verbreitung falscher Nachrichten zu einem Tatbestand des Verrats. Als Hochverrat galt nun die Herstellung, die Verteilung und der Besitz von Schriften, die zu Aufständen oder Streiks aufriefen. Eine weitere Verordnung gestattete es der Regierung, die Todesstrafe durch Hängen vollstrecken zu lassen, was viele Deutsche als eine besonders unehrenhafte Art der Hinrichtung ansahen.[36] Bereits Stunden nach Ausbruch des Feuers hatte die Polizei einige tausend Kommunisten verhaftet, linke Zeitungen verboten und deren Büros besetzt.

Am 4. März, dem Tag vor der Reichstagswahl, hielt Hitler im ostpreußischen Königsberg eine letzte Rede an die Wähler. Sie wurde überall in Deutschland über Lautsprecher auf den Straßen verbreitet. Dennoch bekamen die Kommunisten trotz der gewaltigen nationalsozialistischen Propagandakampagne und des gegen sie gerichteten Terrors immer noch 12,3 Prozent der Stimmen.

Am 9. März wurden die 81 Mandate der Kommunisten für ungültig erklärt. Die Abgeordneten der Partei konnten ihre Plätze im Reichstag nicht einnehmen. Es ergingen Haftbefehle gegen sie; die Parteiführer waren gezwungen, zu emigrieren oder in den Untergrund zu gehen.

Bereits am 22. März 1933 wurde in einer stillgelegten Munitionsfabrik nordöstlich Dachaus bei München das erste Konzentrationslager des nationalsozialistischen Deutschland mit der Inhaftierung von etwa sechzig Angehörigen der SPD und KPD eröffnet. Wenn die Gestapo-, SS- und Polizeiakten auch unvollständig sind, so lässt sich doch sagen, dass es allein in Preußen in den Monaten März und April etwa 25 000 Verhaftungen gab.

Nicht weit von der Wohnung der Harnacks, an der Columbiastraße, auf dem späteren Gelände des erweiterten Flugfeldes Tempelhof, befand sich in einer alten Militärarrestanstalt eine der berüchtigtsten Folterstellen der Nationalsozialisten: das Columbia-Haus. Hier verhörten und misshandelten SS und Gestapo seit Sommer 1933 politische Gegner, die sie in «Schutzhaft» genommen hatten. An diesem Ort wurde auch ein Freund der Harnacks festgehalten, der Schriftsteller Paul Massing, ein Mitglied von ARPLAN. Er wurde unter Misshandlungen über seine Verbindungen zu den Kommunisten verhört und ins KZ Oranienburg geschafft.

Ein anderer Häftling der SS, der in den folgenden Jahren mit den Harnacks noch sehr viel zu tun haben sollte, war Harro Schulze-Boysen, der dreiundzwanzigjährige Herausgeber des verbotenen *Gegners*, einer Zeitschrift des Umbruchs in der Endphase der Weimarer Republik, die von Januar 1932 bis Ende April 1933 erschien. Schulze-Boysen war schon auf dem Gymnasium politisch aktiv gewesen und hatte dem Jungdeutschen Orden angehört, einer nationalistisch-utopistischen Jugendgruppe. Er entwickelte sich dann zu einem ausgesprochenen Revolutionär. Geleitet von dem Wunsch, die für die Weimarer Demokratie so charakteristische Frontstellung von «links» und «rechts» zusammenzuführen, veranstaltete er Diskussionen in Gastwirtschaften.[37] Am 3. März 1933 wurde Schulze-Boysen zum ersten Mal verhaftet. Anschließend schrieb er eine Postkarte an seine Eltern: «Eben einen Tag und eine Nacht im Gefängnis gewesen. Ohne Angaben irgendeines Grundes mit 55 Leuten in einem dunklen überheizten Keller zusammengepfercht. Üble Schikanen. Eben wieder freigelassen. Ich habe in diesen Stunden herrliche Menschen kennen gelernt. Darum: Nun erst recht!»[38] Er nannte keine Namen von Genossen, gab keine politischen Stellungnahmen ab und wurde freigelassen.

Schulze-Boysen plante, an den Demonstrationen des 1. Mai mit einem großen Plakat teilzunehmen. Er und sein Kreis wollten mit einem großen Plakat «Redaktion Gegner» Aufmerksamkeit erregen und neue Anhänger gewinnen. Am 26. April sprengten SS-Leute, die möglicherweise von einem Spitzel informiert worden waren, eine Redaktionssitzung des *Gegners* und verhafteten die Teilnehmer. Sie wurden bis auf Schulze-Boysen und den Freund und Kollegen Henry Erlanger am nächsten Tag freigelassen. Die beiden Zurückgebliebenen wurden in einem Keller der SS in Berlin-Charlottenburg gefoltert und mussten Spießruten laufen. Erlanger starb an den Misshandlungen.[39]

Harro «akzeptierte diese Art von Gewalt», so berichtet seine Mutter Marie-Louise Schulze, «weil sie der Geisteshaltung der Nazis entsprach. Sie hatten ihn als Gegner, als Mann ernst genommen. Mit der Aufforderung an seine Peiniger, noch ein viertes Mal, eine ‹Ehrenrunde› durch die Gasse mit den peitschenschwingenden SS-Leuten zu laufen, hatte er auch in dieser lebensbedrohlichen Situation Kraft und Überlegenheit des Schwachen demonstriert. Das hinterließ Eindruck. ‹Mensch, du gehörst doch zu uns›, schrien die Schläger.»[40]

Schulze-Boysen kam auf Grund der Bemühungen seiner Mutter frei. Sie bat den Polizeipräsidenten, Admiral Magnus von Levetzow, einen Marinekameraden ihres Mannes, um Hilfe. Sie erinnerte sich an die Wiederbegegnung mit dem Sohn: «Aber wie sah er aus! Leichenblass, mit tiefen schwarzen Schatten unter den Augen, das Haar mit der Gartenschere abgehackt, keinen Knopf mehr am Anzug. Sein Gesicht war sehr verändert. Ihm fehlte ein halbes Ohr, sein Antlitz war von rötlichen, kaum vernarbten Wunden gezeichnet.»[41] Schulze-Boysen sagte zu Ernst von Salomon, der für den *Gegner* schrieb: «Ich habe meine Rache auf Eis gelegt!»[42]

Im Februar 1933 versuchte Mildred Harnack, ihre Mutter wegen ihrer kürzlich erfolgten Reise nach Russland zu beruhigen. Weil sie befürchtete, Georgina habe in der amerikanischen Presse nur «Falschmeldungen» zu lesen bekommen, versprach sie ihr, sehr bald einige «echte Informationen» in englischer Sprache zu schicken. Im nächsten Brief, den sie im März schickte, zielte sie darauf ab, die Mutter zu beruhigen, während sie sie gleichzeitig zur Zurückhaltung aufforderte: «Unsere seltsamen Gedanken kennt hier keiner.

Wir sind politisch nicht aktiv. Wir leben in Sicherheit, es geht uns gut, wir sind glücklich. Wer interessiert sich schon für Akademiker, die in ihrer Ecke sitzen und über die Zukunft der Welt nachdenken? So mach dir also unseretwegen keine Sorgen. Und bleibe am besten ganz ruhig. Wenn jemand nach uns fragt, so antworte: Die Welt interessiert uns nicht unter politischen, sondern unter wissenschaftlichen Gesichtspunkten. Mehr brauchst du nicht zu sagen, du siehst also, wir sind harmlose und ruhige Leute.»[43]

Im März wurde ARPLAN aufgelöst, die Mitgliederlisten wurden vernichtet. Viele prominente Mitglieder, darunter führende deutsche Sowjetexperten, flohen ins Ausland. Der Vorsitzende von ARPLAN, Friedrich Lenz, wurde in Gießen scharf angegriffen, die örtliche SS schmähte ihn als «einen eng mit Moskau verbundenen Kommunisten und intensiven Agitator marxistischer Ideen. ‹Dieser Mann müsste von dem Lehrstuhl für Sozialwissenschaft und damit von Gießen überhaupt verschwinden.›» Sein Haus wurde überfallen und durchwühlt, seine Vorlesungen gestrichen. Im September wurde er «wegen politischer Unzuverlässigkeit [...] aus dem hessischen Staatsdienst entlassen».[44]

Wegen der Razzien der Gestapo war es gefährlich, schriftliches Material im Hause zu haben, das auf Sympathie für die Sowjetunion hindeutete. Arvid Harnacks Buch über die Sowjetunion, das fertig und vom Rowohlt Verlag bereits gesetzt war, wurde aus dem Programm genommen und die Druckvorlagen vernichtet.[45] Wie Martha Turner berichtete, lieferten die Harnacks, nachdem Hitler an die Macht gelangt war, ein weiteres Manuskript ab, das der Geistliche und seine Frau in den Räumen der *American Church* verstecken sollten. Es handelte sich hierbei um Arvid Harnacks zweites Buch über die marxistische Arbeiterbewegung in den Vereinigten Staaten. Das Werk bildete den Höhepunkt seiner Zusammenarbeit mit John R. Commons. Harnack hatte es in der Hoffnung verfasst, dadurch eine Professur zu erlangen. Die Pfarrersfrau erinnert sich: «Sie hatten große Angst. Die bloße Tatsache, dass sie uns das Manuskript anvertrauten, zeigt, wie vorsichtig sie waren. Wir hatten das Gefühl: Je weniger Worte wir darüber verlieren, umso besser.»

Zudem wurde die Kirchengemeinde sorgfältig bewacht. Wie sich Martha Turner erinnert, schickten die Nationalsozialisten zwei Spitzel in jeden Gottesdienst und in jede Veranstaltung. Amerikanische Gemeindemitglieder waren besorgt, weil sich ihre Kirche in deutsche politische Angelegenheiten einmischte. Die deutliche Sprache von Pfarrer Turner machte, so sein Nachfolger, «in einer überhitzten Situation einige nervös, während andere sie begrüßten». Obwohl Turner «Gewaltiges geleistet» hatte, war er in den Augen mancher «zu aktiv, zu stark sozial engagiert, zu prophetisch».[46] Er wurde in die Staaten zurückbeordert. Als das Ehepaar Turner 1934 wieder in Amerika eintraf, führte es Arvid Harnacks Manuskript mit sich.[47]

«Dicke Luft», so lautet der Ausdruck der Berliner für Situationen, in denen es klüger ist, sich möglichst bedeckt zu halten. Arvid Harnacks politische Überzeugungen waren in Berlin allzu gut bekannt, und im März verließen die Harnacks die Hauptstadt: «Heute sind wir in den Wäldern außerhalb Berlins, wo es ruhiger ist.»[48] Sie hielten sich in einem kleinen Landgasthof auf, Mildred widmete sich dem Schreiben. Arvid Harnack hatte seine Hoffnungen auf eine akademische Laufbahn aufgegeben. Er übernahm eine Stelle als juristischer Assistent von Klaus Bonhoeffer, dem Syndikus der Lufthansa. Gleichzeitig bereitete er sich auf die zweite Staatsprüfung vor, um in den höheren Staatsdienst eintreten zu können.

Am 1. April riefen NSDAP und Propagandaministerium zum Boykott aller jüdischen Geschäfte auf. Und am 7. April wurde das erste antisemitische Gesetz verkündet: das «Gesetz zur Wiederherstellung des Berufsbeamtentums» sollte per «Arierparagraph» Juden vom Beamtenberuf ausschließen. Es folgten Verordnungen, die beispielsweise die Tätigkeit jüdischer Ärzte und Rechtsanwälte einschränkten sowie die Zahl jüdischer Kinder begrenzten, die auf öffentlichen Schulen zugelassen werden sollten. In der Familie Harnack war das Verhalten der Großmutter von Dietrich und Klaus Bonhoeffer ein großes Thema. Die 91-jährige Julie Bonhoeffer, geborene Tafel, ließ sich auch an diesem 1. April – wie schon öfter in den letzten Wochen – nicht davon abhalten, die für den Boykott jüdischer Geschäfte aufgestellte Postenkette der SA zu durchschreiten, um in das fast leere KaDeWe zu gelangen. Dietrich und Klaus Bonhoeffer trafen mit einem amerikanischen Besucher zusammen, um zu besprechen, wie man Amerikaner authentisch über das Geschehen in Deutschland unterrichten könne, so Rabbi Stephen

Wise, Chefrabbi in den Vereinigten Staaten.[49] Dietrich Bonhoeffer, der jetzt an der Berliner Universität unterrichtete, begann einen Kreis aufzubauen, aus dem eine Widerstandsgruppe innerhalb des Protestantismus hervorgehen sollte: die Bekennende Kirche.

Jene Juden, die dazu in der Lage waren, bereiteten sich auf die Emigration vor. Mildred Harnacks Freund Samson Knoll bat sie um Hilfe für einen seiner Berliner Verwandten, einen Kürschner. Der Mann hatte einen jungen Geschäftspartner, Alfred Futran, dessen Vater ein kommunistischer Journalist gewesen war. Eines Tages tauchte Knoll auf und erklärte: «Sie haben Kontakte in Amerika, Futran muss verschwinden. Können Sie helfen?» Mildred hörte sich das zwar an, war aber ganz und gar nicht entgegenkommend: Sie könne nichts versprechen. Sie wisse nicht, was man da tun könne, werde aber mit jemandem von der amerikanischen Botschaft sprechen. Plötzlich war Futran verschwunden. Aber Knoll traf ihn ein paar Wochen später in Paris. Er hatte Deutschland verlassen können. Knoll äußerte die Vermutung, Mildred Harnack habe bei einem Freund, dem amerikanischen Botschaftsrat George Messersmith, interveniert. Das wäre dann die erste von ihren diskreten und zweckmäßigen Bemühungen zugunsten jener gewesen, die meinten, Deutschland um jeden Preis verlassen zu müssen.

In jenem Frühjahr erreichte die Gleichschaltung auch das Schulwesen. Wer politisch unzuverlässig oder nicht arischer Abstammung war, wurde zunächst auf Dauer beurlaubt. Mildred Harnack war voller Sorge, als die Osterferien verlängert wurden, während das Abendgymnasium versuchte, seine Zukunft zu sichern. Im April, als wie üblich die Abiturprüfungen am Abendgymnasium stattfanden, wurde die Hälfte der 24 Lehrer entlassen, darunter vier Pädagogen, die in der Regel die Prüfungen vorbereiteten und leiteten. Die «großen geschichtlichen Ereignisse» des Jahres 1933 hatten für die Schule ein neues Umfeld geschaffen, das der neue, angepasste Direktor als dynamische Zeit mit «unermesslichen Auswirkungen» bezeichnete. Mildred Harnack musste unablässig an Konferenzen teilnehmen. Es wurde eine Sektion des Nationalsozialistischen Studentenbundes gegründet, um die Studenten in die Ideologie des nationalsozialistischen Staates und der Partei einzubinden. Die Gründer des Abendgymnasiums wurden beschuldigt, «ausgesprochen liberal-demokratischen Zeitströmungen» verpflichtet gewesen zu sein, also einer «inzwischen verblassten Ideologie».[50]

In einem Brief an ihre Mutter im Mai bediente Mildred sich eines primitiven Schlüssels: Sie meinte einfach das Gegenteil von dem, was sie schrieb, um die Ereignisse in Russland zu preisen und jene in Deutschland zu verurteilen. Das Folgende ist ein Beispiel für die Verdrehungen, zu denen sie Zuflucht nahm, bis sie schließlich politische Bemerkungen ganz unterließ: «Gestern gab es hier eine gewaltige Demonstration zum 1. Mai. Es war wunderschön. Tausende und Abertausende Menschen marschierten in Reih und Glied, sangen und spielten auf den gewaltigen Straßen, die sternförmig von unserem Haus ausgehen ... In den Massen schlummert eine große Triebkraft, die geweckt werden kann ... Wie du weißt, habe ich geglaubt, dass diese Energie im Krieg richtig gesteuert worden ist, und ich glaube, diesmal wird sie in der gleichen Weise richtig gelenkt. Das gilt, wenn die Motive die richtigen sind ... Erinnerst du dich daran, was ich über die einsamen Menschen in ‹Winesburg, Ohio› gesagt habe – sie benötigen eine Gesellschaft, in der die Liebe freier ist, nicht von Angst und Selbstsucht behindert wird.»

Sie schreibt weiter, diese Liebe komme im «Klang marschierender Füße» zum Ausdruck, wenn sich ein ganzes Volk kollektiv «in Richtung Sonne» bewegt. Es seien jedoch «Perversionen wie heute in Russland» denkbar. Mildred Harnack verglich den verfälschten Patriotismus des nationalsozialistischen Deutschland mit dem, was sich 1917 in den Vereinigten Staaten ereignet hatte, und sie gelangte zu dem Schluss (wobei sie wieder das Gegenteil von dem schrieb, was sie meinte): «Hier und heute richtet es sich wie in unserem Lande 1917, wie ich gesagt habe, gegen die richtigen Leute, gegen die Juden, die Linksradikalen (besonders jene, die mit Russland in Verbindung stehen), gegen das Räderwerk; Gehorsam der Ehefrau gegenüber dem Gatten, Rückgewinnung der alten deutschen Kolonien, damit das Kapital expandieren kann. [...] Nun, das ist alles eine wunderbar ernste Angelegenheit – todernst sogar – und ich hoffe, es wird nicht erneut missbraucht werden! Denk darüber nach, ich möchte, dass du mich verstehst.»[51]

Am Abend des 10. Mai veranstalteten die Nationalsozialisten eine Bücherverbrennung auf dem Kaiser-Franz-Joseph-Platz (heute Bebel-Platz), unter den Linden, der dem Hauptgebäude der Universität gegenüberliegt und an die Staatsoper grenzt. Und nicht nur hier: Scheiterhaufen mit verfemter, «undeutscher» Literatur loderten in allen deutschen Universitätsstädten. Hunderte von Studenten, die wieder einmal die nun sattsam bekannten Fackeln trugen, marschierten die Linden hinunter. Goebbels, der die Berliner Aktion leitete, tönte über den «Unrat und Schmutz jüdischer Asphaltliteratur». Auf einem Holzstoß verbrannten Studenten 20 000 Bücher von Sigmund Freud, Karl Marx, Albert Einstein, Kurt Tucholsky, Erich Maria Remarque, Heinrich Heine, Thomas und Heinrich Mann und zahlreichen anderen Autoren «undeutschen» Geistes. Professoren der Universität, darunter einige in vollem Ornat, sahen sich das gewaltige Feuer auf dem Opernplatz an. Der Verband Deutscher Studenten hatte die Aktion initiiert, die von vielen Lehrenden an der Hochschule unterstützt wurde, darunter Mildred Harnacks frühere Kollegen.[52]

Im Juni trat sie in den Nationalsozialistischen Lehrerbund ein, einer der ersten von vielen Kompromissen, zu denen sich die Harnacks gezwungen sahen. Am 29. Juni stand der Leiter des Abendgymnasiums vor der Hakenkreuzfahne und sprach von «neuen Rekruten [...] als willkommener Ersatz für die geschwächte Truppe». Die Nationalsozialisten wüssten, dass «die Schule der Ort ist, wo die nationale und soziale Zukunft des deutschen Volkes allein entscheidend zu bilden ist. In dieser Erkenntnis haben sie entschlossen und wuchtig ihre Hand auf alle Stätten gelegt, wo irgend deutsche Zukunft geformt werden soll.»[53]

9

# Die Gastgeberin

Heinrich-Maria Ledig-Rowohlt, Martha Dodd, Mildred und Hans Fallada

Der Leser wird sich möglicherweise an Martha Dodd erinnern, sie tauchte in den geheimdienstlichen Dossiers über Mildred Harnack auf als eine der Gastgeberinnen der «heute legendären Teegesellschaften, die in den dreißiger Jahren so große gesellschaftliche Ereignisse waren». Als ich auf Martha Dodd gestoßen war, ergab sich bei meiner Arbeit über Mildred Harnack eine plötzliche Wendung. Ich hoffe, der Leser wird mir eine lange Abschweifung verzeihen, denn die Geschichte der Freundschaft zwischen Martha Dodd und Mildred Harnack verdient es, in einem besonderen Kapitel behandelt zu werden.

Die Szene spielt am 30. Oktober 1941 in Hitlers ostpreußischem Hauptquartier Wolfsschanze. Der «Führer» speist mit dem Leiter der Parteikanzlei, Martin Bormann. Außerdem sind anwesend: Walter Hewel, Vertreter des Auswärtigen Amtes bei Hitler, Generalfeldmarschall Wilhelm Keitel, schließlich Vizeadmiral Karl Jesko von Puttkamer, Hitlers Marineadjutant. Thema sind Hitlers Vorstellungen von einem zeitgemäßen auswärtigen Dienst, in dem es ein halbes Dutzend Attachés geben muss, die imstande sind, einflussreiche Frauen zu verführen.

Hitler legt los: «‹Es ist unglaublich, dass es in diesem Ministerium keinen gab, der seine Hände auf die Tochter des früheren amerikanischen Botschafters Dodd legen konnte – an die war doch wirklich leicht ranzukommen. Das war ihre Pflicht, und sie hätten sie erfüllen sollen. Das Mädchen hätte sich doch sehr schnell erobern lassen. Aber das geschah leider durch andere. Und das ist doch keineswegs überraschend: Wie hätten sich diese senilen alten Männer aus der Wilhelmstraße im Heer verhalten? Es gibt nur eine Methode. Wenn wir früher einen Industriellen belagern wollten, haben wir ihn durch seine Kinder angegriffen. Der alte Dodd hatte nicht mehr alle Tassen im Schrank, wir hätten ihn durch seine Tochter gekriegt. Aber was kann man von unseren Diplomaten schon erwarten.›

Keitel stellte die Frage: ‹War sie wenigstens hübsch?›

Von Puttkamer antwortete: ‹Hässlich!›

Hitler fuhr dann fort: ‹Mein Lieber, da muss man drüberstehen. Das gehört zu den Grundvoraussetzungen. Sonst müsste ich die Frage stellen, wofür diese Diplomaten eigentlich bezahlt werden. Dann wäre die Diplomatie ja kein Dienst mehr, sondern ein Vergnügen. Und das würde mit einer Heirat enden!›»[1]

Die nächste Szene spielt im Archiv der *New York Times* vor einem Häufchen vergammelter Zeitungsausschnitte. Der erste Artikel stammt aus dem Jahr 1979. Auf einem Foto ist ein Ehepaar zu sehen, das als Mr. und Mrs. Alfred Stern bezeichnet wird. Die Frau, eine Person in den Sechzigern, ist die Tochter des umstrittenen amerikanischen Botschafters in Berlin William E. Dodd; bei dem Mann, der älter ist, handelt es sich um den Millionär Alfred Stern. Das Justizministerium der Vereinigten Staaten hat gerade Spionagevorwürfe zurückgenommen, die gegen das Paar erhoben worden sind. Auf dem nächsten Zeitungsausschnitt hellen die Blitzlichter der Fotografen das schlechte Licht bei einer Pressekonferenz im Jahr 1957 auf.

Die Sterns sind gerade, von Mexiko kommend, in Prag eingetroffen, ihr neunjähriger Sohn Robert ist bei ihnen; sie reisen mit paraguayischen Pässen. Auf diese Weise sind sie der Ausweisung in die Vereinigten Staaten entgangen, wo sie sich in drei Fällen wegen Spionage vor Gericht hätten verantworten müssen; die Höchststrafe dafür wäre der Tod gewesen. Wie sie versichern, sind sie sehr glücklich, Sicherheit vor den Spähaugen des FBI gefunden zu haben. Der Artikel schildert Martha Stern als «eine fröhliche, lebhafte und immer noch sehr attraktive Frau, die einst eine große Zukunft vor sich hatte, nun aber», so die Meinung des Reporters, «nur noch eine Vergangenheit besitzt».[2] Während sie vom Justizministerium im Zusammenhang mit dem Spionagefall Sobel gesucht wurden, der damals eine ziemliche Sensation darstellte, sind die Sterns in die kommunistische Tschechoslowakei geflohen. Zur gleichen Zeit sagt Sterns früherer Geschäftspartner Boris Morros, ein russischer Spion, der zum Informanten des FBI wurde, vor einem Bundesgeschworenengericht aus und macht deutlich, dass die Sterns Mitglieder eines Spionagenetzwerks der Sowjets seien.

In einer anderen Gruppe von Fotos befindet sich eine Aufnahme aus dem Jahr 1948. Man sieht Martha Dodd, wie sie für Spendengelder für die Wahlkampagne von Henry Wallace wirbt, den früheren Vizepräsidenten unter Franklin D. Roosevelt, der nun Präsidentschaftskandidat der Progressive Party ist. Auf weiteren Bildern sind die Sterns gemeinsam mit anderen prominenten Vertretern der Linken in der Nachkriegszeit zu sehen; dabei handelt es sich um Lillian Hellman und Paul Robeson. Schließlich sehen wir sie in strahlendem Glanz in Hollywood neben dem Produzenten Otto Preminger, wohin sie gereist ist, um einen Film auf der Grundlage ihrer Erinnerungen an das nationalsozialistische Deutschland zu drehen, die unter dem Titel «Through Embassy Eyes» zum Bestseller geworden sind. Auf den letzten Fotos ist Miss Dodd im Berlin der dreißiger Jahre zu entdecken: Hier macht sie es sich zusammen mit ihren Eltern vor dem Kamin in der Residenz des Botschafters gemütlich; dort tanzt sie mit dem preußischen Prinzen Louis Ferdinand; schließlich begrüßt sie Joseph Goebbels; am Ende bezaubert sie auf dem Ball der Auslandspresse die amerikanischen Korrespondenten William Shirer und Louis Lochner.

*Im Oktober 1989 hält sich die Autorin dieses Buches im Hotel Alcron in Prag auf, weil sie hofft, mit der nunmehr verwitweten Mrs. Alfred Stern zusammentreffen zu können. Das spielt sich kurz vor der «samtenen Revolution» ab, die das kommunistische Regime in der Tschechoslowakei zu Fall bringen wird. Man erlebt gerade die berauschenden Tage von Glasnost. Im Laufe des Sommers sind Tausende von Ostdeutschen durch Ungarn in den Westen geflohen. Erich Honecker hat die Tschechoslowaken dazu bringen können, ihre Grenze zu Ungarn zu schließen. Daraufhin sind Hunderte von enttäuschten Ostdeutschen über die Mauern der westdeutschen Botschaft am Fuße des Hradschin in Prag geklettert. Sie hoffen, Visa zu erhalten, mit denen sie in den Westen gelangen können.*

*Die Stimme am Telefon klingt sanft, wie in den Südstaaten üblich, hier erweist sich, dass Martha Dodd aus Virginia stammt. «Nein», sagt sie mit Nachdruck, ich könne sie auf keinen Fall sehen. Ich flehe sie an. Im Laufe der nächsten paar Tage rufe ich sie noch mehrmals an. Sie ist «zu krank», «zu müde», und schließlich «will sie einfach nicht mehr über die längst vergangenen alten Zeiten in Berlin sprechen».*

*Sie berichtet mir allerdings, dass sie Mildred Harnack am Lehrter Bahnhof in Berlin kennen gelernt habe; «mit dem* American Women's Club*; sie war dort Mitglied. Sie empfingen uns, als wir in Berlin ankamen. Mein*

*Vater traf gerade ein, um seinen Posten als Botschafter anzutreten. Bei der Gelegenheit muss ich ihr begegnet sein.»*

*Ein Rätsel gibt es, das sie mir vielleicht erklären kann. Mildred Harnack und Martha Dodd verfassten gemeinsam eine Zeitungskolumne. Das geschah unter dem Autorennamen Wesley Repor. Ich frage sie daher, wer denn Wesley Repor gewesen sei.*

*Die Antwort lautet: «Ich war Wesley Repor. Ich habe das Pseudonym benutzt. Mildred schrieb unter ihrem eigenen Namen.»*

*Dann frage ich sie, ob sie noch irgendwelche Briefe von Mildred Harnack besitzt. Das bejaht sie. Aber die hat sie allesamt in die DDR geschickt. Ich würde sie dort finden können. Dann möchte ich gern den Aufbewahrungsort wissen. Daran kann sie sich nicht erinnern.*[3]

*«Wie haben Sie denn erfahren, was mit den Harnacks passiert ist?», wage ich zu fragen.*

*«Nach dem Krieg habe ich einiges darüber gehört. Ich habe wohl auch einen Brief erhalten. […] Aber ich weiß das nicht so genau, über die Rote Kapelle weiß ich gar nichts.» Diese kategorische Feststellung ist eine Enttäuschung, die aber nicht unerwartet kommt.*

*In diesen von Spannung geprägten letzten Tagen vor dem Zusammenbruch des Kommunismus führt jedes Knistern in der Leitung dazu, meine Paranoia zu steigern – möglicherweise werden die Telefonleitungen angezapft, die vom Hotel Alcron unter der Moldau hindurch zu der Villa von Martha Dodd Stern führen, die in einem Vorort liegt.*

*Im Sommer 1990 rufe ich erneut Martha Dodd Stern an, diesmal von Berlin aus. Eine gute Freundin der Botschaftertochter hat meinen Anruf schriftlich angekündigt. Vielleicht hat sich die Atmosphäre mit dem Ende des Kalten Kriegs so sehr verändert, dass sie nun bereit ist, mich zu sehen. Die Antwort lautet wieder «Nein». Sie sei sich ganz sicher, dass sie nicht mit mir zusammen treffen wolle, aber sie erklärt sich bereit, auf Fragen zu antworten, die ich schriftlich formulieren solle.*

*Nachdem ich in meine amerikanische Heimat zurückgekehrt bin, stelle ich eine lange Liste von Fragen zusammen. Aber bevor ich sie abschicken kann, lese ich in der* New York Times *vom 29. August 1990 die Überschrift eines Nachrufes: «Martha Dodd Stern ist im Alter von 82 Jahren verstorben; sie war Schriftstellerin und eine angebliche Spionin für die Sowjets.»*

*Gleichwohl hat ihr Tod ganz unerwartete Konsequenzen: Dreißig Bände ihrer FBI-Akten, die insgesamt über zehntausend Seiten umfassen, werden freigegeben. Sie bestätigen den Verdacht dieser Behörde, dass die Sterns den Musikverlag von Boris Morros mit 130 000 Dollar unterstützt haben. Dieses Unternehmen, so behauptete der Eigentümer, war nur eine Tarnung, die von den Russen als Kurierorganisation benutzt wurde, um Geheimnisse aus Amerika in die Sowjetunion weiterzuleiten. Die Einschränkungen der Benutzung von persönlichen Papieren der Familie Dodd in der Kongressbibliothek, die ihre Jahre in Berlin betreffen, sind ebenfalls aufgehoben worden. Ich rufe Dodds Nachlassverwalterin in Prag an, frage sie, ob sie sich entsinne, je irgendwelche Unterlagen über Mildred Harnack gesehen zu haben. Durch einen glücklichen Zufall erinnert sie sich, ja tatsächlich, es sind zwei Berichte archiviert worden. Sie verspricht, sie zu schicken. Das erste Dokument, so stellt sich heraus, ist der Anfang von Aufzeichnungen über Mildred Harnack, das zweite Papier enthält Rückblicke auf eine längst vergangene Affäre Marthas mit einem russischen Diplomaten.*

*Martha Dodd beginnt ihre Erinnerungen an Mildred Harnack mit den Worten: «Die Jahre, da wir einander nahe waren, waren die bedeutsamsten meines Lebens. Unsere Arbeit, unsere Erfahrungen in jenen tapferen und tragischen Jahren voller Erfüllungen und Enttäuschungen sind eng miteinander verwoben. Alles, worüber wir uns Gedanken machten, was wir liebten, was wir hassten, wofür wir kämpften, teilten wir miteinander. Wir, alle von uns, mein Ehemann, waren von 1933 bis 1943 im deutschen Untergrund tätig. Ich bin die Einzige, die übrig geblieben ist.»*[4]

Am 13. Juli 1933 versammelten sich Mildred Harnack und andere Mitglieder des *American Women's Club* auf einem Bahnsteig des Lehrter Bahnhofs. Sie warteten auf die Ankunft des Botschafters William E. Dodd und seiner Familie. Auf den Fotos in den Zeitungen sind die Eltern Dodd ohne ihren Sohn Bill zu sehen; er kam mit dem Chevrolet der Familie aus Hamburg. Sie machten einen schüchternen und beklommenen Eindruck. Martha Dodd wirkte ganz offen – jung, frisch, voller Selbstvertrauen –, elegant, in dunkler Reisekleidung, den Hut keck und etwas schief aufgesetzt.

Als sie 24 Jahre alt war, gab es um Martha Dodd bereits ein «dunkles Geheimnis». Sie hatte ihren Ehemann, einen Bankier aus New York, im Stich gelassen. Außerdem hatte sie daheim einen stattlichen Fanclub hinter sich gelassen, bestehend aus dem Verleger Alfred Harcourt, dem Professor und engagierten Linksliberalen

Robert Morss Lovett sowie den Schriftstellern Carl Sandburg und Thornton Wilder.[5] Als einzige Tochter William Dodds war Martha entschlossen, Berlin zu erobern – was sie auch tat. Was Alma Mahler-Gropius-Werfel in ihrem Streben nach berühmten Männern im weltläufigen Wien leistete, das würde Martha in jenen entsetzlichen Zeiten in Berlin vollbringen. Sehr bald sollten sich der Hochadel, die Presse, Angehörige des diplomatischen Corps und die Mitarbeiter von drei Geheimdiensten um ihre edel beschuhten Füße tummeln.

In einem Brief, den sie persönlich an den Hollywood-Magnaten Otto Preminger schrieb, schildert sich Martha Dodd als «attraktiv, blond, stolz, romantisch und lebhaft, sie hat gerade das College verlassen».[6] Ihre Mitschülerin und lebenslange Freundin Letitia Ide Ratner hat Martha Dodd so in Erinnerung: «Sie ist ein Typ wie Scarlett O'Hara ... – ein bezauberndes Wesen, wonnig und blond, mit leuchtenden blauen Augen und heller, ausgesprochen zarter Haut.»[7] Martha war intelligent und begabt. Sie war aber auch impulsiv und indiskret und sollte den geradezu byronschen Ruf erlangen, sie sei verrückt und verdorben und es sei gefährlich, mit ihr bekannt zu sein. Als sie mit dem Wagen der Botschaft Berliner Sehenswürdigkeiten besichtigte und durch den Tiergarten fuhr, gab sie ihre erste Taktlosigkeit von sich, der noch viele weitere folgen sollten. Als sie den Reichstag passierte, der wenige Wochen zuvor teilweise ausgebrannt war, platzte es aus ihr heraus: «Ach, ich dachte, er wäre abgebrannt! Er sieht doch noch ganz ordentlich aus! Was ist hier überhaupt passiert?» Der junge Protokollbeamte ermahnte sie, zurückhaltender zu sein, und gab ihr einen Rat, den sie nur allzu selten befolgen sollte: «Meine junge Dame, lernen Sie, sich so zu verhalten, dass man Sie wohl sieht, aber nicht hört. Wir sind nicht in Amerika, hier darf man nicht alles sagen, was man denkt.»[8]

Die Gepflogenheit, alles auszusprechen, was ihr gerade in den Sinn kam, war in der Familie Dodd stark verbreitet. Sie sollte den Botschafter und seine beiden unheilbar geschwätzigen Kinder noch in Situationen bringen, die für das amerikanische Außenministerium peinlich waren. Dodd war in jedem Sinne ein Demokrat. Er stand in der Tradition von Präsident Thomas Jefferson. Außerdem war er ein namhafter Historiker und Professor an der Universität Chicago. Doch stellte Berlin im Jahr 1933 einen schwierigen und delikaten Posten dar, der zu Dodds freimütigem Temperament wenig passte. Dodd besaß Mut, hatte aber wenig Verständnis für die Stammessitten der Diplomaten, und es fehlte ihm an Takt, was ein ganz entscheidender Mangel war. Seine spontanen Gesten – wenn er etwa Hitler, aber auch den amerikanischen Generalkonsul George Messersmith auf der Straße mit «Heil» begrüßte – machten seine Mitarbeiter geradezu krank.[9]

Der Botschafter war ein Selfmademan und fest entschlossen, von seinem Jahresgehalt zu leben, das 17 500 Dollar betrug. Daher hatte er für das Protokoll nur Geringschätzung übrig. Seine demokratischen Neigungen hatten zur Folge, dass er in den meisten Fällen Aufwand verabscheute. Seinen Stellvertreter, Botschaftsrat George Gordon, machte er sich sogleich zum Feind. Wenige Wochen nach seiner Ankunft begann Dodd damit, Gordons Ausgabefreudigkeit in Briefen in die Heimat zu kritisieren. (Wenn sie ganz unter sich waren, nannten die Dodds das amerikanische Außenministerium, das *State Department,* das «$ Department».)[10]

Auch die Botschaften anderer Staaten wurden von dem Gestichel nicht ausgenommen. In Dodds posthum veröffentlichten Tagebüchern finden sich viele missbilligende Hinweise auf Extravaganzen der Vertreter Italiens und Frankreichs, deren Regierungen mit der Begleichung von Kriegsschulden an die Vereinigten Staaten im Rückstand waren. Selbst die Vertreter der «Arbeiterklasse» aus der Sowjetunion wurden kritisiert, denn bei festlichen Dinners in ihrer Botschaft Unter den Linden wurde das Essen auf Silbertellern serviert.[11] Dodd lernte nie zu begreifen, dass schwierige politische und wirtschaftliche Probleme sich leichter an einer weiß gedeckten Tafel als am diplomatischen «grünen Tisch» lösen ließen. Dodd, der bei offiziellen Anlässen leicht einschlief oder sich früh verabschiedete, scheint bei solchen Gelegenheiten kaum Informationen gesammelt zu haben. Stattdessen bekam er von Bekannten unter den Professoren und von Freunden, die für die Presse arbeiteten, Neuigkeiten mitgeteilt.

Die Geschwister Martha und Bill fanden die Mitarbeiter der Botschaft ebenfalls geisttötend, und sie «freundeten sich bald mit Zeitungsleuten und einigen herumlungernden Grafen und Fürsten an», wie Martha es formulierte.[12] Als Gastgeber nächtelanger Partys wurden Martha und Bill Dodd schon bald nach ihrer Ankunft zum

Mittelpunkt einer sehr trinkfreudigen, internationalen Clique, die immer schneller in Schwung kam. Der Botschafter, der persönlich auffallend bescheiden und gewissenhaft war (er war stolz auf seine Fähigkeit, einen Empfang für zweihundert Leute zu veranstalten und bei dieser Gelegenheit nur eine Flasche Gin bereitzuhalten), betrachtete die Exzesse seiner Kinder teils mit Nachsicht, teils mit Gleichgültigkeit. Da Antipathie und Argwohn auf Gegenseitigkeit beruhten, berichteten die Mitarbeiter von Botschaft und Konsulat schon bald über die Eskapaden von Dodds Sprösslingen nach Hause.

Selbstverständlich begrüßten die Harnacks den amerikanischen New Deal, der so vielen unter den *Friday Niters* aus Wisconsin bedeutende Aufgaben in der Washingtoner Administration verschaffte, und sie hießen auch den neuen Botschafter willkommen. Wie viele Deutsche seiner Kreise misstraute Arvid Harnack den Franzosen und Briten aus Enttäuschung über «Versailles», aber seine Bewunderung für die Vereinigten Staaten und Präsident Roosevelt blieb stets unerschütterlich. Botschafter Dodd, der von seinen Mitarbeitern getadelt wurde, weil er lieber mit Akademikern als mit Diplomaten Umgang pflegte, fühlte sich sogleich zu dem Ehepaar hingezogen, das den prominenten Namen Harnack trug.

Am 18. August 1933 berichtet Dodd in seinem Tagebuch: «Vierzig Vertreterinnen des *American Women's Club* in Berlin machten ihre Aufwartung. Mr. Gordon erstattete einen kurzen Bericht über die Lage im nationalsozialistischen Deutschland.»[13]

Möglicherweise begann die Freundschaft zwischen Martha Dodd und Mildred Harnack bei diesem Empfang.

Martha Dodd berichtet in ihren Erinnerungen an Mildred Harnack:

> Ich habe mich ernsthaft, aber ohne Erfolg bemüht, mir die genauen Einzelheiten unserer ersten Begegnung ins Gedächtnis zu rufen: den Ort, den Zeitpunkt, was sie sagte oder tat. Wichtig aber ist, dass ihr klares, starkes Gesicht, ihre schöne Stimme und ihre höchst tiefgründigen Ausführungen, die so eng mit jenen tapferen, tragischen Tagen verknüpft sind, zu einem untrennba-

ren Bestandteil meines eigenen Lebens und Wachsens wurden, sie beschwören Erinnerungen herauf, die zugleich traurig und stark machen. [...] Ich fühlte mich sogleich zu ihr hingezogen. Ich habe in Deutschland keine andere Frau näher kennen gelernt, die so viel Ernsthaftigkeit und Zielstrebigkeit besaß. [...] Ehe ich ihre Bekanntschaft machte, habe ich die häufig und oft oberflächlich benutzten Begriffe Zartheit und Stärke nie ganz verstanden. Sie sprach bedächtig und gab niemals vorschnell irgendwelche Meinungen von sich; sie konnte in Ruhe zuhören, mit ihren ernsthaften, großen graublauen (strengen, aber warmen) Augen, konnte abwägen, bewerten, versuchen zu verstehen. Sie war niemals leichtfertig, niemals auf Kosten anderer ironisch, niemals unbesonnen oder voreingenommen. Ihre Worte waren bedacht, überzeugend, von einer unaufdringlichen, aber unbestreitbaren Logik geprägt.[14]

Mildred Harnack war umgekehrt auch von Martha Dodd fasziniert. Bald schon schrieb sie ihrer Mutter über die Tochter des Botschafters: «Sie verfasst Literaturkritiken und Kurzgeschichten; im Grunde ist sie klarsichtig und begabt und besitzt wirklich den Willen, die Welt zu verstehen. Daher berühren sich unsere Interessen, und wir versuchen, in einem gewissen Maße zusammenzuarbeiten ... Ich bin sehr glücklich darüber, eine Frau kennen gelernt zu haben, die ernsthaft am Schreiben interessiert ist. Es ist keineswegs von Vorteil, bei der Arbeit allein und isoliert zu sein. Ideen regen Ideen an und Liebe zum Schreiben ist ansteckend ... Jetzt, da ich diese Anregung besitze, habe ich Lust, intensiv zu arbeiten.»[15]

Nachdem sie ihr College aus Langeweile verlassen hatte, hatte Martha Dodd damit begonnen, Buchkritiken für die *Chicago Tribune* zu schreiben. Ihr Mentor Carl Sandburg, der vermutlich auch ihr Liebhaber war, drängte sie, sich literarisch zu betätigen. Sie solle sich «viele Notizen in jedem beliebigen Stil machen, was entbehrlich ist, kann man später leicht rausschmeißen, auch das Schreiben kurzer Artikel ist von praktischem Wert ... Sie solle auf jeden Anlass eingehen, kurze Dinge schreiben, Eindrücke festhalten, sie habe ein Talent, überraschend poetische Sätze zu formulieren.» Er forderte sie dringlich auf «herauszufinden, aus welchem Stoff dieser Hitler gemacht ist, was ihn bewegt, was sein Innerstes ausmacht». Er kündigte ihr an: «Vor deinen Augen wird eine lange Reihe von Gaunern und Gangstern, Idealisten, Staatsmännern, Kriminellen, Diplomaten und Genies vorbeiziehen … Beobachte sie genau, analysiere sie.»[16]

Thornton Wilder, der Martha «mein Mädel» nannte und dessen Bild sie in einem Medaillon bei sich trug, empfahl ihr ebenfalls, in einem Tagebuch festzuhalten, «wie die Dinge gegenwärtig erscheinen – die Gerüchte und die Meinungen von Menschen in einer stark politisierten Zeit … solch ein Tagebuch wäre in fünf, zehn, fünfundzwanzig Jahren für dich von lebhaftestem Interesse und – ach Gott – auch für mich.» Er warnte sie davor, sich journalistisch zu betätigen: «Ich glaube – wenn ich mir die Bemerkung erlauben darf – nicht, dass du dich auf journalistische Arbeit einlassen solltest. Weniger wegen der möglicherweise schockierenden Wirkung auf das Publikum, egal, ob es nun unter deinem eigenen Namen veröffentlicht wird oder sonstwie herauskommt.» Vor allem aber erhob Wilder den Einwand: «Bei dieser Lohnschreiberei würden deine eignen Geschichten zu sehr unter die Räder kommen.»[17]

Trotz dieser Mahnungen hört man von Martha Dodd zwei Monate später in einem Brief an Wilder: «Mrs. Harnack-Fish und ich werden gemeinsam alle vierzehn Tage eine Spalte mit Rezensionen in *Berlin Topics* schreiben, das ist hier das einzige Blatt in englischer Sprache. Es ist lausig. Wir werden es möglicherweise schaffen, in der hiesigen Kolonie der Englischsprechenden eine kleine Gruppe aufzubauen. Ich meine von Gefolgsleuten. Es werden Menschen zusammenkommen, die Bücher und Autoren mögen. Und auf diese Weise bekämen wir auch die Bücher. Ich kümmere mich in diesem Sinne um Alfred Harcourt, den Verleger. Er hat mir Werke von Gertrude Stein geschickt. Ist das nicht großartig?»[18]

Die nicht sehr langlebige Kolumne «Kurzrezensionen» in *Berlin Topics* begann mit der Besprechung von zwei Büchern von John Hampson, «Saturday Night at the Greyhound» und «O Providence». Der Autor war ein Krankenpfleger, der in London einen sensationellen literarischen Erfolg hatte. Diese Nebenfigur der Bloomsbury-Gruppe hatte kurz zuvor vor dem *American Women's Club* gesprochen. Mildred Harnacks Geschmack richtete sich auf proletarische Autoren wie Albert Halper, den Verfasser von «Union

Square»; Martha Dodd, die sich des Pseudonyms Wesley Repor bediente, zog die literarischen Experimente einer Kay Boyle vor.[19]

Für Martha Dodd war diese kleine Rezensionsecke kein Ersatz für das Schreiben von Kurzgeschichten, das sie, von Mildred Harnack ermutigt, fortsetzte. Martha Dodd war eine stilsichere, aber undisziplinierte Autorin, die die Nacht zum Tag machte. Mildred drängte Martha, sie solle «schreiben, schreiben, schreiben».[20] Zu diesem Zweck schlug sie einen Arbeitsurlaub im Haus von Freunden an einem See in der Nähe von Biesow in Brandenburg (nordöstlich von Berlin) vor. Dort könnten sie ganz allein sein. Mildred Harnack beschrieb das kleine Gut, auf dem sie und ihr Mann manchmal ihre Wochenenden verbrachten: Es sei «sehr einfach», die stillen Zimmer seien geräumig «wie in einem ländlichen Schloss» oder in einem «Jagdhaus der Goethezeit».[21] Sie schlug Martha Dodd vor, Schreibmaschinen mitzunehmen und die Kosten zu teilen: «Isst du immer noch gern deutsches Beefsteak? Trinkst du gern Bier aus alten Krügen an einem großen, gescheuerten Tisch mit Aufschnitt oder Frankfurtern und Blumen aus dem Garten und Kerzenlicht von alten Messingleuchtern? Trinkst du den Tee gern draußen unter den Obstbäumen?»[22]

Für Mildred Harnack bedeutete diese Kolumne eine Ergänzung zu ihren populären Vorträgen über amerikanische Autoren der Gegenwart, die sie bereits vor amerikanischen Foren wie dem *Longfellow Club* und dem *American Women's Club* hielt. Sie hatte viel Freude an diesen Referaten, weil sie ihr wenig Mühe bereiteten; nun las sie mit einer «neuen Intensität und Hurtigkeit» Bücher. Der Stil ihrer Prosa wandelte sich ebenfalls, wurde «einfacher und klarer», was «ein Segen» ist, wie sie dazu schreibt.[23] Mildred Harnack, die weniger vielseitig begabt war und nicht über Martha Dodds sichere Stimme verfügte, besaß dank Arvids Ansporn viel Erfahrung darin, mit ihrer Zeit gut hauszuhalten. Sie vertraute Martha Dodd an, dass sie sich dem «kreativen Schreiben» widmen wolle, sie habe das Empfinden, «die Reichhaltigkeit des Lebens in den letzten paar Jahren sollte, wie du sagst, das Material dafür sein». Sie zeigte Martha Dodd die Notizen und literarischen Skizzen, die sie über «das allerschönste Jahr» ihres Lebens in Wisconsin geschrieben hatte. Und schließlich fügte sie hinzu: «Arvid sagt, wir werden das für unsere Enkel aufbewahren.»[24] Martha Dodds Kritik, so versichert sie der Freundin, sei für sie hilfreich: «Sie macht eine Begabung deutlich, die in dir steckt. Ich werde das ändern, was dir nicht gefällt, und dann werde ich das Ganze, wie du mir geraten hast, an deine literarische Agentin schicken ... Kannst du mir ihren Namen und ihre Adresse mitteilen?»[25]

Mildred scheint sich zu jener Zeit häufig mit dem Gedanken an eigene Kinder beschäftigt zu haben. Es gibt Hinweise, dass sie damals eine Abtreibung vornehmen ließ, die erste von mehreren schmerzlichen Erfahrungen. In der Weimarer Republik war Abtreibung für Frauen und etwaige Mittäter mit Gefängnisstrafe bedroht. Ab Mai 1933 wurden diese Bestimmungen noch verschärft.[26]

Als Mildred Harnack im Sommer 1933 eine geheimnisvolle Reise nach England unternahm, schickte ihre Mutter einen Scheck über den damals beträchtlichen Betrag von 56 Dollar an einen britischen Arzt. Mildred bedankte sich bei ihrer Mutter: «Ich bin dir dankbar für das, was du nach England geschickt hast. Es ist alles in Ordnung. Unnötig, Worte darüber zu verlieren. Bitte, schreibe nichts mehr zu diesem Thema.»[27] Die prekäre Finanzlage der Harnacks, ihre Abhängigkeit von Mildreds Einkommen als Lehrerin und ihre Zweifel hinsichtlich ihrer Zukunftsaussichten in Hitlers Reich trugen sicher dazu bei, dass die Eheleute vorläufig auf Kinder verzichteten.

Mildred Harnack und Martha Dodd führten viele vertrauliche Gespräche miteinander. Über eines hat Mildred Harnack ihrer Mutter berichtet. Dabei charakterisiert sie ihre Zuneigung zu Arvid und ihre Abhängigkeit von ihm: «Wir [Martha und Mildred] haben erkannt, dass es im Leben persönliche Begegnungen gibt, die zwar höchst wertvoll sind, aber die eigene Kreativität schädigen: So war es bei mir mit Harry [Turney-High]; aber es gibt andere, die fördern und stärken die eigene Fähigkeit, mit dem Leben fertig zu werden und die Welt besser zu verstehen: So war es und ist es immer noch mit meinem geliebten Arvid.»[28]

Während ihrer Jahre im nationalsozialistischen Deutschland war Mildred Harnack ein aktives und prominentes Mitglied des *American Women's Club,* zeitweise war sie sogar dessen Vorsitzende. Es gab nur wenige Gruppierungen, die so geschäftig waren wie dieser Klub, der in komfortablen Räumen in der Nähe des amerikanischen Konsulats in der Bellevuestraße untergebracht war. Zu seinen besten Zeiten, im Jahre 1930, hatte er mehr als zweihundert Mitglieder.

Inzwischen ist es Mode geworden, derartige Klubs als elitär oder – noch abschätziger – als albern anzusehen. Die Modenschauen, Konzerte, Vorträge, Bridgerunden und Tees, die das Leben der Klubdamen prägten, mögen Feministinnen von heute als müßiggängerisch erscheinen. Aber der Berliner Klub beschäftigte sich auch mit durchaus ernst zu nehmenden Angelegenheiten. In seinen ersten Jahren, vor dem Aufstieg Hitlers, existierte ein Ausschuss zur Förderung des Friedens. Dieser unternahm «einen ernsthaften Versuch, die Hintergründe der gegenwärtigen schwierigen Lage insbesondere des deutschen Volkes aufzudecken und das Publikum in der Heimat darauf aufmerksam zu machen».[29] Im Jahre 1934 war es allerdings so weit, dass die Hauptaufgabe des Klubs darin bestand, die immer stärker isolierten Auslandsamerikaner zusammen- und in Kontakt mit ihrer eigenen Kultur zu halten. Als später mehr und mehr Amerikaner Deutschland verließen, spielte der Klub in Mildred Harnacks Leben eine wichtige und stärkende Rolle. Und als sie schließlich wegen ihrer Arbeit im Widerstand immer mehr in Gefahr und Isolation geriet, bot ihr der *American Women's Club* eine Zuflucht und eine Tarnung für ihre Aktivitäten.

Wenn Mildred Harnack hier einen Vortrag hielt, zahlten die Mitglieder für Lunch und Referat nur 1,50 Mark. Entsprechend gering blieben daher Mildreds zusätzliche Einnahmen neben dem bescheidenen Gehalt, das sie am Abendgymnasium erhielt. So schrieb sie an ihre Mutter: «Wohl niemals bin ich derart ununterbrochen beschäftigt gewesen, hatte so viele Interessen, habe so viele interessante Menschen getroffen … Es gibt nur ein Problem – und das ist ein großes Problem –, im Augenblick werde ich für all diese Tätigkeiten praktisch überhaupt nicht bezahlt.» Da geistige Arbeit in Deutschland einen so hohen Rang hatte, war das Angebot auf diesem Gebiet so groß, dass «der Marktpreis außerordentlich niedrig lag».[30] «Bitte entschuldige, dass ich das erwähne, aber ich frage mich, ob nicht jemand in der Familie irgendwelche überflüssigen Kleidungsstücke besitzt, die ich für mich umarbeiten lassen könnte.»[31] Sie hatte ihr äußeres Erscheinungsbild vernachlässigt und fühlte sich benachteiligt, weil sie sich keine neue Kleidung leisten konnte. Sie merkte durchaus, dass die Frauen im Klub ein wenig «scheel» auf sie blickten.[32] Sie versichert der Mutter, dass sie und ihr Mann glücklich seien, und sie fügt hinzu, dass sie einiges Geld nebenbei verdient, indem sie ein Manuskript von Botschafter Dodd über die Geschichte amerikanischer Südstaaten tippt.[33]

Seit ihrem Umzug nach Berlin hatten die Harnacks einen lockeren Kreis von Personen um sich gebildet, die sich gelegentlich in den beiden Räumen der Wohnung der fünften Etage in der Hasenheide trafen, welche die Harnacks als Untermieter von Angehörigen des Schriftstellers Stefan Heym übernommen hatten. Heym schrieb nach dem Krieg in seinen Memoiren unter dem Titel «Nachruf» über die Harnacks: «Noch sind sie nicht viel mehr als ein sympathisches junges Akademiker-Ehepaar mit entschiedenen Ansichten über das Gesindel, das jetzt in Deutschland zur Macht gekommen ist.»[34]

Regelmäßige Teilnehmer beim Salon der Harnacks, die im Laufe der nächsten zwei bis drei Jahre ein- und ausgingen, waren verschiedene wichtige Verleger und Lektoren – Ernst Rowohlt, sein Sohn Heinrich-Maria Ledig-Rowohlt, Max Tau, Ludwig Reindl und seine Frau Edith – Schriftsteller und Dramatiker wie Ernst von Salomon, Max Mohr, Adam Kuckhoff und Otto Zoff, außerdem sind der Übersetzer Franz Fein, der Literaturkritiker Erich Franzen, die Journalistin Margret Boveri zu nennen; hinzu kamen Mildreds Studenten, von denen besonders der junge Übersetzer und Autor Friedrich (Bodo) Schlösinger zu erwähnen ist.[35]

Mildred Harnack hat folgende Schilderung einer ihrer samstäglichen Teegesellschaften hinterlassen: «Die brennenden Lampen, die Kerzen und die Blumen in der Turmecke ließen unseren Raum kultiviert erscheinen. Es gab ein großes Tablett voll dünner Brotscheiben, belegt mit Butter und feiner Leberwurst, Tomatenscheiben oder Käse, das wurde von einer Gaststätte, in der wir zu essen pflegten, nach oben gebracht, das Ganze wurde von winzigen Keksen und ein paar Früchten ergänzt.» In einem Brief an Thornton Wilder beschrieb Martha Dodd Mildred als «einen von jenen Menschen, «denen es gefällt, eine Kerze hinter einen Strauß Weidenkätzchen oder Alpenrosen zu stellen. Sehr ärmlich und anständig, auch wenn die Familie alt und respektabel ist». Im selben Brief äußert sich Martha Dodd begeistert über das literarische Leben Berlins:

Der Berliner Verleger Rowohlt ist auf meine Geschichte ganz versessen, daher nehme ich an, dass sie ins Deutsche übersetzt und an eine gute Zeitschrift hier verkauft wird. Er brütet darüber in seinem Büro. [Rowohlt ist] ein liebenswerter Mann, er wirkt wie ein etwas plumper Weihnachtsmann mit rosigen Bäckchen. Ganz entzückend. Sein Englisch-Lektor [Ledig-Rowohlt] scheint pfiffig und interessant zu sein. Am Montag habe ich einen weiteren wichtigen Verleger, [Bermann] Fischer, in der Wohnung von Arvid Harnack kennen gelernt. Auch bin ich mit Max Mohr zusammengetroffen, von dem du sicher gehört hast, wenn du ihn nicht sogar kennst. Und bei meiner letzten Party konnte ich zum großen Erstaunen der Gäste aus der Diplomatie (es gab ein gewisses stilles Schnappen nach Luft und Flüstern hinter vorgehaltenen Händen unter den – ach so anständigen – Versammelten) Ernst von Salomon vorstellen, den Komplizen des Mordes an Rathenau und Autor von ‹Die Geächteten›. Es lohnt sich sehr, ihn kennen zu lernen. Kurt Häuser ist ebenfalls häufig da. Aber von der alten Garde fehlen viele, was sehr traurig ist. Doch die Harnacks und ich ermutigen (seitdem wir zu dem Schluss gelangt sind, dass wir die einzigen Leute in Berlin sind, die sich wirklich für Schriftsteller interessieren) bewusst alle derartigen freien intellektuellen Bemühungen, soweit es sie noch gibt.[36]

Dieser Salon existierte aus verschiedenen Gründen, aber das Hauptziel war ein sehr menschliches: Man wollte gedruckt werden. Das zweite Ziel dieser literarischen Abende bestand darin, den Kern eines Netzwerks für den Widerstand zu schmieden. Wenn wir uns die verschiedenen Kreise genau anschauen, zu denen Mildred gehörte, so werden sie zu Gliedern einer Kette, die die Harnacks im Laufe einer Reihe von Jahren zu ihrer Widerstandsgruppe zusammenschweißten.

*Zu Anfang wohnte Mildred in Berlin mit Arvid Harnacks sympathischer Schwester Inge zusammen, die versuchte, sich ihren Lebensunterhalt als Sekretärin zu verdienen. Nachdem sich Inge von dem Bildhauer Johannes Auerbach hatte scheiden lassen, heiratete sie Gustav Havemann, einen bedeutenden Konzertgeiger und Professor an der Musikhochschule. In der*

*Wohnung seiner Eltern in Babelsberg traf Gustavs Sohn (aus dessen erster Ehe) Wolfgang Havemann 1931 zum ersten Mal Arvid und Mildred Harnack. Der junge Havemann erinnert sich daran, wie Arvid sich mit dem Geiger auseinander setzte, «der von Hitlers Mission überzeugt war».*

*Havemann junior, ein junger Jurist, war ein häufiger Besucher der Harnacks, wo er nach 1938 an ihren Schulungs- und Bildungsabenden teilnahm. 1942 wurde er verhaftet und er musste wegen seiner Widerstandsaktivitäten eine Gefängnisstrafe verbüßen. Nach seiner Freilassung wurde er 1943 an der Ostfront verwundet, anschließend verbrachte er sechs Jahre in sowjetischer Gefangenschaft. Als ich ihn 1990 in Dresden interviewen konnte, teilte er seine Beobachtungen über die Freunde der Harnacks mit:*

*«Mildred war mit Menschen aus ganz verschiedenen Kreisen bekannt. Erstens gab es den Zirkel um das Berliner Abendgymnasium, der auf das Jahr 1932 zurückging – dazu gehörten Karl Behrens und Leo Skrzypczynski. Karl Behrens war ein Schüler von Mildred am Abendgymnasium, den sie für die Verschwörung rekrutiert hatte. Er arbeitete bis zum Ende mit ihnen zusammen. Das war die Gruppe, die Arvid aufbaute. Karl Behrens stand politisch links. Leo Skrzypczynski war ein Geschäftsmann.*

*Der zweite Kreis traf sich in der Wohnung in der Hasenheide. Ich nahm einmal daran teil. Das war ein literarischer Zirkel – Lektoren, Verleger, Autoren. Sie trafen sich an einem bestimmten Tag. In Frankreich hätte man das einen Salon genannt. Dabei ging es darum, sich mit neuen Werken bekannt zu machen. Das war der zweite Kreis, und damit war es vorbei, als die Harnacks umzogen.*[37]

*Die dritte Gruppe gab es dann in Zehlendorf. Dort hatten sie Kontakt zu Greta Lorke und Adam Kuckhoff und Menschen aus deren Umgebung. Ich kannte den Zehlendorfer Kreis nicht. Die ganze Vorgehensweise beruhte darauf, dass die Zirkel sehr klein waren. In all diesen Kreisen wurde zu Anfang literarisch gearbeitet, am Ende jedoch politisch. Und je mehr sie sich politisierten, desto stärker wurde der verschwörerische Charakter.*

*Weil Mildred die Ehefrau von Arvid Harnack war, bewegte sie sich auch im weiteren Kreise seiner Verwandten in Grunewald, Zehlendorf und Neu-Babelsberg, der damaligen UFA-Stadt [sozusagen das Hollywood Berlins]. Die armen Harnacks, zu denen auch Arvid zählte, hatten gesellschaftlichen Umgang mit den wohlhabenden Harnacks in Grunewald.*

*Schließlich verkehrte Mildred auch noch in dem Kreis um den* American Women's Club, *wo sie bestimmte Veranstaltungen organisierte. Sie kannte auch Martha Dodd, die Tochter des amerikanischen Botschafters.*

*Darüber hinaus organisierte Arvid Harnack auch noch andere Begegnungen zu wirtschaftlichen und politischen Themen. Bei solchen Gelegenheiten trafen sich der Vorstandsvorsitzende von Farben sowie andere Chefs großer Berliner Unternehmen. Derartige Veranstaltungen fanden am Abend statt. Die Arbeit hatte einen doppelten Zweck. Sie diente als Kaderschmiede und als Sammelbecken für Informationen.*

*Hier handelte es sich um Menschen, die genau wussten, was sie wollten, und ich gehörte auch dazu. Als ich Arvid aufsuchte, war ich ein Schüler von 17, 18 Jahren. Später war ich Offizier. Die ganze Zeit über hat er mich gelenkt und beeinflusst. Beide Harnacks waren, wenn ich das so ausdrücken darf,* Menschenjäger. *Um ein Beispiel zu nennen: Als ich heiratete, ging meine Frau noch zur Schule. Sie war damals 18, Mildred nahm sofort Kontakt zu ihr auf. Sie hat sie als Studentin und auch noch später politisch beeinflusst. Sie war beispielsweise über Verhütungsmittel informiert. Sie erfuhren das von einem japanischen Professor. Verstehen Sie mich bitte nicht falsch, aber es entsprach ihrer Natur, Menschen zu mögen, andere an sich zu ziehen und zu ihrer Entwicklung beizutragen. Hätten sie eigene Kinder gehabt, dann hätten sie diese Energie der eigenen Familie zukommen lassen können.*

*Mildred hielt nach Menschen Ausschau, die sauber, moralisch, edel waren … Sie suchte den wertvollen Kern im Menschen, und sie fand ihn, sie fand ihn sogar in mir. Die Franzosen sagen manchmal, dass Extreme sich berühren, aber das ist nur die halbe Wahrheit. Die andere lautet, dass Würde sehr anziehend wirkt.*

Obwohl sie einen Salon unterhielten, fanden die Harnacks es schwierig, sich mit Dissidenten zu treffen. Das lag an der Verfolgung der Juden in Verbindung mit der Politik der Gleichschaltung. Im literarischen Leben Deutschlands hatten bereits gravierende Eingriffe stattgefunden. 1933 waren viele bildende Künstler und Autoren gezwungen, die Preußische Akademie der Künste zu verlassen, dazu zählten Heinrich Mann und Käthe Kollwitz; andere wie Ricarda Huch, Alfred Döblin, Franz Werfel und Thomas Mann gingen freiwillig. Carl von Ossietzky und Erich Mühsam wurden verhaftet. Nachdem man ihre Bücher verbrannt hatte, emigrierten Bertolt Brecht, Ernst Toller, Kurt Tucholsky und Lion Feuchtwanger. In jenen ersten Jahren der nationalsozialistischen Herrschaft stellte sich die Frage, was man denn tun solle: weggehen oder bleiben und kämpfen. Wie und was man schreiben sollte, beschäftigte viele Autoren sehr, denn schließlich hingen sie stärker als Maler und Musiker von der Sprache ab; mit der Muttersprache konnten sie in der Fremde kein Publikum finden. Aus erster Hand lernte Mildred Harnack dieses Problem eines Schriftstellers bei ihrer Begegnung mit Hans Fallada kennen.

Fallada – ein Pseudonym für Rudolf Ditzen – war einer der wichtigsten deutschen Autoren, er hatte internationale Bestseller wie «Kleiner Mann, was nun?» verfasst. Diesen Roman hatte Rowohlt 1932 veröffentlicht, er wurde in Hollywood verfilmt. In dem Buch behandelte Fallada die wirtschaftliche und politische Unruhe, die jeden durchschnittlichen Deutschen während der Weimarer Republik erfassen konnte. Martha Dodd und Mildred Harnack waren außerordentlich daran interessiert, Fallada kennen zu lernen, und sehr «neugierig», wie Martha Dodd schreibt, als es darum ging zu verstehen, was es mit einem liberalen Autor auf sich hat, der den Kampf der einfachen Leute zumindest ein wenig zu verstehen schien.»[38] Als daher Falladas Lektor Ledig-Rowohlt die beiden gemeinsam mit Martha Dodds Liebhaber Boris Winogradow, dem stattlichen Ersten Sekretär der sowjetischen Botschaft, einlud, Fallada am Sonntag, den 27. Mai 1934, zu besuchen, nahmen sie die Einladung höchst bereitwillig an.[39]

Fallada lebte auf einem Bauernhof am Rande des Dorfes Carwitz, einer wunderschönen Gegend im südlichen Mecklenburg. Er hatte sich nach der Machtübernahme durch die Nationalsozialisten dorthin zurückgezogen. Die vier unternahmen die dreistündige Fahrt entlang baumbestandener Alleen in Boris' Ford-Cabriolet. Der Duft der Robenien zur Maienzeit hing schwer in der Luft. Als sie den halben Weg zurückgelegt hatten, so beschreibt es Martha Dodd in «Through Embassy Eyes», wurden sie von einem plötzlich niedergehenden Frühlingsgewitter aufgehalten. Blitze durchzuckten die Szenerie. Martha Dodd bemerkte «wilde und grobe Farben, intensives, aufreizendes Grün und Violett, Lavendel und Grau».[40]

Als sie das kleine Haus am Carwitzer See erreichten, wo Fallada mit seiner Frau und zwei Kindern lebte, hatte sich das Unwetter wieder verzogen. Beim Kaffee sprachen Martha Dodd und Mildred Harnack über Amerika. Während sie über den See hinwegschauten, brachten sie die Sehnsucht nach ihren Heimatorten – Milwaukee und Chicago – zum Ausdruck, die beide am Michigansee liegen. Aus Mildred Harnacks Fragen und Falladas Antworten wurde Martha Dodd, selbst wenn ihr Deutsch nicht besonders gut war, deutlich, dass ihre Freundin behutsam die Gründe für seinen Rückzug in Frage stellte. Wie sie in ihren nicht publizierten Erinnerungen mitteilt, wurde er rot, polterte drauflos und fiel plötzlich in tiefes Schweigen.

Als sich beim Mittagessen eine heftige Diskussion entwickelte, wurde Falladas Stimmung noch finsterer. Wieder einmal stand das Thema Emigration zur Debatte: War es unausweichlich, Deutschland zu verlassen, um von einem anti-nationalsozialistischen Standpunkt über das Land schreiben zu können? Nach dem Essen unternahmen die Frauen einen Spaziergang zum Bohnenwerder, der höchsten Erhebung in der Umgebung, während Fallada mit Ledig-Rowohlt Schach spielte. Doch der hatte den Eindruck, dass die Gedanken seines Autors abschweiften. Sprach Mildred Harnack denn nicht lediglich die Fragen aus, die Fallada sich in letzter Zeit selbst stellte? Kann man sich anpassen? Muss man fliehen? Oder gibt es dazwischen einen dritten Weg?

Die beiden Männer unterhielten sich darüber, wie Falladas letztes Buch in der Öffentlichkeit aufgenommen worden war. Es war nicht nur *nicht* beschlagnahmt worden, es waren sogar mehr als 20 000 Exemplare gedruckt worden, und es trafen laufend weitere Bestellungen ein. Das Vorwort enthielt eine Verbeugung vor den «Braunhemden» der «SA», die möglicherweise überflüssig war. Die beiden Amerikanerinnen und Ledig-Rowohlt hatten darüber im Auto gesprochen. Nun aber reagierte Fallada aggressiv auf Ledigs Worte. Ihm passte das Tratschen hinter seinem Rücken nicht. Dieses Gerede sei für diese Frauen, von denen die eine die Tochter des amerikanischen Botschafters war, nur allzu leicht. Sie konnten es sich überhaupt nicht vorstellen, was es für einen Autor bedeutete, unter Umständen mit dem Verbot seines Buchs rechnen zu müssen. Hatte der Lektor versucht, dies seinen Freunden zu erklären? Ledig versuchte, ihn zu beruhigen. So sei es doch nicht gemeint. Er nehme alles zu persönlich. Das Gespräch war zu Ende. Die beiden Frauen kamen zurück. Als Fallada ihnen seine Bibliothek und seinen schlafenden kleinen Sohn zeigte, waren seine Verdrießlichkeit und seine Befangenheit ganz offensichtlich. Nun war es Zeit zur

Abreise. Boris Winogradow machte die üblichen Fotos.

In den Augen von Martha Dodd wirkte Fallada isoliert. Aber er war allem Anschein nach kein Nationalsozialist, wenn sie auch «eine gewisse Resignation in seiner Haltung» entdeckte.

(Fallada blieb in Deutschland. Er hatte sich für die «innere Emigration» entschieden und ging der Konfrontation mit den Nationalsozialisten aus dem Wege, indem er politisch neutrale Themen wählte. Nach dem Krieg machten die Sowjets ihn zum Bürgermeister von Feldberg. Er starb bereits 1947 an Alkohol- und Drogensucht.)

Mildred Harnack unternahm ihrerseits den Versuch, Fallada zu begreifen. In ihren Erinnerungen an Mildred schreibt Martha Dodd, obwohl die Freundin an jenem Tag auf dem Heimweg Falladas Feigheit und Schwäche kritisiert habe, «wollte sie ihn dennoch nicht aufgeben; sie gab niemals ein menschliches Wesen auf, abgesehen von einer geringen Anzahl fanatischer, brutaler, unverbesserlicher Nazis. ‹Er hat ein Gewissen›, sagte Mildred über Fallada, ‹und das ist gut so. Er ist nicht glücklich, er ist kein Nazi, er ist kein hoffnungsloser Fall.› Ganz gleich, wie fehlgeleitet oder unwissend jemand sein mochte, wenn er irgendeine Spur von Anstand besaß, dann wollte sie an ihm festhalten, aus ihm einen besseren, denkenden Menschen machen. Diese Einstellung war nicht nur das Ergebnis tatkräftiger Bemühungen, sondern auch ihrer grenzenlosen Geduld, Liebe und ihres Optimismus. Wenn es so etwas überhaupt geben kann, dann kann man sagen, sie war eine geborene Lehrerin. Die Begegnung mit Fallada hat bei mir einen unauslöschlichen Eindruck hinterlassen. Ich sah im Antlitz des Schriftstellers – zum ersten Mal – den Ausdruck nackter Angst.»[41]

Im Frühjahr 1934 war Arvid Harnack häufig nicht zu Hause. Er arbeitete am Gericht in Jena und bereitete sich auf seine Assessor-Prüfung vor. An Wochenenden im Frühjahr und Sommer besuchte Mildred ihn dort.[42] In Jena begann sie unter Mithilfe ihrer Schwiegermutter mit der Übersetzung von Irving Stones «Lust for Life» ins Deutsche, einer Roman-Biografie Vincent van Goghs für den Universitas Verlag. Üblicherweise transponieren Übersetzer ein Werk in ihre eigene Muttersprache. Mildred dagegen vollbrachte die ganz ungewöhnliche Leistung, unter Mitarbeit ihrer Schwiegermutter Clara und ihrer Schwägerin Inge Werke aus der Sprache ihres Landes ins Deutsche zu übersetzen. Als sie ihre Methode ihrem jungen Neffen Bob Fish in Wisconsin erklärte, schrieb sie: «Ich sitze hier an der Schreibmaschine, das Buch neben mir, sie (Clara) sitzt ganz in meiner Nähe, so dass sie ebenfalls in das Buch blicken kann. Sie ist so geistreich und so flink, dass es viel rascher geht, als wenn ich allein arbeitete.»[43]

Ihre eigenen Arbeiten begannen nun ebenfalls auf Deutsch zu erscheinen. Eine Pfingstwanderung mit ihrem Mann durch die thüringischen Wälder und blühenden Wiesen inspirierte Mildred Harnack zu dem impressionistischen Aufsatz «Reifender Mais», der zu einer Serie von Beiträgen gehörte, die 1934 in einer der führenden deutschen Zeitungen, dem *Berliner Tageblatt,* erschienen.[44] Hier behandelt sie Erinnerungen an Besuche, die sie als Kind auf der Farm ihrer Tante in der Nähe eines Indianerreservats in Wisconsin machte, wo sie Maiskolben und Popcorn schätzen gelernt hatte. Dieses typisch amerikanische Nahrungsmittel interpretiert sie als Symbol für die Freiheit, das Glück und die Hoffnung, die ihre Heimat erfüllten.[45] Ihr Thema ist die Natur – die grünen Weiden Neuenglands, die Mais- und Getreidefelder des Mittleren Westens –, zu diesem Motiv sollte Mildred noch sehr häufig zurückkehren. Heimatverbundenheit war damals in Mode, und ihre Aufsätze spiegeln das wider.

Die «Variationen über das Thema Amerika» erschienen im Dezember 1934 im *Tageblatt*. In diesem Beitrag begann sie mit einem Vergleich zwischen Friedrich Hölderlin und Walt Whitman; es geht um ihr persönliches Pantheon amerikanischer Autoren – Whitman, Stephen Vincent Benét, Sandburg und MacLeish. Für ihr Berliner Publikum, das über amerikanische Schriftsteller so gut wie nichts wusste, entfaltete sie in überschwänglicher Prosa das Bild Amerikas im Spiegel seiner Literatur.

Whitmans Lyrik handelt davon, wie man «den wilden, jungfräulichen Boden bezwang». Die Fantasie von Stephen Vincent Benét wurde durch den Bürgerkrieg befruchtet: «Im nüchternen Norden, im feurigen verlorenen Süden ... nahm er die Landschaften, die Sitten in sein Herz auf.» Carl Sandburg, der Dichter aus Chicago, liebte «die weiten Prärien des Mittleren Westens und – gleichzeitig in ihrer größten Stadt lebend –, [...]», sah er die Zukunft «in den geschmolzenen Erzströmen der Stahlhütten, in den Stiefeln der Arbeiter mit den von glühenden Funken eingefressenen Narben in ihren Muskeln».[46]

Aus einem relativ bescheidenen Fundus an Themen, mit dem sie sparsam haushaltete und dessen sie sich sehr häufig in Vorträgen, Zeitungsartikeln und einer Dissertation bediente, zog Mildred Harnack reichlich Gewinn.

Ihrer schriftstellerischen Grenzen war sie sich aber auch durchaus bewusst, wenn sie etwa schrieb: «Mein bestes Arbeitsfeld ist bislang die Literaturkritik, weil ich hier über Erfahrungen verfüge. Wenn es aber um Artikel zu allgemeinen Themen oder um Erzählungen geht, dann bin ich weniger gut, weil ich zwei Dinge noch lernen muss: andere Menschen lebendig darzustellen und die Dinge zu einem Höhepunkt und einem Abschluss zu treiben. Ich bin eine gewaltige Egozentrikerin und schreibe stets über mich selbst. Das ist ein typischer Fehler von Menschen, die sich noch im Reifungsstadium befinden, ich muss das jetzt überwinden. Schließlich bin ich dafür wohl inzwischen alt und erfahren genug.»[47] Außerdem bemerkte sie selbstkritisch: «Ich bin kein flinker Schreiber, aber die Praxis wird mir helfen, mich hier weiterzuentwickeln.»[48]

Ihr Leben in Berlin war sehr stark von geschäftiger Routine geprägt: Vorträge vor Journalisten, Literaturkritikern und Universitätsprofessoren «unter der Schirmherrschaft der amerikanischen Botschaft» oder in der Wohnung von Klaus und Emmi Bonhoeffer; zweimal im Monat im *American Women's Club;* an den Abenden in der Woche Unterricht im Abendgymnasium, danach Diskussionen und Proben für Aufführungen des dortigen *English Club;* sonnabends Salon oder Theater, manchmal auch Kino. Die Sonntage wurden auf typische Berliner Weise verbracht, nämlich im Freien: Das bedeutete lange Wanderungen mit Arvid, wenn dieser in der Stadt war, sowie mit Freunden in den vielen Parks, in den Wäldern und an den Seen, von denen Berlin umgeben ist. Ihr Mann konnte meisterhaft mit Fahrplänen umgehen. Die Harnacks nahmen in der Regel einen Vorortzug oder eine S-Bahn, um an ein bestimmtes Ziel zu gelangen, dort stiegen sie aus und wanderten zur nächsten Station.[49] Wie Wolfgang Havemann berichtet, hatten sie eine ungewöhnliche Art zu wandern entwickelt. Sie unterbrachen dann ihr Gespräch, trennten sich schweigend, jeder ging an einem Rand des

Weges, beide Partner waren sehr darauf bedacht, den anderen nicht zu stören. Dann kehrten sie körperlich und seelisch erfrischt zurück, trafen ihre Freunde wieder oder fuhren nach Hause.[50]

Martha Dodd schildert eine andere Gewohnheit, die Mildred Harnack ihr Leben lang beibehielt. Sie schrieb «Postkarten ohne Unterschrift» aus allen Teilen Deutschlands. «Mit einer feinen, sauberen Handschrift, einfach und klar wie ihre ganze Persönlichkeit, schrieb sie exquisite poetische Zeilen, die lieblich wie ihre Stimme klangen. Sie und Arvid waren beide große Naturliebhaber von der Art, wie man sie nur in Deutschland findet, sie schämten sich ihrer Leidenschaft für die Herrlichkeiten der Natur nicht, die fast religiös, zumindest aber ehrfurchtsvoll war ... Ich liebte diese Postkarten und kurzen Briefe mit ihrer sensiblen Prosa. Sie hatten nichts Gekünsteltes oder Affektiertes an sich. Ihre Empfindungen entsprangen ihrem vollen und fröhlichen Herzen und mussten einfach zum Ausdruck gebracht werden.»[51]

Zu Beginn ihres Aufenhaltes war Martha Dodd vom nationalsozialistischen Deutschland durchaus beeindruckt. Unter dem neuen Regime hatten sich die Lebensverhältnisse verbessert. Ihre Briefe in die Heimat, in denen sich der ursprüngliche Optimismus ihres Vaters widerspiegelte, steckten voller Begeisterung: «Die jungen Menschen haben strahlende Gesichter und sind voller Hoffnung, sie gedenken in ihren Liedern mit leuchtenden Augen und sicheren Zungen des edlen Geistes von Horst Wessel. Diese Deutschen sind tüchtige und schöne Burschen, gut, ernsthaft, gesund, auf mystische Weise brutal, zart, voller Hoffnung, fähig zu Liebe und Tod, tiefe, höchst wunderbare und fremde Wesen – so ist die Jugend dieses modernen Deutschland unter dem Hakenkreuz.»[52]

Auf Zeitungsfotos ist Martha Dodd zu sehen, wie sie mit Friedrich von Papen tanzt, dem Sohn des Vizekanzlers Franz von Papen. Ernst Udet, ein Flieger-Ass des Ersten Weltkriegs, der von Martha Dodd als kurz und rundlich, mit vorgewölbtem Bäuchlein und Glatzkopf beschrieben wurde – aber doch schneidig und unbezähmbar auf sie wirkte –, nahm sie in seinem Privatflugzeug mit. Der Reichsminister für Luftfahrt, Hermann Göring, lud sie zur Falkenjagd ein. Louis Ferdinand, der Sohn des Kronprinzen, empfing sie bei einem Festessen auf Schloss Cecilienhof in Potsdam. Sie erfreute Hjalmar Schacht, inzwischen wieder Chef der Reichsbank, mit gepfefferten Witzen.[53] Martha Dodd war davon überzeugt, dass Joseph Goebbels sehr viel Humor besaß, und sie schrieb ihren Eltern, es tue ihr Leid, ihm nicht begegnet zu sein, als sie sich beide in Ungarn befanden.[54] Sie liebte Klatsch und Intrigen über alles. Ihre Freundin Sylvia Crane bemerkte dazu: «Martha hatte nicht viel für politische Theorien übrig … Sie schlief nur gern mit attraktiven Männern, und auf diese Weise erfuhr sie manches über Politik und Geschichte.»[55]

Der Snob, der in Martha Dodd steckte, hatte Freude an ihren Eroberungen in nationalsozialistischen Führungskreisen: «Ich habe für einigen Aufruhr gesorgt, als ich zwischen Bernhard Wilhelm Graf von Bülow und Putzi Hanfstaengl saß – der eine war fein, zart, weißhaarig, er sprach ruhig mit einem leichten Lispeln, war sanft, gewandt und ein wenig rätselhaft [Bülow], der andere war ein langer Kerl, laut polternd, gutherzig, liebte laute Scherze (er erzählte der spröden Frau von Papen, manche Mädels würden ihm das Hemd aufknöpfen, um festzustellen, ob er Haare auf der Brust habe – andernfalls hätte er nicht als ein guter Nazi gegolten), er war von gewaltigem Körperbau, ungeschliffen, unzuverlässig, beinahe ein gescheitertes Genie, aber Hitler liebte ihn und seine Musik. Es machte Spaß, die beiden gegeneinander auszuspielen … Die Politik nimmt einen hier total in Anspruch. Ihrer Faszination kann man sich nicht entziehen.»[56]

Doch unter all «den Zeitungsleuten, Bankiers und Naziberatern», die sie gewöhnlich, wie sie schrieb, «mit ihren feinen, stolzen, kalten Augen niederstreckte», musste sie auf eine Eroberung verzichten – und das war Hitler.[57] Putzi Hanfstaengl betätigte sich als Mittelsmann, indem er die beiden miteinander bekannt machte. Er sagte zu Martha Dodd: «Hitler braucht eine junge Frau. Es sollte eine Amerikanerin sein. Eine liebenswerte Frau könnte das gesamte Schicksal Europas wenden. Martha – diese Frau bist du.»[58] Der «Führer» küsste ihr zweimal die Hand, aber die Begegnung wurde kein Erfolg: Er sprach kaum Englisch und Martha kaum Deutsch. Später schilderte Martha Dodd ihn als einen «frigiden Hagestolz». Doch im September 1934 riet sie dem Auslandskorrespondenten William Shirer, «unbedingt auf Hitlers Augen zu achten», und erklärte: «Sie sind unvergesslich und überwältigend.»[59]

Die Harnacks standen häufig auf der Gästeliste der amerikanischen Botschaft, deren Besucher nach dem Krieg von einem der Geladenen, Ernst von Salomon, geschildert wurden: «Bei diesen ‹Partys› aber fand sich die Jeunesse dorée der Reichshauptstadt ein, schmucke junge Leute mit vollendeten Umgangsformen und mit unvollendeten Sprachkenntnissen in der kleidsamen Uniform des Auswärtigen Amtes, die so verzweifelt den schwarzen Uniformen der SS glich ... Es wimmelte von scharfgesichtigen und verbindlich lächelnden jungen deutschen Lichtgestalten, welche Martha Dodd manches klingende Gelächter entlockten.»[60]

Das wohl berüchtigtste Mitglied von Martha Dodds schwarz uniformierter Entourage war Rudolf Diels, der «junge, schwergewichtige, dunkle, von Schmissen (aus Marburger Tagen, als er dem Corps Rhenania Straßburg angehörte) entstellte, brutale und widerwärtige» Leiter des Geheimen Staatspolizeiamtes (April 1933 bis April 1934).[61] Er war ein trinkfester Mann «von mephistophelischer Art», der schweigend durch den Raum glitt und sich gewöhnlich irgendwann an Marthas nach Chanel duftendem Ellenbogen unteinhakte.[62] In der ersten Zeit nach Martha Dodds Ankunft in Berlin trafen die beiden einander häufig. Sie unternahmen sonntags gemeinsam lange Autofahrten und Spaziergänge; sie gingen ins Kino und besuchten Nachtklubs. Im Dezember 1933 hatte Diels sich schließlich zu einem eifersüchtigen Aufpasser entwickelt; er schlich um die Residenz der Dodds im Tiergarten, was sie in ihrer melodramatischen Art festhielt: «Der Schnee ist hier weich und tief – bei Tage liegt ein kupferner Rauchschleier über Berlin und in der Nacht die Helligkeit des abnehmenden Mondes. Des Nachts knirscht der Kies unter meinem Fenster – der finster dreinblickende, schönlippige und unheimliche Diels von der preußischen Geheimpolizei muss wieder einmal auf der Lauer liegen, der Kies unter seinen weichen Schuhen lässt mir eine Warnung zukommen. Er trägt seine tiefen Schmisse mit solch einem Stolz, wie ich ihn über einen Strauß Edelweiß empfinden würde.»[63]

Eine ernsthaftere, länger anhaltende und gleicherweise gefährliche Affäre, über die Martha Dodd ihre Freundin Mildred vertraulich informierte, war jene mit Boris Winogradow, dem hoch gewachsenen blonden Sowjetdiplomaten mit graublauen Augen und einem «gewinnenden Lächeln», der ihr Begleiter bei der Stippvisite in Falladas Haus gewesen war.

Auseinandersetzungen über die Frage der diplomatischen Anerkennung der Sowjetunion hatten im amerikanischen Wahlkampf 1932 eine große Rolle gespielt und wurden mit der Aufnahme diplomatischer Beziehungen im November 1933 abgeschlossen. Ein Millionär aus Philadelphia, William C. Bullitt, ging als amerikanischer Botschafter nach Moskau. Zur selben Zeit wollte Martha Dodd, die sich als führende Akteurin auf der internationalen Bühne betrachtete, in Berlin keine Zeit verlieren, ihrerseits die «diplomatischen» Beziehungen zu dem Sowjetdiplomaten zu normalisieren. Sie reihte Boris Winogradow in ihr internationales Umfeld ein.

Dieser war 1930 als Presseattaché an die sowjetische Botschaft nach Berlin gekommen. Als Martha Dodd ihn kennen lernte, war der 31-jährige Erster Sekretär der Botschaft. Weil Winogradow für die Erteilung von Pressevisa und für Empfehlungsschreiben bei Reisen in die Sowjetunion sorgte, hatten die meisten Journalisten ihn in angenehmer Erinnerung. So schrieb William Shirer an Martha Dodd: «Selbst die konservativsten amerikanischen Korrespondenten … schätzten ihn als Freund, obwohl sie wussten, dass er ein fanatischer Kommunist war, der an die Größe der Sowjetunion glaubte.»[64] Shirers Chef beim International News Service (INS) des Hearst-Konzerns, Pierre Huss, behauptete indes, «Benogradov» [sic!] sei Mitarbeiter der örtlichen Residentur des Kreml-Geheimdienstes gewesen.[65]

Wie Martha Dodd sich erinnerte, war sie Boris Winogradow bei einem Festessen vorgestellt worden, das Sigrid Schultz, die Berliner Korrespondentin der *Chicago Tribune,* gab. «Schuli», der Journalist Detlef Graf von der Schulenburg, ein Cousin des deutschen Botschafters in Moskau, der zeitweise für Sigrid arbeitete, hatte den Russen mitgebracht.[66] Einige Wochen später war es im Nachtklub Ciro so weit, dass es «passierte».[67] Boris Winogradow umschmeichelte die Amerikanerin mit einschmeichelnder Baritonstimme und sagte mit schwerem russischem Akzent: «Gnädiges Fräulein, Fräulein Martha, seien Sie so lieb. Ich bin in der sowjetischen Botschaft tätig … Haben Sie Angst?»[68] Als sie ihren etwas holprigen und taumeligen Tanz beendet hatten – zu den zahllosen hervorragenden Fähigkeiten, über die Winogradow verfügte, zählte das Tanzen nicht, geleitete er sie an ihren Platz, beugte sich über sie und flüsterte: «Ich möchte Sie sehr gern wiedersehen. Darf ich Sie anrufen?»[69]

Winogradow zählte zu den Schützlingen von Wjatscheslaw Molotow, dem Vorsitzenden des Rates der Volkskommissare (praktisch der sowjetische Regierungschef). Unter Botschafter Lew Kintschuk erfreute er sich erheblicher Freiheiten, sich seinen nicht proletarischen Neigungen hinzugeben. Martha Dodd lud ihn ein, an den Stammtisch ihrer Freunde, der amerikanischen Korrespondenten, in die Taverne mitzukommen. Er tanzte mit ihr bei Ciro und dinierte mit ihr bei Horcher, Berlins teuerstem Restaurant. In der Botschaft – hinter den berühmten Rosenfenstern, die zu Zarenzeiten geschaffen worden waren – verwöhnte er ihre Freunde mit Wodka, Krimsekt in prächtigen Kristallgläsern und allerfeinstem Kaviar. Martha schickte er Orchideen, und er schenkte ihr seine Lieblingsschallplatte. Auf ihr sang Fjodor Schaljapin den Tod des Boris aus der Oper «Boris Gudonow» von Modest Mussorgski. Martha Dodd sah darin ein böses Omen.[70] Es gab immer wieder Missverständnisse, und häufig stritten sich die beiden unter Zuhilfenahme eines Wörterbuchs. (Sie sprach kein Russisch; er kaum Englisch. So mussten sie sich auf Deutsch verständigen, wovon Martha nur rudimentäre Kenntnisse hatte.) Urteilt man nach seinen Briefen, so war er wirklich verliebt, aber stets ist ein Unterton von Zweifel, Vorwürfen und Misstrauen zu bemerken. Später, in ihren mittleren Jahren, erkannte Martha Dodd an, dass er sie unsterblich geliebt hatte, aber mit 25 war sie einfach politisch naiv und unglaublich kokett.

Armand Bérard, ein französischer Diplomat und darüber hinaus, wenn man Martha Dodds Erinnerungen glauben will, sowohl ein Bewerber um ihre Zuneigung wie ein Mitarbeiter des französischen Geheimdienstes *Deuxième Bureau,*[71] hielt in seinen Erinnerungen «Un ambassadeur se souvient», mit bösartiger Sorgfalt fest, dass Winogradow daheim in Moskau Weib und Kind hatte.[72]

Im März 1934 war die Affäre an einem Punkt angelangt, wo sich sowjetische Geheimdienste für das Paar interessierten. Moskau schickte dem Leiter der Residentur des NKWD in Berlin ein Schreiben, das in Martha Dodds Moskauer Akten auftaucht:

> Teilen Sie Boris Winogradow das Folgende mit: Wir wollen ihn für die Durchsetzung einer Angelegenheit verwenden, an der wir interessiert sind … Nach unseren Informationen ist seine Bekannte reif dafür, in unsere Arbeit einbezogen zu werden. Daher erwarten wir von Winogradow, dass er ihr einen warmherzigen, freundlichen Brief schreibt [und] sie zu einem Treffen nach Paris einlädt, wo … die notwendigen Maßnahmen ergriffen werden, um Martha Dodd in unsere Arbeit einzubeziehen.[73]

Martha Dodd sollte durchaus noch in die Arbeit für die Sowjets hineingezogen werden. Es war allerdings der Profi Dimitri Bucharzew und nicht der zögernde Diplomat, der sie in die Welt der Spionage einführte.

Martha Dodds Affären schockierten selbst die diplomatischen Kreise, die einiges gewohnt waren. Fritz, der Butler der amerikanischen Botschaft, war reichlich indigniert und bemerkte gegenüber der Frau des Militärattachés: «Das war nicht ein Haus, das war ein *maison*.»[74] Nach Martha Dodds Auffassung war Fritz allerdings «fast mit Sicherheit ein Agent der Geheimpolizei». Wie jene Butler in Operetten, denen er ähnelte, hatte er die lästige Angewohnheit, auf Zehenspitzen über die weichen Teppiche der Bibliothek der Botschaft zu schleichen, wann immer Martha Dodd dort Herrenbesuche empfing.[75] Schließlich wurde auch das State Department auf die Eskapaden der Tochter des Botschafters aufmerksam gemacht. Raymond Geist, der geschäftsführende Generalkonsul, legte sie in einer vertraulichen Denkschrift dar, als er Washington besuchte. Geist berichtete, Martha habe die Gewohnheit, den Gestapochef Rudolf Diels, einen «verheirateten Mann», in aller Öffentlichkeit als «Schatz» zu bezeichnen.[76]

Zu den Hauptaufgaben Diels' bei der Gestapo zählte die Bekämpfung der Kommunisten. Er besuchte mit Martha Dodd gemeinsam den Reichstagsbrandprozess im Dezember 1933, damit sie erfuhr, wie effizient und gerecht das nationalsozialistische System war. Diels war auch ein Meister der Spionage, und Martha behauptete, er habe sie in die Welt der angezapften Telefone, der verwanzten Zimmer und der geheimen Überwachung eingeführt.

Auf Mildred Harnacks Belehrungen, den Reichstagsbrandprozess und Diels' anschließende Enthüllungen über das gewaltige und komplizierte Netzwerk der Spionage und des Terrors sollten zwei Ereignisse folgen, die Martha Dodd von einer Bewunderin des deutschen Volkes in eine Gegnerin des nationalsozialistischen Staates und begeisterte Konvertierten für die Sache der Sowjetunion wandeln sollten: Bei den beiden Ereignissen handelte es sich um den «Röhmputsch» und – eine Woche danach – eine Urlaubsreise in die Sowjetunion.

Im ersten Jahr von Hitlers Herrschaft bemerkte die Frau eines Journalisten: «Die Schaufenster waren wieder fröhlich dekoriert», der «Verkehr floss weiter mit der gleichen bewundernswerten Genauigkeit dahin», und «die Züge fuhren wieder pünktlich.» Ausländer bekamen nichts Ungewöhnliches zu sehen, solange sie nicht Journalisten waren, die gezielt Opfer des Terrors aufsuchten.[77] Doch streiften Banden von Braunhemden der SA auf den Straßen umher, und Presseleute, die darüber Nachforschungen anstellten, wussten von Gefängnissen und Konzentrationslagern für Kommunisten, Sozialisten und Juden. Die Gewalttaten der uniformierten Schläger und die weit verbreitete Kritik, die diese hervorriefen, lieferten Hitler einen der Beweggründe, die SA zu entmachten, die die Speerspitze der «nationalsozialistischen Revolution» von 1933 gewesen war. Er betrieb deren Zerschlagung mit Hilfe der SS unter Heinrich Himmler, Hermann Göring (als preußischer Ministerpräsident Dienstherr der Polizei) und der stillschweigenden Duldung der Reichswehr.

Unmittelbar ausgelöst wurde die Krise durch eine sensationelle Rede, die Vizekanzler Franz von Papen am Sonntag, dem 17. Juni 1934, an der Universität Marburg gehalten hatte. Er griff das Regime wegen seiner Intoleranz, wegen fehlender Pressefreiheit an und kritisierte, dass ein «falscher Personenkult» geschaffen worden sei.[78] In aller Eile verhinderte Propagandaminister Goebbels eine Wiederholung der Rundfunkübertragung dieser Rede, und er bemühte sich, die Zeitungen auf Stillschweigen festzulegen. Freilich hatte die *Frankfurter Zeitung* bereits Auszüge gebracht, und Papen hatte hurtig Kopien an die Auslandspresse und das diplomatische Corps verteilen lassen. Aber zu der Unterstützung durch die Reichswehr, die der Vizekanzler erwartet hatte, kam es nie, und voller Unruhe bemerkten viele Berliner, dass die Truppenbewegungen stärker wurden.

Die Aktionen fielen auf den 30. Juni, einen wunderschönen Tag, prächtig geeignet für ein Sonnenbad, und genau das hatten Martha Dodd und Boris Winogradow am Wannsee vor. Um die Mittagsstunde jedoch blockierten Lastwagen mit bewaffneter Polizei und SS-Leuten die Straßen in der Mitte Berlins in der Nähe der Prachtstraße Unter den Linden. Sie bemühten sich, die Residenz von Ernst Röhm, dem Chef der SA, im Tiergarten zu besetzen. SS-Leute mit Stahlhelmen schützten das Gestapo-Hauptquartier und riegelten die Prinz-Albrecht-Straße ab. Für 15 Uhr hatte Göring die Auslandspresse einbestellt, der er verkündete, Röhm sei aus der Partei ausgeschlossen und verhaftet worden.

Als Martha Dodd und Boris Winogradow gegen 18 Uhr vom Wannsee in die Stadt zurückfuhren, bemerkten sie Massen von schwarz uniformierten SS-Leuten und von Görings «grüner» Polizei, aber keine Braunhemden. Als sie sich der Tiergartenstraße näherten, sahen sie dort nur wenige Zivilisten; der gesamte Verkehr schien zum Erliegen gekommen zu sein. Da Winogradows Wagen ein Diplomatenkennzeichen hatte, durften sie die polizeiliche Absperrung passieren, durch die die gesamte Gegend abgeriegelt worden war. Während Winogradow sich schnellstens in die sowjetische Botschaft begab, schritt Martha Dodd die Treppe der amerikanischen Botschaft hinauf. Ihr Bruder empfing sie in höchster Erregung: «Martha, bist du es? Wo hast du gesteckt? Wir haben uns Sorgen um dich gemacht. Schleicher ist erschossen worden. Wir wissen nicht, was los ist. In Berlin herrscht das Kriegsrecht.»[79] Am Abend jener «Nacht der langen Messer» erhielt Botschafter Dodd ein offizielles Schreiben Röhms, in welchem Röhm eine Einladung zu einem Dinner am 6. Juli dankend ablehnte: Er wolle sich auf einen «Erholungsurlaub» begeben.

Zwar war am Sonntag in der Presse kaum etwas zu lesen, doch die Nachrichten sickerten durch. Es wurde deutlich, dass Hitler in München die Ermordung mehrerer SA-Führer befohlen hatte, darunter diejenige Röhms und seiner homosexuellen Entourage. Vorwand war eine angebliche Verschwörung zum Sturz des «Führers». Bei der Gelegenheit beglich Hitler zugleich einige alte Rechnungen mit anderen führenden Persönlichkeiten, darunter General

Kurt von Schleicher und seine Frau Elisabeth, General Ferdinand von Bredow und Hitlers früherer Rivale Gregor Strasser, der an der Spitze des linken Flügels der Partei stand. Sie alle wurden umgebracht. Vizekanzler Papen und seine Familie wurden unter Hausarrest gestellt. Zwei seiner engsten Mitarbeiter wurden ermordet. Während all dies geschah, suchte Hitler voller Nervosität und Hektik die Unterstützung des Reichspräsidenten Hindenburg.

Am Montagabend trafen Winogradow, Bérard und einige wenige Freunde bei einem kleinen Abendessen zusammen, zu dem Martha Dodd in die Botschaft eingeladen hatte. Sie hechelten die Gerüchte über einen bevorstehenden Militärputsch durch. Nach dem Essen zogen sie sich in den Ballsaal zurück, um am Radio Goebbels' Darstellung der Ereignisse der letzten 48 Stunden zu hören. Der Propagandaminister beschuldigte eine auswärtige Macht (und in diesem Kontext konnte damit nur Bérards Vorgesetzter André François-Poncet gemeint sein), Röhm und Strasser bei der Verschwörung unterstützt zu haben.[80]

Am 4. Juli, dem amerikanischen Nationalfeiertag, veranstalteten die Dodds ihre jahraus, jahrein übliche Gartenparty. Unter den vielen hundert Gästen befanden sich auch die Harnacks. Sanfter amerikanischer Jazz erklang, während die Dodds am Eingang zum Ballsaal standen. Martha und ihr Bruder begrüßten die Gäste mit jenem Satz, der damals in Berlin weit verbreitet war: «Lebst du noch?» Draußen auf der Terrasse standen die Menschen in kleinen Gruppen; die Diplomaten waren recht unruhig. Kein Deutscher wagte es, die Ereignisse der letzten fünf Tage zu erwähnen, aber unter Journalisten und Amerikanern kursierten schreckliche Geschichten.[81]

Obgleich offiziell von 85 Toten die Rede war, lagen andere Schätzungen bei 150 bis 200 Menschen, die in jenen Tagen getötet worden waren.[82] Die Säuberung, die mit dem Namen von Ernst Röhm verknüpft war, bedeutete nicht nur das Ende der Machtansprüche der SA. Im Zusammenhang mit dem Tod Hindenburgs, der am 2. August erfolgen sollte, kündigte sich auch die endgültige Konsolidierung der Macht der Nationalsozialisten an. Während Gewalttätigkeiten bislang unsystematisch erfolgten – es handelte sich meist um Prügeleien von umherziehenden Banden von SA-Schlägern –, signalisierte der 30. Juni 1934 den Aufstieg der SS und

Heinrich Himmlers. Der Terror geriet zu einer Routineangelegenheit.

«Der Prozess der Machtergreifung war vollendet, als Anfang August 1934, unmittelbar nach dem Tod des hilflosen Hindenburg, die Wehrmacht auf Hitler persönlich vereidigt und gleichzeitig die höchsten Staatsämter – Präsidentschaft und Kanzlerschaft – in der Hand des Führers und Reichskanzlers vereinigt wurden, ohne dass sich noch wirksamer Widerstand regte.»[83]

Nach den Röhm-Morden befürchtete Martha Dodd, ihre Urlaubsreise verschieben zu müssen; doch konnte sie nach einem tränenreichen Abschied von der Familie mit zwei Tagen Verspätung abreisen. Es war die erste von etlichen Entdeckungsreisen, die sie nach Osten führen sollten. In den Bildunterschriften zu den Fotos, auf denen Martha Dodd an der Tür eines Deruluft-Flugzeugs posiert, stand in den Zeitungen zu lesen: «Die Tochter des Botschafters im nationalsozialistischen Deutschland *zieht es vor,* die Sowjetunion zu besuchen.» Das führte «beinahe zu einem diplomatischen Skandal».[84] Die ungewöhnliche Reise erregte nicht nur in der amerikanischen Botschaft Verstimmung, sondern überraschte auch die Gestapo – die Martha Dodd wegen ihrer Affäre mit Rudolf Diels bereits zu ihren Leuten gezählt hatte.[85]

Wenn ihre Reise in die Sowjetunion auch zweifellos im Zusammenhang mit der Affäre zwischen Boris Winogradow und ihr stand, so waren die beiden doch zu dem Entschluss gelangt, nicht gemeinsam zu reisen. Winogradow, der in Berlin geblieben war, tröstete sich in Gesellschaft der deutschen Filmschauspielerin Brigitte Helm, einer kernigen Blondine mit matten Augen, die die Hauptrolle in Fritz Langs «Metropolis» gespielt hatte. Als Martha Dodd dann per Schiff die Wolga bereiste, begab er sich nach Moskau. Sie drängte ihn, zu ihr zu kommen, aber er erwiderte, das sei nicht möglich. Er stand vor der Scheidung, doch ihre Zukunft war unklar. Amerika, so sagte er, komme für ihn überhaupt nicht in Frage. Er reiste nun auf die Krim, um dort einen Erholungsurlaub zu verbringen. Sie kehrte aus Russland gesund und sonnengebräunt und mit einer kaukasischen Mütze auf dem Kopf in die offenen Arme ihrer Familie in Berlin zurück.

In ihren verloren gegangenen Briefen an Winogradow hat Martha Dodd offensichtlich Kritik an der Sowjetunion geübt. In seinen

Briefen, die sie behalten hat, weist er sie zurecht. Er hebt hervor, dass vor der Revolution alles weit schlimmer gewesen sei. Sicher sei Russland nicht das Paradies. Sie müsse einfach verstehen, dass die Russen unter sehr schwierigen Bedingungen zu kämpfen hätten, und unter diesen Umständen sei das Geleistete gewaltig.[86]

Er sollte sich mit seinen Argumenten durchsetzen. Wenn sie in ihrem Buch «Through Embassy Eyes» (das sie 1938 nach ihrer Rückkehr in die Vereinigten Staaten schrieb) ihre erste Reise in die Sowjetunion schildert, dann fallen die Vergleiche zuungunsten des nationalsozialistischen Deutschland aus. Nachdem sie in Berlin erlebt hatte, wie die Straßen von braunen, schwarzen und grünen Uniformen nur so wimmelten, beeindruckte sie das «absolute Fehlen von militärischer Prachtentfaltung» – sie erwähnt keine Paraden, von der Roten Armee der Sowjets war kaum etwas zu sehen. Es gab keinerlei Anzeichen von Diskriminierung gegen Juden und andere Minderheiten. Nahrungsmittel waren, wie sie schrieb, reichlich vorhanden. Die Sowjets erfreuten sich, so schien es, eines höheren Lebensstandards als die Deutschen.[87]

«Zuerst hatte sie sich von den Nazis vollkommen einwickeln lassen, dann kam sie zurück und war von den Kommunisten nicht weniger begeistert», erinnert sich die Ehefrau eines Mitarbeiters der Botschaft. «Die Aufmerksamkeit [die sie genoss] verwirrte sie total. Sie konnte mit all dem einfach nicht fertig werden. Und das galt natürlich auch für die reizende Mrs. Dodd [Marthas Mutter]. Sie konnte genauso wenig ihre Tochter im Griff halten, wie sie den Anforderungen gewachsen war, die die Botschaft an sie stellte.»[88]

Am 7. August 1934 erklang von allen Kirchenglocken das Totengeläut für Reichspräsident von Hindenburg. Damals schrieb Mildred Harnack an ihre Mutter: «Arvid und ich suchen jetzt eine andere Wohnung, wir hoffen, etwas genauso Hübsches zu finden. Hier ist es einfach zu laut. Wir haben den Eindruck, dass sich der Verkehr an dieser Stelle in den letzten zwei Jahren verzehnfacht hat. Ständig rollen schwere Lastwagen in Richtung der Kaserne und des Auffanglagers, die nicht weit von hier [an der Columbiastraße] liegen.»[89] Wegen bestimmter Veranstaltungen der Harnacks – häufige Treffen und offene Gespräche mit Studenten und Freunden – war die Hasenheide zu gefährlich geworden; Wannsee dagegen, obwohl etwas abgelegen und ungünstig für ihre Arbeit als Lehrerin, hatte den Vorteil, von den wachsamen Augen der Gestapo weiter entfernt zu sein.

Mildred Harnacks in der Vergangenheit höchst freimütige Briefe in die Heimat behandelten nun so harmlose Themen wie das Wetter, Urlaubsreisen und die Bücher, die sie gerade las, sowie die Vorträge, die sie hielt. Die Lektüre dieser Briefe ist verständlicherweise enttäuschend, weil sie über ihr heimliches Leben, jenes Leben, das sie mit ihrem Mann teilte, nichts aussagen. Wenn es überhaupt wichtige Informationen gab, dann wurden diese auf sehr primitive Weise verschlüsselt. Um beispielsweise die folgende Mitteilung verstehen zu können, muss man wissen, dass es für deutsche Staatsbürger verboten war, Geld außerhalb des Reiches anzulegen, und dass die Harnacks, als sie sich in den Vereinigten Staaten aufhielten, ihre Ersparnisse in estnische Staatsanleihen investiert hatten. Weil sie unbedingt wissen wollte, wie diese Anleihen standen, schrieb Mildred am 23. Juli 1934 an ihre Mutter: «Wie geht es Estonia? Ist sie gesund oder ebenfalls von den schweren Zeiten angeschlagen? Wir denken häufig an sie und hoffen, im Januar etwas über sie zu erfahren. Die liebe alte Katze. Sie bekam doch so häufig kleine Kätzchen. Wie sieht es denn dieses Jahr damit aus?»[90]

Nach dem Röhmputsch veränderte sich die Atmosphäre über Nacht. An die Stelle des einst sehr freimütigen Austauschs zwischen Deutschen und Ausländern traten Vorsicht und Misstrauen. Botschafter Dodds Tagebucheintragung vom 13. Juli 1934, die den Eindruck behandelt, den er bei seinem letzten Gespräch mit Hitler gewonnen hatte, gibt dies wieder: «Ich habe mich letzten Dienstag entschieden, dass ich nie wieder einer Einladung des Kanzlers folgen oder um ein Gespräch nachsuchen werde, es sei denn aus strikt dienstlichem Anlass. Mir graut, wenn ich den Mann nur ansehe.»[91] Dodd war überzeugt, dass seine Post geöffnet werde und auch verschlüsselte Botschaften gelesen würden, selbst die Diplomatenpost war nicht sicher.[92] Diels deutete Martha Dodd gegenüber an, dass es in Wänden verborgene Abhörgeräte gebe, die Gespräche aufzeichnen könnten.[93] Diener, denen man bislang vertraut hatte, waren nun verdächtig; neue Bekannte konnten Agents provocateurs sein. Es gab immer mehr Geheimakten über Diplomaten; Botschafter zogen es vor, vertrauliche Gespräche in Berliner Parks zu führen.

Die deutschen Zeitungen waren einer strikten Zensur unterworfen, und diejenigen, die sich wirklich informieren wollten, wandten sich an ausländische Journalisten. Diesen standen die meisten Türen offen, und in ihrer Gegenwart lockerten sich die Zungen. In ihrer Lieblingskneipe, der Taverne, tauschten die Journalisten Informationen aus, die sie von Deutschen erhalten hatten, die mit ihnen in Parks, auf Bahnhöfen und in Cafés unter Gefahr für Leib und Leben heimlich zusammentrafen. Weil sie die Ausweisung riskierten, wenn sie Berichte verbreiteten, die regimekritisch waren, versuchten die Korrespondenten, die Inhalte mancher Geschichten unter sich aufzuteilen. Jeder von ihnen erwähnte eine einzelne Tatsache, und wenn ein Leser all das kombinierte, ergab sich für ihn das vollständige Bild. In den Augen von Botschafter Dodd waren diese amerikanischen Korrespondenten die besten Nachrichtenjäger, viel «geschickter als die französischen und britischen Spione».[94]

Wenn diese kenntnisreichen Berichte in der amerikanischen Presse erschienen, dann gaben die Nationalsozialisten voller Wut Juden und Kommunisten die Schuld, denen sie vorwarfen, «Gräuelmärchen» im Ausland zu verbreiten. Ab und zu musste ein Korrespondent das Land verlassen, und ein hochrangiger Beamter des Auswärtigen Amtes warnte Orme Wilson, den amerikanischen Botschaftsrat, «Deutschland werde die Aktivitäten von Spionen nicht länger tolerieren. Der Volksgerichtshof werde Deutsche, die er für schuldig befinde, hart bestrafen. Deutschland sei während der letzten 15 Jahre ein Zentrum der Spionage gewesen, aber jetzt werde man alles unternehmen, um die Weitergabe von militärischen Informationen an fremde Mächte zu unterbinden.»[95]

Es gab wohl kaum jemanden in Berlin, der einen derart hervorragenden Zugang zu ausgezeichnetem Material und hochrangigen Quellen hatte wie Martha Dodd. Eine so nützliche Informationsquelle war der Aufmerksamkeit der Gestapo nicht entgangen, und nach ihrem Besuch in der Sowjetunion beschäftigte man sich dort gründlich mit ihr. Der Verdacht der Gestapo war nicht unbegründet. Im Herbst 1934 war Martha Dodd allem Anschein nach zu der

Auffassung gelangt, selbst wenn ihr Vater mit seinen Protesten nichts erreichen könne, so sei sie trotz allem in der Lage, die Nationalsozialisten zu bekämpfen, und das tat sie auf ihre besondere Weise, wie sie sich Thornton Wilder gegenüber rühmte:

> Ich weiß Dinge über die russischen Handelsvereinbarungen, die für die Franzosen einiges an Zeit und Geld wert sein dürften. Ich habe vor noch nicht einmal zwei Wochen gehört, wie [Wirtschaftsminister] Schacht Dinge sagte, die gewaltige Schlagzeilen machen und vielleicht sogar das System über seinem Kopf zusammenbrechen lassen würden (was es sowieso tun wird). Ich habe Jazz-Schallplatten für Molotow gekauft (darunter ‹Who's Afraid of the Big Bad Wolf›). Ich kenne einige der schmutzigsten Tricks, die auf dem internationalen Schachbrett angewandt werden, meist von den Engländern, die von Anfang bis Ende Schweine sind ... Mein Herzallerliebster spricht die Hohenzollern als Gogenzollern aus, und ich bin fast sicher (da ich ihn sehr gut kenne), dass er im letzten Sommer in einem russischen Sanatorium Stalins Tochter verführt hat. Mein Kopf platzt geradezu vor Stolz auf meinen persönlichen Erfolg, denn ich balanciere nicht weniger würdevoll als 400 000 andere Engel auf dem schmalen Grat der europäischen Sicherheit.[96]

Schamlos prahlte Martha Dodd mit dem durchaus nicht angebrachten Vertrauen ihres Vaters. So schrieb sie: «Wir lieben einander, und ich erfahre alle Staatsgeheimnisse.»[97]

Und politische Geheimnisse waren genau das, was die Sowjets interessierte. Während sich die Verliebten mit Heiratsgedanken trugen (Winogradow erhob bei einem alkoholreichen Lunch in der Sowjetbotschaft das Glas «auf meine Frau Martha»), entschied man in Moskau nicht ohne eine gewisse Prüderie, den jungen Diplomaten im Dezember zu versetzen und gegen einen leidenschaftslosen Apparatschik auszutauschen, den Journalisten Dimitri Bucharzew.[98]

Eine Denkschrift, die sich in einem sowjetischen Archiv fand, macht deutlich, dass Martha Dodd in der Tat für die Sache des Vaterlands der Werktätigen eintreten wollte:

Martha behauptet, sie stehe aus Überzeugung auf der Seite der Kommunistischen Partei und der UdSSR. Mit Billigung des *State Department* hilft Martha ihrem Vater bei seiner diplomatischen Arbeit und kennt alle Angelegenheiten. Die gesamte Familie Dodd hasst die Nationalsozialisten. Martha verfügt über interessante Verbindungen, die sie benutzt, um Informationen für ihren Vater zu beschaffen. Mit einigen ihrer Bekannten hat sie intime Beziehungen ... Martha behauptet, das Wichtigste in ihrem Leben sei es, diskret die Ziele der Revolution zu fördern. Sie sei bereit, ihre Stellung für Arbeit in dieser Richtung einzusetzen, vorausgesetzt, die Möglichkeit eines Scheiterns und einer Diskreditierung ihres Vaters kann ausgeschlossen werden.»[99]

«Im eigentlichen Sinne war Martha keine Heldin», sagt ihre Freundin Sylvia Crane. Da sie jedoch eine natürliche Neigung zu Konspiration und Intrigen besaß, machte es ihr Freude, im Mittelpunkt eines internationalen Machtkampfes zu stehen, der durch ihre drei Liebhaber symbolisiert wurde, den Russen Boris Winogradow, den preußischen Beamten und Gestapochef Rudolf Diels und den französischen Diplomaten Armand Bérard. Zählt man sie selbst mit, dann waren vier Großmächte beteiligt.

In einem Brief, den sie 1985 an William Shirer schrieb, bestand Martha Dodd darauf, dass trotz «aller Gerüchte, die das Gegenteil besagten», ihre Affäre mit dem jungen Sowjetdiplomaten in Berlin «nichts mit späteren Entwicklungen und Überzeugungen zu tun hatte. Diese ergaben sich aus dem Hass auf die Nationalsozialisten, dem Bürgerkrieg in Spanien und tiefem Respekt für die Sowjetunion als dem wichtigsten Gegner Hitlers.»[100]

In jener Phase nach dem Röhmputsch waren die Beziehungen zwischen Berlin und Moskau stark abgekühlt. Die Deutschen blieben den Veranstaltungen in der einstmals sehr beliebten sowjetischen Botschaft fern. Wie Martha Dodd erfuhr, standen dort Aufpasser der Gestapo vor den Eingängen, die über alle Besucher Bericht erstatteten. Autokennzeichen wurden notiert; Zahl und Länge der Besuche wurden festgehalten. Da sie persönlich zu Fuß und per Auto verfolgt wurde, erinnerte sie sich «an interessante Erfahrungen, die ich hatte, als ich meinen ‹Schatten› an langweilige und lächerliche Orte aller Art führte».[101] Wenn sie in die sowjetische Botschaft wollte, ließ sie sich von ihrem Chauffeur einen Häuserblock weiter vor dem Hotel Adlon absetzen, dann legte sie den Rest des Weges zu Fuß zurück.[102]

Am 1. Dezember 1934 kam es in Leningrad zu einem Ereignis, das die Auslandspresse kaum bemerkte. Sergej Kirow, Parteichef von Leningrad und Mitglied des Politbüros, wurde unter geheimnisvollen Umständen vor dem Smolny-Institut, dem örtlichen Parteihauptquartier in Leningrad, ermordet. Sogleich löste Stalin eine gewaltige Verfolgungsjagd aus. Mitte Januar wurden 19 Kommunisten des Mordes angeklagt und vor Gericht gestellt. Diese Leute sollten nur die ersten Opfer Stalins sein. Durch Hitlers Taten während der Röhmaffäre angeregt, benutzte der Diktator in Moskau im Laufe der nächsten paar Jahre den Mordfall Kirow als Vorwand, um alle echten oder vermeintlichen Feinde loszuwerden. Er befahl jetzt die Abhaltung der großen Schauprozesse, die die Führung der Sowjetarmee ebenso einer Säuberung unterzogen wie die Reihen der Schriftsteller und anderer Angehöriger der Intelligenz. Diese Prozesse sollten auch für Winogradow, Bessonow, Bucharzew und andere sowjetische Freunde der Harnacks schlimme Konsequenzen haben. Der große Terror hatte begonnen.

# 10

# Die Literatin

Mildred, Arvid und Martha Dodd

Hinrichtungen erforderten im nationalsozialistischen Staat einiges an bürokratischem Aufwand. Während ihrer letzten Stunden im Gefängnis verlangte die Obrigkeit mit pedantischer Gründlichkeit von Mildred Harnack das Ausfüllen eines weiteren von vielen Fragebögen, mit denen sie während ihrer letzten Lebensjahre konfrontiert worden war. Die Frage 27 lautete: «Was gedenken Sie nach der Entlassung zu tun? Wollen Sie Ihren früheren Beruf wieder ergreifen oder sich einem neuen zuwenden und welchem?» Man kann schwer sagen, was unglaublicher war, die grausame Banalität der Frage oder der irrsinnige Optimismus, mit dem die Gefangene antwortete: «Weiterhin die besten deutschen Dichtungen wie diejenigen Goethes für die englischsprachige Welt übersetzen.»[1] Aber genau so hatte Mildred ihre Aufgabe in Deutschland von Anfang an verstanden. Und es hatte Momente gegeben, in denen es schien, als würde sie ihre Absicht verwirklichen können.

Im April 1935 geht mit der Post eine mit dem Wappen der amerikanischen Botschaft versehene Einladung zu einem nachmittäglichen Empfang für den 8. Mai 1935 bei Harnacks ein. Als Ehrengast bei dieser Gelegenheit wird Donald Klopfer, Verleger des amerikanischen Buchverlages Random House und der Zeitschrift *Story*, angekündigt. Außerdem ist eine neue «Eroberung» Martha Dodds eingeladen, der amerikanische Romancier Thomas Wolfe. Wie in Deutschland üblich, treffen die Harnacks pünktlich um 17 Uhr in der Privatwohnung des Botschafters, Tiergartenstraße 27a, ein. Dort werden sie von Martha Dodd und ihrer Mutter begrüßt, einer kleinen, blassen, weißhaarigen Dame, die ebenfalls Martha hieß. Die Familie war bis zu diesem Tage noch keine zwei Jahre in Berlin, aber die Gattin des Botschafters wirkt schon außerordentlich überanstrengt. Mrs. Dodds unkomplizierte Einfachheit steht in auffallendem Kontrast zu der Förmlichkeit der Botschaftsdiener in Livree und mit weißen Handschuhen, die blässlich-milde und nur schwach alkoholhaltige Cocktails zusammen mit den Kanapees herumreichen – kleinen Scheiben von Weißbrot, bedeckt mit bleichen Gemüsescheibchen und Kräutern.[2]

Einige der Gäste zählen zu den regelmäßigen Besuchern eines Stammtisches in der Taverne, der von etwa zwanzig amerikanischen Journalisten mit ihrem Anhang gebildet wird, die sich nach der Arbeit dort zu treffen pflegen, um über die Neuigkeiten des Tages zu tratschen. Zu dem Kreis gehören Sigrid Schultz, die blonde, lebhafte, häufig Partys veranstaltende Korrespondentin der *Chicago Tribune*, Louis B. Lochner, Vertreter von Associated Press, und seine Frau – Letztere eine typisch deutsche Matrone in entsprechender Kleidung. Pierre Huss von der *Hearst Press* plaudert mit Wally Deuel von der *Chicago Daily News*. Huss – brillant, liebenswürdig und ehrgeizig – versteht sich recht gut mit den Nationalsozialisten, vielleicht deshalb, weil er sich auf Klatsch spezialisiert hat und alle schlüpfrigen Geschichten der Reichshauptstadt kennt. Der fleißige junge Deuel ist Nachfolger von Edward Mowrer, dem früheren Vorsitzenden des Vereins der Auslandspresse, dem hundert Mitglieder angehörten. Mowrer war des Landes verwiesen worden. Man hat ihm mitgeteilt, er müsse gehen, weil der «Führer» sein Buch «Germany Puts the Clock Back» [Deutschland stellt die Uhr zurück] gelesen habe und es nicht ausstehen könne. Mowrers staubtrockene Reaktion lautete: «Das ist merkwürdig. Ich habe sein Buch auch gelesen und kann es auch nicht ausstehen.»[3]

Die *New York Times* wird durch Guido Enderis vertreten, einen Mann in den Sechzigern, dessen typisches Erkennungsmerkmal eine rote Krawatte ist, Otto Tolischus ist die «Hauptstütze des Büros»; hinzu kommt der spitzbärtige Engländer Fred Birchall, Chef des europäischen Büros. Überraschenderweise ist auch John Elliot von der *Herald Tribune* zugegen. Der Nichtraucher und Abstinenzler ist selten auf Partys zu sehen. Ebenfalls anwesend ist John Williams vom *Christian Science Monitor*. Dann sind da noch zwei oder drei Paare mit britischem Akzent, Norman Ebutt von der Londoner *Times*, der Doyen des Pressecorps, er gilt als der bestinformierte und zugleich mürrischste Korrespondent in der Stadt. Die schnabelnasige Frau von nicht zu bezweifelnder Intelligenz, die neben ihm steht, ist seine Kollegin, die jedermann einfach Mrs. Holmes nennt.[4]

Die deutsche Diplomatie glänzt durch Abwesenheit. Die amerikanische Botschaft ist dem Regime verhasst. Es empfiehlt sich für Nationalsozialisten, den Dodds aus dem Wege zu gehen, viele Einladungen gehen mit der Bemerkung «Zurzeit verreist» an den Absender zurück. Von den Berliner Journalisten sind Margret Boveri vom *Berliner Tageblatt* und Bella Fromm, früher diplomatische Korrespondentin der *Vossischen Zeitung*, anwesend.[5] Nachdem das Blatt «arisiert» worden ist, arbeitet «Frau Bella» jetzt für die *Continental Post*, das Organ der Englisch sprechenden Gemeinschaft. Bella Fromm weiß jede Menge Klatsch über Emmy Sonnemanns prunkvolle Hochzeit mit Hermann Göring zu berichten. Das Paar, das den Eindruck erweckt, als sei es einer Wagneroper entsprungen, hatte im Berliner Dom geheiratet und ist «durch ein Spalier von Generalen mit gezogenen Degen nach draußen geschritten».[6] Für den raffgierigen «Kunstsammler» sind in vielen Museen des Reiches Gemälde als «Hochzeitsgeschenke» requiriert worden.

In einer Ecke sprachen die Rowohlts, Vater und Sohn, mit Donald Klopfer (der auf seinem Weg in die Sowjetunion und die Türkei durch Berlin reiste). Rowohlt ist der deutsche Verleger von Thomas Wolfe, und sein Sohn Ledig-Rowohlt begleitet den Schriftsteller als Presseagent.

Martha Dodd hat Mildred Harnack und Greta Kuckhoff damit beauftragt, die deutschen Gäste einzuladen. Sie hatte zunächst Scheu gehabt, die Deutschen zu sich zu bitten, da sie befürchtete, die Nationalsozialisten würden sie beobachten, ihnen nachspüren und ihnen auf andere Weise Schwierigkeiten bereiten.[7] Unter den Mutigen befindet sich Ludwig Reindl, der Chefredakteur der *Dame*, der gemeinsam mit seiner Frau Edith eingeladen worden ist. Er hat Wolfe beauftragt, seine Eindrücke über Berlin niederzuschreiben. Die Reindls stehen plaudernd mit Freunden zusammen, den Schriftstellern Otto Zoff und Richard Huelsenbeck. Zoff, der in sicherer Distanz in Italien lebt, befindet sich nur aus beruflichen Gründen zu einem kurzen Besuch in Berlin.[8]

«Erkennen Sie die Gefahr nicht, wissen Sie nicht, dass die Decke einstürzt?», bemerkt Huelsenbeck. Er bereitet sich darauf vor, Deutschland so bald wie möglich zu verlassen. «Heute wirst du die Harnacks kennen lernen», sagt Zoff zu Edith Reindl. «Sie werden da sein. Schau sie dir genau an. Ich glaube, ihr werdet einander mögen.» Dann blickt er über seine Schulter zurück zur Tür und verkündet: «Na schau mal, da kommen sie.»[9] Mildred Harnack sieht in ihrem einfachen blauen Kleid glänzend aus; ihr blondes Haar ist zu einem Knoten gebunden. Edith Reindl meint dazu: «Diese Frau sieht sehr charmant aus, ich würde sie gern näher kennen lernen.» Zoff erwidert: «Das lässt sich machen.» Nun stoßen Greta und Adam Kuckhoff hinzu. Arvid Harnack hat Mildred und Greta Kuckhoff den Auftrag erteilt, nach Gegnern des Regimes Ausschau zu halten.[10] Mildred und Greta hatten deshalb John Sieg eingeladen, einen in Detroit geborenen früheren Redakteur bei der *Roten Fahne*, dem Zentralorgan der Kommunistischen Partei. Sieg hat Verbindungen zum kommunistischen Untergrund. Gleich nachdem die Nationalsozialisten an die Macht gelangt waren, musste der Journalist seiner Überzeugungen wegen vier Monate in einem Gefängnis der SA verbringen.[11] Nun ist er mit Ernst Niekisch in ein Gespräch vertieft. Niekisch ist Herausgeber der Zeitschrift *Widerstand* und als Gegner des Faschismus bekannt. Arvid Harnack hatte Sieg gewarnt, Niekisch sei ein Mensch voller Widersprüche. Es werde nicht leicht sein, ihn für ihre Gruppe zu gewinnen.[12] Dennoch bemüht sich John Sieg darum.[13]

Obwohl dieses Beisammensein vollkommen harmlos zu sein scheint, haben Martha Dodd, Mildred Harnack und Greta Kuckhoff doch eine beträchtliche Anzahl von Gegnern des Regimes zusammengebracht. In angeregtem Gespräch erwartet man die Ankunft des Ehrengastes, des literarischen Giganten aus Amerika.

Schlagartig wird die Unterhaltung durch die mächtige Erscheinung eines befangen wirkenden Mannes unterbrochen. Wolfes dunkler Kopf mit dem dichten Haar schwebt über allen Gästen. Während er durch den Raum streift und schüchtern Komplimente von sich gibt, wird er sofort zum Mittelpunkt der Aufmerksamkeit, und er bemüht sich, freundlich zu sein.[14]

Wolfes erster Roman «Schau heimwärts, Engel» ist gerade übersetzt worden, und Rowohlt hat ihn, begleitet von einer außerordentlichen Kampagne, herausgebracht. Aus Amerika hat Wolfe gerade ein Telegramm seines Lektors beim Verlag Scribner, Max Perkins, empfangen: Sein zweiter Roman «Von Zeit und Strom» hat glänzende Kritiken erhalten. Martha Dodds Einladung mit Briefkopf der Botschaft, die auf Mildreds Drängen an ihn ergangen ist, hat Wolfe verblüfft. Martha Dodd lockte ihn mit einem Empfang in einem kleinen erlesenen Kreis und versicherte dem Schriftsteller, wie «eine Meute verrückter wilder Hunde» werde ihm das literarische Berlin «auf der Spur sein». Sie offenbart, dass auch sie eine Schriftstellerin sei; ihr Bruder Bill und ihr Vater seien Historiker, «nicht Diplomaten im landläufigen Sinne». Sie wolle gern alles Erdenkliche für ihn tun, wolle ihn gerne auch zum Tanzen und Ähnlichem ausführen und ihm auf Autofahrten die Umgebung Berlins zeigen. Ihr Vater werde alles arrangieren, was auch immer ihn interessiere. Ihre letzten Zeilen waren berechnend: «Es ist ein derart außerordentliches Ereignis, wenn ein Autor in unsere Stadt kommt. Ich möchte Sie unbedingt kennen lernen, und dies hauptsächlich, weil ich Ihr Werk so sehr bewundere.»[15]

Martha Dodd kann dem Reiz, sich im Glanz literarischer Berühmtheit zu sonnen, nicht widerstehen und entfaltet hier ihre Verführungskünste bis zum Äußersten. Wolfe ist sich dagegen nicht bewusst, dass Mildred Harnack, Martha Dodd und Greta Kuckhoff praktisch den gesamten literarischen Widerstand gegen Hitler hier versammelt haben. Er nimmt vielmehr an, der «erlesene Kreis», mit dem Martha Dodd ihn bekannt macht, seien funkelnde Sterne am kulturellen Firmament der Nationalsozialisten. Die begeisterte Schar an der Botschaft wird ganz Berlin für ihn verklären.

Die politischen Ereignisse führten dazu, Niedergang und Ende des Salons Harnack-Dodd zu beschleunigen. Durch Emigration waren bereits große Lücken in den Reihen des literarischen Berlins entstanden. Jene, die in der Reichshauptstadt blieben, waren niedergeschlagen und demoralisiert. 1935 war es so weit, dass die Reichskulturkammer das literarische wie das ganze kulturelle Leben kontrollierte. Mit Einrichtung der Reichskulturkammer unter Federführung des Reichsministeriums für Volksaufklärung und Propaganda sicherte sich Goebbels eine Monopolstellung auf kulturellem Gebiet. Mit ihrer Hilfe wurde der «kulturpolitische Gleichschaltungsprozess hinter der Fassade korporativer Neuordnung institutionalisiert». Sie war verpflichtet, «alles fern zu halten», was geeignet sei, «die Kraft des Deutschen Reiches … zu schwächen».[16]

Deutsche Autoren, Kritiker, Bibliothekare und Buchverleger mussten dieser Organisation angehören. Ein Nichtarier konnte selbstverständlich nicht Mitglied sein, ebenso wenig jene, die als «politisch unzuverlässig» galten. Es gab eine «schwarze Liste» von Büchern, die sich nicht in öffentlichen Bibliotheken befinden durften. 1936 hat Walter Mehring geschrieben, Berlin sei so lange eine

Weltstadt gewesen, wie Tucholsky für und über sie schrieb. Mehring hat Berlin mit einem Film verglichen, der rückwärts läuft: Die hervorragenden Künstler, die sich in den zwanziger Jahren in der Stadt zusammengefunden hatten, waren Mitte der dreißiger Jahre samt und sonders fort.[17] Während immer mehr Schriftsteller emigrierten, zum Schweigen gebracht oder verhaftet wurden, wuchsen paradoxerweise die Chancen für die Übersetzung und Veröffentlichung akzeptabler Werke ausländischer Autoren.[18]

Einige amerikanische Schriftsteller waren verboten. Zu ihnen zählten Theodore Dreiser und John Dos Passos, weil sie für die Sowjetunion eintraten. Auch Ernest Hemingway kam auf den Index, obwohl die Nationalsozialisten seine «kompromisslose Männlichkeit», seine «Liebe des Heroischen», sein Bekenntnis zu «angelsächsischen Idealen» bewunderten.[19] Sinclair Lewis zählte zu den unerwünschten Autoren; Bücher von Jack London und Upton Sinclair wurden verbrannt. Doch konnte Rowohlt Mitte der dreißiger Jahre, während der Anteil deutscher Autoren in seinem Programm zusammengeschrumpft war, immer noch Werke von William Faulkner und Thomas Wolfe verlegen. Dass Faulkner die Industrialisierung ablehnte, kam im zutiefst konservativen Kulturklima des Dritten Reichs gut an. Schließlich wurden seine Werke aber doch in der offiziösen *Bücherkunde* der Regierung negativ beurteilt, Übersetzungen sollten nicht gefördert werden.[20] Wolfe jedoch erwies sich als geeignet für Übersetzungen, und die Deutschen bewunderten die Ehrlichkeit und Kraft seines Stils.

Anstelle großer literarischer Werke gelangte eine Flutwelle von Kriminal- und Gesellschaftsromanen auf den Markt, die zur Ablenkung des Publikums von den Unbilden des täglichen Lebens beitrugen. Agatha Christie, Somerset Maugham und Margaret Mitchell, von deren Südstaatensaga «Vom Winde verweht» 300 000 Exemplare verkauft wurden, fanden ein breites Publikum. Mildred Harnacks Übersetzung von Irving Stones «Lust for Life» («Vincent van Gogh, Ein Leben in Leidenschaft») erschien 1936, dann folgte 1938 ihre Übertragung von «Drums along the Mohawk» («Pfauenfeder und Kokarde») von Walter Edmonds.

Mildred Harnack hatte außerdem als Wissenschaftlerin, Vortragende und gelegentlich auch Autorin von Essays Erfolg; das waren Arbeiten, die eine Brücke zwischen jüngeren amerikanischen Autoren, besonders Faulkner und Wolfe, und dem deutschen Publikum schlugen. Was ihre eigenen belletristischen Versuche anging, so mangelte es ihr an genuiner schöpferischer Fantasie und sprachlicher Gewandtheit; mit ihren literaturkritischen Arbeiten jedoch offenbarte sie ein echtes Gespür für gutes Schreiben und die Fähigkeit, die Persönlichkeit eines Autors zu vermitteln.

1935 veröffentlichte Mildred Harnack einen Aufsatz über Faulkner in der wichtigsten literaturkritischen Zeitschrift Deutschlands, *Die Literatur*. Möglicherweise auf Grund der Tatsache, dass sie Botschafter Dodd bei der Arbeit an seinem Buch über die Südstaaten geholfen hatte, war sie von diesem Teil der Vereinigten Staaten fasziniert, wo Rassenfragen eine so große Bedeutung hatten. Vor dem Hintergrund der Ideologie von *Blut und Boden* – ein Schlüsselbegriff nationalsozialistischer Rassenpolitik – scheint ihr Essay von 1934 unter dem Titel «Der Epiker der Südstaaten: William Faulkner» sehr wagemutig. Die Arbeit erschien im *Berliner Tageblatt*, einer einst hoch geschätzten, jetzt aber nur noch populären Zeitung. Hier schrieb sie voller Sympathie, der Kern von Faulkners Weltsicht sei «das In- und Gegeneinander von Weißen und Farbigen».[21] Während Literaturkritik im nationalsozialistischen Deutschland nicht nur eine Sache des persönlichen Geschmacks war und ein einflussreicher Kritiker schreiben konnte, alles Schlechte und Destruktive an der amerikanischen Literatur resultiere aus dem Einfluss «fremder Rassen» («Juden und Neger»), konnte das Ignorieren der «Rassenfrage» das Ende von Mildred Harnacks Lehrtätigkeit bedeuten.[22]

Thomas Wolfe war der Autor, zu dem sie die stärkste Affinität verspürte. Die beiden waren ungefähr gleichaltrig. Beim Lesen von «Schau heimwärts, Engel» hatte sie 1933 sogleich das Gefühl, eine wichtige neue Stimme entdeckt zu haben. Seine Fähigkeit, «eine tiefere Wahrheit erstehen zu lassen», die sich auf Erfahrungen aus seiner Jugend stützte, war etwas, das Mildred Harnack in ihrem eigenen autobiografischen Roman angestrebt hatte.[23] 1933 hielt sie vor dem *American Women's Club* einen Vortrag über Wolfe. 1934 tat sie es vor einem Publikum von Akademikern und Schriftstellern in der Wohnung von Emmi und Klaus Bonhoeffer. Später im selben Jahr erschien von ihr im *Tageblatt* eine Arbeit unter der Überschrift: «Drei junge Dichter aus den USA. Thornton Wilder, Thomas Wolfe und

William Faulkner».[24] Als der 34-jährige Dichter aus North Carolina 1935 in Berlin eintraf, hatte Mildred Harnack also bereits dazu beigetragen, ihm den Weg für einen begeisterten Empfang zu bahnen.

Sogleich nach seiner Ankunft in Berlin hatte Wolfe eine Verabredung mit Mildred Harnack in der St.-Pauli-Bar in der Rankestraße, wie er in seinem Notizbuch festhielt. Diese Begegnung führte zu einem zweiteiligen Interview, das in der *Continental Post* erschien, sowie zu einem Beitrag im *Berliner Tageblatt*.[25] Das Interview ist möglicherweise das offenherzigste, das Wolfe je gegeben hat; es war eine Art literarischer «Knüller». Bei der Beschreibung seiner Arbeitsmethoden legte Wolfe Mildred Harnack gegenüber bestimmte Gedanken dar, die er später in einem Vortrag an der Universität von Colorado verdeutlichen und dann zu einem dreiteiligen Artikel für die *Saturday Review of Literature* verarbeiten sollte. Schließlich erschien dieser Bericht über seine symbiotische Arbeitsbeziehung zu Max Perkins auch in Buchform als «The Story of a Novel» (eine deutsche Ausgabe erschien unter dem Titel «Uns bleibt die Erde: Die Geschichte eines Romans», Hamburg 1951).

In der *Continental Post* schilderte Mildred Harnack Thomas Wolfe als «Schöpfer eines amerikanischen episch-satirischen Romans von gewaltigen Proportionen», der «voller Saft und Kraft» des Lebens sei. Im selben Beitrag zeichnete sie ihr mit Leben erfülltes Porträt des beinahe zwei Meter großen Autors: «Es gibt Riesen in dieser Welt, auch heute noch. Selbst wenn ein hoch gewachsener Mensch neben Wolfe steht, ragt die riesige Gestalt des jungen Schriftstellers in der sonnigen Mailuft wie ein Turm über ihm auf. Wenn seine braunen Augen den Augen anderer direkt begegnen, senden sie manchmal schwarze Blitze aus. Doch es gibt auch Momente, da die beinahe kindlichen Lippen, die kleine Nase und die rundlichen Wangen so friedvoll und natürlich sind, dass sie kaum die Kraft des universellen Blickes verraten, mit dem er auf die Dinge schaut oder sich unbewusst an sie erinnert.»

«Glauben Sie, dass die Südstaaten sich jemals wieder erholen werden?», fragte Mildred Harnack und dachte dabei an all die Verheerungen durch den Bürgerkrieg, der «die Machtstellung des alten Plantagensystems zerstörte».

«Ja, das glaube ich, aber als Autor kann man da nicht bleiben.

Man wird zermalmt. Ich habe es nicht mehr gewagt, zurück in den Süden zu gehen, seitdem ich mein erstes Buch geschrieben habe. Nachdem ich mit ‹Schau heimwärts, Engel› fertig war, erhielt ich zwei Kritiken ... Die eine kam von einer Frau, die ich im Süden gekannt hatte. Sie sagte, sie würde sich freuen, wenn mein großer Kadaver gelyncht werde. Die andere kam von einer jungen Autorin, die in der Zwischenzeit geheiratet hat, jedoch im Kindbett gestorben ist. Sie hieß Margery Latimer.»

Wolfe betonte: «Die Kritik hat mir Mut gemacht. Ich hebe das immer noch auf. Ich habe Margery Latimer nie kennen gelernt, aber ich glaube, sie war ein guter Charakter. Ich bin schrecklich traurig, dass sie gestorben ist.»

In einem Abschnitt, den Wolfes Biografen übersehen haben, äußerte er sich erstmals über seine Art zu schreiben und räumte ein, wie viel er seinem Lektor verdanke: «Jedes Mal, wenn ich hunderttausend Blatt Papier gestapelt habe, gehe ich damit zu meinem Freund Max Perkins im Verlag Scribner's ... Und er sagt dann immer: ‹Das ist gut, das ist der wahre Stoff, aber das ist nur das Kniegelenk.› Oder ‹Das ist der Arm.› Als wäre das Ganze der Gestalt noch nicht vorhanden, als müsse es noch Stück für Stück zusammengesetzt werden ... Aber eines schönen Tages brachte ich ihm dann den ganzen Stapel, und er sagte: ‹Nun hast du es geschafft. Du hast alle Teile beisammen.› Ich hatte das auch erkannt, war aber außerstande, sie zusammenzufügen. So habe ich dann jeden Tag geschrieben, und jeden Abend trug ich das Geschriebene zu Max, und wir sprachen es durch. Wir gingen in ein Café, tranken etwas und arbeiteten. Auf diese Weise ist das zweite Buch entstanden.»

Dann unterhielten sich Mildred Harnack und Wolfe über andere Autoren. Zunächst über Sherwood Anderson, den Wolfe sehr schätzte: «Ich glaube, er ist in seiner Jugend innerlich verletzt worden. So viele Amerikaner sind als junge Menschen lädiert worden ... Mir ist es beispielsweise auch so ergangen. Ich weiß nicht, ob Sie in einer Familie aufgewachsen sind. Ich bin es. Und man hat mir beigebracht, wenn ich etwas tue, was kein Geld einbringt, so ist das falsch. Selbst heute noch habe ich das Gefühl, wenn meine Bücher kein Geld einbrächten, dann wäre ich ein Versager. Aber ich weiß, dass das nicht gut ist. Die besten Dinge werden nicht für Geld getan. Glauben Sie das nicht auch?»

Wie die Lektoren fragte sich Mildred, auf welche Weise man die Gedanken ordnen könne, die aus Wolfe nur so heraussprudelten: «Ich weiß nicht, wie ich aus all dem ein brauchbares Interview machen kann», bekannte sie ihm gegenüber, «aber ich werde etwas schreiben. Gibt es irgendetwas, was Sie besonders hervorheben wollen?»

«Nein.» Dann – nach einer Pause: «In New York ist einmal ein Interviewer zu mir gekommen. Der schrieb dann später Dinge wie diese: Meine Hosen seien ungebügelt und vor dem Fenster meines Zimmers stehe eine Milchflasche – ich glaube, all das ist nicht wichtig, nicht wahr?»[26]

Der Wirbelsturm der Publizität ging weiter, die wohlmeinenden Besprechungen ebenfalls; die meisten kamen von regimefeindlichen Kritikern, die in vorsichtiger Dosierung ihren Dissens formulieren konnten, indem sie ihre Begeisterung für Wolfe zum Ausdruck brachten.[27] Der amerikanische Autor schrieb über sich selbst: «Sein Name war von Glanz und Schimmer umgeben: Er war ein berühmter Mann.»[28] Die Berliner Intellektuellen machten ihn zum literarischen Jason, zum Helden des Tages, der wie seine Romangestalt George Webber «ausgezogen war, das Goldene Vlies zu suchen». Des Abends lebte das deutsche literarische Leben zeitweise auf, wenn die Leute kamen, um mit Wolfe zusammenzutreffen. Wie Martha Dodd schreibt, lockte er Menschen ins Romanische Café, die dort kaum mehr hingegangen waren, seit Hitler an der Macht war. Die Gestapo, die sich dieser Tatsache bewusst war, setzte überall dort ihre Spitzel ein, wo der Autor auftrat, sie versuchte «freimütig geäußerte Meinungen zu erhaschen, die im Umfeld von Wolfes Gegenwart in einem Gefühl der vermeintlichen Sicherheit oder aus Unachtsamkeit gegenüber dem allgegenwärtigen Terror dem einen oder anderen entschlüpfen könnten».[29] Für die Deutschen war Wolfe «die Verkörperung der freien Welt», nach der jene sich sehnten, die in Hitlers Kerkern lebten.[30]

Wolfe fand Martha Dodd, die er in einem Brief an Maxwell Perkins als «kleine Kokette aus dem Mittleren Westen – mit kleinen, glänzenden, vorstehenden Zähnchen und kieksiger Stimme» abtat, zunächst eher abschreckend.[31] Aber sehr bald kam es ihm vor, als sei er in sie verliebt. Die beiden ließen sich auf eine stürmische Romanze ein; darum war es höchst zweckdienlich, dass er in die Botschaft einzog.

Sie kämpften miteinander. Martha Dodd versuchte gegen seine Trunksucht einzuschreiten, gegen die Verschwendung seines Talents. Sie wollte aus seinem Munde von seiner «Einsamkeit und Angst» hören. Wolfe antwortete darauf, er sei weder einsam, noch habe er Angst. Und wenn es so wäre, würde er kaum mit jemandem darüber sprechen, den er erst seit einer Woche kenne.[32]

Martha Dodd und ihr Bruder begleiteten gemeinsam mit Ledig-Rowohlt und Mildred Harnack ihren Gast allenthalben in Berlin. Es war nach Wolfe «ein wilder, fantastischer, unglaublicher Wirbel von Partys, Teegesellschaften, Dinners, nächtelangen Saufgelagen, Zeitungsinterviews, Radioprojekten, Foto-Sitzungen und so weiter».[33] Mildred Harnack und Wolfe gingen im Tiergarten miteinander spazieren, wo die «vielen großen Bäume» und «Unmengen von Stiefmütterchen in voller Blüte standen, die die Gärtner aus den Blumenbeeten pflückten, bevor sie die Zeit zum Verblühen hatten». Sie sollten sie für alle Zeiten an Wolfe erinnern.[34] Martha und Bill Dodd chauffierten ihn nach Weimar, der schönen Stadt in Thüringen mit all den Erinnerungen an Goethe und Schiller, sowie zur Wartburg bei Eisenach, wo Martin Luther einst Zuflucht gefunden hatte. In einem Brief an Perkins bezeichnete Wolfe die Deutschen als das «sauberste, freundlichste, warmherzigste und ehrlichste Volk, das ich in Europa kennen gelernt habe».[35]

Wolfe war als Romantiker und Antisemit dem Nationalsozialismus gegenüber eher positiv eingestellt. Martha Dodds Freunde «versuchten ihm vergeblich zu zeigen, dass in Deutschland nicht alles uneingeschränkt großartig war»[36], wie sie in «Through Embassy Eyes» schrieb. Wolfe passten Marthas Belehrungen nicht, und er fand ihre Meinungen bedenklich, weil «sie zum Kommunismus neigte».[37] Am Ende war Mildred Harnack diejenige, auf die seine Meinungsänderung zurückzuführen war. Wie Martha Dodd sich in ihren unveröffentlichten Erinnerungen ins Gedächtnis ruft, hatte Wolfe «großen Respekt vor Mildreds ernsthaftem, geduldigem und wohl begründetem Urteilsvermögen». Mildred war diejenige, die «Wolfes späteres Verständnis für politische Dinge entschieden vorantrieb».[38] Nach sechs Wochen reiste Wolfe ab. Nun hatte er einige seiner Vorstellungen über «den edlen Geist der Freiheit in Deutschland» revidiert.[39]

«Er kam hierher und verbreitete den Eindruck seiner Überfülle und seiner Kraft, und an ihn zu denken hat sich seitdem als fruchtbar erwiesen», schrieb Mildred Harnack an Wolfes Lektor Max Perkins im Rahmen eines Briefwechsels, der wohl auf Wolfes Anregung hin begonnen hatte. «Einige Zeit bevor ich ihn kennen lernte, empfand ich bereits große Bewunderung für die Art, wie er in der Person des Gaent in ‹Schau heimwärts, Engel› tragische und komische Züge in einer Satire verbinden konnte … In meinen Augen liegt sein besonderes Können hierin – ich liebe jene Seiten, die Größe im Kleinen und Kleines im Großen zeigen, und das reiche Maß an Humor und Tragödie, die all dem zugrunde liegen. Er karikiert die Menschheit und vermenschlicht die Karikaturen in ungewöhnlich reicher und kräftiger Weise.»[40] Perkins antwortete, sie habe «diese seltsame Kombination von Elementen in Wolfes Schreiben besser herausgearbeitet als irgendjemand sonst».[41]

*Wolfes Notizbücher aus dem Jahr 1935, die sich in der Houghton Library in Harvard befinden, enthalten eine kurze Liste, die mich sehr interessierte: Berlin: Martha, Der Alte, Ledig-Rowohlt, Mrs. Harnack.*

*Von Martha Dodd abgesehen, war die einzige dieser Personen, die 1990 noch lebte, Heinrich-Maria Ledig-Rowohlt. Auf meinen Brief hin rief er an und hinterließ eine Nachricht: Er lud mich auf ein Wochenende in die Schweiz in sein Château oberhalb des Genfer Sees ein. Leute, die ihn gut kannten, versicherten mir, ob die Reise nach Lausanne nun neues Material für mein Buch erbringe oder nicht, so dürfe ich mir auf keinen Fall die Gelegenheit entgehen lassen, diesen bemerkenswerten Mann kennen zu lernen. Drei Wochen später begrüßte er mich mit einer Umarmung auf dem Bahnhof in Lausanne und fuhr mich dann nach Lavigny.*

*Ledig-Rowohlt hatte sich 1983 nach dem Verkauf seines Verlages hierher ins Privatleben zurückgezogen. Allerdings lebte er jetzt keineswegs einsam und ungestört. Sein Faxgerät spuckte fortwährend etwas aus, und unser dreitägiges Marathon-Gespräch wurde immer wieder durch Telefonanrufe unterbrochen. Während unserer Gesprächsrunden strahlte mich Ledig-Rowohlt, ein agiler Mittachtziger, unter seinen buschigen Augenbrauen an, dem markantesten Zug in seinem Gesicht; diesen Zug hatte David Levine überzeugend in einer Karikatur des Verlegers herausgearbeitet, die an der Wand hing. Ledig-Rowohlts Liebe und Respekt für die amerikanische Literatur veranlasste ihn zu liebenswürdigem Umgang mit amerikanischen*

*Autoren, und er verwöhnte mich mit Leckerbissen aus seinem großen Repertoire an literarischem Klatsch, das von Sinclair Lewis und Dorothy Thompson bis zu John Updike reichte.*

*Er hatte Mildred und Arvid Harnack flüchtig gekannt. Martha Dodd kannte er besser und Wolfe sehr gut. Martha Dodd und Ledig-Rowohlt waren 1935 fast gleichaltrig: er war 27, sie 26 Jahre alt. Da Wolfe nicht mehr als ein «Taxifahrer-Deutsch» sprach, unterhielten sie sich auf Englisch – Ledig-Rowohlt hatte damals einen starken Akzent, der später verschwand und den der Amerikaner zu Ledig-Rowohlts Entsetzen mit phonetischer Genauigkeit in einem Artikel in der* New Republic *festhielt, aus dem dann später das Buch «You Can't Go Home Again» entstand (I feel perfectly dret-ful! I have not efen been to bett! May I tell you something?).*[42]

*Ledig-Rowohlt war die vorübergehende Leidenschaft Wolfes für die Tochter des Botschafters nicht verborgen geblieben. Martha, das vertraute Wolfe einem Freund an, war «wie ein Schmetterling, der um meinen Penis flattert». Der Verleger erinnerte sich an eine nächtliche Auseinandersetzung. Nachdem man viele Runden in der Taverne getrunken hatte, kehrten die beiden Männer in die Botschaft zurück, um nach Martha zu schauen. Als sie die Treppe hinaufgingen, schwenkte sie ein Exemplar von Wolfes neuestem Buch, «Of Time and the River». Sie machte Wolfe Vorwürfe, weil er sein Talent durch Sauferei zerstöre.*

*«Wolfe war sehr zornig. Er stürmte die Treppe hinauf, riss ihr das Buch aus den Händen und zerriss die tausend Seiten mit seinen Bärentatzen, dann warf er alles aus dem Fenster in den Tiergarten, als handele es sich um ein Telefonbuch. Martha schmiss sich daraufhin auf die Couch und heulte. Wolfe raste, schimpfte und fluchte. Und für mich war es sehr schmerzhaft, Zeuge dieser Szene sein zu müssen. Ich war ratlos, aber dann fing ich an, vorwärts und rückwärts Purzelbäume zu schlagen. Sie heulte und er tobte. Ich machte Saltos hin und zurück. Dann fing sie an zu lachen. Thomas umarmte mich, zerquetschte mich fast mit seinen Armen. Und sie beruhigten sich. Es war früher Morgen, die Morgendämmerung begann über den Bäumen des Tiergartens sichtbar zu werden, und wir fuhren in eine Gegend am Rande Berlins, in den Grunewald. Dort gab es Schwäne und Vögel; Thomas war jetzt in der Natur, und nun war er wieder glücklich. Wir frühstückten in einem Gartenlokal, er nahm das Tischtuch, wickelte es um sich und sagte: ‹Ich bin jetzt Sitting Bull.›»*

*Wir unterhielten uns nun über die Partys, die Martha Dodd und die Harnacks gegeben hatten.*

*«Bei Martha ging es recht bürgerlich zu. Sie gab sich zwar ein wenig bohèmehaft, war aber in Wahrheit eher kleinbürgerlich. Arvid war ein sehr kultivierter Mann. Und was das Politische angeht, so wurde ganz deutlich, dass er den Nationalsozialismus hasste.»*

*Ich wollte von ihm wissen, ob er das damals bereits bemerkt habe.*

*«Ich wusste, dass ich mich unter liebenswürdigen Leuten bewegte, die Gegner der Nazis waren. Dass er Kommunist war, wusste ich von Martha. Mir war klar: Wenn er ein Freund Marthas war, dann war er ebenso wie sie gegen die Nationalsozialisten. Der entscheidende Punkt war, dass sie gegen Hitler waren. Und es war eine Selbstverständlichkeit: Wenn man gegen Hitler war, dann würde man den Russen helfen ... Und es war doch ganz offensichtlich, wenn man damals den Russen gegenüber positiv eingestellt war und in der russischen Botschaft verkehrte, dann war es höchst wahrscheinlich, dass sie versuchten, einen auf ihre Seite zu ziehen, damit man ihnen half.*

*Auch mein Vater verkehrte in der russischen Botschaft. Der alte Mann hielt sich für einen Kommunisten. Er war Parteimitglied, und seine Vorstellungen waren recht naiv. Wir haben damals einige Bücher über Russland verlegt, und das war einer der Gründe, warum mein Vater in der russischen Botschaft zuvorkommend empfangen wurde. Sie mochten ihn. Auch Ernst von Salomon ging in die russische Botschaft. Ich war nie dort. Ich wurde niemals eingeladen. Damals war ich nicht wichtig genug.»*

*Dann stellte ich Fragen über Salomon. In seiner Autobiografie «Der Fragebogen» schildert er die Gäste der Feste bei Harnacks und sagt, deren Freunde seien allzu indiskret gewesen, eben Salonrevolutionäre, sie sprachen allzu sorglos über Dinge, die sie den Kopf kosten konnten.*[43]

*«Nein, ... bei den Harnacks ging es wie in einem Professorenhaushalt zu ... Ernst von Salomon war Autor unseres Verlages und ein alter persönlicher Freund von mir. Seine Frau – sie hatte ihn durch mich kennen gelernt – sagte: ‹Also, ich mag das. Da stehen sie mit ihren kleinen Teetassen herum und erzählen jedem, was sie für großartige Nazigegner sind.› Aber ich kann es einfach nicht glauben, dass die Harnacks Partys dieser Art veranstalteten. In meiner Sicht passt das nicht zu Arvids Charakter. Und zu Mildred schon gar nicht. Ich kann das nicht glauben. Aber vielleicht waren sie doch zu offen? Bei einer Cocktail-Party kann es vorkommen, dass man zu viel redet. Aber man gewann nicht den Eindruck, sich in einem Kreis kommunistischer Verräter zu befinden. Es war die Berliner Gesellschaft. Man hatte das Gefühl, hier waren intellektuelle Gegner Hitlers versammelt, aber es gab keine Geheimnisse.*

*Natürlich kämpften diese Leute gegen Hitler, die meisten standen links. Wissen Sie, die meisten Menschen von draußen, besonders im Ausland, können sich nicht vorstellen, wie kompliziert das alles war.»*

Nach all den Aufregungen, die Wolfes Besuch mit sich gebracht hatte, spürte Mildred eine Leere, und die Aufsätze über Wolfe und Faulkner sollten ihre letzten sein. Nach 1935 hat sie keine weiteren literaturkritischen Arbeiten mehr publiziert. Es waren Genehmigungen von kleinlichen Bürokraten notwendig, bevor wissenschaftliche Beiträge veröffentlicht werden konnten, und sie wurden selten erteilt. Sie schrieb auch keine ernst zu nehmenden Artikel für Zeitungen mehr. Da die Redakteure die Verantwortung übernehmen mussten, wenn sie Material veröffentlichten, das dem Regime nicht passte, wurden sie mehr und mehr zu Handlangern des Nationalsozialismus.

Eine weitere Autorin, die als Besucherin nach Berlin kam, die Journalistin Josephine Herbst, schrieb, in den Buchhandlungen und den Zeitungen Berlins sei wenig Interessantes zu finden gewesen. In einer Artikelserie für die *New York Post* im Sommer 1935 berichtete Josephine Herbst, hier finde man nur Artikel «über unsere Freunde, die Tiere, die Vögel und die Bienen, sowie Bilder von Hitler, der gerade von einem kleinen Mädchen einen Blumenstrauß überreicht bekommt». Auf Seite eins werde über schwere Gewitter berichtet, und «der Schmetterling ist ein wichtiges Thema im neuen Deutschland».[44] Als habe sie Herbsts These bestätigen wollen, dass 1935 nur noch das Wetter und die Natur geeignete Themen für den Journalismus gewesen seien, veröffentlichte Mildred Harnack nur noch drei Beiträge – allesamt in *Die Dame*. Zwei davon waren illustrierte Geschichten: «Im Wald von Arden» handelte von Frauen-Colleges in den Vereinigten Staaten. In «Hochschule mit Lasso» ging es um eine Ausbildungsstätte für Cowboys in Texas, und daneben gab es noch den stimmungsvollen Essay mit dem Titel «Sommersonnenwende».[45]

Seit 1936 arbeitete Mildred Harnack freiberuflich als Lektorin für verschiedene deutsche Buchverlage. Sie prüfte aktuelle amerikanische und britische Bücher, ob sie sich für eine Übersetzung eigneten. 1938 bot ihr der Berliner Verlag Rütten & Loening eine Stellung als Beraterin für amerikanische Romane an. Vor jeder Veröffentlichung einer Übersetzung musste eine Genehmigung des Propagandaministeriums eingeholt werden.[46] 1936 teilte Mildred Harnack dem Scribner-Lektor Maxwell Perkins mit, dass sie George Santayanas «The Last Puritan» übersetze.[47] Dieses Buch ist nie erschienen. Anders ging es mit ihrer Übertragung von Irving Stones «Sailor on Horseback», einer Lebensgeschichte Jack Londons.

In der Zwischenzeit lullte Hitlers Friedensrede vom 21. Mai 1935 die Welt in ein falsches Gefühl der Sicherheit, während seine Regierung gleichzeitig die Schaffung von Luftschutzräumen für alle öffentlichen Gebäude anordnete. Den ersten warnenden Hinweis auf die aggressiven Absichten des Dritten Reiches gab es am 7. März 1936, als Hitler die Wehrmacht ins entmilitarisierte Rheinland einmarschieren ließ. Dieses Vorgehen stellte eine Verletzung des Versailler Vertrags und des Abkommens von Locarno dar, die beide davon ausgingen, dass eine Remilitarisierung dieser Pufferzone zwischen Deutschland und Frankreich Anlass für einen neuen Krieg sein werde. Hitlers Trick, vollendete Tatsachen zu schaffen, wirkte, das kollektive Sicherheitssystem in Europa drohte kurzerhand zusammenzubrechen.

Große politische Prozesse gehörten jetzt zum Alltag. Mildreds Freundin aus Wisconsin, Clara Leiser, besuchte die Harnacks 1935. Weil sie an einem New Yorker Gericht tätig war, erhielt sie die Genehmigung, zwei dieser Gerichtsverhandlungen zu besuchen, Mildred durfte sie begleiten. In dem einen Prozess standen 17 männliche Jugendliche und Männer wegen «Hochverrats» vor Gericht. Sie sollten ein Treffen veranstaltet haben, bei dem subversive Stimmungen zum Ausdruck kamen, außerdem hieß es, sie hätten regimefeindliche Literatur verbreitet. Bei dem anderen Prozess waren acht Kommunisten des Totschlags angeklagt; sie sollten vier Jahre zuvor einen Gastwirt erschossen haben.[48] Clara Leiser konnte auch zwei Gefängnisse besuchen, der Zugang zu einem dritten wurde ihr verweigert. Hier hatte sie Liselotte Hermann sehen wollen, eine junge Frau, die «Landesverrat» begangen haben sollte und seit Dezember 1935 im Gefängnis saß.[49]

Im Spätfrühling 1936 begegnete Mildred Harnack Hitler das einzige Mal aus nächster Nähe. Wie ihr Schüler Emil Kortmann berichtet, kehrten sie gerade von einer Abendveranstaltung des Englisch-Klubs am Berliner Abendgymnasium heim. Als die beiden ins Gespräch vertieft die Tauentzienstraße in Richtung Zoo entlanggingen, trafen sie den «Führer»:

> Knapp hundert Meter vom Eingang zum UFA-Filmpalast entfernt – stand, wie aus der Erde gewachsen, eine große Schar SS-Leute hinter uns, schob uns mit anderen zufällig vorbeikommenden Passanten in Richtung des Kino-Eingangs. Alles ging so schnell, dass wir nicht zum Überlegen kamen, geschweige zum Gedankenaustausch. Doch waren wir fest davon überzeugt, in eine Razzia geraten zu sein. Aber es kam völlig anders. Als wir und andere Passanten zu beiden Seiten den Kino-Eingang säumten – allerdings vor und hinter uns von je einer dichten Reihe SS-Leuten umgeben –, ging die riesige Flügeltür auf, heraus trat ER – der größte Führer aller Zeiten, natürlich in Heldenpose, nach links und rechts winkend, begleitet von seinem affengesichtigen Hinkefuß und anderen «Würdenträgern». Unter Heilrufen bestieg Hitler das bereitstehende Auto und fuhr, von SS-Fahrzeugen eskortiert, los. Wir beide standen inmitten der Menge, aus der eine ältere Dame emphatisch rief: «Welch ein historischer Augenblick!» Das dachten bestimmt auch andere Leute, die noch herumstanden, oder die, wie Frau Harnack und ich, weitergingen. Am S-Bahnhof Zoo verabschiedeten wir uns mit dem Gedanken: Bei solch einer Geisteshaltung haben wir Antifaschisten noch viel zu tun.[50]

Als sich Deutschland im Sommer 1936 auf die Olympischen Spiele vorbereitete, war das Problem der Arbeitslosigkeit so gut wie gelöst, und Hitler versicherte Europa seiner friedlichen Absichten. Die deutsche Wirtschaft blühte, der «Führer» hatte den Höhepunkt seiner Popularität erreicht, und das große Fest des Sports bot ihm eine hervorragende Gelegenheit, die Errungenschaften des Dritten Reiches zur Schau zu stellen. Bahnhöfe wurden renoviert, Häuser wurden frisch gestrichen und leer stehende Läden wurden preiswert vermietet. Man drängte die Berliner, in ihren Fensterkästen statt Gemüse Blumen zu ziehen.

Die Straßen quollen über vor Touristen, die die Nationalsozialisten von ihrer besten Seite kennen lernen sollten. Schilder mit der

Aufschrift «Juden unerwünscht» wurden in aller Stille aus dem Blickfeld der Öffentlichkeit geschafft; die so genannten *Stürmer*-kästen, in denen das antisemitische Hetzblatt auslag, verschwanden vorübergehend von den Wänden; solange die Spiele dauerten, wurde die Verfolgung ausgesetzt.

Die Stadt faszinierte Besucher wie Thomas Wolfe, der zurückgekehrt war, um seine nicht ins Ausland transferierbaren Honorare auszugeben. Die etwa 15 Kilometer lange Via Triumphalis entlang – vom Alexanderplatz bis zum Olympiastadion – hingen Fahnen mit Hakenkreuzen und den fünf olympischen Ringen. «Den ganzen Weg durch das westliche Berlin bis vor die Tore des Stadions war die Stadt ein erschütternd farbenprächtiges königliches Fahnenmeer: … die ganze Anfahrt entlang erhoben sich … Fahnenmaste, die das Schlachtzelt eines Kaisers hätten zieren können.»[51]

Der begeisterte Wolfe fuhr fort: «Ohne irgendwelche Erfahrung … hatten die Deutschen ein gewaltiges Stadion errichtet, das schönste und vollkommenste seiner Art.»[52] Hitler sah das durchaus anders, in seinen Augen war das Olympiastadion zu klein. Doch wie dem auch sei, der «Führer» verfügte, nach den Olympischen Spielen von 1940, für die Tokio als Austragungsort vorgesehen war, sollten alle weiteren Spiele in Deutschland stattfinden. In Nürnberg plante man ein Stadion mit 400 000 Sitzplätzen.

Doch aller Aufwand stimmte Wolfe auch nachdenklich: «Schon das prunkvolle Bild war überwältigend, so überwältigend, dass es schon fast bedrückend wirkte. Etwas Unheilverkündendes schien darin zu liegen … Das Unheilverkündende lag darin, dass diese Macht-Demonstration über die Erfordernisse des sportlichen Ereignisses hinausging.»[53]

Mildred Harnacks Interesse an den Olympischen Spielen war durch ein Buch über den Sport in Europa von Karl Diem, dem Vordenker der Berliner Veranstaltung, ausgelöst worden, das sie für die Olympischen Spiele 1932 in Los Angeles übersetzt hatte. Sie fand Diems Thema, den Zusammenhang zwischen Sport und Nationalismus, «sehr interessant». Sie verabscheute allerdings seinen «Chauvinismus» sowie die Tatsache, dass der Autor «auf die nationalistischen Aspekte des Sports» ganz besonderen Wert legte.[54]

Martha Dodd lud während der Olympischen Spiele Freunde in die Diplomatenloge ein, dort konnten sie den «schwarzen Messias», so Wolfes Bezeichnung für Hitler, aus nächster Nähe sehen. Sie sahen ihn jubeln und sich auf die Schenkel schlagen, wenn seine Landsleute siegten; sie erlebten seine Enttäuschung, wenn deutsche Sportler dem großen schwarzen Amerikaner Jesse Owens unterlagen. Einmal feierte Wolfe, als er mit Martha Dodd in der Botschafterloge saß, einen der Siege Owens mit einem indianischen Kriegsgeheul. Wütend wandte sich Hitler zu ihm hin, erkannte den Übeltäter und strafte ihn mit einem düsteren Blick.[55] Owens war, so bemerkte Wolfe, «pechschwarz», aber er gehörte «verdammt noch mal zu unserer Mannschaft, und er war wunderbar. Ich war stolz auf ihn, und also jubelte ich.»[56]

Im weiteren Verlauf der Spiele «wirkten» sie auf Wolfe «nicht mehr als sportliche Wettkämpfe, zu denen die ausgewählten Mannschaften anderer Nationen entsandt waren; sie wurden von Tag zu Tag mehr zu einer überwältigenden Demonstration, für die man ganz Deutschland geschult und diszipliniert hatte. Die Spiele schienen nur ein Symbol der neu gewonnenen Macht zu sein, ein Mittel, um der ganzen Welt vor Augen zu führen, wie weit diese neue Macht es gebracht hatte.»[57]

Von den Besuchern völlig unbemerkt, vollzog sich weiterhin die völlige Umwandlung des Lebens in Deutschland, die «Gleichschaltung». Zahlreichen Menschen war bereits 1936 klar, dass die politischen, gesellschaftlichen, wirtschaftlichen und religiösen Freiheiten nicht mehr existierten. Durch die im September 1935 verabschiedeten Nürnberger Gesetze wurde den Juden die deutsche Staatsbürgerschaft entzogen, und sie waren von den meisten qualifizierten Berufen ausgeschlossen. Sexuelle Beziehungen und Ehen zwischen Juden und Ariern wurden verboten. Juden wurden zu Menschen mit stark eingeschränkten Rechten herabgestuft. Obwohl Hitler ein Konkordat mit dem Vatikan geschlossen hatte, das die Eigenständigkeit der katholischen Kirche garantierte, wurden gleichwohl Priester und Nonnen willkürlich verhaftet. Wenige Monate nach den Olympischen Spielen wurde die protestantische Bekennende Kirche, die sich der nationalsozialistischen Kirchenpolitik widersetzte und sich unter anderem gegen die Ausgrenzung von Protestanten jüdischer Herkunft wandte, zum Angriffsziel. Pastoren und auch Laien wurden verhaftet. Für die Touristen unsichtbar blieben die Konzentrationslager, die in Deutschland entstanden waren.

«In Deutschland sind nur die Pferde glücklich», lautete ein sarkastischer Satz von Botschafter Dodd, den Wolfe gern zitierte.[58] Als er bei seinem zweiten Berlin-Besuch mit Shirer und Martha Dodd zusammentraf, meinte Wolfe, er sei «sich seines mangelnden politischen Engagements in einer Zeit bewusst, da die meisten Schriftsteller es zeigen und auch, darüber waren wir uns einig, unbedingt zeigen sollten».[59]

Während dieses Aufenthalts kamen mehr Leute zu ihm, um schauerliche Geschichten über den Nationalsozialismus loszuwerden, als früher. Wolfe schrieb: «Keines der hässlichen Dinge, die man sich zuflüsterte. sah er wirklich … Nirgends sah er in der Öffentlichkeit einen greifbaren Beweis für eine brutale Gewaltherrschaft …»

> Aber allmählich begann George [Thomas Wolfe] hinter diesen Dingen die Tragik zu spüren. Es war nicht das Politische; die Wurzeln dieser Tragik lagen viel tiefer, waren unheimlicher und schlimmer als Politik oder selbst als rassische Vorurteile. Zum erstenmal in seinem Leben begegnete er etwas Entsetzlichem, das er noch nicht kannte und gegen das alle Leidenschaft und lauernde Gewalttätigkeit Amerikas – Gangsterbanden, plötzliche Morde, die Hartherzigkeit und die Korruption, die das Staats- und Geschäftsleben Amerikas stellenweise verseuchten – harmlos erschienen. George begann zu erkennen, dass hier die Seele eines großen Volkes angekränkelt war und nun an einer furchtbaren psychischen Krankheit litt. Ihm wurde klar, dass diese ganze Nation von der Seuche einer ständigen Furcht infiziert war: gleichsam von einer schleichenden Paralyse, die alle menschlichen Beziehungen verzerrte und zu grunderichtete. Der Druck eines ununterbrochenen schändlichen Zwanges hatte dieses ganze Volk in angstvoll-bösartiger Heimlichtuerei verstummen lassen, bis es durch Selbstvergiftung in eine seelische Fäulnis übergegangen war, von der es nicht zu heilen und nicht zu befreien war.[60]

Ein schrecklicher Zwischenfall ereignete sich im Zug nach Paris, als deutsche Polizei Wolfes Zug betrat und einen Juden, mit dem er das Abteil geteilt hatte, verhaftete, weil dieser versucht hatte, Geld aus dem Lande zu schmuggeln. Das war für Wolfe Anlass, die Kurzgeschichte «Nun will ich dir was sagen …», ein Kapitel für den Roman «Es führt kein Weg zurück», zu verfassen. Als sie 1937 in der *New Republic* erschien, wurden Wolfes Bücher in Deutschland verboten – Rowohlt hatte ihn gewarnt.

*Ledig-Rowohlt sprach mit mir über seine Schwierigkeiten mit der Gestapo, nachdem Wolfe seinen Artikel veröffentlicht hatte.*

*«Martha rief mich eines Nachmittags an und bat mich, in die Botschaft zu kommen. Sie versprach: ‹Wir werden allein sein.› Ich war entzückt, denn ich meinte, Martha habe ein Auge auf mich geworfen. So ging ich hin, und ich befand mich wohl im Empfangsraum, denn es lagen Zeitschriften herum. Sie trat ein und griff nach der* New Republic, *die ich nicht bemerkt hatte, die aber auch dort lag. Ich las nun die Geschichte und regte mich auf.»*

*«Sie wussten, dass das für Sie gefährlich war?»*

*«Ja, natürlich. Es handelte sich ja um ein Porträt von mir. Der Titel der Geschichte ‹I Have a Thing to Tell You› [dt.: ‹Nun will ich dir was sagen] entsprach genau der Formulierung, mit der ich all meine Gräuelgeschichten über die Nazis begann. Martha gab mir den Rat, Deutschland so schnell wie möglich zu verlassen. Sie versprach: ‹Ich verschaffe dir einen Pass, und du gehst in die Vereinigten Staaten. Dort soll Tom sich um dich kümmern.›*

*Als ich am selben Abend wieder ins Büro kam, traf ich meinen Vater dort allein an, und ich erzählte ihm alles.*

*Zuerst bat er mich, die Stelle zu übersetzen, in der von ihm die Rede war – er war nicht ganz uneitel. Dann meinte er: ‹Niemand wird etwas herausfinden.› Aber dann ging es los in den Berliner Zeitungen, in den Nazi-Zeitungen. Sie schrieben über Tom Wolfe unter der Überschrift ‹Blick heimwärts, Teufel›, und ich machte mir große Sorgen. Dann tauchte die Gestapo im Büro auf. Mein Vater sagte, ich sei nicht da. Und sie sagten: ‹Na gut, Heil Hitler, wir werden später wiederkommen.› Als ich das hörte, wurde mir ganz anders zumute. Ich glaubte, sie seien hinter mir her. Ich saß in meinem Zimmer und arbeitete, als mein Vater wiederkam. Der alte Herr neckte andere sehr gern, zu mir war er manchmal ein wenig grausam. Er spielte gern Katz und Maus mit mir. Ich konnte hören, wie mein Vater den Gestapoleuten die Tür aufmachte. ‹Treten Sie ein in mein wundervolles Heim und so weiter.› Er war verrückt! Und dann dachte ich, wenn mein Telefon läutet, bin ich dran. Daraufhin klingelt es prompt. Mein Vater ist am Apparat und sagt: ‹Hier sind zwei Herren, die gerne mit dir sprechen möchten.› Mit zitternden Knien ging ich rüber. Und dann stellte sich heraus, was sie wollten. Sie wollten etwas über einen Autor und Freund von mir wissen. Sein Name lautete Erwin Topf, er hatte ein Buch unter dem Titel ‹Die Grüne Front› geschrieben, in dem er die deutsche Agrarpolitik scharf kritisierte. Sie wollten nur wissen, wo er sich befand. Zu seinem Glück war der Mann in der Armee, Major oder dergleichen, und sie konnten ihm nichts mehr antun.»*

*So blieb also Wolfes Geschichte ohne Konsequenzen?*

*«Ich wurde nie angeklagt. Sie hätten es herausfinden können. Tom hat den Blick vom Dachgarten unserer Privatwohnung aus hoch über dem Kurfürstendamm genau beschrieben. Sie hätten das alles herausfinden können, wenn sie in den Verlag gegangen wären und Nachforschungen angestellt hätten. Aber damals [1937] waren sie sehr beschäftigt, sie hatten vieles andere zu erledigen.»*

*Schließlich wurde der Rowohlt-Verlag von den Nationalsozialisten geschlossen, weil er die Werke von Linken, Juden (unter Pseudonym) und anderen politisch unerwünschten Autoren veröffentlichte. Ledig-Rowohlt wurde zur Wehrmacht eingezogen und an die Ostfront geschickt.*

*«Das waren schreckliche Zeiten, ganz schreckliche Zeiten», sagte er. «Unter Hitler gab es keine Gerechtigkeit. Und auch unmittelbar danach gab es keinen wirklichen Rechtsstaat. Die Ereignisse hatten einen einfach zu sehr erschüttert, zu sehr aufgebracht, wissen Sie. Selbstverständlich sehen die Deutschen ihre Schattenseiten nicht gern … Dieser Hitler war ein Witz, ein total Verrückter. Ein Witz und ein teuflisches Genie, aber er hat eine ganze Menge Leute reich gemacht.»*

*«Nun will ich dir was sagen» – I Have a Thing to Tell You – ich lächelte über den Ausdruck.*

*«Ich schäme mich ein wenig, ein Deutscher zu sein.» Dann zitierte Ledig-Rowohlt das seltsame Ende aus «Nun will ich dir was sagen»:*

*«‹Deshalb›, so dachte er, ‹alter Meister und Magier Faust, Urvater des ewig strebend sich bemühenden Menschengeistes, alte Erde du, altes deutsches Land mit all deiner Wahrheit, mit deinem Ruhm und deiner Schönheit, mit deinem Zauber und deiner Verderbnis – dunkle Helena, du, die du in unserm Blute brennst, große Königin, Geliebte, Zauberin … dunkles Land, du dunkle Erde, du altes, uraltes Land meiner Liebe … Lebe wohl!›»*[61]

Während des olympischen Sommers brach in Spanien ein Bürgerkrieg aus. Die Falangisten von General Franco, die sich zuerst auf Mussolini und später auch auf Hitler stützten, erhoben sich gegen eine Republik, deren Führung auf die Hilfe der Sowjetunion und auf Brigaden internationaler Freiwilliger angewiesen war, weil sie von den demokratischen Staaten keine Hilfe erhielt. Hier führten Stellvertreter die Generalprobe für einen größeren Konflikt auf. Mussolini, Hitler und Stalin schickten «Freiwillige», auch Mengen an Kriegsmaterial und entfachten einen Bürgerkrieg. Unter den sowjetischen «Beratern» befand sich ein junger Mann, der im Leben der Harnacks noch eine Schlüsselrolle spielen sollte: Anatoli Gurewitsch, ein Hauptmann der Roten Armee, der zu jener Zeit als «Victor Sukulow» auftrat. Er war 25 Jahre alt, hatte strahlende Augen und war eine kraftvolle Persönlichkeit, er besaß eine große Sprachbegabung, und «wo er eingesetzt war, hinterließ er eine breite Spur luxuriösen Lebens und amouröser Affären».[62]

Im Jahre 1942 erkannte die Gestapo nach Dechiffrierung eines Funkspruchs durch die Funkabwehr, dass sich dieser Mann hinter der Bezeichnung «Le petit chef» verbarg. Er leitete eine der Residenturen des sowjetischen militärischen Nachrichtendienstes in Brüssel und später in Marseille. Aber noch viel häufiger zog es Gurewitsch vor, sich «Kent» zu nennen. Den Namen hatte er sich bei dem britischen Helden eines russischen Spionageromans ausgeborgt: Edward Kent, war ein Agent, der «sich durch Kaltblütigkeit, unglaubliche Kühnheit und Verschlagenheit auszeichnete».[63]

# 11

# Die Fremde

Mildred während ihres Besuches bei den Heberles in Gremsmühlen, Holstein, 1938

Es ist September 1988, und ich halte mich in Berlin auf. Deutschlands frühere Hauptstadt ist immer noch geteilt, eine melancholische Metropole mit einer zwiespältigen Vergangenheit. Das einstige Strafgefängnis Berlin-Plötzensee, die bevorzugte Hinrichtungsstätte des Dritten Reiches, liegt an der Grenze zwischen zwei Bezirken: Hier endet das nördliche Charlottenburg, und es beginnt der Arbeiterbezirk Wedding. Die unmittelbare Umgebung wirkt immer noch trostlos. Von der einstigen Hinrichtungsstätte, heute Gedenkstätte, ist nicht viel übrig geblieben. Ein langer breiter Gang mündet auf einen Hof, in dessen Mitte eine graue Mauer aufragt, die als Mahnmal «Den Opfern der Hitlerdiktatur 1933–1945» gewidmet ist. Dahinter verborgen liegt ein roter Ziegelschuppen, unterteilt in zwei Räume: Im kahlen Inneren des einen zieht sich ein eiserner Träger mit fünf Haken von Wand zu Wand. Hier wurden zwischen 1934 und 1945 fast 3000 Männer und Frauen, ausschließlich Opfer des Regimes, enthauptet oder erhängt. Im Raum daneben wird die Praxis der nationalsozialistischen Justiz dokumentiert. Die Guillotine von Plötzensee, eine von schätzungsweise 19 ihrer Art, die 1943 in Deutschland in Betrieb waren, ist entfernt worden; sie taucht nur noch als Illustration in einem Führer auf. Keine Spur zeugt von der einzigen Amerikanerin, Mildred Harnack-Fish, die hier enthauptet wurde.

Wäre man jedoch von Plötzensee mit der U- oder S-Bahn in den Osten gefahren (vorausgesetzt, man hätte die Grenzkontrollen am Bahnhof Friedrichstraße über sich ergehen lassen), dann wäre man vor der Oberschule Mildred Harnack gestanden. Das 1904/05 erbaute Gebäude dieser Schule liegt im Bezirk Lichtenberg, einer Gegend, in der vorwiegend Parteifunktionäre der SED und Mitarbeiter der Staatssicherheit der DDR gern wohnten. Jedes Jahr erhielten die besten Töchter der Leute von Partei und Staatssicherheit Mildred-Harnack-Preise. In der Schule gab es ein Traditionskabinett, und in einem Korridor wurde eine Sammlung von Fotos und Zeitungsausschnitten über Mildred Harnack präsentiert. Ein Bild zeigt Greta Kuckhoff bei der Namensgebung der Schule.

Das Motto der Ausstellung – «Nur allein der Mensch/Vermag

das Unmögliche» – ist dem Gedicht «Das Göttliche» von Johann Wolfgang von Goethe entnommen. Unter den wichtigsten Ausstellungsstücken soll sich auch ein Gedicht auf Mildred befunden haben, auf die «Kundschafterin der Roten Armee». Diese Strophen wurden 1977 von einem russischen Komponisten vertont:

Über das große Wasser kamst du zu uns
Ins Schweigen des braunen Sumpfes
Und sagtest nicht: Was geht mich Deutschland an?
Denn Deutschland ist die schlechte Welt,
Denn Deutschland ist die schlimme Zeit,
Die nach Veränderungen schreit.

In die schwarze Nacht des Faschismus
Strömten deine letzten Worte:
Ich habe Deutschland so geliebt.
Den Henker selber fällt das Beil,
Und Deutschland brüllt sein Heil! Heil! Heil!

Mit den Wassern der Erde
Nehmen wir auf dein Blut,
Nehmen wir auf deine Kraft
Und wissen: Dies Deutschland wird
Die neue Zeit. Dies Deutschland wird
Die gute Welt
Die wir mit dir gewählt,
Mit dir gewählt.[1]

Es werden einige biografische Einzelheiten über Mildreds Jugend in Milwaukee dargeboten, das meiste handelt von ihren Goethe-Übersetzungen während der letzten Stunden in der Todeszelle. Aber eine ganze Menge bleibt der Fantasie überlassen. Es fehlt eine Schilderung der Widerstandsaktivitäten; nichts erklärt, was es hieß, «Kundschafterin» der Roten Armee zu sein. Im Jahr 1969 wurde Mildred Harnack posthum der sowjetische Orden des Großen Vaterländischen Krieges Erster Klasse verliehen. Aber wofür? In diesen Räumen einer Schule wird eine Mildred Harnack gefeiert – und den Schülerinnen als Vorbild vorgesetzt –, die keine Zweifel kannte, niemals zögerte, niemals zurückblickte, deren Glaube unerschütterlich war und die unter der Folter nicht zusammenbrach. Dabei könnten gerade ihre hier ignorierten Zweifel und Schwierigkeiten dieser Frau die menschliche Dimension und die Komplexität geben, die Schüler ansprechen dürften. Beim Besucher entsteht jedoch der Eindruck, ein Mensch Mildred habe nie existiert, der Mythen schaffende Propagandaapparat der Kommunistischen Partei habe sie erfunden, als nützliche Heldin, die dazu dient, dass die Menschen ihre Kinder, Schulen oder Straßen danach benennen können. Doch bevor ich mir weitere Notizen machen konnte, verscheuchte uns die Direktorin der Schule, die Schlimmes befürchtete, weil wir Englisch sprachen. Diese Schule war für Touristen verboten. Mildred Harnacks Courage diente den Schulbürokraten der DDR auf jeden Fall nicht als Vorbild.

Mildred Harnack gehörte einer Generation weiblicher Linksradikaler an, die zum Untergang verurteilt war – man wird in diesem Zusammenhang an Tina Modotti, Olga Benario, Marina Zwetajewa, Margarete Buber-Neumann und Milena Jesenská denken –, Frauen, die in den «gnadenlosen und grausamen Zeiten» nach dem Ersten Weltkrieg erwachsen wurden.

Diese Frauen zählten, wie es W. H. Auden formulierte, «zu den zahllosen unbetrauerten Opfern, die im verbrecherischen Lärm der Geschichte geräuschlos verschwanden».

Der wirkliche Lebenskampf, den Mildred Harnack zwischen 1936 und 1939 führte, steht in scharfem Gegensatz zum ideologisch verklärten Kinderbuch-Porträt der heldenhaften Mildred, das man in der DDR so liebte. Es waren für Mildred Harnack Jahre der wachsenden Isolation, des Zweifels und der Unentschiedenheit, für Deutschland waren es Jahre des Konformismus und der Kapitulation gegenüber dem Regime. Diese Phase brachte die allgegenwärtigen «Mitläufer» hervor. Damals zeigten die Wochenschauen begeisterte Massen, die Hitler zujubelten, wann immer er bei Parteitagen in Nürnberg auftrat, als er ins Rheinland einmarschierte und als er schließlich Österreich und das Sudetenland «heim ins Reich» holte. Dann folgte die «Kristallnacht» im November 1938 – als hätten die Juden noch nicht genug zu leiden gehabt, indem man sie nach und nach aus immer mehr gesellschaftlichen Bereichen ausschloss. Unter dem Klirren zerbrechenden Glases wurden die verzweifelten Juden zu Hunderten und Tausenden aus ihren Wohnungen auf die Straße getrieben. Wer weiter den aufrechten Gang praktizierte, lebte in ständiger Angst, von Informanten denunziert zu werden. Bei ihnen konnte es sich um Fremde, um Angehörige und um Freunde handeln. Zwischen 1933 und 1939 standen die Menschen, die sich nicht anpassen wollten, vor der schwierigen Entscheidung, ob sie Deutschland verlassen oder bleiben sollten. 1936 hatten bereits viele Freunde, Verwandte und Kollegen der Harnacks das Land verlassen; in den nächsten beiden Jahren sollten noch zahlreiche weitere folgen. Eine Sondierungsreise in die Vereinigten Staaten im Jahr 1937, ein Antrag auf ein Guggenheim-Stipendium 1939 und eine Fahrkarte für eine Schiffspassage in die Vereinigten Staaten 1939 machen Mildred Harnacks Ambivalenz deutlich.[2] Auf diese Unsicherheit werden wir noch zurückkommen. An dieser Stelle erwähnen wir nur die Kompromisse und Heucheleien, zu denen jene Deutschen gezwungen waren, die nicht mit dem Regime konform gingen, sich aber dennoch zum Bleiben entschieden.

Das Dilemma, in dem Max Delbrück steckte, war hierfür bezeichnend. 1935 hatte Arvid Harnack ihn Martha Dodd vorgestellt. Er wurde ein enger Freund und zeitweiliger Begleiter der Tochter des Botschafters. Damals war der künftige Nobelpreisträger bereits ein viel versprechender junger Naturwissenschaftler, der am Kaiser-Wilhelm-Institut für Chemie arbeitete. Doch im Mai 1934 wurde seine Habilitationsschrift, die Voraussetzung für eine Hochschullaufbahn, ohne Begründung abgelehnt. Seine Biografen vermuten, dass die Ablehnung politische Gründe hatte.[3] Wie andere, die nach einer Anstellung an der Universität strebten, musste Delbrück eine nationalsozialistische Dozentenakademie besuchen, ein dreiwöchiges politisches Schulungslager, bei dem «frei» diskutiert werden sollte. Hier genügte er den Ansprüchen nicht.

Ein anderes politisches Problem bestand für Delbrück darin, wie er die gebräuchliche Schlussformel «Heil Hitler» in seinen Briefen vermeiden konnte – ein Thema, über das in den Kreisen um die Harnacks viel diskutiert wurde. In offiziellen Dokumenten, besonders bei Stellenbewerbungen, war diese Grußformel nicht zu vermeiden. Doch gelangte man zu der Schlussfolgerung, dass der Ausdruck «mit vorzüglicher Hochachtung» eine ebenso große Lüge sei wie die Worte «Heil Hitler», und daher unterzeichneten

Max Delbrück, Mildred Harnack und andere mit dieser widerlichen Schlussformel.[4] Dadurch zwangen selbst so alltägliche Aufgaben wie das Schreiben eines Briefes oder der Kauf einer Eisenbahnfahrkarte zum Komplizentum mit einer Schar von Bürokraten, die eifrig darauf aus waren, Menschen zu überwachen und Fremde auszuspähen.[5]

1937 wurde Delbrück schließlich durch die Rockefeller-Stiftung gerettet, die ihm ein weiteres Stipendium bewilligte (er hatte bereits 1931 ein solches erhalten). Er verbrachte die Kriegsjahre und die restliche Zeit seiner wissenschaftlichen Karriere in Pasadena, Kalifornien. Doch empfand er ständig Schuldgefühle, weil er Deutschland verlassen hatte, und er widersprach mit Nachdruck jenen, die Deutsche kritisierten, weil sie in ihrem Land geblieben waren. Kurz vor seinem Tod sagte er: «Die Alternativen erscheinen nur solchen Leuten völlig eindeutig, die kein Gespür für die reale Situation haben.»[6] Seiner Meinung nach verdienten jene, die blieben – die Bonhoeffers, sein Bruder Justus und die Harnacks –, den größeren Respekt.[7]

Am 26. Januar 1937 wurde ein neues Beamtengesetz verabschiedet; danach konnten die Nationalsozialisten auf Lebenszeit berufene Beamte entlassen, an deren Loyalität Zweifel bestanden. Zahlreiche Beamte wollten unter diesen Umständen möglichst schnell Mitglied der NSDAP werden. Fast neunzig Prozent der preußischen Beamten waren nun Parteigenossen. Nur einige wenige nahmen ihren Abschied, wie Justus Delbrück es tat. Doch die Parteimitgliedschaft konnte Tarnung sein, wie es bei Arvid Harnack der Fall war.[8] Er trat im Mai jenes Jahres ohne Überzeugung der NSDAP bei.[9]

Nachdem Harnack seine Habilitation beendet hatte, bemühte er sich vergebens um eine Berufung an eine Universität. Daraufhin beendete er seine juristische Ausbildung. Im Februar 1935 legte er die Assessorenprüfung ab, und mit Hilfe eines Freundes von Greta Kuckhoff konnte er in das Wirtschaftsministerium eintreten. Wie im Nationalsozialismus üblich, mussten Arvid Harnacks Vorgesetzte bestätigen, dass er politisch zuverlässig sei, und wie alle jungen Akademiker musste er sich in einem nationalsozialistischen Lager außerhalb Berlins politisch indoktrinieren und körperlich stählen lassen. Als Adam Kuckhoff das Parteiabzeichen in Harnacks Knopfloch entdeckte, hatte er den Eindruck, dass Harnack ein prinzipienloser Karrierist sei. Er versetzte ihm auf der Straße ein paar Ohrfeigen. Greta Kuckhoff erkannte jedoch, «dass Harnack vollkommen im Klaren mit sich war und mit ihm alles in Ordnung war».[10]

Enge Freunde mochten verstehen, aus welchen Gründen Arvid Harnack in die Partei eingetreten war, aber die Familie konnte den Schritt nicht nachvollziehen. Einer seiner Cousins, Adolf-Henning Frucht, meinte dazu: Die Angehörigen «waren entsetzt. Nun, möglicherweise war Arvid in den Jahren 1932 bis 1935 nicht in aller Form Mitglied der Kommunistischen Partei, aber er bezeichnete sich stets als Kommunisten. Er hatte Beziehungen zu Kommunisten, nicht zu Nationalsozialisten.» Nun vermuteten die Familienangehörigen, er sei vor allem zu dem Zweck in die NSDAP eingetreten, um konspirativ gegen die Partei arbeiten zu können.

Es gab noch jemanden, der sich durch den Eintritt Harnacks in die NSDAP nicht täuschen ließ, das war Sergej Bessonow von der sowjetischen Botschaft, der Harnack 1932 in den Zeiten von ARPLAN entdeckt hatte. Der NKWD, der stets auf der Suche nach Leuten war, die noch einen Aufstieg vor sich hatten, war nun darauf aus, sich «auf die Rekrutierung von jungen Männern aus einflussreichen Familien» zu konzentrieren, von denen anzunehmen war, dass sie in Führungspositionen gelangen würden. Im Einklang mit jenen Verfahren der Agentenarbeit, die der sowjetische Spion und Überläufer Alexander Orlow enthüllte, war anzunehmen, dass der sowjetische Nachrichtendienst Arvids Lebensgeschichte, beginnend mit seinen Jahren auf dem Gymnasium, untersucht hatte; es wurden seine charakteristischen Eigenschaften analysiert, seine Schwächen, seine Freunde und seine Familie.[11] Mit der für sie typischen Geduld warteten die sowjetischen Nachrichtendienstler nun ab, bis er die unteren Sprossen einer Erfolg versprechenden Leiter erreicht hatte. Am 15. Juli 1935, drei Monate nachdem Harnack als Referent ins Wirtschaftsministerium eingetreten war, erteilte Moskau die Genehmigung, an ihn heranzutreten.[12] Die Sondierung nahm ein Freund Harnacks vor, Alexander Hirschfeld, der Erste Sekretär der Sowjetbotschaft.

Am 8. August 1935 traf sich Harnack mit Hirschfeld. Nach den Akten des sowjetischen Auslandsnachrichtendienstes im NKWD dauerte diese erste Begegnung ungefähr drei Stunden. Hirschfeld berichtete, zwar habe sich Harnack einverstanden erklärt, den Sowjets Informationen zu liefern, er habe aber darauf bestanden, «die Bedingungen seiner Zusammenarbeit mit dem sowjetischen Geheimdienst genauestens zu klären». Harnack legte dar, er beabsichtige, «neben dieser Tätigkeit auch künftig seine parteiinternen und antifaschistischen Aktivitäten fortzuführen». Hirschfeld hatte jedoch den Auftrag, Harnack aufzufordern, alle Verbindungen zur illegalen KPD abzubrechen; für die Bewegung sei er wertvoller, wenn er sich von der Kommunistischen Partei fern halte. Hirschfeld erklärte, es wäre zu riskant, seine Widerstandsarbeit fortzusetzen. Er bestand vielmehr darauf, «dass er im Untergrund sehr viel mehr für den Kampf gegen Hitler tun könne». (Dennoch bewies Harnack auch hier wieder einmal seine Eigenständigkeit, indem er mit dieser Tätigkeit fortfuhr.) Wie die sowjetische Akte Harnack vermerkt, erhielt er zunächst den Codenamen BALTE (wegen seiner baltendeutschen Vorfahren), ein Geheimdienstoffizier des NKWD, Alexander Bjelkin, wurde zu seinem ersten Führungsoffizier in Berlin bestimmt.[13] Dennoch berichtete im Sommer 1936 der Schriftsteller Alfred Kantorowicz, ehrenamtlicher Leiter und Generalsekretär des Schutzverbandes Deutscher Schriftsteller in Paris (des Verbandes der Exilschriftsteller), dem «Genossen Lukács», Arvid Harnack hätte sich in Paris aufgehalten, wo er versucht hätte, Kontakte zu Mitgliedern der französischen Kommunistischen Partei aufzunehmen.[14]

Obwohl er sich selbst niemals als Spion oder Agenten, sondern allenfalls als Informanten verstand, hatte Harnack, indem er sich bereit erklärte, den Sowjets auf diese Weise zu helfen, den ersten Schritt auf einem gewundenen Pfad getan, der am Ende ihn selbst und zahlreiche andere Menschen in den Tod führen sollte.

Nach Aussage seiner Akte versorgte Harnack Moskau zwischen 1935 und Juni 1938 mit einem «Strom hochsensibler Informationen … wertvollem dokumentarischem Material über die deutsche Währungs- und Wirtschaftspolitik, geheimen Tabellen aller deutschen Investitionen im Ausland, die deutschen Außenhandelsdefizite». Außerdem lieferte er den Sowjets Kopien geheimer Handelsabkommen Deutschlands mit Polen, den baltischen Staaten, Persien und anderen Ländern aus.[15]

Harnacks Berichte gingen nicht nur an die Sowjets, sondern genaue Informationen – besonders über die deutsche Aufrüstung – fanden ihren Weg über andere Untergrundkreise bis in die Fabriken und Ministerien. «Es gab gar nicht wenige, die trotz der Propaganda in BDM und HJ, getrieben von der Unruhe eines nicht abgestumpften Gewissens, das Verwerfliche in der Theorie wie das Verbrecherische in der Praxis des Nationalsozialismus erkannten.»[16] Ein Mitglied des Widerstandskreises um Harnack, der religiöse Sozialist und frühere preußische Kultusminister Adolf Grimme, erinnerte sich daran, dass die Jahre der Isolierung für viele seinesgleichen auch Jahre höchster Integrität waren. Gleichgesinnte waren sich darin einig, was sie vom Geschehen zu halten hatten, sie waren keineswegs vereinsamt, sie unterstützten einander, hielten ihren Kopf über Wasser, indem sie untereinander ihre Gedanken – und eben auch Informationen – austauschten.[17]

David Dallin berichtete, wie der Kommunist Reinhold Schönbrunn seinen Freund charakterisierte: «Harnack war fanatisch, unbeugsam, fleißig, auffallend energisch und tüchtig, alles in allem nicht unbedingt eine liebenswerte Persönlichkeit oder ein angenehmer Umgang. Er war stets sehr ernst und hatte wenig Sinn für Humor; wir, seine Kollegen, fühlten uns in seiner Gegenwart immer etwas beengt. In diesem Mann war etwas Puritanisches, etwas Enges und Doktrinäres. Aber er war ergeben bis zum Äußersten. Auch bei [seiner Frau] Mildred fand sich etwas von Arvids Charakterzügen.»[18]

Wenn die Kommunisten in Arvid Harnack einen Puritaner sahen, so vertrat der NKWD, was Martha Dodd betraf, eine ganz andere Ansicht. Nachdem man dort ihren drängenden Liebesbrief an Boris Winogradow gelesen hatte, in dem sie einen Streit und einen Abschiedskuss erwähnte, den sie dem Sowjetdiplomaten bei einem Besuch in Bukarest 1935 gegeben hatte, gelangte man zu dem Schluss: «Dieser Zuchtlosigkeit muss ein Ende bereitet werden.»[19] Doch im Januar 1936 berichtete Dimitri Bucharzew, der Kontaktmann der Botschaftertochter, sie habe ihm über das «schweinische Verhalten» des amerikanischen Botschafters in Frankreich, William Bullitt, während eines Berlin-Besuchs erzählt; im März berichtete sie über ein Gespräch zwischen dem deutschen Unternehmer Gustav Krupp und dem amerikanischen Konsul in Köln. Der Russe schilderte auch verschiedene Begegnungen mit der Tochter des Botschafters, bei denen sie erneut «ganz offen ihre Bereitschaft zum Ausdruck brachte, der Sowjetbotschaft zu helfen». Darüber hinaus konnte der Agent mitteilen, die junge Amerikanerin beschäftigte sich intensiv mit der Lehre des Kommunismus; das geschehe unter Anleitung von Arvid Harnack, «den sie häufig aufsucht». Aber «wegen der dienstlichen Stellung ihres Vaters» bemühe sie sich, ihre Überzeugungen zu kaschieren. Der Berichterstatter kann es nicht unterlassen, am Ende zu bemerken: Die Position ihres Vaters hindere sie nicht daran, «recht intime Beziehungen zu Louis Ferdinand, dem Sohn des Kronprinzen, zu unterhalten». Wie Martha Dodd gegenüber Bucharzew darlegte, diente die Beziehung zum Prinzen als perfekte Tarnung. Die Deutschen und die Kollegen Dodds, die sie nach der Affäre mit Winogradow voller Misstrauen betrachtet hatten, «sehen ihre frühere Leidenschaft nun als ‹Herzensangelegenheit› und nicht als ‹politisch› an».[20]

Trotz Arvids Stellung im Ministerium hielt das Ehepaar Harnack an seiner spartanischen Lebensweise fest. Mildred berichtete von Konzert- und Theaterbesuchen, aber sie waren sehr häufig eingeladene Gäste von Freunden und Verwandten. Obwohl Arvid Harnack sich ein Motorrad kaufte, ging er weiterhin zu Fuß zur Arbeit (die Harnacks wohnten seit einigen Monaten in der Tiergartener Woyrschstraße). Seine Freunde hielten es wohl für eine Konzession an seinen neuen Status, dass Arvid dem Bund Nationalsozialistischer Deutscher Juristen beitrat. Weil dort höhere Regierungsbeamte verkehrten, konnte er neue Quellen anzapfen, und es handelte sich hier mit Sicherheit um ein Sammelbecken nützlichen Klatsches.[21] Ebenso diente es wohl der Tarnung, dass Mildred Harnack in die Berliner Niederlassung der ultrakonservativen *Daughters of the American Revolution* eintrat und sogar die örtliche Repräsentantin der Organisation wurde. Die genealogischen Forschungen, die sie und ihre Mutter gemeinsam bei einer Englandreise im Jahr 1930 durchgeführt hatten, halfen dabei, ihren Stammbaum bis zur amerikanischen Revolution zurückzuverfolgen, und sie erlaubten es ihr, den Nationalsozialisten zu beweisen, hundert Prozent «arisch» zu sein.[22]

Selbst nachdem die Nationalsozialisten das Berliner Abendgymnasium geschlossen hatten, traf sie sich mit ihren Schülern in privaten Studiengruppen. «Sie liebten es sehr, wenn Mildred ein in den USA neu erschienenes Buch zu Hause bei einer Tasse Tee mit ihnen besprach. Da sie nur fortschrittliche Werke aussuchte, sahen die Jugendlichen die Neuerscheinungen in Hitlerdeutschland zum ersten Mal mit anderen Augen.»[23]

In «Through Embassy Eyes», ihrem Buch, das 1939 erschien, umschreibt Martha Dodd ihre Freundin Mildred als eine «mit einem Amerikaner verheiratete Deutsche» und als «eine liebenswerte deutsche Frau – die den nationalsozialistischen Terror in Deutschland verabscheute». In einem Interview deutete sie an, dass es sich in beiden Fällen bei der erwähnten Person um Mildred Harnack handelte. Mildred war die Freundin, mit der Martha Dodd ins Badezimmer der Botschaft ging – dazu bemerkte Martha Dodd, das war der Raum, «den man am schwierigsten ‹verdrahten› konnte» –, und dort «flüsterte sie mir Neuigkeiten zu».[24] Der wesentliche Kern dieser Informationen, die in Zeitungen nicht zu lesen waren, gelangte in Telegramme, die von der Botschaft aus verschickt wurden.

In ihrem Buch liefert Martha Dodd die einzige zeitnahe Schilderung einiger Taten der Harnack-Gruppe in den Jahren 1935 bis 1937: «Reden von Roosevelt und verschiedenen anderen Staatsmännern aus aller Welt wurden nachgedruckt [über diese Reden wurde in der nationalsozialistischen Presse kaum berichtet, falls aber doch, dann so gründlich entstellt, dass sie kaum wieder zu erkennen waren], hinzu kamen Nachrichten über Spanien, ausländische Ansichten über Deutschland und die allgemeine Lage in Europa, Kommentare über die Politik Hitlers und Informationen über die Arbeiterbewegung in anderen Ländern. [Roosevelts und Churchills Reden wurden von Mildred Harnack und Greta Kuckhoff übersetzt.] Die Flugblätter waren keinesfalls aufwieglerisch, waren aber wertvoll, weil sie Informationen brachten, die in der deutschen Presse nicht zu lesen waren.»[25] Auch die Kommunistische Partei brachte Flugschriften heraus, die als Liebesromane und harmlose Pamphlete getarnt waren. Ein Untergrundklassiker war das «Braunbuch» (1933) über den Reichstagsbrand und Reichstagsbrandprozess, das Dimitrows berühmte Schlussrede vor dem Reichsgericht enthielt. Es tarnte sich als Ratgeber über «Elektrowärme im Haushalt». Als Greta Kuckhoff den Auftrag erhielt, Hitlers «Mein Kampf» ins Englische zu übersetzen, nutzte sie die Chance, illegale Tätigkeiten der Gruppe zu verschleiern.

In welchem Umfang Martha Dodd der Harnack-Gruppe geholfen hat, ist unklar. Vielleicht hat sie Mildred bei der Beschaffung von Flüchtlings-Visa für die Vereinigten Staaten unterstützt; vielleicht hat sie auch mit Hilfe ihres Diplomatenpasses als Kurier für die Gruppe gearbeitet. (In einem Gespräch berichtete Katherine Smith, die Frau des Militärattachés, in der Botschaft habe man geglaubt, Martha Dodd sei 1935 in solch einer Mission für die Sowjets in die Schweiz gereist.)

In der KGB-Akte der Harnacks findet sich Lizas (das ist Martha Dodd) Einschätzung des Ehepaars: «Sie waren sehr vorsichtig in ihrer Art, Kontakte herzustellen, extrem diplomatisch in Bezug auf ihre Mitmenschen und erweckten in jeder Hinsicht den Eindruck, bestens ausgebildet und höchst diszipliniert zu sein. Beide unterhielten gute Beziehungen zu männlichen und weiblichen Nazis. Arvid stand damals nicht unter Verdacht und hatte einen wichtigen Posten im Ministerium inne. Ich bin mir sicher, dass sie, wenn ich mich nicht völlig täusche, in unserem Sinne als absolut zuverlässig und vertrauenswürdig einzustufen sind.»[26]

Und so wird Mildred Harnack in der nüchternen Sprache des Nachrichtendienstes geschildert: «Sie ist blond, groß und blauäugig und von eher hagerer Figur, sieht aus wie eine typische Deutsche, [obwohl] Amerikanerin aus der unteren Mittelschicht; sie ist intelligent, sensibel, treu – eine richtige deutsche Frau von ausgesprochen nordischem Typus und vor allem sehr gut einsetzbar.»[27]

Der Leser mag sich fragen, wie Arvid Harnack bei seinen umfangreichen Kontakten zu sowjetischen Stellen unentdeckt bleiben konnte. Diese sich aufdrängende wichtige Frage ist weniger mysteriös, wenn man die Dinge näher betrachtet.

Zunächst einmal galt er als Fachmann für die sowjetische Wirtschaft und daher als nützlicher Ratgeber in den Wechselfällen der deutsch-russischen Beziehungen. Harnack hatte also plausible Gründe für Begegnungen mit Russen. Genau so war es später bei Begegnungen mit Amerikanern, als er im Ministerium das Amerika-Referat leitete. Ebenfalls sehr wichtig war das Ansehen seiner

Familie, was ihm ebenfalls einen gewissen Schutz verlieh. Es schien undenkbar, dass jemand, der über solch eine Herkunft und solch einen Hintergrund verfügte, das Vaterland verraten würde.

Doch trotz all der Anerkennung ihrer pädagogischen Arbeit und ihrer literaturwissenschaftlichen Leistungen, trotz ihres Netzwerks von Freunden und trotz Arvids Familie verlebte Mildred Harnack in Berlin eindeutig keine glücklichen Jahre. Während der gesamten Zeit litt sie unter Heimweh. Nicht nur in ihrem Denken, auch bei ihrem Schreiben stand die eigene Familie immer mehr im Mittelpunkt. In ihrem «Vorwort zu einer Studie über amerikanische Literatur der Gegenwart» schrieb Mildred Harnack die folgende, an Proust erinnernde Passage:

«Aus der Ferne sehnsuchtsvoll an die Vereinigten Staaten zu denken bedeutet, der Erinnerung einen Rhythmus zu geben, ein Körnchen erinnerten Glücks zu spüren. Es bedeutet, sich zu entsinnen, wie eine zarte, fast zerbrechliche Mutter, die in der Pionierzeit aufgewachsen war, in einem Herbstwald saß und mit einer Stimme, die in der Ruhe driftete, folgenden Satz zitierte: ‹And the sound of dropping nuts was heard/While all the air was still› [Und der Klang fallender Nüsse war zu hören/Während die Luft ganz still war], wie sich ihre Stimme hob und schließlich schwebte bei dem Lied ‹Sweet land of liberty› [US-Nationalhymne], wie schließlich Tränen aus ihren Augen hervorbrachen, als im Hyde Park eine Musikkapelle zerlumpter Arbeitsloser vorbeimarschierte und ‹Star Spangled Banner› spielte.»[28]

Mildred Harnack hatte ihre Mutter seit 1930 nicht mehr gesehen, als diese sie in Gießen besucht hatte und beide gemeinsam zu einem kurzen Urlaub nach England gefahren waren. Jetzt, im Jahr 1936, arbeitete Georgina Fish nicht mehr für die Regierung, sondern lebte im Ruhestand bei Mildreds Schwester Marion in Milwaukee. Sie litt ebenfalls sehr.

Vor lauter Heimweh schrieb Mildred Harnack an William Ellery Leonard, ihren früheren Förderer an der Englischen Abteilung der Universität von Wisconsin. Sie hoffte, dort bereits im Sommer 1936 eine Anstellung erhalten zu können. Aber die Wirtschaftskrise und die knappe Haushaltslage brachten auch für die Universität Kürzungen mit sich.[29] Die Lage sei sehr ungünstig, antwortete Leonard:

«kein Geld, kaum günstige Aussichten in unserer Fakultät». Er bemühte sich, die Ablehnung sehr rücksichtsvoll zu formulieren: «Sie haben als Frau, als *Frau Professor*, einige großartige Leistungen vollbracht, desgleichen als Dozentin für amerikanische Literatur, denn sie haben eine Fremdsprache beherrschen gelernt und kennen eine wunderbare Kultur; aber all das brauchen wir, was ich für ein Unglück halte, in diesen elenden Zeiten in Madison nicht.»[30]

Clara Leiser konnte ebenso wenig zu Mildred Harnacks Ermutigung beitragen. Sie befürchtete, Mildred könne sie für «sehr grausam [halten], wenn sie auf die Tatsache aufmerksam macht, dass Leute aller Art, die seit Jahren über diese Themen unterrichtet haben und sich an Ort und Stelle befinden, keine Jobs finden können». Dies schrieb Clara Leiser an William Leonard und fuhr fort: «Wie närrisch würde es da sein, ihr mitzuteilen: ‹Komm einfach herüber, irgendwo wirst du hier schon unterkommen.›» Und dann fügte sie vertraulich hinzu: «Mildred und Arvid müssen sehr, SEHR vorsichtig sein; sie ziehen es vor, nicht einmal erwähnt zu werden. Sie leben außerordentlich bescheiden, und ich muss fürchten, dass sie auch das noch verlieren. Mehr kann und darf ich dazu nicht sagen.»[31]

Doch es war kein Jahr vergangen, da schrieb Clara Leiser an Leonard: «Habe ich Ihnen schon mitgeteilt, dass Mildred Fish geschrieben hat, sie komme im Januar [1937] herüber, und sie hat darum gebeten, bei mir wohnen zu dürfen, sie könne nämlich kein Geld mitnehmen und wisse nicht, wo sie schlafen solle. Martha Dodd (Tochter des amerikanischen Botschafters in Deutschland) hatte mir bereits berichtet, dass sie kommen werde, und ich habe sie eingeladen, bei mir zu wohnen. Ich habe noch nicht erfahren, wann genau sie eintrifft, und es kann sein, dass die neueste Bestimmung, die allen Männern über 18 Jahren das Verlassen des Landes verbietet, ihre Pläne durchkreuzen könnte, wenn sie hoffte, auch nach etwas für Arvid Ausschau zu halten.»[32] Eine Woche später berichtete Clara, dass Mildred «am Freitag ankommt, und bis dahin will ich mein Haus von jeder Spur von Antinazi-Literatur säubern, denn sie hatte davor bereits eine Heidenangst, als ich sie vor anderthalb Jahren in Berlin besuchte».[33]

Als die *Manhattan* ein paar Tage später anlegte, fanden Freunde und Angehörige Mildred stark verändert. Die sonnige, offene und vertrauensvolle Mili, die sie gekannt hatten, wirkte verhärtet und war jetzt die überlegene, distanzierte, von sich überzeugte Frau Doktor Harnack-Fish. In Deutschland hatte sich Mildred Harnack eine bestimmte Identität geschaffen: Sie war nun eine als selbstbewusste Lektorin in der Öffentlichkeit stehende Person, eine beliebte Gestalt in der amerikanischen Gemeinde und ein integriertes Mitglied der angesehenen Familie Harnack. Sie hatte in Berlin als Lehrerin vier Jahre intensiver Beobachtung durch nationalsozialistische Kollegen überstanden, und wie die meisten deutschen Gegner des Regimes versuchte sie, um jeden Preis ihre Überzeugung zu verbergen. Verschwiegenheit war in Deutschland die Norm. Aber auf ihre amerikanischen Freunde wirkte ihre Zurückhaltung seltsam und ziemlich schizophren. Da sie unter der nationalsozialistischen Herrschaft gezwungen war, ein Doppelleben zu führen, war Verstellung für Mildred Harnack zu dem Zeitpunkt, da sie nach Amerika zurückkehrte, von entscheidender Bedeutung für das Überleben geworden.

Mildred Harnack hielt sich zwei Wochen bei Clara Leiser auf, dabei lieferte sie ihrer Gastgeberin Anlass, ein Warnschreiben an William Leonard in Madison zu schicken: «Ich möchte nur zu gern wissen, wie Sie über die Mildred Fish von 1937 denken. Ich beneide sie um ihre Willenskraft, ja beinahe auch um eine gewisse Rücksichtslosigkeit, die sie beim Verfolgen eigener Interessen und Pläne entwickelt hat, ohne darauf Rücksicht zu nehmen, mit welchen Härten das verbunden sein kann.» Noch kritischer sah sie Veränderungen, die sie so charakterisierte: «Eine gewisse Herablassung, wie sie seit langem schon von Europäern Amerikanern gegenüber an den Tag gelegt wird», habe «sich bei ihr durchgesetzt, und [das] amüsiert mich». Mildreds «Wissen um ihre körperliche Schönheit und Bezugnahme darauf» erzürnte ihre schlichtere Freundin, ebenso ihre «sorgfältig gepflegte *Überzeugung*, sie dürfe nur auf ihre Stärken bauen und niemals irgendetwas anderes als Vollkommenheit anstreben (wenn es die denn gibt)», sie mache geradezu fanatisch jeden Morgen und jeden Abend ihre Leibesübungen», und sie sei sich «vollkommen sicher, dass jeder, den sie wegen eines ‹Vortrags› anspricht, höchst erfreut sein und bereits das Zusammentreffen mit ihr als großen Gewinn betrachten wird». Obwohl Clara Leiser weiterhin betonte, Mildred gern zu haben, waren die gemeinsam verbrachten zwei Wochen doch eine Belastung für ihre Freundschaft.

«Ihr Deutsch klang deutscher als das vieler in Deutschland Geborener. Ich fragte sie, ob sie ihr «r» besonders geübt oder ob sie es sich einfach so angeeignet habe.

«Es ist ein Pariser ‹r›», lautete die Antwort.

«Bist du oft in Paris gewesen?»

«Nur einmal für zehn Tage!!!»

Clara Leiser berichtete William Leonard, der selbst ein bekannter Übersetzer war, in geradezu empörtem Ton: «Ich musste nach Luft ringen, als sie seelenruhig verkündete, sie habe das gesamte erste Kapitel der Van-Gogh-Biografie praktisch neu geschrieben [«Lust for Life» von Irving Stone, veröffentlicht 1936] und sie habe die Übersetzung angefertigt, ohne den Autor überhaupt zu fragen. Als ich protestierte und meinte, der Übersetzer solle übersetzen und nicht umschreiben, da lautete ihre Antwort: ‹Ich habe es eben verbessert.› Dass man zumindest den Autor um Zustimmung hätte bitten sollen, war ein völlig unwichtiger Gedanke.»[34]

Mildred Harnacks Freundin aus den Zeiten der High School, Mady Emmerling, erinnert sich an den Eindruck, den Mildred in New York auf sie machte: Sie wirkte «äußerst furchtsam, vorsichtig und zurückhaltend, als schaue ihr ständig jemand über die Schulter. Gleichzeitig machte sie einen recht tapferen Eindruck. Unter jenen gefährlichen Umständen stand sie zumindest für das ein, was sie war. Das habe ich anerkannt und bewundert.» Mildred Harnacks Vorsichtsmaßnahmen veranlassten allerdings andere Freunde zu der Annahme, sie sei zu den Nationalsozialisten übergelaufen. Clara Leiser veranstaltete ein großes Abschiedsfest, an dem viele von Mildreds Freunden aus Wisconsin teilnahmen. Fünfzig Jahre danach erinnerte sich Dorothy Meyer an ihre letzte Begegnung mit Mildred Harnack.

«Clara Leiser hatte mich gewarnt, Mildred werde zu ihrem Gatten in ein feindseliges Land zurückkehren, alles was sie sage, könne gegen sie verwendet werden – daher sei es nicht angebracht, über irgendwas zu sprechen, was mit Hitler zu tun habe. Das haben wir respektiert. Die einzige Frage, die ich damals an sie stellte, betraf ihre Reise nach Russland. Und ihre Antwort lautete: ‹Darüber sprechen wir nicht.›»

Bei dieser großen Party, an der vierzig oder fünfzig Personen teilnahmen, gab es tatsächlich kaum Gelegenheit für persönliche Gespräche. Als die Meyers gingen, richtete Dorothy die Frage an Mildred, ob sie sie gern besuchen wolle.

«Sie küsste mich auf die Wangen und sagte: ‹Nein, ich glaube, ich würde es mir in einem Haus zu bequem machen.› Im Weggehen sagte ich zu meinem Mann Ernest: ‹Ich habe das Gefühl, gerade eine Nationalsozialistin geküsst zu haben.› Aber er meinte dazu: ‹Solange ich es nicht aus ihrem eigenen Munde höre, werde ich nicht annehmen, dass sie eine Nazi ist.›»[35]

Während sie sich in New York aufhielt, schickte Mildred Harnack eine Nachricht an Thomas Wolfe. («Wird Triton jemals sein gewundenes Horn blasen, oder wird Tom unter Lex anrufen? Denn ich werde mich nur bis Montagmorgen hier aufhalten, möchte aber so gern wissen, wie es dir geht.»)[36] Wir wissen nicht, ob die beiden sich getroffen haben. Aber Clara Leiser berichtete, sie hätten miteinander telefoniert. Sie nahm auch Kontakt zu Maxwell Perkins auf, Wolfes früherem Lektor bei Scribner, um ihn für ein Buch zu interessieren, das sie über amerikanische Literatur schrieb.

Ausgestattet mit Empfehlungen von Botschafter Dodd an seine akademischen Kollegen, unternahm Mildred Harnack eine Vortragsreise durch verschiedene Hochschulen. Dabei besuchte sie das Haverford College, die Universität New York, Chicago und Madison, wobei sie sich zweifellos für eventuell offene Stellen interessierte. Ihre Thematik war die Rezeption von amerikanischen Dichtern wie Carl Sandburg, Theodore Dreiser, Jack London und Thomas Wolfe in Europa.

Bei ihrem Vortrag in Madison war William Leonard anwesend, ihr früherer Dozent und Förderer. Seine Darstellung des Ereignisses in einem Brief an Clara Leiser ist nicht schmeichelhaft: «Ihr Vortrag entsprach genau dem, was ich erwartet hatte. Sie sprach mit einer hervorragenden Rednerstimme und Haltung und in einer Form, die, was den Inhalt anging, methodisch und gelehrt war; sie schrieb sogar die Titel von Büchern und Namen von Leuten (Deutschen) auf die Tafel, ging jedoch erst in den letzten zehn oder fünfzehn Minuten auch auf das Thema ein, weswegen die meisten Leute überhaupt gekommen waren – ‹Das Verhältnis der Deutschen zur gegenwärtigen amerikanischen Literatur› –, und das behandelte sie auch nur oberflächlich (ganz abgesehen von politischen und gesellschaftlichen Aspekten, über die sie selbstverständlich nicht sprechen konnte). Selbst ich hätte – aus der Distanz – zu diesem Thema weit mehr sagen können.»[37]

Die einzigen für William Leonard interessanten Aspekte, die mit ihrem Aufenthalt in Deutschland und ihren literarischen Kontakten zu tun hatten, kamen in einer Privatunterhaltung zwischen dem Professor und seiner früheren Studentin zur Sprache. «Sie kannte Fakten, die Grundlage für einen guten Vortrag hätten sein können, aber sie stand unter einer Art Zwang, sich hervortun zu wollen.» Mildred Harnack hatte Leonard um ein Empfehlungsschreiben gebeten. Als er ihr erklärte, was an ihrem Vortrag abwegig war, schien das nicht anzukommen. Nicht ohne ein gewisses Schuldgefühl schrieb er: «Sie schien wirklich erfreut, mich zu sehen, ging sehr schnell auf G. [Grace, Leonards sehr viel jüngere dritte Frau] ein, dass ich mir richtig schäbig vorkomme, denn M. wäre zweifellos für mich durch dick und dünn gegangen. Und ich wünschte wirklich, ich könnte ihren Vortrag weiterempfehlen, denn trotz ihrer intellektuell anmaßenden Art verfügt sie doch über menschliche Wärme und über eine gewisse Tapferkeit angesichts der Schicksalsschläge denen sie ausgesetzt ist. Trotz aller Geziertheit und des Gehabes, das sie an den Tag legt, weiß ich, dass sie mich wirklich schätzt.»[38]

Professor Douglas Steere hatte Mildred Harnack bislang nicht kennen gelernt und störte sich daher nicht an ihrer Eigenart. Nachdem er Mildred Harnack-Fish am Haverford College gehört hatte, gab er eine ganz andere Einschätzung und schrieb begeistert: «Sie erörterte gewisse zeitgenössische Tendenzen der europäischen Literatur mit einem Charme, einer Kraft und einer Lebhaftigkeit, wie ich sie selten erlebt habe … Sie hat ein gutes Gespür dafür, sich auf einige wenige wichtige Grundzüge zu konzentrieren, sie weiß, was man in der kurzen Zeitspanne von einer Stunde mitteilen kann und was man fortlassen muss. Sie hat beinahe meinen schwindenden Glauben an die Aufgabe der interpretierenden Vorlesung über Grundzüge in einer Generation wie der unseren wiederhergestellt.»[39]

Mildred Harnack besuchte ihre Verwandten in Wisconsin und reiste anschließend zum ersten Mal in die Südstaaten, in jenen Teil der USA, der «nun unter der Feder von William Faulkner zu neuem literarischem Leben erwachte».[40] «Nachdem ich zehn Tage lang – in Nashville – Hütten, Fabriken und Herrenhäuser besucht und den starken Gegensatz zwischen Arm und Reich erlebt hatte, sehe ich mir einen Tag lang die TVA [das große Staudammprojekt der Tennessee Valley Authority] an. Dann geht es weiter nach Washington.»[41] Dort wurde sie von ihrer Familie gedrängt, Deutschland zu verlassen, und wieder einmal nahmen ihre Angehörigen das Schlimmste an, dass Mildred, die einst «eine Rote» gewesen war, sich nun den Nationalsozialisten angeschlossen habe. Ihre Nichte Marion erinnert sich: «Als sie das letzte Mal hier war, litt Mildred irgendwie unter Überlastung, ihr Wesen war in gewisser Weise rauer geworden. Nun, da ich weiß, welchen Kurs sie verfolgte, denke ich, dass sie starkem Druck ausgesetzt war.» Marions Schwester Jane stimmte damit überein: «Als sie damals in den Vereinigten Staaten war, führte sie sich so auf, dass man kaum Fragen zu stellen wagte. Sie konnte nicht über Deutschland reden, über den Grund sagte sie: ‹Ich halte Arvids Kopf in meinen Händen.›»[42]

Die Spannung wurde bei diesem Besuch noch dadurch gesteigert, dass Mildred Harnack unbedingt als «gute Deutsche» auftreten musste, denn zu ihrem Publikum zählten auch Mitglieder eines deutsch-amerikanischen Vereins von Nazi-Sympathisanten. In Wisconsin sagte Mildred zu ihrem Neffen, sie «sei davon überzeugt, dass sie beschattet werde».[43]

Mildred Harnack hatte unter anderem auch einen Freund aus den Zeiten an der High School angerufen, Francis Birch, der jetzt Geophysiker an der Harvard-Universität in Cambridge war. Sie schlug einen Besuch in Cambridge vor. Die beiden einigten sich auf einen Termin, und es wurden ein Abendessen und eine Übernachtungsmöglichkeit für sie vorbereitet. Aber als Birch sie am Bahnhof abholen wollte, war sie nicht gekommen. Sie rief nie wieder an, Birch sollte nie wieder von ihr hören. Er meint dazu: «Das war sehr seltsam und passte überhaupt nicht zu ihr. Sie steckte wohl in Schwierigkeiten.»[44]

In jener Zeit verwendete Mildred Harnack notwendigerweise sehr viel Energie darauf, nach Akzeptanz zu streben. Sie wollte «durchgehen» (das ist ein Ausdruck, der in Amerika gewöhnlich auf hellhäutige Personen afrikanischer Abstammung angewandt wird, die als Weiße gelten wollen). Um das Dritte Reich zu überstehen, strebten auch viele Deutsche – aus teilweise ganz unterschiedlichen Gründen, aber in ähnlicher Weise wie Mildred Harnack – nach dieser Art von Akzeptanz. Wenn Juden versuchten, als Arier durchzugehen, wenn Kommunisten und Sozialdemokraten der NSDAP beitraten und wenn Homosexuelle Frauen heirateten, so sind damit Extremfälle dieser Art von Anpassung bezeichnet. In normalen Zeiten spielen sich soziale Vorgänge in einer Atmosphäre des Vertrauens ab. Aber das Dritte Reich war eine Gesellschaft von Hochstaplern und Fälschern, ein Kennzeichen dieser Gesellschaft war ein Mangel an Authentizität. Mildred Harnack hatte als Studentin zwar gerne geschauspielert, aber nun musste sie einen Großteil ihrer Kraft auf das Posieren verwenden. Am Arbeitsplatz war sie Angehörige des Nationalsozialistischen Lehrerbundes, in der Gesellschaft trat sie als prominentes Mitglied der *Daughters of the American Revolution* auf. Wie Clara Leiser und William Leonard sehr schnell richtig erkannten, war die neue Mildred ein Zerrbild der alten.

Sie kehrte im Frühjahr 1937 nach Deutschland zurück und begleitete Arvid auf einer Reise nach Frankreich. Danach erwartete sie den Besuch ihrer Nichte Jane Esch. In Wisconsin hatte sie versucht, ihren Neffen Bob Esch zu veranlassen, mit ihr gemeinsam zurück nach Deutschland zu reisen. Er hatte das abgelehnt, woraufhin sie ihre Nichte Jane, die jüngere Tochter ihrer Schwester Harriette, zu einem Besuch im Sommer einlud. Jane hatte das Angebot sehr gerne angenommen. Vielleicht glaubte Mildred Harnack, diese jüngere Verwandte möglicherweise für die «große Sache» gewinnen zu können – sie empfahl Jane jedenfalls, «Das Kapital» von Karl Marx zu lesen, bevor sie nach Deutschland kam. Vielleicht wollte Mildred Harnack aber auch nur einen Schutzwall gegen ihre zunehmende Einsamkeit aufbauen. Von den Diplomaten abgesehen, hatten 1937 die meisten ihrer amerikanischen Freunde Deutschland verlassen.

In jenem Herbst führte Mildred Jane und eine Freundin aus dem *American Women's Club*, Charmetta Riebe, eine Woche lang auf einer großen Wanderung durch den Harz. Sie hatten Rucksäcke bei sich und schliefen in Herbergen. Sie wanderten von Quedlinburg über Thale, das Bodetal und den Brocken bis nach Goslar.

Der Harz, eine romantische und geschichtsträchtige Gegend voll mittelalterlicher Kirchen und Orte, weckte viele literarische Assoziationen, besonders an Heinrich Heine und Goethe. Auf einer Postkarte an Falk Harnack schrieb Mildred: «Die Schönheit der Berge, Flüsse und Wälder unter der großen Sonne ist gewaltig ... Jeden Abend lesen wir zusammen im ‹Faust I›. Das passt in diese Umgebung.»[45] Mildred mochte Quedlinburg mit seinem Schloss und der romanischen Stiftskirche, die auf einer Felskuppe thront. Ganz besonders beeindruckte sie die wilde Großartigkeit des Brocken mit sagenumwobenen Plätzen wie Hexenbecken, Teufelskanzel und schließlich dem so genannten Hexentanzplatz. Auf einer Postkarte an ihre Schwiegermutter schrieb Mildred begeistert: «Du kannst dir die Harzlandschaft nur vorstellen, wenn du sie erwanderst, wie es Goethe getan hat.»[46]

Am 15. September 1938, einen Tag vor Mildred Harnacks 36. Geburtstag, starb Thomas Wolfe. Erschüttert schrieb sie an seinen Lektor Maxwell Perkins, Wolfes Tod habe «in unserer Generation eine große Leere» hinterlassen. Sie sei jedoch dankbar für seinen «Überschwang, seine Leidenschaft und seinen Biss als Romancier», aber auch für die «belebende und überzeugende Freude, die er als Mensch» verbreitet hatte. Sie behalte ihn im Gedächtnis «als einen Freund, der in Hülle und Fülle seine Liebe an die Welt, in der wir leben, verschenkt». Sie endet in einem optimistischen Ton, der kaum ihrer Stimmung entsprochen haben dürfte: «Ich hoffe, die Macht seines Genies wird weitergedeihen und dazu führen, dass in unserer Zeit bald ein neuer Genius aufersteht. Die Welt verändert sich schnell, aber ich meine nicht, dass die produktiven Kräfte sie verlassen. Ich hoffe, er war ein Zeichen dafür, dass sie weiterwirken.»[47]

Mit dem Abschied von Franziska und Rudolf Heberle hatte Mildred Harnack einen weiteren schweren Schlag zu verkraften. Die Harnacks waren eng mit den Heberles befreundet gewesen. Sie hatten einander kennen gelernt, als Rudolf Heberle, ebenfalls ein Rockefeller-Stipendiat, John R. Commons in Wisconsin aufgesucht hatte. 1935 wurde Mildred Taufpatin der Tochter des Ehepaares. In einem Brief an Mildreds Schwester, der nach dem Krieg geschrieben wurde, teilte Franziska mit, da ihre Tochter unter dem nationalsozialistischen Regime zur Welt gekommen sei, hätten sie es für «ein gutes Omen» gehalten, «solch eine mutige Gegnerin der Nazis» als Patin ausgewählt zu haben. Und sie fügte hinzu: «Wir konnten uns damals kaum vorstellen, wie viel Mut sie in Zukunft noch aufbringen musste.»[48]

Nach seiner Rückkehr aus den Vereinigten Staaten publizierte der Soziologe Heberle in Deutschland eine Untersuchung über die Abwanderung von Landarbeitern in die Stadt. Seine These widersprach der offiziellen Linie, das zerstörte seine Chancen, Professor in Kiel zu werden. Seine Stellung wurde noch schwieriger, als ihn ein Student bezichtigte, marxistische Auffassungen zu lehren. Zu seinem Glück erhielt er ein Angebot der Soziologischen Fakultät der Louisiana State University. Darum bereitete er sich 1938 auf seine Abreise aus Deutschland vor. Als er Arvid die Neuigkeit mitteilte, wurde Harnack, so erinnert sich Heberle, «sehr zornig. Er sagte etwa Folgendes: ‹Es ist ein Skandal, dass du dich in eine Lage manövriert hast, in der du gezwungen bist, das Land zu verlassen.›» Und Heberle fügt hinzu: «Es hatte also den Anschein, dass er [Harnack] wirklich mit mir gerechnet hatte.» Typischerweise aber versöhnte sich Harnack mit dem Fortgang Heberles auf Grund der Tatsache, dass sein Freund in die Südstaaten ging, wo er den Schwarzen des Südens helfen konnte.[49]

1946 schilderte Heberle Harnack als einen Menschen, der sich in den Berliner Jahren zum Politiker entwickelt hatte, und fuhr fort: «Etwas vom Gelehrten war wohl hängen geblieben, aber im Wesentlichen war er Aktivist. Als solcher hatte er bei aller persönlichen Sympathie nicht viel übrig für den mehr kontemplativen Standpunkt des Soziologen, der nicht zu einer radikalen Entscheidung bereit war. Auch meinte er wohl und mit gutem Recht, dass eine solche Haltung unter dem Nazismus unhaltbar sei, weil sie früher oder später in eine Sackgasse führen müsse, aus der es dann nur den Ausweg der Auswanderung (oder der geistigen Unterwerfung) gäbe. Nur der entschlossene antifaschistische Kämpfer könne sich geistige Freiheit bewahren.»[50]

Bevor sie im Sommer 1938 auswanderten, luden die Heberles Mildred zu einem letzten zweiwöchigen Urlaub mit ihnen und ihren drei Kindern im Erholungsort Gremsmühlen an einem See in Holstein ein. Mildred Harnack schrieb darüber auf einer Postkarte an ihre Verwandten in Wisconsin: «Ich besuche hier Freunde, der Ort liegt so weit nördlich, dass es erst gegen 23 Uhr dunkel ist. Ich beende gerade die Übersetzung des Romans [«Drums along the Mohawk»], ich unterrichte, halte Vorträge usw. A[rvid] ist, wie ihr wisst, nicht da, und daher bin ich ein wenig einsam.»[51]

Franziska Heberle erinnert sich, dass sie sich selbst, als die beiden Frauen einmal in der Küche in Gremsmühlen zusammen waren, gefragt habe, ob Mildred eigentlich sehr arm sei, sie hatte nur wenig Gepäck dabei und nur eine einzige weiße Bluse. «Zu dieser Zeit, dessen entsinne ich mich, erzählte mir Mildred – voller Traurigkeit –, dass sie eine Fehlgeburt hinter sich habe, und ihr Kummer erstaunte mich. Ich war nämlich der Ansicht, dass sie der politischen Arbeit wegen bewusst keine Kinder habe.»[52] Wenn dies auch der einzige direkte Hinweis auf ein höchstwahrscheinlich schreckliches Ereignis ist, wissen wir, dass die Harnacks ursprünglich durchaus Kinder haben wollten. Mildred Harnack war inzwischen fast 36 Jahre alt, und vielleicht hatte sich das Ehepaar in der Zwischenzeit entschieden, nicht länger auf günstigere Zeiten zu warten.

Im Jahre 1937 erklärte Botschafter Dodd: «Vier Jahre Dienstzeit sind genug.» Seine Tätigkeit, die er so optimistisch mit der Vorstellung begonnen hatte, er «könne einigen Einfluss ausüben, um zur Mäßigung der Politik des nationalsozialistischen Regimes beizutragen», und die Machthaber «wieder zur Vernunft» bringen, war in dieser Hinsicht gescheitert.[53] Wie er Bella Fromm im Oktober 1933 erklärte, hatte er gegenüber Hitler keine Illusionen gehegt, als er den Posten in Berlin übernahm. Aber er hatte «wenigstens gehofft, anständige Leute um Hitler zu finden. Ich habe mit Schrecken entdecken müssen, dass die ganze Bande nur eine Horde von Verbrechern und Feiglingen ist.»[54] Während seiner letzten Berliner Jahre wurde der Botschafter beinahe zum Paria. In wachsendem Maße isoliert, häufig beleidigt – er ließ sich nur selten dazu herab, auch nur an den wichtigsten diplomatischen Ereignissen teilzunehmen –, hatte Dodd seine Beziehung zum Naziregime fast gelöst.

Nach Aussage seiner Tochter wünschten sowohl das State Department als auch amerikanische Geschäftsleute und die Deutschen, dass ihr Vater von seinem Posten entfernt werde.

Zu allem Überfluss sorgten seine Kinder dafür, dass sich seine Schwierigkeiten noch vergrößerten. Bill veranlasste seinen Vater dazu, ihm beim Sammeln von Spenden für die unter kommunistischem Einfluss stehende Internationale Friedenskampagne zu helfen.[55] Während sein Vater immer noch an der Spitze der Botschaft in Berlin stand, hielt Bill in der Heimat Reden, in denen er die Nationalsozialisten angriff. Und was Martha angeht, so offenbaren die Akten in Moskau ihr Bestreben, als Agentin auch dann weiterhin in Berlin zu bleiben, wenn die Dienstzeit ihres Vaters dort beendet war.[56] Martha Dodd bereitete im März 1937 (einige Monate vor der Abreise ihres Vaters) eine außerordentliche Denkschrift für Abram Sluzki, den Chef der Auslandsabteilung des NKWD, vor. Hierin ging es um Spionage und Terror im Ausland, und sie legte im Einzelnen dar, wie weit sie mit ihrer Hilfe («meine Dienste aller Art und zu jeder Zeit») für die Russen gehen wollte:

> Gegenwärtig habe ich vor allem Zugang zu der persönlichen, vertraulichen Korrespondenz meines Vaters mit dem State Department und dem Präsidenten der Vereinigten Staaten.
> Meine Informationsquelle in militärischen und Marineangelegenheiten besteht aus einem ganz und gar persönlichen Kontakt zu Mitarbeitern der Botschaft. Ich habe fast alle Beziehungen zu Deutschen verloren, mit Ausnahme gelegentlicher informeller Begegnungen auf höchster gesellschaftlicher Ebene, bei denen sich fast nichts ergibt.
> Ich habe immer noch eine Verbindung zum diplomatischen Corps, aber insgesamt erbringt das auch keine großen Resultate.
> Ich habe sehr enge Beziehungen zu Journalisten aufgebaut …
> Sind die Informationen, die ich von meinem Vater erhalte, der in Deutschland verhasst ist und eine isolierte Stellung unter den ausländischen Diplomaten einnimmt und der keinen Zugang zu geheimen Informationen besitzt, wichtig genug, dass ich in Deutschland bleiben muss …?
> Ich habe alles Erdenkliche getan, um meinen Vater zu veranlassen, in Deutschland zu bleiben. Und ich werde weiterhin in die-

ser Hinsicht alles versuchen. Doch fürchte ich, er wird sich im Sommer oder Herbst dieses Jahres zurückziehen ... Er persönlich möchte gern das Land verlassen. Sollte er seinen Rücktritt so arrangieren, dass dieser Schritt mit einer Provokation verbunden ist, sobald er sich über den Zeitpunkt im Klaren ist? Sollte er vielleicht die Deutschen derart herausfordern, dass sie seine Abberufung verlangen, oder sollte er einen Skandal hervorrufen, woraufhin er in Amerika sowohl mündlich als auch in der Presse offen sprechen könnte ... Zurücktreten und einen Protest veröffentlichen? Man könnte ihn dazu veranlassen, dies zu tun, wenn es für die Sowjetunion von Belang ist.[57]

Martha Dodd deutet außerdem an, ihr Vater sei in der Lage, Roosevelt bei der Auswahl des nächsten Botschafters in Berlin zu beeinflussen. Sie bietet an, ihren Vater zu veranlassen, sich für die Berufung eines Nachfolgers einzusetzen, der der Sowjetunion genehm ist. Ihr Angebot, was sie persönlich betrifft, ganz nach Belieben der Sowjets in Europa zu bleiben, in die Vereinigten Staaten zurückzukehren oder als Journalistin in den Fernen Osten zu gehen, wurde für so wichtig gehalten, dass es auf Stalins Schreibtisch landete. Nikolai Jeschow, der Volkskommissar für Innere Angelegenheiten, hatte in einer Aktennotiz die Bitte um «Entscheidung über den Einsatz von Martha Dodd» hinzugefügt.[58]

Nach einer nahezu vierjährigen dramatischen Romanze in den Hauptstädten Berlin, Paris und Bukarest und jetzt sogar durch eine diskrete Scheidung beschleunigt, war Martha entschlossen, Boris Winogradow zu heiraten, der nunmehr in Warschau Dienst tat.[59] Ihre Eltern waren über diese Entwicklung überhaupt nicht erfreut.[60] Doch um ihre Zukunft mit dem NKWD zu besprechen, schlug sie eine Reise nach Moskau vor, die über Warschau führen sollte. Nach ihrem Stelldichein in Warschau im März schrieb Boris Winogradow seinen Vorgesetzten, obwohl sie Kontakte zu Earl Browder, dem Chef der amerikanischen Kommunisten, und zu dem Kominternagenten Otto Katz aufgebaut habe, hoffe er, irgendjemand in Moskau, der die erforderliche Autorität besitze, werde «sie überzeugen, in Europa zu bleiben, um ausschließlich für uns zu arbeiten».[61]

Bei der Wiederbegegnung in Warschau formulierte das Liebespaar einen gemeinsamen Brief an Stalin und bat um Heiratsgenehmigung. Es überrascht kaum, dass sie keine Antwort erhielten.[62] Aber in ihrer Akte findet sich eine offizielle «Stellungnahme der sowjetischen Regierung», die offensichtlich vor ihrer Ankunft in Moskau verfasst wurde. Darin heißt es: «Ich, Martha Dodd, Bürgerin der Vereinigten Staaten von Amerika, habe Boris Winogradow drei Jahre lang in Berlin und an anderen Orten gekannt, und wir sind übereingekommen, offiziell eine Heiratserlaubnis zu beantragen.»[63]

Als Ergebnis der Reise nach Moskau wurde das Paar aufgefordert, sich nicht länger der Post zu bedienen und auch kein Telefon mehr zu benutzen. Moskau informierte seine Vertreter, sämtliche Korrespondenz zwischen den beiden solle abgefangen werden. In Zukunft sollten Boris' Antworten von den Genossen des NKWD vorgegeben werden. Man fragt sich, ob der Brief von Boris an seine «Geliebte», seine «kleine Martotchka», in der Schreibstube des NKWD formuliert worden ist. Im ersten Absatz versichert er ihr: «Selbstverständlich möchte ich mit dir zusammen sein, nicht nur in der ideologischen Theorie, sondern auch in der Praxis.» Dann antwortet er auf ihre Anfrage, ob es «irgendetwas Neues von unserem Freund» gibt, gemeint ist vermutlich der Empfänger von Martha Dodds Denkschrift, Abram Sluzki. Der Brief endet mit einem sehr kühlen Satz: «Ich muss dir nicht sagen, dass die Arbeit das Wichtigste ist, alles hängt vom Erfolg deiner und meiner Arbeit ab.»[64]

Von Seiten des NKWD scheint es jetzt keine Einwände «gegen eine Ehe zwischen Winogradow und ‹Liza›» mehr gegeben zu haben. Jedoch: «Diese Frage braucht so bald nicht beantwortet zu werden. Gegenwärtig verzichtet Liza im Interesse der Sache für mindestens sechs Monate auf jegliche Begegnungen mit Winogradow ...»[65] Auch sollte sie alle Verbindungen zu antifaschistischen Freunden wie den Harnacks und den Kuckhoffs sowie zu Mitgliedern der Kommunistischen Partei abbrechen: «Die Verbindung wird ausschließlich über uns laufen.»

Und was ihre Denkschrift angeht, so folgte der NKWD ihrem Vorschlag, dass ihr Vater eine öffentliche Konfrontation provozieren solle, «um gespannte Beziehungen zwischen den Regierungen Amerikas und Deutschlands zu schaffen». Moskau wollte bei der

Suche nach seinem Nachfolger mitwirken. In der Zwischenzeit sollte Martha Dodd die Berichte ihres Vaters an Roosevelt durchsehen und kurze Zusammenfassungen über den Inhalt schicken. Auf der Wunschliste des NKWD standen auch Informationen über Deutschland, Japan und Polen. Es wird festgehalten, dass sie für ihre Dienste «200 US-Dollar, 10 Rubel und Geschenke im Wert von 500 Rubel» erhielt.[66]

Was 1933 in Berlin als große Leidenschaft begonnen hatte, widerstand den Einflüssen von Entfernung und Zeit nicht, von den scharfen Augen des NKWD ganz zu schweigen. Auch hatten jene, die das Paar lenken sollten, nicht mit Martha Dodds unermüdlicher Stichelei gerechnet; ihre Briefe an Boris enthielten viele Hinweise auf Liebesabenteuer. So hieß es beispielsweise am 8. Dezember 1936: «Armand ist immer noch hier – aber du musst wissen, dass er mir nichts bedeutet – solange du noch lebst –, niemand kann mir irgendetwas bedeuten, solange du lebst.»[67]

Auch Boris Winogradow war nicht gegen Zweifel gefeit, und es scheint so, als habe es eine andere unbekannte Frau – «Julia I» – gegeben. Nach ihrer Begegnung im März hatte «Romeo» Martha auf «Julia II» zurückgestuft, und er fragte seine Vorgesetzten: «Ich verstehe nicht ganz, warum ihr euch so sehr auf unsere Heirat kapriziert. Ich habe euch doch gebeten, ihr klar zu machen, dass es im Prinzip unmöglich ist und auf jeden Fall in den nächsten paar Jahren nichts passieren wird.»[68] Sechs Monate später berichtet er erneut schriftlich, dass er einen Brief von Martha Dodd erhalten habe, in dem es um Heirat geht. «Als sie Moskau verließ, habe ich euch brieflich gebeten, keine Versprechen dieser Art zu geben. Dennoch hat sie solch eine Zusicherung erhalten, und nun erwartet sie deren Erfüllung. Sie träumt davon, meine Frau zu sein, zumindest in der Praxis, dass ich in Amerika arbeiten werde und sie mir hilft.»[69]

Als sich die Familie Dodd auf ihre Abreise im November 1937 vorbereitete machte Martha einen überraschenden Besuch in Warschau. Boris Winogradow berichtete, das Rendezvous sei «gut gelaufen», und man habe bereits ein Treffen mit dem örtlichen NKWD-Agenten bald nach ihrer Ankunft in New York im Dezember arrangiert. Aber sie war immer noch eifrig mit Heiratsplänen beschäftigt, «obwohl ihre Eltern warnten, dass daraus nichts werden würde».

Außerdem berichtete Winogradow, die stets flexible Martha sei bereit, den linken Journalisten Louis Fischer zu heiraten, sollten sich ihre Pläne, den Russen zu ehelichen, nicht verwirklichen lassen. Auf gar keinen Fall sollten die Sowjets sie in «Unwissenheit über die reale Situation» halten, «denn wenn wir sie täuschen, wird sie möglicherweise verbittert reagieren und den Glauben an uns verlieren. Im Moment ist sie sogar bereit, für uns zu arbeiten, wenn sich herausstellt, dass ich sie nicht heiraten werde.»[70]

Mit einer Reihe von Schauprozessen, für die der Mord an Sergej Kirow, dem Parteichef von Leningrad, den Anlass geliefert hatte, leitete Stalin eine «politische Säuberung» beispiellosen Ausmaßes ein. Zwischen 1935 und 1938 wurden etwa fünf Millionen Menschen verhaftet und etwa eine Million hingerichtet; eine unbekannte Anzahl starb in Lagern.[71] Es wurde keine Gruppe verschont: Betroffen waren alte Bolschewisten, führende Leute der Geheimpolizei, Dichter und Gelehrte, Parteifunktionäre aller Ränge und fast alle höheren Offiziere der Roten Armee. Die Welt sollte glauben, dass Lenins Mitarbeiter bis auf wenige Ausnahmen Verräter waren und dass sie, angestiftet von dem Juden Leo Trotzki, mit dem nationalsozialistischen Deutschland konspirierten, um das sozialistische Vaterland zu zerstören.

Überall waren die Kommunisten zutiefst schockiert, doch nirgends war die Bestürzung größer als in Deutschland, wo viele der Angeklagten in den Moskauer Prozessen früher mit ihren deutschen Genossen unmittelbar in Verbindung gestanden hatten. Besonders Sowjetdiplomaten, die in Deutschland tätig waren, sahen sich Vorwürfen ausgesetzt, mit dem ins Exil getriebenen Geächteten Trotzki gemeinsame Sache gemacht zu haben. Unter jenen, die ganz plötzlich in die Heimat zurückgerufen wurden, waren sowohl Arvid Harnacks Freund Sergej Bessonow, Botschaftsrat in Berlin, der bei der Gründung von ARPLAN mitgewirkt hatte, als auch Martha Dodds Kontaktmann bei der sowjetischen Botschaft, der Journalist Dimitri Bucharzew.

Wie nicht anders zu erwarten, geriet auch Boris Winogradows Name beim Vorgehen gegen frühere Attachés in der Berliner Botschaft auf die Liste der Zurückgerufenen. Winogradow begegnete Martha Dodd das letzte Mal im Dezember 1937. Mit Einverständnis des sowjetischen Botschafters in Berlin verließ er seinen Posten in Warschau, um mit ihr in Berlin zusammenzutreffen. Wie Martha Dodd mitteilte, berichteten die deutschen Zeitungen, während er in Berlin war, hätte der NKWD die Warschauer Botschaft und Winogradows Büro genau untersucht und dabei verdächtige Dokumente gefunden. Da er unter der Anklage einer «Zusammenarbeit mit den Nationalsozialisten» stand, bedeutete seine letzte Reise nach Berlin – die ohne offiziellen Anlass erfolgte – praktisch sein Todesurteil.[72]

Der letzte seiner Berliner Freunde, der Winogradow zu sehen bekam, war der amerikanische Journalist H. R. Knickerbocker. Dieser reiste gerade mit dem Transsibirien-Express zurück, nachdem er über den chinesisch-japanischen Krieg berichtet hatte. Als er in Moskau erfuhr, dass Winogradow in Warschau Dienst tue, unterbrach er dort die Reise. Die beiden trafen einander auf dem Warschauer Bahnhof, und Winogradow veranlasste den Journalisten, die Nacht in der Botschaft zu verbringen. Viele Jahre später, nachdem die beiden Männer lange tot waren, schrieb Knickerbockers Frau Agnes an Martha Dodd, die beiden hätten über die Moskauer Prozesse diskutiert, und ihr Ehemann habe den Russen gefragt: «Wenn Sie nach Moskau zurückgerufen werden und Grund zu der Annahme haben, dass man Ihnen falsche Vorwürfe machen wird, werden Sie zurückkehren oder sich für das Exil im Westen entscheiden?» Obwohl Winogradow mit Sicherheit wusste, dass es bereits zur Verurteilung unschuldiger Genossen gekommen war, antwortete er, als «loyaler Kommunist», als jemand, der bereits im Alter von 16 Jahren in der Roten Armee gekämpft habe, «werde man ihn nicht zurückrufen und schon gar nicht irgendetwas gegen ihn unternehmen».[73]

Die beiden Männer verbrachten die ganze Nacht im Streitgespräch. Der Amerikaner drängte Winogradow, nicht nach Moskau zurückzukehren, um sich nicht der Gefahr der Liquidierung auszuliefern; Winogradow hielt dem unerschütterlich entgegen: «Die Revolution ist wichtiger als das Leben eines einzelnen Mannes.»[74]

Im Januar 1938 berichtete die französische Tageszeitung *Le Temps*, Boris Winogradow sei von Warschau nach Moskau zurückbeordert worden.[75] Dies scheint der einzige Hinweis auf sein Schicksal in einer öffentlich zugänglichen Quelle zu sein.

Winogradows letzter Brief an Martha Dodd unter dem Datum

des 29. April 1938, wurde kurz vor seiner Hinrichtung geschrieben, dies geschah möglicherweise auf Geheiß des NKWD. Martha Dodd empfand diese Zeilen als bewegendes Dokument – trotz der Lücken, die die scharfen Scheren des sowjetischen Zensors geschaffen hatten. Die letzten Worte Boris' an Martha lauteten: «Ich liebe dich, ich bin ganz erfüllt von dir, und ich träume von dir und von uns.»[76] In einem Brief an den sowjetischen Journalisten Ilja Ehrenburg, den sie 1957 bei einem Besuch in Moskau schrieb, erinnerte sich Martha Dodd: «Es war ein sehr, sehr trauriger Brief, und er war sehr loyal (ich besitze ihn immer noch). Es war wohl sein Abschied von mir und vom Leben. Es heißt, er soll danach erschossen worden sein. Angesichts dessen, was wir heute über diese tragische Zeit wissen, frage ich mich auch, ob diese Beziehung zu mir, der Tochter eines ausländischen Diplomaten, zu seinem Ende beigetragen haben kann.»[77]

Viele Jahre später, nach dem Zweiten Weltkrieg, wurde Winogradows Hinrichtung von Maurice Hindus, Louis Fischer und Freunden im State Department bestätigt.[78] 1957, als die stalinistische Phase vorbei war, erfuhr Martha Dodd, dass ihr Liebhaber «rehabilitiert» worden sei – posthum wurde er von allen Vorwürfen freigesprochen.[79]

Die Harnacks hatten ihre eigenen Gründe, sich wegen der Ereignisse in der Sowjetunion Sorgen zu machen. Am 2. März 1938 begann in Moskau vor geladenem Publikum, darunter ausländische Journalisten, die erste Sitzung des so genannten Großen Prozesses (dritten Schauprozesses) gegen 21 Angeklagte. Auf der Anklagebank saßen die Hauptbeschuldigten: der alte Bolschewist und Liebling Lenins, der blasse, bärtige Nikolaj Bucharin, der frühere Chef der Geheimpolizei Genrich Jagoda, der ehemalige Botschafter in Deutschland und stellvertretende Kommissar für Auswärtige Angelegenheiten, Nikolai Krestinski, und schließlich auch Sergej Bessonow, der früher an der Handelsdelegation in Berlin tätig gewesen war.

Bei diesem berüchtigtsten aller Schauprozesse gestand ein Angeklagter nach dem anderen unterwürfig jedes denkbare Verbrechen, das reichte von Spionage und Mord bis Hochverrat und Sabotage. Alles war gut vorbereitet, man hatte unter Anwendung von Folter und durch das Versprechen, für die Familien der Terroropfer zu sorgen, unterschriebene Geständnisse beschafft.[80] Die Angeklagten wurden von dem Generalstaatsanwalt und Ankläger Andrej Wyschinski einem Verhör unterzogen. «Wyschinski nannte die Angeklagten nicht nur wie üblich ‹eine Bande von Spionen und Verbrechern›, sondern auch ein ‹verfluchtes Otterngezücht› und einen ‹übel riechenden Haufen menschlichen Abschaums›.»[81]

Der erste Zeuge, der einem Kreuzverhör unterzogen wurde, war Sergej Bessonow, mit dem Arvid häufig gespeist hatte. Zehn Monate lang hatte Bessonow ein «Geständnis» abgelehnt, aber nun schilderte dieser «düstere, aschfahle Mann, der an einen Automaten erinnerte», mit Bestimmtheit, wie er in Berlin «als Verbindungsmann zwischen Trotzki und Krestinski» arbeitete. Er beschrieb außerdem, wie er 1933 «ein Gespräch zwischen Trotzki und Krestinski arrangierte» und wie sich die beiden «verschworen, die Sowjetunion an die Deutschen zu verraten».[82] Die meisten der Angeklagten, darunter auch Bucharin und Jagoda, wurden zum Tode verurteilt, drei Beschuldigte erhielten Zuchthausstrafen. Bessonow bekam die mildeste Strafe: 15 Jahre. Sein Kollege Bucharzew schnitt weniger günstig ab. Wie ihre Akten zeigen, erfuhr Martha Dodd im Februar 1937 von seiner Hinrichtung «als Gestapo-Agent».[83]

Stalins Terror hatte Konsequenzen für Arvid Harnack. Fünf der acht Spionageoffiziere, die in Berlin Dienst getan hatten, wurden zurückberufen und wegen vermeintlichen Verrats hingerichtet. Die Dezimierung der Botschaft in Berlin und die Verfolgung von Mitarbeitern der militärischen und der Auslandsspionage führten dazu, dass Harnack von Juni 1938 bis August 1940 keinen Kontakt mit Moskau hatte.[84]

Wir wissen nicht, was die Harnacks, die Bessonow und Winogradow nahe gestanden hatten, von den Prozessen und den Geständnissen hielten. Im Jahre 1938 galt Stalin für viele Linksintellektuelle immer noch als Personifizierung einer Politik, die den Nationalsozialisten gegenüber kein Entgegenkommen gezeigt hatte. Das veranlasste viele, ihre Augen zu schließen und ihre Kritik nicht zu artikulieren. Rudolf Heberle erinnert sich, dass Harnack sehr gut über das informiert war, was in Russland vor sich ging: «Ich erinnere mich zum Beispiel daran, dass er mir erklärte, warum Stalin so viele

Generäle hinrichten ließ: Sie waren nicht zuverlässig. Sie hatten zu enge Beziehungen zu den Deutschen.»[85] Doch als Martha Dodd 1979 an Greta Kuckhoff schrieb, erinnerte sie sich, dass Arvid «nicht schätzte, was Stalin mit jedem und überall anstellte. Selbst Ende 1937 sprach er eindringlich mit mir und hatte schmerzliche Zweifel, ob die Propaganda, die aus dieser Quelle kam, wahr war.»[86]

Die Wege von Mildred Harnack und Martha Dodd waren seit den gemeinsamen Tagen von 1934 bis 1936 auseinander gegangen. Martha Dodd unternahm mehrere lange Auslandsreisen; Arvid Harnack beendete seine Ausbildung als Jurist und kehrte nach Berlin zurück, Mildred übersetzte Romane und spielte ihre Rolle als Ehefrau. Wichtiger aber war, dass Martha Dodd mehr und mehr Zeit in den snobistischen Kreisen der Diplomatie verbrachte, während Mildred Harnack sich mit Schreiben, Unterrichten und Übersetzen beschäftigte. Sie sahen einander weiterhin, aber das kam jetzt weniger häufig vor. Und während die illegalen Aktivitäten der Harnacks zunahmen, wurde es immer gefährlicher, mit Martha und Bill Dodd Umgang zu pflegen, die von der Gestapo beobachtet wurden.

Martha Dodd berichtet, dass die beiden Frauen sich im Herbst 1937 in einem belebten Restaurant zum letzten Mal sahen: «Wir fanden einen unauffälligen Tisch und sprachen eine Stunde lang in Ruhe miteinander. Es ging um Bücher, um unser Leben, um den Faschismus und um die Zukunft. Wir einigten uns darauf, einander hin und wieder zu schreiben, und wenn ich später von ihr hörte, dann war die Post nicht in Deutschland aufgegeben worden. Aber als ich an diesem Tag das letzte Mal mit ihr zusammen war, sprach sie mit tiefem Stolz von ihrer wachsenden Wirksamkeit. Sie hoffte auf ein neues Deutschland, in dem wir die Früchte unserer Arbeit genießen würden. Mildred war außerordentlich zurückhaltend, aber diesmal küsste sie mich rasch, bevor wir uns trennten, und ich sah, wie sie die Straße hinunter ging; ich hatte keinerlei Vorstellung davon, dass sie, wie so viele unserer Freunde, nur noch fünf Jahre zu leben hatte.»[87]

*Das Folgende ereignete sich in Ost-Berlin im Jahr 1991.*

*In Martha Dodds vom FBI aufgefangener Korrespondenz fand ich zu meiner Überraschung den Namen Jürgen Kuczynski, einen Namen, der allen wohlbekannt ist, die sich mit Spionage beschäftigen. Wenn dieser Mann reden würde, könnte er weitere Hinweise auf die Rätsel um Martha und Mildred geben. Zu meinem Erstaunen fand ich seinen Namen im Berliner Telefonbuch und an zwei gebührend kalten und regnerischen Tagen im Herbst 1991 besuchte ich ihn im Berliner Stadtteil Weißensee. Als Angehörige der früheren Nomenklatura der Kommunistischen Partei lebten die Kuczynskis in einem großen Einfamilienhaus mit 40 000 Büchern, darunter viele bibliophile Ausgaben.*

*Wenn man sich mit der Geschichte der Geheimdienste beschäftigt, wird man auf jeden Fall auf den Namen Kuczynski treffen. Dreißig Jahre lang waren Jürgen, sein Vater und seine Geschwister die führende Familie in den Diensten der sowjetischen Spionage.*[88] *Professor René Kuczynski, ein früherer Direktor des Statistischen Reichsamts, ehemals Fellow der Brookings Institution in Washington und Dozent an der London School of Economics, gab Informationen nach Moskau weiter, die er von seinem Freund, dem späteren britischen Botschafter in Russland, Sir Stafford Cripps, erhalten hatte. Seine Schwester Ruth, in der Welt der Geheimdienste als «Sonja» bekannt, war möglicherweise die erfolgreichste Frau, die es auf diesem Gebiet je gegeben hat. Der Atomphysiker Klaus Fuchs zählte zu ihren Aktivposten. Jürgen, «der gefährliche Dr. Kuczynski», wie ihn der britische Journalist Chapman Pincher nannte, studierte ebenfalls Volkswirtschaft. In den zwanziger Jahren hielt auch er sich an der Brookings Institution auf. Hier lernte er mehrere* Friday Niters *kennen und traf, wie er sich erinnerte, kurz mit den beiden deutschen Rockefeller-Stipendiaten Arvid Harnack und Rudolf Heberle zusammen.*

*Nach einer Reise in die Sowjetunion im Jahr 1930 trat Jürgen Kuczynski in die Kommunistische Partei Deutschlands/KPD ein. Er schrieb Beiträge für die* Rote Fahne, *das Zentralorgan der Partei. Während seiner Berliner Jahre wurde er von Sergej Bessonow, den er stets in höchsten Tönen lobte, für die sowjetische Spionage gewonnen. Bessonow war der «perfekte Kommunist», gebildet, kultiviert, intelligent und ein guter Freund. Er war an allem interessiert. So konnte er sich mit Marguerite, Kuczynskis Frau, die aus dem Elsass stammte, eine halbe Stunde lang über die Zubereitung von Fisch unterhalten.*[89]

*Kuczynski erklärte sich bereit, andere russische Mitarbeiter der Botschaft knapp zu beurteilen. Boris Winogradow: «höchstwahrscheinlich Mitarbeiter des NKWD». Alexander Hirschfeld:[90] «Er war nicht nett, und er war nicht mutig. Ich mochte ihn nicht besonders, aber er wurde zum Kontaktmann zwischen [dem sowjetischen Außenminister] Maxim Litwinow und mir bestimmt.»*

*Ich fragte, auf welche Weise das Material übergeben worden sei.*

*Ein- oder zweimal im Monat traf Kuczynski mit Bessonow, Bucharzew oder dem Botschafter zusammen und lieferte Berichte über die Lage in Deutschland, die an Maxim Litwinow, Volkskommissar des Äußeren, weitergeleitet wurden. Ich äußerte meine Überraschung darüber, dass es während des Dritten Reiches für einen deutschen Staatsbürger, einen Kommunisten und Juden, möglich war, unter den Augen der Gestapo Berichte an der Tür der Sowjetbotschaft abzuliefern. Kuczynski erwiderte: «Die Gestapo wollte keinen Ärger mit den Russen haben.»*

*Als seine Arbeit als «Illegaler» in Deutschland 1936 zu gefährlich wurde, ging Kuczynski nach Moskau, wo ihm die Führer der KPD im Exil – Walter Ulbricht und Wilhelm Pieck – nahe legten, sich seiner Familie anzuschließen, die in Großbritannien lebte. Dort repräsentierte er in aller Offenheit die Komintern; heimlich fuhr er fort, Berichte für Moskau zu verfassen. Nun schätzte er die militärische, wirtschaftliche und politische Lage in Großbritannien ein. Er kümmerte sich auch um die Organisierung anderer deutscher Kommunisten, die hier im Exil lebten. Und er half den Nachrichtendiensten der Briten und Amerikaner, KPD-Mitglieder für die Untergrundarbeit in Deutschland anzuwerben. (Wie sein amerikanischer Kontaktmann Joseph Gould berichtet, stellte Kuczynski zusammen mit seiner Schwester für die Amerikaner den Kontakt zu sieben deutschen Kommunisten her, die mit Fallschirmen hinter den Linien in Deutschland abgesetzt wurden. Drei davon tauchten nie wieder auf. Die vier, die überlebten, lieferten den Amerikanern viele nützliche Informationen.) Kuczynski selber wurde Oberst des OSS (Office of Strategic Services), der Vorläufer-Organisation der CIA. Allerdings räumte er mir gegenüber ein: «Natürlich habe ich alles, was ich erfuhr, den Russen mitgeteilt.» (William Donovan, Chef des OSS, entschuldigte die Praxis, Leute anzuwerben, von denen man wusste, dass sie Kommunisten waren: «Ich habe sie gerade deshalb in Dienst genommen, weil sie Kommunisten waren.» Später ergänzte er das noch: «Ich hätte auch Stalin auf die Gehaltsliste gesetzt, wenn ich davon überzeugt gewesen wäre, dass das dazu beitragen würde, Hitler zu bezwingen.»)[91]*

*Abgesehen von dem, was er seine «illegalen Aktivitäten» nannte, war Kuczynski während des größten Teils seines Lebens mit dem Schreiben wissenschaftlicher Arbeiten beschäftigt – er verfasste mehr als hundert Bücher, darunter eine vierzig Bände umfassende Geschichte der Arbeiterklasse. Dieser Gelehrte mit höflichen Manieren und einer Vorliebe für kubanische Zigarren hatte die Gesichtszüge eines Patriziers.*

*Jürgen Kuczynski war fünfzig Jahre lang mit Martha Dodd befreundet. Er besuchte sie in Prag, und in den sechziger Jahren begleitete er sie bei einer Reise nach Dresden. Lachend meinte er: «Wir haben Martha Dodd immer als die antifaschistische Nymphomanin bezeichnet – eine ganz wunderbare Frau. Sie hätte ihre Memoiren schreiben sollen. Zu mir hat sie einmal gesagt: ‹Jürgen, du bist der einzige Widerstandskämpfer, mit dem ich nicht geschlafen habe.›»*

*Kuczynski hatte in Berlin keinen Kontakt mit Martha Dodd: «Aber ich kannte Dodd bereits, bevor er Botschafter wurde. Ich kannte die Dodds durch meinen Vater. Dodd hielt zwei Vorträge an der Brookings Institution. Ich habe Botschafter Dodd in Virginia besucht und dort [seinen Sohn] Bill kennen gelernt. Martha bin ich in den Vereinigten Staaten begegnet, als wir 1938 dorthin fuhren, um Geld für die Partei zu sammeln.» Alfred Stern, der Liebhaber Marthas und ihr künftiger Gatte, gab ihm etwas Geld. «Martha wollte von mir wissen, ob sie ihn heiraten solle.»*

*Ich fragte Kuczynski nach seiner Ansicht über Botschafter Dodd: «Er war nett, das ist alles.»*

*«Nicht erfolgreich?»*

*«Er war ein naiver Liberaler. Für die Nazis war er ein sehr nützlicher Botschafter, weil er so harmlos war.»*

*«Dodd konnte also nicht viel erreichen, was die Nazis anging. Er leistete nicht viel, aber Martha war wohl der Ansicht, dass sie helfen könne?»*

*«Ja, und das hat sie auch getan», antwortete er vage. «Sie konnte sehr vieles bewirken, wenn sie helfen wollte.» Eindeutigeres konnte ich aus ihm nicht herausholen, wenn ich bestätigt haben wollte, dass sie tatsächlich eine Sowjetspionin war.*

*Wir sprachen über Berichte, in denen es hieß, Martha Dodd habe auf Mildred Harnacks Drängen Menschen mit diplomatischen Mitteln geholfen, besonders ging es dabei um Visa für die Vereinigten Staaten. Kuczynski erinnerte sich daran, wie er 1939 in England bei Kriegsausbruch als feindlicher Ausländer interniert worden war. Als Martha davon erfuhr, schrieb sie an Lord Philip Henry Lothian, den britischen Botschafter in Washington, der ein persönlicher Freund ihres Vaters war. Sie drängte auch Roosevelt zum Eingreifen. Kuczynski ist davon überzeugt, dass dies zu seiner Freilassung geführt hatte.*

*Ganz knapp hatte er 1935 ein Treffen mit Bessonow in Kopenhagen verpasst, und er glaubte, das habe ihm das Leben gerettet. In diesem Kontext fragte ich ihn nach den Moskauer Prozessen. Ob er denn trotz seiner Freundschaft zu Bessonow und anderen Mitgliedern der Botschaft geglaubt habe, dass sie des Trotzkismus schuldig seien?*

*«Ich will Ihnen erklären, wie schwierig das alles war. Ich vertraute den Sowjets. Mein Vater sah das anders – in seinen Augen waren die Angeklagten nicht schuldig. Aber dann folgte der Verrat von Flandin und Daladier, die Frankreich an Hitler auslieferten. Mein Vater kam zu mir und sagte: ‹Jetzt glaube ich an die Prozesse.› Es war so unglaublich für ihn, dass die führenden französischen Politiker ihr Land an Hitler verrieten, jetzt hielt er dergleichen auch in der Sowjetunion für möglich.»*

*Der Besuch endete mit einem Gespräch über Spionageromane. Auf dem Tisch lag die große rote Taschenbuchausgabe von John LeCarrés «The Perfect Spy». Kuczynski gab zu, dass er diese Art von Büchern liebte. Aber er las sie stets auf Englisch. – «Das ist die einzige Sprache, die sich für Spionage eignet.» – Das war keine Bagatelle, denn legal hatte man diese Bücher früher nicht in die DDR einführen können. Dann ging er mit mir nach unten, wo sich seine große Sammlung von Havanna-Zigarren befand, und er bot mir drei Bände von P. D. James an. Das war eine Offerte, der ich nicht widerstehen konnte.*

# 12

# Die Widerstandskämpferin

Libertas und Harro Schulze-Boysen

Nachdem Hitler besiegt war, konnte die Welt kaum begreifen, dass es einen deutschen Widerstand gegen den Nationalsozialismus, dass es «gute Deutsche» gegeben hatte, die darauf hingearbeitet hatten, sich des «Führers» ihres Landes zu entledigen. Der britische Historiker A. J. P. Taylor vertrat sogar die Meinung, dass «der deutsche Widerstand ein Mythos war».[1] Es hat auch «keine Widerstandsbewegung im eigentlichen Sinn» gegeben. Der deutsche Widerstand «konnte sich nicht auf eine Volksbewegung stützen».[2] Das war angesichts der Tatsache, dass das Ausmaß des inneren Widerstands ein Jahrzehnt lang für das deutsche Volk und die Außenwelt nicht sichtbar war, durchaus verständlich. Die einzige wichtige Ausnahme bildete der Sprengstoffanschlag vom 20. Juli 1944. Die Berichte der Gestapo und der Polizei, die 1945 in die Hände der Alliierten gelangten, waren teilweise jahrzehntelang nur beschränkt zugänglich. Erst in letzter Zeit konnten Wissenschaftler damit beginnen, die bislang gesperrten britischen, amerikanischen und russischen Archive auszuwerten, die diplomatisches und nachrichtendienstliches Material zum deutschen Widerstand enthalten, das eine kompliziertere Wahrheit offenbart.

Einem geheimen Bericht der Gestapo zufolge betrug im Jahr 1939 die Zahl der Deutschen, die sich aus politischen Gründen in Gefängnissen und Konzentrationslagern in «Schutzhaft» befanden, auf ihren Prozess warteten oder verurteilt waren 302 535. Andere Angaben lassen den Schluss zu, dass zwischen 1933 und 1945 etwa 800 000 Deutsche als politische Opponenten hinter Schloss und Riegel gelangten.[3] Diese Zahlen schließen wohl auch einige Juden und manche enttäuschte Nationalsozialisten ein. In den letzten Jahren sind Bücher erschienen, die sich auf deutsche und britische Quellen stützen. Diese Werke haben auf die gescheiterten Versuche des Widerstands – aus militärischen, politischen und kirchlichen Kreisen –, das Regime zu stürzen, neues Licht geworfen.[4] Inzwischen sind manche Gelehrte überzeugt: Der Zweite Weltkrieg hätte sich vermeiden oder abkürzen lassen, wenn die Briten und Amerikaner auf diese Bemühungen anders reagiert hätten.

Der ehemalige Bundeskanzler Willy Brandt, ein Sozialdemokrat, der Deutschland verließ, um gegen den Nationalsozialismus zu kämpfen, definierte einen Widerstandskämpfer als eine Person, die ernsthafte Risiken eingeht, um in einem Umfeld illegal zu handeln, in dem Recht zu Unrecht geworden sei. Schließt man sich dieser Begriffsbestimmung an, dann waren Mildred und Arvid Harnack Widerständler. Sie gingen Risiken ein. Sie retteten Juden und andere Gefährdete; sie übersetzten, druckten und verteilten illegale Schriften. Ihre Mission war sehr viel schwieriger als jene der Widerstandskämpfer in den von der Wehrmacht besetzten Ländern, die mit Unterstützung und Schutz durch die einheimische Bevölkerung rechnen konnten. Die Harnacks hatten es mit einer Diktatur zu tun, die aus heimischem Boden hervorgegangen war und sich eines beträchtlichen Maßes an Popularität erfreute. Während andere Angehörige des deutschen Widerstands von vielen als Helden betrachtet wurden, wurden die Harnacks lange Zeit vorwiegend als Agenten Stalins angesehen und nicht als Menschen, die aus Gewissensgründen nach Beseitigung eines Unrechtsregimes strebten.

Im Fall Harnack haben sich die Historiker auf beschlagnahmte Dokumente der Gestapo oder auf Nachkriegsaussagen von Gestapobeamten und nationalsozialistischen Juristen verlassen, wenn es darum ging, Motive und Taten ihrer Gruppe einzuschätzen. Die Gestapo wollte um jeden Preis einen sowjetischen Spionagering ausheben, und genau das «gelang» ihr auch. Über die Bestrebungen der Harnacks, mit Amerikanern zusammenzuarbeiten, ist noch nie berichtet worden. Ob Arvid Harnack den Vereinigten Staaten ebenso wie der Sowjetunion beistehen wollte, ist niemals untersucht worden. Nur ein versteckter Hinweis von Arvids Bruder Falk («Sie sollten das Archiv von Präsident Roosevelt aufsuchen, denn all das war damals höchst geheim») deutete auf das fehlende Stück im Puzzle um die Harnacks hin: nämlich auf den amerikanischen Diplomaten Donald Heath.

Nachfolger von Botschafter Dodd in Berlin war der Karrierediplomat Hugh Wilson, der mit Vorliebe Talleyrands Rat an einen jungen Kollegen zitierte: «Vor allem, nicht zu viel Eifer.» Dieses Zitat ergänzte Wilson um einen eigenen Zusatz: «Wir lieben nicht, wir hassen nicht, wir maßen uns keine Urteile an, wir verdammen nichts; wir beobachten, wir wägen ab, wir berichten.»[5] Während der wenigen Monate seiner Botschaftertätigkeit in Berlin – nach den Ausschreitungen gegen die Juden in der Kristallnacht im November 1938 wurde er zurückberufen – verhielt sich Wilson diesen Grundsätzen entsprechend. Ende 1937 kam Donald Heath als Erster Sekretär an die Botschaft in Berlin. Auch er war ein Berufsdiplomat. Heath und seine sehr gesellige Frau Louise wurden in den immer spärlicher werdenden diplomatischen Kreisen Berlins bereitwillig willkommen geheißen.

Auslandsamerikaner erinnern sich an Heath als einen kleinen, gut aussehenden extrovertierten Mann aus Kansas, der bei geselligen Zusammenkünften gern Klavier spielte. Jacob Beam, der sein Kollege an der Botschaft war, berichtet, er habe gut zuhören können und ausgezeichnet Deutsch gesprochen, habe allerdings eine ganz charakteristische Eigenart gehabt: «Er konnte einem nicht in die Augen schauen. Er blickte auf seinen Schreibtisch hinunter. Er hörte durchaus zu, aber wenn er sich auf das konzentrierte, was ein anderer sagte, schaute er ihn nicht an.»[6] Ein Verwandter der Harnacks beschreibt Heath als «einen pfiffigen Burschen … mit einer guten Auffassungsgabe für Menschen und Dinge. Er war der typische Querkopf. Er beantwortete Fragen immer wieder anders und auf unerwartete Weise. Man fragte ihn etwas, und er gab eine Antwort, bei der einem nicht deutlich wurde, dass sie mit der Frage zu tun hatte. Dann kratzte er sich am Kopf und ging zu einem anderen Thema über.»[7]

Heath, ein gelernter Journalist, hatte im Ersten Weltkrieg als Leutnant in der Armee gedient. Dann arbeitete er für kurze Zeit als Korrespondent von United Press im Weißen Haus, schließlich trat er in den Auswärtigen Dienst ein und arbeitete sich langsam hoch. Als der Eindruck entstand, dass er nicht über das notwendige eigene Privateinkommen verfügte, um den mit großen Ausgaben verbundenen Posten in Berlin ausfüllen zu können, kam ihm das Finanzministerium zu Hilfe.

Finanzminister Henry J. Morgenthau hatte das Gefühl, unbedingt einen Finanzattaché in Berlin haben zu müssen, der Informationen über die deutsche Wirtschaft besorgen sollte.[8] Doch die Schaffung einer besonderen Position passte nicht zur Sparpolitik der Regierung. Aus diesem Grunde wurden Heath, der offiziell

Mitarbeiter des State Department war, zusätzliche Aufgaben als nachrichtendienstlicher Mitarbeiter im Office of Coordination, dem Vorläufer des Office of Strategic Services, zugeteilt. Als «Morgenthaus Mann» erhielt er einen Gehaltszuschlag und 1939 auch einen besonderen Spesenetat.[9]

Kurz bevor Heath in Berlin eintraf, hatte die Botschaft der Vereinigten Staaten telegrafisch von einer Warnung der Reichsregierung an deutsche Staatsbürger «vor verräterischen Handlungen, etwa der Lieferung von wirtschaftlichen Informationen an Ausländer» berichtet. Verrätern wurde mit der Todesstrafe gedroht.[10] Verständlicherweise gelang es Heath unter diesen Umständen zunächst nicht, irgendwelche Informationen zu beschaffen.

Mildred Harnacks Freund George Messersmith, bis Mitte 1934 amerikanischer Generalkonsul in Berlin und später stellvertretender Finanzminister, erinnerte sich an ein Tischgespräch mit Morgenthau, in dem dieser sich zum wiederholten Mal über den Mangel an Berichten aus Berlin beklagte.[11] In einer vertraulichen Mitteilung an die Botschaft in Berlin berichtete Messersmith über Morgenthaus Enttäuschung.[12] Insbesondere ging es dem Finanzministerium um «umfassende Berichterstattung über die Stellung und Arbeitsweise des deutschen Finanzministeriums und der Reichsbank, um den Geldmarkt, die Schulden, die Goldbestände, die Wechselkurse und so weiter. Aus Paris und London gehen solche Berichte ein».[13]

Genau auf diesen Gebieten wiederum war Arvid Harnack auf deutscher Seite der zuständige Fachmann. Im Wirtschaftsministerium beschäftigte er sich mit Fragen der Zahlungsbilanz und des Außenhandels.[14] Einer seiner Kollegen schrieb dazu: «Mit allen Länderreferenten stand er in einer unmittelbaren dienstlichen Verbindung; in alle bedeutsamen wirtschaftspolitischen Vorgänge war er eingeschaltet, und von der Position eines Grundsatzreferenten aus konnte er auch in alle Entscheidungen mit eingreifen. Diese verantwortliche Tätigkeit führte zu einer engen, fast täglichen Berührung mit dem Auswärtigen Amt, in dessen Wirtschaftsabteilung die korrespondierenden Länderreferenten tätig waren. Systematisch ging er daran, sich eine zuverlässige Übersicht über den Stand unserer Wirtschaftskapazität, unserer Produktion und unserer Reserven zu schaffen, und prüfte genau den Stand unserer jeweiligen außenhandelspolitischen Situation. So war Harnack einer der besten Kenner unserer Wirtschaftslage geworden.»[15] Darüber hinaus war es ihm nach seiner planmäßigen Anstellung im September 1938 durchaus möglich, sich ohne weiteres mit amerikanischen Kollegen zu treffen.

Nachdem Heath und Harnack einander kennen gelernt hatten, war es «vorbei» mit den «von ihm nicht zu beeinflussenden Umständen», die Heath daran gehindert hatten, Informationen zu beschaffen.[16] Arvid Harnack, der namentlich nie erwähnt wurde, um sein Inkognito zu wahren, ist durch interne Hinweise in lange Zeit nicht beachteten Dokumenten des State Department identifizierbar. Heath' Sohn hat später bestätigt, dass Harnack mit den Formulierungen «vertrauliche Quelle», «hochrangige deutsche Quelle», «gut platzierte Informationsquelle» und «hoher Beamter des Reichswirtschaftsministeriums» in diesen Dokumenten gemeint war.[17]

Anfänglich reagierte Harnack auf Heath' Annäherungsversuche sehr vorsichtig. Unter Botschafter Dodd hatte man Sicherheitsfragen vernachlässigt und dadurch die Lieferanten von Nachrichten gefährdet. Ein deutscher Wirtschaftsfachmann hatte der amerikanischen Botschaft eine vertrauliche Analyse zukommen lassen, die man ohne jede Vorsicht hatte herumliegen lassen, so dass sie Goebbels' Spähern in die Hände gefallen war. Harnack hingegen konnte sich 1938 regelmäßig mit Heath treffen, ohne Verdacht zu erregen.[18]

Manchmal war das Ehepaar Harnack auch bei der Familie Heath zu Gast. Noch häufiger trafen sich Mildred Harnack und Louise Heath im *American Women's Club*. Als Mildred dem Sohn des Ehepaares Heath Unterricht gab, verbrachten die beiden Ehepaare regelmäßig miteinander Wochenenden und Skiferien. Woche für Woche schickte Heath nach gemeinsamen Geselligkeiten telegrafische Berichte an das Finanzministerium in Washington: Darin ging es um den «Rüstungsboom», das Sinken der Reallöhne der Arbeiter, die Außenhandelsstatistik, Goldimporte als Vorzeichen eines kommenden Krieges, die Außenhandelsbilanz der I.G. Farben und dergleichen mehr.[19] Dank Arvid Harnack machte Heath in Berlin einen großen Karriereschritt.

1938 führte Harnack Heath mit einer weiteren wichtigen «Informationsquelle» zusammen. Es handelte sich um Otto Donner, den deutschen Ehemann von Mildreds Nichte Jane Esch. Donner hatte sich mit Max Delbrück angefreundet, und beide hatten Schwierigkeiten mit ihrer Habilitation. Durch Delbrück lernte Donner Arvid Harnack und später auch Mildreds Nichte kennen. Jane und Otto Donner heirateten noch im selben Jahr. Donner war zu der Zeit in der militärwirtschaftlichen Forschung tätig. Zwischen ihm und Heath entwickelte sich eine enge persönliche Beziehung, und der Deutsche lieferte dem Amerikaner Berichte.[20]

Im Morgenthau-Archiv der Roosevelt Library in Hyde Park findet sich ein wichtiger Brief vom 2. Mai 1939, den Heath an den Finanzminister richtete, er ist im Katalog nur als Dankschreiben erfasst. Dieses Schriftstück enthält Heath' Bemerkungen über diese «nützlichen Quellen» und über «hoch gebildete Beamte», die inzwischen Mitglieder der NSDAP geworden sind:

> Es ist für diese Leute eine praktische Notwendigkeit, Mitglied zu sein, wenn sie vorankommen oder auch nur ihre Position im Regierungsdienst behalten wollen ... Die Haltung dieser liberal gesinnten jungen Leute läuft darauf hinaus, dass es angesichts der Stärke der nationalsozialistischen Bewegung keine Möglichkeit gibt, diese von außen zu bekämpfen. Die einzige Alternative, so meinen sie, bestehe darin, die eigene Stellung innerhalb des Regierungssystems zu festigen und zu versuchen, die Bewegung zu modifizieren und so lange zu warten, bis ein günstiges innen- oder außenpolitisches Ereignis zum Sturz des Regimes führt.

Im Weiteren legt Heath die von Arvid Harnack vertretenen Positionen dar:

> Dazu lässt sich sagen, dass die Mehrheit dieser Gruppe am ehesten gemäßigt sozialistischen Ansichten zuneigt. Diese Leute haben nichts gegen zunehmende Staatseingriffe und die Kontrolle von Industrie und Handel unter dem nationalsozialistischen Regime einzuwenden. Sie wenden sich allerdings gegen die Einschränkungen der persönlichen Freiheit und der Gedankenfreiheit sowie gegen die derzeitige Außenpolitik, die militärische Aggressionen internationaler Zusammenarbeit vorzieht. Sie

fürchten, dass diese Politik schließlich zu einem europäischen Krieg führt.[21]

Nach dem Krieg erzählte Heath im Familienkreis, Harnack sei seine Informationsquelle gewesen; er habe ihn mit «sehr nützlichen Insiderinformationen über den wahren Stand der Dinge in Deutschland» versorgt.[22]

Eine weitere Bestätigung für Harnacks Hilfe stammt aus einer ungewöhnlichen Ecke: Es handelt sich um ein Bestandsverzeichnis in Harnacks Akte. Hier geht es um die Informationen, die Harnack den Russen lieferte, bevor seine Kontakte durch die mit der großen Säuberung zusammenhängenden Prozesse in der Sowjetunion zunächst einmal unterbrochen wurden. Zwar endet diese Liste mit dem Juni 1938, also kurz nachdem sein Kontakt mit Heath beginnt, das Material ist jedoch den Berichten für die Amerikaner inhaltlich auffallend ähnlich: Es handelt sich um Informationen über die deutsche Währung und Wirtschaft, über Auslandsschulden und Handelsabkommen.[23]

1937 war schließlich klar, dass kaum Aussicht auf einen Volksaufstand gegen Hitler bestand. Nur wenige wussten dies besser als Arvid Harnack, der durch seine Familie enge Beziehungen zu Gegnern des nationalsozialistischen Regimes hatte. Damals pflegte Arvid Harnack seine Kontakte zu diesen Hitler gegenüber kritisch eingestellten Gewährsleuten mit sehr viel Sorgfalt. In diesen Kreisen glaubten viele, einzig die Wehrmacht könne das Regime stürzen. Doch Ernst von Harnack blickte weiter: «Die Opposition muss ihr Spinnennetz durch das gesamte Räderwerk des Regime spinnen und zur gleichen Zeit versuchen, die Verbindung mit dem Ausland herzustellen.»[24] Harnack verfolgte eine ähnliche Strategie: Durchdringung der Ministerien, Suche nach Mitverschwörern, Bemühungen um Verbündete im Ausland, Vorbereitung einer Machtübernahme nach dem Sturz Hitlers.

Hier ist ein kurzer Exkurs vonnöten, um den Widerstand in den Streitkräften zu skizzieren, der am 20. Juli 1944 mit dem Anschlag gegen Hitler seinen Höhepunkt erreichen sollte. Von dem Augenblick an, da Hitler im Jahr 1933 die Macht übernahm, sahen die führenden Militärs den Reichskanzler mit einer Mischung von Ambivalenz, Misstrauen, Verachtung und Hass. Sie stimmten den nationalsozialistischen Absichten zu, Deutschland aufzurüsten und den Versailler Vertrag nicht ernst zu nehmen. Außerdem standen die meisten von ihnen dem Antisemitismus der Bewegung und ihren diktatorischen Methoden mit zurückhaltender Sympathie gegenüber. Hitler war aus dem Nichts hervorgegangen, war in ihren Augen ein Niemand, ein Amateurstratege und Abenteurer. Seine Knüppelgarden im Braunhemd konnten als zukünftige Rivalen der Wehrmacht gesehen werden. Von den ersten Anfängen der nationalsozialistischen Bewegung bis zum Jahr 1933 tauchte jedes Mal, wenn Hitler nach der Macht greifen wollte, im entscheidenden Augenblick ein Mensch auf, «in Feldgrau mit weinroten Hosenstreifen und dem Monokel im Auge … und hatte die Hand gehoben und ‹Halt!› gerufen».[25]

Nachdem sich Hitler Mitte 1934 durch eine blutige Säuberung Ernst Röhms und seiner Braunhemden entledigt hatte, gelang ihm ein sorgfältig eingefädeltes Meisterstück: Nach dem Tod Hindenburgs am 2. August legte er gesetzlich das Amt des Reichspräsidenten mit dem des Reichskanzlers zusammen. «Hitler bestimmte in einer ‹für alle Zukunft› geltenden Verfügung, dass er als ‹Führer und Reichskanzler› anzureden sei.» Hitler war nun auch Oberbefehlshaber der Streitkräfte. In aller Eile und auf Initiative der Reichswehrführung schworen «sämtliche Offiziere und Mannschaften der Reichswehr am 2. August, sozusagen noch ehe Hindenburgs Leichnam ganz erkaltet war, bei feierlichen Gelöbnissen in ganz Deutschland dem ‹Führer› absolute Treue».[26]

Am 5. November 1937 enthüllte Hitler vor engsten Mitarbeitern, Ministern und den Oberbefehlshabern von Heer, Luftwaffe und Marine die dringende Notwendigkeit einer Expansion Deutschlands unter Einsatz von Gewalt in den kommenden Jahren: Österreich und die Tschechoslowakei seien zu annektieren sowie das Reich kriegsbereit für einen Angriff auf die Großmächte zu machen. Ein Offizier fertigte eine Niederschrift mit den Äußerungen Hitlers und der Teilnehmer an.

Aber Kriegsminister Generalfeldmarschall Werner von Blomberg und der Oberbefehlshaber des Heeres, Generaloberst Werner von Fritsch, wandten ein, Deutschland sei dazu noch zu schwach.

Gegen beide Offiziere wurden regelrechte Verleumdungskampagnen inszeniert (Fritsch wurde fälschlicherweise der Homosexualität bezichtigt), und sie wurden wenige Monate später aus ihren Ämtern entfernt.

Fritsch wurde in der Kampagne gegen ihn von Hans von Dohnanyi verteidigt, der zu dieser Zeit im Reichsjustizministerium tätig war. Das war eine der wenigen Behörden, die um ein gewisses Maß an Unabhängigkeit kämpften. Als junger Mann hatte Dohnanyi häufig die Delbrücks bei ihren sonntäglichen Besuchen in der Wohnung Adolf von Harnacks begleitet. 1925 hatten Dohnanyi und Arvid Harnack sich in Hamburg am Institut für Auswärtige Politik kennen gelernt. Dort gehörten sie dem Kreis um Professor Albrecht Mendelssohn Bartholdy an. Im Zusammenhang mit seinem Einsatz für Fritsch errang Dohnanyi die Aufmerksamkeit von General Ludwig Beck und Oberst Hans Oster vom Amt Abwehr, dem Nachrichtendienst der Wehrmacht. Sie weihten Dohnanyi in die so genannte Verschwörung der Generäle ein.

Im September 1938 waren die Generäle Beck, Erwin von Witzleben und Franz Halder über Hitlers «Lebensraumpläne», die sich gegen die Tschechoslowakei, Polen und die Ukraine richteten, äußerst beunruhigt; sie verabredeten daher, Hitler zu verhaften, sollte er den Einmarsch der Wehrmacht in das Sudetenland befehlen. Im Justizministerium sammelte Dohnanyi insgeheim Beweise für Hitlers Verbrechen.[27] Auf der Grundlage dieses Materials sollte Dohnanyi eine Anklage gegen Hitler vorbereiten. Dohnanyi trat außerdem dafür ein, Hitler einer Kommission unter der Leitung seines Schwiegervaters, des Psychiaters Karl Bonhoeffer, vorzuführen, die «den Führer» für geisteskrank erklären sollte.

Auch nach Großbritannien gelangten Nachrichten über Hitlers Annexions- und Kriegspläne. Ein glühender Gegner der Nationalsozialisten, der pommersche Edelmann Ewald von Kleist-Schmenzin, unternahm im August 1938 eine Reise nach London, um höchste Kreise der britischen Regierung zu informieren. «Als er Kleist zu seiner Mission verabschiedete, hatte Generaloberst Beck gesagt, durch ein Nachgeben gegenüber Hitler würde die britische Regierung ‹ihre beiden wichtigsten Verbündeten›, den deutschen Generalstab und das deutsche Volk, verlieren.»[28]

Der britische Premierminister Neville Chamberlain ignorierte diese Botschaft, die immerhin von den höchsten militärischen Stellen des Deutschen Reiches ausging, und am 30. August, als sich die Sudetenkrise zuspitzte, beschloss das Kabinett in London, Hitler nicht mit einem Ultimatum zu konfrontieren. Im Münchener Abkommen akzeptierten Großbritannien und Frankreich einen Kompromissvorschlag Mussolinis und stimmten der Besetzung des Sudetenlandes durch deutsche Truppen zu. Für die militärischen Verschwörer wie auch für die Harnack-Gruppe stellte «München» einen katastrophalen Schlag dar.[29]

Auch Zivilisten beteiligten sich am Widerstand der Militärs. Oster und Dohnanyi bildeten die Brücke zwischen beiden Gruppen. 1937 schloss sich Pastor Dietrich Bonhoeffer an. Wie Harnack nahm auch Bonhoeffer an Diskussionen im Familienkreis teil, in denen es um die Strategie des Widerstands ging. Auf diese Weise schritt Bonhoeffer, obwohl er ein protestantischer Geistlicher war, vom passiven Widerstand zum praktischen Handeln voran. Andere Verwandte der Familie Harnack schlossen sich dem Kreis der Verschwörer des 20. Juli 1944 an. Durch Dohnanyi wurde Justus Delbrück 1940 für die Abwehr und den Widerstand gewonnen. Im Hinterzimmer des Büros der Berliner Firma, für die Arvids Vetter Ernst von Harnack arbeitete, seit er im Sommer 1932 seinen Posten als Regierungspräsident von Halle-Merseburg verloren hatte, weil er Sozialdemokrat war, traf Klaus Bonhoeffer zum ersten Mal mit Carl Goerdeler zusammen, dem enttäuschten früheren Oberbürgermeister von Leipzig, der im April 1937 aus Protest zurückgetreten war, weil man ein Standbild des Komponisten Felix Mendelssohn Bartholdy vor dem Leipziger Gewandhaus entfernt hatte. Über Goerdeler wurde der Kontakt zu Wilhelm Leuschner hergestellt, einem sozialdemokratischen Gewerkschaftsführer. Ernst von Harnack hatte auch zu anderen Sozialdemokraten Verbindung, so zu dem früheren Reichstagsabgeordneten Julius Leber. In jenen Jahren wurden die zwanglosen Kammermusikabende bei Ernst von Harnack zu heimlichen Treffpunkten des Widerstands.

Angesichts seiner persönlichen Beziehungen zu diesen Schlüsselfiguren wusste Arvid höchstwahrscheinlich von ihren Absichten. Er würde zweifellos jedem Schritt zugestimmt haben, der dazu geführt hätte, die Nationalsozialisten loszuwerden. Nach dem Bericht von Otto Donner bestand Harnacks Absicht zu Anfang des Jahres

1935 darin, «eine Gruppe von oppositionellen Persönlichkeiten um sich zu sammeln, die über die Lage Bescheid wussten und möglichst Schlüsselstellungen innehatten». Sie alle sollten ihre Positionen halten und versuchen, «in die Ministerien einzudringen».[30] Harnacks sowjetische Geheimdienstakten bestätigten diese Absicht (Arvid Harnacks ursprünglicher Deckname BALTE war nach seiner Wiederbeschäftigung 1940 in KORSE bzw. KORSIKANETZ verändert worden):

> Nachdem KORSE [KORSIKANETZ] 1938 den Kontakt zu uns verloren hatte, setzte er nichtsdestotrotz seine missionarische Arbeit unter der Intelligenz aus dem Bereich des BGB [Bund geistiger Arbeiter] fort, wobei er jegliche Verbindungen zur KPD vermied. Mit Hilfe seiner Frau prüfte er persönlich alte Bekannte aus dem Bund auf Herz und Nieren und wählte aus ihnen sorgfältig neue Rekruten aus. Gegenwärtig haben sich innerhalb des großen Kreises Zentralen herausgebildet, von denen sich jede um die Ausbildung einer kleinen Gruppe kümmert. KORSE kann zwar nicht für jeden Einzelnen dieser sechzig Leute die Hand ins Feuer legen, aber das ganze Netz setzt sich ausschließlich aus Leuten zusammen, die aus derselben Gesellschaftsschicht stammen, eine ähnliche Bildung genossen haben und ähnlich denken.[31]

Im Folgenden wird darüber berichtet, wie die Gruppe ihre Operationen tarnte:

> KORSES Angaben zufolge führen sie ihre Operationen so durch, dass nicht alle Mitglieder ihres Zirkels einander kennen, aber doch eine Art Kette existiert. KORSE selbst versucht, im Hintergrund zu bleiben, obwohl er das Herzstück der Organisation bildet. Ihr gemeinsames Ziel ist es, Personal auszubilden, das nach dem Staatsstreich administrative Posten [in der deutschen Regierung] bekleiden soll. KORSE selbst hat keinen Kontakt zur Kommunistischen Partei.[32]

Arvid und Mildred Harnacks wichtigste Kontakte waren jene zu Harro Schulze-Boysen und seiner Frau Libertas. Rudolf Heberle erinnert sich daran, wie er 1935 als Mittelsmann zwischen Harnack und Schulze-Boysen, einem entfernten Verwandten von Heberles Frau, diente. Heberle berichtete der Autorin:

«Ich habe Harro während der Zeit besucht, als er im Luftfahrtministerium tätig war, und ich konnte feststellen, dass er entschieden gegen das Regime war, das überraschte mich überhaupt nicht, denn ich hatte einen langen Briefwechsel mit ihm geführt, als er noch den *Gegner* herausgab. Daher sorgte ich dafür, dass Harro eines Abends zu den Harnacks kam, und selbstverständlich sprang der Funke zwischen ihnen sofort über. Sie stellten fest, dass sie die gleichen Grundeinstellungen teilten. Nachdem Harro Schulze-Boysen gegangen war, meinte Harnack: ‹Sage deinem Vetter, dass ich mich sehr gefreut habe, ihn kennen zu lernen. Es war für mich sehr interessant, aber wir sollten uns nicht mehr treffen, denn es ist zu gefährlich.›»

Auf Arvid Harnack, der außergewöhnlich vorsichtig war, wirkte Schulze-Boysens Überschwang vermutlich zunächst eher abschreckend. Dennoch kam es fünf Jahre später – 1940 – zu einem Bündnis zwischen den Harnacks und den Schulze-Boysens, und dies war die Folge einer Begegnung zwischen den Kuckhoffs und den Schulze-Boysens.[33] Adam Kuckhoff und Libertas Schulze-Boysen waren beide sehr an Filmen interessiert. Er wollte als Regisseur arbeiten, und sie erhielt 1941 eine Aufgabe in der Deutschen Kulturfilmzentrale des Reichspropagandaministeriums. Die Kuckhoffs waren von den Schulze-Boysens höchst beeindruckt. Waren diese doch jung, sahen gut aus und strahlten großes Selbstvertrauen aus.[34] Vor allem aber teilten sie die politischen Ansichten der Kuckhoffs.

Die Kuckhoffs erkannten, dass sich hier geradezu zwingend eine Partnerschaft ergab. Schulze-Boysens Erkenntnisse in militärischen Angelegenheiten, die er bei der Luftwaffe erwarb, waren geeignet, Arvid Harnacks wirtschaftliche Informationen zu ergänzen. Die Kuckhoffs spürten, dass sich hier Gegensätze anzogen, woraus sich synergetische Effekte ergaben. Harnack, der mustergültige Bürokrat, konnte Schulze-Boysen Vorsicht beibringen, ihn leiten und disziplinieren, seine Energie kanalisieren. Harro Schulze-Boysen konnte der Gruppe seinen Schwung und seinen bitter notwendigen Sinn für Humor vermitteln.

Wie es häufig der Fall war, wenn viel auf dem Spiel stand, lief die Annäherung über Mildred Harnack. Greta Kuckhoff sorgte dafür, dass Mildred und Libertas Schulze-Boysen einander bei einem einwöchigen Urlaub in Sachsen kennen lernten, ehe die beiden Ehemänner einander begegneten. Mildred und «Libs» saßen in der engen Küche beisammen, niemand sonst war zugegen. Greta gab Mildred Harnack den Schlüssel, und als sie die Tür hinter sich schloss, drückte sie ihren kleinen Sohn eng an sich. In ihren Erinnerungen schreibt sie: «Mir stand mit aller Schärfe vor Augen: Jetzt geht es bei unserer Arbeit nicht mehr nur um die Gefahr, die Freiheit zu verlieren. Von jetzt ab steht der Tod in unserer Nähe.»[35]

Mildred Harnack fühlte sich zu der blonden, blauäugigen, 27-jährigen Libertas stark hingezogen, die über jene Art von seelischer und körperlicher Schönheit verfügte, die sich auf Fotos nicht erfassen lässt. Der Anwalt Rudolf Behse, der später ihr Verteidiger war, erklärte: «In meinem ganzen Leben habe ich keine so schöne Frau mit einem solchen Sex appeal gesehen.»[36] Libertas, «deren Name bereits in dieser Zeit einen aufrührerischen Klang hat, ist intelligent, charmant und ein großer Flirt».[37]

Bei der ersten Begegnung war Greta Kuckhoff verstimmt, als Libertas Schulze-Boysen Fotos von Schloss Liebenberg präsentierte, dem Stammsitz der Familie ihres Großvaters, des Fürsten Philipp zu Eulenburg-Hertefeld. Das imposante Anwesen im nördlichen Brandenburg sollte in den letzten Tagen des Zweiten Weltkrieges von der Roten Armee überrollt werden. Anschließend diente es den ostdeutschen Kommunisten als Erholungsort für die neue Parteielite. Aber in den dreißiger Jahren war Liebenberg mit seinen gepflegten Gärten, seinen kostbar eingerichteten Räumen und den dazugehörigen Wäldern und Ländereien immer noch im Besitz der Familie. Libertas liebte das Schloss, in dem sie ihre Kindheit verbracht hatte.[38] Der Fürst, Diplomat und Politiker, war ein enger Freund und Vertrauter Kaiser Wilhelms II. gewesen. Er betätigte sich als Schriftsteller, Musiker und Komponist und hatte den Namen Libertas für seine Enkelin ausgesucht. Sie war nach der Heldin eines seiner Werke, «Märchen von der Freiheit», benannt.[39]

Kurz nachdem sie 1933 in Zürich ihre Schulausbildung beendet hatte, schloss sich Libertas, die stark unter dem Einfluss der deutschen Jugendbewegung stand, der NSDAP an. Als sie Harro Schulze-Boysen kennen lernte arbeitete sie in der Presseabteilung der Firma Metro-Goldwyn-Mayer in Berlin.[40] Die beiden heirateten 1936 in der Schlosskirche zu Liebenberg unter einem Gemälde von Guido Reni (das später von Sowjetsoldaten «konfisziert» wurde).[41] Ihre Schwiegermutter, Marie-Luise Schulze, hielt nicht viel von Libertas; sie fand ihren Optimismus zu naiv. Ihre Klatschsucht und ihre Bereitschaft, sich beeinflussen zu lassen, störten sie. Die Schwiegertochter war in ihren Augen zu unreif, um einen mäßigenden Einfluss auf ihren charmanten, aber leichtsinnigen Sohn auszuüben.[42] Ihr Angebot, Libertas das Kochen beizubringen, wurde von Harro zurückgewiesen, der die herkömmliche «typisch mitteleuropäische ‹Verbannung› der Frau in die Küche» ablehnte. Stattdessen, so schrieb er an seine Eltern, hielt er es für viel wichtiger, dass Libs ihre Zeit nutzte, um ihm bei seiner Arbeit zu helfen, statt zum Einkaufen auf den Markt zu gehen oder Staub zu wischen. Nachdem dies klargestellt war, schickte er weiterhin seine schmutzige Wäsche von Berlin zu seiner Mutter nach Duisburg.[43] Doch «abends essen wir immer ‹zu Hause›. Ich koche eine Kleinigkeit. Das ist billiger, ausgiebiger und gesünder als Restaurant-Fraß.»[44]

Harro Schulze-Boysen verhielt sich seiner Frau gegenüber ähnlich wie Arvid Harnack, wenn er darauf bestand, dass Libertas «sich daran gewöhnt, auch im Getrenntsein von mir als eigene Persönlichkeit zu bestehen». Als sie sich einmal beklagte, einen Tag ohne ihn könne sie nicht ertragen, hielt er dem entgegen, dass ihr Mangel an Selbständigkeit «nicht tragbar» sei: «Libertas ist mein stärkster Lebenskamerad und Bundesgenosse; gerade wenn es das Schicksal einmal wollen sollte, dass es uns mit Gewalt trennt (und dagegen gibt es für unsereinen keine Versicherung!), gerade dann muss sie nicht nur ‹einen Tag ohne mich leben können›, sondern auch – davon hängt alles ab – unter Umständen hundertprozentig arbeiten und funktionieren können.»[45] Dennoch hatte Libertas weiterhin unter den kritischen Blicken ihrer Schwiegermutter zu leiden. Aus der großen Distanz so vieler Jahre fällt es schwer, keine Sympathie für Libertas zu empfinden, die, wie sie selbst schrieb, so «unglücklich verliebt» war in «dieses *rotten country*».[46]

Nach ihrer Eheschließung wurde Libertas Schulze-Boysen ebenfalls zur Regimegegnerin. 1937, als es anderen mit dem Eintritt in die Partei nicht schnell genug gehen konnte, beantragte sie ihren Austritt. Ihre Begründung für diesen Schritt zeugt von einem gewissen Maß an List:

> Die Vorbedingungen für meinen politischen Einsatz als Frau sind seit meiner Verheiratung entfallen. Zeitlich und gesundheitlich glaube ich heute nicht mehr in der Lage zu sein, allen Anforderungen der Parteiarbeit zu entsprechen. Es widerstrebt mir, nur zahlendes und nicht zugleich arbeitendes Mitglied zu sein. Ich bin selbstverständlich wie jeder andere deutsche Volksgenosse dazu bereit, Opfer zu bringen, und werde mich nach wie vor voll und ganz für die Bewegung einsetzen, nur muss sich – so habe ich auch den Führer verstanden – dieser Einsatz stets im Rahmen dessen halten, was mir der Hausstand und meine sonstigen Pflichten dem Mann und der Familie gegenüber gestatten.[47]

Harro Schulze-Boysens Vorfahren waren in erster Linie Offiziere, nicht Aristokraten. Während des Ersten Weltkriegs diente sein Vater, Fregattenkapitän Erich Edgar Schulze, ein Neffe des Großadmirals Alfred von Tirpitz, als Marinestabsoffizier in Belgien. Als Harro 1909 geboren wurde, war sein Vater in Kiel stationiert. So wuchs Harro von früher Kindheit an in der Marinetradition seiner Familie auf, allerdings war er zu jung, um im Ersten Weltkrieg zu kämpfen. Auch ihn schmerzte die «Schmach von Versailles», er schloss sich daher schon in sehr jungen Jahren dem Jungdeutschen Orden – einer konservativ-nationalistischen Organisation – an. In den dreißiger Jahren entwickelte sich Harro Schulze-Boysen als Herausgeber des *Gegners* politisch nach links, bald teilte er auch Harnacks Zukunftserwartung.

Für jene Kommunisten, die aus der Arbeiterklasse stammten, war es eine Überraschung, dass junge Leute aus «guten Häusern» wie den Familien Eulenburg und Schulze-Boysen sich zum Sozialismus hingezogen fühlten. Ein Überlebender, der DDR-Historiker Heinrich Scheel, erinnert sich an seinen ersten Besuch in der Wohnung des Ehepaares Schulze-Boysen Anfang des Krieges in der Altenburger Allee in Berlin-Westend. «Diese Gegend! Diese Wohnung! Und im Korridor hing ein Damenpelzmantel!»[48] Das sei doch eher das «Territorium des Klassenfeindes» gewesen.

Wie Harro Schulze-Boysens Mutter erklärt, war ihr Sohn kein «orthodoxer Kommunist»: «Mein Sohn hatte sich zum Ziel gesetzt, die Diktatur zu stürzen. Ihm waren alle Mittel und alle Mitkämpfer recht, ganz gleich, ob sie rechts oder links standen … Dass er seine

Mitkämpfer vor allem in den Reihen der Kommunisten fand, beruht wohl darauf, dass dort die aktivsten, kompromisslosesten und mutigsten Widerstandskämpfer standen.»[49]

Wie Schulze-Boysen 1935 von Genf aus an einen französischen Freund schrieb, war es wohl unmöglich, ohne eine Diktatur der Rechten oder der Linken auszukommen. Doch, so fuhr er fort: «Bei uns gibt die faschistische Diktatur täglich den Marxisten neue Argumente. Sie sind die Märtyrer. Das ist ein großer und beeindruckender Vorteil für sie.»[50]

Als der *Gegner* 1933 verboten wurde, setzte Schulze-Boysen seine politische Opposition im Untergrund fort. Zur Tarnung ließ er sich ab April 1934 auf eine «außerordentlich anregende und interessante Tätigkeit» ein.[51] Er verabschiedete sich von den Marinetraditionen seiner Familie und trat als Angestellter in die Abteilung Fremde Luftmächte des Reichsluftfahrtministeriums ein. Nach Aussage von General Erhard Milch, dem Stellvertreter Görings, hatte der Personalchef der Luftwaffe Schulze-Boysens Bewerbung zunächst abgelehnt, weil man ihm kommunistische Neigungen unterstellte. Doch Göring persönlich ließ sich von seiner Bekanntschaft mit der Familie Eulenburg beeinflussen. Er setzte sich über die Entscheidungen seines Stellvertreters hinweg und nahm nicht zu wichtig, was er für Schulze-Boysens Jugendsünden hielt.[52] Da Göring selbst zum Kreis der Emporkömmlinge zählte, schmeichelte es ihm ohne Frage, dass jemand aus einer angesehenen Familie in sein Ministerium eintreten wollte. Aber die Karriere des Leutnants kam erst richtig in Schwung, als Libertas Schulze-Boysen den Reichsmarschall während einer Herbstjagd in Liebenberg umschmeichelte. Schulze-Boysen, der fünf Sprachen beherrschte, fasste in der Folgezeit für Göring Artikel über die Luftstreitkräfte anderer Länder zusammen. Das versetzte ihn in die Lage, im Ministerium an Zeitungen, Fotos und geheime Dokumente heranzukommen, die er dann für seine Zwecke einsetzen konnte.

Schulze-Boysen entsprach in seinem äußeren Erscheinungsbild vollkommen dem Ideal der Nationalsozialisten und des Militärs, er verkörperte geradezu das Wunschbild eines deutschen Offiziers.[53] Aber nicht jeder ließ sich positiv beeindrucken. Als er nach dem Krieg verhört wurde, behauptete Alexander Kraell, der als Präsident des 2. Senats des Reichskriegsgerichts Ende 1942 die Verhandlungen gegen die Harnack-und-Schulze-Boysen-Gruppe führte, Schulze-Boysen sei «klug, gewandt, rücksichtslos auch in der Ausnutzung seiner Freunde, im höchsten Grade ehrgeizig», ja letztendlich «ein Hasardeur» gewesen.[54] Allen Dulles, im Zweiten Weltkrieg Leiter des amerikanischen Nachrichtendienstes in Europa mit Sitz in Bern, der Schulze-Boysen nie persönlich kennen gelernt hat, ließ sich dennoch auf eine Beschreibung seiner Person ein: «Er war jung, blond und nordisch – das typische Produkt der deutschen Jugendbewegung. Stets trug er einen schwarzen Sweater und ging mit Revolutionären, Surrealisten und den Bohemiens der ‹verlorenen Generation› um.»[55] Dagegen erinnert sich Ernst Niekisch, der bis zu seiner eigenen Verhaftung 1937 Kontakte zu Schulze-Boysen unterhielt: Er «war ein glänzend begabter Mann, rührig, tapfer, menschlich durchaus sauber».[56]

Harro und Libertas Schulze-Boysen standen an der Spitze eines Kreises von Leuten, die man am ehesten als Bohemiens bezeichnen kann. Dazu zählten der Bildhauer Kurt Schumacher und seine Frau Elisabeth, eine Fotografin; die Journalisten Walter Küchenmeister, John Graudenz und Walter Husemann, dessen Ehefrau, die Schauspielerin Martha Wolter, in Brechts Film «Kuhle Wampe» mitgewirkt hatte; der Schriftsteller Günther Weisenborn und seine Frau Joy; die Ärztin Elfriede Paul; die Tänzerin Oda Schottmüller; der junge Zahnarzt Helmut Himpel und seine Verlobte Maria Terwiel, die als «Halbjüdin» weder ihren Beruf als Juristin ausüben noch Himpel heiraten durfte. Ende der dreißiger Jahre gehörten der Gruppe auch zwei Freunde an, die Anfang der dreißiger Jahre dem Kommunistischen Jugendverband angehörten: Heinrich Scheel und Hans Coppi.

Im Unterschied zu den nüchternen Studiengruppen bei den Harnacks stand bei den vierzehntäglichen Treffen von 35 bis 40 Leuten in der Charlottenburger Wohnung der Schulze-Boysens das Vergnügen im Vordergrund. Harro schilderte diese Ereignisse seinen Eltern gegenüber als «nette Picknickabende». Nachdem man anderthalb Stunden mit anspruchsvoller Lektüre verbracht hatte – Ernst Jünger, Platon, Niccolò Machiavelli –, folgten Musik und Tanz bis Mitternacht.[57] Marxistische Diskussionen und Widerstandsaktivitäten standen neben Partys, Picknicks in Liebenberg und Segeltouren auf dem Wannsee. An Pfingsten pflegte die Gruppe eine gemeinsame Reise zu machen, und beim Gulaschverzehr wurden hitzige politische Debatten geführt. Günther Weisenborn erzählte von seinen Abenteuern als Farmer, Lehrer und Postbote in Südamerika. Libertas Schulze-Boysen und Walter Küchenmeister lasen Gedichte vor. Alle sangen miteinander, und Libertas begleitete sie auf dem Akkordeon. Nach dem Krieg verarbeitete Günther Weisenborn diese gemeinsamen Ausflüge in seinem Theaterstück «Die Illegalen». Vor allem war ihm das Lachen, Tanzen, Flirten in Erinnerung geblieben. Libs taucht in seinem Werk als Lill auf: «Kameradin der Heimlichkeit, Braut der langen Schatten, Genossin der Verborgenen, Freundin der Flüsterer, tapfere Schwester der heimlichen Helden, sei gegrüßt.»[58] Ein anderer Weggefährte, Werner Dissel, schrieb: «Es war einfach schön, denen zu begegnen. Es war natürlich auch immer viel Witz und Fröhlichkeit in der Runde. Wir machten unsere Gags und Faxen. Für uns war das immer irgendwie Fasching.»[59]

Zugleich lieferten diese fröhlichen Zusammenkünfte den Stoff für das lockere Bild von der Roten Kapelle, das durch die Spionageliteratur und die entsprechenden Filme geistert. In Westdeutschland erschienen seit den fünfziger Jahren sensationslüsterne Illustrierten- und Zeitungsbeiträge, die sich auf Interviews mit Mitarbeitern von Gestapo und Abwehr, mit nationalsozialistischen Richtern und Anwälten stützten. Das führte dazu, dass die Lebensführung der Gruppe um die Harnacks und die Schulze-Boysens posthum ins Zwielicht geriet.

In seinem Buch «Auf den Spuren der Roten Kapelle» beruft sich der französische Journalist Gilles Perrault auf eine nicht genannte Quelle, die bestätigt habe, dass es in diesem Kreis wilde Partys gab. Sexuelle Verführung habe zu den Anwerbemethoden der Widerstandsgruppe gehört, und all das wurde durch Unterstellungen noch prickelnder gemacht, Libertas und Mildred seien Lesbierinnen gewesen, Schulze-Boysen dagegen ein Homosexueller.[60]

Ob die Erinnerungen von Hugo Buschmann, einem engen Freund der Schulze-Boysens, glaubhaft sind, bleibt offen. Dem *Spiegel*-Redakteur Heinz Höhne teilte er mit: «Ich bin einmal dabei gewesen. Wenn das eine Orgie war, dann ist es auch eine Orgie, wenn die jungen Leute heute im Beatschuppen Coca-Cola trinken. Natürlich waren die Leute damals lustig, sie lebten schließlich gefährlich und brauchten wahrscheinlich einen Ausgleich. Aber Orgien waren das bestimmt nicht.»[61]

Zweifellos ergab sich aus der gemeinsam erlebten Gefahr gewissermaßen eine erhöhte sexuelle Spannung, das gilt besonders für die Gruppe um Schulze-Boysen. Auch wusste man die wenigen Freuden des Lebens zu schätzen, die unter dem Hakenkreuz zu genießen waren, und schließlich hatte man das Gefühl, am Rande eines Abgrunds zu leben. Geheime Tätigkeiten führten zur Schwächung von Familienbindungen. Gleichzeitig wurden die Kontakte unter den Verschwörern gefestigt. Es war nicht immer leicht, zwischen Liebhaber und Genosse eine Grenze zu ziehen. Was die Angelegenheit für den Biografen noch verwirrender macht, ist die Tatsache, dass die Verschwörer, wenn sie später von der Gestapo verhört wurden, geheime Begegnungen als Rendezvous ausgaben.

Der Spanische Bürgerkrieg war das Ereignis, das die internationale Linke und einige wichtige Angehörige des inneren Kreises der Schulze-Boysens in Hochspannung versetzte. Sie sprachen über das Regime: «Wenn Sie dagegen sind, müssten Sie dann eigentlich nicht etwas dagegen tun?», fragte Kurt Schumacher. Und Heinz Höhne berichtet: «Man fasste einen Plan, mit dem man das Regime an einer empfindlichen Stelle treffen wollte. Schulze-Boysen sammelte Nachrichten aus dem Stab W des Reichsluftfahrtministeriums, der für die deutschen Spanienkämpfer zuständig war.»[62] Er trug geheime Einzelheiten über die Mengen an Soldaten, Flugzeugen, Panzern, Waffen und Munition zusammen, die die Luftwaffe nach Spanien beförderte. Außerdem verschaffte er sich Informationen über einen geplanten Putsch mit dem Ziel, Barcelona unter Kontrolle der Faschisten zu bekommen. Eine neu gewonnene Mitverschworene, Gisela von Pöllnitz, eine entfernte Verwandte von Libertas Schulze-Boysen, die als Journalistin für United Press arbeitete, steckte das Dossier mit den Nachrichten in den Briefkasten der sowjetischen Botschaft. Dabei wurde sie allerdings von der Gestapo beobachtet und verhaftet.[63]

Nun brach unter den Mitgliedern der Gruppe Panik aus. Walter Küchenmeister verschwand eiligst nach Köln. Günther Weisenborn und Harro Schulze-Boysen planten eine Flucht nach Holland.

Schulze-Boysens Arbeitszimmer wurde von der Gestapo durchgekämmt, aber sie fand nichts Verdächtiges, seine Vorgesetzten im Ministerium hielten zu ihm. Frau von Pöllnitz wurde wieder freigelassen – sie hatte niemanden verraten.[64]

Im Jahre 1937 begann die Gruppe im Sprechzimmer von Elfriede Paul in Berlin-Wilmersdorf (Sächsische Straße) mit dem Kopieren und der Vorbereitung der Verteilung von Flugblättern mit Fakten und Hintergründen über den Spanischen Bürgerkrieg, die Schulze-Boysen beschafft hatte. Diese Flugblätter, von denen nur wenige erhalten geblieben sind, wurden an Freunde, Bekannte und politisch wichtige Deutsche verschickt. Das geschah in der Hoffnung, man könne jene Leute «über die Gefahr, die Hitler bedeutete», aufklären und sie veranlassen, sich dem Widerstand anzuschließen, wenn sie nur wüssten, dass Hitlers «ganze Tätigkeit Mord und Terror war». Geheimhaltung war von entscheidender Bedeutung: Um keinen Verdacht aufkommen zu lassen, wurden jeweils nur wenige Briefmarken in einem Postamt gekauft. Selbst Papier zu beschaffen war nicht leicht. Polizeiliche Vorschriften besagten, dass Privatleute beim Kauf den Verwendungszweck angeben mussten. Unter dem Vorwand, Hausbesuche zu machen, fuhr Elfriede Paul umher und schickte von weit auseinander liegenden Briefkästen sorgfältig getarnte, anonyme Flugschriften ab.[65]

Ruth Andreas-Friedrich vermittelt eine Vorstellung davon, unter welch schwierigen Umständen der Widerstand organisiert werden musste: «Der ganzen Welt ist bekannt, dass wir Hitler nicht beseitigt, Goebbels nicht gestürzt, Göring nicht umgebracht haben. Nur wenige aber wissen, warum das alles nicht geschah.»[66] Die Widerstandskämpfer verfügten nicht über Waffen. Die Gefahr, entdeckt zu werden, war allgegenwärtig. Viele Mitglieder der Schulze-Boysen-Gruppe waren bereits in die Hände von Polizei, SA oder Gestapo gefallen; einige hatten Jahre in der Haftanstalt oder im Konzentrationslager verbracht. 1937, während des Spanischen Bürgerkriegs, wurde Schulze-Boysen zur Gestapo bestellt und mit Werner Dissel konfrontiert, der wegen «bündischer Umtriebe und kommunistischer Zersetzung» verhaftet worden war. Glücklicherweise war er imstande, dem Freund eine Zigarettenschachtel mit einer verschlüsselten Nachricht zukommen zu lassen: Die Gestapo wisse nicht, dass er, Schulze-Boysen, Informationen über Truppenbewegungen nach Spanien geliefert hatte.[67] Im Sommer 1939 wurde Libertas Schulze-Boysen in Ostpreußen ebenfalls für kurze Zeit von der Gestapo in Haft genommen, weil man sie der Spionage verdächtigte.[68]

1933/34 hatte sich Walter Küchenmeister nach zweimaliger Inhaftierung im Konzentrationslager Sonnenburg eine Tuberkulose zugezogen. Der 19-jährige Karl Böhme, der 1933 «wegen Vorbereitung eines hochverräterischen Unternehmens» verhaftet worden war, wurde 1935 aus einem Jugendgefängnis entlassen. 1936 wurden ihm «staatsfeindliche Äußerungen» vorgeworfen, sechs Monate später wurde er freigelassen. Der 18-jährige Hans Coppi wurde 1934 «wegen Vorbereitung eines hochverräterischen Unternehmens» verhaftet. Er erhielt eine Jugendstrafe von zwei Jahren. Davon ließ er sich jedoch nicht abschrecken, und so wurde er kurz nach seiner Freilassung «wegen Verbreitung verbotener Druckschriften» erneut festgenommen. Dieses Mal betrug das Strafmaß vier Wochen Gefängnis. Ein anderer Angehöriger einer kommunistischen Jugendgruppe, Fritz Thiel, kam wegen des Verdachts auf «Hochverrat» in Untersuchungshaft, wurde aber mangels Beweisen freigelassen. Ebenfalls 1936 gelangte Walter Husemann ohne juristisches Verfahren ins Konzentrationslager Sachsenhausen. Nachdem er anschließend noch einige Zeit im KZ Buchenwald festgehalten wurde, kam er 1938 frei. Wilhelm Guddorf, bis 1932 Redakteur der *Roten Fahne*, war von 1934 bis 1939 inhaftiert. Im Zuchthaus Luckau hatte er mit dem Sinologen Philipp Schaeffer eine Zelle geteilt. Schaeffer, den man dreimal festgenommen hatte, blieb permanent unter Bewachung der Gestapo. In Harnacks eigenem Kreis wurde ein anderer Redakteur der *Roten Fahne*, John Sieg, nach einer Aktion gegen verdächtige Kommunisten inhaftiert. Er verbrachte 1933 vier Monate in einem SA-Gefängnis.[69] 1936 wurde Wilhelm Utech ergriffen und wegen verbotener Flugblätter verhört; er musste für ein Jahr ins Gefängnis.[70] Utech wurde 1937 gemeinsam mit einem anderen Schüler von Mildred Harnack vom Abendgymnasium, Karl Behrens, wegen «Vorbereitung zum Hochverrat» angeklagt, als sie Flugblätter verteilten.[71]

Arvid Harnack hatte im März 1940 selbst Schwierigkeiten mit der Gestapo, als er auf Grund eines anonymen Hinweises verhaftet wurde. Urheber war möglicherweise ein missgünstiger Kollege im Wirtschaftsministerium, der ihn als Kommunisten denunziert hatte. Weil er Zugang zu Geheimakten hatte, kam es zu einer unangenehmen Ermittlung, aber Harnack konnte sich der nachdrücklichen Unterstützung seiner Vorgesetzten versichern, und die Vorwürfe wurden fallen gelassen.[72]

Das Rekrutieren für die Untergrundarbeit stellte unter diesen Umständen ein großes Problem dar. Wie sich Greta Kuckhoff erinnerte, gab es unter jenen die mit dem Regime vermeintlich nicht einverstanden waren, «mehr Spitzel und Denunzianten als Unzufriedene und Ablehnende, die man gewinnen konnte. Die Ernte an ehrlich zum Widerstand Bereiten war so gering, dass der kleine Erfolg die großen Gefahren und das Misstrauen niemals rechtfertigen konnte, das durch einen solchen scheinbaren Verrat – er musste ja täuschend echt durchgeführt werden, sollte er erfolgreich sein – in den fortschrittlichen Kreisen entstehen musste.»[73]

Wilhelm Utech, später in der DDR Mitarbeiter im Zentralkomitee der SED, schildert, wie diese Annäherungsversuche vor sich gingen: Man habe sich zur Tarnung des nationalsozialistischen Jargons bedient, «als ob wir selbst Nazis seien oder der Bewegung nahe stehen». Es sei darum gegangen, die wahre Einstellung des Gesprächspartners auszuloten. Um sich nicht selbst eine Blöße zu geben, musste man dabei äußerst vorsichtig vorgehen, und deshalb habe Harnack vorgeschlagen, sich zunächst über bestimmte Bücher zu unterhalten, die man den Anzuwerbenden ausleihen sollte. Dabei könne man auch feststellen, ob sie über die notwendigen intellektuellen Fähigkeiten verfügten, denn es habe keinen Zweck, sich mit Leuten abzugeben, denen man erst das ABC beibringen muss.[74]

Bei Versammlungen konnte sich Arvid Harnack sehr unerbittlich verhalten. Utech erinnert sich daran, dass er Paul Thomas wegen eines oberflächlichen Berichts über «die wirtschaftliche Entwicklung der letzten fünfzig Jahre» heftig kritisiert habe. Für Harnack war die Ökonomie der Schlüssel zum Verständnis der gegenwärtigen Lage:

«Nach Ansicht Harnacks war die exakte Kenntnis der wirtschaftshistorischen Entwicklung und das ständige Verfolgen der gegenwärtigen ökonomischen Situation von entscheidender Bedeutung, und er prägte einmal während eines Zirkels den Ausspruch: ‹Der Wirtschaftsteil ist für den Marxisten der wichtigste Teil einer Zeitung, denn dort leuchten die roten Lampen auf.›» […]

«Einen weiteren inhaltlichen Schwerpunkt der Zirkeltätigkeit bildete die Behandlung der Geschichte der Arbeiterbewegung, das Studium der Werke der Klassiker des Marxismus-Leninismus sowie das Kennenlernen der vormarxistischen Philosophen.» […] Utech nennt Werke von Sombart, Stuart Mill, Gide und Rist sowie von Bacon, Voltaire und Diderot. […]

«Weiterhin ist mir in Erinnerung, dass mir Mildred Harnack Belletristik zum Studium anbot und sie mir empfahl, den Roman von Kipling ‹Kim› zu lesen, der die Hintergründe und Methoden des Kolonialismus aufzeige.»[75]

Da sie fürchteten, abgehört zu werden, weigerten sich die Harnacks, ein Telefon anzuschaffen. Die monatlichen Treffen fanden nicht mehr in ihrer Wohnung statt. Man verlegte sie an weniger verdächtige Orte und tagte bei den Behrens' oder den Thomas', die in Arbeitervierteln lebten. Dabei gab man sich den Anschein, als handele es sich um Geburtstagsfeiern oder Englischkurse. Als die Kriegsgefahr wuchs, scharte man sich um die Radios, hörte Sendungen aus Moskau und London und erörterte die aktuellen Ereignisse.[76]

Eine weitere Gefahr waren V-Leute (Vertrauensmänner), die von der Gestapo zunehmend eingesetzt wurden, um in oppositionelle Gruppen einzudringen. Als Helfer bei der Jagd auf «Staatsfeinde» bediente sich die Gestapo manchmal ehemaliger Linker. Wenn diese Informanten Widerstandsgruppen infiltriert hatten, kam es zu Verhaftungen durch die Gestapo. Die Angeklagten wurden oft gefoltert und dazu gebracht, andere zu verraten. Innerhalb der Widerstandsgruppen stellte man sich daher darauf ein, Kontakt zu Kameraden zu vermeiden, die aus dem Gefängnis entlassen und möglicherweise «umgedreht» worden waren.[77] Wilhelm Utech erinnerte sich daran, 1937 einmal Mildred Harnack nach einer Veranstaltung aufgesucht zu haben, die sie an einer Volkshochschule durchführte. Als sie ihn nach seinem Gefängnisaufenthalt fragte, versicherte er ihr, nichts über die Harnack-Gruppe verraten zu haben.[78]

Die Disziplin war gnadenlos. Neulinge, und das galt auch für Frauen, wurden sorgfältig auf Herz und Nieren geprüft. Wolfgang

Havemann erinnert sich: «Jeder wusste, dass eine Verhaftung den Tod bedeuten konnte. Wir sprachen über derlei Dinge nicht. Der Kreis derjenigen, die von unserer Arbeit wussten, musste sehr eng gehalten werden – es wurden keine Fragen gestellt, bei denen es darum ging, was jemand tat. Oft kannten wir den echten Namen der Leute nicht. Wir benutzten Tarnnamen, selbst wenn wir verhaftet wurden, konnten wir dann nicht sagen, ob wir etwa ‹mit Kurt› zusammen gewesen waren. Und daher konnten sie ihn auch nicht finden.»[79] Dass die Regeln der Konspiration streng beachtet wurden, hatte zur Folge, dass die Gruppe niemals unterwandert wurde.

Obwohl es dem Regime in verschiedenen Fällen gelang, Widerstandskämpfer zu verhaften, vermochte es die Gestapo nicht, in die Gruppe um die Harnacks und Schulze-Boysens einzudringen. Daher führten Gefängniserfahrungen bei diesen Menschen bloß dazu, ihr Engagement zu festigen. Sie verschafften ihnen durch ein großes Netzwerk von Kontakten mit anderen Gefangenen sogar zusätzliche Vorteile.[80] Zwar hat Jürgen Kuczynski mit der Aussage Recht, dass die Arbeit im Untergrund bessere Kämpfer hervorbrachte; aber sie machte diese Menschen nicht gerade liebenswerter. Harnack und Schulze-Boysen hatten für zaghafte Gemüter nichts übrig. Wenn auch Schulze-Boysen weniger hartherzig als Harnack war, mokierte er sich doch einmal über seinen pazifistischen Freund Hugo Buschmann: «Du hast die allzu empfindsamen Tränendrüsen eines Kleinbürgers.»[81]

*Ein anderer Zeuge, der Arvid Harnack Gefühlskälte bescheinigte, war Adolf-Henning Frucht, der Sohn von Arvids Cousine Anna, geborene Harnack. Auf Fruchts Namen stieß ich erstmals im Archiv des Hamburger* Spiegels. *Jm Jahre 1978 veröffentlichte das Nachrichtenmagazin eine Serie über Frucht unter dem Titel «Spionage – das Geheimnis der V-Stoffe». Als Leiter eines angesehenen medizinischen Forschungsinstituts der DDR hatte Frucht den Alaska-Plan des Warschauer Pakts an amerikanische Nachrichtendienste verraten – hier ging es um ein Angriffsszenario, bei dem das amerikanische Personal des auf den Aleuten stationierten amerikanischen Radar-Frühwarnsystems mittels eines auch bei niedrigen Temperaturen wirksamen Giftgases ausgeschaltet werden sollte. Der* Spiegel-*Artikel enthielt alle Klischees, die man bei Spionagegeschichten erwartet: Treffen in*

*Berlin, Armbanduhren mit eingebauten Mikrofonen, Verfolgungsjagden mit schnellen Autos und schließlich eine Verhaftung an der Grenze. Die CIA tauschte ihre Informationen mit den Westdeutschen aus und Frucht wurde schließlich von einem ostdeutschen «Maulwurf» im Bundesnachrichtendienst verraten. «Der schlimmste Atomverräter des Ostblocks» wurde zu einer lebenslänglichen Zuchthausstrafe verurteilt, die er in Bautzen II absitzen musste, der berüchtigtsten Haftanstalt der DDR. Nach zehn Jahren wurde er 1977 auf Grund der Bemühungen seiner Ehefrau und seines Vetters, des Nobelpreisträgers Max Delbrück, gegen einen chilenischen Kommunisten ausgetauscht.*

*Fruchts Beweggrund, Staatsgeheimnisse zu verraten, hatte nichts mit Geld zu tun, auch nichts mit Politik – nach einem Aufenthalt in einem sowjetischen Kriegsgefangenenlager war er in den sowjetischen Sektor Berlins zurückgekehrt, «weil man dort Ärzte brauchte».*

*Er hatte sich vielmehr wie ein verantwortungsbewusster Wissenschaftler verhalten, dem es darum ging, die Menschheit vor der Bedrohung eines Krieges mit chemischen Waffen zu bewahren, auch ging es ihm um «die öffentlichen Interessen [sprich Widerstand], die meine Familie seit 150 Jahren bewegt hatten».*[82] *Ich notierte mir ein Zitat von Fruchts Mutter Anni von Harnack, das mir gefiel: «Unsere Familie gleicht den Kartoffeln, die besten findet man im Untergrund.»*

*Nachdem er ein Jahrzehnt in Bautzen verbracht hatte, hieß es in Berichten über Frucht, der nunmehr 65 Jahre alt war, dass er sehr krank sei, und ich nahm an, er sei inzwischen gestorben. Dann fand ich in zwei Archiven Briefe: die von Max Delbrück und Martha Dodd. Da aus dem* Spiegel-*Artikel hervorging, dass Frucht die Harnacks gekannt hatte, beschloss ich, ihm zu schreiben, mir war nur eine Adresse Fruchts in Köln bekannt. Sechs Wochen später erhielt ich einen aufgeregten Telefonanruf aus Berlin. Am Apparat war Professor Frucht.*

*Im Laufe der nächsten Monate gingen viele Telefonate und Faxe zwischen uns hin und her. Er war geradezu begierig, mir zu helfen, und drängte mich, bald nach Berlin zu kommen, denn sein Gesundheitszustand sei schlecht. Er zähle, so erklärte er, zu den wenigen Leuten , die «die inneren Mechanismen der verschiedenen Geheimdienste kannten, ohne jemals direkt in ihrem Dienst gestanden zu haben», weswegen er mir wertvolle Information geben könne. Häufig lästerte er über meine Naivität: «Wenn Sie Mildred verstehen wollen, müssen Sie mehr über die Techniken der Geheimdienstarbeit wissen. Ich gebe Ihnen gern einen Schnellkurs.» Schließlich be-*

*suchte ich den inzwischen 78-jährigen Frucht im Oktober 1991 in einem Krankenhaus in Wannsee.*

*Frucht hatte seine eigenen Theorien über die Harnack-Gruppe: Arvid hatte die Führung inne, Martha Dodd war die Agentin der Sowjets, und Mildred bildete den unverdächtigen Kontakt. Er erinnerte sich daran, dass Max Delbrück, der damals im Berliner Institut von Lise Meitner und Otto Hahn an der Kernspaltung arbeitete, auf Arvids Betreiben hin 1936 in die amerikanische Botschaft eingeladen wurde. Dort habe Martha Dodd versucht, Max Delbrück anzuwerben. Der Versuch schlug fehl, aber die beiden Vettern amüsierten sich darüber, als sie 1979 in Kalifornien wieder zusammentrafen.*

*Was die Harnacks selbst betraf, so hatte Adolf-Henning Frucht sehr entschiedene Ansichten. In den dreißiger Jahren hatte er mit Arvid an einem Diskussionszirkel teilgenommen, bei dem es um den Reichstagsbrand ging. Und danach hatte er das Ehepaar ab und zu getroffen. Während er Arvids Mut durchaus anerkannte, hatte er tiefe Vorbehalte gegen ihn als Menschen: «Wie sah denn die Persönlichkeit Arvids wirklich aus? Er war ein Kommunist. Er war Mitglied der NSDAP. Er war Organisator einer Gruppe von Spionen – und wie ich sagen muss, einer sehr unfähigen Gruppe. Außerdem war er selbstverständlich ein intellektuell vielseitig interessierter Mann. Aber was war er nun wirklich? Ich denke, er war in erster Linie ungeheuer ehrgeizig, außerordentlich ehrgeizig, und er stellte wenig Fragen, wenn es um das Wo und das Wie ging. Ich denke, er sah alle seine persönlichen Beziehungen aus dieser Perspektive, das gilt auch für seine Ehe mit Mildred. Auch Mildred war für ihn ein Mittel, etwas zu erreichen. Sie sehen also, ich habe einen sehr negativen Eindruck von ihm.»*

*Im Nachhinein hätte ich mir gewünscht, Frucht an dieser Stelle widersprochen, Arvid Harnack stärker verteidigt zu haben. Wenn er auf einige Menschen den Eindruck machte, ein rücksichtsloser Fanatiker zu sein, so gab es doch viele andere, die Harnack geliebt und bewundert haben. Während des Krieges und sogar danach, als bekannt war, was er getan hatte, gaben viele seiner Freunde ihren Söhnen seinen Namen.*

*Mildred Harnack war für Adolf-Henning Frucht ein Opfer der Umstände.*

*«Ich sehe sie heute als Mädchen vom Lande, als eine Frau aus dem Mittleren Westen, die durch die Zufälle der Liebe in Situationen geriet, mit denen sie nicht fertig werden konnte. Man verlangte einfach zu viel von ihr; das konnte sie nicht alles bewältigen. Es ist eine entsetzliche Geschichte. Sie*

*tat, was er von ihr verlangte. Mildred wurde in Probleme hineingezogen, die für jeden zu kompliziert gewesen wären – und ganz besonders für sie. Sie war verzweifelt und unglücklich. Nein, Unglück ist hier nicht das richtige Wort. Sie steckte in einer Situation, aus der es keinen Ausweg gab.»*

*Ich stimmte zu, dass sie unglücklich und verzweifelt war, fügte aber hinzu, sie sei meinem Eindruck nach zugleich unglaublich mutig gewesen, und ganz gewiss hätten Freunde und Angehörige sie sehr geschätzt.*

*Frucht fuhr fort: «Falk hat sie sehr bewundert, und er wünschte, dass man seinen Bruder als typischen Helden des politischen ...»*

*«Widerstands sehe?» – ergänzte ich.*

*«Seien Sie vorsichtig mit dem Wort ‹Widerstand› sprechen Sie lieber von ‹Verfolgten›. In allen totalitären Staaten können Sie nämlich verhaftet werden, ohne irgendetwas getan zu haben. Falk kam es darauf an, dass Arvid als ein typisches Opfer der Verfolgung gesehen werde. Er hat auch stets versucht, Mildred gegen Vorwürfe zu verteidigen. Und dabei schloss er seine Augen vor der Realität seiner Spionagetätigkeit. Ebenso vor seinem Kommunismus.»*

*Heute unterscheiden viele zwischen Kommunisten und Marxisten. Daher fragte ich Frucht, ob er Arvid Harnack eher als einen Kommunisten oder als einen deutschen Marxisten bezeichnen würde.*

*«Nach 1933 spielten Unterscheidungen dieser Art keine Rolle. Es hatte den Anschein, als wären die Kommunisten die Einzigen, die gegen die Nazis kämpften. Das Feld, in dem Sie sich mit Ihren Forschungen bewegen – die preußische Beamtenschaft – war außerordentlich homogen und exklusiv. Ob jemand Kommunist, Christ oder Sozialist war, machte keinen großen Unterschied. Man hatte seine Arbeit zu tun und nicht viel darüber zu reden. Nach dem Krieg fragten manche Leute, ob Arvid ein Kommunist war. Ob er gar ein guter Kommunist war. Wie lächerlich ist es doch, wenn man versucht, eine reale Person, die in realen Zeiten lebte, auf diese Weise zu charakterisieren. Das ist schierer Unsinn.*

*Man kann sagen, dass Arvid eine falsche Entscheidung fällte, als er sich den Kommunisten anschloss. Irgendwo habe ich gelesen, dass er sich im kleinen Kreis sehr gegen Stalin ausgesprochen hat, dass der Stalinismus ihm Sorgen bereitete. Aber das hat wohl nicht lange angehalten. Und selbstverständlich habe ich das Gefühl, wenn er lange genug gelebt hätte, um die Kommunisten als Sieger zu erleben, dann wären ihm die schlimmsten Schwierigkeiten nicht erspart geblieben.»*

*Adolf-Henning Fruchts eigenes Gastspiel im Widerstand war kurz: 1939 diente er einmal als Kurier zwischen seinem Onkel Ernst von Har-*

*nack und dem früheren Leipziger Oberbürgermeister Carl Goerdeler. Er reiste damals durch Sachsen, um Sozialdemokraten und Kommunisten aufzusuchen und «mit ihnen darüber zu sprechen, was im Falle eines Militärputsches gegen Hitler geschehen sollte».*

*Fruchts Erfahrungen decken sich mit den Problemen von anderen Überlebenden des Widerstands, die allzu zuversichtlich annahmen, ihre Vergangenheit werde für die Herrschenden der Deutschen Demokratischen Republik eine Empfehlung darstellen: «Als ich mich im Osten im Gefängnis befand, habe ich die Position vertreten, ich sei bereits ein Antifaschist gewesen, bevor die Russen da waren. Ich glaubte, meine Situation bei den Verhören so verbessern zu können. Aber das half nichts. Genau das Gegenteil passierte. Meine Peiniger dachten, wer in der Lage war, Widerstand gegen die Nazis zu leisten, ist auch fähig, sich den Kommunisten zu widersetzen.»*

Im Jahre 1939, kurz vor Kriegsausbruch, verschärften sich die Spannung und das Tempo des geheimen Kampfes. Die Widerständler fälschten Dokumente, um Gegner des Regimes, gefährdete Juden und Geld ins Ausland zu schaffen. Elfriede Paul, die überlebte, schilderte ihre Reisen nach Paris und London, um die Vorbereitungen zur Auswanderung verfolgter Juden zu beschleunigen. Im August 1939 versteckte Kurt Schumacher, ein ausgezeichneter Bergsteiger, dessen bildhauerische Arbeiten heute noch die Berliner Schleusenbrücke zieren und der auch Görings Karinhall mit Holzschnitzereien ausschmückte, zwei Wochen lang den Kommunisten Rudolf Bergtel, der aus einem Konzentrationslager geflohen war, und schaffte ihn über die Schweizer Grenze.[83] Abenteuer dieser Art verliefen nicht immer erfolgreich. 1939 wurde Mildred Harnacks früherer Schüler Karl Behrens verhaftet, weil er den Taufschein für seinen jüdischen Schwager Charly Fischer gefälscht hatte.[84] Fischer wurde geschnappt und in Sachsenhausen ermordet.[85]

In seinen nach dem Krieg veröffentlichten Erinnerungen schreibt der Autor und Lektor Max Tau, dass Mildred Harnack 1938 seine Flucht nach Norwegen vorbereitet hat.[86] Die Dienst- und Urlaubsreisen der Harnacks nach Norwegen, Kopenhagen, Paris und London dienten mehr und mehr auch konspirativen Zwecken. Und in der sowjetischen Akte über den «Korsen» heißt es, nicht zuletzt durch Mildreds Unterstützung habe ein Mitglied des früheren Kreises um die Harnacks im Bund der Geistesarbeiter und ein langjähriges Mitglied der KPD ein Visum für die Vereinigten Staaten erhalten.[87] Da sie inzwischen im Potsdamer Verlag Rütten und Loening für die Übersetzung von Büchern aus dem Englischen zuständig war, hatte Mildred Harnack nun einen beruflichen Wirkungskreis, der «Deckung» für diese Reisen lieferte. Es war in gewissem Maße glaubwürdig, dass sie sich im Ausland mit Fremden traf. Daheim konnte sie ihre Arbeit als Übersetzerin benutzen, um rationierte Arbeitsmittel wie Tinte und Papier für geheime Publikationen zu beschaffen.

Während all der Jahre, die sie in Deutschland lebte, besaß Mildred Harnack gleichzeitig einen amerikanischen und einen deutschen Pass. Trotz ihrer ausgezeichneten Beziehungen zu diplomatischen und Regierungskreisen in Berlin kümmerte sie sich stets sorgfältig darum, in Paris oder Brüssel, wo sie unbekannt war, ihre Pässe verlängern zu lassen und Visa zu beschaffen. Ein Brief, der im Jahre 1992 in einem Archiv auftauchte, gibt Hinweise darauf, dass sie möglicherweise einen oder beide Pässe in den Jahren 1938 bis 1940 für Kurzreisen benutzte, die dem Zweck dienten, im Ausland Aufenthaltsgenehmigungen für Flüchtlinge zu beschaffen.

Mona Wollheim, eine frühere Kommilitonin von Mildred Harnack in Gießen, erinnert sich an eine aufregende Episode, die sich etwa 1938 in Paris abspielte. Frau Wollheim lebte damals in Frankreich, besaß aber immer noch einen deutschen Pass. Aus heiterem Himmel erhielt sie eine Aufforderung, auf dem deutschen Konsulat vorzusprechen. Als sie sich von dort auf dem Heimweg befand, wurde sie von einer Frau in gebrochenem Französisch, das sie als Ausländerin verriet, gefragt, wie man denn am besten zum deutschen Konsulat gelange. Mona Wollheim erklärte es ihr, konnte aber die Bemerkung «Sie sind doch Frau Harnack» nicht unterdrücken. Mildred Harnack war sehr überrascht, schien aber verständlicherweise die frühere Kommilitonin nicht wieder zu erkennen. Die beiden hatten kaum je miteinander gesprochen und sich seit 1929 nicht mehr gesehen. Nach einigen belanglosen Worten trennten sie sich. Aber Mona Wollheim sollte diese seltsame Begegnung nie vergessen.[88] Man kann sich vorstellen, was Mildred Harnack, die sich ständig von der Gestapo beschattet fühlte, angesichts dieser Zufallsbegegnung empfand.

Eine andere, eher klägliche Begegnung – diesmal mit der britischen Schriftstellerin Rebecca West – ergab sich, als sich Mildred 1939 in London aufhielt. Frau West berichtet davon in einem Brief, den sie 1963 an Allen Dulles schrieb, der bis 1961 Chef der CIA war. (Dulles hatte gerade sein Buch «The Craft of Intelligence» veröffentlicht, in dem er Mildred Fish erwähnte.) Hier zeigt sich, wie Mildred Harnacks verzweifeltes Bemühen um Übersetzungsaufträge zu einem geradezu absurden Missverständnis führte:

> An Mildred Harnack-Fish habe ich seltsame und unangenehme Erinnerungen. Sie tauchte mit einem Empfehlungsschreiben eines inzwischen verstorbenen englischen Schriftstellers in meiner Wohnung in Orchard Court auf und berichtete mir allen Ernstes, dass Hitler meine Bücher bewundere. Sie habe den Auftrag, mir das mitzuteilen, und das tue sie gern, denn sie und ihr Gatte unternähmen den Versuch, den nationalsozialistischen Staat zu zivilisieren, indem sie sich in der kulturellen Sphäre für ihn betätigten. Dann legte sie dar, dass jedes Buch, das ich geschrieben habe, in einer schönen deutschen Übersetzung erscheinen werde, falls ich eine Erklärung unterzeichne, dass in meinen Adern kein jüdisches Blut fließt. Daraufhin forderte ich sie auf, schleunigst zu verschwinden. Sie redete aber weiter und legte mir dar, welche Vorteile es mir bringen würde, wenn ich diese winzige Kleinigkeit täte, sagte sogar, wenn ich es unterließe, würden die Leute vielleicht meinen, ich hätte jüdisches Blut in mir. Ich erwiderte, das sei ganz sicher nicht der Fall, aber ich würde lieber sterben, als eine Erklärung zu unterzeichnen, um mich bei Hitler lieb Kind zu machen, und dann setzte ich sie endgültig vor die Tür. Und dabei machte ich die unbarmherzige Bemerkung: «Ich hoffe, Hitler wird Sie schlechter behandeln, als er je einen Juden behandelt hat.»[89]

Als sich Frau West 1949 in Hamburg aufhielt, zeigte ihr jemand Pastor Poelchaus Buch «Die letzten Stunden». Sie schlug das Buch an der Stelle auf, wo die Rede war von der «schönen» Mildred «mit der leuchtend blonden Haarfülle», die «das bunte Leben gegen die dunkle Einsamkeit der Zelle hatte tauschen müssen».[90] West «verspürte erhebliche Gewissensbisse», bis ein Freund, ein früherer Kommunist, sagte: «Liebe Rebecca, als sie zu dieser Mission nach

England reiste, hat sie nicht nur ihre wahren Überzeugungen verschleiert. Sie war auch an dem für Kommunisten typischen Versuch beteiligt, allen Schaden zuzufügen, die für Antikommunisten gehalten wurden.»[91] (1963 war Rebecca West persönlich eine glühende Antikommunistin, und wie wir noch sehen werden, wurde Mildred Harnacks Geschichte nun von Dulles und anderen im Lichte der ideologischen Entwicklung des Kalten Krieges gesehen.)

Mildred Harnack schickte weiterhin zahlreiche Postkarten an Freunde in die Vereinigten Staaten. Ihre letzte Postkarte an Clara Leiser, sie stammt vom 12. Januar 1939, wurde in London aufgegeben und mit M unterzeichnet: «Ich halte mich für ein paar Tage hier auf ... Ich denke an dich, ja, ich denke oft an dich, ich danke dir von ganzem Herzen für die Güte und Freundlichkeit, die du mir vor zwei Jahren erwiesen hast. Möglicherweise wird eine interessante Psychologin Grüße überbringen. Schreib mir lieber nicht, aber vergiss mich nicht und sei mir nicht böse. Ich wünsche dir Kraft. Ich habe mich sehr über das Buch von Dreiser gefreut, das du mir geschenkt hast [«American Tragedy»], und ich bin Meredith nicht untreu geworden, liebe Clara.»

Freunden und Angehörigen fiel es nicht leicht zu verstehen, dass diese Geheimniskrämerei notwendig war. So schrieb Clara Leiser an William Ellery Leonard: «Gestern habe ich eine Karte von Mildred Fish-Harnack erhalten, die erste nach etwa zwei Jahren, als sie sich für ein paar Tage in London aufhielt. Sie hat mich nur gebeten, nicht ‹wütend› zu sein und mich mit einer Psychologin zu treffen, die sie zu mir schicken werde, und vor allem solle ich ihr nicht schreiben! Ich könnte ihr den Hals umdrehen, weil sie die Gelegenheit nicht genutzt hat, mir einen Brief zu schreiben ... während der Tage, da sie sich in der Freiheit aufhielt.»[92]

Wie Greta Kuckhoff schrieb, musste Mildred eine «Menge konspirativer Vorsichtsmaßnahmen beachten. Das widersprach ihrer Aufrichtigkeit. Ihr fehlte auch der Schuss wagemutigen Draufgängertums, dem es bei allem Ernst auch Spaß macht, unvorhergesehenen Zwischenfällen mit der List eines Odysseus zu begegnen. Gewissenhaft, überzeugt von der Notwendigkeit auch des kleinsten, scheinbar unbedeutendsten Dienstes für die gute Sache, führte sie ihre Aufträge durch.»[93] Greta Kuckhoff und Mildred Harnack trafen sich im Tiergarten, um über diese Aufgaben zu diskutieren:

«Mildred und ich, wir waren wahre Tiergarten-Denkmals-Experten geworden. An die Geschichte der bröckelnden Helden [der Siegesallee] ließ sich mühelos ein auf unsere Zeit klärend hinweisendes Wort finden. Nun soll ja niemand denken, dass wir alles, was wir taten, nur um des großen politischen Zieles willen taten. Niemand soll glauben, dass wir keine Spaziergänge mehr unternahmen, wo wir die krummbeinigen Feldherren über die Liebe zueinander völlig vergaßen. Wir machten Kahnpartien auf den künstlich angelegten geschwungenen Seen. Wir sahen den kleinen Mädchen beim Fangespiel zu, bei dem sie sich so erfindungsreich zu verstecken suchten. Aber es fiel immer schwerer, sich zu freuen. Hakenkreuze wurden auf die Bänke geschmiert, immer häufiger tauchten die giftigen Schilder auf mit ‹Juden unerwünscht›. Es betraf uns nicht, aber es traf uns.»[94]

Im November 1937 hatte Mildred kurz nach der Harzwanderung mit Jane Esch an ihre Schwiegermutter Clara Harnack geschrieben, ihre Nichte wolle «einen netten Dozenten der Volkswirtschaftslehre» an der Universität heiraten und selbst promovieren. Für Mildred Harnack war es eine große Freude, dass ihre junge Verwandte in Deutschland bleiben wollte, «wenn es auch für die Familie daheim schmerzlich sein werde».[95] (Angesichts der folgenden Ereignisse sollte Harriette nie imstande sein, ihrer jüngeren Schwester zu verzeihen.)

Nach dem Krieg hielt Otto Donner fest, dass beide Harnacks «während all der Jahre unter einer gewaltigen nervlichen Anspannung standen, denn sie wussten, welches Damoklesschwert über ihnen hing». Sie hatten ihr Privatleben voll und ganz der Gegnerschaft zum Regime geopfert. Traurig hat Arvid Harnack einmal bemerkt, sie hätten «auf Kinder verzichtet, weil sie der Ansicht waren, familiäre Interessen dürften ihrer politischen Arbeit nicht im Wege stehen, und weil sie stets in der Lage sein mussten, ihre Zelte abzubrechen und die Flucht zu ergreifen». Mildred Harnack litt darunter, dass diese Art zu leben, einen Mangel an Privatsphäre und Behaglichkeit mit sich brachte.[96]

Auf ihre Reise nach Dänemark im Frühjahr 1939 mit Arvid und den Donners folgte eine Tour durch Norwegen, die sie allein machte. Darüber schrieb sie einen Beitrag in *Die Dame* unter dem

Titel «Durch Norge». Hier handelt es sich um einen melancholischen Lobgesang, ein Zeugnis ihrer Sehnsucht nach ihrem geliebten Mittleren Westen. Am Ende des Beitrags berichtet sie von der Begegnung mit einer jungen Norwegerin, deren Verlobter ein Seemann ist. Als sie sich trennen, verspürt Mildred den Drang, ihr etwas mitzuteilen, sie ergreift ihre Hand und sagt: «Wenn Sie einmal den Glauben an Gott verlieren sollten, verlieren Sie nicht den Glauben an das Gute in den Menschen.»[97]

Während Hitler einen Sieg nach dem anderen errang – 1938 kam es zum Anschluss Österreichs und zur Verstümmelung der Tschechoslowakei –, war vielen Deutschen klar, dass sie auf einen Krieg zusteuerten. Doch die Franzosen und Briten setzten ihre Politik des Appeasement fort; die Amerikaner bestanden weiterhin auf ihrer «splendid isolation». Harnack und Schulze-Boysen teilten wie andere Gegner Hitlers die in Deutschland nach München allgemein verbreitete Begeisterung nicht. Auf dem Höhepunkt der Krise um die Tschechoslowakei sagte Schulze-Boysen in einem Brief an seine Eltern den Krieg voraus: «Ich sage jetzt für 1940/41 spätestens, vermutlich aber schon kommendes Frühjahr, den Weltkrieg mit anschließendem Klassenkrieg in Europa voraus. Und ich behaupte fest, dass Österreich und die Tschechoslowakei die beiden ersten ‹Schlachten› des neuen Krieges gewesen sind.»[98]

Die Haltung des Widerstands kommt klar in einem Brief von Donald Heath an Minister Morgenthau vom 2. Mai 1939 zum Ausdruck. Bis zum Münchener Abkommen habe man in diesen Kreisen «geglaubt, dass man eine feste Haltung gegenüber Hitler einnehmen werde». Hätten Frankreich und England Hitler Widerstand entgegengesetzt, hätte er «es nicht gewagt, in den Krieg zu ziehen, und der Schlag gegen sein Prestige wäre dann stark genug gewesen, seinem Regime ein Ende zu bereiten». Heath berichtete außerdem, dass die meisten Angehörigen des Widerstands, Arthur Neville Chamberlain misstrauisch betrachteten. Sie verdächtigten den Premierminister, «heimlich starke Sympathien für den Nationalsozialismus» zu hegen, auch lebe er «immer noch in der Illusion, Hitlers Forderungen beschränkten sich definitiv auf Osteuropa und man könne den Führer ‹besänftigen›».

Heath fuhr dann fort: «Ihre einzige Hoffnung ist Präsident Roovelt, sie glauben sehr stark an dessen demokratische Ideale und Fähigkeiten.»

Der Brief schloss mit einer Analyse, in der es um Hitlers Ziele und Persönlichkeit ging:

> Sie weisen auf das Programm und die Psychologie hin, wie sie in Hitlers «Mein Kampf» deutlich werden, ebenso auf sein Handeln, seitdem er an der Macht ist. Sie halten ihn für besessen von der Vorstellung, Europa beherrschen und für Deutschland eine Position erringen zu können, wie sie das britische Empire in der ersten Hälfte des 19. Jahrhunderts innehatte.
> Die durch Erziehung, Erfahrung, Urteilskraft und Tradition gebildeten Schranken, die Bismarck nach dem Krieg von 1870/71 zurückhielten, existieren im Falle Hitler nicht. Ihrer Ansicht nach ist es nur allzu offensichtlich, dass er Geschichte nur als Machtkampf sieht, bei dem eine Rasse oder ein Land sich zu einem bestimmten Zeitpunkt die Vorherrschaft erkämpft, indem es die Vorgänger auf dem Weg an die Spitze niederringt. Ihrer Ansicht nach ist er davon überzeugt, dass für Deutschland genau jetzt der Zeitpunkt gekommen ist, diesen Versuch zu wagen, denn bei weiterer Verzögerung werden die Gegner rapider als das Reich an Stärke gewinnen.[99]

Wie sein Sohn Donald berichtet, unternahm Heath im Mai 1939 mit Arvid Harnack eine ausgedehnte Wanderung. Der Amerikaner umschrieb seinen Weggefährten in seinem Brief an Morgenthau vorsichtig mit folgenden Worten: «Ein Mann aus der zweiten Reihe in einem der wichtigsten Ministerien.» Harnack war überzeugt, nur wirtschaftliche Strafmaßnahmen und eine feste Haltung Englands und Frankreichs in der Polenfrage, die bis zu der Bereitschaft gehen müsse, Truppen einzusetzen, könnten Hitler aufhalten und dem Regime ein Ende bereiten. Harnack führte ferner aus, «als Deutscher sei er der Ansicht, dass Danzig und der Korridor schließlich wieder an Deutschland zurückgehen müssten; aber zum gegenwärtigen Zeitpunkt hielte er Konzessionen in dieser Hinsicht für verhängnisvoll, wenn sie nicht mit nachdrücklichen Abrüstungsverpflichtungen verbunden seien». Heath bezeichnet dieses Gespräch als «ein interessantes Beispiel für die geheime Opposition gegen dieses Regime, die es unter deutschen Beamten immer noch gibt».[100]

Donald Heath machte einen anderen amerikanischen Beamten, Taylor Ostrander, mit Arvid Harnack bekannt. Ostrander war im Auftrag des amerikanischen Finanzministeriums nach Berlin gekommen. Aus einem ausführlichen Gespräch zwischen Taylor Ostrander und der Autorin entstand ein detailliertes Gedächtnisprotokoll, das Ostrander im Jahre 2002 der Autorin übersandt hat. Er erinnert sich an mehrere Begegnungen mit Harnack. Die erste fand am 21. April 1939 in Harnacks Büro im Wirtschaftsministerium statt. Unmittelbar vor dem Treffen unterrichtete Heath seinen amerikanischen Besucher ausführlich über Harnacks Hintergrund, also dessen Aufgabengebiet im Ministerium, wo Harnack gerade im Hinblick auf Amerika eine Schlüsselposition innehatte, ferner über dessen «linksliberale» Studienaktivitäten als Stipendiat in Wisconsin und, andeutungsweise, über dessen Bereitschaft, den Amerikanern «entgegenzukommen»:

> Unter dem Siegel der Verschwiegenheit berichtete Heath mir über seine sorgfältig arrangierten Treffen mit Arvid Harnack, üblicherweise in den Wäldern am Rande von Potsdam. An den dafür vorgesehenen Sonntagen nahmen Harnack und seine Frau die S-Bahn nach Potsdam, von wo sie zu einem ausgedehnten Spaziergang in die umgebende Parklandschaft aufbrachen. Die Heaths fuhren mit dem Wagen an das andere Ende des Waldstückes und gingen von dort mit ihrem Picknickkorb los. «Zufällig» trafen sie dann die Harnacks, teilten mit ihnen das Picknick und führten gemeinsam lange, freundschaftliche Gespräche.

Ostrander vermutet, dass Donald Heath in Arvid Harnack einen nützlichen Kontakt sah, «da man sich nicht so recht vorstellen konnte, dass er lediglich aus persönlicher Sympathie so vertrauten Umgang mit einem hohen Nazi-Beamten pflegen würde». Beim ersten, ungefähr einstündigen Zusammentreffen Ostranders und Heath' mit Harnack gab es «keinerlei Anzeichen einer näheren Bekanntschaft zwischen beiden Männern», auch wenn Harnack dabei auf John R. Commons zu sprechen kam und seine amerikanische

Frau sowie seinen Aufenthalt in Wisconsin erwähnte. Harnack sagte ausdrücklich, dass er im Sommer nach Amerika fahren wolle, und Ostrander lud ihn zu einem Treffen dort ein. Nach Ostranders erstem Eindruck handelte es sich bei Harnack um «einen sehr pflichtbewussten Mann eher vom Typ eines Gelehrten oder Professors, einen durchaus sympathischen Menschen, auch wenn es nicht leicht fiel, mit ihm gleich warm zu werden.

Arvid Harnack reiste dann tatsächlich im Sommer 1939 nach Washington. An einem heißen Augusttag rief er ohne Voranmeldung Ostrander im Finanzministerium an:

> Er war nicht nur in der Stadt, sondern er rief sogar vom nahe gelegenen Hotel Washington aus an: Man musste nur von einem Seiteneingang des Finanzministeriums aus die 15. Straße überqueren. Ich ging also hinüber, aber nicht – wie man erwartet hätte – um mit ihm auf die offene Dachterrasse hinaufzufahren, wo es eine für ihre immensen Bourbon Mint-Juleps berühmte Cocktailbar unter einer riesigen Markise gab, über die ständig Wasser floss, das am Rand der Markise heruntertropfte – eine etwas primitive, aber im Sommer sehr willkommene Form von Airconditioning.
>
> Harnack wollte dort gar nicht hin, sondern lieber mit mir draußen auf den Straßen umhergehen. In totalitären Ländern war das oftmals die Vorgehensweise, wie man vertrauliche Gespräche führte. Also drehten wir in der drückend-feuchten Nachmittagshitze über eine Stunde lang mehrere Runden um das Gebäude des Finanzministeriums, das sich über einen ganzen Häuserblock erstreckt.
>
> Harnacks Frau war nicht mit nach Amerika gekommen. Er gab dazu keine weitere Erklärung ab, aber ich brauchte auch keine. Ich wusste bereits, dass totalitäre Regime selbst den vertrauenswürdigsten Beamten nicht erlauben, mit Frau oder gar noch mit Kindern ins Ausland zu reisen. Die Fluchtgefahr ist einfach zu groß, und so dient die zu Hause gebliebene Familie oder Ehefrau als «Faustpfand» für die Rückkehr. Allein schon die Kundgabe der Absicht, dies tun zu wollen, würde Verdacht erregen.
>
> Was Harnack am meisten am Herzen lag, war, zu erfahren, ob die USA meiner Ansicht nach in den Krieg eintreten würden, falls er

in Europa ausbricht. Ich vertrat ihm gegenüber meinen Standpunkt, dass die USA schlussendlich Krieg führen würden und dass er den lautstarken Einfluss der Isolationisten nicht überschätzen solle.

Harnack bat mich, ihn bei meinem Vorgesetzten Harry Dexter White einzuführen, der später ein enger Mitarbeiter des Finanzministers und einer der Vordenker des Plans wurde [der nach dem Krieg zur Gründung des Internationalen Währungsfonds führte]. Obwohl ich mit dieser Bitte nicht gerechnet hatte, sagte ich, ich nähme an, dass sich das arrangieren ließe. Ich bat Harnack, mich im Laufe des kommenden Vormittags deswegen anzurufen. Falls er interessiert wäre, schlug ich außerdem ein Abendessen bei mir zu Hause für den nächsten Tag vor, zu dem ich einige befreundete Wirtschaftsexperten einladen könnte. Diese Einladung nahm er an.

All diese Dinge schienen mir selbstverständlich zu sein. Auch wenn er ein Beamter des Dritten Reichs war, so schien es mir doch im Lichte der Tatsache, dass Donald Heath ihn mochte und sich regelmäßig mit ihm in Berlin traf, keineswegs unangemessen, mit Harnack in Washington Gespräche zu führen. Insbesondere da ich hoffte, mehr über Harnacks wirkliche Einstellung gegenüber den Nationalsozialisten in Erfahrung zu bringen.

Anschließend ging ich zu White, erinnerte ihn daran, wer Harnack war, wie ich ihn kennen gelernt hatte und welchen Respekt Donald Heath ihm zollte. White erklärte sich bereit, mit Harnack am nächsten Morgen zusammenzutreffen – wenn auch widerwillig. Am darauf folgenden Tag kam Harnack ins Finanzministerium, wir gingen in Whites Büro, ich stellte die beiden einander vor und blieb während des gesamten Termins. Ich erinnere mich nicht, dass sonst noch jemand dabei gewesen wäre. Das Gespräch war allerdings kein Erfolg! White war oft unhöflich und konnte gelegentlich richtig grob werden, aber so hatte ich ihn noch nie erlebt. Es war ein kurzer Besuch, nicht mehr als eine halbe Stunde.

Meine Dinnerparty am Abend war immerhin etwas entspannter. Obwohl sie etwas kurzfristig anberaumt war, war es mir gelungen, vier oder fünf befreundete Kollegen, allesamt Wirtschaftsfachleute, einzuladen, um einen Fachbeamten aus dem Berliner

Wirtschaftsministerium kennen zu lernen, dem ich dort meinerseits vor drei Monaten begegnet war, wie ich allen versicherte. Harnack und mich eingeschlossen waren wir also sechs oder sieben Leute, ein typisches Arbeits- oder eher Gesprächsessen am Abend in Georgetown. Ich hatte meinen Gästen im Voraus zu verstehen gegeben, dass man sich unter Harnack keinen radikalen Nazi vorzustellen habe, dagegen spräche schon seine frühere Studienzeit bei Commons in Wisconsin und seine Bekanntschaft mit Heath in Berlin. Außer Raymond Goldsmith, einem deutschen Emigranten, der damals für die *Securities and Exchange Commission* tätig war, hatten meine Freunde keine speziellen Kenntnisse über Deutschland, wodurch die Konversation etwas erschwert wurde und weswegen hauptsächlich über Wirtschaft und weniger über Politik gesprochen wurde.

Am deutlichsten erinnere ich mich daran, dass Don Humphrey, ein Volkswirtschaftler, von Harnack immer wieder wissen wollte, wie die Nationalsozialisten ihre militärische Rüstung finanzierten und ob sie etwa von dem Ökonomie-Theoretiker John Maynard Keynes beeinflusst seien, dessen Hauptwerk «Die allgemeine Theorie der Beschäftigung, des Zinses und des Geldes» drei Jahre zuvor erschienen war. Harnack nahm nur ausweichend zu Keynes und dessen «Allgemeiner Theorie» Stellung. Vielleicht war Humphrey ein bisschen darüber enttäuscht, dass die Nazis das Prinzip der erhöhten staatlichen Ausgabenpolitik bereits praktizierten, ohne es bei Keynes abgeschaut zu haben. Ich glaube, so saßen wir bis gegen zehn Uhr zusammen.

Harnack war sicherlich kein typischer Nazi-Bürokrat oder begeisterter Nazi-Anhänger. Doch weder im persönlichen Gespräch mit mir noch mit meinen Freunden und Kollegen ließ er den leisesten Zweifel an seiner Loyalität zu dem Staat aufkommen, dem er diente.

Am nächsten Tag rief Harnack mich im Büro an und bedankte sich für die Einladung. Dann fügte er in sehr strengem Ton hinzu: «Meine Regierung darf nie erfahren, dass ich gestern an einem Abendesssen teilgenommen habe, bei dem auch zwei Juden zugegen waren.» Ich war von dieser Einlassung Harnacks überrascht und fragte mich, warum er sie vorbrachte, nachdem er sich am Abend zuvor in der Gesellschaft meiner Gäste doch offenbar recht wohl befunden hatte. Rechnete er bewusst damit, dass jemand in der deutschen Botschaft sein Telefon abhörte, und wollte er sich auf diese Weise ein Gesinnungs-Alibi bei seinen Vorgesetzten verschaffen?

Auf der anderen Seite war ich davon doch etwas pikiert, und dieser letzte, ungünstige Eindruck blieb mir seitdem immer im Gedächtnis, denn dieser Anruf war der letzte Kontakt.[101]

Der Eindruck, den Ostrander und seine Gäste bei der Dinnerparty in Georgetown hinsichtlich Arvid Harnacks politischer Einstellung gewonnen hatten, wird von Mildreds Washingtoner Familie bestätigt. Ihre Schwester Harriette schrieb 1947 in einem Brief an Clara Leiser: «Keiner von beiden gab uns irgendeinen Hinweis auf ihre politischen Aktivitäten, obwohl Arvid einen Großteil des Sommers 1939 in unserem Haus in Chevy Chase verbrachte. Stell dir vor, dass es für meinen Schwager immer noch schwierig ist, zu glauben, dass Arvid kein Nazi war, da er immer vom Gegenteil überzeugt war.»[102]

Am 21. August 1939 wurde das spätabendliche Musikprogramm des deutschen Rundfunks durch die Ankündigung unterbrochen, der Reichsaußenminister Joachim von Ribbentrop werde nach Moskau fliegen, um ein Abkommen zwischen dem Deutschen Reich und der Sowjetunion zu unterzeichnen. Die beiden Länder vereinbarten einen Nichtangriffspakt, und in einem geheimen Zusatzprotokoll legten sie ihre Einflusssphären in Osteuropa fest. Lettland, Estland und Litauen sollten zum russischen Einflussbereich gehören. Polen wurde aufgeteilt. Hitler hatte nun Zugang zu den gewaltigen russischen Rohstoffen. Stalin dagegen sollte Flugzeuge, Konstruktionspläne für Kriegsschiffe, Torpedos und Minen erhalten.

Überall in Europa verkündeten die Kommunisten, es gehe um «Zeitgewinn», als sie sich bemühten, das abrupte Scheitern der antifaschistischen Volksfront zu erklären. Für die Mitglieder der KPD war nicht zu verstehen, wie Stalin sich mit ihren nationalsozialistischen Unterdrückern verbünden konnte. Viele deutsche Kommunisten im Exil nahmen treuherzig an, Hitler werde nun eine kommunistische Partei in Deutschland tolerieren. In Wirklichkeit zählte es zu den schändlichsten Konsequenzen des Pakts, dass deutsche und österreichische Kommunisten im Exil, ja sogar jüdische Flüchtlinge, vom NKWD an der polnischen Grenze in Brest-Litowsk am Bug der SS übergeben wurden, und das bedeutete mit Sicherheit ihre Hinrichtung.

Wie aus Berichten hervorgeht, die lange nach dem Krieg verfasst wurden und die die offizielle Parteilinie widerspiegeln, bemühte sich die Gruppe um die Harnacks und Schulze-Boysens, das Abkommen in ein günstiges Licht zu stellen: Stalin wisse am besten Bescheid, und er spiele auf Zeit. Greta Kuckhoff erinnert sich, als der Pakt verkündet wurde, habe sie mit ihrem Mann die Harnacks besucht. Arvid Harnack lehnte die Perspektive einer deutsch-sowjetischen Freundschaft mit den Worten ab: «Es ist doch völlig klar, dass Hitler den Krieg gegen die SU nun noch zielstrebiger vorbereiten wird – ökonomisch ist er vorläufig noch nicht so weit. Grad deshalb wird er schnellstens versuchen, anderer Völker Rohstoffe und Produktionskapazitäten in seine Gewalt zu bekommen.» Die Hauptaufgabe der Gruppe werde nun darin bestehen, so Harnack, Informationen zu sammeln.[103]

Mildred Harnacks Schüler Wilhelm Utech erinnert sich an ein Diskussionsforum draußen im Grunewald, das Harnack kurz nach seiner Rückkehr aus den Vereinigten Staaten geleitet habe. Auf einer Lichtung im Wald entwickelte Harnack seine These, der Krieg stehe unmittelbar bevor und Hitler bleibe gar nichts anderes übrig, als die Sowjetunion anzugreifen. Er argumentierte prophetisch, dass die Wehrmacht in Richtung auf die Stadt Baku im Kaukasus vorpreschen werde, denn «damit wäre das Erdölproblem für Deutschland gelöst».[104]

Im Laufe der letzten Augustwoche, als sich die Krise um Danzig zuspitzte, waren in Berlin viele Gerüchte in Umlauf. Privatautos wurden beschlagnahmt. Unter den Linden wurden auf den Dächern strategisch wichtiger Gebäude Flakgeschütze installiert. Auf dem Weg zur polnischen Grenze zogen Truppen, Panzer und gepanzerte Fahrzeuge durch die Stadt. Hitler sagte den alljährlichen Nürnberger Parteitag ab, der am 2. September beginnen sollte. Am 25. August 1939 waren zeitweise alle Kommunikationslinien zur Außenwelt – Funk, Telefon, Telegraf – abgeschnitten.

Am 26. August gab die amerikanische Botschaft allen Amerikanern den Rat, Deutschland zu verlassen und in die Vereinigten Staaten zurückzukehren. Im Laufe der Woche organisierte sie zwei Sonderzüge, mit denen amerikanische Frauen und Kinder nach Dänemark gebracht wurden. Während der Krise zeigte der Geschäftsträger Alexander Kirk Journalisten das Feldbett, das er in seinem Büro aufgestellt hatte. Während das schwülheiße Wetter anhielt, wurden Reservisten einberufen, und die Berliner standen Schlange für Rationierungskarten. Eine Überschrift in der Sonntagsausgabe des Parteiorgans *Völkischer Beobachter* verkündete, ganz Polen sei im Kriegsfieber und habe eineinhalb Millionen Mann mobilisiert, die an die Grenze geschafft würden.[105]

Der britische Botschafter Neville Henderson traf sich laufend mit Hitler, dabei bestand der «Führer» immer wieder auf seinem Ultimatum gegen Polen. Am 1. September 1939, einem Freitag, endeten alle Gespräche dieser Art. In der Morgendämmerung schickte Hitler sein Heer in den Kampf gegen Polen. Polnische Städte und Dörfer wurden bombardiert, während die polnische Kavallerie auf höchst weltfremde Art gegen deutsche Panzerangriffe Attacke ritt. Um zehn Uhr früh hielt Hitler eine Rede vor dem Reichstag. Er rechtfertigte den Überfall mit der Behauptung, es habe einen polnischen «Angriff» gegen einen Rundfunksender in der Grenzstadt Gleiwitz gegeben. Dabei handelte es sich um ein von der SS inszeniertes Täuschungsmanöver, Häftlinge mussten dabei Polen mimen.

Am gleichen Abend trafen sich während der allgemeinen Verdunkelung und unter dem Heulen von Luftschutzsirenen Freunde der Schulze-Boysens im Grunewald. Sie feierten Harros vierzigsten Geburtstag und außerdem, so meinten sie, Hitlers Ende. Unerschrocken sangen sie unter den Klängen von Libertas Schulze-Boysens Akkordeon zunächst die «Marseillaise», dann folgte «It's a long Way to Tipperary», schließlich brachte Harro Schulze-Boysen allen die Worte der polnischen Nationalhymne bei: «Noch ist Polen nicht verloren.»[106] Ein Teilnehmer, Hugo Buschmann, schildert die Szene: «Was hatten diese Menschen für Illusionen! Sie waren alle davon überzeugt, dass das Ende des Dritten Reichs in Sicht war; die meisten von ihnen dachten in der Tat, es stehe unmittelbar bevor.»[107]

Am 3. September 1939 lösten Großbritannien und Frankreich nicht ohne Zögern ihre Verpflichtung gegenüber Polen ein und erklärten dem Deutschen Reich den Krieg. Eine Woche später schrieb Schulze-Boysen an seine Eltern: «Dieser Krieg wird das alte Europa mitsamt seiner bisherigen Zivilisation unter sich begraben, und danach wird, wenn die Luft sich verzogen hat, die Atmosphäre reiner sein. Unser eigenes Leben scheint mir dabei nicht so wichtig zu sein. ‹*Vivere non est necesse.*›»[108]

Zwei Wochen später marschierte Stalins Rote Armee in Polen ein, um sich ihren Teil der Beute zu sichern. Zu einem früheren Zeitpunkt, im März desselben Jahres, hatte Stalin den Briten und Franzosen in einer Rede vor dem 18. Parteikongress der KPdSU vorgeworfen, Hitler keinen Widerstand entgegengesetzt zu haben. Im Laufe dieser Ausführungen teilte er auch mit, die Säuberung der Sowjetinstitutionen sei zu Ende. Doch das Weiterbestehen des Terrorapparates wird mit der kapitalistischen Einkreisung der Sowjetunion begründet.[109]

Zu dieser Zeit übernahm Leopold Trepper, ein Pole im Exil, der die Schule der GRU, des militärischen Nachrichtendienstes, in Moskau absolviert hatte, ein Netzwerk von sowjetischen Agenten in Brüssel. Zur Tarnung diente ein Handelsunternehmen, das den beeindruckenden Namen «Foreign Excellent Trenchcoat Company» trug. Es hatte Zweigstellen in Belgien, Frankreich, den Niederlanden und Deutschland. Stellvertreter Treppers waren zwei der besten Agenten, über die die Sowjets verfügten: der Funker Michail Makarow, der sich jetzt als der Uruguayer Carlos Alamo ausgab, und Hauptmann Anatoli Gurewitsch, auch unter den Namen «Kent», Victor Sukulow und Vicente Serra bekannt. Diese beiden Agenten waren in Spanien erprobt und gestählt worden. Zu den in Brüssel stationierten Spezialisten zählte auch der Funker Johann Wenzel aus Ostpreußen, der wegen seiner großen technischen Fähigkeiten den Spitznamen «Professor» trug. Wenzel bildete auch neu gewonnene Kräfte aus; er wirkte bis in die Niederlande hinein.[110] Als Hitler Polen überfiel, ging die Gruppe zum Handeln über. Wegen des Nichtangriffspakts gab es aus Moskau «keine konkreten Instruktionen für die Arbeit gegen Deutschland».[111] Moskaus grobe Fehler und das Fatum dieser Agenten, die bislang auf diesen Seiten noch nicht aufgetreten sind, sollten auf tragische Weise auf das Schicksal der Gruppe in Berlin einwirken.

# 13

# Eine Spionin?

Alexander Korotkow, um 1940

Der Berliner Winter 1939/40 war einer der kältesten seit Menschengedenken. Acht Wochen hintereinander herrschte jede Nacht Frost. Die Seen im Tiergarten hatten eine dicke Eisschicht. Die Gebäude und Straßen waren von hohem Schnee bedeckt. Wie Arvid seiner Mutter schrieb, liefen Mildred und er im Grunewald Ski. In dieser Zeit erwarteten sie den Beginn des Angriffs im Westen.[1] An jedem Wochenende sammelten uniformierte Gruppen – Partei- und SS-Leute, Hitlerjungen oder BdM-Mädels mit roten Sammelbüchsen der «Winterhilfe» – unter den Passanten und forderten «freiwillige» Spenden. Etliche Berliner glaubten zu wissen, wofür das Geld wirklich bestimmt war, das angeblich für «die Armen» gesammelt wurde: Kanonen, Panzer und Flugzeuge.

Nahrungsmittel waren knapp geworden. Mildred Harnack konnte keine Kohle für den Kachelofen einkaufen, mit dem die Wohnung der Harnacks geheizt werden sollte, daher musste sie sich zum Arbeiten, um es erträglich zu haben, in überfüllte Cafés oder in die Universitätsbibliothek setzen. Heißes Wasser gab es nur manchmal. Nachdem sie abends unterrichtet hatte, ging sie den zugefrorenen Landwehrkanal entlang nach Hause, dabei trug sie ein leuchtendes «Katzenauge» an ihrem Mantel. Privatautos und Taxis durften nicht mehr fahren. Nur gelegentlich hellte ein Bus mit einer kleinen blauen Lampe am Dach geisterhaft die schneebedeckten Straßen auf.

Das Reisen mit dem Zug war eine Qual. Weichen froren ein. Eisenbahnen verspäteten sich. Es fuhren so wenige Züge, dass die Fahrgäste Stunden vor der Abfahrt erscheinen mussten, um einen Sitzplatz zu ergattern. Als die Harnacks in die Tschechoslowakei reisten, brachten sie von dort Taschenlampen und Decken, die in den Luftschutzkellern sehr gefragt waren, als Geschenke mit.

Zu einer Zeit, da die Wahrheit zu den knappsten aller Güter gehörte, verließen sich viele Deutsche auf die Sendungen der Londoner BBC. Dabei war verschleierte Sprache dienlich. «Wir müssen jetzt zur ‹Andacht›» bedeutete, wie sich eine Verwandte der Bonhoeffers erinnerte, dass die Zehn-Uhr-Abendnachrichten der BBC in deutscher Sprache bald beginnen würden. Und wenn jemand verhaftet worden war, hieß es: «X hat übrigens gestern Besuch bekommen.» Von den Verhafteten hieß es, sie seien «im Krankenhaus».[2]

Unbesonnenheit konnte schreckliche Folgen haben. Arvid und Mildred Harnack erlebten es ganz unmittelbar, als Arvids Mutter während des «Sitzkriegs», der achtmonatigen kampflosen Zeit des Krieges 1939/40, verhaftet wurde. Clara Harnack hatte mit angehört, wie ein paar Kinder nationalsozialistische Lieder sangen. Sie fragte die Kinder, ob sie nicht bessere Lieder – beispielsweise deutsche Volkslieder – singen könnten. Ein achtsamer Passant denunzierte sie bei der Gestapo. Nur indem man an das Verständnis der Nationalsozialisten für eine alte Frau appellierte, die etwas verwirrt sei, konnte die Familie eine annehmbare Deutung für diese unbesonnenen Äußerungen liefern. Nachdem Clara Harnack einige Zeit im Gefängnis verbracht hatte, wurde sie unter der Bedingung auf freien Fuß gesetzt, Jena zu verlassen. Die Familie entschloss sich dann, die alte Dame zu ihrer eigenen Sicherheit in einem Sanatorium unterzubringen.[3]

«Die Leute sehnten sich geradezu nach versteckten Andeutungen», sagte Stewart Herman, damals Angehöriger der amerikanischen Botschaft und Geistlicher der immer kleiner werdenden Gemeinde der *American Church*. «Im privaten Kreis wie auch in der Öffentlichkeit lud sich die ganze Atmosphäre geradezu auf, sobald es um Politik ging. Man war stets vor allem daran interessiert, das herauszuhören, was jemand zwischen den Zeilen sagte. Man lebte unter einem Regierungssystem, wo das Leben auf dem Spiel stand. Die Karriere hing davon ab, was man sagte und zu wem man es sagte. Man war übervorsichtig.»[4]

Während der ersten Phase des Krieges schloss Mildred Harnack ihre Doktorarbeit ab, an der sie ein Jahrzehnt lang gearbeitet hatte. Wenn sie auch viel Zeit mit Unterrichten und Übersetzen verbracht hatte, so war die Verzögerung wohl eher darauf zurückzuführen, dass sie die Umstände nicht schätzte, unter denen sie arbeitete. Die Nationalsozialisten hatten es geschafft, alle ernsthafte wissenschaftliche Arbeit zu unterdrücken. Mildred Harnacks Dissertation «Die Entwicklung der amerikanischen Literatur der Gegenwart in einigen Hauptvertretern des Romans und der Kurzgeschichte» war eine Kurzfassung des Buches, an dem sie seit einiger Zeit arbeitete.[5]

Der Entschluss, die Dissertation jetzt fertig zu stellen, hing offenbar mit Erwägungen zusammen, in die Vereinigten Staaten zurückzukehren. Im Oktober 1939 bewarb sich Mildred Harnack sowohl um ein Rockefeller- als auch um ein Guggenheim-Stipendium für das folgende Jahr, in der Absicht, die Recherchen für ihr Buch in Amerika abzuschließen. Ihre Bemühungen schlugen fehl; aus den Akten der Guggenheim-Stiftung geht hervor, dass man sie nach den hohen Maßstäben dieser Institution nur als «Anfängerin» einstufte.[6] Die Rockefeller-Stiftung lehnte ihre Bewerbung ebenfalls ab. Weil sie wusste, dass die Stellung ihres Mannes im Wirtschaftsministerium gefährdet sein könnte, wenn der Anschein entstand, dass sie sich darum bemühte, Deutschland zu verlassen, wickelte sie ihre Korrespondenz mit den Vereinigten Staaten über Donald Heath in der Botschaft ab.

Bereits 1937 hatte sich Arvid Harnack mit der Hoffnung getragen, die Rockefeller-Stiftung davon überzeugen zu können, ihm weitere Arbeitsaufenthalte in den Vereinigten Staaten zu bewilligen. Als Begründung führte er an, dass seine Arbeit mit amerikanischen Themen zu tun hatte. Rudolf Heberle, der inzwischen in Amerika lebte, setzte sich bei der Rockefeller-Stiftung für ihn ein. Aber es gelang Harnack nicht, ein weiteres Stipendium zu erhalten. Die Stiftung informierte Heberle über die Bedenken hinsichtlich der Förderung deutscher Sozialwissenschaftler. Es bestehe das Risiko, «dass Auslandserfahrung beim Empfänger die Bereitschaft mindern kann, sich nach seiner Rückkehr wieder mit den Umständen in Deutschland zurechtzufinden».[7]

Ihr Verstand sagte Mildred Harnack, in die Vereinigten Staaten zurückzukehren. Ein Weltkrieg schien unvermeidlich, obwohl die Kriegshandlungen nach der Niederlage Polens zunächst stockten. Doch angesichts ihrer emotionalen Bindung an ihren Mann wie auch an seine Familie und die Freunde kam eine Verwirklichung dieses Gedankens kaum in Betracht. Sie wollte entweder zusammen mit Arvid oder überhaupt nicht nach Amerika gehen, und Arvid Harnack wollte Deutschland auf keinen Fall verlassen. Als Familienoberhaupt musste er an seine Mutter und seine Geschwister denken. Wichtiger aber noch war für ihn ein anderer Grund, den er seiner Mutter anvertraute: «Wir *müssen* im Lande bleiben, wo unser schlimmster Feind steht – wenn *wir* gehen, wer ist dann noch da?!»[8]

Wäre Mildred Harnack allein weggegangen, dann wäre auch Arvids Position, seine Berufstätigkeit wie seine verdeckten Aktivitäten, gefährdet worden. Man hätte ihn intensiv überwacht und ihn möglicherweise wegen Landes- oder Hochverrats angeklagt. Und schließlich liebte Mildred die Sprache von Goethe und Schiller. Vor allem aber fühlte sie sich der Sache der Harnacks verpflichtet, und dies war wichtiger als alle kluge Voraussicht. Also blieb sie.

Dennoch quälte Arvid Harnack der Gedanke, seine Frau einer so fragwürdigen Zukunft auszusetzen. Bei einer der Wochenendwanderungen mit dem Ehepaar Heath richtete Harnack – allerdings vergebens – die dringende Bitte an den Amerikaner, seine Frau zur Abreise zu bewegen. Da er wohl spürte, in welcher Gefahr er sich befand, buchte Arvid Harnack für sie eine Überfahrt auf einem amerikanischen Schiff, die jederzeit angetreten werden konnte, so dass es für sie stets möglich war, Deutschland zu verlassen.[9]

Während des «Sitzkriegs», als Großbritannien und Frankreich trotz ihrer Kriegserklärungen nicht bereit zu sein schienen, den Krieg tatsächlich zu führen, suchten Harnack und andere oppositionelle Deutsche nach Verbündeten im Ausland. Harnack lieferte weiterhin Informationen über die deutsche Kriegswirtschaft an Donald Heath. Carl Goerdeler, der frühere Oberbürgermeister von Leipzig, und Adam von Trott, Mitarbeiter des Auswärtigen Amtes, hofften, auf Dienstreisen nach Großbritannien und in die Vereinigten Staaten Unterstützung für die Bemühungen des deutschen Widerstandes zu finden. Hans von Dohnanyi, Dietrich Bonhoeffer und Hans Oster (alle drei vom Amt Ausland/Abwehr im Oberkommando der Wehrmacht) und andere Gegner des Regimes unternahmen vergebliche Versuche, über verschiedene Kanäle Briten und Amerikaner über die Pläne Deutschlands zu informieren. London verlangte von den deutschen Oppositionellen die Entfernung Hitlers; die Mitglieder der Widerstandsbewegung dagegen wünschten, dass die Alliierten die sich in diesem Fall ergebende Unsicherheit nicht zu ihrem Vorteil ausnutzen würden. Leider führten diese Schritte zu keinem Ergebnis.

Inzwischen erfreute sich Hitler neuer Erfolge: Die Invasion und Besetzung Dänemarks und Norwegens im April 1940 gelang handstreichartig. Im Widerstand verfestigte sich die Erkenntnis, nur das Militär könne das Regime stürzen. Doch die einzige militärische

Gestalt, die zum Handeln bereit war und vor Hoch- und Landesverrat nicht zurückschreckte, war Hans Oster, Stellvertreter des Abwehrchefs Admiral Wilhelm Canaris. Als der Angriff im Westen während des Winters 1939/40 mehrere Male verschoben wurde, informierte Oster jedes Mal einen Freund, Gijsbertus Sas, den niederländischen Militärattaché in Berlin, über die ständig wechselnden Befehle Hitlers, und der Niederländer gab die Nachrichten an seinen belgischen Kollegen weiter. Der Attaché verlangte mit Nachdruck, die Informationen sollten auch an die Briten weitergeleitet werden. Doch die Offiziere des niederländischen militärischen Nachrichtendienstes ignorierten die Bitte – möglicherweise deshalb, weil Oster zu häufig Alarm geschlagen hatte, und der niederländische Oberkommandierende bezeichnete Oster wegen seines Verhaltens als «erbärmlichen Kerl».[10]

Oster und seine Mitverschwörer waren deshalb zu Verrat bereit, weil Hitlers Regime Deutschland in eine Katastrophe zu stürzen drohte. Er begründete sein Verhalten mit den Worten: «Man kann nun sagen, dass ich Landesverräter bin, aber das bin ich in Wirklichkeit nicht, ich halte mich für einen besseren Deutschen als alle die, die hinter Hitler herlaufen. Mein Plan und meine Pflicht ist es, Deutschland und damit die Welt von dieser Pest zu befreien.»[11] Dietrich Bonhoeffer, der mit Osters Handlungen einverstanden war, vertrat die Ansicht, unter der Herrschaft der Nationalsozialisten sei der «Verrat» die wahre Vaterlandsliebe und die normale «Vaterlandsliebe» Verrat geworden.[12] Oster sollte nicht der einzige «Verräter» bleiben, dessen Motive in den Schmutz gezogen wurden.

Der Angriff auf die Niederlande, Belgien und Luxemburg erfolgte am 10. Mai 1940. Noch am selben Tag trat Winston Churchill die Nachfolge Neville Chamberlains als Premierminister an. Die Niederlande und Belgien mussten bald kapitulieren. Deutsche Panzer stießen durch die «undurchdringlichen» Wälder der Ardennen vor, die britischen und französischen Truppen steckten bald in der Falle. Im Juni griff auch Mussolini in den Krieg ein. Frankreich schloss einen Waffenstillstand; britische und französische Truppen mussten sich hastig von Dünkirchen aus über den Ärmelkanal zurückziehen.

Da Mildred Harnack während des Krieges eine Existenz im Verborgenen führte, fehlen Briefe und Tagebücher – das wichtigste Material für eine Biografie – so gut wie vollständig. Was die entscheidenden Jahre zwischen 1939 und 1942 angeht, so wird uns von ihrem Leben nicht in ihren eigenen Worten berichtet, sondern in der trockenen Sprache der Bürokraten. Doch in einer Hinsicht haben wir Glück: Durch den Zusammenbruch des Kommunismus sind wir in der Lage, die Akten der sowjetischen Nachrichtendienste auszuwerten, die eigentlich niemals der Öffentlichkeit zur Verfügung gestellt werden sollten. Sie bieten einen bemerkenswerten Einblick in das Leben der Harnacks und ihres Kreises, und das gilt besonders für den Zeitraum bis zum deutschen Angriff auf die Sowjetunion (1941).

Die Harnack-Akten machen auf der einen Seite den Druck deutlich, unter dem die Mitarbeiter der sowjetischen Spionage standen, sie machen aber auch klar, dass Arvid Harnack seinen Weg unabhängig von Moskau gehen wollte. Das Ergebnis war ein pragmatischer Kompromiss zwischen einem hervorragenden Agentenführer, Alexander Korotkow, und seinem deutschen Informanten. Die Akten verdeutlichen Stalins Verbohrtheiten ebenso wie die Speichelleckerei seiner Nachrichtendienste. Am Ende wurde das wertvollste Material, das die Harnack-Gruppe lieferte – die Mitteilungen über den unmittelbar bevorstehenden deutschen Angriff –, nicht nur ignoriert, sondern von Stalin verächtlich beiseite gewischt.

Dank der NKWD-Akten in Moskau, die 1993/94 zum Teil durch die Bemühungen des britischen Journalisten John Costello und des früheren KGB-Agenten Oleg Zarew zugänglich wurden, lassen sich die Handlungen der Harnacks nun umfassender als zuvor und belegt durch bisher unzugängliche Dokumente darstellen. Die neue Interpretation stimmt mit dem Charakter und der psychischen Disposition der Harnacks und ihrer wichtigsten Mitstreiter, der Schulze-Boysens und der Kuckhoffs, überein.

Am 17. September 1940, einem Dienstag, erschien ein großer, schlanker 31-jähriger Mann an der Wohnungstür der Harnacks im fünften Stock. Mildred war nicht zu Hause. Am Vortag hatte sie ihren 38. Geburtstag allein in Marienbad verbracht, wohin sie zur Kur gefahren war, um für eine Weile den britischen Bomben zu entgehen.[13] Der unerwartete Gast überbrachte Grüße von Alexander Hirschfeld, Arvid Harnacks altem Freund an der Sowjetbotschaft. Der Mann sprach ausgezeichnet Deutsch mit einem ganz schwachen Akzent. Er stellte sich als Alexander Erdberg vor und sagte, er brauche Harnacks Hilfe.

In Wirklichkeit handelte es sich um Alexander Michailowitsch Korotkow. Die Einzelheiten seiner Karriere folgen hier in der Zusammenfassung, wie man sie in dem KGB-Dossier unter dem Codenamen «Stepanow» findet. Korotkow war Jahrgang 1909. Als 19-jähriger begann er seine Karriere in der Lubjanka, der Zentrale des Staatssicherheitsdienstes in Moskau (GPU), seit 1934 Abteilung des NKWD, des Volkskommissariats für Innere Angelegenheiten. Innerhalb von sieben Jahren vollzog Korotkow einen steilen Aufstieg. Auf Empfehlung von Benjamin Gerson, Sekretär von Genrich Jagoda, Volkskommissar für Inneres (NKWD), wurde er schließlich Mitarbeiter des Auslandsnachrichtendienstes. Er lernte Deutsch, und die Sowjets schickten ihn nach Österreich, Frankreich und in die Schweiz. Als Schützling des berühmten Meisterspions Alexander Orlow, dessen Stellvertreter er in Frankreich gewesen war, entwickelte sich Korotkow zum erfahrenen Agentenführer. 1936/37 arbeitete er für die sowjetische Handelsvertretung in Berlin. Er wurde 1938 in die Sowjetunion zurückgerufen, und während der stalinschen Säuberungen musste er aus dem NKWD ausscheiden, angeblich waren angeheiratete Verwandte von ihm Verräter. Aber auf höchst ungewöhnliche Weise – er appellierte direkt an seinen Chef Lawrenti Berija – wurde der wendige Korotkow erneut eingestellt und ging als stellvertretender Leiter der Residentur (so die Bezeichnung der ausländischen Abteilung des Geheimdienstes an einer sowjetischen Botschaft) nach Berlin zurück. Als Diplomat im Rang eines Dritten Sekretärs der Sowjetbotschaft verfügte er über eine «legale Deckung».[14]

Korotkow nahm die Dreieinhalb-Zimmer-Wohnung der Harnacks mit professionellem Scharfblick in Augenschein. Die Wohnung lag in der Woyrschstraße und war für jenen Teil des Bezirks Tiergarten typisch: große Räume mit hohen Decken und dem Charme des späten 19. Jahrhunderts. Er wusste aus den Unterlagen, dass es sich bei den Bewohnern um ein Akademikerehepaar handelte, und daher war er nicht überrascht, Bücherregale und zwei große Schreibtische zu entdecken. Einige Orientteppiche und mehrere Gemälde von Clara Harnack – meist thüringische Landschaften – vervollständigten die Einrichtung. Besonders fiel ein nagelneues Blaupunkt-Radio auf. Es war von Falk Harnack ausgesucht worden, weil man mit ihm gut ausländische Sender empfangen konnte.

Zu seiner großen Befriedigung bemerkte Korotkow, dass sich die Harnacks aus Sicherheitsgründen eine Wohnung im obersten Stockwerk gesucht hatten. Eine Brandmauer trennte sie vom nächsten Gebäude und schützte vor Lauschern. Auf ein Telefon hatten die Harnacks bewusst verzichtet. Wer telefonischen Kontakt aufnehmen wollte, musste in Harnacks Büro im Ministerium anrufen. Da das Mietshaus ganz in der Nähe des Tiergartens lag, war es, wie der russische Besucher bemerkte, für «Treffs» sehr geeignet.

Weil er zunächst einen Agent provocateur vermutete, verhielt sich Arvid Harnack gegenüber dem unverhofften Gast höchst vorsichtig. Mehr als zwei Jahre lang hatte er mit Moskau keinen Kontakt gehabt. Während jener Zeit war er sich wohl dessen bewusst, dass einige der sowjetischen Kontaktpersonen, so genannte Residenten, die zuvor zur Berliner Residentur gehört hatten, hingerichtet worden oder im Rahmen der Säuberungen «verschwunden» waren.[15] Einige Zeit lang hatte es Unter den Linden 7 nicht einmal einen sowjetischen Botschafter gegeben.

Um Harnack zu bekunden, dass er kein «Lockvogel» sei, stellte Korotkow ihm keine Fragen, sondern bat um eine zweite Begegnung. Mit Zustimmung Moskaus brachte er Harnack heimlich mit dem Auto zur Sowjet-Botschaft.[16] Selbst hier konnte Korotkow seinen Auftrag nicht leicht durchführen. Erst nach einigem Zögern erklärte sich Harnack bereit, den Russen beizustehen.

Kenner nachrichtendienstlicher Arbeit sprechen von vier Hauptmotiven für Spionage: Geld, Ideologie, Nachgiebigkeit (einschließlich Erpressung) und Geltungsbedürfnis. Wir können nicht genau feststellen, warum Harnack bereit war, für die Sowjets zu arbeiten. In diesem Zusammenhang existieren vier unterschiedliche Theorien:

Erstens: Die Auffassung, Geld könnte das Motiv gewesen sein, vertrat der Ankläger, Manfred Roeder, beim Prozess gegen Harnack vor dem Reichskriegsgericht. Obwohl die Sowjets gewöhnlich bereit waren, Agententätigkeit großzügig zu bezahlen, gingen bis nach Beginn des Angriffs gegen die Sowjetunion im Juni 1941 keine bedeutenden Geldbeträge durch Harnacks Hände. Schließlich erhielt er doch 20 000 Reichsmark, ein beachtlicher Betrag. Dieses Geld scheint er aber nicht für sich behalten zu haben; vielmehr deckte er damit Kosten der Gruppe und behielt nichts oder kaum etwas für sich.[17]

Zweitens: Handelte Harnack aus ideologischer Überzeugung? Nationalsozialisten, die nach dem Krieg von Briten und Amerikanern befragt wurden, haben behauptet, Harnack sei ein «fanatischer Kommunist» gewesen. Doch nach der Formulierung des Feldurteils, das bis 1990 als verschollen galt, war Harnack «nicht aus Überzeugung Kommunist [im sowjetischen Sinne]. Er sei aus wissenschaftlichen Erwägungen Anhänger einer nationalen Planwirtschaft. Daraus sei sein ganzes Handeln zu erklären.»[18]

Drittens: Die Ansicht, Harnack sei von den Russen erpresst worden, hat Hans-Jürgen Finck, Ankläger im Nachkriegsprozess gegen Manfred Roeder vertreten.[19] Weil er die Sowjets zwischen 1935 und 1938 mit Informationen versorgt hatte, verfing er sich möglicherweise in dem, was der Chef der Gegenspionage der CIA, James Jesus Angleton, «ein subtiles Gewebe unwiderstehlicher Kompromisse» genannt hat.[20]

Die vierte These lautet, dass Harnack «sich moralisch gebunden» gefühlt habe, «den ihm zugeschickten Agenten zu helfen». Nach Aussage eines Zeugen im Harnack-Prozess habe Harnack während des Krieges nur deshalb für die Sowjets spioniert, weil er sich Erdberg/Korotkow persönlich verpflichtet habe.[21]

Eine viel sagende Bemerkung Korotkows in der Akte «Korse» liefert einen Hinweis auf Harnacks Motivation: «Es sieht so aus, dass er es als seine Pflicht betrachtet, uns über das zu informieren, was ihm bekannt wird. Er sieht sich nicht in der Rolle eines Agenten, und in uns sieht er nicht seine Chefs, sondern zuallererst Vertreter der Sowjetunion, d. h. eines Landes, mit dem er sich ideell verbunden fühlt und von dem er Unterstützung erwartet.»[22] Korotkow teilt Moskau mit, dass «Korse» auf ihn «den Eindruck eines aufrichtigen Menschen gemacht hat, der wirklich so eingestellt ist, wie er spricht».[23]

Korotkow erkannte klar, dass Harnacks Beweggründe nichts mit Geld zu tun hatten: diesem Mann «Geld anzubieten ist bisher nicht zweckmäßig». Doch dann fährt er fort: «Es wäre gar nicht schlecht, ein Lebensmittel-Geschenk zu machen (verpackt, ohne sowjetische Etiketten) und vielleicht der Frau einen Mantel zu schenken. Das Zweite ist vielleicht verfrüht, weil ein solches Geschenk, auch von einer hohen Persönlichkeit in Moskau, in keinem Falle den Charakter einer Bezahlung tragen darf und nur auf der Basis endgültig gefestigter freundschaftlich-sachlicher Beziehungen erfolgen kann.»[24]

Reiner Idealismus ist ein Motiv, das selten zu finden ist, und Arvid Harnack scheint in der Geschichte der Spionage eine Ausnahme gewesen zu sein. Er war weder ein Agent, der für Geld arbeitete, noch war er wie die englischen Cambridge-Spione ein Agent aus ideologischen Gründen, dessen Hauptziel darin bestand, der Sowjetunion zu helfen. Nach der Desillusionierung über den Versailler Vertrag und der Enttäuschung über die Anpassungspolitik der britischen und französischen Staatsmänner im Zusammenhang mit dem Münchener Abkommen führte der Zusammenbruch Frankreichs dazu, dass Harnack endgültig verzweifelte. Lange hatte er den Amerikanern Informationen übermittelt; vielleicht war er zudem über Roosevelts ausweichende öffentliche Stellungnahmen zum Krieg in Europa enttäuscht. In seiner Arbeit für die Russen sah er vor allem eine Möglichkeit, zu Hitlers Niederlage beitragen zu können. Weder betrachtete sich Harnack als Agenten einer fremden Macht, noch befolgte er je sowjetische Befehle. Vielmehr hielt er sich für einen ebenbürtigen Partner der Sowjets, und die erhalten gebliebenen Dokumente des NKWD zeigen, dass Korotkow ihn entsprechend behandelte. Harnack erwies sich in den Augen Moskaus als äußerst einfallsreich und mutig, aber: «Man befürchtete auch, dass Harnack in erster Linie daran interessiert war, sein Netz im Sinne einer geheimen antifaschistischen Verschwörung auszubauen und es nur quasi nebenbei zur Beschaffung von Informationen für den sowjetischen Geheimdienst einzusetzen.»[25]

Nicht ohne Zögern wagte Harnack den Übergang zum Handeln. Das war ein gewaltiger Schritt, denn jetzt galt er nach allgemeiner Rechtsauffassung als Verräter. Aber war er das wirklich? Im Rahmen einer fragwürdigen Scheinlegalität bedienten sich die Nationalsozialisten einer Gesetzgebung ohne parlamentarische Bestätigung. Sie setzten «nationalsozialistisches Recht», das mit Rechtsstaatlichkeit nichts gemein hatte. Legt man rechtsstaatliche und demokratische Maßstäbe an, so war das Regime ein Unrechtsstaat, den man gar nicht verraten konnte. Hitler war der Verräter. Diese Argumentation obsiegte in einem sehr wichtigen Verleumdungsprozess in Braunschweig gegen den ehemaligen Wehrmachtsoffizier Otto-Ernst Remer, der 1952 Mitglieder des Umsturzversuchs vom 20. Juli 1944 als «Landesverräter» beleidigt hatte.[26] Der Prozess erzielte politische Wirkung, indem das Gericht den Widerstand vom Stigma des Verrats befreite und das nationalsozialistische Regime als Unrechtsstaat verwarf. Im September 1953 trug auch der Gesetzgeber dem Rechnung und stellte Widerstandskämpfer den zu entschädigenden Opfern der nationalsozialistischen Gewaltherrschaft gleich. Allerdings standen, nachdem die KPD in der Bundesrepublik 1956 verboten worden war, Veteranen des kommunistischen Widerstands keine Entschädigungen mehr zu.[27]

Unter den Historikern des deutschen Widerstands war es lange Zeit üblich, einen moralischen Unterschied zwischen *Hochverrat* – der sich gegen die Regierung des eigenen Landes richtet – und dem schwerwiegenderen Verbrechen des *Landesverrats* zu machen – der Arbeit gegen das eigene Land im Interesse des Feindes. Das hat zu einer seltsamen Doppelmoral geführt; diesem Maßstab zufolge haben einige Widerstandskämpfer – etwa die Verschwörer des 20. Juli 1944 – Anspruch, als moralisch einwandfreie *Hochverräter*, also als echte Widerständler bezeichnet zu werden, während Menschen wie die Harnacks und Schulze-Boysens dem dunklen Reich der Spionage zugeordnet werden. Ihre Gruppe wird dann benutzt, um «die gefährliche Nähe von Widerstand und Verrat» zu verdeutlichen.[28]

Sehr lange Zeit herrschte im Westen die Ansicht, Harnack und Schulze-Boysen dürfe man nicht zur «Gemeinschaft der deutschen Widerstandskämpfer» zählen. Dazu erklärte Heinz Höhne, ein Redakteur des *Spiegels*: «Ihre Arbeit für den sowjetischen Geheimdienst hat zwischen ihnen und dem übrigen deutschen Widerstand eine Kluft aufgerissen, die vermutlich niemals überbrückt werden wird; für die meisten der deutschen Hitler-Gegner bleiben die Gefährten Schulze-Boysens Landesverräter, geheime Helfer einer

Macht, die Deutschland ebenso unfrei halten wollte, wie dies der Nationalsozialismus tat.» Diese Leute hätten sich «in das Räderwerk eines fremden Spionageapparates eingeordnet».[29] Über Oster, der ebenfalls militärische Geheimnisse an eine feindliche Macht weitergegeben hat, äußert sich Höhne ganz anders: «Er wollte damit den Kriegsgegner zu Gegenmaßnahmen provozieren, die Hitlers Kriegsabenteuer im Ansatz [...] zunichte machen sollten.»[30] Doch sowohl Oster, Friedrich Werner Graf von der Schulenburg – der deutsche Botschafter in Moskau, hatte seine sowjetischen Partner auf Hitlers unmittelbar bevorstehenden Angriff hingewiesen – als auch Harnack und Schulze-Boysen waren sich im Klaren darüber, dass ihr Handeln den Tatbestand des Landesverrats erfüllte.

Arvid Harnack glaubte, wie sein Bruder es ausdrückte, «er müsse aktiv gegen Rechtlosigkeit und Verbrechen eintreten». Auch war er überzeugt: «Wer genau über ein geplantes Verbrechen Bescheid weiß, hat die unbedingte Pflicht, den zu warnen, gegen den es sich richtet. Die Faschisten, die deutschen Nationalsozialisten, führten einen barbarischen Krieg. Hier ging es um ein barbarisches Verbrechen, und die Harnacks sahen es als ihre moralische Pflicht an, die Russen und die Amerikaner zu warnen. Wenn es hier überhaupt irgendeinen Verräter gibt, dann sind das die Nationalsozialisten, die die Deutschen verrieten, indem sie einen verbrecherischen Krieg begannen.»[31]

Harnack hielt sich für einen deutschen Patrioten. Nach Egmont Zechlin rechnete er mit einem zukünftigen Bündnis zwischen Deutschland, Russland und China. «Mit Russland und mit dem riesigen Rohstoffraum China würde ein Block entstehen, der [...] wirtschaftlich und militärisch uneinnehmbar sei.»[32] Tatsächlich war der Gedanke an ein Bündnis zwischen Deutschland und Russland seit den Tagen Bismarcks eine durchgehende Linie des außenpolitischen Denkens in Deutschland, und Harnacks Glaube an die «Planwirtschaft» war damals nicht nur in der Sowjetunion, sondern auch in den Vereinigten Staaten in Mode, wo keynesianische Ideen zunehmend Anerkennung fanden. In Deutschland hatte bereits Hjalmar Schacht während seiner Zeit als Wirtschaftsminister (also in Harnacks Behörde) mit Erfolg Elemente einer zentral gelenkten Wirtschaft eingeführt.

Harnack war davon überzeugt, dass der Sozialismus in Deutschland eine besondere Form annehmen werde. Schulze-Boysen sagte zu einem Kollegen, nur wenn die Deutschen ihre eigene Art von Sozialismus hätten, blieben sie von der Sowjetunion unabhängig.[33] In ihrer Naivität waren beide davon überzeugt, dass Stalin nicht auf einem Sowjet-Deutschland bestehen würde, er wäre mit einem friedliebenden Reich schon zufrieden.[34] Adolf Grimme, der zum Kreis der Verschwörer gehörte, erinnert sich daran, dass Harnack ihm gesagt habe, «wir brauchen eine Faust, um nicht zur Marionette Moskaus zu werden».[35]

Am 26. September 1940, als die Luftschlacht über England gerade ihr Endstadium erreichte, hagelten Bomben auf London, und die Briten griffen deutsche Häfen an, in der Hoffnung, sich so eine bevorstehende Invasion Großbritanniens vom Leibe halten zu können. Arvid Harnack lieferte erste Informationen nach Moskau. In einem Bericht Korotkows ist davon die Rede, dass sich ein Angriff auf die Sowjetunion im Planungsstadium befinde:

> Ein Offizier des Oberkommandos der Wehrmacht (OKW) hat KORSE erzählt, dass Deutschland Anfang nächsten Jahres zu einem Krieg mit der Sowjetunion bereit sein wird. Ein vorbereitender Schritt wird die Besetzung Rumäniens sein, die für die nächste Zukunft geplant ist. Ziel des Feldzugs wird es sein, das wesentliche, europäische Russland bis zu einer Linie Leningrad–Schwarzes Meer zu besetzen und auf diesem Territorium einen deutschen Vasallenstaat zu errichten. Der Rest der UdSSR soll in einen Staat umgewandelt werden, der Deutschland freundlich gesinnt ist. Bei einer Konferenz des Wehrmachtsbeschaffungsamtes ließ der Vorsitzende, Konteradmiral Gross, Bemerkungen fallen, denen zufolge die allgemeinen Operationen gegen England vorerst zurückgestellt werden sollen.[36]

Das Außergewöhnliche an den Informationen, die Harnack den Sowjets lieferte, war nicht ihre Voraussicht – die Besetzung Rumäniens war in der Tat ein Vorspiel zum Angriff gegen Russland –, sondern dass sie der herrschenden Lehre widersprachen. Zu jener Zeit – auf dem Höhepunkt des Hitler-Stalin-Pakts – konnten sich nur wenige vorstellen, dass Hitler einen Zweifrontenkrieg im Osten wie im Westen wagen werde.

Arvid Harnacks neue Rolle bedeutete für Mildred Harnack zwei entsetzliche Jahre – eine Zeit voller Angst, die sie durch intensive Aktivität ausglich. Die ihr eigene Fröhlichkeit ging verloren. Dazu sagt Wolfgang Havemann, sie sei «ständig angespannt» gewesen, war «immer unter Stress, als sei sie in Alarmbereitschaft».[37] Falk Harnack berichtet, sie habe «dauernd in Panik» gelebt.[38] Auf Grund der Rationierung waren im zweiten Kriegswinter Brennstoff und Nahrungsmittel knapp. Mildred strich suchend umher, wartete in langen Schlangen, um Kartoffeln und andere nahrhafte Dinge zu erwerben. In Berlin gab es keinen Kaffee mehr, Fleisch und Gemüse waren selten zu bekommen, sogar Salz und Pfeffer verschwanden vom Esstisch.

Ein Lichtblick in jenem Jahr wachsender Belastungen war für Mildred Harnack die Geburt des Sohnes von Jane und Otto Donner. Andreas kam Ende September 1940, während britische Bomben detonierten, zur Welt. Arvid schrieb an seine Mutter, die beiden Paare hätten den Abend gemeinsam mit Freunden verbracht. «Wir waren zusammen bei Bekannten eingeladen. Jane saß majestätisch auf einem Sessel. Später gestand sie, dass diese ruhige Haltung durch den Beginn der Wehen veranlasst war. Sie habe die Gesellschaft nicht stören wollen, da es so nett gewesen sei. Um ½ 11 meinte sie, nun sei es doch besser, wenn sie zur Klinik führe. Da wir kein Taxi bekamen, gingen wir zunächst zu Fuß. Das letzte Stück stand uns dann ein Wagen zur Verfügung.»

Harnack schilderte, wie es weiterging, und verlieh dadurch den schweren Zeiten eine fröhliche Note: «In der Klinik durften wir nicht bleiben. Das war auch ganz gut so, denn um ½ 12 begann ein Luftalarm. Unter dem Donner der Geschütze wurde der kleine Donner geboren. Otto war nach Hause gegangen, um Janes Sachen zu holen. Er konnte beinahe nicht zurück, da ihm die Straßenkontrollen die Geschichte mit dem Kind zunächst nicht glauben wollten. Um 3 Uhr war Andreas da. Die Geburt ging völlig glatt vonstatten. Jane ist heute wieder in ihre Wohnung übergesiedelt. In der Klinik brauchte sie nicht in den Luftschutzkeller. Bei uns ist die Kontrolle auch nicht streng, doch gehen wir von selbst hinunter. In unserer Gegend ist zwar noch nichts passiert: Die Vorsicht ist aber die Mutter der Porzellantasse. Wir gehen in ein großes Bürohaus, das sehr fest gebaut ist. Dort kann nach menschlichem Ermessen nichts passieren.»[39]

Mildred Harnack schrieb nach Hause an ihre Familie, sie habe für Jane einen Strauß gekauft, und sie las ihr Sonette von Shakespeare vor, um ihre Mutterschaft zu feiern.[40]

Weil Jane zunehmend mit ihrem Baby beschäftigt war, ging der Kontakt allmählich verloren. Aber es gab einen Zeugen, der Mildred tagtäglich sah und dessen Erinnerungen nach fünfzig Jahren immer noch sehr lebendig sind. Donald Heath junior war 14 Jahre alt, als er die Harnacks 1941 zum letzten Mal traf. Unser Telefongespräch war geprägt vom Jargon des Nachrichtendienstlers, der er später wurde:

*«1939 war ich auf einem Gut in Pommern an der Ostsee, und als ich zurückkam, hörte ich nur noch: ‹Arvid, Arvid, Arvid.› Mein Vater und meine Mutter waren von Arvid und Mildred fasziniert. Die amerikanische Schule hatte gerade geschlossen, und Mildreds Nichte Jane, die dort amerikanische Geschichte unterrichtet hatte, gab mir weiter Stunden in diesem Fach. Mildred wurde meine Lehrerin in englischer und amerikanischer Literatur. Meine Mutter war mit dieser Regelung sehr einverstanden, so ergab sich ein Grund für Begegnungen.*

*Wir begannen mit* Gullivers Reisen *und* Beowulf, *und dann kamen John Donne und die Literatur der Shakespeare-Zeit. Sie fertigte handschriftlich eine Leseliste an. Ich verdanke es teilweise ihr, dass ich ans Lesen kam. Ich bekam Ärger, weil ich Bücher las, die ich im* American Women's Club *nicht hätte lesen sollen. Zu meiner Lektüre zählten auch viele deutsche Bücher. Sie sprach über die* Wobblies *und die Geschichte der amerikanischen Arbeiterbewegung. Aber an Gespräche über den Kommunismus kann ich mich nicht erinnern.*

*Mildred war ein Typ wie Julie Christie in* Doktor Schiwago, *wirklich höchst interessant. Ich fühlte mich sehr zu ihr hingezogen. Sie wirkte sehr nordisch und trug altmodische Kleidung. Sie zog die Blicke der Leute auf sich. Sie entging einem selbst in einem überfüllten Raum nicht. Sie wirkte auf Männer. Sehr auffallend. Eine totale Präsenz, ihre Stimme, ihr Anblick, ihr Denken, sie konnte einem alles erklären.*

*Mein Unterricht bei den Harnacks begann im November und Dezember 1939. Ende 1940 war Mildred dann zu sehr mit anderen Dingen beschäftigt. Ich fuhr mit der U-Bahn oder der S-Bahn zum Nollendorfplatz. Man hatte mir beigebracht, mich vorsichtig umzuschauen, bevor ich in Mildreds Wohnung ging. Ich kam an einer ausgebrannten Synagoge vorbei (es war nach der Kristallnacht). Ein Mann verkaufte heiße Kastanien auf der Straße, und ich nahm sie gern in die Wohnung mit hinauf. Ein anderer musizierte auf der Straße mit dem Leierkasten. Mildred und ich warfen dann Groschen nach unten. Meine Aktentasche war voller Nahrungsmittel für Mildred. [Diplomaten konnten Butter und Käse aus Dänemark erhalten, manchmal gab es am Kiosk der Botschaft auch eine Orange.] Sie bewunderte dann die Frucht und roch intensiv an dem Apfel oder der Orange.»*

*Tagtäglich brachte Donald eine Botschaft von seiner Mutter an Mildred oder von seinem Vater an Arvid mit. Er bezeichnete sich selbst als den «Vermittler». Er achtete ganz genau auf alles, was er sah, es war eine hervorragende Übung für einen zukünftigen Nachrichtendienstler.*

*«Durch die Tür der Wohnung gelangte man zunächst in einen Flur, und dann kam man in ein Speisezimmer, wo es einen Kachelofen gab. Im Wohnzimmer befanden sich Bücherschränke, ein Tisch mit Schreibsachen und ein Sofa. Auf dem Tisch stand ein Bild von Mildreds Mutter, an der Wand hingen Gemälde. Ich bin 1946 dorthin zurückgekehrt, aber die Straße lag total in Trümmern. Alles zerbombt.*

*Zu jener Zeit passierte es, dass man unseren Koch, der für den deutschen Nachrichtendienst arbeitete, erwischte, als er auf dem Teppich lag und das Tagebuch meiner Mutter fotografierte. Die Gestapo wollte Diplomaten durch Verwicklungen in sexuelle Skandale oder in Schwarzmarktgeschäfte kompromittieren. Ein Beamter des deutschen Geheimdienstes versuchte, meinen Vater anzuwerben, aber der war Anwerbungsversuchen gegenüber sehr vorsichtig. Meine Eltern warnten mich vor jedem Ausflug mit dem Personal. ‹Du weißt nicht, wo wir waren und mit wem wir gesprochen haben. Keinerlei Gespräche mit Fremden!› Nach der Rückkehr wurde ich genau ausgefragt, ich erzählte, welche Fragen man mir gestellt und was ich geantwortet hatte.*

*Am Wochenende machten meine Eltern mit dem Auto Ausflüge in der Umgebung von Berlin und trafen die Harnacks in einem der Parks. Einmal, als Falk Urlaub hatte, war auch er dabei.*

*Es geschah 1941 während einer Wanderung im Spreewald, östlich von Berlin, da erzählte Arvid meinem Vater, dass er für die Russen arbeite. Das war wohl im Mai oder Juni jenes Jahres. Arvid teilte durch die Blume mit, dass er für die Russen tätig sei. Arvid vertrat ganz entschiedene Ansichten, und er verteidigte die Sowjets sehr, als mein Vater versuchte, gegen die Sowjetunion zu argumentieren.*

*Arvid wusste nicht, dass mein Vater als Mitarbeiter des Finanzministeri-*

*ums nachrichtendienstlich tätig war; er hielt ihn für einen normalen Mitarbeiter des State Department. Alexander Kirk, der amerikanische Geschäftsträger, wusste das ebenso wenig. Mein Vater war Angehöriger der Berlin-Rom-Tokio-Gruppe, die für Morgenthau arbeitete.*

*Arvids Verhalten war provozierend, und mein Vater konnte vor Zorn rot anlaufen. Arvid erhielt Informationen durch meinen Vater, und mein Vater bekam Informationen von Arvid. Aber er musste Arvid immer wieder zur Vorsicht anhalten. Die Zukunft bedeutete für Arvid Sozialismus, und er pochte auf eine rigide Staatsordnung. Aber trotz ihrer Meinungsverschiedenheiten bestand zwischen ihnen eine starke Freundschaft. Als sich Arvid vor dem Krieg in den Vereinigten Staaten aufhielt, hatte er eine geheime Denkschrift für das State Department verfasst. Darin hat er seine Hilfe gegen die Nationalsozialisten angeboten.*[41]

*Im April 1941 ging ich hinüber zur Wohnung der Harnacks. Mildred hatte darum gebeten, mich am Donnerstag ‹ausborgen› zu können. Mildred und ich fuhren mit der S-Bahn nach Potsdam in den Stadtpark, und wir liefen los. Mildred sagte: ‹Eine Dame wird sich mir anschließen, sie wird vorausgehen, und du wirst folgen. Halt deine Augen offen.› Dann tauchte eine hübsche Frau mit einer Aktentasche auf – auch Mildred hatte eine Aktentasche dabei. Die beiden Frauen tauschten Dokumente aus.»*

Kurz nachdem er Kontakt mit Harnack aufgenommen hatte, wurde Korotkow nach Moskau zurückbeordert. Dort empfing er Anweisungen und einen Zehn-Punkte-Plan für seine Arbeit mit «Korse». Korotkow sollte feststellen, welche Rolle die Opposition innerhalb Deutschlands spielte, sollte Details über Pläne im Hinblick auf die Sowjetunion eruieren sowie Informationen über die deutsche Wirtschaft im Kriegsfalle beschaffen. Er persönlich sollte die Verbindung zu «Korse» und seiner Gruppe halten. Korotkow nahm die Punkte gründlich zur Kenntnis und setzte dann seinen Namen unter die Worte «gelesen, verstanden, wird ausgeführt».[42]

Treffs sollten jeweils dann stattfinden, wenn Harnack zuvor einen Brief etwa folgenden Inhalts erhalten hatte: «Ich bin wieder in Berlin, war bei Ihnen und habe Sie nicht angetroffen. Würde mich sehr freuen, wenn Sie mich besuchen würden.» Das Treffen sollte dann eine Woche nach dem Datum des Briefes um 20 Uhr an der Telefonzelle am Fasanenplatz vonstatten gehen. Der Russe sollte sich «mit der Frage, wie man zur Woyrschstraße kommt», an Harnack wenden, und dieser würde dann antworten, «dass er dort wohnt».[43] Wie aus den Akten weiter hervorgeht, sollten zukünftige Treffen im sowjetischen Konsulat, Kurfürstenstraße, in einem Café oder im Auto und – wenn es gar nicht anders ging – in Harnacks Wohnung erfolgen. Wie Korotkow feststellen sollte, war Mildred Harnack manchmal anwesend.[44]

Am 17. Januar 1941 traf Korotkow mit Arvid Harnack in dessen Wohnung zusammen, und er berichtet, dass der Empfang «sehr warmherzig» war. Bei dieser Begegnung schien Harnack das Misstrauen und die Gespanntheit überwunden zu haben, die er bei früheren Treffen an den Tag gelegt hatte, und nun war er ganz und gar entgegenkommend. Harnack legte jedoch sehr viel Wert darauf, keine Familiennamen zu offenbaren, weil er niemanden gefährden wollte, falls Schriftstücke verloren gingen. Bei dieser Zusammenkunft skizzierte Harnack die Organisation seiner Gruppe. Sein Kreis umfasse etwa sechzig Personen, meist Intellektuelle und Akademiker – Schriftsteller, Beamte, Ingenieure und Techniker. Einige waren früher Mitglieder des Bundes der Geistesarbeiter gewesen. Andere hatten einst Kontakt zur Kommunistischen Partei gehabt. Korotkow bestätigt, dass Harnack nach 1938, als er den Kontakt zu den Russen verloren hatte, seine Verbindungen zu Mitgliedern des Bundes wieder aufgenommen und einige neue Rekruten gewonnen habe. Und er fügt hinzu: «Dabei half ihm seine Frau.»[45]

Auch in NKWD-Unterlagen späteren Datums taucht Mildred Harnack auf. In einer Mitteilung vom 10. März 1941 berichtet Korotkow: «Sie ist über die Verbindungen und die Arbeit von BALTE [Harnack] voll im Bilde. Sie war selbst in der KPD aktiv und war 1933 oder 1934 zweimal mit einem Einlegevisum in Moskau zu Gesprächen mit dem Genossen Kuusinen [ein Finne, der ein einflussreiches Mitglied des Sekretariats der Komintern war], der auf Vorschlag der deutschen Genossen die Absicht hatte, sie für die Komintern-Arbeit in Finnland zu nutzen, da sie außer dem deutschen auch den amerikanischen Pass besitzt. Gegenwärtig leitet die Frau von BALTE den *American Women's Club* in Berlin und wird in der amerikanischen Botschaft als amerikanische Staatsbürgerin geführt. Sie hat einen gültigen amerikanischen Pass. Als Frau von BALTE gilt sie für die deutschen Behörden als deutsche Staatsbürgerin.»[46]

Aus diesen Akten und aus den Erinnerungen ihrer Verwandten

ergibt sich, dass Mildred Harnack ein zweites Mal in die Sowjetunion gereist ist, wahrscheinlich im Herbst 1933. Über diese Reise ist wenig bekannt, sieht man von einer kurzen Erwähnung in einem Brief des ungarischen Kommunisten Georg Lukács ab, der ihr in Moskau begegnete. Außerdem gibt es einen entsprechenden Hinweis in den NKWD-Akten.[47]

Zu den beiden wichtigsten Informanten Arvid Harnacks zählten nach sowjetischen Quellen zwei frühere Mitglieder des Bundes der Geistesarbeiter, Hans Rupp, in höherer Position bei der I. G. Farben tätig [Deckname «Türke»], und Hans Tietjens, ein wohlhabender weißrussischer Emigrant, der Kommunist geworden war. Er war praktisch Leiter der Schuh-Handelskette Leiser. Sein Deckname lautete «Albaner». Außer ihnen nennen die sowjetischen Quellen noch andere Informanten um Arvid Harnack: Baron Wolzogen-Neuhaus, Deckname «Grieche», war Harnack durch Professor Friedrich Lenz vorgestellt worden. Der Baron arbeitete in der technischen Abteilung des Oberkommandos der Wehrmacht. In den NKWD-Akten tauchen vier frühere Schüler von Mildred auf: Paul Thomas, der im Ersten Weltkrieg einen Arm verloren hatte und zeitweise Donald Heath junior Unterricht erteilte; sein Deckname lautete «Einarmiger»;[48] Mildred Harnacks früherer Schüler Karl Behrens, genannt «Funker», der jetzt als Ingenieur in der Produktgestaltungsabteilung von AEG arbeitete,[49] und seine Frau Clara, die als Stenotypistin beim Oberkommando des Heeres tätig war; Wilhelm Utech alias «Arbeiter», und schließlich ein junger Mann, der als einer der vertrautesten Mitarbeiter Harnacks bezeichnet wurde und im Luftwaffenministerium als Übersetzer wirkte; hierbei handelt es sich möglicherweise um Herbert Gollnow, der bei Mildred Harnack privat Englischunterricht genommen hatte. Auch taucht ein Freund von Behrens, Leo Skrzypczynski, unter der Bezeichnung «Lehrer» auf; und Adam Kuckhoff ist «Der Alte». Wolfgang Havemann, Harnacks Stiefneffe, trug den Decknamen «Italiener». Sein angeheirateter Neffe Otto Donner, der Leiter der Forschungsstelle für Wehrwirtschaft im Vierjahresplanungsausschuss, wird der «Anonyme» genannt.[50] Allem Anschein nach lieferte auch Harnacks Freund Egmont Zechlin gelegentlich Informationen.[51]

Bei einer Befragung durch den militärischen Nachrichtendienst der Vereinigten Staaten, die im Jahr 1947 durchgeführt wurde, leugnete Otto Donner nicht, dass er Harnacks illegale Arbeit unterstützt habe, allerdings betonte er mit Nachdruck, seine Ansichten hätten sich von denen der Harnack-Gruppe unterschieden: «Diese Gruppe war kommunistisch. Ich war kein Mitglied, weil ich mich nicht dem Kommunismus verschreiben wollte. Aber Harnack und ich waren uns im Negativen, in der Ablehnung des Nazismus, völlig einig. Ich habe Harnack geholfen, wo ich konnte, außer durch Informationen zum Beispiel durch Überlassung einer Wohnung für geheime Zusammenkünfte.»[52]

Donner war der typische Fall eines Informanten der Harnacks; nicht alle von ihnen waren Kommunisten, sondern eben Mitglieder der Agentengruppe «Korse». Daher muss man dem Begriff Agent und die Zahl von sechzig Mitgliedern, auf die der NKWD die Gruppe schätzte, mit Skepsis betrachten. Darüber hinaus teilte Harnack bei dem Treffen im Januar Korotkow mit: «Gegenwärtig haben sich in diesem Kreis kleinere ‹Zentren› gebildet, [...] so dass KORSE nicht mehr alle diesen Kreisen Angehörenden persönlich kennt.» Harnack erklärte, es sei seine Absicht, «im Schatten zu bleiben», doch Korotkow erkannte, dass er «die Seele der Organisation ist. Ziel der Organisation ist die Vorbereitung von Kadern, die nach einem Umsturz in der Lage sind, Kommandoposten zu übernehmen. Deswegen werden Probleme des Sozialismus erarbeitet und diskutiert und sogar einzelne Themen verteilt. Es erfolgt ein Informationsaustausch [...] und allmählich werden neue Leute einbezogen und geschult.»[53] Diese Schulungsarbeit war größtenteils die Aufgabe von Mildred Harnack, weil Harnack selbst, wie sich ein Mitglied erinnerte, selten bei den Zusammenkünften anwesend war.[54]

Beim ersten geheimen Treffen in der Botschaft hatte Korotkow begriffen, wie wichtig äußerste Vorsicht war, um Harnacks Informanten zu schützen, die teilweise in Schlüsselfunktionen tätig waren. Als Korotkow der Zentrale in Moskau von Harnacks Verlangen berichtete, seine Widerstandsaktivitäten sollten gegenüber seinen nachrichtendienstlichen Tätigkeiten Priorität haben, protestierte Moskau. Wenn Harnacks Gruppe wegen der Widerstandsarbeit «auffliegen» sollte, würde das gesamte Netzwerk in die Brüche gehen. Am Ende jedoch wurden Harnacks Bedingungen in Moskau akzeptiert. Korotkow hatte die dortigen Instanzen überzeugt, dass

Harnack nie bereit sein würde, seine Aktivitäten gegen Hitler einzustellen, um ausschließlich Informationen für die Sowjets zu beschaffen.

HarnacksWert für Moskau erhöhte sich sehr, als er im Dezember 1940 Harro Schulze-Boysen dazu veranlassen konnte, für die Russen zu arbeiten. «Starschina» (Senior), wie sein Deckname lauten sollte, besaß Zugang zu hervorragenden Quellen im Luftwaffenministerium und verfügte über exzellente analytische Fähigkeiten. Korotkow hatte Harnack gedrängt, ihn mit Schulze-Boysen bekannt zu machen. Aber die Luftwaffe hatte Harro Schulze-Boysen zur Attachégruppe des Reichsluftfahrtministeriums in Wildpark-Werder bei Potsdam versetzt, wo sich das Hauptquartier der Luftwaffe befand. Nun kam er nur noch an Wochenenden nach Berlin. Weil Schulze-Boysen normalerweise Uniform trug, hätten sie sich nur wie zufällig an einem unverfänglichen Ort treffen können.[55] Doch Korotkow ließ nicht locker. Er hatte wichtige Fragen an «Starschina» zu stellen, und am 27. März 1941 kam es zur ersten direkten Begegnung zwischen den dreien.

Harnack hatte Korotkow auf den Umgang mit «dem leidenschaftlichen Dekabristen», wie er ihn nannte, sehr sorgfältig vorbereitet. Schulze-Boysen dürfe «auf keinen Fall den Eindruck bekommen, [...] dass seine Parteiarbeit, die er sehr hoch schätzt, zu Spionage degeneriert».[56] Schulze-Boysens Kontakte zu Mitgliedern des kommunistischen Untergrunds bedeuteten einen gravierenden Bruch der konspirativen Regel, dass Agenten und Parteimitglieder keinen Umgang miteinander zu pflegen haben. Seine Parteiarbeit sollte die Russen weiterhin beunruhigen. Es kam zu einem kontroversen Meinungsaustausch mit Moskau, nachdem Korotkow herausgefunden hatte, dass Schulze-Boysen immer noch Verbindungen zu Kommunisten hatte.[57]

Von Harnack vorbereitet, kannte Schulze-Boysen den wahren Charakter der Arbeit des Botschaftsrates. In einer Mitteilung an die Zentrale berichtete Korotkow, «Starschina» erwecke den Eindruck, «dass er bereit ist, uns vollständig über das, was er weiß, zu informieren. Auf unsere Fragen antwortete er direkt, ohne Ausflüchte und ohne Absichten, uns etwas zu verheimlichen.» Darüber hinaus habe Schulze-Boysen sich auf das Treffen vorbereitet, indem er sich auf einem Zettel «einige Fragen zur Übergabe an uns aufgeschrieben» habe. Korotkow fügt hinzu, sein Gesprächspartner habe «Kleinigkeiten» zur Sprache bringen wollen, darüber sei er aber bewusst hinweggegangen. Er habe den Eindruck vermeiden wollen, «dass diese sowjetische Aufklärung ein Opfer gefunden hat, aus dem sie alles nur Zugängliche herausquetschen will».[58] «Starschina» hatte Korotkow ganz eindeutig beeindruckt. Scharfsinnig bemerkte der Russe, während Harnack ein Träumer sei, «der vorwiegend Pläne für die Zukunft schmiedet [...] wenn die Kommunisten an die Macht kommen», sei Schulze-Boysen ein «kämpferischer Mensch», der sich auf «die Notwendigkeit von Aktionen zur Erreichung dieses Ziels» konzentriert.[59]

Wie aus den Akten des NKWD hervorgeht, übernahm Kuckhoff («Starik» – «Der Alte») die Verantwortung für ein drittes Netzwerk in Berlin, als er im April mit Korotkow zusammentraf. Moskau erteilte die Anweisung, die Agenten voneinander isoliert zu halten. «Entfernen Sie Arvid unter einem Vorwand von Kuckhoff, ohne Arvids Empfindlichkeit zu verletzen, und arbeiten Sie mit Adam als einer selbständigen Quelle.»[60]

In einem Interview schilderte Greta Kuckhoff ihre erste Begegnung mit dem sympathischen Russen: «In unser Haus kam er das erste Mal [...] Ende 1940, Anfang 1941 [...] Dort hat ihm mein Mann auch ‹Till Eulenspiegel› vorgelesen, und wir haben eine ganze Menge über Architektur diskutiert, keineswegs über den Funkapparat, sondern über alle möglichen Arbeiterfragen. Erdberg [Korotkow] hat uns von seinen persönlichen Familiendingen erzählt, dass er vorher in Paris gewesen sei, zwei Töchter habe und lieber einen Sohn gehabt hätte und dass wir unsere Wohnungen einmal tauschen würden nach dem Krieg, damit ich Moskau wirklich kennen lerne und sie Berlin.»[61]

Das Ausmaß an Takt und Verständnis, das der Gruppe entgegengebracht wurde, zeigt, welcher Hochschätzung sie sich bei den Russen erfreute. Es steht im Widerspruch zu den Ansichten der CIA über die Art und Weise, wie die Sowjets ihre Agenten führten; diese finden sich in einem Bericht des amerikanischen Nachrichtendienstes über die Gruppe Harnack/Schulze-Boysen. Hier heißt es: «Moskau nahm wenig Rücksicht auf Probleme vor Ort oder die Persönlichkeiten der verschiedenen Agenten.»[62]

Zu dieser Zeit lieferte Harnack außerdem immer noch Informationen an die Amerikaner. Er hielt Heath über die kriegerischen Absichten Deutschlands auf dem Laufenden. Otto Donner hat bestätigt, dass er Donald Heath, den er durch die Harnacks kennen gelernt hatte, zahlreiche Informationen mitgeteilt habe. Von herausragender Bedeutung war, dass Donner Ende 1940 oder Anfang 1941 Heath «über Maßnahmen unterrichtet habe, die darauf hindeuteten, dass Hitler einen baldigen Angriff auf Russland vorbereitet».[63]

Donner berichtet weiter: «Ich war zur Kenntnis gewisser Tatsachen gekommen, weil die Forschungsstelle eine statistische Ausarbeitung über Russland machen musste und weil ich von Freunden in anderen Dienststellen hörte, dass dort ähnliche Themen bearbeitet würden. Ich nahm das zum Anlass, mich zum OKW [Wehrwirtschafts- und Rüstungsamt beim Oberkommando der Wehrmacht] zu begeben und einen Hauptmann ins Gespräch zu verwickeln, der sehr aus der Schule plauderte. Mr. Heath hat meine Information nach Washington weitergeleitet.» Das State Department hat seinerseits Moskau informiert.[64]

Im Januar berichtete Schulze-Boysen, die Luftwaffe beabsichtige, Erkundungsflüge über sowjetischem Staatsgebiet durchzuführen, um die sowjetischen Verteidigungslinien und die Stadt Leningrad zu fotografieren. Er informierte Korotkow darüber, dass in Görings Stab Russland-Experten arbeiteten.[65] Im März berichtete Schulze-Boysen, nunmehr seien «die Aktivitäten der deutschen Luftwaffe zur Durchführung von Aufklärungsflügen über sowjetischem Territorium in vollem Gange». Die deutschen Flugzeuge starteten in Bukarest, Königsberg und im von den Deutschen besetzten Kirkenes in Nord-Norwegen. Die Aufklärungsabteilung beim Stab der Luftwaffe archivierte die Bilder.[66] Die Existenz von Aufmarschplänen gegen die Sowjetunion wurde ebenso bestätigt wie Truppenkonzentrationen in der Nähe der sowjetischen Grenze.[67]

«Zwei deutsche Generalfeldmarschälle» informierten Egmont Zechlin, der Kriegsbeginn sei auf den 1. Mai festgelegt: «Die Deutschen gehen dabei davon aus, dass die Russen bei ihrem Rückzug nicht in der Lage sein werden, das unreife Getreide anzuzünden, und sie die Ernte für sich werden nutzen können.» In einer anderen Mitteilung heißt es: «Die Besetzung der Ukraine soll der UdSSR die wichtigste industrielle Basis entziehen, von der die UdSSR, wie Berechnungen zeigen, voll und ganz abhängig ist. Danach werden die Deutschen wahrscheinlich mit dem Vordringen ihrer Armeen gen Osten den Kaukasus von der Sowjetunion abtrennen und zum Ural vorstoßen, der nach Ansicht der Deutschen im Verlaufe von fünfundzwanzig Tagen erreicht werden kann.»[68]

Diese Nachricht bestätigte eine ältere Information, die sich auf Generaloberst Franz Haider berief, den Generalstabschef des Heeres. Dieser sei «vom Erfolg des Blitzkrieges gegen die UdSSR» überzeugt. Die Eroberung der Ukraine und Bakus würde die sowjetische Luftwaffe von ihrer Treibstoffversorgung abschneiden. Wenn der Angriff eine Überraschung darstelle, werde die Rote Armee sich nicht so leicht «von dem Schock erholen, sie wird nicht die Vorräte vernichten können, die auf dem besetzten Gebiet zurückbleiben».[69]

Im April teilte Schulze-Boysen mit, die Luftwaffe habe ihre Vorbereitungen für einen Luftangriff auf die Sowjetunion abgeschlossen. Vorgesehene Ziele seien «vor allem Eisenbahnknotenpunkte im mittleren und westlichen Teil der UdSSR, die Kraftwerke in den Kohlenrevieren bei Donezk sowie Flugzeugfabriken in Moskau».[70] Im April, so kündigte Korotkow an, werde eine antisowjetische Kampagne in der deutschen Presse beginnen, «die den Bolschewiken bösartige Absichten unterstellt. Gleichzeitig wird der Transit deutscher Güter durch die UdSSR eingestellt.»[71]

Im Mai folgten weitere Informationen: der amerikanische Militärattaché in Moskau sei ein deutscher Agent; die Deutschen hätten wichtige Codes entschlüsselt.[72] Die Balkankrise bedeutete für Hitler eine Verzögerung um sechs wichtige Wochen, und es wurde deutlich, dass der Angriff im Osten im Juni beginnen würde.

Anfang Juni teilte Schulze-Boysen mit, dass Basen in Polen flugtauglich gemacht würden; Harnack lieferte eine Liste der «Reichskommissare der künftigen Distrikte des besetzten Territoriums der UdSSR».[73] Göring war dabei, sein Hauptquartier von Berlin nach Rumänien zu verlegen. Schulze-Boysen berichtete über Dokumente, die er gesehen habe. Danach planten die Deutschen eine Zangenbewegung gegen die Rote Armee nach Süden von Westpreußen aus und nach Norden von Rumänien her.[74] Amiak Kobulow, Leiter der Residentur des NKWD in Berlin, versuchte «verzweifelt, Stalins Vertrauen zu gewinnen, indem er seine Berichte mit der Bemerkung schloss, die Empfehlung von ‹Hauptfeldwebel›, einen Präventivschlag gegen die Deutschen zu führen, sei keine ‹Provokation›, sondern ‹aus dem Herzen gesprochen›».[75]

«Nur fünf Tage bevor die deutschen Panzerdivisionen am 21. Juni im Morgengrauen die russische Grenze überquerten, nachdem diese durch eines der schlimmsten Artillerie-Sperrfeuer des Zweiten Weltkriegs ‹aufgeweicht› worden war, übermittelte Korotkow von ‹Starschina› und ‹Korn› eine unheilvolle, deutliche letzte Warnung: ‹Alle militärischen Maßnahmen der Deutschen zur Vorbereitung eines bewaffneten Angriffs auf die Sowjetunion sind vollständig abgeschlossen, so dass dieser Angriff jeden Augenblick erfolgen kann.›»[76]

Diese zuletzt zitierte Botschaft leitete der Volkskommissar für Staatssicherheit Wsewolod Merkulow sofort an Stalin weiter. Dessen schriftliche Antwort ist in die Geschichte eingegangen: «An den Genossen Merkulow. Schicken Sie Ihren Informanten von der deutschen Luftwaffe zu seiner Hurenmutter zurück. Das ist kein Informant, sondern ein Desinformant. J. Stalin.»[77]

Als sich schließlich herausstellte, dass die Informationen auch mit solchen aus London übereinstimmten, bestellte Stalin sogleich Merkulow und den Chef des Auslandsnachrichtendienstes des NKWD, Pawel Fitin, zu sich. Er verlangte von ihnen eine Überarbeitung der Berichte, weil sie ihm widersprüchlich erschienen. Das Dokument wurde erst fertig gestellt, als der Überfall der Wehrmacht bereits begonnen hatte. Ungelesen verschwand es im Archiv.[78]

Stalin soll einmal festgestellt haben: «Ein Spion sollte wie der Teufel sein; niemand sollte ihm vertrauen, nicht einmal er selbst.»[79] Nun aber schenkte er seinen Berliner Informanten und mindestens hundert anderen Warnungen keine Aufmerksamkeit. Dies ist in die Annalen der Spionage als unvergessliche Fußnote eingegangen.[80] Politische Führer wissen nachrichtendienstliche Erkenntnisse nicht zu schätzen, die mit ihren festgefahrenen Überzeugungen nicht vereinbar sind.

Wie in jüngster Zeit freigegebene Materialien in russischen Archiven zeigen, waren die Parteiführung und der Generalstab darüber informiert, dass schätzungsweise 191 Divisionen mit mehr als drei

Millionen Soldaten an den Grenzen der Sowjetunion aufgestellt waren. Sowohl die GRU, der militärische Nachrichtendienst des Verteidigungsministeriums, als auch der NKWD erhielten Tausende von verschlüsselten Botschaften, darunter solche, die von diplomatischen Kurieren aus Berlin überbracht wurden; sie alle warnten vor einem bevorstehenden Angriff. Die Nachrichten wurden an Stalin, Molotow und Marschall Timoschenko weitergeleitet. Viele von ihnen stammten von der Berliner Residentur des NKWD. Doch wenn man sich diese Informationen genauer ansieht, dann wird eine fatale Schwachstelle innerhalb der speichelleckerischen Geheimdienste der Sowjets deutlich – diese Schwäche bestand in der Persönlichkeit des wichtigsten aller Analytiker und letzten Lesers aller Geheimberichte, Josef W. Stalin.

Jene Informationen, die auf dem Schreibtisch des Diktators landeten, besaßen die fatale Neigung, dem zu entsprechen, was Stalin hören wollte – dass der Krieg zu vermeiden und Hitler zu besänftigen sei. Aber wenn ein politischer Ausgleich mit Deutschland nicht machbar und ein Krieg nicht zu umgehen war, dann war er möglicherweise wenigstens zu verschieben. Im April legte Merkulow Stalin einen Bericht vor, der von Schulze-Boysen stammte. Er schien die Angemessenheit von Stalins Verzögerungs- und Beruhigungstaktik zu bestätigen, indem er einen Widerspruch zwischen der militärischen und der politischen Führung Deutschlands andeutete, die einem politischen Ausgleich förderlich sein könnte. Der israelische Gelehrte Gabriel Gorodetsky schreibt über Schulze-Boysens Bericht, dieser beschreibe «in allen Farben den Konflikt zwischen Göring und Ribbentrop, der ‹bis in ihr persönliches Verhältnis hineinreicht›».[81] Harnacks Mitteilung, dass der Vierjahresplanausschuss der Ansicht sei, «Deutschland könne ‹viel mehr gewinnen›, wenn es weiterhin Handel mit Russland treibe, anstatt sein Gebiet zu besetzen»,[82] diente dazu, Stalins Ansicht zu bestätigen. Im Mai schließlich berichtete Schulze-Boysen, es gebe Widerstand sowohl unter der Mehrheit der deutschen Offiziere als auch in gewissen Kreisen der NSDAP «gegen einen Krieg mit der Sowjetunion. Solch ein Krieg [...] könne zu Hitlers Sturz führen».[83]

Bei Stalins Untergebenen galt das Motto: «Ausspucken, auflecken, überleben» (*ugadat, ugodit, utselet*), selbst wenn das bedeutete, dass nicht genehme, aber richtige Information unterdrückt wurde.

Die Berichte an Stalin wurden «so geschrieben, dass sie ‹Stalin gefielen›».[84] Allerdings befürchtete man in den Hierarchien der Spionage Vorwürfe wegen Pflichtversäumnissen mit den entsprechenden Konsequenzen. Die zuständigen Funktionäre fanden eine geniale Lösung: Man hielt unangenehme Informationen nicht zurück, sondern man gab sie einfach in roher Form, ohne analytische Durcharbeitung, weiter. Vorlagen für den «militärischen Führer aller Zeiten und Völker» wurden durch Bemerkungen wie die folgenden ergänzt: «Dieser Bericht macht den Eindruck von Desinformation; er muss überprüft werden; er stammt aus unzuverlässigen Quellen und so weiter.»[85]

Diese Vorgehensweise war Stalin durchaus angenehm, dem nicht ausgewertetes Material lieber war als Analysen, die er als «riskante Spekulationen» abtat. «Ihr sollt mir nicht mitteilen, was ihr denkt, ich will nur die Tatsachen und die Quelle erfahren!», belehrte Stalin die Leiter seiner Geheimdienste. Was Stalin erfahren wollte, waren «Fakten und Zahlen, aus den Geheimtresoren ausländischer Regierungen». Die Informanten sollten vorzugsweise «die Bedeutung von Botschaftern und Generalstabsoffizieren» haben.[86]

Entscheidende Warnungen im Hinblick auf die bevorstehende Operation Barbarossa erfolgten durch den militärischen Nachrichtendienst GRU, an dessen Spitze der unerfahrene Generalleutnant Filip Golikow stand (was eine Konsequenz der Säuberungen war). Er unterteilte gewohnheitsmäßig die eingehenden Informationen in zwei Kategorien: Material, das «er für ‹glaubwürdig› hielt», und solches «zweifelhafter Herkunft».[87]

In die Kategorie jener, bei denen er Zweifel für angebracht hielt, fiel Leopold Trepper, der «Grand Chef» des Netzwerks der GRU in Brüssel und Paris. Trepper berichtet, Golikow habe der Dienststelle GRU am 20. März 1941 mitgeteilt: «Alle Dokumente, die behaupten, der Krieg stehe unmittelbar bevor, müssen als Fälschungen betrachtet werden, die aus britischen oder sogar deutschen Quellen stammen.»[88]

Als Trepper den Versuch unternahm, den sowjetischen Militärattaché in Vichy über das Unternehmen Barbarossa zu informieren, klopfte ihm der Attaché beruhigend auf die Schulter und sagte: «Lieber Freund, ich werde Ihre Funksprüche abschicken, aber wirklich nur Ihnen zuliebe.»[89]

Noch am 21. Juni, als Trepper sich eilig nach Vichy begab, um den Attaché darauf hinzuweisen, dass der Angriff am nächsten Tage erfolgen werde, wurde ihm erneut eine Abfuhr zuteil: «Ihr seid völlig im Irrtum [...]. Ich traf heute mit dem japanischen Militärattaché zusammen, der eben aus Berlin kommt. Er hat mir versichert, dass Deutschland nicht den Krieg vorbereitet. Auf ihn kann man sich verlassen.» Trepper verlangte mit Nachdruck, dass seine Mitteilung weitergeleitet werde. Ironischerweise erhielt er Golikows Antwort erst einen Tag nach Beginn des Angriffs am 23. Juni: «Sagen Sie Otto [Treppers Deckname], dass ich dem Obersten Chef [Stalin] die Informationen über den bevorstehenden deutschen Angriff übermittelt habe. Der Oberste Chef wundert sich, dass ein Mann wie Otto, ein alter Mitkämpfer, ein Mann des Geheimdienstes, sich durch die englische Propaganda irreführen lässt. Sie können ihm die feste Überzeugung des Obersten Chefs mitteilen, wonach der Krieg gegen Deutschland nicht vor 1944 beginnen wird ...»[90]

Als der Spitzenagent der GRU, Richard Sorge, im Mai die Warnung schickte, der deutsche Botschafter in Tokio sei informiert worden, dass der Angriff auf die Sowjetunion im Juni beginnen werde und «neun Armeen mit insgesamt hundertfünfzig Divisionen gegen die UdSSR zusammengezogen werden», bemerkte Stalin dazu, Sorge sei ein «Scheißkerl, der in Japan ein paar kleine Fabriken und Puffs betreibt».[91] Die Antwort der GRU an ihren Agenten war nur kurz: «Wir bezweifeln die Glaubwürdigkeit Ihrer Information.»[92]

Dem von Stalin bevorzugten Auslandsnachrichtendienst im Volkskommissariat für Innere Angelegenheiten (NKWD), ging es nicht besser. Nachdem 1939 nur zwei von 16 Mitarbeitern des wichtigsten nachrichtendienstlichen Außenpostens – der Berliner Residentur – die Säuberungen überlebt hatten, wurde Wladimir Dekanosow, von 1938 bis 1940 Leiter der Auslandsspionage, im November 1940 Botschafter in Berlin.[93] Der kleine Mann mit Hakennase und wenigen Strähnen schwarzen Haares auf dem Glatzkopf war zwar auf dem Felde der Diplomatie ein Neuling, was aber die nachrichtendienstliche Arbeit anging, besaß er beträchtliche Erfahrung und somit war er die ideale Besetzung für den Berliner Posten.[94] Allerdings gelang es Botschafter Dekanosow nach Kriegsbeginn kaum, sein Netzwerk unter Mitwirkung von Korotkow wieder aufzubauen. Schwierigkeiten bereiteten ihm dabei sein früherer Chef Berija und der Chef der Berliner Residentur des NKWD, Amiak Kobulow. Die Differenzen ergaben sich, weil Dekanosow seine Informationen an seinen gegenwärtigen Vorgesetzten, Außenminister Molotow, leitete, und dieser gab sie an Stalin weiter. Berija wurde nicht informiert. Kobulow war unerfahren, launisch und streitsüchtig, und einer uralten bürokratischen Tradition folgend, arbeitete er eifrig daran, die Meinungsverschiedenheiten zwischen Dekanosow und Berija zu schüren.

Ein weiteres ernsthaftes Problem für Stalin und seine Nachrichtendienste bestand in der erfolgreichen Desinformationskampagne der Deutschen. Im Februar 1941 begann die Abwehr mit der Durchführung eines detaillierten Plans, der das Ziel verfolgte, Moskau in Verwirrung zu stürzen. Dabei bediente sie sich neutraler Diplomaten – von der Art, wie sie Stalin besonders schätzte –, um Hinweise an die Russen durchsickern zu lassen, bei «Barbarossa» handele es sich nur um ein «Ablenkungsmanöver» mit dem Ziel, den Angriff auf die Britischen Inseln zu verschleiern. Man ließ den Russen erzählen, die massive Verlegung von Truppen an die sowjetischen Grenzen geschehe nur, um die Briten zu täuschen. Es wurden Spezialkarten von Großbritannien gedruckt und verteilt. Wehrmachtseinheiten erhielten Dolmetscher, die Englisch sprachen, strategisch wichtige Gebiete am Ärmelkanal und der norwegischen Küste wurden zum Sperrbereich erklärt.[95]

Anfang Juni soll Botschafter Friedrich Werner Graf von der Schulenburg bei einem privaten Essen in der deutschen Botschaft in Moskau Dekanosow enthüllt haben, dass Hitler sich definitiv zur Invasion entschlossen habe. Als Stalin von der Mitteilung erfuhr, meinte er: «Desinformation wird inzwischen schon auf Botschafterebene betrieben.»[96]

Stalin glaubte an ein weiteres Gerücht, das von deutschen Nachrichtendiensten verbreitet wurde: Hitlers militärische Machtdemonstrationen an den Grenzen Russlands könnten ein Vorspiel zu einem deutschen Ultimatum sein, das Konzessionen in der Ukraine verlangte. Selbst Harnack fiel dieser Legende zum Opfer, so heißt es in einem seiner Berichte von April, der an Stalin und Molotow weitergeleitet wurde: «Bei einem Treffen hoher Beamter des Wirtschaftsministeriums erklärte Pressereferent Kroll, man habe die Absicht, die UdSSR um militärischen Beistand für die Achsenmächte gegen England zu bitten. Um dieser Bitte Nachdruck zu verleihen, wolle man die Ukraine und eventuell auch das Baltikum besetzen.»[97] Anfang Mai legte Schulze-Boysen die folgende Auffassung über das Ultimatum dar: «Deutschland will zunächst der Sowjetunion ein Ultimatum stellen, in dem als Vergeltung für die kommunistische Propaganda weiter gehende Exportprivilegien gefordert werden sollen. Um diese zu garantieren, sollen deutsche Emissäre in den industriellen und wirtschaftlichen Zentren und den Fabriken der Ukraine stationiert werden. Einige Gebiete der Ukraine sollen von der deutschen Wehrmacht besetzt werden. Diesem Ultimatum soll ein Nervenkrieg vorausgehen, der darauf abzielt, die Sowjetunion zu demoralisieren.»[98]

Stalin und seine Geheimdienstchefs verfügten also über eine Flut an Informationen aus allzu vielen Quellen – Geheimberichte, Zeitungsartikel, Botschaftsklatsch und allgemeines Gerede. Von all den vielen Informationen überwältigt, versäumten es die Sowjets, sie zu analysieren und richtigen Gebrauch davon zu machen. Instruktionen, die Korotkow im April erhielt, stützen die Hypothese, dass Harnack und Schulze-Boysen möglicherweise zu viele Informationen lieferten. So beklagte sich Moskau: «Wir erhalten eine außerordentliche Fülle von Agentenberichten über Deutschlands ‹geheime› Vorbereitungen für einen Angriff. Berücksichtigt man dazu noch die Spekulationen der angloamerikanischen Presse, stellt sich die Frage, ob es sich hier um eine gezielte Desinformationskampagne handelt.»[99] Gabriel Gorodetsky zufolge wurden die verschiedenen Berichte über Bewegung und Zahl der deutschen Truppenverbände bearbeitet und Stalin in komprimierter Form vorgelegt.[100] Trotz dieser Starrköpfigkeit in Moskau lieferten Harnack und Schulze-Boysen in den folgenden Monaten weiter Informationen, die letztlich auch dazu beitrugen, dass Hitler am Ende durch die Rote Armee besiegt wurde.

Dass Stalin es unterließ, den Warnungen seiner Nachrichtendienste entsprechend zu handeln, mag noch einen weiteren Grund haben: Seine größte Angst galt nicht einem deutschen Angriff, sondern der Vorstellung, allein gegen Hitler kämpfen zu müssen. Harnacks Meldungen verstärkten diese Furcht, und sie wurde durch die schnelle Kapitulation Frankreichs noch gesteigert: Der sowjetische Diktator fürchtete nichts mehr als geheime Friedensverhandlungen zwischen Hitler und Churchill, die am Ende dazu führen würden, dass die Wehrmacht mit ihrer ganzen Kraft gegen die Sowjetunion vorging. So konnte Harnack im Januar 1941 berichten: «In gewöhnlich gut unterrichteten Kreisen des Herrenklubs geht man davon aus, dass Deutschland den Krieg [an der Westfront] verlieren wird und es angesichts dieser Entwicklung erforderlich ist, sich mit Großbritannien und den Vereinigten Staaten zu einigen, um die militärischen Kräfte auf den Osten konzentrieren zu können.»[101]

Im Dezember 1940 entwickelte Pawel Sudoplatow, der stellvertretende Leiter des Auslandsnachrichtendienstes, im Auftrag von Berija ein Zehn-Punkte-Programm für die Gruppe unter Führung des «Korsen». Gemäß diesem Plan, den Korotkow im Januar 1941 nach Berlin brachte, bestand Harnacks zentrale Aufgabe darin, militärische Informationen aufzuspüren – aber von gleicher Wichtigkeit sollte es sein, Stalin über den deutschen Widerstand gegen Hitler zu berichten.[102]

Im Unterschied zu seinen Kollegen in Großbritannien und den Vereinigten Staaten interessierte sich Stalin ernsthaft für die Opposition in Deutschland. Allerdings tat er dies weniger, um sie zu unterstützen, sondern weil er fürchtete, diese Kreise würden hinter seinem Rücken den Interessen der Sowjetunion nicht entsprechende Friedensverträge mit den Briten und Amerikanern aushandeln und damit Hitler in die Lage versetzen, einen Krieg an nur einer Front gegen die Sowjetunion zu führen. Tatsächlich lieferte Harnack – der hauptsächlich durch seinen Vetter Ernst von Harnack über viele Kontakte zur sozialdemokratischen und konservativen Opposition um Carl Goerdeler und Julius Leber verfügte – in der entscheidenden Periode von Januar bis Mai 1941 Stalin einen Überblick über den Widerstand und verstärkte gleichzeitig dessen Furcht vor einer Annäherung zwischen Deutschen und Angloamerikanern:[103]

> 20. Januar 1941: Korse teilt uns mit, dass einer seiner Informanten, der im Luftwaffenführungsstab arbeitet [Schulze-Boysen], gesagt hat, Göring neige mehr und mehr zu einer Friedensrege-

lung mit England und Amerika. Diesen Versuch einer Einigung mit den Amerikanern, der von Göring, Milch und Udet betrieben wurde, hat der amerikanische Luftwaffenattaché Paton bestätigt. Bei einem gemeinsamen Frühstück informierte Donald Heath, der Sekretär der amerikanischen Botschaft in Berlin, KORSE, dass die deutschen Generäle eine Vereinbarung mit den Vereinigten Staaten von Amerika anstrebten.[104]

26. Februar 1941: Carl Goerdeler, der frühere Oberbürgermeister von Leipzig, unternahm einen Versuch, sich mit der Wehrmachtsführung über die Beseitigung Hitlers und die Bildung einer neuen Regierung zu einigen. Die Gespräche wurden auf überaus hoher Ebene geführt. Insgesamt sprachen sich die Vertreter der Generalität gegen die Vorschläge Goerdelers aus, obwohl der Leiter des Wehrwirtschaftsstabes der Obersten Heeresführung, Thomas, und der kommandierende Truppengeneral Hoepner die Ideen Goerdelers voll unterstützen. Jetzt teilt das Oberkommando der Wehrmacht die Ideen Hitlers und billigt seine militaristischen Pläne. Die Gruppe Goerdeler hält an ihrer angloamerikanischen Orientierung fest.[105]

11. April 1941: Der Mitarbeiter des Stabs der deutschen Luftwaffe, Holzhausen, teilte mit, dass der totale Krieg Deutschlands gegen England und die USA nicht gewonnen werden kann. Deshalb ist ein Friedensvertrag mit ihnen erforderlich. Damit England mit sich reden lässt und um die unerfüllbaren Wünsche nach Kolonien auszugleichen, soll die Ukraine von der UdSSR abgetrennt werden. Die Eroberung solch einer bedeutenden Lebensmittel- und Rohstoffbasis wie der Ukraine, wird England zu Zugeständnissen zwingen beim Abschluss eines Friedensvertrages mit Deutschland.[106]

Dieser Bericht wurde an Merkulow, Stalin, Molotow, Timoschenko und Berija weitergeleitet, was darauf hinweist, welche Bedeutung seinem Inhalt zugemessen wurde. Moskau machte auch sein Interesse an Ernst von Harnack und Adolf Grimme deutlich; Letzterer, ein religiöser Sozialist und früherer preußischer Kulturminister, war mit den Kuckhoffs und den Harnacks befreundet.

> 5. Mai 1941: Die Zentrale ist äußerst an A. Grimme (im Weiteren NOVI) interessiert. Erreichen Sie, dass STARIK [Kuckhoff] die Beziehungen zu ihm aktiviert und sich ihm nähert. Wir erhoffen, dass wir auf diesem Wege Informationen darüber erhalten, was in der Gruppe um Carl Goerdeler passiert, die über weit reichende Verbindungen zu politischen und militärischen Kreisen des Landes verfügt.[107]

Stalins Wahn wurde durch sein tiefes Misstrauen gegen Churchill genährt, der während des Russischen Bürgerkriegs an der Spitze des Kreuzzugs gegen den Bolschewismus gestanden hatte. Dies führte dazu, dass die bizarre «Fahnenflucht» von Hitlers Stellvertreter Rudolf Hess nach Großbritannien am 10. Mai 1941, bei der es sich offensichtlich um eine Art von privater Friedensmission handelte, in Moskau als Bestätigung für Schulze-Boysens Theorie einer Spaltung an der Spitze des Reiches angesehen werden konnte. Das Ereignis förderte offensichtlich Stalins Furcht vor einer deutsch-britischen Verständigung. Auf Vorschlag Gorodetskys enthüllen die Archive außerdem, dass das Britische Auswärtige Amt und der Britische Geheimdienst die Affäre Hess manipulierten, um Spannungen zwischen Hitler und Stalin zu schüren und damit eine vermeintliche Annäherung der beiden zu verhindern.

Um Hitler nicht herauszufordern, erfüllte Stalin weiterhin das Abkommen ohne jede Einschränkung. Er lieferte pünktlich alle Rohstoffe, überschritt manchmal sogar die vereinbarten Quoten. So schafften beispielsweise im April zusätzlich eingesetzte sowjetische Züge zweitausend überplanmäßige Tonnen an Gummi herbei, wodurch die deutschen Kriegsanstrengungen noch zusätzlich gefördert wurden.[108] «Goebbels verglich den Sowjetdiktator mit einem Kaninchen, das sich von einer Schlange in Angst und Schrecken versetzen ließ.»[109]

Im Juni wurde eine neue Methode festgelegt, um Arvid Harnack zum Rapport zu bestellen. Der Kontakt wurde aufgenommen, indem man eine Wirtschaftszeitung, die *Börsen-Zeitung*, in seinen Briefkasten warf. Eine Woche nach dem Erscheinungsdatum dieser Zeitungsausgabe hatte Harnack zum Treff zu erscheinen. War das

Datum rot durchgestrichen, musste er noch am selben Tage kommen. Die Treffs fanden gewöhnlich abends um 20 Uhr statt; Ort der Begegnung war der S-Bahnhof Tiergarten, und zwar gewöhnlich jener Ausgang, der am weitesten von der Charlottenburger Chaussee (heute Straße des 17. Juni) entfernt lag. Im Notfall konnte Harnack auch zu Hause aufgesucht werden, und zwar vormittags zwischen 8:30 Uhr und 9:00 Uhr, und um 20 Uhr am Abend, wenn der Hausmeister nicht anwesend war. Korotkow hat festgehalten, dass «Korses» Ehefrau «vollständig über unsere Kontakte informiert» ist.[110]

Manchmal wurde Mildred Harnack aufgefordert, ihren Mann aus dem Büro herbeizuholen, wenn ein wichtiger Besucher oder eine wichtige Botschaft eingetroffen war. Aber das meiste Material der Harnacks, Schulze-Boysens und Kuckhoffs wurde in einem Café, einem Auto oder im Freien, etwa im Tiergarten, direkt an Korotkow weitergegeben. Es war von höchster Wichtigkeit, dafür zu sorgen, dass der Partner bei diesen Gelegenheiten «sauber» eintraf, das heißt ohne «Schatten». Die Parkanlagen und Wälder Berlins waren für diese Zwecke besonders geeignet, denn hier konnte man leicht feststellen, ob man beschattet wurde. Greta Kuckhoff, Mildred Harnack oder Libertas Schulze-Boysen sicherten diese Treffs oftmals ab, indem sie harmlos hinter ihren Männern hergingen, während diese im Tiergarten miteinander sprachen.

Als der Zeitpunkt für den Beginn des Unternehmens Barbarossa näher rückte, war die Gruppe verzweifelt bemüht, den Russen den Ernst der Lage deutlich zu machen. Moskau verlangte von Korotkow schriftliche Dokumente, komplett mit Stempel und Unterschrift.[111] Verdrossen klagte Greta Kuckhoff: «Nun, wir waren keine Spione, die Safes knacken und Dokumente stehlen konnten.»[112]

Mitte April erteilte Moskau Korotkow den Auftrag, für einen Funkkontakt mit Berlin für den Kriegsfall zu sorgen. Harnack sollte dann zum illegalen Residenten des Auslandsnachrichtendienstes in Berlin werden und sich selbst einen Funker auswählen.[113] Harnack lehnte einen Funkkontakt zunächst ab, war aber bereit, die Sowjets weiterhin mit Informationen zu versorgen. Am Ende übernahm er nur die Verantwortung für das Sammeln und Verschlüsseln des Materials in seiner Wohnung. Gesendet werden sollte es von einem anderen Ort aus.[114]

Moskau teilte Berlin mit: «Sie bekommen einen transportablen

Sender-Empfänger, der in einem Koffer montiert ist, mit einer Energieversorgung über Akkumulator und Anoden-Trockenbatterien. Das Gerät ist für KORSE bestimmt.» Beigefügt waren eine Beschreibung und Instruktionen. Die Reichweite des Funkgerätes betrug 800 bis 1000 Kilometer. «Es kann von jedem beliebigen Ort aus betrieben werden: Feld, Wald, Bauernhaus usw.» Da das Gerät mit Batterien ausgestattet war, konnte es nicht länger als zwei Stunden hintereinander arbeiten. Moskau kündigte an, «mit der nächsten Post» zwei Reserve-Energiequellen mit Anweisungen zum Auswechseln zu schicken. Moskau fügte noch eine Warnung hinzu: «Machen Sie den Funker von KORSE darauf aufmerksam, dass, im Falle der Gefahr, dass das Funkgerät durch die Polizei oder die Aufklärung entdeckt wird, das Gerät zu vernichten ist (zerstören, verbrennen), wobei zuerst die Röhren zu vernichten sind.»[115]

Ende Mai trafen dann zwei «Musiktruhen» (so der sowjetische Spionagejargon) mit dem diplomatischen Kurierdienst ein. Es handelte sich um Kurzwellensender. Der eine wurde mit Batterien betrieben; der andere arbeitete mit Netzstrom.[116] Kurt Schumacher, sein Deckname lautete «Tenor», sollte das Funkgerät bedienen. Als er jedoch Anfang Juni 1941 zum Wehrdienst eingezogen wurde, schlug Schulze-Boysen vor, die Aufgabe Hans Coppi zu übertragen. Coppi sei ein früherer Jungkommunist und bewährter Mitstreiter.[117] «Nur hat er leider keinerlei Vorstellung über die technische Seite der Sache, und er wird wohl erst einmal die notwendigsten Dinge lernen müssen wie das Morsealphabet, die Arbeit mit dem Funkschlüssel, elementare Regeln des Umgangs mit dem Gerät.»[118] Als Coppi den Vorschlag machte, einen früheren Genossen in die Gruppe einzuführen, der Fachkenntnisse besaß, war Moskau dagegen, das Risiko schien zu groß: «Wir haben kategorisch verboten, irgendjemanden in diese Angelegenheit einzubeziehen und haben das auch gegenüber STARSCHINA wiederholt.»[119]

Sándor Radó, der aus Ungarn stammende Chef des sowjetischen Netzwerks «Lucy» in der Schweiz, hat den Funkverkehr einmal als «Achillesferse der Kundschaftertätigkeit» bezeichnet. Die Funkverbindung mit Moskau, die die größte Stärke der Berliner Gruppe hätte sein können, blieb ihr schwächster Punkt.

Um das Funkgerät abzuholen, sollte sich Greta Kuckhoff mit Korotkow am Eingang des U-Bahnhofs Thielplatz treffen. Sie erinnert sich daran, damals einen sehr hellen Regenmantel getragen zu haben. Korotkow kam die Treppe herauf und trug ein Funkgerät in einem kleinen, mit Gummi imprägnierten Koffer bei sich. Greta Kuckhoff erinnerte sich später daran, dass der Koffer nicht leicht war.[120]

Korotkow half ihr beim Tragen des schweren Gepäckstücks, als sie in Richtung Breitenbachplatz gingen. Da sie vielen SS-Leuten begegneten, klopfte ihr Herz besonders heftig, als Korotkow den Koffer ungeschickterweise fallen ließ.[121]

Als sie sich trennten, sagte Korotkow, er habe Adam Kuckhoffs Schauspiel «Till Eulenspiegel» mit nach Russland genommen; vielleicht könne es dort aufgeführt werden. («Till Eulenspiegel» sollte auch das Losungswort der Gruppe für den Fall werden, dass Kuriere aus Moskau im Notfall an sie herantraten.)[122] Greta Kuckhoff eilte mit dem Koffer nach Hause. Als die Kuckhoffs des Funkgerät ausprobierten, funktionierte es jedoch nicht. Weil sie von Korotkow nichts hörte, zog Greta Kuckhoff Arvid Harnack zu Rate. Sie brachten das Gerät zu Freunden, die in der Nähe von Spandau wohnten, wo es in einem Schuppen versteckt wurde. Schließlich tauchte Korotkow auf und machte den Apparat einsatzbereit.[123]

Am Sonnabend, dem 21. Juni, nur wenige Stunden vor Beginn des deutschen Angriffs, erhielt Botschafter Dekanosow Anweisungen, der Reichsregierung eine weitere Note zu übergeben, in der ein Gespräch über die Verschlechterung der deutsch-sowjetischen Beziehungen angeboten wurde. Aber es gelang bei Anrufen im Auswärtigen Amt nicht, bis zu Ribbentrop oder seinem Stellvertreter durchzukommen. Angesichts des angenehm warmen Wetters gab Dekanosow allen Mitarbeitern über das Wochenende frei.[124] Der Sowjetbotschafter hatte immer noch nicht auf die Bitte um Klärung der letzten Mitteilung Schulze-Boysens über einen unmittelbar bevorstehenden Angriff geantwortet. Auch war er sich nicht bewusst, dass Berija in einem Bericht an Stalin seine Abberufung forderte: «Ich verlange von neuem die Abberufung und Bestrafung unseres Botschafters in Berlin, Dekanosow, der mich weiterhin mit Desinformationen über Hitlers angebliche Vorbereitungen für einen Überfall auf die UdSSR bombardiert. Er teilt mit, dass dieser ‹Überfall› morgen beginnen wird. [...] Aber ich und meine Leute,

Josef [Jossif] Wissarionowitsch, halten uns getreu an Ihren weisen Schluss: Hitler wird uns im Jahre 1941 nicht angreifen.»[125]

Auf das Losungswort «Dortmund» hin überschritt die deutsche Wehrmacht in jener Nacht die sowjetische Grenze. Trotz zahlloser Warnungen aus dem größten Auslandsspionagenetz der Geschichte wurden die sowjetischen Militärs von diesem Schritt vollkommen überrascht. Am ersten Kriegstag wurden Hunderte sowjetischer Flugzeuge am Boden zerstört. Viele Offiziere der Roten Armee befanden sich an den Erholungsorten der Schwarzmeerküste im Urlaub. Nur die Sowjetflotte war einsatzbereit.[126]

Als die sowjetischen Diplomaten in ihre Berliner Botschaft zurückkehrten, fanden sie sie von SS-Einheiten umzingelt. Die Telefonleitungen waren gekappt; es gab keine Möglichkeit mehr, Kontakt mit Moskau aufzunehmen. Weil sie einen Angriff der SS fürchteten, begaben sich die Russen in die oberste Etage; hinter den dort vorhandenen Stahltüren und Fenstern vernichteten sie Dokumente und Codes in speziellen Öfen, die für schnelle Verbrennung sorgten. Da man alle Warnungen ignoriert hatte, waren Frauen und Kinder der Sowjetdiplomaten noch in Deutschland. Nun wurden sie gemeinsam mit allen anderen Sowjetbürgern in Deutschland verhaftet und in ein SS-Lager außerhalb von Berlin gebracht.[127]

Etwa 1500 Sowjetbürger warteten darauf, in den nächsten Tagen gegen die hundertzwanzig in Moskau befindlichen Deutschen ausgetauscht zu werden.[128] Die Diplomaten, die sich in der Botschaft befanden, konnten keinen Kontakt nach außen herstellen. Nur der Erste Sekretär Valentin Bereschkow, durfte das Gebäude verlassen, doch selbst bei seinen offiziellen Besuchen im Auswärtigen Amt wurde er von einem SS-Offizier namens Heinemann begleitet. Korotkow musste es dennoch irgendwie schaffen, mit seinen Informanten Kontakt aufzunehmen.

Indem er Heinemann geschickt mit Speis und Trank verwöhnte, gelang es Bereschkow sich der Gewogenheit des gesprächigen SS-Offiziers zu versichern. Beim Frühstück deutete Heinemann an, dass er finanzielle Probleme habe. Bereschkow bot ihm tausend Mark an, Geld, das er «zurückgelegt habe, um sich eine große Musiktruhe zu kaufen». Es sei ihm nun nicht mehr möglich, das Geld mitzunehmen, wenn er Deutschland verlasse. Zu Bereschkows großer Erleichterung akzeptierte Heinemann das Schmiergeld. Später, beim Mittagessen mit russischen Delikatessen, Cognac und Bier sprach Bereschkow den traurigen Fall seines Botschaftsmitarbeiters «Sascha» [Korotkow] und seiner deutschen «Verlobten» an, die nun nicht mehr in der Lage seien, einander zu sehen. Heinemann machte das Angebot, wenn er Bereschkow zum Auswärtigen Amt begleite, «Sascha» mit nach draußen zu schmuggeln, damit er sich ein letztes Mal mit seiner Braut treffen könne. Sie fuhren mit dem Opel der Botschaft zur U-Bahn-Station Wittenbergplatz, wo sie «Sascha» aussteigen ließen. Zwei Stunden später sollte er am Nollendorfplatz wieder einsteigen.

In der U-Bahn traf Korotkow tatsächlich aus reinem Zufall auf seine «Verlobte» Greta Kuckhoff. Sie erkannte ihn zwar, verstand aber nicht, warum er nicht bei seinen Kollegen in der streng bewachten Botschaft war. Sein plötzliches Auftauchen und die Tatsache, dass er sich so frei bewegen konnte, beunruhigten sie aufs Höchste, insbesondere, als Korotkow es versäumte, ihr beim Aussteigen aus dem Zug zu folgen. Auch traf sie ihn nicht an, als sie den Platz aufsuchte, der schon früher bisweilen als Treffpunkt gedient hatte. Tatsächlich unternahm der allzu vorsichtige Korotkow keinen Versuch, mit ihr Kontakt aufzunehmen.[129]

Einen oder zwei Tage später duldete es Heinemann erneut, dass Korotkow an der U-Bahn ausstieg. Diesmal rief er die Kuckhoffs von einer Telefonzelle aus an. Es wurde ein Treffen am Rüdesheimer Platz vereinbart. Aus Sorge um die Sicherheit seiner Frau ging Adam Kuckhoff allein dorthin. Er kehrte aufgeregt und verärgert nach Hause zurück. Moskau hatte darauf bestanden, dass sie neben ihrer «Informationsarbeit» auch den inneren Widerstand in Deutschland durch eine seltsame Sabotageaktion stärken sollten: die Gruppe sollte auf den von Berlin ausgehenden Straßen Nägel verstreuen, um dadurch Militärfahrzeuge auf dem Weg nach Osten aufzuhalten.[130]

In Korotkows letztem Bericht aus Berlin vom 24. Juni heißt es, zwei Funkgeräte seien übergeben und sicher versteckt worden.[131] Korotkow übergab in der Wohnung der Schumachers an Coppi das mit Batterien betriebene Gerät. Doch dessen kurze Reichweite und seine Frequenz erwiesen sich als ungeeignet für die vorgesehene Aufgabe. Zwei Exemplare des Schlüsselbuches «Der Kurier nach Spanien» sollen auch übergeben worden sein, ein Exemplar für Moskau, das andere an Coppi.[132] Am 26. Juni gelang es Coppi, «Tausend Grüße allen Freunden» auf der verabredeten Frequenz in den Äther zu schicken. Die Antwort aus Moskau lautete: «Ihren Versuchsfunkspruch habe wir erhalten und gelesen. Das Ersetzen von Ziffern durch Buchstaben und umgekehrt soll durch die ständige Zahl 38 745 und das Schlüsselwort ‹Schraube› erfolgen.»[133]

Am 1. Juli 1941 gegen Mitternacht bestiegen Korotkow und seine Landsleute einen Sonderzug, der sie in die Türkei brachte. Als Abschiedsgeschenk von Arvid Harnack hatte Korotkow eine «Denkschrift über Stärken und Schwächen der deutschen Rüstungsindustrie» bei sich.[134]

# 14

# Ein Opfer

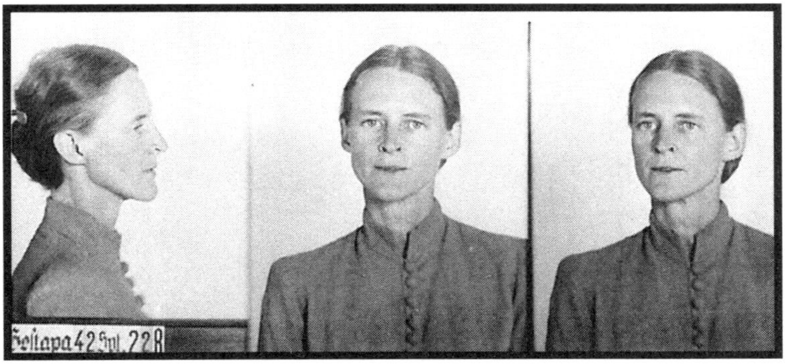

Mildred 1942, fotografiert von der Gestapo

KLK de PTX 2606.03.30 32 wds. Nr. 14 qbv», so begann ein Funkspruch der Roten Kapelle aus Westeuropa, der erste, der von einem Dienst habenden Offizier der Funküberwachungsstelle Cranz, einem ostpreußischen Seebad in der Nähe von Königsberg, aufgefangen wurde. Den Zeichen, die die Nachricht einleiteten, folgte eine Botschaft, die 32 Zahlengruppen zu je fünf Ziffern umfasste. Am Ende stand das Morse-Signum «AR 50385 KLK de PTX».[1]

Dies geschah am 26. Juni 1941 um 3:58 Uhr in der Früh, vier Tage nach Beginn des Unternehmens Barbarossa, des größten militärischen Angriffs der Geschichte. Die Wehrmacht war bereits ein beträchtliches Stück in sowjetisches Gebiet vorgestoßen. Drei Wochen später standen deutsche Panzer nur noch etwa dreihundert Kilometer von Moskau entfernt. Die Schlagkraft der ersten Angriffswelle hatte die russischen Verteidigungslinien zerstört, geschwächt und, wo noch vorhanden, ins Wanken gebracht. Eine der Auswirkungen bestand darin, dass das sowjetische Funkwesen durcheinander geraten war. Die Sowjets gaben ihre üblichen Vorsichtsmaßnahmen gegen das Auffangen ihrer Funkmeldungen durch die Deutschen auf. Die Sorge um die eigene Front und einen geordneten Rückzug wurde nun für wichtiger gehalten, als Vorkehrungen gegen die Möglichkeit zu treffen, der Gegner könnte Vorteile aus dem Abhören des Funkverkehrs ziehen.[2]

Ein paar Stunden später gelangte die aufgefangene Meldung ins Hauptquartier der Funkabwehr am Matthäikirchplatz in Berlin. Da die Peilgeräte der Funkabwehr unzureichend waren, konnten die Deutschen nur vage annehmen, dass das PTX-Signal aus Norddeutschland, Belgien, den Niederlanden oder Frankreich stammte. Tatsächlich kam der Funkspruch aus Brüssel. Er erwies sich als ein erster von Hunderten eines «Konzertes» von Funksprüchen, die von sowjetischen Sendern stammten, welche in den von den Deutschen besetzten Gebieten Westeuropas und in der Sowjetunion arbeiteten. Insgesamt wurde dieses Funkzeichen-«Konzert» der Roten Kapelle zugeordnet. Die Deutschen hatten die Signale bislang nicht entschlüsseln können.[3]

Die Abwehr bezeichnete Funknetzwerke in der Regel als «Kapellen» (im Sinn von: Orchester), so gab es etwa eine «Ardennen-Kapelle», die aus der Region um Bastogne funkte. «Rot» spielt darauf an, dass es sich um ein kommunistisches Netzwerk handelte. Die Organisatoren derartiger Netzwerke nannte man «Dirigenten», die Kurzwellengeräte hießen «Klaviere» und die Funker «Musiker» oder «Pianisten».

Im Jahre 1941 wurden etwa fünfhundert Funkmeldungen, die von geheimen Sendern im Westen stammten, von den Funkbeobachtungsstellen der Wehrmacht und der Gestapo aufgefangen.[4] Doch das Aufstöbern der Sender erwies sich als schwierig, und die Entschlüsselung ihrer Meldungen gelang zunächst nicht. Die Rote Kapelle brachte den Sowjets einen gewaltigen nachrichtendienstlichen Erfolg; das behauptet zumindest die Legende. Aber die Wirklichkeit erweist sich als weit weniger eindeutig. Die Arbeit war oft mehr von Fehlschlägen als von Erfolgen geprägt.

Der Legende nach baute die Sowjetspionage in den zwanziger und dreißiger Jahren ein Netz auf, das sich von Tokio bis Paris, ja sogar bis nach London und Washington erstreckte. Im Zentrum dieses Geflechts standen angeblich die Berliner Funkstellen. Obwohl immer noch nicht sämtliche mit diesem Geschehen zusammenhängenden Tatsachen bekannt sind, weil die Russen nicht alle relevanten Akten aus der Sowjetepoche zugänglich machen, scheint die Wahrheit darauf hinauszulaufen, dass die Berliner Funkgeräte nach dem ersten und einzigen kurzen «Gruß allen Freunden» in Schweigen versanken.

Mildred Harnack wusste nichts von einem sowjetischen Funknetz in Europa. Aber genau vom Gerangel von Spionage und Gegenspionage hing ihr Leben nun ab. Die Auseinandersetzung zwischen Agenten beider Seiten dauerte kaum länger als ein Jahr. Schließlich wurde den Amateuren in Berlin von den Profis in Berlin der Garaus gemacht.

Verwirrt durch Alexander Korotkows unerklärliche Gleichgültigkeit in Fragen der technischen Handhabung, gelangte die Gruppe um Harnack im Mai zu dem optimistischen Schluss, höchstwahrscheinlich sei bereits ausgebildetes Funkpersonal am Ort. Tatsächlich war, so die lakonische Schlussfolgerung der urteilsfähigen Greta Kuckhoff, die technische Qualifikation der Gruppe höchst unzulänglich.[5]

Uns ist bereits der 25-jährige Hans Coppi, als möglicher Funker der Gruppe begegnet, obwohl er keinerlei Kenntnisse vom Umgang mit solchen Geräten hatte. Die Gestapo hielt über ihn fest: «Dreher, früher Lieferbote, Hausdiener, Hilfsarbeiter».[6] Coppi, der Kommunist war, hatte bereits Verhaftungen und Gefängnisaufenthalte hinter sich, weil er illegale Flugschriften verteilt hatte. Da Coppis erster, mit Batterien betriebener Kurzwellensender über eine zu geringe Reichweite verfügte, hatte ihn Korotkow, wie bereits geschildert, mit einem anderen Gerät versorgt, hatte es aber unterlassen, Coppi in die Bedienung des Apparates einzuweisen. Der Sender arbeitete mit Wechselstrom. Als Coppi ihn an einen Gleichstromkreis anschloss, zerstörte er den Transformator und die Röhren.[7] Beide Geräte konnten nicht eingesetzt werden.

Moskau hatte Anweisung erteilt, Meldungen auf einer bestimmten Wellenlänge und zu einer bestimmten Zeit im Morse-Alphabet zu senden. Üblicherweise stellte der «Musiker» den Kontakt her. Die Zentrale in Moskau pflegte dann auf einer festgelegten Wellenlänge zu antworten. Beide wechselten anschließend zu einer anderen Wellenlänge mit einem bestimmten Rufsignal für die Arbeitssitzung des Abends.[8] Aber Coppi unterlief ein Missverständnis, was Stunde und Tag der Übertragung anging: Die Instruktionen aus Moskau besagten, dass die Sendungen zu festgelegten Stunden und Tagen des Monats stattfinden sollten, die nach einem bestimmten Schlüssel zu errechnen waren. Hierbei verrechnete sich Coppi. Nachdem die sowjetischen Funkstationen in Brest und Minsk in die Hände der Deutschen gefallen waren, warteten sowjetische Funktechniker in ihren Empfangsstationen in den Botschaften in London und Stockholm vergebens auf Funkzeichen aus Berlin.[9]

In Korotkows Plänen war ein zweiter Funker vorgesehen, der für Harnack arbeiten sollte. Aber der hierfür vorgesehene Karl Behrens wurde zum Militär einberufen. Das bedeutete, dass der Berliner Stützpunkt Ende Juni 1941, während der ersten entscheidenden Tage des Angriffs auf die Sowjetunion, «tot» war.

In der Zwischenzeit spielte sich ein Trauerspiel mit den mobilen Funkgeräten ab. Wir wissen, dass Korotkow zwei Geräte dieser Art geliefert hat. Zunächst wurde ein Apparat in Coppis Wohnung in Tegel aufgestellt. Er wurde aber später an einen anderen Ort gebracht. Eine Zeit lang haben die Harnacks ein Gerät versteckt. Arvid drängte Egmont Zechlin, der in Wannsee lebte, und Havemann, der in Babelsberg wohnte, ein Sendegerät zu verstecken. Beide weigerten sich. Manchmal wurde ein Funkgerät für eine Übertragung in eine Dachwohnung gebracht, die Fluchtmöglichkeiten bot, oder man schaffte es in eine Laube in einer der zahlreichen Berliner Kleingartenkolonien. Irgendwann kam Schulze-Boysen auf die Idee, einen Sender im Studio der Tänzerin und Bildhauerin Oda Schottmöller oder bei der Gräfin Erika von Brockdorff zu verstecken. Beide Damen zählten zur Bohème; sie würden nicht in den Verdacht geraten, militärische Geheimnisse zu kennen. Auf diese Weise hielt man die mit Informationsbeschaffung beschäftigten Kreise der Gruppe von den Technikern getrennt; sollte eine der beiden Seiten «auffliegen», wären die einen nicht imstande, die anderen zu verraten. Da man Künstlern einen ungeregelten Lebenswandel zubilligt, würden Gäste in den späten Abend- und Nachtstunden bei ihnen nicht auffallen.

Ein anderer Einfall ging dahin, die Funkgeräte von Frauen in Kinderwagen transportieren zu lassen. Aber als die Luftangriffe immer häufiger wurden, fiel das Verstecken von Sendeanlagen immer schwerer. Greta Kuckhoff erinnerte sich daran, Erika von Brockdorff, mit der sie damals den gemeinsamen Luftschutzkeller teilte, «mit einem Köfferchen» entdeckt zu haben. «Dies ähnelte auffallend dem, das ich selbst einige Tage und Nächte gehütet hatte.»[10] In einem Interview berichtete Greta Kuckhoff: «Da wir in jener Zeit alle ständig mit Gepäckstücken umherliefen – wegen der Bombardierung trug fast jeder seine besonderen Kostbarkeiten oder Lieblingssachen mit sich –, fiel ein Koffer also nicht auf.»[11]

Seit Anfang 1941 tat Harro Schulze-Boysen in Wildpark-Werder Dienst. Dort hatte er zwar Zugang zu geheimen politischen und militärischen Berichten deutscher Konsulate und Botschaften sowie Kenntnisse über die Luftstreitkräfte der Achsenmächte, das bedeutete aber auch, dass die Last der Verschlüsselungs- und Entschlüsselungsarbeit allein auf Arvid Harnacks Schultern ruhte. Harnack, der sich der Tatsache noch nicht bewusst war, dass Coppis Meldungen Moskau nicht erreichten, verbrachte die Abende zu Hause mit dem Verschlüsseln von Nachrichten, bis er mit seinen Nerven fast am Ende war.[12] Karl Behrens gab die Meldungen dann an Hans Coppi weiter. Nachdem Behrens eingezogen worden war, übernahm Rose Schlösinger den Botendienst.[13]

Unter Verwendung des Codewortes «Schraube» – das Schlüsselbuch war vermutlich der Roman «Der Kurier aus Spanien» – verschlüsselte Harnack die Meldungen wahrscheinlich so, dass die Buchstaben des Alphabets in Ziffern verwandelt wurden. Das entsprach dem klassischen sowjetischen Schachbrettmuster, das bereits vor der Revolution von politischen Verschwörern entwickelt wurde. Die Verschlüsselung nach dieser Methode lief in zwei Stufen ab: zunächst wurde die ursprüngliche Meldung in Ziffernfolgen gebracht. Die zweite Stufe bestand selbst wiederum aus zwei Schritten: Der Chiffrierer wählte einen Abschnitt aus dem Schlüsselbuch aus und konvertierte ihn, wie zuvor bereits die Meldung in Ziffernfolge; dann addierte er zwei Ziffernreihen hinzu.

Diese Summe war das Kryptogramm, das übermittelt wurde. Wahrscheinlich versteckte Harnack irgendwo in seiner Meldung die Seite und Zeile der Schlüsselpassage, damit der Empfänger das Kryptogramm dechiffrieren konnte. Gewöhnlich wurde dieser Indikator verschleiert, indem man beispielsweise das Datum der Übertragung hinzuaddierte. Weil der Schlüssel sich nicht wiederholte und der Eindruck von Zufälligkeit entstand, machte dieses Verfahren das Entziffern einer verschlüsselten Nachricht außerordentlich schwierig, selbst wenn man das Schlüsselbuch kannte.[14]

Mitte Juli 1941 hatte die Wehrmacht die Städte Riga und Minsk erobert und rückte gegen Moskau vor. Als Berichte über den chaotischen Zustand der Roten Armee Harnack und seine Gefährten erreichten, waren sie zutiefst bestürzt. Da sie Korotkow ganz konkrete Informationen gegeben hatten – so die Namen der Städte, die an der Hauptangriffsroute lagen –, waren sie erschüttert, wie schnell diese Orte überrannt wurden und wie gering der sowjetische Widerstand war.[15] Dennoch bauten Harnack und Schulze-Boysen in den kommenden Monaten weitere politische Kontakte auf und schmiedeten Pläne. Ihr Optimismus lebte wieder auf, als sich die sowjetische Abwehrkraft festigte.

Schulze-Boysen und Harnack glaubten, sie könnten einen raschen Zusammenbruch des Dritten Reiches bis spätestens 1943 erreichen, und wie einer ihrer Freunde berichtet, strebten sie immer noch danach, Deutschland mit einem Netz von Widerstandsgruppen zu überziehen. Die Grundlage bildeten dabei die Beziehungen der Familie Harnack, Freunde aus ARPLAN-Zeiten und Mildred Harnacks Schüler aus Vergangenheit und Gegenwart. Hinzu kam eine beträchtliche Gruppe aus den Kreisen um die Schulze-Boysens und die Kuckhoffs. Durch Wilhelm Guddorf, John Sieg und Walter Husemann, allesamt alte Kommunisten, waren Arvid Harnack und Harro Schulze-Boysen in der Lage, ihren Ruf als Salonbolschewisten zu überwinden und Verbindungen zu Zellen in Berliner Fabriken aufzubauen. Durch Guddorf gab es Kontakte zur Hamburger Gruppe unter Leitung von Robert Abshagen, Franz Jacob und Bernhard Bästlein. Schließlich freundete sich Falk Harnack mit den Studenten der Weißen Rose in München an.

Ein wichtiger Verbündeter war der Neurologe John Rittmeister. Er hatte sowohl Freud'sche wie Jung'sche Psychologie studiert, war ein Humanist und radikaler Sozialist und leistete aus moralischen Gründen Widerstand gegen Hitler. Als Mitarbeiter des Deutschen Instituts für psychologische Forschung und Psychotherapie in Berlin gewährte er jüdischen und homosexuellen Patienten praktische Hilfe. Im Juli 1939 heiratete er die Krankenschwester Eva Knieper. Die beiden bauten eine politische Diskussionsgruppe auf.[16]

Rittmeister beteiligte sich an der Herstellung eines sechsseitigen Flugblatts mit der Überschrift: «Die Sorge um Deutschlands Zukunft geht durch das Volk», in dem die Autoren zum Handeln aufrufen und den Krieg als bereits verloren darstellen:

«Ein Endsieg des nationalsozialistischen Deutschland ist nicht mehr möglich. Jeder kriegsverlängernde Tag bringt nur neue unsagbare Leiden und Opfer. Jeder weitere Kriegstag vergrößert nur die Zeche, die am Ende von allen bezahlt werden muss [...] Hitler geht unter, ebenso wie Napoleon untergegangen ist.» Am Ende des Textes steht eine Aufforderung an die Leser: «Schickt diesen Brief in die Welt hinaus, sooft ihr könnt! Gebt ihn an Freunde und Arbeitskameraden weiter! Ihr seid nicht allein! Kämpft zunächst auf eigene Faust, dann gruppenweise. MORGEN GEHÖRT UNS DEUTSCHLAND!» Darunter steht «AGIS», das heißt lateinisch «handele».[17]

Mitte Februar wurde die mit Schreibmaschine geschriebene und hektografierte Schrift auf dem Postweg von Berlin aus an etwa zweihundert einflussreiche Leute verschickt: katholische und protestantische Geistliche, Richter, Professoren und Diplomaten. Eine Meldung der Gestapo, die Göring, Goebbels und Martin Bormann vorgelegt wurde, machte darauf aufmerksam, dass diese Schrift überall im Reich umlief.

Eine andere Publikation der Gruppe, die illegale Flugschrift mit dem Titel «Die innere Front» sollte ausländische Arbeiter und Soldaten ansprechen.[18] Adam Kuckhoff und John Sieg verfassten «Offene Briefe an die Ostfront», die zu passivem Widerstand aufriefen.[19] Arvid Harnacks Analyse des Nationalsozialismus «Das nationalsozialistische Stadium des Monopolkapitalismus», das von der Gestapo als «tendenziöse staatsfeindliche Wirtschaftsabhandlung» bezeichnet wurde, erreichte immerhin Gruppen in Hamburg und München.[20]

Allerdings waren diese propagandistischen Bemühungen, wie Greta Kuckhoff einräumte, nicht besonders wirkungsvoll. Die Beteiligten gingen oftmals unverrichteter Dinge wieder nach Hause, die Manteltaschen immer noch mit Flugblättern voll gestopft. Als die Repression zunahm, zerstörte die Furcht unter den Deutschen jede möglicherweise vorhandene Neigung zum Widerstand.[21] Wenn anonymes Material dieser Art im Briefkasten auftauchte, übergab der Empfänger es gewöhnlich der Gestapo. Man musste den Eindruck gewinnen, nur die Gestapo nehme die kritischen Schriften ernst.

Jenen aber, die den Wert der Propagandaarbeit in Frage stellten, die hochwichtigen nachrichtendienstlichen Tätigkeiten so viel knappe Reserven entzog, gab Schulze-Boysen eine zugespitzte Antwort: «Das müssen wir machen. Wenn die Russen nach Deutschland kommen, und sie werden kommen, und wenn sie in Deutschland eine Rolle spielen werden, dann muss nachgewiesen werden, dass es in Deutschland eine wesentliche Widerstandsgruppe gegeben hat. Sonst können die Russen mit uns machen, was sie wollen.»[22]

Die Gruppe wandte sich an ausländische Arbeiter in der Hoffnung, sie zur Revolte veranlassen zu können. Cato Bontjes van Beek und ihre Schwester warteten gewöhnlich inmitten einer anonymen Menschenmenge an einer S-Bahn-Station; sie verteilten Zigaretten, Streichhölzer, Seife, Arzneimittel und warme Handschuhe, die sie zusammen mit solchen Flugblättern in die Manteltaschen ausländischer Arbeiter steckten. Aber alle Versuche, auf diese

Weise «Fremdarbeiter» zu gewinnen, brachten nichts ein. Werner Krauss berichtet darüber: «Die psychologischen Schwierigkeiten waren sehr groß, da besonders bei den französischen Arbeitern damals die Bereitschaft zur Akkommodation oder wenigstens zu einem politischen Nicht-Widerstand sehr verbreitet war.»[23]

Unter den deutschen Fabrikarbeitern war die Reaktion positiver. Ärzte, die mit der Widerstandstätigkeit der Gruppe sympathisierten, schrieben Gefälligkeitsatteste für Regimegegner, die keinen Beitrag zur Produktion leisten wollten. Übersetzer versahen Dokumente bewusst mit Fehlern, in der Hoffnung, so Missverständnisse auslösen zu können. Günther Weisenborn konnte als Mitarbeiter des Großdeutschen Rundfunks beim Verfassen von Nachrichten bewusst Fehler einschmuggeln.

Ausgesprochen wichtig war der Gruppe das Sammeln dokumentarischer Beweise über nationalsozialistische Verbrechen. Schulze-Boysen füllte ein ganzes Regal mit Aktenordnern voller Zeitungsausschnitte über die Verbrechen der Nationalsozialisten. Er pflegte dieses Material Neulingen in seinem Kreis zu zeigen.[24] Libertas Schulze-Boysen, die in der Deutschen Kulturfilmzentrale tätig war, sammelte illegal Bilddokumente über nationalsozialistische Verbrechen – über Massenmorde an Juden und Zivilisten im Osten. Im Rahmen ihrer Arbeit sah sie sich jeden Film, der von der Front kam, genau an. Sie befragte Personen aus dem Kreis der Täter und archivierte all dies Material, «für den Zeitpunkt [...], an dem die Verbrecher für ihre Untaten zur Verantwortung gezogen werden sollten».[25] Ihre Versuche, Informationen über persönliche Kontakte in der Schweiz und in Schweden an die Alliierten weiterzugeben, stießen auf Gleichgültigkeit. Dennoch spielte genau dies bei den späteren Gestapoverhören mit den Mitgliedern der Harnack/Schulze-Boysen-Gruppe eine wichtige Rolle.

Angesichts der permanenten Belastungen durch Untergrundarbeit und Krieg sehnten sich Mildred Harnack und Libertas Schulze-Boysen nach einem friedlicheren Leben, frei von Angst. Libertas Schulze-Boysen vertraute Günther Weisenborn an, sie habe fünf Jahre lang loyal für Harro gearbeitet, «und auf jede einzelne dieser Arbeiten stand der Tod. Nach fünf Jahren konnte sie diese Angst nicht mehr aushalten. Sie wollte leben, einfach leben. Sie wollte

Liebe und Frieden».[26] Doch beide Frauen setzten ihre Arbeit fort, dabei wuchsen die Risiken von Monat zu Monat.

Im Frühjahr 1942 ließ Goebbels' Propagandaministerium eine antisowjetische Ausstellung «Das Sowjetparadies» veranstalten, die die Stimmung für den Krieg gegen die Sowjetunion aufheizen sollte. Dieses Ereignis löste eine der waghalsigsten Taten der Gruppe aus. Weil Arvid Harnack sich ganz besonders für die Reaktion der Deutschen auf die Ausstellung im Lustgarten interessierte, verbrachten die Harnacks und die Kuckhoffs dort einen halben Tag. Sämtliche Exponate machten einen grauen, farblosen Eindruck, als würde auf kommunistische Länder nie die Sonne scheinen. Erbeutete Bilder von Lenin und Stalin und halbleere Schnapsflaschen, die die Ausstellungsräume «zierten», sollten den Schmutz und die Verwahrlosung von landwirtschaftlichen Genossenschaften demonstrieren. Es waren auch Bilder zu sehen, die Strafmaßnahmen zeigten, wie sie von SS und Wehrmacht gegen Partisanen praktiziert wurden.[27]

Im Mai zogen Schulze-Boysen und 19 Männer und Frauen, meist Mitglieder des Kreises um Rittmeister, durch fünf verschiedene Berliner Wohngegenden und klebten Zettel über die Ausstellungsplakate; der Text der Aufkleber lautete: «Ständige Ausstellung/DAS NAZI-PARADIES/Krieg, Hunger, Lügen, Gestapo/Wie lange noch?»

Zwar blieb die Aktion unentdeckt. Doch geriet eine andere Gruppe, die um Herbert Baum, in die Fänge der Gestapo. Etwa 35 Jugendliche, überwiegend jüdischer Herkunft, hatten sich um Baum, der aus der Deutsch-Jüdischen Jugendgemeinschaft kam, versammelt und zu einer Widerstandsgruppe formiert. Sie verübten Mitte Mai 1942 einen Brandanschlag auf die antisowjetische Ausstellung. Zahlreiche Mitglieder der Gruppe wurden wenige Tage danach verhaftet und später zum Tode verurteilt.[28]

Mildred und Arvid Harnack hatten sich an der Klebeaktion nicht beteiligt. Harnack lehnte solche Taten ab. Aber Schulze-Boysen und seine Anhänger glaubten, einfach etwas gegen die hetzerische Ausstellung tun zu müssen. Derart riskante Unternehmungen ließen Harnack stark an seinem Gefährten zweifeln. Abgesehen von gelegentlichen Flugblattaktionen und heimlichen Gesprächsrunden hielten sich die Harnacks von allem fern, was ihre sorgfältig gepflegte Tarnung hätte gefährden können. Sie spielten weiter die Rolle des schwer arbeitenden Ehepaars.

Wegen des Krieges gab es offensichtlich kaum noch Bedarf an englischsprachiger Belletristik, daher erhielt Mildred Harnack nur noch wenige Aufträge als Übersetzerin. Das Unterrichten trat wieder in den Vordergrund. Sie lehrte nicht nur an der Volkshochschule, sondern gab seit 1942 auch Englisch als Sprachlehrbeauftragte an der 1939 gegründeten Auslandswissenschaftlichen Fakultät der Berliner Universität. An dieser Fakultät wurden Angehörige der SS und anderer Parteigliederungen auf Auslandsverwendungen vorbereitet. An den Sprachkursen nahmen auch viele Frauen teil, die Dolmetscherin oder Übersetzerin werden wollten.[29] Obwohl der Dekan der Fakultät, Professor Alfred Franz Six, Nationalsozialist und im Rang eines SS-Standartenführers Abteilungsleiter im Reichssicherheitshauptamt war, gab es unter den Lehrenden und Lernenden viele, die im Widerstand tätig waren. Dort lehrten Albrecht Haushofer, Egmont Zechlin und der Amerikanist Friedrich Schönemann. Schulze-Boysen studierte bei Six und hielt auch eine Übung für ihn ab.[30] Drei andere Studenten gehörten zur Gruppe um Harnack und Schulze-Boysen: Eva-Maria Buch, Horst Heilmann und Herbert Gollnow.

Eva-Maria Buch studierte seit dem Frühjahr 1940 an der Auslandswissenschaftlichen Fakultät. Durch ihre Freundschaft mit Wilhelm Guddorf kam sie in Berührung mit dem Widerstand. Sie übersetzte «Die innere Front» ins Französische und bemühte sich um Kontakte zu ausländischen Arbeitern.

Horst Heilmann studierte seit September 1940 bei Professor Albrecht Haushofer, ein bemerkenswerter Dichter und Dramatiker. Haushofer wurde später als Mitglied der Verschwörung des 20. Juli festgehalten. Der erst 17-jährige Hitlerjunge Horst erregte in einem Seminar durch eine hervorragende Arbeit über «Die Sowjets und Versailles» auch Schulze-Boysens Aufmerksamkeit. Unter dem Einfluss Schulze-Boysens geriet die nationalsozialistische Einstellung des Jugendlichen ins Wanken.[31] Heilmann machte Schulze-Boysen mit Haushofer bekannt, und obwohl Letzterer eine heftige Antipathie gegen den Kommunismus hegte, soll sich zwischen beiden eine Freundschaft entwickelt haben.[32] Sie diskutierten über die Möglichkeit einer Zusammenarbeit zwischen der nach «Westen» und der zum «Osten» orientierten Opposition, und es war Haushofer, durch den Schulze-Boysen und Harnack von dem geplanten Militärputsch gegen Hitler erfuhren. 1941 trat der mathematisch begabte Heilmann in eine Nachrichten-Dolmetscherschule ein. Nachdem er diese abgeschlossen hatte, meldete er sich zum Dienst in der Wehrmacht, wurde Mitarbeiter der Dechiffrierabteilung des Oberkommandos des Heeres am Matthäikirchplatz, wo er russische, deutsche und englische Funkmeldungen bearbeitete.[33]

Über Herbert Gollnow ist wenig bekannt. In den Akten von Gestapo und CIA und in Büchern, die nach dem Krieg verfasst wurden, taucht er als angeblicher Liebhaber von Mildred Harnack auf, dabei wird er entweder als naiver Jüngling oder als verblendeter Tölpel geschildert. Sicher ist nur, dass Harnack und Schulze-Boysen den Leutnant Schritt für Schritt vom Nationalsozialismus abgebracht haben, und er scheint sie mit militärischen Geheimnissen versorgt zu haben. Etwa 1938 hatte Gollnow auf eine Anzeige von Jane Donner in einer Berliner Zeitung reagiert, die Unterricht in Englisch anbot: «Studentin unterrichtet Englisch, ihre Muttersprache.» Herbert Gollnow hegte die Hoffnung, perfekte Englischkenntnisse würden für seine Karriere im diplomatischen Dienst hilfreich sein. Jane Donner, die inzwischen verheiratet war, an der amerikanischen Schule unterrichtete und an ihrer Doktorarbeit arbeitete, gab ihren Schüler schließlich an ihre Tante weiter. So gewann Mildred Harnack einen Schüler und gleichzeitig einen Neuling für den Studienkreis um die Harnacks.[34]

Auf Arvid Harnacks Vorschlag nahm Herbert Gollnow im Sommer 1941 sein Studium an der Fakultät für Auslandswissenschaften wieder auf. Durch Schulze-Boysens Beziehungen wurde er am 12. Oktober 1941 wieder einberufen, und zwar diesmal zum Amt Ausland/Abwehr.[35] Seine militärischen Vorgesetzten dachten positiv über ihn: «In seiner letzten militärischen Beurteilung wird er als gute militärische Erscheinung mit straffem militärischem Wesen und als ein charakterlich einwandfreier, geistig über dem Durchschnitt stehender Offizier mit guten Leistungen auf seinem Fachgebiet bezeichnet.»[36]

Es kann sein, dass sich die Beziehung zwischen Mildred Harnack und Herbert Gollnow im Laufe von vier Jahren zu einer Liebesaffäre entwickelte. Gollnow entdeckte an seiner Lehrerin viele Züge, die er derart bewundernswert fand, dass sie ihm «als das Idealbild einer Frau erschien».[37] Ein Richter beurteilte Mildred Harnacks Verhalten in dieser Affäre so, «dass sie weniger aus eigenem Antrieb als aus Anhänglichkeit an ihren Mann gehandelt habe».[38] Dass sie den unseligen Gollnow ins Bett lockte, um ihn über Aktionen der Abwehr auszuhorchen, scheint ihrem Charakter ganz und gar nicht zu entsprechen. Auf die Frage, ob sich Mildred Harnack auf eine Liebschaft mit Gollnow eingelassen habe, gab Falk Harnack eine ganz kategorische Antwort: «Nur wenn Liebe im Spiel war und nur mit Arvids Wissen.»[39]

Hinzu kam, dass Herbert Gollnow den Harnacks wahrscheinlich mit seinem umfassenden Wissen über die militärische Lage imponieren wollte. Als Arvid Harnack defätistische Äußerungen tat, entgegnete Gollnow mit einem Schwall von Zahlen, Tatsachen und Einzelheiten, die er im Büro aufgeschnappt hatte und die zeigten, wie gut der Feldzug gegen die Sowjetunion lief.[40]

Den Berichten der Gestapo zufolge gab Gollnow zu, Arvid Harnack über eine Sabotageaktion gegen England berichtet zu haben, die von Portugal ausgehen sollte. Außerdem teilte er Harnack im Frühjahr 1942 mit, dass die Völker des Kaukasus bereit seien, gegen die Russen zu kämpfen. Die Deutschen hätten vor, Kämpfer aus dieser Region als Luftlandetruppen einzusetzen. Er gab den Hinweis, dass Kaukasier, die der Sowjetherrschaft überdrüssig seien, die Ölfelder ihrer Heimat – ein Ziel des Vorstoßes auf Maikop im Sommer 1942 – in die Hände der Deutschen gelangen lassen wollten. So erfuhr Harnack durch Gollnow vom geplanten Angriff gegen den Kaukasus und von Luftlande- und Sabotageunternehmen hinter russischen Linien, die darauf abzielten, eine Zerstörung der Ölfelder zu verhindern.

Auch scheint Gollnow Mildred Harnack gegenüber im Herbst 1942 damit geprahlt zu haben, er selbst werde an einem Sabotageunternehmen teilnehmen, das von Norwegen ausgehe; dabei werde man zwei Iren mit dem Fallschirm über England abspringen lassen. Er berichtete auch von einem Plan der Wehrmacht, russische Kriegsgefangene beim Angriff gegen Moskau einzusetzen. Darüber hinaus erklärte er Harnack das Verfahren der Infiltration der Abwehr hinter den feindlichen Linien, er legte dar, die Deutschen seien dabei, überall in Russland ein gut organisiertes Netzwerk von Informanten aufzubauen. Er benannte sogar den Ort, an dem die Deutschen ihre Agenten aus der Luft absetzen würden.[41] Doch die meisten dieser Informationen scheinen Moskau nicht erreicht zu haben.

Selbstverständlich erwähnte Mildred Harnack ihre geheimen Tätigkeiten nicht in Briefen an Verwandte. Meist ging es darin um die Schwierigkeiten des täglichen Lebens in Berlin, etwa Nahrungsmittel zu beschaffen. Anfang Dezember 1941 schrieb sie an ihre Schwiegermutter Clara Harnack, die in Jena lebte: «Könntest du uns Kartoffeln schicken? Es ist ein beunruhigendes Gefühl, nicht zu wissen, ob der Hunger nicht doch zu weitgehend entkräftet. Wir essen Kartoffeln jetzt jeden Abend. Heute Abend hatten wir köstliche kleine Kartoffeln, die nun wie ein Wunder nach Kastanien schmeckten. Sie waren wirklich lecker. Dazu geschabten Rettich mit Salz und ein Salat aus Petersilienwurzeln.»[42] Im Weihnachtsbrief 1941 an ihre Schwägerin Amsa erwähnt sie eine Einladung zu einer privaten Vorführung des Films «Broadway Melody» für das amerikanische Seminar der Universität. Die Veranstaltung bildete eine willkommene Abwechslung in den entbehrungsreichen Kriegszeiten. Über Fred Astaire schrieb sie: «Er hatte kein schönes Gesicht, aber hatte etwas Fantasievolles, Bescheidenes und Verständnisvolles und war seiner Kunst sehr ergeben, so dass man ihn respektieren und wirklich gern haben muss. Es war auch eine wundervolle Leichtigkeit und Sorglosigkeit in dem Tanzen in den weiten leuchtenden Räumen und auf bewegten schimmernden barocken Flächen, so dass man fröhlich und freundlich erregt, wundervoll erleichtert aus der Vorstellung kam.»[43]

Angesichts des japanischen Angriffs auf Pearl Harbor am 7. Dezember 1941 und der vier Tage darauf erfolgten Kriegserklärung Hitlers gegen die Vereinigten Staaten machen diese Briefe einen aberwitzigen Eindruck. Nachdem die amerikanischen Diplomaten wichtige Unterlagen verbrannt hatten, wurden die Botschaftsangehörigen zum Bahnhof gebracht, um mit dem Zug in ein Internierungslager in Bad Nauheim zu reisen.[44] Als die letzten Amerikaner Berlin verließen, wird sich Mildred Harnack gewiss einsam und verlassen vorgekommen sein. Es geht zu Herzen, wenn man ihrer

Korrespondenz entnimmt, dass sie damals mit ihren Studenten über Emerson und Faulkner diskutierte und zwei deutsche Erzählungen von Jeremias Gotthelf ins Englische übersetzte.[45]

In jenen Monaten betrafen ihre Sorgen vor allem persönliche Dinge. Im Winter 1941/42 hatte sie eine Extrauterinschwangerschaft, ein niederschmetternder Schlag für sie. Sie wurde in einer Klinik in Nikolassee operiert, erholte sich allerdings nur langsam. Monate später schrieb sie an ihre Angehörigen in Amerika: «Ich war sehr lange krank. Zuerst hatten wir Hoffnung auf ein Kind, aber die erfüllte sich nicht. Selbstverständlich bin ich deshalb immer noch sehr traurig.»[46] Sie war damals 39 Jahre alt, lebte unter ungeheurer Anspannung und war, wie die meisten Menschen in Deutschland, unzureichend ernährt. Die beiden glücklichsten Ereignisse der Kriegsjahre waren für sie die Geburt der Babys ihrer Nichte Jane Donner und von Ursel Havemann. So schrieb eine hocherfreute Mildred Harnack: «Ich fühle mich als Frau sehr stolz, dass es ein Mädchen ist. Tochter auch einer so tüchtigen vorwärts strebenden Mutter! In meiner Familie bewundere ich die innige Tapferkeit und Liebe und Klarheit, aber auch die anhaltende Energie meiner Mutter sehr. Auch das Beispiel meiner ältesten Schwester, die tätig, unabhängig und hilfreich war und mir beistand, als ich klein war, hat viel für mich bedeutet. Ich glaube, dass der Frau eine große Zukunft [be]vorsteht – größer, als jemand zu ahnen wagt. Wenn auch große Hindernisse im Wege stehen. Sie wird lernen, ihr Erbe anzutreten.»[47]

Im März 1942 gab es eine letzte große Familienzusammenkunft bei der Konfirmation ihres Neffen. Im April, sie war gesundheitlich noch nicht ganz auf der Höhe, reiste sie zu einem längeren Erholungsurlaub nach Bayern.

Seitdem Adolf von Harnack seine Sommerurlaube hier verbracht hatte, bestanden enge Beziehungen zwischen Schloss Elmau – das sich in ein wundervolles Alpental des Wettersteingebirges in der Nähe von Garmisch-Partenkirchen schmiegt – und der Familie Harnack. Es handelte sich hier um eine Gründung eines bedeutenden Freundes Harnacks, des Religionsphilosophen Johannes Müller. Elmau vereinigte für eine Klientel von Akademikern, Beamten und ihren Familien Züge eines Sanatoriums, eines Ortes religiöser

Besinnung und einer Künstlerkolonie. Es gab Vorträge namhafter Professoren, und abends fanden Konzerte weltberühmter Musiker statt. Tanzabende und eine ständig wechselnde Sitzordnung bei den Mahlzeiten trugen zur «Durchmischung» der Gäste bei. Die Erholungsuchenden sollten hier «Körper, Seele und Geist» entspannen und die «Dinge sich entwickeln lassen». Die Mindestdauer des Aufenthalts betrug einen Monat, und es ging um «die schöpferische Entwicklung des eigenen Wesens».

Mildred Harnack war froh, weit weg von Berlin zu sein, denn auch die Reichshauptstadt war nun Bombenangriffen ausgesetzt. Am Ende ihres Aufenthalts, der sechs Wochen dauerte, kam ihr Mann zu Besuch nach Elmau. Mildred stellte fest, auch er habe von «der Ruhe und Freundlichkeit, die zum Teil eine Folge der ausgezeichneten Organisation im Haushalt dort sind», profitiert. Aus ihrem Fenster sahen sie «die Wetterwand, die am frühen Morgen perlfarben war und am Abend manchmal zartrosa wie eine Blume». Am 1. Mai fiel Schnee, aber trotzdem, so schrieb sie, unternahmen die beiden Eheleute eine lange Wanderung bis nach Garmisch: «Die Wälder und die Berge sahen wunderschön aus in dieser unerwarteten winterlichen Pracht.» Nachdem das Essen in Berlin inzwischen äußerst bescheiden war, genossen sie die reichliche Verpflegung. Sie freuten sich auf die Mahlzeiten, «weil die Speisen trotz der Fett- und Fleischarmut schmackhaft und immer anders waren».[48]

Wieder daheim, suchte Mildred Harnack alle zwei Wochen den Arzt auf, um sich weiterbehandeln zu lassen. Am 24. Mai feierten sie gemeinsam mit den Havemanns Arvid Harnacks 42. Geburtstag, dabei gab es eine Flasche Rotwein, inzwischen eine Seltenheit. Wie sich Wolfgang Havemann erinnert, machte Arvid damals zum ersten Mal einen verzweifelten Eindruck. Er benutzte die Gelegenheit zu einer «mitreißenden Ansprache über die gegenwärtigen und zukünftigen Ereignisse im Krieg. Bei der Schilderung der bevorstehenden grauenvollen Zerstörungen auf deutschem Boden, an deren Verhinderung wir mitarbeiten sollten, brach ihm die Stimme.»[49]

Bereits Monate zuvor hatten sich Auflösungserscheinungen bemerkbar gemacht, als ein grober Schnitzer der Sowjets die Berliner Gruppe bedrohte. Am 26. August 1941 (es waren zwei Monate vergangen, seitdem Moskau von Korotkows Berliner Freunden gehört hatte) schickte die Zentrale des militärischen Nachrichtendienstes (GRU) eine Anweisung an Anatoli Gurewitsch, den Leiter der GRU in Brüssel. Sie zeigt, wie verzweifelt die Chefs der zuständigen Abteilungen des militärischen Nachrichtendienstes und des Auslandsnachrichtendienstes des NKWD bemüht waren, den Kontakt mit Berlin wiederherzustellen. Die verschlüsselte Weisung enthielt einen Auftrag an Gurewitsch alias «Kent»:

> Suchen Sie in Berlin Adam Kuckhoff oder seine Frau in der Wilhelmstraße 18[50], Tel. 83 62 61, zweite Treppe links, obere Etage, auf und erklären Sie, dass Sie von einem Freund «Arvids» und «Harros» geschickt werden, den Arvid als Alexander Erdberg kennt. Erinnern Sie an das Buch Kuckhoffs, das er ihm vor dem Krieg geschenkt hat oder das Theaterstück «Till Eulenspiegel». Schlagen Sie Kuckhoff vor, für Sie, KENT, ein Zusammentreffen mit Arvid und Harro zu arrangieren. Wenn es nicht möglich ist, dann klären Sie über Kuckhoff:
>
> 1. Wann wird die Funkverbindung aufgenommen und warum funktioniert sie nicht?
> 2. Wo sind alle Freunde und wie ist die Lage? ITALIENER [Havemann], FUNKER [Behrens], LEO, KARL und die anderen?
> 3. Lassen Sie sich ausführlich informieren für die Übermittlung an Erdberg.
> 4. Schlagen Sie vor, sofort jemanden zur Verbindungsaufnahme nach Istanbul zu schicken, der sich persönlich an den (sowjetischen) Handelsvertreter wendet, oder nach Stockholm, schicken der sich persönlich an den Konsul wendet, in beiden Fällen im Namen von FUNKER.
> 5. Bereiten Sie Unterbringungsmöglichkeiten für die Aufnahme von Personen vor.
>
> Falls Kuckhoff nicht anzutreffen ist, wenden Sie sich an die Frau von Harro Schulze-Boysen, Libertas, Adresse Altenburger Allee 19, Tel. 99 58 47, erklären Sie, dass Sie von jemandem kommen, der sie gemeinsam mit Elisabeth in Marquardt kennen gelernt hatte.[51] Dieser Auftrag gilt auch, falls Sie Kuckhoff antreffen sollten.[52]

Moskau hatte den unverzeihlichen Fehler begangen, Namen und zwei Adressen per Funk mitzuteilen, so wurden in einem einzigen Telegramm «Korse», «Starschina», «Der Alte» und ihre Freunde bloßgestellt. Als der Chef von «Kent», der GRU-Agent Leopold Trepper, von diesem Verstoß gegen alle Sicherheitsregeln erfuhr, da rief er aus: «Das ist unmöglich. Jetzt sind sie alle verrückt geworden!»

Gurewitsch ist von dem Kriminalbeamten der Gestapo Heinz Pannwitz, der ihn gut kannte, so beschrieben worden: «Mittelgroß, gut gebaut, dunkelhaarig, eine hohe Stirn, volle Lippen, die einen langen, schmalen Kopf betonen. Er rauchte ununterbrochen Pfeife, und da er im Übermaß aß und trank, neigte er zu Gewichtsproblemen. Gurewitsch verkehrte regelmäßig in sehr teuren Restaurants in Paris und Brüssel, wo er manchmal drei Hauptgänge hintereinander bestellte. Wenn er Garderobe einkaufte – beispielsweise Lederschuhe –, bestellte er sie gleich in Massen. Auf diese Weise zog Gurewitsch gegen alle Regeln der Konspiration die Aufmerksamkeit auf sich. Kellner und Verkäufer erinnerten sich an ihn.[53] Gurewitschs Besuch in Berlin lässt sich aus einem Interview, das er 1992 Hans Coppi, dem Sohn des am 22. Dezember 1942 hingerichteten Hans Coppi, gegeben hat, und aus dem Verhör durch die Gestapo 1942 rekonstruieren.

Gurewitsch kam am 26. Oktober 1941 in Berlin an. Befehlsgemäß suchte er den Funker Kurt Schulze auf. Schulze war der beste Funker in Berlin. Aber er konnte sein eigenes Funkgerät nicht betreiben, weil er in seiner Wohnung keinen Strom hatte.[54]

Als Nächstes rief Gurewitsch Schulze-Boysen an, und zwar unter der Telefonnummer, die in der Mitteilung aus Moskau enthalten war. Libertas Schulze-Boysen nahm den Anruf entgegen, und der Russe sprach davon, «Elisabeth in dem Badeort zu treffen», was Libertas Schulze-Boysen zufrieden stellte. Sie war daraufhin bereit, mit ihm am U-Bahnhof Zoo zusammenzukommen. Dort fragte er nach den anderen, deren Namen und Adressen Moskau «zum Teil verstümmelt» nach Brüssel telegrafiert hatte. Libertas Schulze-Boysen antwortete ihm, «dass die fraglichen Leute sich alle wohlauf befinden».[55] Dann wollte er wissen, wie es «Choro» gehe, und sie erwiderte, er werde mit «Choro» persönlich sprechen müssen. (Mit «Choro», so vermutet der Biograf Schulze-Boysens, war nicht Harnack – «Korse» – gemeint, es handele sich vielmehr um eine verstümmelte Form der russischen Transkription des Namens Harro. Gurewitsch erinnerte sich, dass Libertas die Bezeichnung «Choro» erst verwendete, nachdem er selber das Wort benutzt hatte. Den Mitgliedern der Gruppe waren die Decknamen nicht bekannt. Im Russischen wird der Buchstabe «H» so ausgesprochen, dass er sich eher wie «CH» anhört, daher kann Harro wie «Choro» klingen.)

Er fragte dann, warum Moskau nichts aus Berlin gehört habe. Libertas Schulze-Boysen antwortete darauf, dass das Funkgerät nicht in Ordnung sei. Sie war dann mit einem erneuten Treffen zusammen mit Harro am nächsten Abend (31. Oktober) auf demselben Bahnhof einverstanden. Im Verhör erinnerte sich Gurewitsch an die Begegnung mit Libertas Schulze-Boysen in der U-Bahn-Station, danach seien sie eine kurze Strecke miteinander gegangen, und schließlich trafen sie einen Mann, den Libertas als «Choro» vorstellte. Die drei begaben sich gemeinsam in die Wohnung des Ehepaares in der Altenburger Allee. Unterwegs wurden «nur ganz allgemeine Dinge erörtert». In der Wohnung verbrachte Gurewitsch dann weitere vier Stunden mit Schulze-Boysen. Er berichtete später, er habe die folgenden «Stichworte» in sein «Notizbuch» aufgenommen:

1. Der kommende Winter (1941/42) wird nach Ansicht von Wissenschaftlern sehr hart werden. Er meinte dieses in Bezug auf Kälte und Schnee.
2. Ein Angriff auf Moskau sei nicht zu erwarten, vielmehr beabsichtige die deutsche Heeresleitung eine Offensive gegen den Kaukasus. Seine Angaben begründete er damit, dass die für die Kriegführung notwendige Ölmenge in Deutschland nicht oder nur für kurze Zeit noch vorhanden sei, aus diesen Gründen müsse man durch eine Offensive gegen den Kaukasus der Ölknappheit begegnen. Er sprach in diesem Zusammenhang von der Offensivrichtung Maikop. Weiter von den Zerstörungen der Ölgebiete durch die Russen, wenn Deutschland sich diesen Gebieten nähern würde. Er sprach

auch von den vorhandenen Brennstoffmengen und Ähnlichem.

3. Er erzählte, dass die Deutschen die englischen Spionageorganisationen auf dem Balkan aufgedeckt haben, infolgedessen müssten sich die russischen Agenten dort vor einer Zusammenarbeit mit den Engländern hüten.
4. Den Deutschen sei im Zusammenhang mit der Einnahme von Petsamo ein russischer «Talmud» («Funkschlüssel») in die Hände gefallen.[56]

Gurewitsch erinnerte sich, Schulze-Boysen nach der «örtlichen Lage des Führerhauptquartiers» gefragt zu haben. Seine zweite Frage galt «Apparaturen an Flugzeugen für die Verwendung von Giftkampfstoffen».

Schulze-Boysen beantwortete alle Fragen und wollte seinerseits wissen, wie die Informationen nach Moskau gelangen sollten. Darauf erwiderte der Gast, er werde von Brüssel aus nach Moskau funken. Gurewitsch hat noch eine weitere Einzelheit in Erinnerung behalten: Schulze-Boysen machte ihn darauf aufmerksam, dass es gefährlich sei, ihm zu schreiben, mit ihm zu telefonieren oder ihn einfach zu besuchen, weil er möglicherweise beobachtet werde. Gurewitsch könne sich leicht durch seinen Akzent verraten. Schulze-Boysen stattete Gurewitsch mit verschiedenen Adressen für schriftliche Mitteilungen aus. Der Gast wiederum gab Schulze-Boysen eine Anschrift in Paris. Für den Notfall teilte Gurewitsch zwei weitere Adressen mit: eine in Stockholm und eine in Ankara oder Istanbul.[57]

Von diesem Punkt an werden wichtige Einzelheiten immer undeutlicher. Nach Ansicht der Gestapo lieferte «Kent» der «Arvid-Gruppe» einen Sender und die Adresse eines seiner Funker in Brüssel für den Fall, dass es seinen Leuten nicht gelingen sollte, einen Funkkontakt mit Moskau aufzubauen.[58] Aber in dem Protokoll des «Kent»-Verhörs ist nirgends von einem solchen Funkgerät die Rede. Stattdessen geht es hier nur um zwei Sendeapparate, den von Coppi, der defekt war, und den eines nicht näher bezeichneten Mannes, bei dem es sich um Kurt Schulze gehandelt haben kann. Gurewitsch hinterließ den beiden sein eigenes Verschlüsselungssystem.

Mildred Harnacks Rolle bei all diesen Vorgängen bleibt undeutlich. Gurewitsch sagte aus, sich nur mit den Schulze-Boysens getroffen zu haben, niemals jedoch mit Arvid Harnack. Doch das Material über den deutschen Vorstoß gegen Maikop stammte von Gollnow, und obwohl das Beweismaterial im Prozess gegen Mildred Harnack ein anderes Datum für den Besuch von Gurewitsch trägt (nämlich August), legt es dennoch den Schluss nahe, dass sie das Verbindungsglied war:

> Als eines Tages im August 1941 Frau Schulze-Boysen bei ihr erschien und dringend ihren Mann zu sprechen wünschte, weil ein Mann aus Brüssel gekommen sei, ahnte sie zumindest, dass der Besuch des Fremden mit der geheimen Funkverbindung im Zusammenhang stand. Auf Bitten der Frau Schulze-Boysen holte sie sofort ihren Mann aus dem Amt, ohne jedoch bei dessen Besprechung mit Frau Schulze-Boysen zugegen zu sein.[59]

Gurewitsch kehrte mit Material für sieben Funkbotschaften von Berlin nach Brüssel zurück.[60] Die Moskauer Akten zeigen, dass die Gruppe Harnack/Schulze-Boysen Gurewitsch mitteilte, der deutsche Geheimdienstchef Admiral Canaris habe gegen eine hohe Bestechung einen französischen Offizier aus dem Stab von General De Gaulle als Agenten gewinnen können. Mit dessen Hilfe sei De Gaulles Spionagenetzwerk in Frankreich aufgedeckt worden; eine Anzahl französischer Offiziere sei verhaftet worden. Schulze-Boysen berichtete auch, die Deutschen hätten den größten Teil der Telegramme der Briten an die Amerikaner dechiffriert und sie seien im Besitz des Schlüssels für die Kryptogramme, die die Jugoslawen nach Moskau und England schickten.[61]

Am 23. November gab Gurewitsch Schulze-Boysens Mitteilungen über die Lage des Führerhauptquartiers «Wolfsschanze» sowie von Görings Hauptquartier in der Gegend von Insterburg an Moskau weiter; ebenso Verlustzahlen deutscher Fallschirmspringer auf Kreta sowie Angaben über Truppenverlegungen. Vom 24. bis zum 26. November schickte Gurewitsch Berichte über Vorbereitungen der Deutschen auf eine Kriegführung mit chemischen Waffen. Anschließend erhielt die Zentrale der GRU einen Bericht, in dem es hieß, das Bündnis zwischen der Sowjetunion und den Vereinigten Staaten habe nicht nur die Moral der deutschen Zivilbevölkerung, sondern auch jene der Befehlshaber der Wehrmacht erschüttert, daher war nach Schulze-Boysens persönlicher Ansicht nicht damit zu rechnen, dass der Angriff auf Leningrad fortgesetzt werde: «Die Stadt soll vermutlich zur Aufgabe durch eine totale Blockade und die Isolierung vom übrigen Land gezwungen werden. Die Angriffshandlungen werden sich in Richtung Krim und der Erdölregionen des Kaukasusvorlandes entfalten.»

Ein letzter Bericht, der vom 27. November stammt, enthält Angaben über die Produktion für die deutsche Luftwaffe und über deren Verluste.[62]

Zum Zeitpunkt der Reise von Gurewitsch nach Berlin im Oktober 1941 herrschte noch Optimismus in den Reihen der nationalsozialistischen Führung über den Verlauf des Krieges. Die Deutschen waren tief in russisches Territorium eingedrungen. Der Fall von Kiew sicherte ihnen den Zugang zu den Getreideanbaugebieten der Ukraine, Leningrad wurde belagert und die Eroberung von Smolensk schien den Weg nach Moskau frei gemacht zu haben. Doch im Oktober berichtete der GRU-Agent Richard Sorge aus Tokio nach Moskau, Japan werde mit seiner in der Mandschurei stehenden Armee die Sowjetunion nicht angreifen. Dadurch wurden gerade erst aufgestellte russische Divisionen in Sibirien freigesetzt, die nunmehr der erschöpften Wehrmacht entgegengeworfen werden konnten.

Eine der wichtigsten ermutigenden Nachrichten der Harnack-Gruppe an die Sowjets lautete, dass bei den Deutschen Treibstoff und Nachschub knapp wurden, und inzwischen stand der Winter vor der Tür. Außerdem habe die Luftwaffe schwere Verluste erlitten. Die Zuversicht im Hinblick auf einen schnellen Sieg der Deutschen sei dahin.[63]

Anfang Dezember stand die deutsche Wehrmacht etwa dreißig Kilometer vor Moskau. Doch nun wurde sie vom Einbruch des russischen Winters überrascht und zum Stillstand gebracht. Der schlammige Morast gefror zu Stein. Die deutschen Truppen waren völlig unzureichend mit warmer Kleidung ausgestattet. Hitler hatte nicht mit einem Winterkrieg gerechnet. Nun waren die Soldaten Temperaturen von minus 35 bis 45 Grad Celsius ausgesetzt. Sie litten an Erfrierungen; Hoffnungslosigkeit machte sich breit. Die

Deutschen gaben Panzer, Lastwagen und Artilleriegeschütze auf, die nicht mehr zu verwenden waren, da das Öl eingefroren war. Am 6. Dezember begannen die Russen mit einer gewaltigen Gegenoffensive.

Harnack und Schulze-Boysen versorgten Moskau weiterhin mit Informationen, beispielsweise mit Einzelheiten über die geplante deutsche Sommeroffensive: Der Vorstoß der Heeresgruppen sollte sich auf Woronesch richten, nahe dem Don, und auf die Ölfelder des Kaukasus. Nach Ansicht der Gestapo gaben diese Informationen den Russen die Möglichkeit, die erste deutsche Offensive auf Woronesch zurückzuschlagen.[64]

All dies nährt die nicht auszurottende Legende, die Rote Kapelle habe einen wichtigen Beitrag zum sowjetischen Sieg von Stalingrad im Februar 1943 geleistet.[65] Einer der Gefährten Schulze-Boysens hat sogar behauptet, hätte es die Rote Kapelle nicht gegeben, dann hätten die Deutschen mit dem Unternehmen Barbarossa Erfolg gehabt.[66]

Zweifellos lieferte die Berliner Gruppe wertvolle Informationen. Doch eine Denkschrift des NKWD vom 24. November 1941 zeigt, welche Schwierigkeiten die Russen hatten, wenn es darum ging, aus den Nachrichten, die aus Berlin kamen, Konsequenzen zu ziehen. Alle Berichte gelangten zu NKWD-Chef Berija, aber es erfolgten keine Anweisungen auf Grund von Schlussfolgerungen aus diesen Berichten.[67] Infolgedessen reagierte die Sowjetarmee nicht angemessen, was die Annahme nahe legt, dass Stalins Speichellecker die Meldungen nicht beachteten.[68] Stalin wollte Dokumente: Angriffstermine und Aufmarschpläne, Protokolle von Sitzungen der Führungsspitze im Führerhauptquartier Wolfsschanze – also genau die Art von Einzelheiten, die Schulze-Boysen nicht liefern konnte. Auf der Grundlage dessen, was wir heute wissen, hatten die Nachrichten aus Berlin überhaupt keinen Einfluss auf die militärische Strategie der Sowjetunion.

Oberst Joachim Rohleder von der deutschen Abwehr lieferte eine interessante Beurteilung. Als er nach dem Krieg gefragt wurde, ob Schulze-Boysen und seine Gefährten durch ihr verräterisches Treiben der Wehrmacht Nachteile zugefügt hätten, lautete seine Antwort, «erheblicher militärischer Schaden scheint nicht gelungen zu sein».[69] In auffallendem Gegensatz zu den wilden Behauptungen aus Spionagekreisen, aber auch von Anwälten, Richtern und Gestapooffizieren in der Nachkriegszeit lautet das Urteil dieses Fachmanns über die Gruppe um Schulze-Boysen: «Die Spionagetätigkeit wurde erbärmlich dilettantenhaft betrieben.»[70] Rohleder fährt fort: «Wie die Tatsachen zeigen, haben Schulze-Boysen und seine Helfer deshalb auch vor militärischer Spionage zugunsten Russlands nicht zurückgeschreckt. Ihre Hauptaufgabe haben alle diese Menschen aber darin erblickt, das deutsche Volk im geschilderten Geist politisch aufzuklären und alles Mögliche zu tun, das Hitlerregime in Deutschland zu beseitigen.»[71]

Der Schlussbericht der Gestapo über die Rote Kapelle behauptet, im Laufe des Jahres 1941 seien durch verschiedene Funkbeobachtungsstellen der Wehrmacht und Ordnungspolizei im Reich und in den besetzten Westgebieten etwa fünfhundert Funksprüche einiger Geheimsender aufgefangen worden; das lasse auf das Bestehen einer sowjetrussischen Spionageorganisation schließen.[72] Es kann sein, dass diese Sendungen zwar von den Deutschen aufgefangen wurden, nicht aber von den Russen. Wenn man jedoch den Akten des KGB glauben will, hat man den Eindruck, dass diese fünfhundert Botschaften von einer schwer definierbaren Gruppe von Funkern an das Zentrum bloß eine Fata Morgana waren.

Als Gurewitsch nach Brüssel zurückgekehrt war, ließ er die Berliner Informationen an die Moskauer Zentrale funken. Doch seine Gruppe war durch die zusätzliche Arbeit so überlastet, dass den Funkern keine andere Wahl blieb, als die strengen Sicherheitsvorschriften außer Acht zu lassen. Um nicht entdeckt zu werden, sollten die Funker jeweils nur für kurze Zeit im Äther sein. Doch «Kents» Station ging täglich von Mitternacht an rund fünf Stunden lang auf Sendung.[73] Dadurch gelang es den deutschen Fahndern, die Herkunft der Funksignale im Brüsseler Stadtteil Etterberg zu orten. Am 13. Dezember 1941 um 2:30 Uhr stürmten rund 35 Männer mit dicken Wollsocken über den Stiefeln eine Villa in der Rue des Atrébates 101, wo sich der Sender befand. «Kents» polnische Chiffrier-Spezialistin Sophie Poznanska, die die Funksprüche verschlüsselte, warf ihre Papiere in den Kamin, doch die Deutschen verhafteten sie gemeinsam mit Rita Arnould, die als Haushälterin und Kurier tätig war. Ein weiterer Agent zog sich bei einem Fluchtversuch Verletzungen zu. Die Deutschen beschlagnahmten das immer noch warme Funkgerät und fischten halb verbrannte Papiere mit verräterischen Zahlenkolonnen aus dem Ofen. Sie entdeckten auch eine Geheimtür, die in eine Dunkelkammer führte. Hier verbarg sich eine Fälscherwerkstatt, voll mit falschen Dokumenten, Gummistempeln, Chemikalien für die Herstellung unsichtbarer Tinte und anderen Ausrüstungsgegenständen für Spionagezwecke.[74] Leopold Trepper, der gerade erwartet wurde, hatte sich verspätet, und Gurewitsch befand sich nicht in der Villa. Beide konnten nach Frankreich fliehen, wurden aber dort verhaftet, Gurewitsch am 12., Trepper am 24. November 1941.

Nach Gurewitschs Visite in Berlin hatte Moskau versucht, den Kontakt mit Berlin über den Residenten des NKWD in Stockholm wiederherzustellen. Als das nicht gelang, befahl die GRU einem anderen Agenten mit dem Tarnnamen «Adam», von Stockholm nach Berlin zu reisen, wo er Kontakt mit dem Funker Kurt Schulze aufnehmen und ihn mit zusätzlichen Geldmitteln ausstatten sollte. Im Juni 1942 ging in Moskau die Bestätigung über die erfolgreiche Kontaktaufnahme ein. «Adam» hatte darüber hinaus fünfhundert Reichsmark in einer braunen Flasche mit einem schwarzen Verschluss unter einem Baum versteckt, etwa hundert Meter vom Brandenburger Tor entfernt.[75] Über «Adam» und Stockholm schickte Schulze eine Mitteilung nach Moskau: «Wir haben keine Anoden. Ich versuche, Batterien zu bekommen. Hans [Coppi] hat vergeblich versucht, Sie anzurufen. Wir tun, was wir können.»[76]

Berlin benötigte unbedingt einen neuen, stärkeren Sender, und Moskau hatte keine Bedenken, Agenten mit Funkgeräten per Fallschirm hinter den deutschen Linien abspringen zu lassen. Im Mai setzten die Russen auf diese Weise die deutschen Emigranten Erna Eifler und Wilhelm Fellendorf über Nordostdeutschland ab. Sie sollten Kontakt mit Ilse Stöbe aufnehmen, die aber vorübergehend in Dresden arbeitete. Dann nahmen die enttäuschten Fallschirmagenten der Sowjets Verbindung zu der Widerstandsgruppe um Bästlein in Hamburg auf. Doch schon nach wenigen Tagen war ihnen die Gestapo auf der Spur, obwohl Eifler und Fellendorf über gefälschte Papiere, Lebensmittelkarten und Geld verfügten. Mitte Oktober 1942 wurden die beiden verhaftet.

Am 5. August 1942 wurden zwei deutsche Männer, die vom NKWD zu Funkern ausgebildet worden waren – Albert Hössler und Robert Barth – in der Gegend um Briansk, nahe der ostpreußischen Grenze, mit mindestens einem Funkgerät für die Gruppe abgesetzt; und sie machten sich – vermeintlich als Soldaten auf Heimaturlaub – auf den Weg nach Berlin. Obwohl sie auf das Erscheinen dieser beiden Männer vorbereitet war, hatte die Berliner Gruppe, was nicht überraschen kann, Schwierigkeiten, Gefährten zu finden, die bereit waren, die Fallschirmspringer zu verstecken. Schließlich blieben die Männer bei den Schumachers.[77]

Hössler berichtete per Funk an den NKWD: «Gut angekommen. Habe TENOR [Kurt Schumacher] getroffen und mit Harro gesprochen. Alles steht günstig. Die antifaschistische Gruppe ist beträchtlich angewachsen und arbeitet aktiv. Das Funkgerät funktioniert, aber aus unerklärlichen Gründen kommt trotzdem keine Verbindung zustande. Nach Erhalt des Signals über den Empfang des Funkspruchs werde ich zusätzlich eine Information von KORSIKANETZ [Arvid Harnack] und STARSCHINA [Harro Schulze-Boysen] absetzen. Gegenwärtig ist meine Unterbringung gesichert.»[78] Das war die letzte Nachricht, die von der Berliner Gruppe in Moskau eingehen sollte.

Unter dem Mathematiker Studienrat Wilhelm Vauck beschäftigte sich seit Dezember 1941 am Matthäikirchplatz in Berlin eine Reihe von Entschlüsselungs-Spezialisten mit den Funkbotschaften auf angekohltem Papier, die man im Kamin der Brüsseler Villa gesichert hatte. Um den russischen Schlüssel zu «knacken», benötigte man jedoch sieben Monate und eine gehörige Portion Glück.

Aus den Papierfetzen schlossen die Deutschen, dass die Russen ein Schachbrettsystem benutzten, das sich auf ein so genanntes Schlüsselbuch stützte. Aus der Häufigkeit von bestimmten Vokalen leiteten sie ab, dass es sich um ein Buch in französischer Sprache handeln müsse. Durch mathematische Analyse folgerten sie, dass ein Schlüsselsatz den Namen «Proctor» enthielt.[79]

Inzwischen erwiesen sich die in Brüssel verhafteten russischen Agenten als sehr tapfer und bewahrten Stillschweigen. Die Chiffrierin Sophie Poznanska beging lieber im Gefängnis von Saint-Gilles Selbstmord, als ihr Geheimnis zu verraten. Doch die Haushälterin Rita Arnould redete: Drei Agenten hätten sehr häufig in Büchern gelesen, die sie auf den Tischen liegen ließen. Und ihr fielen die Titel einiger der Werke ein, die an Sophie Poznanskas Platz gelegen hatten. (Durch eine Nachlässigkeit der Deutschen, die es unterlassen hatten, die Bücher zu beschlagnahmen, gelang es Trepper, diese durch einen Vertrauten beiseite schaffen zu lassen.) Nun durchkämmten die Deutschen die Pariser Antiquariate. Am 14. Mai 1942 bekamen sie das Werk in die Hände, auf dem der russische Schlüssel basierte: «Le Miracle du Professeur Wolmar» von Guy de Teramond.[80] Dieser im Jahr 1910 verfasste Roman erfüllte die Bedürfnisse des sowjetischen Geheimdienstes; er hatte keine sehr weite Verbreitung und war niemals im normalen Buchhandel zu kaufen gewesen; er hatte vielmehr als Präsent an Abonnenten der Zeitschrift *Le Monde illustré* gedient.[81]

Dann hatten die Deutschen erneut das Glück auf ihrer Seite. Am 30. Juni verhafteten sie Johann Wenzel, einen weiteren Funker im Dienst der Sowjets, nach einer Schießerei in einem Vorort von Brüssel. Nachdem er schwer gefoltert worden war, brachte man ihn im Juli nach Berlin. Mitte Juli hatten die Deutschen den verhängnisvollen Funkspruch aus Moskau vom 26. August 1941 an «Kent» [Gurewitsch] entschlüsselt, der die Namen und Adressen des Berliner Netzwerks enthielt.[82] In der Hoffnung, das gesamte Netz ausheben zu können, wartete die Abwehr zunächst ab, beobachtete und beschattete Besucher, belauschte Telefongespräche. Nach dem Bericht von Walter Schellenberg standen im Spätsommer allein in Berlin mehr als fünfzig Personen unter Überwachung.[83] Durch Entschlüsselung des Funkverkehrs wurde den Deutschen klar, wie tief Harnack und Schulze-Boysen in die politischen, wirtschaftlichen und militärischen Hierarchien des Dritten Reichs eingedrungen waren.

Bei einem Verhör durch die sowjetische Spionageabwehr nach dem Krieg schilderte einer der beteiligten Gestapobeamten die Überwachungstechnik und die Umstände der Verhaftung der Gruppe:

> Über das Polizeipräsidium Berlin erhielten wir Fotografien dieser Personen und ordneten für sie eine sorgfältige Außenbeobachtung an, die ergab, dass diese Personen untereinander in

Verbindung standen und Schulze-Boysen außerdem noch Verbindungen zu dem Holzbildhauer Schumacher unterhielt. Besonders interessant war der Kontakt von Schulze-Boysen zu einem jungen Mitarbeiter der Dechiffrierabteilung des OKW. Den Namen dieses Mannes habe ich vergessen. Ein letzter Umstand zwang uns, mit einer vorzeitigen Verhaftung zu beginnen, weil die weitere Untersuchung zu einem Misserfolg zu werden drohte, da Schulze-Boysen durch seinen Bekannten aus der Dechiffrierabteilung gewarnt hätte werden können.[84]

Der junge Mann, der der Gestapo Anlass zur Eile gab, war Horst Heilmann, Mitglied der Dechiffrierabteilung. Nach einem Segelwochenende auf Schulze-Boysens Boot *Duschinka* im August auf dem Wannsee zog Schulze-Boysen seinen früheren Studenten ins Vertrauen. In diesem Moment will Heilmann erkannt haben, dass Schulze-Boysen für die Russen arbeitete «und dass er wenn auch nicht selbst eine unmittelbare Verbindung mit Moskau, so doch eine solche mit Leuten hatte, die ihrerseits mit Moskau in Verbindung standen».[85] Heilmann fand sich bereit, seinem Mentor beizustehen, und er offenbarte ihm, dass die Brüsseler Funksprüche von der Abwehr entschlüsselt worden waren und außerdem die meisten Funkschlüssel sowie die Namen einiger russischer Agenten bekannt waren. Als er am nächsten Tag zur Arbeit ging, hielt Heilmann nach Meldungen Ausschau, die die Namen Kuckhoff, Harnack und Schulze-Boysen enthielten. Da erkannte er, dass seine Freunde, die Schulze-Boysens, entlarvt worden waren.[86]

Die Gestapo hatte erkannt, dass Eile angesagt war. Schulze-Boysen wurde am Montag, den 31. August, in seinem Büro verhaftet.

Im August 1942 schrieb Mildred Harnack, während sie nach Unterkünften für die Fallschirmspringer aus Russland suchte, an ihre Familie in Washington (der Brief wurde über die Schweiz hinausgeschmuggelt), sie und Arvid hätten sich ein kleines Ferienhäuschen an einem einsam gelegenen See in Bad Saarow angeschafft.[87] Arvid arbeite, so berichtete sie, «Tag und Nacht», und sie fügte hinzu: «Sein ganzes Leben widmet er seiner Arbeit.» Sie hielt Vorträge über amerikanische Literatur,[88] hatte viel Freude an den Werken von Lincoln und Whitman und übersetzte für einen Verlag die Werke von Goethe. Die letzten Zeilen von Mildreds Brief klingen wie ein Abschied:

> H[arriette], du hattest vor ein paar Tagen Geburtstag und ich habe so viel an dich gedacht. Ich würde dich so gern sehen, meine Liebe, meine liebe große Schwester. Ich danke dir für all die Liebe in der Vergangenheit.
>
> Ich hoffe, wir bleiben alle möglichst gesund, damit wir einander glücklich wieder sehen. Obwohl wir voneinander getrennt sind, sollten wir nicht besorgt oder ängstlich sein. Wir können alle glücklich leben, wenn wir uns aufrecht halten und Sorgen und Ängste nicht in unsere Herzen dringen lassen.[89]

Ein letzter Blick auf Mildred Harnack stammt von Inge Havemann, die sich sehr lebhaft an deren letzten Besuch in Inges Haus am Hundekehlensee erinnert: «Wir lebten damals in jenem verschwiegenen Chauffeur-Häuschen am Hundekehlensee, das später dem Krieg zum Opfer fallen sollte. Wir saßen unten am schmalen Steg – die Jungens tauchten nur selten blitzartig an der Wasseroberfläche auf –, und Mildred genoss Himmel, Wasser, Sommerluft wie ein erstes Erlebnis. Wir sagten wenig. Sie schien so müde, doch langsam löste sich die innere Spannung, und ihr helles Lachen erklang. Später lag sie dann oben im kleinen Haus am geöffneten Fenster und sprach mit vorsichtigen Worten von der Unruhe, der Angst, die ihr Leben erfüllte, auch von der Sehnsucht nach der fernen amerikanischen Heimat, nach ihrer Mutter. Sie schien erschöpft und beruhigt. Hier draußen war Friede. Nun kamen Nacht und Schlaf. Für Mildred nicht. Ich erreichte sie gerade noch, als sie behutsam die Haustür öffnete, und konnte sie nicht halten. Sie musste zu Arvid. So war es immer. Ihr Platz war bei ihm.»[90]

Am 23. August wurde Stalingrad zu einem Inferno. Die Luftwaffe begann mit pausenlosen Flächenbombardements den deutschen Angriff auf die Stadt. Fast 40 000 Einwohner kamen um, die 6. Armee behauptete, 26 500 Gefangene gemacht zu haben.

Am 24. August 1942 traf Falk Harnack seinen Bruder in Berlin.

Er war aus Chemnitz gekommen, wo er als Soldat stationiert war. Arvid, der in der Regel gefasst und ruhig war, machte einen nervösen Eindruck. Gemeinsam durchsuchten sie die Wohnung nach Mikrofonen. Nachdem sie nichts dergleichen gefunden hatten, begaben sie sich trotzdem vom Arbeits- ins Schlafzimmer. Dort diskutierten sie darüber, ob man die Zentrale der Gruppe an einen Ort außerhalb Deutschlands verlegen könne. Arvid Harnack hielt dies für unzweckmäßig: Man müsse am Brennpunkt der politischen Ereignisse bleiben. Sie sprachen auch über einen geeigneten Namen für die Organisation. Obwohl das jahrelang kein Thema gewesen war, hatte Arvid Harnack nun das Gefühl, dies könne ein wichtiges Instrument bei der Rekrutierung sein, ein Sammelpunkt für ein breites Spektrum von Antifaschisten.[91]

Die Harnacks hatten einen zweiwöchigen Urlaub gemeinsam mit den Zechlins geplant, den sie in Preil, einem Seebadeort auf der Kurischen Nehrung in der Nähe von Königsberg in Ostpreußen, verbringen wollten. Gemeinsam mieteten sie ein Fischerhäuschen am Haff. Obwohl sie einander in Berlin fast täglich sahen, freuten sich Arvid Harnack und Egmont Zechlin auf eine ruhige «Aussprache». Zu diesem Zeitpunkt, 14 Monate nach Beginn des Angriffs auf die Sowjetunion, stimmten sie, wie Zechlin berichtete, darin überein, dass dem sinnlosen Krieg ein Ende bereitet werden müsse. Da die Alliierten mit Hitler nicht verhandeln würden, könne der Krieg, so ihre Ansicht, nur von Leuten beendet werden, die dazu legitimiert waren, also von der Opposition.

Im Laufe des Winters hatten sie täglich beim Mittagessen miteinander über die Lage diskutiert, Arvid Harnack hatte dabei prophezeit, «dass jeder von uns sich einmal entscheiden müsse, ob er östlich oder westlich der Elbe leben wolle». Harnack vertrat die Ansicht, Stalin würde ein Übereinkommen mit den Deutschen einem solchen mit den Engländern und Amerikanern vorziehen, Letztere dagegen würden aus einem fortgesetzten deutsch-russischen Konflikt Vorteile ziehen. Und um dies zu vermeiden, da war sich Harnack sicher, «würde uns Stalin auch Konzessionen machen». Zechlin, der mit Albrecht Haushofer und Adam von Trott zusammenarbeitete, die Kontakte in England hatten, wirkte weiterhin als Verbindungsmann zwischen diesen beiden und Harnack, um das gemeinsame Ziel einer Ausschaltung Hitlers zu fördern. Zu diesem

Zweck hatte er kurz zuvor Haushofer mit Harnack zusammengebracht. Die beiden stimmten darin überein, dass Verhandlungen, ob nun mit dem Osten oder dem Westen, so bald wie möglich beginnen sollten, nämlich solange Deutschland noch keine Niederlage erlitten hatte.

Beim Wandern in den Elchbrüchen der Nehrung, weit weg von Berlin, wollten Harnack und Zechlin darüber sprechen, wie man unter Wahrung der deutschen Souveränität den Krieg beenden und Hitler ausschalten könne. Doch der Urlaub an der Nehrung sollte sich keineswegs als so erholsam erweisen, wie sie es sich erhofft hatten.

Die Harnacks kamen am 5. September in Preil an, einen Tag früher als die Zechlins. Mit kurzen Hosen bekleidet und mit einem Rucksack ausgestattet, holte Arvid Harnack die Zechlins von der Schiffsanlegestelle im nahe gelegenen Nidden ab. Am Abend schlenderten beide Ehepaare durch den Ort Preil, die Frauen gingen voran: Unter laubraschelnden Bäumen und begleitet vom fernen Rauschen des Meeres, begannen die Männer ihr Gespräch. Ein ungezäumtes Pferd, das nach Hause strebte, kam vorbei und veranlasste Arvid Harnack zu der Bemerkung, wie wunderbar es sei, frei zu sein, abgeschieden in der Natur und frei von den Intrigen der Großstadt zu leben. Er freute sich sehr auf die paar Urlaubstage.

Harnack war sehr an einem ausführlichen Gespräch interessiert, aber eine Windbö kündigte ein Gewitter an. Da sie eilig nach Hause strebten, bevor es zu schütten begann, gab es keine Möglichkeit, das Gespräch zu Ende zu führen.

Als Zechlin «am nächsten Morgen auf den Hof ging, stand [Harnack] dort in Hemdsärmeln und unterhielt sich mit einem fremden Herrn. Und dann sah ich auch, dass noch einige andere Männer am Gartenzaun standen. Er sagte zu mir in ruhiger, etwas gedehnter Art: ‹Die Herren hatten eine Frühstücksverabredung mit einer Dame und wussten nicht mehr, in welchem Hause sie wohnte.› Ein leiser spöttischer Unterton lag freilich schon in seinen Worten. Da zog einer der Herren aber seine Blechmarke und sagte zu mir: ‹Wir sind die Fremdenpolizei. Wie sind hier dabei, den Ort mal durchzukämmen.› Noch argwöhnte ich nichts und sagte, während die beiden in Harnacks Zimmer gingen: ‹Da will ich doch gleich mal unsere Ausweise holen!› Dorthin kam dann auch einer der Männer, sah sich unsere Ausweise an und sagte so nebenher: ‹Wir haben auch Auftrag, dem Oberregierungsrat Harnack Bescheid zu sagen, dass er in seinem Ministerium gebraucht wird›, worauf Anneliese naiv sagte: ‹Aber da brauchen die doch bloß zu telegrafieren!› Dann fragte er noch, ob wir uns mit jemandem hier verabredet hätten, und ich erwiderte: ‹Ja natürlich, mit Harnacks.› Unmittelbar darauf ging ich von unserem auf der Rückseite des Hauses gelegenen Zimmer durch den Vorgarten nach vorn. Als ich nach kurzem Klopfen die Tür zu Harnacks Zimmer aufmachte mit den Worten: ‹Nach diesen aufregenden Ereignissen wollen …›, sah ich sie beide inmitten von drei Männern am Packen. Harnack trat auf mich zu und sagte ruhig: ‹Wir fahren mit den Herren nach Berlin. Ich werde im Ministerium gebraucht.› … Und nach einer Pause: ‹Es ist eine Schande, was einem in Deutschland …› In diesem Augenblick trat einer der Männer dazwischen. Ich drängte mich aber doch in das Zimmer und erklärte – nun war mir ja alles klar –: ‹Zunächst habt ihr noch gar nicht gefrühstückt.› Ich war dabei ganz ruhig, so wie im Felde, wenn es gefährlich wird, und ich suchte etwas Zeit zum Überlegen. Zunächst wollte ich nahe an ihn heran für den Fall, dass er mir etwas zuflüstern wollte. Aber die drei oder vier Leute bewegten sich ganz zwanglos und unauffällig, aber so, dass sie immer im richtigen Augenblick gerade wieder dazwischen standen. Auch als ich Mildred beim Packen helfen wollte, drängte sich einer heran und sagte: ‹O bitte, ich helfe Ihnen ja gern!› Er bot ihr auch eine Zigarette an, und als sie zögerte: ‹Aber nehmen Sie nur, das tut gut.› Ich bestand nun, auf die Maskierung mit der Fahrt zum Ministerium eingehend, darauf, dass jetzt erst gemeinsam Kaffee getrunken würde, und forderte die beiden auf, mit mir zu kommen. Schließlich sagte Harnack zu mir: ‹Die Herren sind sehr freundlich. Sie haben auch noch nicht Kaffee getrunken. Gehen Sie doch voraus, und wir kommen dann alle nach.› So ging ich denn hinaus und ging mit Anneliese zum Lokal. Dort packten wir die Kaffeekanne und das Übrige zusammen, kehrten zurück und bauten alles auf den Tisch auf, während weiter gepackt wurde. Als ich Mildred zum Tisch führte, schlug sie einen Augenblick die Hände vor das Gesicht und stöhnte: ‹Welche Schande, oh, welche Schande.›»

Harnack und Zechlin sprachen weiter miteinander in Gegenwart des Polizisten, der ganz in ihrer Nähe stand. Zechlin unternahm den Versuch, Harnack zu versichern, dass es sich hier nur um ein Missverständnis handele. Er werde sich mit den zuständigen Leuten der Auslandswissenschaftlichen Fakultät in Verbindung setzen, und die Sache werde dann geklärt werden.

Mildred Harnack beendete das Packen, dann machte sie die Betten. Schließlich griff sie nach einer Vase, die sie mit Blumen gefüllt hatte, sie schaute sich nachdenklich im Raum um und stellte sie dann vorsichtig auf den Tisch. Sie zog das Tischtuch stramm, ließ dann nochmals ihre Blicke im Zimmer umherschweifen, um sicher zu sein, dass alles in Ordnung war. Dann gingen die Harnacks.

Die Zechlins versuchten mitzugehen, aber der ranghöhere Gestapobeamte, der sie außerordentlich höflich behandelt hatte, wandte sich nun in ganz anderem Ton höchst formell an Zechlin:

«Herr Professor, ich halte Sie für zu klug, als dass Sie nicht wüssten, was hier vorgeht. Ich habe Anweisung, diese Angelegenheit so unauffällig wie möglich durchzuführen. Das ist nun infolge Ihrer Anwesenheit nicht ganz gelungen. Ich mache Sie aber darauf aufmerksam, dass Sie jedermann gegenüber über alles, was Sie gesehen und gehört haben, zu schweigen haben – andernfalls werden wir Sie verhaften müssen.»

Dann blickte er Anneliese Zechlin an und sagte: «Gnädige Frau, für Sie gilt dasselbe.»

Jetzt kämpfte Zechlin um Fassung und erklärte: «Diese beiden sind Fakultätskollegen von mir. Sie werden mir nicht verwehren können, dass ich auf schnellstem Wege der Fakultät Mitteilung von der Angelegenheit mache.»

Der Beamte antwortete, das würde nicht erlaubt – man werde alle Telefonate zu verhindern wissen. Doch als er sich umwandte, konnte Zechlin Arvid deutlich machen, dass er alles in seiner Macht Stehende tun werde, um ihm zu helfen.

Als sie den Raum verließen, verabschiedete sich Zechlin von Mildred Harnack mit einem Handkuss. Zuletzt blickte der Professor Arvid Harnack direkt ins Gesicht. Sehr bewegt sagte Harnack nun: «Lieber Egmont, ich danke Ihnen für alles, auch für heute.» Das war das erste Mal, dass er den Freund, den er schon seit zehn Jahren kannte, beim Vornamen nannte.[92]

*Die folgende Begegnung fand 1990 in Selent statt.*
*Falk Harnack hatte Egmont Zechlin als Arvids «vertrautesten Freund» bezeichnet. Die Zechlins wohnten zuletzt in Selent, einer holsteinischen Kleinstadt in der Nähe von Kiel. Als ich aus Hamburg anrief, erhielt ich sofort eine Einladung.*

*Nach dem Krieg war Zechlin wieder als Hochschullehrer an der Universität Hamburg tätig. Während des Gespräches erinnerte er mich häufig daran, dass er Historiker und nicht zuletzt ein Biograf Bismarcks war. Da er sich sehr stark dessen bewusst war, wie unzuverlässig das Gedächtnis ist, wollte er nicht, dass seine Erinnerungen – oder Spekulationen – mit den Tatsachen verwechselt würden, die er 1945 berichtet hatte. Ich musste ihn regelrecht beknien, eine Tonbandaufnahme unseres Gesprächs machen zu dürfen. Da wir miteinander deutsch sprachen, fürchtete ich, dass mir Einzelheiten entgehen und meine Zitate daher ungenau sein würden. Schließlich gab er meiner Bitte nach, bestand aber darauf, Teile seines Aufsatzes «Erinnerung an Arvid und Mildred Harnack» ins Mikrofon sprechen zu dürfen.*

*Anneliese Zechlins persönliche Erinnerungen standen in lebhaftem Gegensatz zur «offiziellen» Version ihres Gatten. Sie war eine Landärztin, deren Praxis sich in dem behaglichen Haus des Ehepaares befand.*

*Wir begannen, indem wir über den ersten Eindruck sprachen, den sie von Mildred Harnack gehabt hatten.*

*«Das weiß ich nicht, aber sie war wunderschön», erinnerte sich Zechlin. Seine Frau fügte das Wort* besinnlich *hinzu: «Sie war ernsthaft, eine nachdenkliche Person, eine sehr sensible, taktvolle, künstlerisch begabte Frau. Als sie uns einmal in Wannsee besuchte, zitierte sie Goethes Gedicht ‹Über allen Gipfeln ist Ruh›. Sie tat das auf Englisch, und für mich war das wunderbar, und ich dachte, nun haben wir dieses Gedicht in ihrer Übersetzung auf Englisch. Es vermittelte ein Vorgefühl ihres Todes. Wie begann das Gedicht doch gleich? … Über allen Gipfeln ist Ruh? ‹Calm is over the hilltops … You feel not a breath.› Ich sehe sie immer noch, wie sie vor mir stand, während sie die Verse sprach: ‹Wait, soon you be calm too.›»*

*«Sie war eine fanatische Hitler-Gegnerin», fuhr Frau Zechlin fort. «In jeder anderen Hinsicht war sie vor allem Amerikanerin. Als Ehefrau folgte sie ihrem Mann. Arvid war zufällig bei uns, als der Krieg zwischen Japan und Amerika ausbrach, und Pearl Harbor versetzte ihn in Wut. Beide waren sehr, sehr zornig.»*

*Anneliese Zechlin erinnerte sich, vor dem gemeinsamen Urlaub auf der*

*Nehrung Mildred nach ihrer Extrauterinschwangerschaft in der Klinik in Nikolassee besucht zu haben. «‹Mildred vertraute mir an, sie habe viele Sorgen mit ihrem Mann. Er sei des Nachts nie zu Hause.› Und ich war so dämlich, dass ich nicht verstand, dass er sich mit Leuten aus dem Widerstand traf. Er arbeitete im Untergrund. Arvid kam immer sehr spät nach Hause, und Mildred hatte Angst um ihn. Ich war so dumm zu denken, er sei ihr untreu. Da fragte ich sie: ‹Glauben Sie, dass er eine Freundin hat?› Und sie antwortete: ‹Nein, das ist es nicht.› Ich war damals unglaublich naiv. Ich war noch Medizinstudentin und habe über all das nicht weiter nachgedacht. So sagte ich nur: ‹Kommen Sie mit uns auf die Kurische Nehrung, in ein paar Wochen wollen wir dahin fahren, um uns ein wenig auszuruhen.› Die Harnacks stimmten dem Vorschlag sehr schnell zu.»*

*Ich fragte dann, ob die Zechlins irgendeine Vorstellung von der Widerstandstätigkeit der Harnacks hatten.*

*«Nein», antwortete Anneliese Zechlin mit Nachdruck.*

*Ihr Gatte sah das nicht so: «Ich muss das ganz anders betrachten. Das Wort ‹Widerstand› kam erst nach dem Krieg auf. Es wurde damals nie benutzt, denn es war viel zu gefährlich, aber wir alle sprachen die ganze Zeit über die Lage und natürlich auch über Hitler. Und natürlich durfte das nie jemand hören.»*

*Ich wollte dann wissen, ob sie auch andere Urlaube mit den Harnacks verbracht hatten.*

*«Nein, aber sie besuchten uns häufig in Wannsee und blieben über Nacht. Auch in Marburg sind wir viel zusammen gewesen. Aber das können Sie in meinen Erinnerungen lesen; da steht alles drin.»*

*Anneliese Zechlin ergriff wieder das Wort: «Nun möchte ich Ihnen aber etwas ganz Persönliches über Mildred Harnack erzählen. Die beiden hatten uns in Wannsee besucht. Wir haben einen netten Abend miteinander verbracht und haben ein wenig getrunken. Sie waren so gelöst, dass sie nicht mehr nach Hause fahren wollten. Sie wohnten in Berlin Mitte und wir in Wannsee, die S-Bahn fuhr um diese Zeit noch, und ich war echt überrascht.*

*‹O nein, ich kann nicht mehr nach Hause fahren›, sagte sie. ‹Haben Sie kein Bett für mich übrig?› Selbstverständlich hatten wir ein Bett für die beiden. So blieben sie in jener Nacht bei uns, wie sie eben gekommen waren, ohne Zahnbürste oder dergleichen. Sie krochen ins Bett und schliefen glücklich ein, wie sie eben waren – ganz unbürgerlich. Am nächsten Morgen war sie vollkommen glücklich und entspannt. Das war möglicherweise auf die*

*Angst zurückzuführen, in jener Nacht vielleicht daheim verhaftet zu werden, und auf diese Weise war sie eben nicht zu Hause, sondern in Sicherheit.»*

*Wir sprachen dann über die letzte gemeinsame Zeit der beiden Paare auf der Kurischen Nehrung.*

*«Am Abend, bevor sie verhaftet wurden, haben wir gemeinsam eine Wanderung gemacht», fuhr Anneliese Zechlin fort. «Wir waren unmittelbar nach jenen Ereignissen der Ansicht, die Harnacks müssten auf dem Weg zur Nehrung gewusst haben, dass sie dort möglicherweise verhaftet würden – daher haben sie sich ganz schnell zu dieser Reise entschlossen. Sie hatten eine Warnung erhalten und sie wollten sich in Schweden in Sicherheit bringen. Wir diskutierten darüber, ob sie mit einem Fischkutter nach Schweden fahren könnten.»*

*Arvid Harnack hatte möglicherweise eine Warnung erhalten, dass sie beschattet würden. Daher hatte er die Einladung der Zechlins zu einem gemeinsamen Urlaub an der Ostsee sehr bereitwillig angenommen.*

*«Aber das war eine reine Hypothese. Ich habe unlängst wieder mit Falk Harnack darüber gesprochen», sagte Zechlin zu mir.*

*«Falk hatte auch diesen Verdacht, denn Arvid hatte ihn [Wladimir] Semjonow vorgestellt [damals Diplomat an der Botschaft in Berlin], der später an der Botschaft in Schweden tätig war.*

*Dann gab es [bis Juni 1941] noch Erdberg [Korotkow] und es gab noch zwei andere Leute an der Sowjetbotschaft, mit denen ich häufig zu Mittag gegessen habe: Bessonow und Hirschfeld, über den man nichts Genaues weiß. Hirschfeld war der Pressesprecher. In der Zeit vor dem Krieg mit Russland war ich häufig mit den Leuten von der russischen Botschaft zusammen. Harnack hat das arrangiert.*

*In der Botschaft gab es noch einen Beamten, den ich ein wenig kennen lernte, Semjonow, bis vor fünf Jahren war das ein hohes Tier, der große Sowjetbotschafter, Moskaus Mann in Bonn. Ich habe ihm einen Brief zum Thema Arvid geschrieben. Ich habe ihn einiges gefragt, aber die Russen sagen nie etwas. Selbst wenn man zwanzig Jahre als Historiker tätig ist, bekommt man immer noch eine dumme Antwort. Semjonow war in Stockholm, als Aleksandra Kollontai dort Botschafterin war. In diesem Brief habe ich geschrieben, dass wir gemeinsam am Abend zuvor eine Wanderung unternommen hätten, aber ein Gewitter habe unser Gespräch unterbrochen und die Harnacks wurden am Morgen danach verhaftet. Ich habe später oft darüber nachgedacht. Ich wusste von Arvids Verbindungen mit Stockholm*

*… Wo, wann und wie?»*

*Ich wollte wissen, ob das vor dem Krieg mit der Sowjetunion war.*

*«Ja, vor dem Krieg. Aber nach dem Krieg erfuhr ich, aber nur in meiner Eigenschaft als Forscher, dass Semjonow während des Krieges an der Botschaft in Stockholm tätig und dort für deutsche Angelegenheiten zuständig war. Daraus zog ich den Schluss, dass Harnack mir noch etwas über seine Verbindungen mit Stockholm hatte sagen wollen. Aber dazu kam es nicht. Als Historiker habe ich dann versucht, mehr über die Zusammenhänge herauszufinden. Ich habe eine Menge Material in schwedischen Archiven über Semjonow und Kollontai durchgesehen, es gab viele Vermutungen darüber, dass Frau Kollontai einen Separatfrieden zwischen Deutschland und Russland zustande bringen wollte. Aber von Semjonow kam nie eine Antwort. Falk Harnack fragt mich stets nach diesen Zusammenhängen.»*

*Ich fragte dann nach Mildred Harnacks angeblicher Affäre mit Herbert Gollnow.*

*«Ich habe mich auch für die Feststellung in den Gestapo-Akten interessiert, in der es heißt: ‹*… dass dieses Verhältnis so weit gegangen sei.› *Ich kann mich nicht mehr wortwörtlich an die Formulierung erinnern. Angeblich erröteten sogar die Mitarbeiter der Gestapo bei Themen dieser Art, daher wäre es von höchster Bedeutung gewesen, wenn in den Prozessprotokollen irgendetwas in dieser Hinsicht enthalten wäre. Vor allem kommt es darauf an, zu begreifen, wie dieses Gerücht entstehen konnte. Vielleicht wollte Gollnow im letzten Augenblick deutlich machen, dass die Schuld nicht bei ihm lag. Sie verführte ihn. Sie war eine schöne Frau; sie hätte auch mich verführen können. Sie war wunderschön, sinnlich, sensibel, gebildet, eine Literatin, es war ein Vergnügen, sich mit ihr zu unterhalten. Jedes Gespräch mit ihr ging ungewöhnlich in die Tiefe. Wenn Sie eine Biografie über Mildred schreiben wollen, ist es sehr wichtig, diesen Nimbus zu begreifen …»*

*Dann fragte ich nach der Ehe der Harnacks.*

*«Sie machten den Eindruck, ineinander verliebt zu sein. Wenn irgendetwas hinter dieser Geschichte steckt, dann hat sie vielleicht eine Affäre gehabt, aber nicht von der Art, wie sie geschildert wird. Arvid war möglicherweise ein solcher Fanatiker, dass er zu seiner Frau sagen konnte: ‹Warum lässt du dich nicht mit diesem Mann ein, um etwas herauszufinden?› Das ist die einzige Erklärung, die ich mir dafür vorstellen kann. Sie waren ganz sicher sehr ineinander verliebt.»*

*Unser Gespräch am Nachmittag wurde durch Spaziergänge im Garten hinter dem Haus unterbrochen. Egmont Zechlin, der inzwischen 93 Jahre alt war, hatte Kreislaufprobleme. Er beendete unser Gespräch, indem er auf seinen Erschöpfungszustand aufmerksam machte: «Es ist zu lange her, und wir haben über zu viele Themen gesprochen.»*

# 15

# Die Frau in Zelle 25

Einzelzelle im Gefängnis an der Prinz-Albrecht-Straße 8 zu Ende des Krieges

Die Kriegserklärung der Vereinigten Staaten und das militärische Wiedererstarken der Sowjetunion hatten die Gruppe optimistisch gestimmt. Ihre Mitglieder waren überzeugt, dass sich ganze Bevölkerungsteile erheben würden, wenn sich das Kriegsglück gegen die Deutschen wenden würde. Die Gruppe lebte auch wegen ihrer so gut platzierten militärischen Informanten wie Ernst Heilmann, Schulze-Boysen und dessen Vertrautem, Oberst Erwin Gehrts im Reichsluftwaffenministerium, in einem nicht gerechtfertigten Gefühl der Sicherheit. Die Verhaftungen erfolgten für sie vollkommen überraschend.[1]

Nachdem Harro Schulze-Boysen am 31. August 1942 in seinem Büro festgenommen worden war, versuchten Heilmann und Libertas Schulze-Boysen besessen, die anderen zu warnen. Kompromittierende Schriftstücke wurden verbrannt. Aber es war bereits zu spät. Es verging keine Woche, da waren Heilmann und die Harnacks verhaftet; Libertas Schulze-Boysen wurde aus einem Zug geholt, mit dem sie zunächst nach Traben-Trarbach an der Mosel fliehen wollte. Am 12. September befanden sich weitere 18 Verdächtige in den Kellern der Gestapo, darunter die Coppis, die Kuckhoffs, die Schumachers und die Graudenz'. An Mildred Harnacks vierzigstem Geburtstag wurde ihr früherer Schüler Karl Behrens an der Ostfront verhaftet; zwölf weitere Verdächtige wurden in Berlin gefasst. Als die dritte Woche begann, hatte die Gestapo Arvid Harnacks Stiefneffen Wolfgang Havemann und Mitglieder der Gruppe um John Rittmeister hinter Schloss und Riegel gebracht. Wenn auch die Aussagen über die Gesamtzahl der Verhafteten schwanken, spricht manches dafür, dass es 1942/43 fast 140 Verhaftungen im Zusammenhang mit der Roten Kapelle gegeben hat.[2]

Die Gestapo verhängte die höchste Geheimhaltungsstufe; wer immer über die Angelegenheit rede, so wurde gewarnt, riskiere sein Leben. Die Affäre wurde unter Verschluss gehalten, so dass Wochen vergingen, bevor Familienangehörige von den Verhaftungen erfuhren. Einige Verwandte wurden jedoch ebenfalls in Haft genommen – Ehegatten, die Eltern von Hans Coppi, der Vater von Cato Bontjes van Beek, die Töchter von John Graudenz. (Es ist bemerkenswert, dass weder Arvid Harnacks Mutter Clara noch seine Geschwister noch irgendjemand aus den Familien von Harro und Libertas Schulze-Boysen dazu zählten.)

Es gab zwei Gründe für die strikte Geheimhaltung. Wäre bekannt geworden, dass eine so große Zahl von Menschen in verschiedene Behörden eingedrungen war, hätte das auf die Bevölkerung eine demoralisierende Wirkung haben können; der Mythos von der Unerschütterlichkeit des Nationalsozialismus hätte ins Wanken geraten können.[3] Aber etwas anderes war noch wichtiger: Die Abwehr hatte sich für ein «Funkspiel» mit den Russen entschieden, ein riskantes Unternehmen, bei dem es um Desinformation des Gegners ging. Agenten der Russen, die in Deutschland (Albert Hössler und Robert Barth), Belgien (Johann Wenzel) und Frankreich (Gurewitsch und Trepper) verhaftet worden waren, sollten ihr «Spiel» weiter treiben, um noch mehr Informationen über vermutete Agenten der sowjetischen Nachrichtendienste zu beschaffen.[4] Wenn bekannt würde, dass die Berliner Gruppe «ausgeflogen» war, dann hätte dies das Ende des «Spiels» bedeutet.

Die Verhafteten wurden zuerst in das gefürchtetste aller Gebäude im von den Nationalsozialisten beherrschten Europa – in die Prinz-Albrecht-Straße Nr. 8 – gebracht. In glücklicheren Zeiten hatte sich dort die Kunstgewerbeschule befunden, an der Libertas' Vater, Otto Haas-Heye, von 1920 bis 1926 die Modeabteilung geleitet hatte. Sie hatte als Kind auf der Treppe der raumgreifenden Eingangshalle gespielt. Anfang Mai 1933 war in dieses Gebäude das im April 1933 gegründete Geheime Staatspolizeiamt eingezogen. Die Prinz-Albrecht-Straße Nr. 8 blieb bis Kriegsende das Hauptquartier der Geheimen Staatspolizei; seit 1939 war sie auch die zentrale Adresse des Reichssicherheitshauptamtes.

«Mit dem RSHA hatten Himmler und Heydrich das wichtigste Organ nationalsozialistischer Unterdrückungs- und Terrorherrschaft geschaffen. In einer perversen Mischung aus bürokratischer Handlungsweise und hemmungsloser Willkür steuerten die Anweisungen und Befehle des RSHA die gesamte Verfolgungs- und Vernichtungspolitik des ‹Dritten Reiches›.»[5]

Zwei Wochen nachdem Mildred Harnack ihre Wertsachen, ihre Schnürsenkel und ihren Gürtel (Letzteres, um einen Selbstmord unmöglich zu machen) abgegeben hatte, wurde sie in einen großen, finsteren Raum geführt, wo man ihr die Fingerabdrücke abnahm. Dann wurde sie zu einem Drehstuhl geleitet, den man auf ihre Größe einstellte. Nachdem sie sich hingesetzt hatte, forderte man sie auf, zu einer altmodischen, hölzernen Plattenkamera hin zu blicken. Dann wurde das Licht bis auf die Spezialscheinwerfer ausgemacht. Als sie nach vorn in das grelle Licht blinzelte, konnte sie kaum etwas sehen. Der Aufseher, der die Anweisungen des Fotografen befolgte, bewegte sich auf sie zu, presste ihren Kopf rücksichtslos gegen die Nackenstütze. Sie wurde nun dreimal fotografiert, von vorn, von der Seite und im Halbprofil. Ohne eine Spur von Angst blickte sie direkt in die Kamera, als gehe es ihr darum, mit offenen Augen in die Geschichte einzugehen.

Zunächst brachte die Gestapo die Gefangenen in Kellerzellen in der Prinz-Albrecht-Straße, dem «Hausgefängnis», unter. Als der Platz dort knapp wurde, schaffte man einige der männlichen Gefangenen nach Spandau. Aber Arvid Harnack, Adam Kuckhoff und Harro Schulze-Boysen blieben zurück und belegten drei von 38 Isolierzellen. Die meisten Frauen wurden ins Gefängnis Alexanderplatz verlegt, aber Mildred Harnack und Libertas Schulze-Boysen mussten bis Dezember im Hausgefängnis bleiben, dann wurden sie in das Gerichtsgefängnis in der Kantstraße in Charlottenburg verlegt. Zunächst befanden sich die Gefangenen in so genannter Schutzhaft; es gab keine Urteile, keine Anwälte und keinen Kontakt zur Außenwelt.

Am Anfang wurden die Verhöre von Angehörigen der Sonderkommission Rote Kapelle[6] durchgeführt, einer Spezialgruppe des Reichssicherheitshauptamts. Chef der zuständigen Abteilung (IV A) war SS-Obersturmbannführer und Oberregierungsrat Friedrich Panzinger, ein kalter und nüchterner Bürokrat.

Panzinger konzentrierte sich darauf, Informationen für die Strafverfolgungsbehörden zu beschaffen und Berichte über die Angelegenheit für den Reichsführer SS zu verfassen; in die Befragungen selbst griff er selten ein. Der Kriminalrat und SS-Sturmbannführer Horst Kopkow, Leiter des Referats IV A2 (Gegenspionage), leitete die tägliche Arbeit. Kopkow beauftragte Johannes Strübing, Hans Henze, K. K. Büchert, Alfred Göpfert und Kriminalinspektor Walter Habecker mit der Durchführung der Verhöre.[7] Zur ersten Gruppe der Verhafteten zählten die Schulze-Boysens, die Harnacks, die Kuckhoffs und die Schumachers. Strübing erhielt den Auftrag, Schulze-Boysen zu befragen, während die Harnacks von Habecker und Henze vernommen wurden.[8]

«In der Prinz-Albrecht-Straße wurden wir in die Keller geschafft. Grelles Licht, an einer Wand eine lange Reihe kastenartiger Sitzgelegenheiten, nischenartig abgetrennt, so tief, dass man die Nachbarn nicht sehen konnte. Davor gingen die SS-Leute hin und her oder saßen und beobachteten uns und machten üble Bemerkungen. Jede Bewegung von uns wurde so verfolgt. Wochenlang saßen wir da. Am Tag und auch nachts, ohne Trinken oder Essen, vor den Verhören, nach den Verhören, bis wir ..., mitunter geschlagen, wieder zurücktransportiert wurden.

Die abgeschlossene Zelle war dagegen dann wie eine einsame Insel, wohin man sich flüchtete. Außerdem kam durch den Spalt des Fensters etwas frische Luft.

Die Transporte, wo vertraute Gesichter zu sehen waren, waren auch Lichtblicke. wenn sie nicht vorher das Blut in den Adern aus Angst vor dem Kommenden gerinnen ließen.»[9]

«Mitgegangen, mitgefangen, mitgehangen», lautet eine alte deutsche Redewendung. Werner Krauss und John Rittmeister haben einmal ihre Gedanken darüber ausgetauscht, was sie im Falle einer Verhaftung tun würden. Krauss war der Ansicht, es gebe keinen Grund, der Gestapo die Wahrheit zu sagen. Es komme einzig und allein darauf an, sich herauszureden, ohne Kameraden in Schwierigkeiten zu bringen. Darauf erwiderte John Rittmeister: «Und wenn es mich den Kopf kosten sollte, ich bleibe bei der Wahrheit und sage ihnen ins Gesicht, was ich von ihnen halte.»[10] Die meisten derjenigen, die jetzt in Haft waren, hatten es bislang nicht gewagt, über das Unvorstellbare nachzudenken. Daher hatten sie sich auch nicht untereinander abgesprochen, welche Geschichten sie nach einer eventuellen Verhaftung zur Verschleierung erzählen sollten.[11]

Bislang ist kein Protokoll einer Vernehmung der Harnacks aufgetaucht. Doch 1994 fand Hans Coppi (Sohn des ermordeten Hans Coppi) bei Nachforschungen in einem russischen Archiv ein Verhörprotokoll von Wolfgang Havemann, das aus dem Jahr 1944 stammte; damals war Arvid Harnacks Stiefneffe Kriegsgefangener in einem sowjetischen Lager. Da die Erinnerung Havemanns an die Ereignisse von 1942 zu jener Zeit noch frisch war, kommt dieses Dokument dem am nächsten, was wir an Originalität und Zeitgenossenschaft erwarten können, und es offenbart einiges über die Methoden der Gestapo.[12]

Am 26. September 1942, einem Sonnabend, war Havemann in Flensburg von Mitarbeitern der Gestapo und der Abwehr verhaftet worden, er war dort als Marineabwehr-Offizier tätig. Auf der Fahrt nach Berlin begannen sie den unvorbereiteten Havemann zu verhören. Als einer der Beamten das Gespräch auf das Funkwesen brachte, erkannte der Verhaftete, was im Busche war: Der Mann wollte wissen, «ob ich Neigung zum Radiobasteln besäße und früher irgendwann gebastelt hätte».

Bei der Ankunft in der Prinz-Albrecht-Straße bemerkte Havemann im Vorübergehen, «dass sich dort Gepäckstücke meines Onkels Dr. Harnack befanden. Es waren dies zwei lederne Handkoffer und sein Regenschirm.»

Am nächsten Tag musste Havemann einen Fragebogen ausfüllen. Dann wurden ihm Fingerabdrücke abgenommen, und man fotografierte ihn. Schließlich begann die Vernehmung durch den Gestapomann Büchert. Havemann berichtet:[13]

«Ich wurde gefragt, ob ich mir meine Verhaftung erklären könnte? Nein. Es müsse doch einen schwerwiegenden Grund geben, wenn sich das RSHA und nicht irgendeine kleine Polizeidienststelle mit mir befasse? Unbekannt, es sei heute leicht, mit den vielen Strafbestimmungen in Konflikt zu kommen. Wenn ich mich selbst frei fühlte, so müsste ich vielleicht jemanden kennen, der verdächtig sei? Nein.»

Havemann ging für sich die Liste aller denkbaren Verdächtigen durch. Welcher seiner Bekannten mochte für die Gestapo von Interesse sein? Vielleicht manche Verwandten? Er hatte «halbjüdische» Stiefgeschwister [Inge Havemanns Kinder aus der ersten Ehe], aber diese waren nicht durch ihren Erzeuger aufgezogen worden, sondern durch seinen eigenen Vater, dessen Sympathien für den Nationalsozialismus wohlbekannt waren. Und wie dem auch sei, die Gestapo interessierte sich ja nicht für Kinder. Die Befragung ging weiter:

«Es hätten sich doch bestimmt auch in meinem Verwandtenkreise Personen insbesondere über die Kriegsentwicklung geäußert? Das sei aber nicht im staatsfeindlichen Sinne erfolgt, jeder habe seine persönlichen Sorgen. Welche Sorgen sind denn das? Nun, vor allem wirtschaftliche. Welche Verwandten haben Sie denn in der Wirtschaft? Meinen Bruder in Hamburg, er ist Kaufmann, und meinen Schwiegervater bei der Bank. Sind das alle?»

«Engere Verwandte, ja, ich habe nur noch einen ehemaligen Verwandten, einen Bruder meiner geschiedenen Stiefmutter, der ist im Reichswirtschaftsministerium.»

«Wie heißt denn der?»

«Dr. Harnack.»

«Was dachte er denn über den Krieg mit der Sowjetunion?»[...]

«Wünschte er den Sieg Deutschlands? [...] Was vertrat er für wirtschaftliche Ziele? Er trat für eine wirtschaftliche Zusammenarbeit mit Russland ein, ich kann mich besinnen, dass er sich über den Vertrag vor Kriegsausbruch sehr freute. [...] Sie brauchen sich gar keine Mühe zu geben, Ihren Verwandten zu decken. Der ist schon so belastet, dass Sie nichts mehr für ihn tun könnten. Sie wussten doch genau, dass Harnack Marxist war, warum sagen Sie das nicht gleich?»

Das Spiel hatte begonnen.

Nun wurde Havemann über sein eigenes Leben befragt:

«Sie waren also verschiedentlich auch im Ausland. [...] Sind Sie dabei nicht einmal auch nach Italien gekommen? [...] Kennen Sie denn irgendwelche Italiener? [...] Ist Ihnen nicht bekannt, dass Sie auch ‹Italiener› genannt werden?»

Obwohl Havemann wie die anderen Mitglieder der Gruppe seinen Decknamen nie erfahren hatte, war ihm deutlich, dass er nicht so tun konnte, als wisse er von nichts. Aber wie viel sollte er ihnen erzählen?

Sein zweites Verhör begann mit Fragen, die Mildred Harnack betrafen. Er musste ihr Leben und ihre Arbeit schildern, und dann wandte sich das Gespräch den Amerikanern zu, die er durch seine Stieftante kennen gelernt hatte. Mit einer gewissen Erleichterung ging er so breit auf das Thema ein, dass ihm ein ganzer Abend gewidmet wurde, denn er wusste, dass es ungefährlich war. Er sprach über seine Bekanntschaft mit Mildreds Nichte Jane und ihrem Ehemann Otto Donner, mit Thomas Wolfe und Donald Heath, er ging auf den *American Women's Club* und die amerikanische Kirchengemeinde ein und schließlich auch auf Botschafter Dodd und seine Familie.

Die dritte Vernehmung drehte sich um den deutschen Bekanntenkreis der Harnacks, besonders um Skrzypczynski und Behrens. Dann konfrontierte ihn Büchert mit Lektürematerial aus Harnacks ökonomischem Studienkreis, anschließend stellte er Fragen nach dessen politischer Position, und er wollte wissen, welche Art von Ratschlägen der erfahrene Jurist Harnack dem jüngeren Kollegen gegeben habe.

Havemann räumte ein, dass sich Harnack selbstverständlich für Planwirtschaft interessiert habe, stellte aber in Abrede, dass er kommunistische Gedanken vertrat. Arvid Harnack halte die Verstaatlichung der meisten wichtigen Industrien und Banken in Deutschland für ebenso unvermeidlich, wie sie es in Russland gewesen sei. Im Sommer 1942, so erinnerte sich Havemann, hatte ihn Arvid einmal zu einem Treffen mit interessierten Intellektuellen eingeladen, auf dem über solche Fragen gesprochen werden sollte, aber Havemann hatte die Teilnahme abgelehnt. In seinem Prozess gab er dafür einen Grund an: Bei solchen Treffen diskutiert man zuerst über Lyrik, und schließlich endet man am Galgen. Zum Abschluss dieses Verhörs wurde er aufgefordert, sich Gedanken über die russischen Bekannten Harnacks zu machen.

Die Verhöre der Harnacks führte Kriminalinspektor Walter Habecker. Auf Fotos macht Habecker den Eindruck, als sei er geradewegs einem Werk von George Grosz entsprungen. Der Nachrichtensprecher Günther Weisenborn erinnert sich: «Er war klein und breit gebaut mit einem grauen Haarkranz um die Glatze und einer Hitlerfliege unter der glänzenden Nase, ein Gesicht, wie man es als typisches Verbrechergesicht gezeichnet findet. Die graue, unreine Farbe des Gesichts, durch die zwei schmutzigfarbene Scharfschützenaugen mich zuweilen Unheil verkündend anblickten, lag auch über der brutalen Härte der breiten Kiefer.»[14] Habecker sollte für seine brutale Art von Vernehmungen, wie er sie bei den Harnacks und bei Angehörigen der Bewegung des 20. Juli praktizierte, einen zweifelhaften Ruhm erlangen.

Der Kriminalinspektor hatte die Gewohnheit, eine Zigarette in zwei Hälften zu zerschneiden, dann zündete er eine davon an, legte seine Papiere und Schreibutensilien sorgfältig zurecht, ehe er nach einer Akte griff. Dann legte er los.

Ganz zu Beginn machte Habecker klar, dass er ein früherer Marinemann sei und über Flensburg und die Marinenachrichtenschule genau Bescheid wisse. Zunächst ging es darum, was Havemann denn über die weißrussischen Bekannten seiner Familie und über den Schwager seiner Stiefmutter, Günther Auerbach, wisse, der seit 1932 in der Sowjetunion lebte. Dann ging es um seine Kenntnisse über ARPLAN und Arvid Harnacks politische Aktivitäten, die die Gestapo zum Zeitpunkt seines Eintritts in die NSDAP untersucht hatte.

Am Tag darauf zeigte Habecker Havemann ein Fotoalbum, das die Gestapo angefertigt hatte. Es enthielt die Konterfeis jener, die im Rahmen des Vorgehens gegen die Rote Kapelle verhaftet worden waren.[15] Havemann erkannte auf diesen Bildern nicht nur die Harnacks, sondern auch Skrzypczynski und Behrens. Auch andere Gesichter kamen ihm bekannt vor, er bemühte sich aber sorgfältig, dies nicht zu zeigen. Habecker versuchte wiederholt ohne Erfolg, eine Verbindungslinie zwischen Havemann und Schulze-Boysen zu ziehen. Dann wandte sich der verhörende Beamte dem Bild eines Mannes von etwa 35 Jahren zu – «ziemlich quadratischer Kopf, graue Augen, kurz geschnittenes Haar» – und bemerkte dazu: «Sehen Sie mal, solche Leute fallen vom Himmel.» Dann zeigte ihm Habecker weitere Fotos russischer Fallschirmspringer und sagte: «Die haben wir uns auch in ganz Deutschland zusammengesucht.»

Als Havemann bemerkte, «so viel Aktivität hätte ich bei meinem Onkel niemals festgestellt oder vermutet», meinte Habecker: «Diesen Eindruck wollte er uns auch erst machen, als wir ihn dann aber hier zusammengefaltet haben, war er doch sehr erschüttert, hat sich aber dann bald wieder gefasst.»

Habecker las Havemann mehrmals die Namen vor, die in dem Fotoalbum enthalten waren. Havemann sollte sagen, welche der Personen er kannte. Schließlich konfrontierte Habecker ihn mit dem Telegramm, durch das «Kent» [Gurewitsch] nach Berlin beordert worden war und das Namen und Adressen von Angehörigen der Berliner Gruppe enthielt.

Der Funkspruch war aus Moskau gekommen, der Vernehmungsbeamte behauptete, dass Havemann in der Tat der «Italiener» sei, was dieser leugnete. Havemann sagte den Sowjets, erst später, als sie ihm Arvid Harnacks Aussage vorgelesen hätten, habe er verstanden, dass die Information im Telegramm sich auf ihn bezog. Harnacks exakte Worte lauteten: «Zu ‹Italiener› habe ich schon einmal gesagt, dass dies mein angeheirateter Neffe Wolfgang Havemann ist, er ist Assessor und Leutnant im Oberkommando der Marine. In welcher Abteilung er dort arbeitet, weiß ich nicht, er war über dienstliche Dinge immer außerordentlich verschwiegen. Im März 1941 fragte mich Erdberg [Korotkow], welche Personen aus meinem Bekanntenkreis für eine zukünftige Zusammenarbeit mit der Sowjetunion in Frage kämen. Ich nannte ihm darunter auch meinen Neffen. Dabei bezeichnete ich ihn aber mit diesem Decknamen, da ich meine Familie nach Möglichkeit nicht in diese Dinge hineingezogen wissen wollte.»

Jetzt war klar, dass die Gestapo sowohl die Namen des Kreises um Harnack als auch jene der Fallschirmspringer in russischem Auftrag kannte. Thema des Verhörs durch Habecker am dritten Tag war Havemanns Tätigkeit im Oberkommando der Marine. Habecker wollte Beweise dafür in die Hände bekommen, dass Havemann Harnack Material für die Russen übergeben hatte. Diese Bemühung scheiterte, als Havemann schließlich höchst emotional reagierte: «Nach einigen Stunden Vernehmung sprang ich mit einem Tränenausbruch vor moralischer Entrüstung über diese Zumutungen auf, der den Beamten so beeindruckte, dass er sich mit ‹Heil Hitler› von mir verabschiedete.»

Nun trat Büchert an die Stelle von Habecker, und dieser versuchte es mit einer anderen Taktik. Er ging mit Havemann zum ersten Mal nach seiner Verhaftung an die frische Luft, die beiden unternahmen einen Spaziergang im Garten. Das Gespräch schien sich zunächst um «belanglose Dinge» zu drehen. Dabei bemerkte Büchert, dass er noch nie einen so interessanten Fall wie diesen bearbeitet hätte. Das gäbe einen wunderbaren Roman, wenn es nicht so traurig und verboten wäre. Dann setzte er seine Taktik fort, mit indirekten Methoden sein Ziel zu verfolgen, er meinte, «anknüpfend an den Ort meiner Unterbringung [...], dass dieser (die ehemalige Kunstakademie) auch sehr passend sei, da in den Verhören Ateliers wie Künstler eine große Rolle spielten». Mit seiner indirekten Vorgehensweise kam Büchert jedoch bei Havemann nicht weiter, als es Habecker mit seiner konfrontativen Vernehmungsmethode gegangen war.

Nach einer Unterbrechung von zwei Wochen wurde Havemann ein weiteres Mal befragt, diesmal von Alfred Göpfert, der wissen wollte, was der Offizier der Marineabwehr über den angloamerikanischen Geleitzugverkehr nach Murmansk und Archangelsk wusste. Als er zu diesem Thema nichts zu sagen hatte, ging Göpfert auf ein anderes Gebiet über, er kam auf den Abwehrleutnant Herbert Gollnow zu sprechen. Am dritten Tag dieser Vernehmungsrunde gab Havemann zu, dass er Gollnow bei einem Familienfest bei den Harnacks kennen gelernt habe.

Auf Havemanns «militärische Fachausbildung» als Abwehrmann eingehend, fragte Göpfert, «was ich allgemein von Papierschlüsselmitteln hielt». Insbesondere wollte er wissen: «Was halten Sie aber von einem Schlüssel, der aufgebaut ist wie ein Buch, wo die Teilnehmer dann immer den jeweiligen Buchtext fortlaufend unterlegen?» An dieser Stelle unterbrach Havemann ihn: «Ach, Sie meinen wohl wie in der Bibel, wo der eine Lukas fünftes Kapitel Vers fünfzehn benutzt und der Nächste dann bei Vers sechzehn fortfährt?» Als Göpfert bejahte, erwiderte Havemann, «ein solcher Schlüssel sei völlig veraltet» und seiner Ansicht nach «nicht sicher». Zu Recht nahm Havemann an, dass Göpfert herausfinden wollte, wie weit er seinen «Onkel bei der Anlegung von Schlüsselmitteln beraten hatte».

Ein paar Tage später machte die Gestapo Havemann den Vorwurf, er habe an Treffen mit Harnack, Skrzypczynski und Behrens teilgenommen, bei denen «hochverräterische Tätigkeit betrieben worden sei». Göpfert behauptete, Harnack habe zugegeben, seinem Neffen staatsfeindliche Flugschriften gezeigt zu haben, die nun im Besitz der Gestapo seien. Havemann war inzwischen so in die Enge getrieben worden, dass er die «Kenntnis von drei Flugschriften» zugab. Beim Prozess erkannte Havemann dann an Harnacks Aussage, dass sich die Gestapo der Täuschungsmethode bedient hatte, die Aussagen verschiedener Verdächtiger gegeneinander auszuspielen. Dazu Havemann: «Der Beamte hatte mich getäuscht hinsichtlich der Aussagen Harnacks.» Dieser hatte in Wirklichkeit nur zugegeben: «Es trifft zu, dass ich auch meinem Neffen Havemann gelegentlich Flugschriften gezeigt habe. Welche es im Einzelnen waren, kann ich nicht mehr sagen; ich erinnere mich aber deutlich, dass

Havemann mit ihrem Inhalt nicht einverstanden war, es gab dann jedesmal eine heftige Debatte zwischen uns.» Aus Harnacks einleitenden Worten, «es trifft zu», zog Havemann den Schluss, dass die Gestapo Harnack sein eigenes Geständnis vorgelesen hatte.

Während seines Prozesses erfuhr Havemann auch, was Harnack über die Funkgeräte gesagt hatte: «Im Mai 1941 besprach ich mit Erdberg den Aufbau der Funkorganisation. Dabei wurde auch die Notwendigkeit einer Reservestation für Berlin erörtert. Erdberg schlug vor, diese bei meinem Neffen in Potsdam einzurichten, der ja Funkmeister war. Ich lehnte dies aber kategorisch ab, da ich meine Familie, wie gesagt, in diese Dinge nicht hineingezogen wissen wollte. Auch hielt ich Havemann [in] seiner ganzen inneren Einstellung dafür nicht reif.»[16]

Die Gestapo schränkte die Kommunikation unter den Gefangenen ein, die meisten von ihnen hielt sie in Einzelzellen fest. Männliche Gefangene trugen Handschellen, und eine der wenigen Gelegenheiten für Gespräche ergab sich, wenn sie sich in den Toilettenräumen begegneten, wo das Geräusch fließenden Wassers ihr Flüstern überdeckte. Gelegentlich tauschten sie winzige schriftliche Mitteilungen aus, die auf der Treppe weitergegeben oder in Büchern zurückgelassen wurden. Auf diese Weise verbreiteten sie Mitteilungen über die Richtung, die ihre Vernehmungen nahmen, Gerüchte über Folterungen und über das Schicksal anderer Mitglieder der Gruppe – die sich größerenteils vor ihrer Verhaftung nie direkt kennen gelernt hatten. Die Gefangenen tauschten Nachrichten aus, während sie gemeinsam in der Prinz-Albrecht-Straße warteten oder in Polizeifahrzeugen zusammen transportiert wurden. Noch mehr Informationen kamen von den Vernehmungsbeamten selbst. Beim Versuch, sie zu einem Schuldgeständnis zu drängen, drohte ein Vernehmer Greta Kuckhoff: «Nachdem Ihr Mann und Arvid Harnack nichts dazu beigetragen haben, den Fall zu klären, haben wir jetzt die richtigen Mittel angewandt, sie zum Sprechen zu bringen.» Greta fragte daraufhin: «Leben sie noch?» Die Antwort des Vernehmers lautete: «Ja, aber es wird von Ihnen abhängen, ob sie das nächste Mal überstehen!»[17]

Einige Gefangene zogen es vor, sich umzubringen, ehe sie Freunde und Verwandte verrieten. Trotz aller Vorsichtsmaßnahmen der Gestapo gelang es John Sieg, sich in seiner Zelle zu erhängen. Auch Hermann Schulze und Herbert Grasse begingen in der Gestapohaft Selbstmord. Während eines Verhörs zerschlug Walter Husemann das Fenster eines Büros im obersten Stockwerk und versuchte, in den Hof zu springen, dabei hätte er Habecker beinahe mit sich gerissen. Hans Kummerow zerschlug seine Brillengläser und schluckte die Splitter herunter. Als das nicht zum gewünschten Ergebnis führte, schlitzte er sich die Pulsadern auf. Stanislas Wesolek erlitt schwere innere Verletzungen, nachdem er versucht hatte, sich an einem Seil aufzuhängen. Albert Hössler starb in Gestapogewahrsam, angeblich war er während der Voruntersuchung ermordet worden.

Zunächst hatten sich Harnack, Schulze-Boysen und Adam Kuckhoff geweigert, irgendetwas Belastendes zu sagen. Selbst als man ihm die entschlüsselten Nachrichten zeigte, weigerte sich Schulze-Boysen, dazu Stellung zu nehmen. Aber wie Habecker gern betonte, gab es andere Methoden, durch die die Gefangenen «weich gemacht werden» konnten.[18] Wenn die Opfer nicht aussagen wollten, ging man zu «verschärften Vernehmungen» über, wie es in der beschönigenden Sprache der Täter hieß. Im Oktober führte man Arvid Harnack und Adam Kuckhoff das erste Mal in das «Stalinzimmer».[19] Sie wurden zwischen vier Betten der Streckfolter unterworfen, dabei kamen auch Schraubstöcke und Daumenschrauben zum Einsatz. Anschließend wurden sie ausgepeitscht.[20] In dem Glauben, er habe Mitgliedern der Gruppe vier Wochen Zeit zum Verschwinden gegeben, legte Kuckhoff ein Geständnis ab, wobei er John Sieg und Adolf Grimme belastete.[21]

Die hinterhältigste Art der Tortur musste Libertas Schulze-Boysen durchmachen. Ihr wurde eine besondere Freundin zugeführt. Dabei handelte es sich um eine wunderschöne Gestaposekretärin mit feuerrotem Haar namens Gertrud Breiter. Libertas glaubte in ihr eine Vertraute gefunden zu haben, die ihren Vorgesetzten gegenüber feindselig eingestellt war – also keinen Agent provocateur, sondern eine getreue Kameradin. Libertas vertraute ihr Briefe an ihre Mutter an, die so in die Hände der Gestapo gelangten. In ihrer Naivität erzählte Libertas Schulze-Boysen dieser Frau Einzelheiten über ihre Widerstandsarbeit und bat sie, jenen Mitgliedern der

Gruppe eine Warnung zukommen zu lassen, die sich noch in Freiheit befanden. Gertrud Breiter weckte in Libertas Schulze-Boysen auch die Überzeugung, sie werde nach Abschluss der Untersuchungen freigelassen. «Es ist viel darüber spekuliert worden, dass Schulze-Boysen versucht haben soll, mit diesen Aussagen im wahrsten Sinne des Wortes ihren Kopf zu retten. Es gibt keinen Beleg für diese These. Alles spricht dafür, dass sie ihre Aussagen in gutem Glauben machte und dabei nicht an sich selbst dachte.»[22]

Als sie sich des Ausmaßes des Vertrauensbruchs von Frau Breiter bewusst wurde, war sie von Reue ergriffen und schrieb an ihre Mutter: «Ich hatte noch den bitteren Kelch zu trinken, dass ein Mensch, dem ich mein volles Vertrauen geschenkt hatte, Gertrud Breiter, mich (und dich) verraten hat. Aber: ‹Nun iss die Früchte deiner Taten/denn wer verrät, wird selbst verraten…› Auch ich habe aus Egoismus Freunde verraten, ich wollte frei werden und zu dir kommen – aber glaub mir, ich hätte an dieser Schuld unsagbar schwer getragen. Jetzt haben mir alle verziehen, und in einer Gemeinsamkeit, die nur angesichts des Todes möglich ist, gehen wir dem Ende entgegen. Ohne Leid. Ohne Bitterkeit.»[23]

Und ihre Schwiegermutter Marie-Luise Schulze-Boysen meinte traurig zu Höhne: «Dadurch sind sehr viele an den Galgen gekommen. Sehr traurig.»[24]

Nach dem Krieg behauptete Manfred Roeder, da die Beamten bereits alles gewusst hätten, habe Libertas Schulze-Boysen niemanden mehr verraten können. In seinem nicht veröffentlichten Nachkriegsgespräch mit dem Historiker David Dallin fügte Roeder eine erschütternde Anmerkung hinzu: Niemand unter den Verhafteten habe andere belastet oder zusätzliche Namen genannt. Die deutschen Verfolgungsbehörden hätten die Hinweise, die sie brauchten, direkt aus Moskau erhalten, was Roeder als Erfolg des «Funkspiels» ansah. Als die umgedrehten Funker nach weiteren Informationen fragten, ließ Moskau die Namen und Adressen weiterer Mitglieder der Gruppe über die Sender gehen.[25]

Die Nationalsozialisten belohnten Frau Breiter für ihren Einsatz mit dem Kriegsverdienstkreuz Zweiter Klasse und einer Prämie von fünftausend Reichsmark. Sie wurde befördert und bekam ein besonderes Empfehlungsschreiben von Himmler.[26] Den beteiligten männlichen Beamten erging es noch besser. Sie stiegen ebenfalls auf und erhielten einen Teil der 100 000 Mark, die Göring für «besonders verdiente Beamte» bereitgestellt hatte.[27] Kopkow bekam nicht nur fünftausend Mark, er hatte auch Gelegenheit, für nur zwanzig Mark Haushaltsgegenstände der Schulze-Boysens zu erwerben, deren Habseligkeiten durch den Oberfinanzpräsidenten in Berlin konfisziert und «verwertet» wurden.[28]

Als die Gestapo am 17. September Helmut Roloff verhaftete, fand sie ein nicht funktionierendes Funkgerät. Es handelte sich wahrscheinlich um den von Batterien betriebenen Apparat, den Korotkow ursprünglich Hans Coppi überlassen hatte und den dann Helene Thiel in einem Kinderwagen in Roloffs Studio geschafft hatte, wo er unter dem Klavier abgestellt wurde. Die Gestapobeamten waren erleichtert: «Heute haben wir nun endlich Glück gehabt und das Ding gefunden.»[29]

In Berlin gab es wohl nicht mehr als vier Funkgeräte: die beiden, die Korotkow gebracht hatte und die nicht funktionierten, jenes, das sich im Besitz von Schulze befand (nach dem Gestapo-Abschlussbericht[30] besaß er drei Geräte, aber nur eines davon war für Coppi verfügbar), und schließlich das Funkgerät, das der Fallschirmspringer Hössler im August 1942 mitgebracht und bei den Schumachers zurückgelassen hatte. Bei Hausdurchsuchungen beschlagte die Gestapo alles, was ihr interessant erschien. So nahmen Kriminalbeamte Mitte September 1942 bei der Verhaftung von Hannelore Thiel ein «Verstärkergerät für Volksempfänger» und eine «Hetzschrift: Organisiert den revolutionären Massenkampf gegen Faschismus und imperialistischen Krieg» mit. Hinzu kam noch ein «Karton mit Büchern, unter ihnen eine kleine russische Sprachlehre, eine russische Konversationsgrammatik, das Marx'sche ‹Kapital› und eine Fibel ‹30 Stunden Russisch›, aber auch ein Schreibheft und eine Tasche mit Fotos.[31]

Am 9. November 1942 verhafteten fünf französische Polizisten, die im Auftrag der Abwehr handelten, Anatoli Gurewitsch («Kent») und seine Lebensgefährtin Margarete Barcza in seiner Wohnung in Marseille.[32] Ende November verlegte die Gestapo ihn nach Berlin. Er wurde von Strübing verhört, der sich zuerst die Eitelkeit und dann die Angst des Gefangenen zunutze machte. Gurewitsch füllte die noch verbliebenen Leerstellen aus, lieferte Einzelheiten über die sowjetische Spionagetätigkeit in Westeuropa, der Tschechoslowakei und Berlin. Er sprach bereitwillig über seine Reise nach Berlin im Oktober 1942, identifizierte Libertas und Harro Schulze-Boysen sowie Kurt Schulze und seine Frau auf den Fotos im Album der Gestapo. Er konnte nichts über die Identität von Arvid Harnack sagen, auch wusste er nicht, wer der «Italiener», «Funker», «Leo» oder «Karl» waren. Als man ihm die Akte mit den Funksprüchen vorlegte, verriet er, welche davon von der Berliner Gruppe stammten. Gurewitschs Hand zitterte und seine Augen zeugten von Angst, als er sich auf Strübings Fragen konzentrierte.[33]

Gurewitschs Redseligkeit hatte sehr viel mit der Tatsache zu tun, dass sich seine Lebensgefährtin Margarete Barcza in den Händen der Gestapo befand, er sorgte sich um deren kleinen Sohn. Gleichsam als wehmütige Randbemerkung zu seinem nahezu vollständigen Geständnis fügte der «Petit Chef» (Leopold Trepper war der «Grand Chef») hinzu, er sei Agent geworden «aus Angst, dass meinen Eltern etwas passiert, wenn ich mich weigere ... Jeder, der die Lage in der Sowjetunion kennt, weiß, dass ich mich nicht weigern konnte. Ich bin kein Kommunist; ich habe mich immer einfach nur für einen Russen gehalten.»[34]

Bis heute existiert das Gerücht, Mildred Harnack sei gefoltert worden – sie habe sogar die Hinrichtung ihres Mannes mit ansehen müssen –, aber der erste Punkt ist aus den Quellen nicht zu beweisen, und zum zweiten hat Falk Harnack gesagt, die Behauptung entspreche nicht den Tatsachen.[35] Belegbar ist allerdings, dass Mildred Harnack keine Besucher empfangen und nicht schreiben durfte, abgesehen von zwei Notizen, eine mit Anweisungen für die Putzfrau, die andere enthielt eine Bitte um Vitamine.[36] Nach dem Krieg hat Falk Harnack ausgesagt, aus zwei Gründen habe die Gestapo Besuche und Briefe verboten, erstens war Mildred krank und zweitens habe Roeder dies befohlen, weil sie eine Amerikanerin war.[37]

Maria Grimme, die am 12. Oktober verhaftet wurde und ins Frauengefängnis am Alexanderplatz kam, erinnert sich, Mildred Harnack in der Prinz-Albrecht-Straße gesehen zu haben, während sie auf ihr Verhör wartete:

> Als ich zu einer Vernehmung im Gestapogebäude war ... wurde auf einer Bahre ein Mensch in das Wartezimmer getragen, der kaum noch atmete. Die Bahre stand so, dass der Kopf dieses Menschen dicht bei mir lag. Ich betrachtete den Menschen und erschrak über den wunderbaren Ausdruck der Augen, als er sie aufschlug. Kurz darauf kamen zwei Gestapobeamte, rissen diesen Menschen an den Armen empor und sagten: «Na, Frau Harnack, jetzt geht es wohl schon wieder?» Frau Harnack wurde dann hinausgeführt, nach einiger Zeit aber wieder auf der Bahre hereingebracht. Trotzdem sie über Kälte klagte, wagte keiner von den Beschuldigten, ihr eine von den bereitliegenden Decken zu reichen. Nach einiger Zeit versuchte sie, sich eine der Decken zu holen, brach aber dabei zusammen.[38]

Bei den Vernehmungen pflegte die Gestapo Frauen ebenso zu misshandeln wie Männer. Da Mildred Harnacks Gesundheitszustand schlecht war, sie scheint damals an Tuberkulose gelitten zu haben, ist es unmöglich zu sagen, ob ihr Zustand durch die Brutalität der Gestapo oder einfach durch die üblen Lebensbedingungen im Gefängnis verschlechtert wurde.

«Grausame Tage und gnädigere Nächte», unterbrochen von Schreien, so schilderte Marie Luise von Scheliha, eine Mitgefangene von Mildred Harnack, das Charlottenburger Gerichtsgefängnis. (Sie und ihr Ehemann Rudolf, ein Diplomat, waren Ende Oktober im Zusammenhang mit den Vorgängen um die Rote Kapelle verhaftet worden.) Kurz nach dem Krieg schrieb sie ihre Eindrücke vom Leben im Gefängnis auf:

> Menschen, die im Gefängnishof zehn Minuten Luft schöpfen dürfen, sind wie welkes Laub ... Gegen Abend schleicht das Grauen durch die Gänge. Schwere eiserne Türen schließen sich, öffnen sich, dann kommt der Morgen und wieder einer, in kleinen Strichen auf der Wand wird er vermerkt. Eine Gruppe bedeutet eine Woche. Es ist eine unheimliche Zeichensprache der Zeit. Im Gefängnishof bewegen wir uns langsam zu viert. Manche Frauen heben die Arme wie Ertrinkende. In ihren Zellen ist es so eng, daß sie sich kaum bewegen können und beinah wie mit Tanzgebärden der frischen Luft und dem freien Raum die

> Arme entgegenbreiten. Namenloses stummes Leid hat diese Menschen in Schatten ihrer selbst verwandelt. Ein feines schmales Gesicht fällt mir auf. Der Blick ist nach innen gekehrt. Plötzlich im Vorbeigehen ein Hauch: «Erhalten Sie sich, ich bin hier ohne Namen, damit mich niemand finden kann, ich bin in der Zelle 25, vergessen Sie mich nicht, wenn Sie wieder freikommen, ich heiße …» Den Namen konnte ich nicht mehr verstehen. Ein Polizist sagte mir leise: «Für das, was hier geschieht, waschen wir unsere Hände in Unschuld. Das Sprechen ist Ihnen verboten», und traurig sieht er beiseite.[39]

Viele Jahre später identifizierte Marie Luise von Scheliha anhand von Fotos Mildred Harnack als die Frau in Zelle 25.

Deren Lage verbesserte sich etwas, als sie im Dezember in das Gerichtsgefängnis in der Kantstraße verlegt wurde. Die Leiterin dieser Anstalt, Anne Weider, war eine frühere Sozialdemokratin mit einer Ausbildung als Sozialarbeiterin; die Nationalsozialisten hatten sie gezwungen, diese Stellung zu übernehmen. Es war das erste Mal, dass man eine derart große Zahl von politischen Gefangenen in das von ihr geleitete Gefängnis gebracht hatte. Greta Kuckhoff berichtete: «Bei der Registrierung war eine gewisse Anteilnahme wahrzunehmen, die zwar sehr verhalten, aber doch wirksam wurde.» Es gab eine Bibliothek. «Es war kein Paradies. Der Tag war sehr geregelt, es gab, wie vorher, angenehme wie unangenehme Wachtmeisterinnen, insgesamt jedoch war die Art der Betreuung sachlicher und aufgeschlossener.»[40]

Manfred Roeder hat behauptet, Mildred Harnack habe einen Selbstmordversuch unternommen, wobei es zu einer Auseinandersetzung kam, bei der sie wohl ein Mitglied des Wachpersonals verletzte.[41] Dieser Vorfall wurde jedoch nie vollkommen geklärt. Im ehemaligen Parteiarchiv der SED befindet sich eine kurze Notiz, in der es heißt, dass sie einige Nadeln verschluckt hätte. Hier drängt sich allerdings die Frage auf, woher sie die hatte.[42] 1946 schrieb Greta Kuckhoff an Martha Dodd: Mildred «wusste, dass es keinen Ausweg mehr gab, daher versuchte sie, Selbstmord zu begehen, um nicht durch die Folter schwach gemacht zu werden. Sie scheiterte bei diesem Versuch, und das Ergebnis war, dass sie besonders grausam behandelt wurde: niemand durfte mit ihr zusammentreffen, niemand ihr schreiben oder ihr ein Lebensmittelpaket schicken. Sie muss ganz schrecklich gelitten haben.»[43]

Strübing gibt einen weiteren Hinweis auf die Gründe für die Härte Mildred gegenüber: «So etwa vier bis fünf Wochen nach den ersten Zugriffen war zwischen Personen, die im Zusammenhang mit der Roten Kapelle festgenommen waren, Kassiber-Schieberei im Hausgefängnis vorgekommen. Auf Grund dieses Geschehnisses hat der Amtschef IV Schreib- und Sprechverbot angeordnet.»[44]

Joy Weisenborn erinnerte sich, als sie im Januar im Gerichtsgefängnis Charlottenburg angekommen sei, habe sie von anderen Gefangenen gehört, Mildred Harnack und Libertas Schulze-Boysen hätten kompromittierende Notizen ausgetauscht, eine davon sei unter einer Strohmatratze gefunden worden.[45] Kurt Schumacher war bei einem ähnlichen Versuch erwischt worden: «Weil ich dabei geschnappt wurde, wie ich für Harro einen Zettel an einen Franzosen durch die Essklappe zu werfen versuchte, wurde mir alles entzogen, meine eigenen Bücher, die Bücher von hier, alles Schreibzeug, sogar das von meiner geliebten Elisabeth gezeichnete Bild mit unseren beiden Gesichtern. Es ist so gut, dass seine Vernichtung ewig schade wäre. Dann habe ich den kärglichen Spaziergang auch nicht mehr, bekomme keine Post und keine Pakete.»[46]

Angesichts der überwältigenden Last der Beweise gegen die Angeklagten und des dadurch zu erwartenden Prozessausgangs – nämlich Todesurteile für die meisten – ließ sich Schulze-Boysen auf eine letzte List ein. Er hoffte, einigen Mitgliedern der Gruppe das Leben retten zu können, indem er auf Zeit spielte – in dem Glauben, dass die katastrophale deutsche Niederlage in El Alamein und die starken Gegenoffensiven der russischen Armee bei Stalingrad im November den Widerstand innerhalb der Wehrmacht dazu veranlassen würden, sich Hitlers zu entledigen. Daher teilte er der Gestapo mit, er habe etwa sechzig hoch geheime und belastende Dokumente von enormer politischer und militärischer Bedeutung nach Schweden geschmuggelt. Wenn seine Freunde zum Tode verurteilt würden, dann würden die britische und die sowjetische Regierung die Dokumente veröffentlichen, die nationalsozialistische Verbrechen enthüllten. Zu den Kontaktpersonen Schulze-Boysens in Schweden sollte Aleksandra Kollontai gehören, die sowjetische Botschafterin in

Stockholm war, daher wurden diese Drohungen ernst genommen und der Bluff wirkte für eine Weile –, sogar «Kent» [Gurewitsch] stellte man Fragen zu diesen Verbindungen nach Stockholm.

Horst Kopkow und Friedrich Panzinger ließen Schulze-Boysens Vater, der damals als Stabschef des Marinekommandos in den Niederlanden diente, zu sich nach Berlin kommen. Die Gestapo bot Harro Schulze-Boysen ein Geschäft auf Gegenseitigkeit an: eine Offenlegung aller Tatsachen gegen das Versprechen der Milde für seine Gefährten. Doch nachdem die Gestapo von der Folter Gebrauch gemacht hatte, wurde deutlich, dass es keine Dokumente der angedeuteten Art gab und dass Schulze-Boysen die Geschichte erfunden hatte, um seine Kameraden zu retten.[47]

Erst Ende September wurde der Familie Harnack offiziell mitgeteilt, dass sich Mildred und Arvid in Haft befanden. Die Gestapo forderte Arvids Vetter Axel von Harnack auf, in die Prinz-Albrecht-Straße zu kommen, dort sprach Friedrich Panzinger ihn auf einen Verwandten an, der denselben Nachnamen trage und politisch aktiv sei. Axel von Harnack gefror das Blut in den Adern. Er dachte zunächst an seinen Bruder Ernst von Harnack, den die Nationalsozialisten als Regierungspräsidenten von Halle-Merseburg entlassen hatten. Dann lenkte Panzinger das Gespräch auf Arvid. Er wollte wissen, wie denn das Verhältnis des Vetters zu ihm sei.

Axel von Harnack war höchst überrascht und erwiderte, wie es der Wahrheit entsprach, er stehe Arvid nicht besonders nahe und sehe ihn nicht häufig. Daraufhin brüllte Panzinger: «Ich teile Ihnen mit: Der ist bei uns!»

Nun erfuhr Axel von Harnack, dass sich auch Mildred, mit der er manchmal in der Kantine der Berliner Staatsbibliothek gegessen hatte, in Haft befand. Panzinger machte ihn warnend darauf aufmerksam, dass es sich hier um eine ernste Angelegenheit handle, er müsse absolutes Stillschweigen bewahren; niemand außer den allernächsten Angehörigen dürfe von der Verhaftung wissen; niemand dürfe darüber sprechen. Solange die Untersuchung im Gange sei, dürfe kein Verteidiger eingeschaltet werden. Freunden und Kollegen solle mitgeteilt werden, die Harnacks seien auf «Dienstreise im Ausland von unbestimmter Dauer».

Da Falk Harnack damals als Soldat in Chemnitz stationiert war, hatten Mildred und Arvid Harnack darum gebeten, man möge Axel gestatten, sich um ihre Angelegenheiten zu kümmern. Er akzeptierte die Vollmacht, sich um Dinge wie Post, Bank, Mietfragen und dergleichen zu bemühen. Am Ende des Gespräches wagte er es, Panzinger zu sagen, der Gestapo müsse hier ein Fehler unterlaufen sein. «Eine strafbare Tat könne ich meinen Verwandten nicht zutrauen; es werde sich - meiner Vermutung nach - darum handeln, dass mein Vetter bei seiner dienstlichen Tätigkeit [...] in irgendeiner Weise in ein falsches Licht geraten sei und Verdacht erweckt habe.» Und was Mildred anging, so war sich Axel von Harnack sicher, «dass sie als geborene Amerikanerin deutschen politischen Verhältnissen völlig fern stehe und allein ihrem Berufe als Universitätslektorin und Dozentin am Abendgymnasium lebe».[48]

Während der nächsten Wochen beantwortete Axel von Harnack die Briefe von Mildred Harnacks Schülern und Studenten, die wissen wollten, wann sie wiederkäme, und er bemühte sich wiederholt, aber vergebens, mit ihr sprechen zu dürfen. Zuerst sah die Lage für Mildred Harnack günstig aus, und die Familie hoffte, die Gestapo werde sie freilassen. Doch Panzinger, der möglicherweise inzwischen von dem kompromittierenden Kassiber Kenntnis hatte, erklärte, «ihre Lage habe sich wesentlich verschlechtert, sie lüge so viel, streite Dinge ab, die sie wissen müsse, und es werde auch immer klarer, dass auch sie ‹tüchtig mitkonspiriert habe›».[49]

Zweimal gestattete die Gestapo Falk Harnack Besuche bei seinem Bruder. Die erste Begegnung Mitte Oktober war äußerst niederschmetternd, weil Arvid, den er gerade einmal zwei Monate zuvor als sehr stark und energisch erlebt hatte, nun plötzlich sehr gealtert erschien. Es wurde deutlich, dass Arvid sechs Wochen lang keine frische Luft bekommen hatte.

Sie «umarmten einander fest und zart», schrieb Falk an seine Mutter und seine Schwester, und sie «kämpften gegen die Weichheit und die Gefühle, die auszubrechen drohten». Sie saßen sich auf Stühlen gegenüber, einen Tisch in der Mitte. Arvid begann das Gespräch. «Ich habe gewisse Dinge getan, die habe ich zugegeben.» Falk gab ihm Kuchen, Zigaretten und Streichhölzer sowie Cebion (Vitamintabletten). Arvid freute sich über diese Mitbringsel. Aufrecht und gerade sitzend, «strahlte er große Wärme aus», aber –

«man konnte ihm ansehen, dass er innerlich sehr viel durchgemacht hatte».

Dann fragte Arvid nach dem Gesundheitszustand seiner Mutter. Falk versicherte ihm, er brauche sich keine Sorgen zu machen, sie sei gesund und tapfer. In Falks Brief heißt es dann anschließend:

> «Die ganzen Dinge bewegen sich in einer Sphäre, die zu hoch für uns liegt. – Was aber möglich ist, geschieht, das glaube mir. – Er denkt jeden Abend um 9 Uhr an uns. Wir tun es auch, sagte ich ihm. – Da sich die Sache für M. kompliziert haben soll – wie man mir sagte - durfte ich sie nicht sehen, doch hoffe ich auf das nächste Mal. Mir persönlich erscheint es unmöglich, dass M. in die Dinge verwickelt ist. Sie lebt doch über den Wolken, ganz in Literatur und Kunst.»[50]

Nachdem sie noch über geschäftliche Angelegenheiten gesprochen hatten, beendete Arvid Harnack die Unterredung. Sie erhoben sich, umarmten einander, und dann wurde Arvid weggeführt.

Als Nächstes bemühten sich Falk Harnack und Egmont Zechlin verzweifelt, die Harnacks aus der Haft freizubekommen. Trotz der Warnungen der Gestapo bei der Verhaftung des Ehepaars hatte Zechlin sogleich mit der Auslandswissenschaftlichen Fakultät der Universität Berlin telefoniert und geklärt, dass der Dekan, Professor Six, sich in der Stadt befand. In der Nacht kehrte Zechlin nach Berlin zurück und setzte sich mit Six in Verbindung, der versprach, Erkundigungen einzuziehen. Falk Harnack nahm Kontakt zu Staatssekretär Friedrich Landfried auf, Arvid Harnacks Vorgesetztem im Ministerium, den Harnack respektierte, den er aber nicht in seine politischen Pläne eingeweiht hatte.[51] Falk Harnack besuchte Landfried in dessen Privatwohnung, kurz nachdem er sich mit Zechlin verständigt hatte. Nachdem Landfried sich von Falk Harnack den Pass hatte zeigen lassen, um seine Identität zu klären, informierte er ihn, dass er gehalten sei, nicht über den Fall zu sprechen. Als Falk Harnack darauf antwortete, er sei bereits bei der Gestapo vorstellig geworden, kam es zu einer kurzen Unterhaltung. Landfried bezeichnete Arvid Harnack als «das beste Pferd im Stall», aber er «sehe sich nicht in der Lage zu helfen». Falk Harnack fragte ihn daraufhin, ob er denn nicht der Ansicht sei, dass Harnacks Kontakte für

Deutschland von höchstem Wert sein würden, wenn sich der Krieg ungünstig entwickle. Landfrieds Antwort lautete: «Darüber habe ich nicht zu befinden.» Dann erhob er sich und beendete das Gespräch mit den Worten: «Bitte, übermitteln Sie Ihrer Frau Mutter meine Kondolation.»[52]

Falk Harnacks zweiter Besuch in der Prinz-Albrecht-Straße erfolgte am Sonntag, dem 15. November um 11 Uhr. Friedrich Panzinger, der Falk Harnack beim ersten Mal empfangen hatte, war nicht anwesend, und Harnack wurde diesmal von Horst Kopkow «außerordentlich kühl und korrekt» empfangen. Falk gab Arvid einige Lebensmittel, ein neues Foto seiner Mutter und berichtete über die Familie. Arvid Harnack bat seinen Bruder um ein Bild von Mildred. Dann forderte Falk Harnack seinen Bruder auf, «sein jetziges Leben zu beschreiben»:

> Meine Zelle ist ungefähr so groß (dabei zeigte er mit den Armen die Größe an, nach Augenschätzung 1,5 bis 2 mal 3 bis 4 Meter), wenn ich auf einen Stuhl steige, kann ich etwas Himmel sehen. In der Zelle ist ein Bett, das tagsüber hochgeklappt wird, ein Stuhl und ein kleiner Tisch. Der Tag beginnt um 6 Uhr. Dann Waschen, danach gibt es schwarzen Kaffee mit zwei Broten, die entweder mit Margarine oder Marmelade bestrichen sind. Mittagessen um 12 Uhr. Weißkohl oder rote Rüben. Einmal in der Woche ein Stück Speck. Sonntags etwas Fleisch. Um 6 Uhr gibt es Abendbrot, schwarzer Kaffee und Brot. Das Essen ist «reichlich», aber vitaminarm.

Da ihm nur jeden zweiten Tag ein Rundgang im Hof gestattet war, versuchte Arvid Harnack zum Ausgleich Freiübungen zu machen. Wichtig, so fand er, sei es, sich nicht aus der Ruhe bringen zu lassen. «Die Hauptsache ist, das innere Gleichgewicht zu bewahren, was nicht leicht ist. Man darf das nicht unterschätzen!», sagte er zu seinem Bruder.

Dann gab es eine Störung, da jemand in den Raum kam, um etwas abzugeben. Falk Harnack benutzte den unbeobachteten Moment, um Arvid durch Zeichensprache zu fragen, ob er geschlagen worden sei: «Er beugte sich langsam über den Tisch und flüsterte mir zu: ‹Sie haben mich gemartert.›» Dann fügte er hinzu: «Grüß alle meine Freunde herzlich von mir.» Falk Harnack erkannte ganz eindeutig, dass dies den Auftrag beinhaltete, «alle Leute, die Arvid kannte, zu warnen».

Während der Zeit der Untersuchung waren keine Verteidiger zugelassen. Aber als das Gespräch auf Arvid Harnacks Prozess kam, berichtete Falk Harnack, alle Anwälte, an die er sich gewandt habe, seien zu eingeschüchtert gewesen, um ihn zu verteidigen. Arvid Harnack selbst fasste dann seine Sicht der Dinge knapp zusammen: «Grundsätzliches: Ich glaube, dass ich im Prinzip richtig gehandelt habe. Der Krieg ist verloren, und als einzige Rettung gibt es den Weg, den ich eingeschlagen habe. Manche Mittel, die ich anwandte, waren sicher falsch. Ich glaube, dass man uns noch brauchen wird.»

Falk Harnack schilderte seinem Bruder dann seinen Besuch bei Staatssekretär Landfried und erklärte seine Bereitschaft, den Chef des RSHA aufzusuchen. Arvid Harnack erwiderte: «Nein, das wird wohl kaum Zweck haben. Wir wollen nicht sentimental sein. Die Sache steht so ernst, wie sie ernster überhaupt nicht stehen kann.»

Arvid Harnack war verschiedentlich nach seinem Vetter Ernst von Harnack befragt worden, hatte aber die Zusammenkünfte der Freunde um Ernst (zu denen Carl Goerdeler und Wilhelm Leuschner gehörten) «als einen harmlosen Altherrenclub» bezeichnet.

Falk Harnack fragte den anwesenden Beamten, ob es möglich sei, Mildred zu besuchen, er begründete dies mit den Worten: «Ich muss immer wieder Öl auf die Wogen der Familie gießen. Sie war sehr krank und wir machen uns Sorgen um ihren Nervenzustand.» Dazu meinte der Beamte: «Da brauchen Sie keine Sorgen zu haben. Im Gegenteil sind ihre Nerven in Ordnung.» Mildred sei zwar krank gewesen, nun aber wieder vollkommen gesund. Dann ergriff Falk Harnack die Gelegenheit, um zu fragen, ob man ihr Briefe und Lebensmittel schicken könne. Der Gestapomann nickte. Harnack übergab dem Beamten einige Lebensmittel und Briefe der Mutter Clara Harnack mit Grüßen der Geschwister. Ihm wurde gestattet, eine kurze Nachricht zu schreiben: «Liebe Mildred, ich bin eben bei unserem geliebten Arvid. Wir beide senden dir herzliche Grüße und Küsse. Dein treuer Schwager Falk.»[53]

«Die Aufrollung einer Spionageaffäre in bisher nicht gekanntem Ausmaß und die führende Beteiligung von Angehörigen verschiedener Ministerien schlug gleich einer Bombe ein», erinnerte sich Senatspräsident am Reichskriegsgericht Alexander Kraell, der Leitende Richter im Prozess gegen die Rote Kapelle.[54] Obwohl nur wenige Menschen über die «Geheime Reichssache» Bescheid wissen durften, hatte die «Decke des Schweigens», die die Gestapo über all das legen wollte, zahlreiche Löcher. Schulze-Boysens angeheirateter Cousin Ulrich von Hassell schreibt in einer Version seines Tagebuchs, deren Übersetzung in den CIA-Akten in Washington zu finden ist:

«In den Salons, in den Vorzimmern der Minister, auf den Fluren der Hauptquariere sprach man über diesen Abszess, dessen Gestank die Luft des Dritten Reichs verpestete. Jeder behauptete, genau Bescheid zu wissen; was man nicht wusste, erfand man eben. Die Affäre wurde zum Mythos, und der Verdacht kannte keine Grenzen.»[55]

Heinrich Müller, der Chef der Gestapo, hielt Göring, Himmler und Hitler über den Fortgang der Ermittlungen auf dem Laufenden, denn die Angelegenheit hatte die Machthaber besonders betroffen gemacht, denn «die Angeklagten ließen sich weder als Juden noch als moralisch oder beruflich minderwertige Subjekte hinstellen –, es handelte sich sogar um eine Elite».[56] Wie ein Adjutant im Führerhauptquartier berichtet, äußerte sich Göring höchst erregt über den Spionagefall, bei dem Offiziere und Aristokraten die Hauptverdächtigen waren. Weil Schulze-Boysen sein Schützling gewesen war und Libertas' Familie den Reichsmarschall in Liebenberg zu Gast gehabt hatte, traf ihn die Affäre besonders.[57] Wie der Dienstkalender Heinrich Himmlers verzeichnet, war der Reichsführer SS am 8. und 21. Oktober sowie am 14. Dezember bei Vernehmungen Schulze-Boysens anwesend, darüber hinaus telefonierte Himmler häufig mit Müller über den Fall Rote Kapelle.[58]

Inzwischen spielte sich, fern von den Gestapozellen, Entscheidendes für die Gefangenen ab. Auch ihr Schicksal entschied sich in einer Schlacht, die um die belagerte Stadt am Westufer der Wolga geschlagen wurde. Was in Stalingrad geschah, setzte in Berlin das Fallbeil in Gang. Von September 1942 bis Februar 1943, also genau in der Periode der Untersuchung und des Prozesses gegen Mildred Harnack-Fish und in der Zeit bis zu ihrer Hinrichtung, hämmerte die Rote Armee bei Stalingrad auf die deutsche 6. Armee ein.

Die Stadt war zum Ziel einer der beiden Speerspitzen der deutschen Sommeroffensive 1942 geworden. Die Deutschen wollten die Kommunikations- und Versorgungslinien der Roten Armee an den Strömen Don und Wolga abschneiden und zu den Ölfeldern des Kaukasus vorstoßen. Am 23. August hatte die 6. Armee die nördlichen Vororte von Stalingrad erreicht. Stalin war entschlossen, die Stadt, die seinen Namen trug, um jeden Preis zu verteidigen. Hitler war in gleichem Maße davon besessen, sie zu erobern. Gerade noch rechtzeitig hatten die Russen erkannt, dass sie Streitkräfte abziehen konnten, die zur Verteidigung von Moskau vorgesehen waren.

Ende November waren die Deutschen und ihre Verbündeten eingekreist. Als deutlich wurde, dass Görings Luftwaffe nicht in der Lage war, die Armee zu versorgen, untersagte Hitler zum Entsetzen der Befehlshaber vor Ort einen Ausbruch, der den Rückzug eingeleitet hätte. Stattdessen erteilte er den Durchhaltebefehl. Das deutsche Heer solle bis zum letzten Mann und bis zur letzten Patrone kämpfen.[59] Das Ergebnis war die blutigste militärische Niederlage der Geschichte. Fast 250 000 Deutsche und ihre Verbündeten wurden von den Russen getötet oder gefangen genommen, darunter nahezu die gesamte 6. Armee. Mehr als jede andere Schlacht bedeutete Stalingrad eine Wende des Krieges. Keine militärische Niederlage hat sich so tief ins Gedächtnis der Deutschen eingebrannt.

Als die Gestapo Mitte Oktober ihre Voruntersuchung abgeschlossen hatte, machte Gestapo-Chef Heinrich Müller den Vorschlag, den Fall vor den zivilen Volksgerichtshof zu bringen, wo man gewiss sein konnte, dass die Mitglieder der Gruppe rasch abgeurteilt und hingerichtet würden.[60]

Hitlers Adjutant Admiral Karl Jesko von Puttkamer erinnerte sich an den Führerbefehl, «die Bolschewiken in den eigenen Reihen auszulöschen, augenblicklich und ohne Gnade».[61] Aber die Rechtsabteilung der Wehrmacht vertrat die Ansicht, nur die Militärgerichtsbarkeit verfüge über die Kompetenz, über diesen Fall zu verhandeln, weil mehrere der Hauptbeteiligten – Harro Schulze-

Boysen, Horst Heilmann und Herbert Gollnow - der Wehrmacht angehörten und militärische Spionage zu den wichtigsten Anklagepunkten zählte. Göring leitete diese Argumente zustimmend an Hitler weiter. Schließlich erklärte dieser sich einverstanden, den Fall Rote Kapelle vor dem Reichskriegsgericht verhandeln zu lassen.

Als Kraell die Frage gestellt wurde, warum Zivilisten und Frauen vor einem Militärgericht zu erscheinen hätten, lautete seine Antwort, es sei unmöglich gewesen, den Komplex in verschiedene Teile zu zerlegen und partiell an den Volksgerichtshof zu übergeben. Dies gelte selbst dann, wenn die Mehrheit der Angeklagten Zivilisten und zu einem nicht unerheblichen Teil Frauen seien. Die Urteile eines Kriegsgerichts seien «eine optisch unschöne Begleiterscheinung, [das] ließ sich aber – leider – nicht vermeiden».[62]

Die Entscheidungen des Reichskriegsgerichts erlangten nicht automatisch Rechtskraft, sie bedurften vielmehr der Bestätigung durch den Gerichtsherrn, den Oberbefehlshaber der Wehrmacht. Die Bestätigung der Urteile blieb Hitler also persönlich vorbehalten.[63]

Als Ankläger fungierte der Oberstkriegsgerichtsrat Manfred Roeder. Dieser war in Kiel als Sohn eines Landgerichtsdirektors geboren und hatte im Ersten Weltkrieg bei der Feldartillerie gedient.

Er erlitt Verletzungen bei einem Gasangriff und erhielt das Eiserne Kreuz Zweiter Klasse. Wie Arvid Harnack schloss auch er sich nach dem Ersten Weltkrieg einem Freikorps an. Später studierte er Rechtswissenschaften, und als Harnack im April 1935 ins Reichswirtschaftsministerium eintrat, begann Roeder gerade seine Tätigkeit als Jurist bei der Luftwaffe.[64]

Auf einem offiziellen Foto aus jener Zeit wirkt der inzwischen 42-jährige jünger, und das Bild lässt keine Spur der Grausamkeit erkennen, für die er berüchtigt werden sollte. Er ist ein Mann von dunklem Typus mit dem eleganten Aussehen eines Filmstars, dessen glattes Gesicht den Eindruck von Gemütsruhe und Güte erweckt, zwei Eigenschaften, die ihm vollkommen fremd waren.

1942 hatte er sich bereits als fähiger, ganz und gar rücksichtsloser Ermittler erwiesen. Über ihn kursierten die Worte «Bluthund» und «Blutrichter», um ihn zu beschreiben.[65] Rudolf Behse, einer der

Anwälte beim Prozess gegen die Rote Kapelle, vertrat die Ansicht, dass Zynismus und Brutalität den Kern seines Charakters bildeten. Sein grenzenloser beruflicher Ehrgeiz wurde durch einen angeborenen Sadismus geradezu verschärft.[66] Selbst unter Roeders Kollegen herrschte die Ansicht: «Für einen guten Richter war er zu kalt und zu einseitig.»[67] Auf die Frage, warum Roeder bei so vielen verhasst war, antwortete Richter Eugen Schmitt: «Mein allgemeines Urteil über Roeder ist, dass es ihm etwas an Gemüt fehlt, dass er nicht das normale Gefühl für das Leben anderer Menschen hat, so dass es ihm nichts ausmachte, sich Vollstreckungen anzusehen oder unangenehme Aufträge zu übernehmen.»[68] Arvids Cousin Axel von Harnack, der Roeder Mildred Harnacks wegen aufgesucht hatte, hielt fest: «Nie wieder habe ich von einem Manne so ausgesprochen den Eindruck der Brutalität empfangen. Er war ein Mensch, der eine Atmosphäre von Furcht um sich verbreitete.»[69]

Die Gestapo lieferte das Beweismaterial; Göring wies Roeder an, sich nur mit der Formulierung der Anklageschrift zu befassen. Anfang November füllten die Berichte, die Roeder von der Gestapo erhalten hatte, 30 Aktenordner. Nachdem er das Material studiert hatte, führte er weitere gezielte Vernehmungen durch.[70] Ende November bereitete Roeder eine Anklageschrift vor, die schließlich 800 Seiten umfassen sollte, und er setzte das Vorgehen gegen eine Gruppe fort, die er bezeichnete als: «Spieler aus Leidenschaft, kommunistische Fanatiker, seelisch zerrissene Grübler und Süchtige, unzufriedene Bürgerliche, Umstürzler aus Prinzip, Getriebene, illegale kommunistische Kuriere, Agenten und Saboteure, Fahnenflüchtige und Emigranten.»[71]

Das also war der Mann, in dessen Macht es lag, nicht nur das Leben von Mildred Harnack und ihren Freunden auszulöschen, sondern auch die Erinnerung an sie zu beflecken.

Nachdem er Manfred Roeder vor dem Prozess besucht hatte, berichtete Falk Harnack der Familie, dass die Anklagepunkte in der Tat sehr ernsthafter Natur waren: Es gehe nicht nur um Hochverrat, sondern bedauerlicherweise auch um Spionage.[72] Falk Harnack und Egmont Zechlin unternahmen den Versuch, Klaus Bonhoeffer als Verteidiger für die Harnacks zu gewinnen. Dieser war jedoch nicht bereit, das Mandat zu übernehmen, weil er wegen seiner eigenen Widerstandsaktivitäten in Schwierigkeiten steckte.[73] Schließlich wurden nur vier Anwälte zu dem Prozess zugelassen. Sie mussten insgesamt etwa 80 Angeklagte in mehr als 20 Prozessen verteidigen, die zwischen Dezember 1942 und September 1943 stattfanden.[74] Inge Havemann konnte einen von ihnen, Dr. Schwarz, veranlassen, die Verteidigung der Harnacks zu übernehmen. Aber da der Anwalt unter dem Verdacht stand, mit den Angeklagten zu sympathisieren, durfte er nur einen Teil der streng geheimen Akten im Fall Harnack einsehen.[75]

Obwohl es um Leben und Tod ging, hat Mildred Harnack die Anklageschrift gegen sie möglicherweise nie genau kennen gelernt, da es den Verteidigern nicht gestattet war, sie ihren Mandanten zu zeigen. Günther Weisenborn berichtet, dass er seinen Verteidiger erst vor dem Gerichtssaal kennen gelernt habe: «‹Ich bin Ihr Offizialverteidiger. Ich kenne Ihre Akten. Machen Sie sich keine unnötigen Sorgen. Sie wissen, dass Sie im Höchstfalle mit der Todesstrafe rechnen können. Wir sehen uns ja nachher.› Ich habe diese Worte nie vergessen, denn sie bildeten meine gesamte juristische Vorbereitung für einen Prozess auf Leben und Tod.»[76]

Arvid Harnack durfte keine weiteren Besuche mehr empfangen. Am 5. Dezember schrieb Axel von Harnack an seine Tante, die Wohnung sei samt Inhalt beschlagnahmt worden. Am 7. Dezember teilte er mit: «Von Mildred nie Antwort! Eine große Härte! Die Angelegenheit ist nun zum Reichskriegsgericht gelangt. Der Verteidiger wird nun gewiss auch bis zu Mildred vordringen.»[77]

Wenige Tage bevor die Verhandlung gegen Arvid begann, wurde er aus dem Staatsdienst «entlassen». Nach deutschem Recht kann das Beamtenverhältnis nur enden, wenn sich der Betreffende strafbar gemacht hat.[78] Aber im Fall Arvid Harnack verlangte Hitler bereits vor dem Prozess in aller Entschiedenheit, dass er seine Stellung als Beamter verlieren sollte. Alle Vorschriften wurden sorgfältig eingehalten. Zunächst musste Harnack seine Entlassung beantragen, was die Unterzeichnung eines «freiwilligen Antrags» voraussetzte. Erst dann konnte er durch Anordnung Hitlers und des Reichswirtschaftsministers Funk entlassen werden.

Am 14. Dezember, am Vorabend des Prozessbeginns, schrieb Arvid einen Abschiedsbrief an Mildred. Darin erinnerte er sie an die glücklichen Tage in Madison, als sie einander kennen lernten und er im *University Club* wohnte:[79]

Mein innig geliebtes Herz
Wenn ich in den vergangenen Monaten die Kraft hatte, innerlich ruhig und gefasst zu sein, und wenn ich den kommenden Dingen ruhig und gefasst entgegensehe, so verdanke ich dies vor allem dem, dass ich mich mit dem Guten und Schönen in dieser Welt verbunden fühle und dass ich das Gefühl, das aus dem Dichter Whitman singt, der ganzen Erde gegenüber habe. Soweit Menschen in Frage kommen, waren es die mir Nahestehenden und vor allem du, die mir dieses beides verkörperten.
Trotz allem Schweren sehe ich auf mein bisheriges Leben gern zurück. Das Lichte überwog das Dunkle. Und dafür war großenteils unsere Ehe der Grund. Ich habe mir in der letzten Nacht viele der schönen Augenblicke in unserer Ehe durch den Kopf gehen lassen, und je mehr ich darüber nachdachte, desto mehr wurden es. Es war, als ob ich in einen Sternenhimmel sah, bei dem ja auch die Zahl der Sterne ständig wächst, je genauer man hinsieht. Erinnerst du dich noch an Picnic Point, als wir uns verlobten? Ich sang vor Freude frühmorgens im Club. Und noch vorher an unser erstes ernstes Gespräch beim Mittagessen im Restaurant in State Street? Dieses Gespräch wurde mein Leitstern und ist es geblieben. Wie oft haben wir in den folgenden sechzehn Jahren den Kopf einander auf die Schulter gelegt, des Nachts, wenn das Leben uns müde gemacht hatte, entweder du mir oder ich dir; und dann war alles gut. Das habe ich in Gedanken in den vergangenen Wochen auch getan und werde es in den kommenden ebenfalls tun. Außerdem habe ich regelmäßig morgens um 8 und abends um 9 Uhr an dich und alle meine Lieben gedacht. Sie denken zur gleichen Zeit an uns beide. Tu das auch; dann weiß man, dass das Gefühl der Liebe in der Welt ineinander fließt. – Unsere angespannte Arbeit machte uns das Leben nicht leicht, und die Gefahr des Erdrücktwerdens war nicht klein, aber trotzdem blieben wir lebendige Menschen. Das wurde mir ganz klar bei unserem Erlebnis am Großglockner und als wir in diesem Jahr den großen Elch vor uns auftauchen sahen – vorher warst du wie eine Göttin aus dem Meer gestiegen. – Du bist in

meinem Herzen: «Du sollst immer darinnen sein»! Mein größter Wunsch ist, dass du, wenn du an mich denkst, glücklich bist. Wenn ich an dich denke, bin ich es.

Viele viele Küsse! Ich umarme dich fest.
Dein A.

# 16

# Sündenbock für Stalingrad

Gerichtssaal im Reichskriegsgericht

Man mag es für eine Ironie des Schicksals halten, dass wichtige Orte ihres letzten Leidensweges den Krieg überdauert haben: das Fischerhäuschen auf der Kurischen Nehrung, heute im litauischen Teil des ehemaligen Ostpreußen, wo die Nationalsozialisten sie verhafteten. Von der ehemaligen Gestapozentrale Prinz-Albrecht-Straße 8, wo die Gestapo sie im Hausgefängnis gefangen hielt, sind nur Keller- und Fundamentreste erhalten geblieben; ein Dokumentationszentrum – Topographie des Terrors – informiert über den Verfolgungs- und Unterdrückungsapparat des nationalsozialistischen Regimes. Das Gerichtsgefängnis in der Kantstraße, wo sie monatelang inhaftiert war, dient heute als Grundbuchamt einem zivilen Zweck. Die Gedenkstätte Plötzensee, wo sie enthauptet wurde, und das Gebäude in der Witzlebenstraße, einst Sitz des Reichskriegsgerichts, in dem der Prozess gegen sie geführt wurde, sind ebenfalls erhalten.

Das Wappen des Deutschen Kaiserreichs ziert das Giebelfeld über dem Mittelteil des vierstöckigen Gebäudes. Unmittelbar darunter steht in Stein gemeißelt. «Reichsmilitärgericht». Über dem Portal hat ein Steinmetz den behelmten Kopf der Justitia mit einer blind machenden Augenbinde geschaffen. Seit September 1989 erinnert eine provisorische Metalltafel an Hunderte von Opfern der Militärjustiz. Die Tafel steht auf öffentlichem Straßenland, weil der Eigentümer des Gebäudes, die Bundesrepublik Deutschland, ihre Anbringung am Gebäude abgelehnt hatte.

In den frühen Morgenstunden des 15. Dezember 1942, eines Donnerstags, sammelte ein grünes Polizeifahrzeug neun Männer und vier Frauen aus verschiedenen Gefängnissen, die über Berlin verstreut lagen, ein und brachte sie in den gepflasterten Hof des Reichskriegsgerichts. Gegen neun Uhr stand der Kern der Roten Kapelle, zu dem die Harnacks, die Schulze-Boysens, die Schumachers wie auch Horst Heilmann und Herbert Gollnow gehörten, vor dem 2. Senat des Gerichts.[1] Einige Mitglieder der Gruppe begegneten einander hier zum ersten Mal. Für andere, besonders für die Ehepaare, war es ein lang ersehntes Wiedersehen.

Auf einem Schild an der Tür zum Verhandlungssaal stand: «Geheime Verhandlung, nicht öffentlich». Zwei Feldjäger flankierten die beiden Offizialverteidiger Rudolf Behse und Leonard Christoph Schwarz. Weitere Soldaten mit aufgepflanzten Bajonetten standen bewegungslos vor den Fenstern und Türen. «An der Eingangstür saß an einem Klapptisch ein Gestapokommissar, der sich Notizen machte.» Die Zuschauerreihe im hinteren Teil des Raumes war leer – weder Angehörige noch Besucher hatte man in den Gerichtssaal gelassen.[2]

Nun betraten die fünf Richter des 2. Senats – ein Vizeadmiral, zwei Generäle und zwei Berufsrichter – den Raum.[3] Abgesehen von den Angeklagten salutierten alle mit dem Hitlergruß. Förmliche Würde herrschte im Saal, als sich die Richter auf einem Podium des holzgetäfelten Raumes an einem hufeisenförmigen Tisch niederließen. Schwaches Winterlicht fiel durch die vier großen Fenster und beschien die riesengroße Büste des «obersten Kriegsherrn» Adolf Hitler. Die Sitzung wurde von Senatspräsident Alexander Kraell geleitet.[4] Der Vertreter der Anklage, Manfred Roeder, saß in einem Stuhl mit hoher Lehne links von Kraell; gegenüber, zur Rechten von Kraell, war der Protokollführer platziert.[5] Ein Geländer trennte die zwölf Holzstühle für die Angeklagten ab, die den Richtern gegenübersaßen. Vor den Richtern befand sich ein Tisch, der als Zeugenstand diente.

Von Soldaten flankiert, traten die Angeklagten nacheinander vor das Gericht. Wie bei anderen derartigen Fällen vor dem Reichskriegsgericht trug der Vertreter der Anklage die Anklageschrift gegen jeden Beschuldigten vor. Sie beinhaltete jeweils eine vollständige Geschichte der Umstände, die Belege und eine juristische Einschätzung des Falles.[6] Als Mildred Harnack an der Reihe war, wurde sie aufgefordert, nach vorn vor die Richter zu treten. Die Anklagepunkte wurden laut verlesen. Das Verhör war strikt. Es wurde verlangt, einfach nur mit Ja oder Nein zu antworten. Es gab keine Zeugen der Verteidigung. Ihrem Verteidiger Schwarz war es nicht gestattet, sich mit seiner Mandantin zu beraten oder ihr Hinweise zu geben.[7] Allerdings gab es Zeugen der Anklage, meist Mitarbeiter der Gestapo. Obwohl sie größtenteils unter Anwendung von Folter zustande gekommen waren, dienten die Gestapoprotokolle als Grundlage für die Urteilsfindung. Keiner der Anwälte kritisierte das Verfahren, und wie Behse, der Anwalt der Schulze-

Boysens, später zugab, bemühten sie sich auch nicht darum, die Problematik der Folter aufzuwerfen, weil sie die Ergebnisse der Untersuchung nicht berührt hätte.[8]

Mildred Harnack war beim Beweisverfahren nicht dabei; sie wurde aus dem Raum geschickt, als man die Zeugen verhörte. Erst zu ihrer eigenen Vernehmung durfte sie den Saal wieder betreten und danach gemeinsam mit den Schulze-Boysens und Arvid Harnack im Raum bleiben. In den Pausen versammelten sich die Angeklagten im Wartezimmer, wo sie das, was sie von ihren bescheidenen Gefängnisrationen mitgebracht hatten, verzehren oder rauchen durften. In diesem stark verqualmten Raum traf Mildred zum ersten Mal seit drei Monaten wieder mit Arvid zusammen.

Am letzten Tag des Prozesses konnten die Gefangenen ihre Schlussworte sprechen. Arvid Harnack war innerlich gefasst und gut vorbereitet. Er nahm sich 20 Minuten Zeit, um seine politischen und wirtschaftlichen Überzeugungen zusammenzufassen, seine klaren Worte standen in traurigem Gegensatz zu seiner leisen, müden Stimme. Wiederholt machte er seine ablehnende Einstellung gegenüber dem Dritten Reich deutlich. Er nannte seine Gründe, sich dem Widerstand angeschlossen zu haben. Widerstand sei der einzige Weg, Deutschland vor einer Katastrophe zu retten. Als Schulze-Boysen sich erhob, um das Wort zu ergreifen, gab er seine Taten voller Stolz zu, wurde aber zum Schweigen gebracht, als er seine Motive darlegen wollte. Senatspräsident Kraell erklärte, er sei nicht bereit, sich politische Propaganda anzuhören.[9]

Nachdem die Angeklagten gesprochen hatten, beantragte Oberstkriegsgerichtsrat Manfred Roeder zwölf Todesurteile, und die Richter zogen sich zur Beratung zurück. In einer letzten Geste des Widerstandes erhoben sich die Angeklagten und umarmten einander.

Am 19. Dezember hörten die Angeklagten die Urteile. Das Gericht verurteilte Arvid Harnack, Harro und Libertas Schulze-Boysen, Kurt und Elisabeth Schumacher, Hans Coppi, Kurt Schulze, John Graudenz und Horst Heilmann aus mehreren Gründen zum Tode, darunter «Vorbereitung zum Hochverrat, Kriegsverrat, Zersetzung der Wehrkraft, Feindbegünstigung und Spionage». Herbert Gollnow erhielt die Todesstrafe wegen «Ungehorsams im Felde und Preisgabe von Staatsgeheimnissen». Bei Mildred Harnack dagegen lautete das Urteil «wegen Beihilfe zur Vorbereitung zum Hochverrat und zur Spionage» nur auf «sechs Jahre Zuchthaus und sechs Jahre Verlust der bürgerlichen Ehrenrechte». Bei Erika von Brockdorff belief sich die Freiheitsstrafe auf zehn Jahre Zuchthaus mit derselben Begründung. Als das Urteil gegen Mildred Harnack verkündet wurde, machte ihr Mann Arvid einen glücklichen Eindruck. Er lächelte sie an; ihr Leben war gerettet. Schwarz' Verteidigungsstrategie war aufgegangen, er hatte hervorgehoben, dass Mildred Harnack wie jede anständige deutsche Frau den Anweisungen ihres Ehemanns gehorcht habe. Wie konnte sie es da als ihre Pflicht auffassen, den eigenen Mann zu verraten und dem sicheren Tod preiszugeben?

Die Richter hatten eindeutig Sympathie für die hochgebildete Amerikanerin empfunden und gaben Arvid Harnack die Schuld, sie in die «sozialistische Ideenwelt» eingeführt zu haben. Ihr «wurde zugute gehalten, dass sie als Amerikanerin anerkennenswertes Verständnis für die deutsche Literatur gezeigt hat und dass sie durch Übersetzung wertvoller deutscher Bücher in die englische Sprache der deutschen Sache gedient hat». Als Amerikanerin, die erst 1929 nach Deutschland gekommen war – und die, wie die Richter herablassend hinzufügten, Ausländerin blieb –, konnte man von ihr kaum erwarten, dass sie die politischen Entwicklungen in Deutschland oder die Ansichten ihres Mannes darüber verstand.[10] Und sie fügten hinzu: «Das veranlasste sie, der illegalen Tätigkeit ihres Mannes, die sie trotz dessen grundsätzlichen Bestrebens, sie aus der Sache herauszuhalten, erkannte und die sich zum Teil in der gemeinschaftlichen Wohnung abspielte, keinen Widerspruch entgegenzusetzen.»[11]

Zu der Frage, ob Mildred Harnack «aus eigenem Interesse oder nur aus Entgegenkommen für ihren Mann gehandelt habe», meinten die Richter, dies sei «eindeutig im letzteren Sinne zu beantworten». Ihr Verteidiger hatte es fertig gebracht, die Richter davon zu überzeugen, dass sie sich in erster Linie für ihre beruflichen und literarischen Aktivitäten sowie ihre Aufgaben im Haushalt engagierte. «Ihr strafbares Tun reichte bei dieser Sachlage objektiv und subjektiv nicht über den Rahmen bloßer Beihilfe hinaus.» Ihre Taten erfolgten nicht selbständig, so befand das Gericht, sondern gingen auf den Wunsch zurück, ihrem Gatten beizustehen. Doch hieß es im Urteil: «Wegen der Gefährlichkeit der Tat, zu der sie Hilfe leistete, konnte die Strafe nicht gering sein.»[12]

Auch für den Leutnant Herbert Gollnow empfand das Gericht ein gewisses Maß an Sympathie. Im Urteil heißt es, «dass Gollnow im Grunde ein anständiger Charakter ist und ursprünglich auch ein voll überzeugter Nationalsozialist war». Harnack und Schulze-Boysen, die ihre Ansichten und Pläne ihm gegenüber verheimlichten, führten ihn vom rechten Wege ab. Gollnow sei jedoch «keineswegs als Kommunist anzusehen». Er wurde zum Tode verurteilt, was «zwangsläufig den Verlust der Wehrwürdigkeit zur Folge hat».[13] Eine gewisse Widersprüchlichkeit lag allerdings darin, dass das Gericht an den «Führer» appelliert haben soll, das Urteil zu mildern.[14]

Von Gollnow hieß es im Urteil, dass er «das Opfer der Hinterhältigkeit und der planmäßigen Verleitung insbesondere des Mitangeklagten Harnack geworden ist».[15]

Nachdem der Prozess am 19. Dezember beendet war, schickte Axel von Harnack ein Telegramm an seinen Vetter Falk mit dem Text «Buch nicht lieferbar, aber sechs Bilder». Die Familie hatte folgenden Schlüssel verabredet:

| | | |
|---|---|---|
| Buch | = | Arvid, |
| Bild | = | Mildred, |
| Nicht lieferbar | = | Todesurteil, |
| Ziffern | = | Haftjahre.[16] |

Am nächsten Tag schrieb Inge, die vor dem Verhandlungssaal auf das Urteil gewartet hatte, an ihre Mutter: «Obwohl wir es wohl heimlich alle so erwartet haben, war es doch ein Schlag. *Dringend* möchte ich dich nochmals bitten, noch nicht die Hoffnung aufzugeben. Das Urteil muss erst von höchster Stelle (dem obersten Kriegsherrn) bestätigt werden und inzwischen läuft das Gnadengesuch, eine Frist von drei Monaten besteht nach Aussagen des Anwalts. Die arme Frau hat sechs Jahre bekommen. A[rvid] hat das Urteil völlig gefasst und in vorbildlicher Haltung aufgenommen. An einem der vorhergehenden Tage konnte er selbst eine Verteidigungsrede halten, um die Beweggründe klarzulegen. Das war ja sein größter Wunsch und wird ihn sehr erleichtert haben. Für die Frau ist es *furchtbar*. Wie schön, dass sie noch diese fünf Tage zusammen waren.»[17]

Nachdem der Senat sein Urteil verkündet hatte, gingen Roeder und Rudolf Lehmann, Chef der Rechtsabteilung im Oberkommando der Wehrmacht, zu Göring. Der Reichsmarschall wollte wissen, ob noch andere Angehörige der Luftwaffe in den Verratskomplex verwickelt waren. Die Juristen versicherten, dies sei nicht der Fall. Dann kamen sie auf die beiden Frauen zu sprechen, die Freiheitsstrafen erhalten hatten. Beide waren mit dem Strafmaß für Mildred Harnack einverstanden, weil «sie weniger aus eigenem Antrieb als aus Anhänglichkeit an ihren Mann gehandelt habe». Der Reichsmarschall reagierte außerordentlich heftig: «Göring explodierte [...]. Er sei vom Führer beauftragt, ‹dieses Geschwür auszubrennen›. Niemals werde der Führer damit einverstanden sein.»[18]

Als das Feldurteil Hitler im Führerhauptquartier vorgelegt wurde, verfügte er am 21. Dezember 1942: «I. Ich bestätige das Urteil des Reichskriegsgerichts vom 19. Dezember 1942 gegen den Oberleutnant Harro Schulze-Boysen und andere [...]. II. Einen Gnadenerweis lehne ich ab. III. Die Urteile sind zu vollstrecken, und zwar gegen Rudolf von Scheliha, Harro Schulze-Boysen, Arvid Harnack, Kurt Schumacher und Johannes Graudenz durch Erhängen. Die übrigen Todesurteile sind durch Enthaupten zu vollziehen. Die Anordnung der Vollstreckung gegen Herbert Gollnow behalte ich mir vor. IV. Ich hebe das Urteil [...] gegen die Ehefrau Mildred Harnack und Erika Gräfin von Brockdorff auf. Mit der Hauptverhandlung ist ein anderer Senat des Reichskriegsgerichts zu beauftragen.»[19]

Am 19. November 1942, einen Monat vor dem Tag der Urteilsverkündung gegen die Harnacks und die anderen, begann die Rote Armee mit ihrem Artillerie-Sperrfeuer an der Stalingradfront. Das war der Anfang der Operation Uranus, des sich zuspitzenden russischen Gegenangriffs auf Stalingrad, jene Stadt, die Hitler weiter die Schicksalsstadt nannte. Noch in fünfzig Kilometern Entfernung wurden Soldaten aus dem Schlaf geweckt, «weil der Boden zitterte und dröhnte».[20] Nach Ansicht eines der Richter befahl Hitler die Hinrichtung der Verurteilten noch kurz vor Weihnachten, wegen der sich verschlechternden Lage um Stalingrad. Sie sollten am Galgen enden ohne Hoffnung auf einen sowjetischen Sieg.[21] Drei Tage später wurde die Todesstrafe vollstreckt.

Am Dienstag, dem 22. Dezember, war der Himmel über Berlin trübe, es herrschte ein eisiger Ostwind. Am Nachmittag schrieb Arvid Harnack in Plötzensee einen Abschiedsbrief an seine Familie:

> Meine Lieben!
> In den nächsten Stunden scheide ich aus dem Leben. Ich möchte euch noch einmal für alle Liebe danken, die ihr mir erwiesen habt, gerade auch in der letzten Zeit. Der Gedanke an sie hat mir alles Schwere leicht gemacht. So bin ich ruhig und glücklich. Auch denke ich an die gewaltige Natur, mit der ich mich verbunden fühle. Heute Morgen habe ich laut vor mir hergesagt: «Die Sonne tönt in alter Weise …» Vor allem aber denke ich daran, dass die Menschheit sich im Aufstieg befindet. Das sind die drei Wurzeln meiner Kraft.
> Eine besondere Freude war mir, zu erfahren, dass es in der nächsten Familie voraussichtlich bald eine Verlobung gibt. Ich möchte gern, dass mein Siegelring, der von meinem Vater stammt, an F[alk] fällt. Seinen Siegelring kann dann L[ilo]* erhalten. Der Siegelring wird euch mit meinen Sachen zugehen.
> Heute Abend werde ich noch eine kleine Vorweihnachtsfeier veranstalten, indem ich mir die Weihnachtsgeschichte vorlese. Und dann kommt der Moment des Scheidens.
> Gern hätte ich euch alle noch einmal gesehen, aber das geht nun leider nicht. Meine Gedanken sind aber bei euch allen, und ich vergesse dabei keinen: das muss jeder fühlen, besonders Mutter.
> Seid alle noch einmal umarmt und geküsst von eurem
> Arvid.
> Weihnachten müsst ihr richtig feiern. Das ist mein letzter Wille.
> Singt dann auch: «Ich bete an die Macht der Liebe.»[22]

Günther Weisenborn hatte Schulze-Boysen ein paar Tage zuvor gesehen, erhobenen Hauptes, sein blondes Haar schimmerte im Licht. Er schrieb: «Hier stand er im Gestapokeller, jung, begabt, sauber, ein gefolterter Bote der künftigen Welt, er hatte jetzt alles hinter sich, Kampf und Qual.»[23]

In Harro Schulze-Boysens Abschiedsbrief an seine Eltern heißt es:

> Es ist nun so weit! In wenigen Stunden werde ich aus diesem Ich aussteigen. Ich bin vollkommen ruhig und bitte euch, es auch gefasst aufzunehmen. Es geht heute auf der ganzen Welt um so wichtige Dinge, da ist ein Leben, das erlischt, nicht sehr viel. Was gewesen ist, was ich getan – davon will ich nicht mehr schreiben. Alles, was ich tat, tat ich aus meinem Kopf, meinem Herzen und meiner Überzeugung heraus, und in diesem Rahmen müsst ihr als meine Eltern das Beste an dem annehmen: Darum bitte ich euch!
> Dieser Tod passt zu mir. Irgendwie habe ich immer um ihn gewusst. Es ist «mein eigener Tod», wie es einmal bei Rilke heißt!
> [...]
> Wenn ihr hier wäret, unsichtbar seid ihr's: Ihr würdet mich lachen sehen angesichts des Tods. Ich habe ihn längst überwunden. In Europa ist es nun einmal so üblich, dass geistig gesät wird mit Blut. Mag sein, dass wir nur ein paar Narren waren; aber so kurz vor Toresschluss hat man wohl das Recht auf ein bisschen ganz persönliche historische Illusion.[24]

Den Abschiedsbrief an ihre Mutter hatte Libertas Schulze-Boysen mit den Worten beendet: «So, mein Liebling, die Stunde schlägt: zuerst geht Harro, und ich denke an ihn. Dann geht Horst, und ich denke an ihn. Und an mich wird Elisabethchen denken, die liebe.»[25]

Über die Ankunft der Gefangenen berichtet Pfarrer Harald Poelchau: «Nur durch meine Beziehungen zu den Beamten des Gefängnisses Plötzensee erfuhr ich rechtzeitig, dass für den Nachmittag des 22. Dezember 1942 eine Gruppe ‹hochpolitischer Verurteilter› zu erwarten sei.» Obwohl er der zuständige Gefängnispfarrer war, war Poelchau nicht darüber informiert worden. Als er sich darüber beschwerte, antwortete Roeder zynisch, eine Teilnahme von Geistlichen sei nicht vorgesehen. Da er sich im Gefängnis frei bewegen konnte, suchte er nichtsdestotrotz die Gefangenen in ihren Zellen auf.[26]

Gewöhnlich wurden Feldurteile des Reichskriegsgerichts durch Erschießen vollstreckt, doch Hitler hatte eine besonders erniedrigende Hinrichtungsart, Tod durch den Strang, angeordnet.

Bereits am frühen Nachmittag wurde es dunkel, und der Reihe nach gingen die Lichter in den Zellen an. Einzeln wurden die mit Handschellen gefesselten Gefangenen zum Hinrichtungsraum geführt. Arvid Harnack blieb aufrecht und ruhig.[27] Bei den Hinrichtungen waren der Vertreter der Anklage sowie Vertreter des Reichskriegsgerichts, des Reichsjustizministeriums und des Reichssicherheitshauptamts zugegen. Um 19:05 Uhr begannen die Exekutionen, in Abständen von fünf Minuten endeten Harro Schulze-Boysen, Arvid Harnack, Kurt Schumacher und John Graudenz durch den Strang.

Die Vollstreckungen fanden in einem Raum statt, der durch einen Vorhang unterteilt war. Die anderen Häftlinge wurden mit dem Fallbeil hingerichtet.[28] Um 20 Uhr fiel die Schneide ins Genick des 19-jährigen Horst Heilmann; dann folgten Hans Coppi, Kurt Schulze, Libertas Schulze-Boysen und Elisabeth Schumacher. Nur Libertas tat einen Schrei: «Lass mir doch mein junges Leben!»

Die Wachmannschaften verschwanden, und die Zeugen verließen den Schuppen. Der wachhabende Beamte ging schlüsselklappernd den langen Flur entlang, schloss die Türen der nunmehr leer gewordenen Zellen ab und schaltete dann eines nach dem anderen die Lichter aus. Bald war es vollkommen finster.[29]

Weil es sich bei den Vorwürfen unter anderem um Hochverrat und Spionage handelte, war das Reichskriegsgericht auch für Zivilpersonen zuständig; jedoch sind Zivilisten mit dem militärgerichtlichen Verfahren meist wenig vertraut. Normalerweise vergehen nach einem Prozess zwischen Urteil und Hinrichtung mehrere Wochen und die Familien bemühen sich in dieser Zeit, durch Gnadengesuche Milderung der Urteile zu erreichen. In der Woche nach Beendigung des Prozesses schlossen in Deutschland alle Behörden wegen des Weihnachtsfests. Trotzdem unternahmen Falk Harnack und Egmont Zechlin einen verzweifelten letzten Versuch, Arvid Harnack zu retten. Am 22. Dezember führte Falk Harnack ein Gespräch mit Professor Jens Jessen, einem Hauptmann im Stab des Generalquartiermeisters. Er war ein Mann des konservativen Widerstands und Freund von General Hans Oster. Falk und Zechlin hofften, dem «westlich orientierten» Widerstand deutlich machen zu können, dass Harnack gerettet werden müsse, um sich eine Verhandlungsoption mit den Sowjets offen zu halten.

Jessen äußerte sich sehr vorsichtig: «Unsere Unterredung muss streng vertraulich bleiben. Die Ostfront bricht zusammen. Glauben Sie, dass Harnack und seine Freunde in der Lage wären, Verhandlungen mit der UdSSR aufzunehmen?» Falk Harnack antwortete zaghaft: «Soweit ich Einblick in den Prozess nehmen konnte, glaube ich diese Frage mit Ja beantworten zu können.» Darauf erwiderte Jessen: «Diese Information habe ich auch. Wir müssen diese Gruppe unter allen Umständen in Reserve behalten. Ich werde sofort mit Oster zu [Reichswirtschaftsminister] Funk fahren. Funk ist der Einzige, der jetzt noch einen Aufschub erreichen könnte.»[30] Dies war nur ein vergeblicher Traum; für dergleichen war es längst zu spät.

Am Mittwoch, den 23. Dezember, suchte Libertas Schulze-Boysens Mutter, Victoria Haas-Heye, der Reihe nach verschiedene Gestapogefängnisse in Berlin auf. Sie hatte ein Weihnachtspaket für ihre Tochter bei sich. Bei ihrer Suche begab sie sich zuerst zum Alexanderplatz, dann zur Prinz-Albrecht-Straße, schließlich zum Kaiserdamm und am Ende zum Gefängnis Lehrter Straße. Obwohl jeder, der ihr Auskunft gab, wusste, dass ihre Tochter bereits tot war, schickte man die Mutter von einem Ort zum anderen. Schließlich suchte sie Göring auf, bei dem sie manchmal als Pianistin aufgetreten war. Erst nach Jahreswechsel teilte dessen Adjutant ihrem Bruder, Fürst zu Eulenburg, mit, dass Libertas am 22. Dezember hingerichtet worden war.[31]

Am selben stürmischen Tag erhielt Falk Harnack kurz nach 11 Uhr einen Anruf seiner Cousine Elisabeth von Harnack mit der Mitteilung, Arvid sei exekutiert worden. Der Gefängnisgeistliche Poelchau habe sie telefonisch informiert. Spät am Nachmittag trafen sich Elisabeth von Harnack, Inge Havemann und Falk Harnack am Stettiner Bahnhof [heute Nordbahnhof] und suchten den Geistlichen, der ihnen Arvids letzte Stunden schilderte, in seiner Wohnung auf.[32] Am nächsten Tag um 12 Uhr mittags besuchte Falk Harnack Roeder in seinem Büro im Reichsluftfahrtministerium, um wegen Mildred zu intervenieren. Aber Roeder erklärte kategorisch: «Sie sind beide verloren!»

«Wieso?», entgegnete Falk. «Es besteht doch noch die Möglichkeit, für meinen Bruder ein Gnadengesuch einzureichen? Für Mildred wird es eine sehr harte Zeit sein, aber mit Energie sind sechs Jahre Haft durchzuhalten!»

Roeders Erwiderung lautete: «Ihr Bruder ist gestern durch den Strang hingerichtet worden. Er starb wie ein Mann. Vergessen Sie Ihren Bruder. Sie haben nie einen Bruder gehabt! Man wird die Geschichte dieses Krieges nicht schreiben können, ohne auf die Aktion Ihres Bruders und seiner Genossen einzugehen! Lassen Sie aber ein Wort verlauten, so werden Sie als Soldat standrechtlich erschossen. Die Sache hat reichsgeheim zu bleiben.»

Nach einer längeren Pause des Schweigens bat Falk Harnack: «Ich möchte Sie bitten, die sterblichen Überreste freizugeben!»

Darauf entgegnete Roeder: «Das könnte Ihnen so passen! Wir schaffen keine Märtyrer! – Wie stehen Sie überhaupt zum nationalsozialistischen Staat?»[33]

Harnack schwieg und rang nach Fassung, dann fragte er: «Was bedeutet Ihre Äußerung ‹Mildred ist verloren›? Das höchste deutsche Gericht hat sie doch zu sechs Jahren Zuchthaus verurteilt.» Dann erwähnte er die Möglichkeit einer Begnadigung.

Daraufhin beendete Roeder das Gespräch in barschem Ton: «Auf Befehl des Führers wird ein neues Verfahren eingeleitet.»[34]

An jenem Abend um 20 Uhr war die Familie Zechlin gerade dabei, die Weihnachtskerzen anzuzünden, da klingelte das Telefon. Falk Harnack war am Apparat. Beide Seiten wussten, dass das Telefon abgehört wurde; Arvid Harnacks Bruder benutzte die verabredeten Schlüsselworte: «Das Buch hat seine Vollendung gefunden.»[35] Dann bestieg er den Zug nach Heidelberg, der wegen der Feiertage fast leer war, um die furchtbare Pflicht zu erfüllen, seiner Mutter mitzuteilen, was geschehen war.

Axel von Harnack, der Vetter und Berater, begab sich noch einmal zu Roeder, um einen letzten Versuch zugunsten Mildreds zu unternehmen. Der Chefankläger war schlecht gelaunt. Als von Harnack seinen Cousin erwähnte, schrie Roeder:

«Ich warne die Familie Harnack dringend, irgendetwas zugunsten dieser Frau zu unternehmen! Sie haben sich so einzurichten, als ob diese Frau nicht das Geringste mit Ihnen zu tun hat! Sie gehört nicht mehr zu Ihrer Familie.»[36]

Die Harnacks sollten nie wieder irgendetwas von Mildred sehen oder hören. Ebenso bewahrten die Beamten Stillschweigen, bis schließlich eine Rechnung über die Kosten des Vollzugs der Todesstrafe einging, Unterkunft und Verpflegung in der Prinz-Albrecht-

Straße, Gerichtskosten und Gebühren für den Henker waren zu erstatten. Die Portokosten für die Zustellung der Forderung wurden mit dreiundzwanzig Pfennig in Rechnung gestellt.[37] Die persönlichen Habseligkeiten der Harnacks wurden nicht an die Verwandten zurückgegeben, diese durften allerdings einige wenige Erinnerungsstücke beim Finanzministerium zurückkaufen.[38]

Am 20. Dezember 1942, einen Tag nach der Verurteilung von Mildred Harnack, fragte die Dienst habende Wachtmeisterin eine Mitgefangene, die junge Kommunistin Gertrud Lichtenstein, ob sie bereit sei, Mildred Harnacks Zellengenossin zu werden. Gertrud Lichtenstein war bekannt, warum «Mildreds Einzelhaft in dieser Form gemildert wurde [...]: Die Mörder befürchteten, ihr Opfer könne sich ein Leid antun.» Obwohl die beiden Frauen nie ein Wort miteinander gesprochen und sich nur auf dem Gefängnishof gesehen hatten, «fielen wir uns spontan in die Arme, als die Wärterin die Tür geschlossen hatte». Nachdem sie einmal gemeinsam die Zelle teilten, waren sie «vom ersten Augenblick an ein Herz und eine Seele».[39]

Nach dem Frühstück aus trockenem Brot und Ersatzkaffee sprachen die beiden miteinander oder brachten sich gegenseitig Lieder und Gedichte bei.

Sie hatten keine Bücher, aber Mildred besaß eine große Kostbarkeit – einen Bleistift. Damit schrieb sie Gedichte von Goethe für ihre Zellengenossin nieder. Sie brachte ihr auch amerikanische Lieder bei. Es gab viel Gesprächsstoff: Mildred Harnack berichtete von Arvid und ihrer ständigen Angst um ihn, von ihrer gemeinsamen Zeit als Studenten, von ihrer Arbeit in Deutschland und darüber, wie sie in die illegale Arbeit hineingezogen wurde. Kurzum: «Schließlich sprachen wir über Gott und die Welt.» Nach dem Mittagessen schliefen beide «ein Stündchen und dann gings zu dem ersehnten ‹Spaziergang› (Bärentanz nennt man diesen in der Gefangenensprache)». Mildred Harnack bekam nie Post und sie machte sich große Sorgen, wie sie die sechs Haftjahre überstehen werde. Dann kam das Weihnachtsfest, und Mildred wollte «manchmal verzweifeln». Anfang Januar erfuhr sie, dass «ihr Prozess noch einmal aufgerollt würde». Gertrud Lichtenstein erinnerte sich einige Jahre nach dem Krieg, «in welcher Aufregung Mildred sich befand und welche Hoffnungen und Befürchtungen sie mit dieser Wiederaufnahme ihres Prozesses verband». Ihre Kameradin stand ihr hilfreich zur Seite und «bestärkte sie immer in der Hoffnung, dass ihre Strafe vermindert würde, obwohl ich im Innersten nicht davon überzeugt war».

Vor Beginn ihres zweiten Prozesses übergab Mildred Harnack den Abschiedsbrief ihres Mannes vom Dezember an Gertrud Lichtenstein und bat sie, ihn aufzubewahren. Sie hatte ihn nur einige Wochen am Leibe getragen, aber so oft gelesen, dass er ganz zerfleddert war. Am 15. Januar nahm Gertrud Lichtenstein den Brief mit sich, als sie auf einen Transport in das Konzentrationslager Ravensbrück kam.[40]

Als die männlichen Angehörigen der Roten Kapelle im Gefängnis Spandau davon erfuhren, dass die Urteile gegen Mildred Harnack und Erika von Brockdorff aufgehoben worden waren, brach ein regelrechter Aufruhr los. Karl Böhme, der von einer Vernehmung in der Prinz-Albrecht-Straße zurückkehrte, hatte die Nachricht mitgebracht. Sie «lief nicht wie gewöhnlich über die Heizungsrohre geklopft von Zelle zu Zelle, sondern er schrie sie laut auf den Flur unserer neunten Abteilung hinaus: ‹Sie haben die Urteile gegen Erika und Mildred kassiert, um uns alle umbringen zu können!› Die Gefangenen in den Zellen trommelten mit den Fäusten gegen die Türen, versetzten das Aufsichtspersonal in helle Aufregung, riefen sich laut Fragen und Antworten zu.»[41]

Am 12. Januar 1943 begann in Marokko die Konferenz von Casablanca. Hier erklärten Roosevelt und Churchill – mit Zustimmung Stalins –, Ziel der Alliierten sei die «bedingungslose Kapitulation» Deutschlands. Damit unterminierten sie in gravierender Weise den Widerstand gegen Hitler innerhalb des Militärs. Auch jene Offiziere, die Hitlers Sturz verfolgten, waren nicht bereit, zur totalen Niederlage ihres Landes beizutragen.

Die vier Tage dauernde Qual eines neuen Prozesses, diesmal vor dem 3. Senat des Reichskriegsgerichts, begann für Mildred Harnack und Erika von Brockdorff am Mittwoch, dem 13. Januar, um 9:45 Uhr. In diesen Tagen sickerten für die Berliner Bevölkerung erstmals Nachrichten über die sich abzeichnende Katastrophe von Stalingrad durch. Im November 1942 hatte Hitler strenge Befehle erteilt: Das deutsche Volk sollte von der Einkreisung der 6. Armee nichts wissen. Die Weihnachtspost, die jetzt von der Front eintraf, bedeutete für viele Familien das letzte Lebenszeichen ihrer Söhne, Brüder und Väter. Im gleichzeitig stattfindenden Prozess gegen andere Mitglieder der Roten Kapelle vor dem 2. Senat fiel zum ersten Mal der viel sagende Hinweis auf den «Lebenskampf des deutschen Volkes».

Nachdem Hitler sich geweigert hatte, das Urteil gegen Mildred Harnack zu bestätigen, musste eine Begründung für eine Wiederaufnahme des Prozesses gefunden werden. Neue Schuldvorwürfe mussten konstruiert werden, um ein Todesurteil möglich zu machen. Dafür wurde die «Gewaltverbrecher-Verordnung» von 1939 herangezogen. Hier heißt es: «Für den strafbaren Versuch eines Verbrechens oder Vergehens oder für die Beihilfe dazu ist allgemein die Strafe zulässig, die für die vollendete Tat vorgesehen ist.» So konnte also «Beihilfe» bei solchen Delikten auch mit der Todesstrafe geahndet werden.[42]

Nach dem Krieg versuchte Admiral Max Bastian, Präsident des Reichskriegsgerichts, das von vorneherein festliegende Urteil mit einer legalen Tünche zu bedecken. Er verkündete, es stehe «außer Frage», dass die Revisionskammer «unter Druck» gestanden habe, nachdem Hitler das erste Urteil kassiert habe. Er sei sich jedoch «keines Drucks des Führers auf die Kammer bewusst», nun ein Todesurteil zu sprechen. Selbstverständlich habe Hitler gelegentlich «in Einzelfällen» seine Meinung hinsichtlich der «Angemessenheit der Todesstrafe für bestimmte Verbrechen» zum Ausdruck gebracht. Er fügte hinzu, der Senat «habe sich durch solche Meinungsäußerungen nicht beeindrucken lassen».[43]

Da die Protokolle über den zweiten Prozess gegen Mildred Harnack verschwunden sind, besteht die einzige Darstellung der Beweisaufnahme in der fragwürdigen Nachkriegsaussage des Präsidenten des 3. Senats, Karl Schmauser.[44] Um seiner Selbstrechtfertigung den Anschein von Fairness zu verleihen, behauptete Schmauser: «Für die Hauptverhandlung hatte ich mich eingehend auch in persönlicher Beziehung vorbereitet, insbesondere zu dem Zweck, mir über die menschlichen Seiten der Angeklagten Harnack ein Bild zu verschaffen. Zu diesem Zweck hatte ich noch in der Nacht vor der Verhandlung bis in die späten Nachtstunden hinein eine größere Anzahl von Veröffentlichungen und Übersetzungen durchgearbeitet, die der Verteidiger zum Nachweis dafür vorgelegt hatte, dass die Angeklagte Harnack nicht nur eine ausnehmend gebildete Frau, sondern auch eine menschlich außergewöhnlich wertvolle Persönlichkeit darstelle.»[45] In ihrem ersten Prozess stand Mildred Harnack in «weitem Umfange unter dem Einfluss und im Bann ihres mit ihr mitangeklagten Ehemannes [...]. Dieser hatte nicht nur sie offensichtlich zu decken versucht, wo es nur ging, sondern sie auch durch das Beispiel seiner eigenen Persönlichkeit hochgehalten. Dieser Einfluss fehlte in der neuen Verhandlung.» Und das hatte in den Augen des Richters die Konsequenz, «dass die Angeklagte nicht nur wohl an sich von Anfang an erheblich unsicherer war als in der Verhandlung vor dem 2. Senat, sondern dass sie in der neuen Verhandlung auch wesentlich mehr zugab, als dies in der Verhandlung vor dem 2. Senat der Fall gewesen war».[46]

Nun schien es so, als habe Mildred Harnack nicht nur Beihilfe geleistet, sondern selbst Verrat begangen. Nach Schmausers Ansicht hatte «daher statt der vom 2. Senat angenommenen bloßen Beihilfe zur Vorbereitung des Hochverrats [...] in Mittäterschaft mit den übrigen Angeklagten begangene Vorbereitung zum Hochverrat angenommen werden müssen». Schmauser hatte noch «ein zweites, ebenfalls rechtliches Bedenken: Gerade der 2. Senat, dessen Urteile im fraglichen Fall nicht bestätigt worden waren, hatte als grundsätzlichen oberstrichterlichen Standpunkt darauf hingewiesen [...], dass eine nach Ausbruch des Russlandfeldzuges im Kampf zugunsten des Bolschewismus und Kommunismus geleistete Vorbereitung zum Hochverrat rechtlich mit einem Verbrechen der Feindbegünstigung zusammentreffe. [...] Dies war deswegen für den vorliegenden Fall von einschneidender Bedeutung, weil nach § 91b StGB gegen Reichsdeutsche nur auf lebenslanges Zuchthaus oder auf Todesstrafe erkannt werden konnte.»[47] Schmauser setzte sich allerdings nie mit der sich hier offensichtlich aufdrängenden Frage auseinander, wie Mildred Harnack als Bürgerin der Vereinigten Staaten von Amerika zum Tode verurteilt werden konnte, weil sie dem Feind beistand, wo dieser Feind doch gerade zu dieser Zeit ein Verbündeter Amerikas war.[48]

Immer wieder berief sich Schmauser auf das Schreckgespenst des Bolschewismus. Indem er Phantasie und Tatsachen vermischte, konnte er behaupten, dass Arvid Harnack «schon seit seiner Rückkehr aus einem ein- oder zweijährigen Aufenthalt in Moskau und etwa seit 1936 darauf ausging, mit Hilfe Russlands und nötigenfalls mit Gewalt an der Errichtung eines Rätedeutschlands mitzuarbeiten». Ein gewisses Maß an Wahrheit mag allerdings seiner Behauptung zu Grunde gelegen haben, seine Frau habe nicht nur von seinen Kontakten mit Moskau gewusst, sie habe darüber hinaus «während des Krieges selbst mitgeholfen, neue Funksender, die durch Agenten gebracht worden waren, abzuholen». Aber Schmauser ging dann in seiner Auslegung des Beweismaterials zu weit, wenn er behauptete, Mildred Harnack sei nicht nur über den Funkverkehr und die damit zusammenhängenden Verschlüsselungstechniken informiert gewesen, sondern habe «wohl auch selbst zur Verschlüsselung beigetragen». Bei einer Gelegenheit, «als ein Agent oder Fallschirmspringer angekommen war und einen Funkspruch zur Beantwortung mitgebracht hatte, ging sie sofort in das Reichswirtschaftsministerium, um ihren dort beschäftigten Ehemann zu veranlassen, sich krank zu melden und sofort in die Wohnung zu kommen. Den Funkspruch hatte sie in der Zwischenzeit in einem Buch versteckt gehabt.» Auch erinnerte sich Schmauser, beim zweiten Prozess sei herausgekommen, dass Libertas Schulze-Boysen und Mildred Harnack gemeinsam ihre Ehemänner bei Spaziergängen im Tiergarten «deckten», damit diese in Ruhe ihre Pläne besprechen konnten.[49]

Nach Ansicht von Schmauser war sich Mildred Harnack auch der Tatsache bewusst, dass ihr Mann seinen Neffen Wolfgang Havemann über militärische Geheimnisse ausfragte und dass die so gewonnenen Informationen über ein illegales Funkgerät nach Russland gesendet wurden. So berichtete Havemann beispielsweise Harnack darüber, wo die deutschen U-Boote vor Murmansk lagen, um amerikanische Munitionstransporte nach Russland zu torpedieren. Auf diese Weise wurde es für die Amerikaner möglich, die Absperrung zu umgehen, indem sie eine andere Route wählten.[50]

Der Senat sprach Mildred Harnack schuldig. Schmauser resümiert, «dass bei einer rein rechtlichen Beurteilung ihres Verhaltens die Angeklagte Harnack «einwandfrei auf Grund ihrer eigenen Angaben wie des Beweisergebnisses überführt war, fortgesetzt zugunsten des Kriegsfeindes Russland nicht nur Landesverrat, sondern auch fortgesetzt Spionage [...] begangen zu haben. Für beide Tatbestände ist ausschließlich die Todesstrafe zulässig gewesen.»[51]

Neu in der zweiten Instanz war der Vorwurf, Mildred habe ein ehebrecherisches Verhältnis mit Oberleutnant Gollnow von der Abwehr unterhalten und «mindestens ihr Mann habe davon gewusst». Gollnows Verfahren war nach dem Dezember-Prozess von den anderen abgetrennt worden. Am 21. Januar schickte man ihn in das Militärgefängnis Lehrter Straße. Wahrscheinlich wollte man ihn zunächst auch leben lassen, um als Zeuge gegen Frau Harnack-Fish aufzutreten. Glaubte er, möglicherweise freikommen zu können, wenn er gegen Mildred aussagte? Über seine etwaige Kollaboration kann man nur Vermutungen anstellen. Gollnow wurde am 12. Februar 1943 auf dem Schießplatz Berlin-Tegel erschossen.

Wie der Senat betonte, «bestand kein Zweifel, dass sowohl die Angeklagte Harnack wie die Angeklagte von Brockdorff über die von dem Kreis Schulze-Boysen/Harnack zugunsten Russlands erfolgten Bestrebungen nicht nur unterrichtet waren, sondern dass sie diese aus politischer Einstellung heraus billigten und zu ihren eigenen Bestrebungen gemacht hatten».[52]

Es liegt auf der Hand, dass die Richter des Reichskriegsgerichts, für die es um Leben und Tod ging, ihre Vernehmer bei den Nürnberger Prozessen nach dem Krieg anlogen und dies auch später im Nachkriegsverfahren gegen Roeder (wie dieser selbst) taten, als die Beweismittel gegen Mildred Harnack in Frage gestellt wurden.

Keiner der spezifischen Vorwürfe im Hinblick auf getötete deutsche Soldaten oder eine Affäre mit Mildred Harnack tauchte im Verfahren gegen Gollnow auf. Dazu sagte Manfred Roeder 1953 in einem Gespräch mit David Dallin, es sei erst nach Mildred Harnacks Hinrichtung deutlich geworden, dass sie die deutschen Fallschirmspringer verraten habe, die über sowjetischem Gebiet niedergegangen seien. Roeder behauptete dagegen, er sei von Hitler gerügt worden, dass er den zweiten Prozess mit solcher Eile vorangetrieben habe und Mildred Harnack und Gollnow hingerichtet worden seien, bevor «bestimmte Dinge untersucht werden konnten».[53]

Was die Vorgehensweise des Anklägers Roeder anging, so war aus der Sichtweise der Richter daran nichts auszusetzen. Schmauser hat dazu bemerkt: «Über das Verhalten Dr. Roeders in der Verhandlung ist nichts zu bemerken. Er stellte meines Wissens etwa fünf- bis sechsmal Fragen, soweit ich mich erinnere, hauptsächlich im Zusammenhang mit dem Tatbestand Gollnow. Ich hatte keine Veranlassung, gegen Inhalt oder Art dieser Fragen oder gegen seinen Schlussantrag einzugreifen.»[54]

Zu Schmausers Darlegung, «dass das Gericht sehr lange geschwankt hat, ob es auf ‹lebenslängliches Zuchthaus oder Todesstrafe erkennen solle›», schrieb Erika von Brockdorff an ihren Ehemann: «Es war so komisch, dies alles, wo ich doch wusste, dass das Urteil über uns gesprochen war, als das erste nicht bestätigt worden war. Als er noch erzählte, es wäre ihnen schwer gefallen, weil es sich doch um Frauen handle, da musste ich leise lächeln. Das brachte ihn wohl sehr in Zorn, er rief, ich lasse die Angeklagte Brockdorff abführen. Als ich herausging, rief er mir nach, Ihnen wird das Lachen noch vergehen. Worauf ich stehen blieb, mich umdrehte und rief, nein, und ich werde noch lachen, wenn ich geköpft werde.»

Wir wissen nicht, ob Mildred ein Schlusswort vortrug. Erika tat es: «Ich bin vor vier Monaten verhaftet worden und kam mit den üblichen Vorstellungen von der Gestapo hierher. Wusste, nun ist alles aus, die Gestapo foltert und quält die Menschen, bis sie das aussagen, was man hören will. Aber bei den Vernehmungen hätten die Kommissare gesagt, sie wären keine Menschenfresser, sie wären dazu da, Schuld von Schuldlosigkeit zu trennen. Das hätte mich beruhigt, ich hätte meinen Glauben an eine Gerechtigkeit wieder gefunden und wäre froh gewesen, als ich gehört, dass wir nun bald verhandelt, und das vor dem Reichskriegsgericht. Denn ich hätte mir gesagt, es sitzen da so große Persönlichkeiten, die bestimmt Menschenkenntnis genug haben, um richtig zu urteilen. Ich hätte zehn Jahre Zuchthaus als sehr hart empfunden, aber versuchen wollen, durch Arbeit meine Verfehlungen gutzumachen. Aber diese neue Verhandlung hätte mir auch noch das Letzte geraubt, den Glauben, dass es in Deutschland eine Gerechtigkeit gäbe. Und das wäre das Härteste und Bitterste. Zumal ich wirklich nicht gewusst, dass es ein Sender gewesen, und dieser Sender nicht einmal betriebsfähig, wie ich in den Vernehmungen erfahren. Da sprang der Senatspräsident auf und rief, er würde mir sagen, dass so etwas unter Umständen Zehntausende Soldaten das Leben kosten könne.»[55]

Das nachträgliche Einverständnis unter Mildred Harnacks Anklägern, sie als Verführerin darzustellen, entspricht einer alten Tradition. Im Mittelalter wurde Frauen, die wie die heilige Johanna von Orleans in einer patriarchalischen Kultur Ausnahmeerscheinungen bildeten, der Prozess gemacht und sie wurden zu Märtyrerinnen – durch Enthauptung oder durch Verbrennen auf dem Scheiterhaufen. Dies änderte sich auch nach der Reformation nicht, als man im protestantischen Europa (und Amerika) Hexen verbrannte, denen man oft sexuelle Beziehungen zum Teufel unterstellte. In unserer Zeit fand die Ketzerei gegen die Kirche als Verrat gegen den Staat eine neue Gestalt. Mata Hari wurde zum Urbild einer Spionin, die bei Venus und Mars zugleich in die Schule gegangen war. Wie Hitler sehr wohl erkannte, brachten Hinrichtungen Märtyrer hervor. Admiral von Puttkamer, der damalige Marineadjutant Hitlers, erinnerte sich, wie es war, als er das erste Urteil gegen Mildred Harnack zur Bestätigung vorgelegt bekam. Hitler wollte auf gar keinen Fall eine neue Edith Cavell haben.[56] Und wenn man Mildred Harnack diffamierte, so diente das nicht zuletzt auch diesem Zweck.

Am 3. Februar unterbrach eine Sondermeldung aus dem Führerhauptquartier die deutschen Rundfunkprogramme. Anstelle der Fanfare, die gewöhnlich vor derartigen Bekanntmachungen erklang, war nun ein seltsames, langsames Schlagen von Trommeln zu hören, dann folgte der zweite Satz aus Beethovens Fünfter Sinfonie. Schließlich erhob sich eine Stimme, die an einen Grabredner gemahnte: «Das Oberkommando der Wehrmacht gibt bekannt: Der Kampf in Stalingrad ist zu Ende. Ihrem Fahneneide bis zum letzten Atemzug getreu, ist die sechste Armee unter der vorbildlichen Führung des Generalfeldmarschalls Paulus der Übermacht des Feindes unter ungünstigen Verhältnissen erlegen. [...] Das Opfer der sechsten Armee war nicht umsonst. Als Bollwerk der historischen europäischen Armee hat sie viele Wochen hindurch dem Ansturm von sechs sowjetischen Armeen getrotzt. [...] Sie starben, damit Deutschland lebe.»[57]

Nach der Katastrophe von Stalingrad zeichnete sich Deutschlands Niederlage ab. Im Hinblick auf die Zukunft hatten Richter und Anklagevertreter allen Grund, Charakterbild und Verhalten sämtlicher Mitglieder der Roten Kapelle zu trüben. Die Männer wurden beschuldigt, ihr Vaterland um des schnöden Mammons willen verraten zu haben, im Falle Schulze-Boysen ging es dabei um eine Lederjacke, ein Segelboot und ein kleines Grundstück. Die Frauen wurden als Huren abqualifiziert. «Wo er aber keine Verratsgelder nachweisen konnte, da erblickte der bürgerliche Moralist Roeder das wüste Treiben von Sexualprotzen und Ehebrechern. Noch heute, ein Vierteljahrhundert später, weiß er detailliert anzugeben, wer mit wem was getrieben hat.»[58]

Hatte Mildred Harnack-Fish auf ihre Richter im ersten Verfahren noch den Eindruck einer hochgebildeten Amerikanerin gemacht, geradezu eines Inbegriffs einer edlen Gattin und Gehilfin ihres Mannes, so wurde sie jetzt regelrecht geschmäht als Verführerin junger Offiziere, Mörderin deutscher Soldaten und als Ehebrecherin, deren Ehemann ihre Liebesaffäre in zynischer Weise manipulierte. So unglaublich und zugleich grausam es auch ist, erwies sich diese posthume Befleckung ihres Rufes als nahezu untilgbar.

Die Aussage des Kriminalkommissars bei der Gestapo, Johannes Strübing, bei der Ermittlung gegen Roeder wegen Kriegsverbrechen ist typisch für diese Art von Verleumdungen, und sie zeigt die Hilflosigkeit der Verwandten der Angeklagten, die von diesen Vorwürfen nichts wussten, als sie erfunden wurden, um die Inquisitoren der Prinz-Albrecht-Straße zu entlasten.

Strübing sagte aus: «Das Gesamtverhalten von Herbert Gollnow war mir persönlich unverständlich.» Auf näheres Befragen habe Gollnow eingeräumt, zu «Frau Harnack in einem Verhältnis sexueller Hörigkeit» gestanden zu haben.[59]

Der Schlussbericht der Gestapo wimmelt geradezu von so genannten pikanten Details. Und was die Autoren hier wegließen, fügten die Richter in den Lüneburger Prozessakten hinzu. In einer Nachricht an ihre Mutter, die herausgeschmuggelt werden konnte, schrieb Libertas Schulze-Boysen:

«Ich weiß so gewiss, dass wir Recht haben, und wenn ich dich um eines bitten darf: Erzähl Allen, Allen, Allen, unser Tod muss ein Fanal sein.»[60]

Die Gestapo verfolgte die Absicht, obszönen Klatsch in den Vorgang einzuschmuggeln, um sicherzugehen, dass die Nachwelt die Angehörigen des Kreises um die Harnacks als ausschweifende Gestalten sehen würde, die in totaler «Hörigkeit» gegenüber ihren Anführern lebten.

Bei den Prozessen gegen die Gruppe um Harnack und Schulze-Boysen wurden 19 Frauen zum Tode verurteilt. Wenn auch die meisten dieser Frauen keine Spionage betrieben haben – viele von ihnen haben bloß Flugblätter verteilt –, so hatten sie sich doch zu einem Kampf gegen ein Regime entschlossen, das rückwärts gewandt und repressiv war. Von Anfang an strebten die Nationalsozialisten danach, die Aufgaben der Frau auf ihre Pflichten als Ehefrau und Mutter zu beschränken, zugleich ihrem Aufstieg im Staatsdienst und in den meisten gehobenen Berufen Grenzen zu setzen. Frauen wurden in der Regel davon abgehalten, sich durch wissenschaftliche Leistungen auszuzeichnen. Doch fast all jene Frauen, die der Roten Kapelle angehörten, waren in hoch qualifizierten Berufen tätig: Ärztinnen, Dozentinnen, Journalistinnen, Übersetzerinnen, Drehbuchschreiberinnen, Bibliothekarinnen, Krankenschwestern, Juristinnen, Tänzerinnen, Schauspielerinnen, Künstlerinnen, Fotografinnen, Autorinnen, Stenografinnen und Mannequins.

Im Unterschied zur konservativen Widerstandsbewegung in der Wehrmacht, die sich zu der Gruppe des 20. Juli entwickelte und in der Frauen über die Verschwörung meist gar nichts erfuhren, waren die Frauen der Roten Kapelle Mitwirkende. Von den 108 Personen, deren Fotos sich im Gestapo-Album finden, wurden 90 als Aktive bezeichnet, 18 galten als Unbekannte und Randpersonen: Unter ihnen befanden sich 54 Männer und 36 Frauen.[61] Doch ist es auf der anderen Seite durchaus so, dass die Männer die Frauen von den wirklichen Entscheidungen ausschlossen. Die Führer der Gruppe, Harnack und Schulze-Boysen, waren Männer; sie bestimmten die Strategie. Doch immerhin schrieb Greta Kuckhoff später: «War es nicht herrlich, dass diese Kampfgemeinschaft zugleich eine *gemeinsame* Klarheit schuf? Manchmal war es der eine, ein andermal eine andere, die größere Einsicht und Erfahrung besaß. Der Meinungsstreit war nicht immer sanft, es gab durchaus Fragen, um die hart gestritten wurde. Es gab keine Herrschsucht, keine Nachtragerei.»[62]

Innerhalb der Roten Kapelle wurden die Zuständigkeiten nach Geschlechtskriterien verteilt. Aufgaben der Frauen waren die Anwerbung, das Sammeln von Informationen, das Übersetzen von

Texten. Geheime Treffen wurden von ihnen arrangiert und ausgerichtet. Und die Frauen, das muss gesagt werden, nahmen oftmals das größere Risiko auf sich, arbeiteten als Kuriere, transportierten Materialien – manchmal in Kinderwagen – und halfen auch beim Verstecken eines Funkgeräts. Eine Angehörige einer anderen sozialistischen Widerstandsgruppe erinnert sich: «Uns Frauen fielen stets die organisatorischen Aufgaben zu. Flugblätter vervielfältigen und verteilen. Nachrichten übermitteln. Illegale beherbergen usw. Wenn Aktionen besprochen wurden, die Lage erörtert, Schriften konzipiert, waren wir meistens nicht dabei.»[63] Das heißt also, dass Ehefrauen, Schwestern, Mütter und Geliebte nicht einmal dann angehört wurden, wenn es um Leben und Tod ging.

Zweifellos glaubten die Männer, ihre Frauen zu schützen, indem sie ihnen nur marginale Rollen zuschrieben, das zeigte sich beispielsweise, als Adam Kuckhoff bei der Gestapo aussagte, er und nicht seine Frau habe den Sender von Korotkow übernommen. Greta Kuckhoff sprach möglicherweise für die meisten weiblichen Angehörigen des Widerstands, als sie schrieb: «Man sagte mir nicht die ganze Wahrheit, das war unbehaglich – aber ich war gewohnt, nicht zu fragen.»[64]

Mildred Harnacks Todesurteil wurde bestätigt und sie wurde am Abend des 16. Februar 1943 hingerichtet. Irmgard Kamlah, Bibliothekarin der Auslandswissenschaftlichen Fakultät der Friedrich-Wilhelms-Universität und eine Kollegin von Mildred Harnack, schilderte ihren letzten Eindruck:

Frau Kamlah war von einem «Kollegen» wegen «staatsfeindlicher Äußerungen» denunziert worden. Nachdem die Gestapo sie verhaftet hatte, wurde sie Mithäftling von Mildred Harnack im Charlottenburger Gerichtsgefängnis. In einem Brief an Axel von Harnack, den sie vier Jahre später schrieb, hieß es: «Über meine damaligen Gefühle kann ich auch heute noch nicht sprechen.» Sie sah Mildred Harnack zum ersten Mal beim täglichen «Spaziergang» im Gefängnishof. Mildred Harnack durfte nicht gemeinsam mit den anderen gehen und wurde scharf beobachtet. Irmgard Kamlah hörte, wie die Aufsichtsbeamtin zu einer der Wärterinnen sagte: «Sie wissen ja, nicht sprechen und immer alleine gehen lassen.»

So blieb Mildred Harnack einsam, während die anderen sich paarweise bewegten. Frau Kamlah berichtet weiter: «So gingen wir denn für eine halbe Stunde immer an der Mauer des rechteckigen Gefängnishofes herum und Ihre Cousine [Mildred] immer in der Diagonale zwischen uns hindurch und in einer gewissen Scheu ließen wir ihr immer einen Zwischenraum frei, um nicht den Verdacht auf sie zu lenken, sie könne mit einer von uns sprechen.» Und schließlich gibt die Mitgefangene einen gespenstischen Eindruck wieder: «Mildred sah erschreckend zart und leidend aus, so als hielte sie sich nur mühsam aufrecht. Dabei aber rannte sie wie gehetzt mit großen Schritten von einer Ecke des Hofes in die andere, mit einem starren Blick immer an uns vorbeisehend. Sie trug einen grauen Mantel mit Kapuze, die irgendwie grün verziert war. Da sie die Kapuze ziemlich tief über den Kopf gezogen hatte, konnte ich ihre Haare nicht sehen. Dies blieb nun drei Tage das Gleiche, nur dass ich beim nächsten Spaziergang Bescheid wusste. Sie war die erste Todeskandidatin, der ich in meinem Leben begegnet bin.»

Am Montag, den 15. Februar 1943, gab es in den Berliner Schulen Gedenkfeiern für die Soldaten, die in Stalingrad gefallen waren, und Goebbels bereitete seine Sportpalastrede vor. Hier verlangte er den «totalen Krieg», er forderte die uneingeschränkte Unterstützung und Hingabe des deutschen Volkes im Todeskampf gegen die Feinde. An jenem regnerischen, windigen Abend fuhr etwa gegen 21 Uhr ein Lastwagen in den Gefängnishof ein. Als die Lichter ausgegangen waren und die Gefangenen in ihren hölzernen Kojen lagen, öffnete sich die Zellentür von Frau Kamlah: «Eine Beamtin brachte ein heftig weinendes junges Mädchen zu uns herein, das halb entkleidet war, ihre Sachen, Decke und Handtuch über den Arm trug und vor Tränen überhaupt nichts sehen konnte, so dass die Beamtin sie immer zurechtschubsen musste. Sie musste ihre Sachen schnellstens auf einen Schemel legen und bekam eine Pritsche zugewiesen, auf der zufällig erst eine Person lag. Dann wurde die Tür verschlossen und das Licht gelöscht. Nach längerer Zeit unterhielten wir uns dann flüsternd mit der ‹Neuen›, die die Zellengenossin von Mildred gewesen war, bis sie am gleichen Abend zur Hinrichtung abgeholt worden ist.» Die neu in die Zelle gekommene junge Frauu glaubte, dass ein Gnadengesuch eingereicht worden sei, Mildred Harnack habe davon gesprochen. Aber offensichtlich hatte man sich mit dem Gesuch nicht einmal beschäftigt, «denn Mildred habe gesagt, für eine Entscheidung sei die Zeit zu kurz». Mildred Harnack hatte daher mit einer «baldigen Hinrichtung nicht gerechnet». Sie sei völlig «erstarrt gewesen», als man sie nach Plötzensee schaffte.[65]

Als man ihre Schwägerin Inge Havemann fragte, was sie über Mildreds Haftzeit erfahren habe, berief sie sich auf den Bericht von Pfarrer Poelchau:

«Mildred war vierzig Jahre alt, als sie verhaftet wurde. Gesund und jünger aussehend. Der Geistliche traf eine Greisin an, völlig verhungert, gebeugt, das blonde Haar weiß geworden. Sie konnte sich nur noch schleppend vorwärts bewegen. Wir haben nie in Erfahrung gebracht, was sie in den fünf Monaten ihrer Haft erdulden musste.»[66]

Während ihrer letzten Stunden in Plötzensee schrieb Mildred Harnack in ihrer schlichten kleinen Handschrift die Worte der Elegie von Walt Whitman auf den Tod von Abraham Lincoln nieder: «When Lilacs Last in the Dooryard Bloom'd», das «innigste und schönste seiner langen Gedichte».[67] Obwohl sich Mildred Harnack Marx und Lenin zugewandt hatte, kehrte sie nun zu den radikalen amerikanischen Individualisten Whitman und Emerson zurück. Sie schätzte die Natur, die Liebe und Goethe über alles. Eine Strophe aus ihrer Übersetzung von «Wanderers Nachtlied» von Goethe mag hier als Epitaph dienen:

| | |
|---|---|
| Every bough | Über allen Gipfeln |
| Is at rest | Ist Ruh, |
| Now. | In allen Wipfeln |
| Every crest | Spürest du |
| Is in stillness deep. | Kaum einen Hauch; |
| The birds are still, | Die Vögelein schweigen im Walde. |
| Wait, soon you be | Warte nur, balde |
| Calm too | Ruhest du auch. |

Ihre letzte Geste in jenem Raum, in dem sie sich umziehen musste - sie trug dann einen ärmel-und kragenlosen Kittel, der den Hals frei ließ – bestand darin, dass sie ein von ihr sehr geschätztes Buch verschenkte, «Geschichte der Alten Welt» von Michael Rostovzeff, ehemals Professor an der Universität von Wisconsin. Und sie schrieb eine Widmung für die Wärterin hinein:

«In Erinnerung an den 16. II.43 in dem Zimmer, wo der schöne Baum durchs Fenster zu sehen war.»[68]

# Epilog

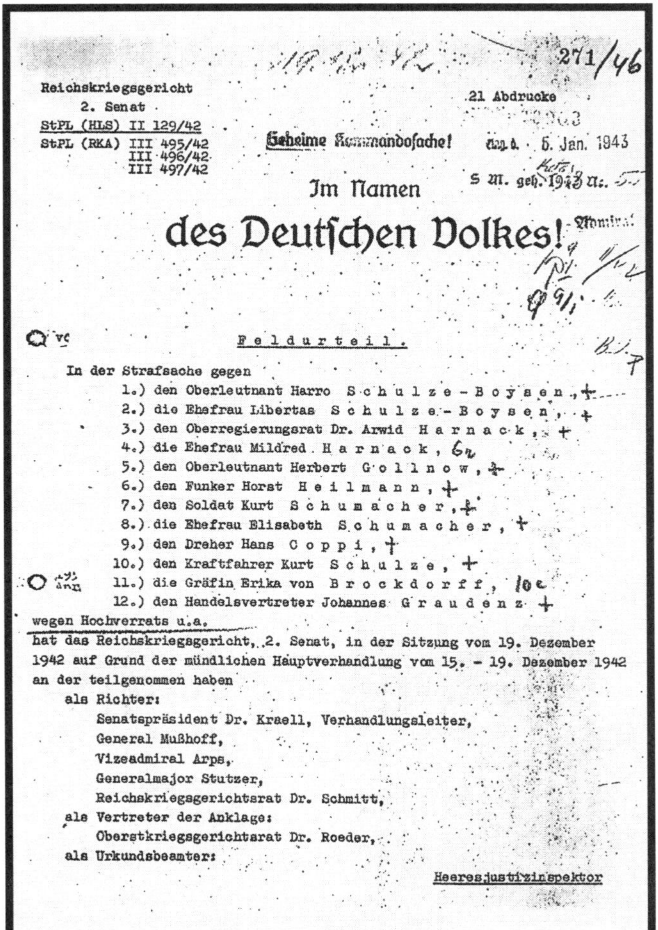

271/46

Reichskriegsgericht
2. Senat
StPL (HLS) II 129/42
StPL (RKA) III 495/42
III 496/42
III 497/42

21 Abdrucke

Geheime Kommandosache! 5. Jan. 1943

Im Namen

des Deutschen Volkes!

F e l d u r t e i l .

In der Strafsache gegen

1.) den Oberleutnant Harro S c h u l z e - B o y s e n ,
2.) die Ehefrau Libertas S c h u l z e - B o y s e n ,
3.) den Oberregierungsrat Dr. Arwid H a r n a c k ,
4.) die Ehefrau Mildred H a r n a c k ,
5.) den Oberleutnant Herbert G o l l n o w ,
6.) den Funker Horst H e i l m a n n ,
7.) den Soldat Kurt S c h u m a c h e r ,
8.) die Ehefrau Elisabeth S c h u m a c h e r ,
9.) den Dreher Hans C o p p i ,
10.) den Kraftfahrer Kurt S c h u l z e ,
11.) die Gräfin Erika von B r o c k d o r f f ,
12.) den Handelsvertreter Johannes G r a u d e n z

wegen Hochverrats u.a.

hat das Reichskriegsgericht, 2. Senat, in der Sitzung vom 19. Dezember 1942 auf Grund der mündlichen Hauptverhandlung vom 15. - 19. Dezember 1942 an der teilgenommen haben

als Richter:
Senatspräsident Dr. Kraell, Verhandlungsleiter,
General Mußhoff,
Vizeadmiral Arps,
Generalmajor Stutzer,
Reichskriegsgerichtsrat Dr. Schmitt,

als Vertreter der Anklage:
Oberstkriegsgerichtsrat Dr. Roeder,

als Urkundsbeamter:
Heeresjustizinspektor

Urteil gegen Mildred Harnack, Dezember 1942

Schönfärberei», rief der Archivar mit Blick auf die Zusammenfassung Fincks aus und fügte hinzu, dass die Kästen voller Akten, die er mir jetzt übergab, eine nationale Schande seien. Wir saßen im Vorraum der modernen, mit grünem Teppichboden ausgelegten Lesesäle des Niedersächsischen Hauptstaatsarchivs in Hannover. Der 15 Bände umfassende Aktenbestand war bis Mitte der achtziger Jahre für die Öffentlichkeit nicht zugänglich gewesen, dann erhielten einige wenige Gelehrte die Erlaubnis, ihn einzusehen. Mir wurde eine weitere Gunst gewährt: Ich durfte die zweibändige Zusammenfassung des Staatsanwalts Hans Jürgen Finck lesen. Die «Akten der Staatsanwaltschaft Lüneburg (1 Js 16/49) Untersuchungsverfahren gegen den ehemaligen Generalrichter der Luftwaffe Dr. Manfred Roeder wegen Aussageerpressung pp.» umfassen mehr als 2800 Seiten an Aussagen – von Ehefrauen, Eltern, Freunden der Opfer, Vernehmungsbeamten der Gestapo, Richtern und Anwälten –, hinzu kommen Zeitungsartikel und anderes Material, das in den Jahren 1946 bis 1951 gesammelt worden war.[1] Hier handelte es sich in der Tat um Schönfärberei; Roeder war für seine Taten während der nationalsozialistischen Zeit nicht zur Rechenschaft gezogen worden. Allerdings muss man diese Untersuchung vor dem Hintergrund des eskalierenden Kalten Krieges sehen. Aus dieser Perspektive ging es um eine aufschlussreiche Untersuchung über die «Vergangenheitsbewältigung» durch Alliierte und Deutsche im westlichen Nachkriegsdeutschland.

Weit über fünfzig Frauen und hundert Männer können der Roten Kapelle zugeordnet werden. 130 von ihnen wurden im Herbst 1942 verhaftet; vier Männer wählten den Freitod; fünf Verhaftete wurden ohne Gerichtsverhandlung ermordet; 79 wurden vor dem Reichskriegsgericht und 13 vor dem Volksgerichtshof angeklagt. 49 wurden hingerichtet, darunter 18 Frauen. Nur zwei der Angeklagten wurden freigesprochen.[2] Die Nationalsozialisten hatten ein riesiges Netz ausgeworfen; fast jeder, der Verbindungen zu Harro Schulze-Boysen hatte, wurde verhaftet. Die Angeklagten wurden überwiegend wegen Vorbereitung oder Beihilfe zum Hochverrat, Kriegsverrat, Zersetzung der Wehrkraft und Spionage verurteilt.

Im Sommer 1945 fand Günther Weisenborn im Hausgefängnis des Reichssicherheitshauptamtes in der Prinz-Albrecht-Straße am Fußboden einer Zelle ein Gedicht von Harro Schulze-Boysen, dessen letzter Vers lautet:

> Die letzten Argumente
> sind Strang und Fallbeil nicht,
> und uns're *heut'gen* Richter sind
> noch nicht das *Welt*gericht.[3]

Die Harnacks, die Schulze-Boysens und ihre Gefährten starben in der Überzeugung, dass ihre Taten und ihr Streben vor der Geschichte gerechtfertigt seien. Sie hatten Beweise über die Verbrechen und das verbrecherische Regime der Nationalsozialisten gesammelt. Sie glaubten, die SS und die Gestapo würden sich eines Tages für ihre Taten verantworten müssen; sie waren auch davon überzeugt, dass ihre Peiniger und Richter nicht nur juristischer Verfolgung ausgesetzt sein würden, sie würden sich auch dem strengeren Urteil der Geschichte stellen müssen. Dazu sollte es nicht in dem eigentlich notwendigen Umfang kommen.

Unmittelbar nach dem Krieg verlangte eine Gruppe von Überlebenden, darunter der Dramatiker Günther Weisenborn, der frühere preußische Kultusminister Adolf Grimme und Greta Kuckhoff, gemeinsam ein Gerichtsverfahren gegen Manfred Roeder, den Grimme «einen der schlimmsten Verbrecher aus der Schandjustiz jener Jahre» nannte.[4] Im Jahre 1945 unterbreiteten sie dem Internationalen Militärtribunal in Nürnberg ein Memorandum, in dem sie Roeder Verbrechen gegen die Menschlichkeit, Aussageerpressung, Körperverletzung im Amt und andere Straftaten vorwarfen.[5] Ein zentraler Bestandteil dieser Vorwürfe betraf Roeders Umgang mit Mildred Harnack-Fish. Die Vorwürfe lauteten: «Er hatte ihr Schreibverbot erteilt und sie durfte auch keine Besucher empfangen; er hatte sie foltern lassen; er hatte sie gezwungen, die Hinrichtung ihres Mannes mit anzusehen; er hatte Göring und Hitler gedrängt, auf der Todesstrafe gegen sie zu bestehen; er hatte untersagt, dass ihr Leichnam der Familie gegeben werde.» Von den meisten dieser Anschuldigungen hat Falk Harnack berichtet, der bei seiner Aussage in Nürnberg davon sprach, Roeder sei «einer der blutigsten und grausamsten Verfolger deutscher Antifaschisten» gewesen.[6]

In der Presse wurde ein Aufruf veröffentlicht, in dem Zeugen gebeten wurden, sich zu melden, und die Vereinigung der Verfolgten des Naziregimes sammelte Beweise. Der Krieg war nun vorüber, und die Angehörigen des Widerstands erwarteten, dass ihre Taten gewürdigt würden. So bekannte sich etwa Greta Kuckhoff im März 1947 zu ihren Verbindungen zu den Sowjets.[7] Die Amerikaner verhörten Roeder von 1946 bis 1948. Obwohl sie sich dessen bewusst waren, welche Rolle dieser Mann bei den Prozessen gegen die Rote Kapelle gespielt hatte, sahen sie keinen Anlass für ein Verfahren vor dem Nürnberger Militärgericht und gaben den Fall 1948 an die Deutschen ab.[8] Der Fall wurde jetzt in die Hände von Erhard Heinke, einem Staatsanwalt in Nürnberg, gelegt. Im Juni 1948 erschien der folgende kurze Beitrag in der Nürnberger Zeitung *Telegraf*:

«Bei der Verfolgung der Widerstandsgruppe Schulze-Boysen/Harnack spielte der damalige Ankläger Oberstkriegsgerichtsrat Manfred Roeder, der sich gegenwärtig im Internierungslager Neustadt befindet, eine besonders üble Rolle. Roeder werden Verbrechen gegen die Menschlichkeit vorgeworfen. Alle Mitglieder der Widerstandsbewegung werden hiermit aufgefordert, Berichte über Roeders Taten zu liefern. Auch Kopien von Dokumenten, die die Anklage gegen Roeder stützen können, werden erbeten. Alles Material sollte an Staatsanwalt Dr. Heinke, Justizpalast Nürnberg, Raum 155, adressiert werden.»[9]

Doch im Jahre 1949, dem Jahr der Staatsgründung in beiden Teilen Nachkriegsdeutschlands (und eben auch in dem Jahr, in dem Roeder freigelassen wurde), war bereits deutlich, dass in der Bundesrepublik jene Deutschen Vorzug genossen, die nachweisen konnten, dass sie die Kommunisten stärker hassten als die Nationalsozialisten. Widerständler, die die Prozesse von 1943 überlebt hatten und sich wie Grimme dafür entschieden hatten, nun im Westen zu leben, taten jetzt gut daran, sich von ihren Gefährten im Osten zu distanzieren. 1949 sagte Grimme, der inzwischen Generaldirektor des Nordwestdeutschen Rundfunks in Hamburg war, einem Besucher, der ihn dienstlich aufsuchte, er wolle mit Frau Kuckhoff politisch nichts zu tun haben. Er distanzierte sich von einem Artikel, der

1947 in dem kommunistischen Zentralorgan *Neues Deutschland* erschienen war; darin hatte Greta Kuckhoff geschrieben, die Überlebenden würden nicht eher Ruhe geben, «bis die Schande, deren Quell Männer wie Roeder sind, vom Antlitz Deutschlands ausgelöscht ist».[10] Andere lehnten Aussagen ab, weil sie fürchteten, ihre Angehörigen würden dadurch mit so genannten Verrätern in Verbindung gebracht werden. Im Dezember 1949 hatte Frau Kuckhoff, die jetzt eine höhere Stellung im ostdeutschen Staatsapparat innehatte, die Hoffnung auf einen Prozess gegen Roeder aufgegeben; sie schrieb: «Die Verhältnisse in Westdeutschland [sind] so, dass keine gerechte Klärung erwartet werden kann.»[11]

Nach seiner Freilassung kehrte Roeder an den Wohnort seiner Frau in Neetze bei Lüneburg zurück. Dort setzte der zuständige Staatsanwalt Finck die Untersuchung bis November 1951 fort, dann wurde die Ermittlung beendet. Die zwei zusammenfassenden Bände Fincks («die Schönfärberei») zeugen im Übermaß vom Unwillen der Juristen, ob es sich dabei nun um Deutsche oder Amerikaner handelte, einen der ihren zu verurteilen, der dem Gesetz gemäß gehandelt hatte, und sei es in Hitlerdeutschland. Ein Forscher, der Diplomat Ulrich Sahm, der sich mit Fincks Bericht auseinander gesetzt hat, kam zu dem Schluss, Finck habe die Vorwürfe gegen Roeder als «gesteuerte Machenschaften» eingeschätzt.[12]

Es ist erschütternd, die Lüneburger Akten zu lesen, denn hier treten Roeder und seine Kollegen von der Gestapo als Ankläger und nicht als Beschuldigte auf. Und den Angehörigen der Roten Kapelle wird erneut der Prozess gemacht – und zwar diesmal von der Geschichte. Der enttäuschte und kritische Sahm hat dazu geschrieben, Roeders Verhalten würde hier «nicht nur gerechtfertigt, sondern als im nationalen Interesse verdienstvoll erscheinen».[13]

Schulze-Boysens Mutter Marie Luise schrieb 1951 in einem Brief an Günther Weisenborn: «Vielleicht wird es einen weiteren Prozess in Lüneburg geben, möglicherweise kommt aber auch dabei nichts heraus. Wichtig ist, dass Roeder endgültig zum Schweigen gebracht wird.»[14]

Währenddessen tat der im Zentrum dieser Aufmerksamkeit stehende Richter und Ankläger Manfred Roeder all die Anschuldigungen als Versuch von Überlebenden und Verwandten ab, sich als Opfer darzustellen.[15]

Das Schicksal der Angehörigen der Sonderkommission Rote Kapelle hat der Widerstandshistoriker Johannes Tuchel am besten zusammengefasst: «Kein deutsches Gericht hat ein Verfahren gegen die Gestapobeamten eingeleitet, die im Reichssicherheitshauptamt an den Folterungen der Häftlinge der Roten Kapelle beteiligt waren; kein deutsches Gericht hat auch nur Ermittlungen darüber angestellt, ob dies nicht Beihilfe zum Mord gewesen ist.»[16]

Die Nachsicht gegenüber der Justiz des Dritten Reiches beschränkte sich nicht auf die Prozesse um die Rote Kapelle. In der gesamten Nachkriegszeit, beginnend mit den Entnazifizierungs-Verfahren unter alliierter Besatzung wurde kein einziger Richter oder Staatsanwalt je für die Beteiligung an den scheinlegalen Verfahren und wegen Rechtsbeugung verurteilt, die nationalsozialistische Praxis war.

Die Überlebenden des Widerstands hatten erwartet, dass ihnen nach dem Krieg Anerkennung zuteil würde. Das war in Westdeutschland nicht der Fall: In den ersten Nachkriegsjahren wurden Angehörige des Widerstands an den Rand gedrängt, ihre Pensions- und Rentenansprüche blieben unerfüllt. Gleichzeitig rekrutierten die Amerikaner und Briten frühere Mitarbeiter der Gestapo für die neu gebildeten westdeutschen Sicherheitsdienste. Nachdem der Kalte Krieg 1947 in aller Heftigkeit entbrannt war, galten die Familien der Männer und Frauen, die ihr Leben im Widerstand gegen Hitler hingegeben hatten, als verdächtig. Daraus erklärt sich die besondere Bitterkeit von Überlebenden wie Falk Harnack.

Falk Harnack erlebte den Wiederaufstieg hochrangiger Nationalsozialisten während der Kanzlerschaft Konrad Adenauers mit. Er wurde sogar zum Objekt der Überwachung durch westliche Dienste, weil er wegen seiner links gerichteten Ansichten Verdacht erregt hatte: «Die Amerikaner kopierten das System [des Anzapfens von Telefonen und der Überwachung], dessen sich die Gestapo bedient hatte. Außerdem hatte die Gestapo ein sehr gutes Verfahren des Fallenstellens entwickelt, und die Amerikaner haben all das übernommen – sie haben das nicht gegen die Nazis verwendet, sondern sie gingen damit nach dem Krieg gegen die Antifaschisten vor. Die Amerikaner haben all diese nationalsozialistischen Verbrecher in ihren Dienst gestellt. […] in der CIA! Diese Leute haben samt und sonders für die CIA gearbeitet und uns [Widerstandskämpfer] nach dem Krieg diffamiert. Als ich in München war, lernte ich einige ausgezeichnete amerikanische Offiziere kennen. Das waren die ersten Leute, die nach dem Krieg hierher kamen. Es waren Juden – deutsche oder österreichische Flüchtlinge. Sie konnten zwischen einem deutschen Antifaschisten und einem Nazi unterscheiden. Sogar diese Leute haben mich gewarnt: ‹Sei vorsichtig, die nächste Gruppe wird mit all diesen Nationalsozialisten zusammenarbeiten.› Und dann entstand der deutsche Geheimdienst, der von dem nationalsozialistischen General Gehlen aufgebaut wurde.

Er stellte all diese Leute aus der Gestapo und der SS wieder ein. Das ist eine sehr, sehr finstere Geschichte. Es ist eine Schande für die Vereinigten Staaten, dass sie mit diesen Leuten zusammengearbeitet haben, mit diesen Massenmördern. Und die Leute, die die Wahrheit kannten, mussten draußen bleiben. Sie kamen nicht in Frage.»

Bei seiner scharfen Verurteilung der Amerikaner machte Falk Harnack bei Donald Heath eine Ausnahme, der als hoher Beamter des amerikanischen Office of Military Government (OMGUS) in das besetzte Deutschland zurückgekehrt war. Für die Familie Harnack erwies sich Heath als besonders hilfreich. Er verhalf Jane Donner und ihrem Mann, der sich damals in alliiertem Gewahrsam befand, zur Übersiedlung nach Amerika. In einem Gespräch, das ich kurz vor seinem Tode mit ihm führen konnte, erinnerte sich Falk Harnack an eine dramatische Wiederbegegnung im Jahre 1947, als Heath ihn aufforderte, die Ereignisse genau zu beschreiben, die zur Verhaftung und Verurteilung von Mildred und Arvid Harnack führten: «Wir zwei waren ganz unter uns und befanden uns im Gartenzimmer. Als wir mit dem Gespräch fertig waren, geschah etwas, was ich nie vergessen werde; er brach in Tränen aus, stand auf und ging hinaus in den Garten, war unfähig, weiterzureden.»[17] Nach Aussage des Sohnes von Heath wurde die Karriere seines Vaters durch die Kontakte mit den Harnacks beeinträchtigt, allerdings tat er später in Bulgarien Dienst. Schließlich war er Botschafter in Indochina und Saudi-Arabien.

Somit wurden die Mitglieder der Roten Kapelle im Westen aus der Geschichte verdrängt, ihre politischen Absichten verzerrt dargestellt, ihr persönlicher Mut angezweifelt. Im Osten dagegen waren sie zunächst aus anderen Gründen so gut wie nicht wahrnehmbar: Die

Sowjets hatten kein Interesse daran, Aufmerksamkeit auf das Treiben ihrer Geheimdienste zu lenken, vor allem nicht in Deutschland. Erst Jahre später, als der Wind sich gedreht hatte, erlaubte man in Ostdeutschland Überlebenden wie Greta Kuckhoff, Erinnerungen an die Untergrundarbeit in Berlin zu veröffentlichen, und auch dann geschah dies nur in «gesäuberter» Form. Die DDR brachte ferner Briefmarken zum Gedenken an die Harnacks, Harro Schulze-Boysen, Adam Kuckhoff und die Coppis heraus. Auf Beschluss des Präsidiums des Obersten Sowjets erhielt Arvid Harnack 1969 posthum den Rotbannerorden, und Mildred Harnack wurde der Orden des Vaterländischen Krieges I. Stufe zuerkannt.[18]

In den Vereinigten Staaten war Mildred Harnack in Vergessenheit geraten. Zunächst gab es ein gewisses Maß an lokalpatriotischem Stolz, als die Zeitschrift der Absolventen der Universität Wisconsin die erste umfassende Darstellung ihres Schicksals herausbrachte (dabei wurden allerdings jegliche Hinweise auf Verbindungen zwischen der Roten Kapelle und sowjetischen «Diensten» fortgelassen). Ein Alumnus, Richard Lloyd Jones, der konservative Herausgeber der *Tulsa Tribune*, machte der Universität den Vorschlag: «Irgendwo auf dem Campus sollte es ein Denkmal mit der Aufschrift ‹Schreib mir lieber nicht, aber vergiss mich nicht› geben.»[19]

Um ganz sicherzugehen, bat jedoch ein Mitarbeiter der Universität den altgedienten Senator von Wisconsin, Alexander Wiley, in Washington eine Untersuchung in die Wege zu leiten. Der Senator beschäftigte sich näher mit der Angelegenheit und konnte keine offiziellen Berichte finden, «die sich mit den Untergrundaktivitäten [der Harnacks] beschäftigten» (mit dieser Formulierung meinte er Widerstand im Unterschied zu Spionage).[20] Da die Universität sich nicht dazu bereit fand, Mildred Fish, Absolventin des Jahrgangs 1925, eine besondere Ehre zu erweisen, liegt die Vermutung nahe, der Senator habe die Universität gewarnt, dass es sich bei dieser Heldin gewiss um eine «Rote» und vielleicht um eine Spionin handelte.

Tatsache ist, dass die *War Crimes Group* (Kommission zur Untersuchung von Kriegsverbrechen) der Armee der Vereinigten Staaten im Januar 1946 eine offizielle Untersuchung über den Tod von Mildred Harnack-Fish eröffnete. Aber bereits im November desselben Jahres wollten die Amerikaner mit diesem Fall nichts mehr zu tun haben. Ein Offizier, der an Untersuchungen über Kriegsverbrechen mitwirkte, schrieb: «Wenn auch das bislang aufgedeckte Beweismaterial eher darauf hindeutet, dass diese Menschen gefoltert wurden, um Belege zu beschaffen, auf deren Grundlage ihnen der Prozess gemacht werden konnte, ist doch zudem festgestellt worden, dass ein beträchtlicher Teil des Materials, das Mildred Harnack mit den Untergrundaktivitäten in Verbindung brachte, aus Briefen und Notizen stammte, die zwischen ihr und anderen Mitgliedern des Untergrundes ausgetauscht wurden.»[21] Nachdem sie Gespräche mit überlebenden Angehörigen der Roten Kapelle geführt hatten, gelangten die mit der Untersuchung beauftragten Amerikaner zu dem Schluss, dass «Mildred Harnack tatsächlich tief in Untergrundaktivitäten verstrickt war, die auf den Sturz der deutschen Regierung abzielten; dass der Prozess (wenn er auch geheim war) vor fünf Richtern des obersten staatlichen Militärgerichts geführt wurde und dass dieser Gerichtshof, angesichts der Taten, bei denen sie mitwirkte, recht daran tat, ihr die Strafe zuzumessen, zu der er sie verurteilte».[22] Damit war die Angelegenheit abgeschlossen.

Man mache sich die außerordentlichen Konsequenzen dieser Stellungnahme klar: Eine Gruppe von Juristen im Dienst der Armee der Vereinigten Staaten von Amerika bestätigt das Urteil einer anderen Gruppe von Juristen, die für Hitlers Drittes Reich gearbeitet hat; sie gelangt zu der Schlussfolgerung, dass «das höchste Kriegsgericht berechtigt war», Mildred Harnack-Fish zum Tod durch Enthauptung zu verurteilen. Dabei übersahen die amerikanischen Militärjuristen die Tatsache, dass «das höchste Kriegsgericht» des Deutschen Reiches diese Frau zweimal verurteilt hat, und zwar beim ersten Mal zu sechs Jahren Zuchthaus. Das bedeutetet, dass die nationalsozialistischen Richter selbst unter den damals herrschenden Bedingungen zunächst nicht genügend Beweismaterial fanden, um die Todesstrafe zu verhängen, und dies obwohl die Angeklagten gefoltert worden waren. Erst nach dem direkten Eingriff Hitlers wurde Mildred Harnack erneut der Prozess gemacht. Erst jetzt wurde sie zum Tode verurteilt. In diesem Verfahren, dessen Protokollakten als verschollen gelten, hatte sie nicht die geringste Möglichkeit, sich rechtlichen Beistand zu verschaffen.

Selbstverständlich wusste Mildred Harnack, dass ihr Mann politischen Widerstand leistete und Spionage betrieb. Die Frage lautet also, ob sie in ausreichendem Maße in die Spionage verstrickt war, um ihre Exekution zu rechtfertigen. Die Beweise hierfür bestehen einzig und allein in den verloren gegangenen Unterlagen und Aussagen von «Zeugen». Da fällt es doch viel leichter, daran zu glauben, dass sie den Tod erleiden musste, weil Hitler Blut sehen wollte, weil ihr Prozess mit der für das Dritte Reich katastrophalen Niederlage von Stalingrad zusammenfiel und weil sie als Amerikanerin und als Linke eine verachtete Person war.

Die politische Einstellung von Mildred Harnack ist ebenfalls über jeden Zweifel erhaben. Ihr politisches Denken gründete sich auf die Schriften von Emerson, die progressiven Tendenzen in ihrer Heimat Wisconsin spielten für sie eine wichtige Rolle, und am Ende stand Marx. Ihr Radikalismus wurde durch die Erschütterungen der Weltwirtschaftskrise und ihren Hass auf Hitler verschärft. Und wenn sie sich über die Realität in der Sowjetunion unter Stalin erhebliche Illusionen erlaubte, dann war ihre Verfehlung gewiss nicht schlimmer als die eines Neville Chamberlain und des Kreises von *Appeasern*, die einfältig glaubten, man könne Hitler Vertrauen schenken, wenn er behauptete, das Sudetenland stelle seine letzte territoriale Forderung dar. Bei den Einschätzungen der politischen Einstellungen des Ehepaars Harnack wird immer wieder ihr Einsatz für das Amerika von Franklin Roosevelt ausgeklammert, der sich eindeutig zeigte, als Arvid Harnack ein großes Risiko einging, indem er sich jede Woche mit Donald Heath traf, um dem Vertrauensmann des amerikanischen Finanzministeriums in der Berliner Botschaft Informationen über die deutsche Wirtschaft zukommen zu lassen.

Aber die Angelegenheit hat noch tiefere Dimensionen. Man mache sich klar, wie weit heute der Konsens im Westen hinsichtlich der Verschwörer des 20. Juli 1944 geht, an deren Mut überhaupt nicht zu zweifeln ist, deren Politik aber voller Widersprüche steckt. Einige unter ihnen waren konservative Monarchisten; viele wollten das Großdeutschland von 1939 erhalten, das Österreich und die Sudetengebiete der Tschechoslowakei umfasste. Von Hitler angewidert, hofften einige, den Diktator mit Hilfe der Alliierten ausschalten zu können, dabei war es doch vor allem Sache der Deutschen, dem Verbrecherregime aus eigener Kraft ein Ende zu bereiten.

Dennoch waren die ernsten Bemühungen dieser Helden des

Widerstands, ihr Mut unter den abscheulichsten Umständen so eindeutig, dass man ihre politischen Unzulänglichkeiten entschuldigt oder über sie hinweggesehen hat. Im Falle der Roten Kapelle war genau das Gegenteil der Fall. Hier steht ein vermeintliches politisches Sündenregister im Vordergrund, während man den sittlichen Mut in den Hintergrund gedrängt hat. Wenn manche sich an diese Menschen erinnern, dann um hervorzuheben, dass sie eine braune durch eine rote Diktatur ersetzen wollten, und daran hält man fest, auch wenn die Tatsachen dem widersprechen.

Was man als die orthodoxe Form des Urteils über die Rote Kapelle aus der Zeit der großen Konfrontation zwischen Ost und West bezeichnen könnte, wird in einer Untersuchung der CIA zusammengefasst, die 1973 durch die Nixon-Administration in Auftrag gegeben wurde. Im «Document 0-7708» heißt es im Jargon des Kalten Krieges: «Eine Anzahl deutscher und einige nicht deutsche Autoren haben sich mit der Problematik auseinander gesetzt, ob diese Deutschen, die als Spione für die Sowjets arbeiteten, Helden oder Verräter waren. Meistens enden diese Überlegungen in juristischer Wortklauberei (Landesverrat oder Hochverrat), Abstraktionen oder Gefühlsduselei. Auf keinen Fall kann man jene, die den Nationalsozialisten Widerstand entgegensetzten und aktiv auf deren Sturz hinarbeiteten, als Verräter an der deutschen Geschichte oder am deutschen Volk ansehen. Aber es gibt eine eindeutige moralische Grenzlinie zwischen denen, deren Ziel die Wiederherstellung einer repräsentativen, unabhängigen deutschen Regierung war, und jenen, die den Antifaschismus zugunsten der Sowjetunion instrumentalisierten.»[23]

Dass so wenige Bürger einem kriminellen Regime entgegentraten, bleibt in Deutschland Anlass von Scham und Betroffenheit. Doch - wenn auch langsam – ist sich die Welt der mutigen Minderheit, die Widerstand leistete, bewusst geworden, des «anderen Deutschland», das von den Armen und Machtlosen bis zu den in besseren Verhältnissen Geborenen und Wohlhabenden reichte. Wenn sich die meisten Universitäten allzu bereitwillig den Säuberungsbemühungen der Nationalsozialisten unterwarfen, so praktizierten doch einige der bedeutendsten Akademikerfamilien weiterhin den aufrechten Gang. Drei Mitglieder der Familie Harnack wurden wegen ihres Wirkens im Widerstand hingerichtet. Neben

Mildred und Arvid endete auch Arvids Vetter Ernst, der Sohn Adolf von Harnacks, wegen seiner Teilnahme am Widerstand am Strang. Während seiner Haftzeit hatte Arvid Harnack eine Nachricht an Ernst geschickt, in der er ihn drängte, Deutschland sogleich zu verlassen. Arvids Vetter machte diese Warnung nicht zur Richtschnur seines Handelns. Nach den Ereignissen des 20. Juli 1944 versteckte sich Ernst Harnack zunächst bei Freunden und Angehörigen, wurde aber am 19. September verhaftet und am 5. März 1945 in Plötzensee hingerichtet.

Andere Mitglieder des erweiterten Familienkreises der Harnacks, viele von ihnen hatten 1930 an der Gedenkfeier für Adolf von Harnack teilgenommen, mussten ebenfalls einen Preis für ihre Beteiligung am Widerstand zahlen. Fast genau am gleichen Tag, da Karl Bonhoeffer den Goethe-Preis der Stadt Frankfurt am Main empfing, eine der bedeutendsten Auszeichnungen für kulturelle Leistungen in Deutschland, wurde sein Sohn Dietrich verhaftet. Karl Bonhoeffer sollte zwei Söhne und zwei Schwiegersöhne an die Gestapo verlieren. Am Abend des 9. April 1945, als die Russen bereits in den Außenbezirken Berlins kämpften, befahl SS-Sturmbannführer Walter Huppenkothen vom Reichssicherheitshauptamt die Ermordung von Dietrich Bonhoeffer im Konzentrationslager Flossenbürg; gemeinsam mit ihm wurden Hans Oster und Admiral Canaris umgebracht. Bonhoeffers Schwager, Hans von Dohnanyi, wurde von Huppenkothen im Lager Sachsenhausen ein ähnliches Schicksal bereitet. In der Nacht vom 22. auf den 23. April 1945, eine Woche vor dem Selbstmord Hitlers, wurden Albrecht Haushofer, Klaus Bonhoeffer und Bonhoeffers Schwager Rüdiger Schleicher sowie 13 weitere Häftlinge von SS-Männern aus ihren Zellen im Berliner Gefängnis Lehrter Straße geholt und durch Genickschuss getötet.

Wie Agnes von Zahn-Harnack schrieb, hatten sich die Harnacks seit 1933 immer wieder gefragt: «Was würde ihr Vater, was würden die großen Hochschullehrer der Jahrhundertwende zu dem sagen, was jetzt in Deutschland geschieht? Nach den Vätern hat man gefragt, und die Söhne und Töchter haben einmütig und rückhaltlos Antwort auf solche Fragen gegeben. Erwin Planck, der Sohn von Max Planck, Klaus und Dietrich Bonhoeffer, Rüdiger Schleicher, Hans von Dohnanyi, Arvid und Mildred Harnack, Ernst von Harnack – sie kämpften und sie starben für die Ideale, die die Väter ihnen durch Lehre und Beispiel überliefert haben, für Gerechtigkeit und Wahrheit, dass der Mensch dem Menschen wieder eine *res sacra,* ein Heiligtum, werden müsse; sie standen in diesem Kampf in tiefster Gesinnungsgemeinschaft mit ihren Frauen und heranwachsenden Kindern, alle gleichermaßen bereit, das letzte Opfer zu bringen, wenn es gefordert werden würde.»[24]

Das waren die Ideale, die Mildred teilte und für die sie ihr Leben gab. Sie standen für das Deutschland, das Mildred liebte. Ihr Opfer traf weitgehend auf Gleichgültigkeit. In Wisconsin wurde ihre Existenz bis 1986 ignoriert, als Arthur Heitzer, ein Anwalt in Milwaukee, sich um parlamentarische Unterstützung für einen Antrag bemühte, ihren Geburtstag, den 16. September, zum «Mildred Harnack Day» zu erklären, zu einem Tag, an dem ihrer in den öffentlichen Schulen Wisconsins besonders gedacht werden sollte. Heitzer versuchte auch, den zögernden Parlamentariern den Rücken zu stärken, als sie 1987 von der *American Legion*, einer Organisation von Kriegsveteranen, angegriffen wurden. State Commander Lloyd A. Wagener machte ihnen den Vorwurf: «Es ist unvorstellbar, dass unsere Kinder durch einen Beschluss des Staatsparlaments dazu gezwungen werden sollen, einer Frau zu gedenken, die sich durch ihr Tun gegen die freie, demokratische Gesellschaft gestellt hat, von der sie jetzt geehrt wird, während gleichzeitig den Schulkindern nicht gestattet wird, die Tatsache anzuerkennen, dass Gott sich in ihrem Klassenraum aufhält.»[25]

Im Osten Deutschlands wurde Mildred Harnacks Andenken verspätet geehrt. In der DDR wurde 1976 einer weiter führenden Schule ihr Name verliehen. Nach der Wiedervereinigung wurde der Name der Schule unter Protesten von Eltern und Lehrern geändert. Sie hieß Gesamtschule Nr. 5. Die damalige Schulleiterin stellte sich an die Spitze einer Kampagne, die das Ziel verfolgte, den alten Namen wiederzubekommen. Schließlich, so sagte sie, seien Mildred Harnacks Taten nicht durch ein Regime diskreditiert worden, das ihr Andenken missbrauchte. Ein Mitglied des Bezirksschulamts ging mit der folgenden Bemerkung über die Widerstandskämpfer sogar noch weiter: «Manche dieser Menschen wären damals aus dem Grab gestiegen, wenn sie gehört hätten, wozu ihr Name missbraucht wird.»[26] Seit dem 19. Februar 1993, ihrem 50. Todestag, heißt die Schule wieder Mildred-Harnack-Schule.

Während meiner Bemühungen, Mildred Harnack literarisch wieder lebendig werden zu lassen, wofür ich mich sechs Jahre lang durch die Archive in Ost und West gearbeitet habe, konnte ich keinen Grund finden, ihr diese Ehre zu verweigern. Dass sie weitgehend unbekannt geblieben ist, ist zwar unbillig, aber in gewisser Weise doch angemessen, denn ihr Leben macht deutlich, wie ein ganz gewöhnlicher Mensch unter besonderen Umständen zu außerordentlichen Leistungen imstande ist und wie er sich dann als fähig erweist, ein besonderes Maß an Mut und Würde an den Tag zu legen. Mildred Harnacks Leichnam verschwand nach ihrer Hinrichtung nicht, und dies nur, weil ein Anatom, der die Obduktion vorzunehmen hatte, ihre sterblichen Überreste zu respektieren wusste. Er ließ sie verbrennen und sorgte dafür, dass die Familie nach dem Krieg die Urne erhielt.[27] So ist sie bestattet in einem einfachen Grab, bewacht von zwei Kiefern. Eine Bronzetafel auf einem Granitstein trägt die Inschrift:

In memoriam
Arvid Harnack
Dr. iur. Dr. phil
1901–1942
Mildred Harnack geb. Fish
Dr. phil. M.A.
1902–1943

Clara Harnack vor dem ehemaligen Gestapo-Hauptquartier, 1945

# Postskriptum

Ein letztes Wort über Martha Dodd und einige Personen, die unmittelbar oder mittelbar mit den Harnacks und Schulze-Boysens zu tun gehabt hatten. Als sie 1937 in die Vereinigten Staaten zurückkehrte, war Martha Dodd entschlossen, ihre politischen und literarischen Ziele weiterzuverfolgen. In einem Brief an Boris Winogradow, der im Juli 1938 in Moskau eintraf, also erst nach seinem Tod, gestand sie ein, eine neue Liebe gefunden und kürzlich geheiratet zu haben. In eine schwarze Samtrobe gehüllt, war sie am 16. Juni die Ehe mit Alfred Stern, einem Millionär aus Chicago, eingegangen. Die Zeremonie fand auf der Farm ihres Vaters in Virginia statt. Da sie nun über die notwendigen Mittel für die Fortsetzung ihrer literarischen Laufbahn verfügte, schrieb sie über ihre bewegten Tage in Berlin ein Buch, «Through Embassy Eyes», das 1939 erschien und ein Bestseller wurde. Gemeinsam mit ihrem Bruder gab sie die Tagebücher ihres Vaters «Ambassador Dodd's Diary» (1941) heraus, außerdem schrieb sie zwei Romane, «Sowing the Wind» (1945) und «The Searching Light» (1955). Sie liebäugelte mit Hollywood und mit Otto Preminger in der Hoffnung, dass aus ihren Büchern über Berlin ein Film nach dem Vorbild des erfolgreichen Streifens *Mission to Moscow* von 1943 werden könne, der sich auf die Abenteuer von Joseph Davies als kritiklosem amerikanischem Botschafter in der russischen Hauptstadt stützte.

Während der vierziger Jahre unterhielten die Sterns einen Salon, auf dessen Gästeliste prominente Vertreter der Linken wie die Dramatikerin Lillian Hellman[1], der Schauspieler und Sänger Paul Robeson und – während seiner Kampagne um die Präsidentschaft im Jahr 1948 – Henry Wallace standen. Ein Gast charakterisierte den Kreis um die Sterns als «la très haute société communiste».[2] Zu den Gästen zählten auch der Dritte Sekretär der sowjetischen Botschaft (und örtliche Resident des NKGB) Wassili Subilin (manchmal auch

Sarubin) und seine Frau. Subilin machte die Sterns mit Boris Morros bekannt, einem Hollywood-Produzenten, der sich inzwischen als sowjetischer Agent betätigte und später zum Informanten des FBI wurde. Die Sterns förderten diesen «charmanten Gegenspion» mit 130 000 Dollar für ein Musikunternehmen, das als Deckmantel für sowjetische Agenten und Kuriere diente. Während Alfred Stern dies finanzierte, lag Martha Dodd Sterns Stärke, so Morros, im Aufspüren von Talenten. Sie rekrutierte neue Freiwillige, darunter die höchst nützliche Jane Foster Zlatovski, eine Malerin und frühere Mitarbeiterin des OSS (CIA) in Indonesien, die bereit war, Informationen an Moskau zu liefern, darunter Namen, Fotos und biografische Details amerikanischer Agenten in der Sowjetunion.

Auf Grund der Informationen, die Morros dem FBI lieferte, standen die Sterns ab 1947 permanent unter Beobachtung. Die FBI-Akten des Ehepaares, die über zehntausend Seiten umfassen, enthielten Protokolle von Telefongesprächen und abgefangene Post, darunter Briefe von Greta Kuckhoff und Jürgen Kuczynski. Gewarnt durch einen Klatschbericht, dass eine Tochter des früheren Botschafters in Deutschland vor den Ausschuss für unamerikanische Aktivitäten des Repräsentantenhauses geladen werden sollte und beunruhigt durch die Todesurteile gegen die «Atomspione» Ethel und Julius Rosenberg im März 1952, begaben sich die Sterns mit ihrem adoptierten Sohn Robert 1953 nach Mexiko.

Vier Jahre später wurden Jack und Myra Soble sowie Jacob Albam, allesamt Freunde der Sterns, wegen Spionage angeklagt, und den Sterns wurde in Mexiko eine Vorladung eines amerikanischen Bundesgerichts zugestellt. Weil die Sterns ein Ausweisungsverfahren befürchten mussten, begaben sie sich nun zunächst nach Amsterdam und dann nach Prag. Zu den sechs Punkten, auf die sich die Anklage stützte, zählte einer, auf den die Todesstrafe stand: eine Verschwörung mit dem Ziel, Informationen über die Verteidigungsbemühungen der Vereinigten Staaten an die Sowjetunion zu liefern. Zu den geläufigen Namen in der Anklageschrift gehörten die Subilins, Jane Zlatovski und ihr Ehemann George, der früher für die militärische Aufklärung der Vereinigten Staaten in Österreich Vernehmungen durchgeführt hatte, schließlich General Alexander Korotkow, der sowjetische Kontaktmann der Harnacks in Berlin, der inzwischen die Arbeit des KGB im Westen leitete.[3]

1957 begannen die Sterns mit ihrer endlosen Wanderung durch den Ostblock. Eine Weile verfolgten sie die Absicht, sich in Kuba niederzulassen, aber schließlich lebten sie auf Dauer in Prag. In den siebziger Jahren beschloss Martha Dodd Stern, ein weiteres Erinnerungsbuch über ihre Tage in Berlin zu schreiben. Sie nahm Kontakt zu befreundeten Journalisten auf, die Boris Winogradow und die Harnacks gekannt hatten. Es zeigte sich, dass auch die Sowjets weiterhin an der Liebesaffäre zwischen Martha und Boris interessiert waren. Sigrid Schulz, die frühere Berliner Korrespondentin der *Chicago Tribune*, schrieb Martha Dodd Stern, dass ihr Mitarbeiter Detlev von der Schulenburg als Kriegsgefangener in Russland mehrfach wegen Boris Winogradow vernommen worden war: «Die Vernehmer interessierten sich hauptsächlich dafür, ob dein Freund uns [der amerikanischen Presse] irgendwelche Informationen geliefert habe.»[4]

Im Jahre 1979 ließ das amerikanische Justizministerium endlich die Anklage gegen die Sterns fallen, es erklärte bei dieser Gelegenheit, zwei höchst wichtige Zeugen seien inzwischen verstorben. Die Sterns hätten nun unbehelligt in die Vereinigten Staaten zurückkehren können, sie schuldeten allerdings den Steuerbehörden ihres Landes beträchtliche Summen, hinzu kam ein Strafgeld von fünfzigtausend Dollar wegen Missachtung eines Gerichts. Alfred und Martha Stern blieben im Ausland. Beide starben in Prag, Alfred Stern 1986, Martha Dodd Stern 1990.

Auf Grund unserer Kenntnisse der KGB-Akten und der so genannten Venona-Entschlüsselungen wissen wir heute, dass Martha Dodd mehr gewesen ist als eine einfältige Weggefährtin. Mit Sicherheit kann man ihre Bemühungen zugunsten der Sowjetunion in der Nachkriegszeit nicht «antifaschistischen Gefühlen» zuschreiben.

Zu den Angehörigen der Roten Kapelle, die den Krieg überlebten, gehörte Greta Kuckhoff. Sie machte in der DDR Karriere und wurde Präsidentin der Deutschen Notenbank der DDR und später Vizepräsidentin des Friedensrates. 1972 veröffentlichte sie ihre Erinnerungen «Vom Rosenkranz zur Roten Kapelle» (neue Auflage 1979).

Anatoli Gurewitsch («Kent»), Leiter der Residenturen des sowjetischen militärischen Nachrichtendienstes (GRU) in Brüssel und

Marseille, dessen Ankunft in Berlin und Rückkehr nach Brüssel zur Ursache des Endes der Widerstandsgruppe um Arvid Harnack und Harro Schulze-Boysen wurde, überlebte den Krieg in deutschem Gewahrsam. Er stand Heinz Pannwitz, dem Chef der Sonderkommission Rote Kapelle, in Frankreich bei so genannten «Funkspielen» zur Seite, deren Ziel es war, den sowjetischen Gegner zu täuschen. Nachdem er im Juni 1945 nach Moskau zurückgekehrt war, wurde er vom NKGB verhaftet. Ein Militärgericht verurteilte ihn zu zwanzig Jahren Lager, weil er mit der Gestapo zusammengearbeitet habe. Anlässlich einer Amnestie nach Stalins Tod kam er frei. Gurewitsch wurde 1991 «rehabilitiert».[5]

Alexander Korotkow hat Berlin im Juni 1941 verlassen, er kehrte 1945 als führender Mann des NKGB nach Berlin zurück. Ein Jahr später ging er wieder nach Moskau. Er übernahm die Leitung jener Abteilung, die Operationen im Ausland – so in den Vereinigten Staaten – durchführte. 1957 bis 1961 war er dann in Berlin als Vertreter des KGB beim Ministerium für Staatssicherheit der DDR. Er starb 1961 in Moskau. Markus Wolf, der spätere Leiter der Hauptabteilung IV des ostdeutschen Ministeriums für Staatssicherheit, hielt damals die Totenrede.

# Anmerkungen

## VORWORT

1 Virginia Woolf, Die Kunst der Biographie, dt. in: Der Tod des Falters, Frankfurt 1997, S. 186.

## KAPITEL 1: PLÖTZENSEE

Die Schilderung der letzten Stunden von Mildred Harnack-Fish stützt sich auf mehrere Quellen. Nach dem Krieg hat Pfarrer Harald Poelchau zwei Bücher über das Geschehen in Plötzensee veröffentlicht: «Die letzten Stunden» (1949) und «Die Ordnung der Bedrängten» (1963). Ein Artikel über den Gefängnisgeistlichen erschien unter dem Titel «Der Mann, der tausend Tode sah» in der *Schweizerischen Illustrierten Zeitung* vom 4. April 1948. Ein Bericht des Direktors des Berliner Anatomischen Instituts Professor Hermann Stieve findet sich in der *Frankfurter Rundschau* vom 31. Dezember 1945. Weitere Details über die Hinrichtungen in Plötzensee stammen aus Gostomski und Loch, «Der Tod von Plötzensee» (1993), und Haase, «Das Reichskriegsgericht und der Widerstand gegen die nationalsozialistische Herrschaft», S. 137-143. Die Bände 1, 8 und 12 der Prozessakten gegen Manfred Roeder im Niedersächsischen Hauptstaatsarchiv in Hannover enthalten weiteres Material. Mildred Harnacks Goethe-Übersetzungen befinden sich im Archiv der Humboldt-Universität zu Berlin, ihr Tod ist im Sterberegister des Standesamtes Berlin-Charlottenburg verzeichnet. Falk Harnacks Darstellung «Mildred Harnacks letzte Stunden» (Gedächtnisprotokoll nach dem Bericht von Pfarrer Poelchau) ist enthalten in: Brüning, «Mildred Harnack-Fish: Variationen über das Thema Amerika». Das Original von Harnacks Arbeit befindet sich im Nachlass Falk Harnack in der Gedenkstätte Deutscher Widerstand in Berlin.

## KAPITEL 2: VERWANDLUNGEN

1 *New York Times*, 11. April und 15. Mai 1943.
2 *Milwaukee Journal*, 16. Mai 1943.
3 A. G. Cicognani, Erzbischof von Laodicea, an Harriette Esch, 25. September 1943.
4 *Washington Times-Herald*, 4. Dezember 1947.
5 *Washington Post*, 19. April 1947.
6 Martha Dodd Stern, 16. Februar 1948 FBI-Akte Nr. 100-57.
7 «Die Rote Kapelle», 2:340 (RG 319 ZA 020253), NA. Hier zitiert nach: Boveri, Der Verrat im 20. Jahrhundert, Bd. 2, S. 58.
8 Denkschrift von D. P. Hervey, datiert auf den 21. Februar 1946, an Oberstleutnant Bruton, staatsanwaltschaftliche Untersuchungsabteilung, Akte 12-2262, NA.
9 Denkschrift von Albert R. Perry Jr., «crimes liaison officer», datiert auf den

21. November 1946, an Hauptmann Sloan, 7708 War Crimes Group, Akte 12-2262, NA.

10 Oberstleutnant Ellis an Oberstleutnant Herte, Chef der Beweissicherung, 15. Januar 1947, Akte 12-2262, NA.

## KAPITEL 3: DIE GEFÄHRTIN

1 Mildred Harnack-Fish, in: «Outline of a Novel», S. 1, 4, Nachlass Mildred Harnack, HU Berlin.

2 Meyer, «Twilight of a Golden Age», in: *American Mercury*, August 1933. Was Milwaukee um die Jahrhundertwende angeht, so stütze ich mich auf Meyer, Bucket Boy; ders., «Making Light of the Times»; Gregory, The House on Jefferson Street; Ferber, Dawn O'Hara; «WPA Guide to Wisconsin»; Still, Milwaukee, The History of a City; Austin, The Milwaukee Story.

3 Arthur Heitzer interviewte Harriette Esch, geborene Fish, 1987. Harriettes Töchter, Jane Donner Sweeney und Marion Potter, stellten ebenso die Tagebücher aus ihrer Kindheit und ihr familiengeschichtliches Wissen zur Verfügung.

4 Marion Potters Gespräch mit Arthur Heitzer.

5 Mildred Harnack-Fish, «A Turn of the Tide», S. 2, HU Berlin.

6 Mildred Harnack-Fish, ibid., S. 7.

7 Mildred Harnack-Fish an Georgina Fish, 11. Dezember 1933. Soweit nichts anderes deklariert, stammen Mildred Harnacks Briefe aus der Sammlung Jane Donner Sweeney, geborene Esch.

8 Mildred Harnack-Fish an Georgina Fish, 22. Januar 1931. Diese Freundin war die schwedische Autorin Hildur Dixelius; sie war die Ehefrau von Mildred Harnacks Philosophieprofessor Ernst von Aster.

9 Mildred Harnack-Fish, in: «Journal of Memories», S. 2, HU Berlin.

10 Mildred Harnack-Fish, ibid., S. 13.

11 Mildred Harnack-Fish, ibid., S. 14.

12 Die Geschichte hat sich nirgends finden lassen. «Mein Kamerad» wird hier nach Werbematerial für einen Wettbewerb zitiert. Es geht um die Kandidatur von Mildred Fish für die Herausgeberschaft des *Comet*. Zu ihren Qualifikationen heißt es hier: «Stimmt für Mildred Fish, sie ist bestens geeignet, dafür zu sorgen, dass der *Comet* demnächst ein Rekordjahr erlebt.» Sammlung Jane Donner Sweeney.

13 Milwaukee Public Schools, «Our Roots Grow Deep», S. 29.

14 Mildred Harnack-Fish, «The Death of Frank Burke», S. 1, HU Berlin.

15 Mildred Harnack-Fish, «A Journal of Memories», S. 19, HU Berlin.

16 Mildred Harnack-Fish an Georgina Fish, 20. September 1932.

## KAPITEL 4: DIE NONKONFORMISTIN

1 «Nazis Ban Sheean Works», in: *New York Times*, 18. Januar 1940.

2 Leonard, The Locomotive God, S. 257.

3 Slaughter, Only the Past Is Ours, S. 111ff.

4 *Daily Cardinal*, 16. Februar 1924.

5 Curti und Carstensen, The University of Wisconsin, 2:531.
6 Gregory, The House on Jefferson Street, S. 106.
7 *Daily Cardinal,* 7. Mai 1922.
8 *Wisconsin Literary Magazine*, Oktober 1923, S. 3.
9 *Daily Cardinal*, 6. Oktober 1923.
10 *Daily Cardinal*, 13. November 1921.
11 Gregory, «In Memoriam: Margery Latimer», Nachlass Toomer, Beineke Library, Yale University, New Haven/Connecticut.
12 Latimer an Mildred Hergenhan, Juni 1923, Nachlass Toomer, Beineke Library, Yale University, New Haven/Connecticut.
13 Latimer an Blanche Mattias, Herbst 1924, University of Wisconsin, Madison, Library, Microfilm 7416.
14 Latimer an Blanche Mattias, Februar 1924, University of Wisconsin, Madison, Library, Microfilm 7416.
15 Rakosi, The Collected Prose of Carl Rakosi, S. 91.
16 Rakosi, The Collected Prose of Carl Rakosi, S. 100.
17 Latimer, Guardian Angel, S. 181ff.
18 Fearing, Leitartikel in *Wisconsin Literary Magazine*, April 1923.
19 *Daily Cardinal*, 13. November 1923.
20 *Daily Cardinal*, 19. Januar 1924.
21 Mildred Harnack-Fish, «Silver and Gold», in: *Wisconsin Literary Magazine*, Februar 1923, S. 112f.
22 Mildred Harnack-Fish, «Mechanism», in: *Wisconsin Literary Magazine*, Oktober 1923, S. 25.
23 *Daily Cardinal*, 20. März 1924.
24 *Daily Cardinal*, 21. März 1924.
25 Meyer, «William Ellery Leonard», in: *American Mercury*, Juli 1934, S. 340.
26 Ibid. Zu Leonard stütze ich mich auch auf Leiser, «Wisconsin Writers IV: William Ellery Leonard», in: *Wisconsin Journal of Education*, Februar 1926; «William Ellery Leonard: Some Memories and New Poems», in: *Tomorrow Magazine*, 1. Mai 1949.
27 *Daily Cardinal*, 28. September 1924.
28 Fiedler an die Verfasserin, 27. März 1991.
29 Elizabeth Bunting Fine an die Verfasserin, 6. Februar 1990.
30 Leiser an Mildred Harnack-Fish, 31. Juli 1932.
31 Leiser an Selma Watermann, 4. September 1946; Mildred Harnack-Fish an Clara Leiser, 12. Januar 1939.
32 Mildred Harnack-Fish an Ingeborg Havemann, geborene Harnack, Weihnachten 1930, Nachlass Falk Harnack, GDW, Berlin.
33 Mildred Harnack-Fish, «Prothalamion», S. 1, Nachlass Harnack, HU Berlin.
34 Mildred Harnack-Fish an Harriette und Fred Esch, 1. Juni 1940.
35 Mildred Harnack-Fish an Georgina Fish, 13. Juli 1931.
36 Mildred Harnack-Fish an Georgina Fish, 24. Februar 1929.

## KAPITEL 5: DIE EHEFRAU

1 Nach dem Krieg erzählte Arvids Bruder Falk Greta Kuckhoff eine andere Variante der Geschichte («Einige Stichpunkte über Arvid Harnacks Leben

entsprechend einer Aussprache mit Falk»): Während seiner Zeit im Freikorps – die etwa zwei Jahre dauerte – wurde Arvid verwundet und verbrachte etwa neun Monate im Lazarett. Zusammen mit einem Freund sei er von den «Roten» verhaftet worden, konnte aber fliehen. Weil er gut behandelt wurde, trat er [zum Kommunismus] über. Arvid hatte erlebt, wie eine Gruppe kommunistischer Arbeiter unter Gefahr für das eigene Leben eine Bibliothek rettete. Als sich das abspielte, war Falk Harnack acht Jahre alt. Seine Darstellung dieser Ereignisse, die sich im Archiv Greta Kuckhoff (Berlin) befindet, wurde allerdings zu einer Zeit verfasst, da Falk Harnack unbedingt beweisen wollte, dass sein Bruder Arvid schon früh ein Anhänger der Kommunisten war.

2 Rascher, «Meine Freundschaft mit Arvid Harnack (1901-1942) im Jahre 1921.»

3 Clara Harnack (gestorben 1962), «Unermüdlicher Streiter für die Menschenrechte», in: «Die Mutter Arvid Harnacks über ihren Sohn und die Schwiegertochter Mildred», *Neues Deutschland*, 17./18. Dezember 1977, S. 9. Weiteres biografisches Material stammt von Ingeborg Havemann, «Mildred Harnack, Eine Erinnerung», in: *Heute und Morgen* 2, 1950.

4 Mildred Harnack-Fish an Martha Dodd, undatiert, Library of Congress, Washington D.C.

5 Clara Harnack an Arvid Harnack, 11. Dezember 1942, GDW Berlin.

6 Greta Kuckhoff, «Vom Rosenkranz zur Roten Kapelle», S. 53.

7 In Mildred Harnacks Erzählung «Prothalamion», die von der Zeit ihrer jungen Liebe handelt, gab sie dem Freier Arvids zweiten Vornamen Rudolf. Der Titel stammt von Edmund Spenser, der das Wort aus dem Griechischen übernahm. Dort steht es für ein Lied zur Feier einer Hochzeit (pro – vor; thalamos – Brautzimmer).

8 Arvid Harnack an Georgina Fish, 16. Februar 1926, Nachlass Falk Harnack, GDW Berlin.

9 Arvid Harnack an Clara Harnack, 8. August 1926, Nachlass Falk Harnack, GDW Berlin.

10 Nathaniel Hawthorne, «My Visit to Niagara», in: *Miscellanies: Biographical and Other Sketches*, S. 247.

11 Garlin an Brüning, 12. Oktober 1980, in: Brüning, «Mildred Harnack-Fish als Literaturwissenschaftlerin», S. 7.

12 Brief an den *Daily Cardinal*, 16. November 1921.

13 Calvin Coolidge, «Enemies of the Republic», in: *Delineator*, Juni 1922.

14 CIC Files, Rote Kapelle RG 319, ZA 020253 (Boxes 59,60) S. 7ff. Freigegeben am 14. Februar 1989. Harnack, FBI File.

15 Greta Kuckhoff, «Vom Rosenkranz zur Roten Kapelle», S. 54.

16 Ibid., S. 52f.

17 «The Principles of a Juristic Philosophy as Applied to Transaction.» Parodie im Nachlass John R. Commons, SHSW. Zu John R. Commons und den *Friday Niters* siehe Commons, «Myself»; Curti, University of Wisconsin; Voegelin, «Über die Formen des amerikanischen Geistes»; David R. Myers, «The Wisconsin Idea: Its National and International Significance», in: *Wisconsin Academy Review*, Herbst 1991.

18 Oscar Ameringer, in: *Milwaukee Leader*, 27. April 1931. Commons' Schüler stellten einen beträchtlichen Teil von Roosevelts «brain trust». Hier eine

kurze Auswahl: Arthur Altmeyer, Staatssekretär im Arbeitsministerium; David Lillienthal, Direktor der Tennessee Valley Authority; George Matthews, Securities and Exchange commissioner; Edwin Witte, Direktor des Committee on Economic Security, das das Sozialversicherungsgesetz konzipierte; Ewan Clague, Direktor der Behörde für Arbeitsstatistik; Katherine Lenroot, Kinderbeauftrage; William B. Leiserson, Leiter des Vermittlungsausschusses bei Arbeitskonflikten; Summer Slichter, Beamter des NRA. Zu den *Friday Niters* zählten auch ungewöhnlich viele bemerkenswerte Frauen: Elizabeth Brandeis, Professorin für Wirtschaftswissenschaften, die gemeinsam mit ihrem Ehemann Paul Rauschenbush das Staatsgesetz von Wisconsin über die Unfallversicherung konzipierte; Evelyn M. Burns, eine der Schöpferinnen der Sozialversicherung; Dorothy Whipple (Clague), Kinderärztin, später Professorin an der Georgetown-Universität; Elsie Gluck, eine von Commons' besten Studentinnen, die durch Selbstmord endete; Anna May Campbell Davis, Anwältin und Wirtschaftsprofessorin; Marion «Clinch» Calkins, Englisch-Dozentin und Redenschreiberin für Harry Hopkins, Dichterin und Autorin von «Some Folks Won't Work» und «Spy Overhead», Werke, in denen es um den Einsatz von Privatpolizei gegen Gewerkschaften geht; Hazel Briggs Rice, Commons' Sekretärin, Romanautorin und Dichterin.

19 Brief von John R. Commons an John B. Schwertman, Direktor des American Red Cross, Raleigh, North Carolina, 29. Juni 1945. Nachlass Harnack, HU Berlin.

20 Arvid Harnacks Zusammenfassung vom 7. Juli 1930, GU.

21 Arvid Harnack an John R. Commons, 19. Februar 1929, Archiv Commons, SHSW.

22 Otto Donner an Harriette Esch, 5. September 1945, in Harnack, War Crimes file, 12-2081, freigegeben am 6. Juni 1990, NA.

23 Rudolf Heberle an Ricarda Huch, 12. Oktober 1946, München, IfZ.

24 Rudolf Heberle, Interview mit der Autorin.

25 *Daily Cardinal*, 20. April 1927.

26 Edmond Wilson, *The Twenties*, S. 389.

27 *Daily Cardinal*, 4. Mai 1927.

28 Heywood Hale Broun, Hg., *Collected Edition of Heywood Broun*, S. 198. Zu Sacco und Vanzetti stütze ich mich außerdem auf David Felix, «Protest: Sacco-Vanzetti and the Intellectuals»; Francis Russell, «Sacco and Vanzetti: The Case Resolved»; Ernest Meyer, «Making Light of the Times».

29 Katherine Anne Porter, «The Never-Ending Wrong», S. 39.

30 Ibid, S. 44.

31 Murray Kempton, «Part of our Time», S. 45ff.

32 Während des Zweiten Weltkriegs diente Holstein als amerikanischer Offizier in Europa. Als er 1947 von Mildred Harnacks Tod erfuhr, hatte er das Gefühl, er «habe ein wenig dazu beigetragen, ihren Tod durch die Nazis zu rächen». Nora A. Holstein an die Autorin, 12. Mai 1990.

33 Briefe von Dorothy Whipple Clague, Ewan Clague und anderen, Archiv John R. Commons, SHSW.

34 Marjorie Nicolson, Interview, MS Division, Butler Library, Columbia University.

35 Mildred Harnack-Fish an Clara Harnack, 28./29. September 1928, Sammlung «Rote Kapelle», GDW Berlin.

36 Ibid.
37 Mildred Harnack-Fish, «Romantic and Married Love in the Works of Nathaniel Hawthorne»; Eberhard Brüning, «Mildred Harnack-Fish, Variationen über das Thema Amerika», S. 52.
38 *Goucher College Weekly*, 28. Februar 1929.
39 R. D. Havens an die Germanistic Society of America, Institute of International Education, 13. Februar 1929, Nachlass Harnack, HU Berlin.
40 *Baltimore Sun*, 15. September 1929.

## KAPITEL 6: DIE INTELLEKTUELLE

1 Mildred Harnack-Fish an Falk Harnack, 20. August 1926, Nachlass Falk Harnack, GDW Berlin.
2 Bericht Ingeborg Havemann, Sammlung Rote Kapelle, GDW Berlin.
3 Clara Harnack (gestorben 1962), «Unermüdlicher Streiter für die Menschenrechte», in *Neues Deutschland*, 17./18. Dezember 1977, S. 9.
4 Arvid Harnack an Axel von Harnack, 19. November 1942, Nachlass Falk Harnack, GDW Berlin.
5 Arvid Harnack an Clara Harnack, 20. Februar 1929, Nachlass Falk Harnack, GDW Berlin.
6 Bericht Ingeborg Havemann, Sammlung Rote Kapelle, GDW Berlin
7 *New York Daily News*, zitiert in: von Zahn-Harnack, Adolf von Harnack, S. 294.
8 Rassow, «Harnack», in: *Die Christliche Welt*, 44 (1930), S. 728.
9 Gespräch der Autorin mit Adolf-Henning Frucht.
10 Mildred Harnack-Fish an Georgina Fish, Januar 1930.
11 Lietzmann, Gedächtnisrede auf Adolf von Harnack, S. LVIII.
12 Craig, Deutsche Geschichte, S. 390.
13 Ernst von Harnack zitiert in: von Zahn-Harnack, Adolf von Harnack, S. 140.
14 Ibid., S. 139.
15 Zum «Kränzchen» gehörten neben Harnack, Delbrück und Bonhoeffer der Philosoph Ernst Troeltsch, der Historiker Friedrich Meinecke und der Soziologe Heinrich Herkner, gelegentlich war auch Theodor Heuss dabei, der spätere erste Präsident der Bundesrepublik.
16 Bethge, Dietrich Bonhoeffer, S. 42.
17 Mildred Harnack-Fish an Georgina Fish, 1. Februar 1930.
18 Agnes von Zahn-Harnack, Adolf von Harnack, S. 218.
19 Ibid., S. 224.
20 Ibid., S. 124.
21 Ibid., S. 219.
22 Ibid., S. 224.
23 Clara Harnack (gestorben 1962), «Unermüdlicher Streiter für die Menschenrechte», in: *Neues Deutschland*, 17./18. Dezember 1977, S. 9.
24 Fischer und Lipson, Thinking about Science, S. 20.
25 Ibid., S. 20.
26 Buchholz, Hans Delbrück and the German Military Establishment: War Images in Conflict, S. 21.

27 So berichten Maria Frucht, Briefe aus Bautzen II, S. 17 und Renate Bethge, «Bonhoeffers Familie und ihre Bedeutung für seine Theologie», S. 4.
28 Bericht Ingeborg Havemann, Sammlung Rote Kapelle, GDW Berlin.
29 Mildred Harnack-Fish an Georgina Fish, 31. Oktober 1929.
30 Wahl, Jena als Kunststadt, S. 95.
31 Mildred Harnack-Fish an Georgina Fish, 12. Oktober 1929.
32 Bericht Ingeborg Havemann, Sammlung Rote Kapelle, GDW Berlin.
33 Postkarte, datiert Jena, 4. Oktober 1929, Kopie in der Sammlung Clara Leiser.
34 Arvid Harnack an John R. Commons, 19. Februar 1929, Archiv John R. Commons, SHSW.
35 Wollheim, «Gießen zu Beginn der dreißiger Jahre», GU.
36 Zitiert in: Brüning, Mildred Harnack-Fish, S. 200, Anm. 59.
37 Walther Fischer, 8. Juni 1936. Zitiert in: Brüning, Mildred Harnack-Fish, S. 165.
38 Bereits 1929, ein Jahr vor ihrem großen Durchbruch bei den Reichstagswahlen im September 1930 (Stimmenanteil der NSDAP: 18,3 Prozent), kontrollierten die Nationalsozialisten den AStA (Allgemeinen Studentenausschuss) in Gießen. 1931 unterstützte mehr als die Hälfte aller studentischen Körperschaften den Nationalsozialistischen Studentenbund; unter der Gesamtwählerschaft war der Anhang der NSDAP nur etwa halb so groß.
39 Spender, World within World, S. 107.
40 Mosse, Ein Volk, ein Reich, ein Führer, S. 208.
41 Mildred Harnack-Fish an Georgina Fish, 1. Februar 1930.
42 Friedrich Lenz, Wirtschaftsplanung und Planwirtschaft, S. 93.
43 Anderhub, «Die Gießener Studenten in der Schlussphase der Weimarer Republik», in: *Mitteilungen des Oberhessischen Geschichtsvereins*, Bd. 65, 1980, S. 98f.
44 Mildred Harnack-Fish an Georgina Fish, 2. November 1929.
45 Mildred Harnack-Fish an Georgina Fish, 15. November 1929.
46 Adolf Grimme, der Mitglied der Harnack-Gruppe war und 1942 verhaftet wurde, berichtet, bei dieser Gelegenheit habe er Arvid Harnack kennen gelernt. Grimme, Gespräch mit David Dallin, Köln, 1. Februar 1953, S. 169, Dallin Papers, MS. Division, NYPL.
47 Dietrich Bonhoeffer, Rede zum Gedächtnis Adolf von Harnacks, in: Gesammelte Schriften, 3:59.
48 Ibid., 3:60/61.
49 Klaus Bonhoeffer an Dietrich Bonhoeffer, 3. November 1930, zitiert in: Bethge, Dietrich Bonhoeffer, S. 206.

## KAPITEL 7: DIE GENOSSIN

1 Mildred Harnack-Fish an Georgina Fish, 13. Februar 1931.
2 Mildred Harnack-Fish an Bob Fish, 6. November 1931. Sammlung Clara Leiser.
3 Schiff, «Leni's Olympia», *Vanity Fair*, September 1992, S. 260.
4 Thompson, *Saturday Evening Post*, 23. Mai, S. 193. Zitiert in: Furth, American Cassandra, S. 156.

5 Wilson, Travels in Two Democracies, S. 321.
6 Rede auf einer Versammlung der NSDAP in Kiel, 10. August 1930, Hitler, Reden, Schriften, Anordnungen, Bd. 3, Tl. 3, S. 317.
7 Mildred Harnack-Fish an Georgina Fish, 18. Oktober 1930.
8 Brief 1928, zitiert in: Bethge, Dietrich Bonhoeffer, S. 46.
9 »Berliner Cocktail«, hrsg. von Italiaander und Haas, S. 11.
10 *Die Weltbühne*, Jg. 27, 1931, S. 560.
11 Friedrich, Before the Deluge, S. 127.
12 Mildred Harnack-Fish an Georgina Fish, 13. November 1930.
13 Zitiert bei James Lee Colwell, The American Experience in Berlin during the Weimar Period, S. 34. Ph.D. diss., Yale University.
14 Für einen Bericht über die *American Church* bin ich Frau Martha Turner zu Dank verpflichtet; sie schickte mir Material und persönliche Erinnerungen.
15 Mildred Harnack-Fish an Georgina Fish, undatiert [Dezember 1930].
16 Mildred Harnack-Fish an Georgina Fish, 29. Januar 1931. Tatsächlich hatte Agnes Smedley zuvor Englisch an der Universität unterrichtet. Siehe MacKinnon, Agnes Smedley, The Life and Times of an American Radical, S. 102.
17 Mildred Harnack-Fish an Georgina Fish, 24. April und 25. Juli 1931.
18 Mildred Harnack-Fish an Georgina Fish, 26. Dezember 1930.
19 Mildred Harnack-Fish an Georgina Fish, 24. April 1931.
20 Zitiert in: Caute, The Fellow-Travellers: A Postscript to the Enlightenment, S. 3.
21 Arthur Koestler, Der Pfeil ins Blaue, S. 325.
22 Arthur Koestler in: Ein Gott, der keiner war, S. 19.
23 J. A. Gespräch mit der Autorin.
24 Spender op. cit., S. 120.
25 Mildred Harnack-Fish an Georgina Fish, 15. Januar 1931.
26 Wahrscheinlich las Mildred Vera N. Figner, Nacht über Russland, Bd. 1–3, Berlin 1926/27.
27 Mildred Harnack-Fish an Georgina Fish, 16. April 1931.
28 Mildred Harnack-Fish an Georgina Fish, 25. Juni 1931.
29 Mildred Harnack-Fish an Georgina Fish, 24. April 1931.
30 Mildred Harnack-Fish an Georgina Fish, 3. Dezember 1931.
31 Mildred Harnack-Fish an Georgina Fish, 24. April 1931.
32 Mildred Harnack-Fish an Georgina Fish, 29. Januar 1931.
33 Mildred Harnack-Fish an Georgina Fish, 9. August 1931.
34 Mildred Harnack-Fish an Georgina Fish, 24. April 1931.
35 Mildred Harnack-Fish an Georgina Fish, 31. Dezember 1931.
36 Mildred Harnack-Fish an Georgina Fish, 22. November 1931.
37 Fitzpatrick, The Russian Revolution, S. 78.
38 Clements, Bolshevik Feminist: The Life of Aleksandra Kollontai, S. 226 f.
39 Mildred Harnack-Fish an Georgina Fish, 16. August 1931.
40 Mildred Harnack-Fish an Georgina Fish, 25. Juli 1931.
41 Schneider, Marburg, 1933–1945, S. 17–43, zur Analyse der lokalen Entwicklung der NSDAP von 1925 bis 1933. In Marburg war die Universität der wichtigste Wirtschaftsfaktor am Ort. Die meisten Einwohner waren dort beschäftigt oder von der Hochschule abhängig. Sehr viele waren Ruheständler.
42 Mildred Harnack-Fish an Georgina Fish, 13. April 1932.

43 Zechlin, Erinnerung an Arvid und Mildred Harnack, in: *Geschichte in Wissenschaft und Unterricht*, 7, 1982; den Bericht hat Eginont Zechlin 1945 niedergeschrieben und 1982 unverändert publiziert.

44 Ibid.

45 Mildred Harnack-Fish an Georgina Fish, 28. Februar 1932. Sie beschreibt die Wohnung auch in ihrem Brief vom 20. Dezember 1931.

46 Die Phase der militärischen und politischen Zusammenarbeit zwischen Russland und Deutschland begann 1922 mit dem Abschluss des Vertrages von Rapallo. Die beiden international isolierten Staaten vereinbarten einen gegenseitigen Verzicht auf kriegsbedingte Reparationen und die Aufnahme diplomatischer Beziehungen. Vor allem regelten die Vertragspartner die wirtschaftliche Zusammenarbeit. In den folgenden Jahren entwickelte sich auch (unter Umgehung der Bestimmungen des Versailler Vertrags) eine militärische Zusammenarbeit hauptsächlich auf den Gebieten Ausbildung und Waffentechnik. Gegen Ende des Jahrzehnts wetteiferten deutsche und amerikanische Ingenieure darin, bei den Projekten des Fünfjahresplans – also bei den großen Industrialisierungsbemühungen – technischen Beistand zu leisten. Als die deutsche Wirtschaft in die Krise geriet und die nationalsozialistische Gefahr wuchs, konnten die Sowjets die Anwerbung von Facharbeitern steigern, die sich durch gut bezahlte Jobs in Russland anlocken ließen. Unter dem Deckmantel der Handelsvertretung trieben die Russen auch Industriespionage. Tatsächlich war das riesige Gebäude der Handelsvertretung in der Berliner Lindenstraße ein «Nest für Spione», galt es doch auf Grund einer besonderen diplomatischen Vereinbarung als extraterritorial und war daher vor Zugriffen deutscher Behörden sicher. Trotz gezielter Überwachung durch Polizei und militärischer Abwehr konnten weder sowjetische Industriespionage noch illegaler Waffenhandel über die sowjetische Handelsvertretung verhindert werden.

47 Manchmal wird der «Bund der Geistesarbeiter» auch «Bund geistiger Berufe» genannt.

48 In einem Brief von Pawel Fitin, Leiter des Auslandsnachrichtendienstes, einer Abteilung im Volkskommissariat für Staatssicherheit (NKGB) an Georgi Dimitrow, den Generalsekretär der Kommunistischen Internationale (seit 1935), vom 12. März 1941 erkundigt sich Fitin nach mehreren früheren Mitgliedern des Bundes: Nach den Professoren Friedrich Lenz und Rudolf Heberle, Johannes [*sic*!, Arvid] Harnack, den Sozialdemokraten Ernst von Harnack und Julius Leber, dem Direktor der Schuhfirma Leiser Heinz Tietjens, dem Schriftsteller Adam Kuckhoff, dem Mitarbeiter der I.G. Farben Hans Rupp, dem Journalisten Harro Schulze-Boysen [später Luftwaffenoffizier] und Ernst Jünger, dem Techniker bei der AEG Karl Behrens, Wolfgang Havemann und Baron Wolzogen-Neuhaus, einem Mitarbeiter der technischen Abteilung des Oberkommandos der Wehrmacht. Akte Dimitrow, Komintern-Archiv Moskau, Nr. 495-74-141, S. 36 ff. Zitiert in: Chawkin, Coppi und Zorja, Russische Quellen zur Roten Kapelle, in: Rote Kapelle, hrsg. von Coppi, Danyel und Tuchel, S. 106, 111, 115 ff.

49 Babette Gross, Willi Münzenberg, S. 135; Neuausgabe 1991: S. 196.

50 Dimitrow an Fitin, 12. April 1941. Akte Dimitrow, Komintern-Archiv, Moskau, Nr. 495-74-27, S. 27 ff. Zitiert in: Chawkin, Coppi und Zorja,

Russische Quellen zur Roten Kapelle, in: Rote Kapelle, hrsg. von Coppi, Danyel und Tuchel, S. 118.

51 Ibid. S. 119.

52 Zitiert in Koch, Double Lives, S. 14.

53 Georg Lukács an Renate Dörner, 11. Oktober 1965, Nachlass Harnack, HU Berlin. In einem Brief von Dimitrow an Fitin aus dem Jahr 1941 im Russian Center for the Preservation and Study of Records of Modern History, Moskau, Dimitrow-Archiv, 495-74-141, heißt es, Lukács habe behauptet, dass sie im Sommer 1933 in der Sowjetunion weilte». «Ich weiß natürlich nicht, welche Geschäfte sie hierher führten. Sie sprach nicht darüber, und ich fragte nicht danach.» Aus einem Gespräch mit ihr gewann Genosse Lukács den Eindruck, dass sie und ihr Mann für die sowjetischen Bestrebungen von Nutzen sein könnten.

54 Georgi Dimitrow an Pawel Fitin, 12. April 1941. Zitiert in: Chawkin, Coppi und Zorja, Russische Quellen zur Roten Kapelle, in: Rote Kapelle, hrsg. von Coppi, Danyel und Tuchel, S. 119 f.

55 Isherwood, Christopher and His Kind, S. 127. Zitat in der deutschen Ausgabe von 1992 nicht nachweisbar.

56 Mildred Harnack-Fish an Georgina Fish, 23. Januar 1932.

57 Mildred Harnack-Fish an Georgina Fish, 14. Februar 1932.

58 Mildred Harnack-Fish an Georgina Fish, 8. August 1932.

59 Mildred Harnack-Fish an Georgina Fish, 18. Juni 1932.

60 Mildred Harnack-Fish an Georgina Fish, 3. Juli 1932.

61 Mildred Harnack-Fish an Georgina Fish, 20. Juli 1933.

62 Mildred Harnack-Fish an Georgina Fish, 24. August 1933.

63 Mildred Harnack-Fish an Georgina Fish, 18. September 1933.

64 Mildred Harnack-Fish an Georgina Fish, 3. Juli 1932.

65 Koestler, Die Geheimschrift, S. 19.

66 Mildred Harnack-Fish an Georgina Fish, 3. Juli 1932.

67 Mildred Harnack-Fish an Georgina Fish, 12. Juli 1932.

68 Koestler, Die Geheimschrift, S. 21.

69 Mildred Harnack-Fish an Georgina Fish, 24. Juli 1932.

70 Macgregor Knox, «Conquest, Foreign and Domestic, in Fascist Italy and Nazi Germany», *Journal of Modern History* 56, Nr. 1 (März 1984): S. 37. Zitiert in: Stern, Der Traum vom Frieden und die Versuchung der Macht, S. 138.

71 Meyer, «Through Europe on One Museum», *Capital Times*, Oktober 1932, Sammlung Karl E. Meyer.

## KAPITEL 8: DIE PILGERIN

1 Mildred Harnack-Fish an Georgina Fish, 13. August 1932.

2 Mildred Harnack-Fish an Georgina Fish, 17. Oktober 1932.

3 Horst Menderhausen, Telefongespräch mit der Autorin.

4 Dallin, Sowjet-Spionage, S. 277. Er nennt Reinhold Schönbrunn als Gesprächspartner (Bestand Dallin, XYZ S. 85 f.). Das Interview fehlt in den Dallin-Materialien, die sich heute in der New York Public Library befinden.

5 Sudoplatow und Schechter, Special Tasks, S. 137.

6 Koestler, Die Geheimschrift, S. 45.
7 Ibid., S. 46.
8 Ibid., S. 47.
9 Muggeridge, Chronicles of Wasted Time, Teil 1, The Green Stick, S. 244.
10 Serge, Beruf: Revolutionär, S. 121.
11 Mildred Harnack-Fish an Georgina Fish, 3. September 1932.
12 Koestler, Die Geheimschrift, S. 48.
13 Mildred Harnack-Fish an Georgina Fish, 3. September 1932.
14 Ibid.
15 ARPLAN-Bericht, im Besitz der Autorin. Siehe auch Niekisch, Erinnerungen eines deutschen Revolutionärs, Bd. 1, S. 216ff.
16 Das Berliner Abendgymnasium wurde 1927 von Dr. Peter Silbermann gegründet, der sich ein Jahr lang in den Vereinigten Staaten mit höheren Abendschulen beschäftigt hatte. Mildred Harnack-Fish trat die Nachfolge ihres Freunds und Landsmanns Warren Tomlinson an, nachdem dieser Englischlehrer 1932 in die Vereinigten Staaten zurückgekehrt war. Durch Tomlinsons Bemühungen – er entwickelte eine gesprächsorientierte Unterrichtsmethode und verfasste zwei Lehrbücher – wurde das Englische zur beliebtesten Fremdsprache.
17 Mildred Harnack-Fish an Georgina Fish, 2. Mai 1933.
18 Mildred Harnack-Fish an Georgina Fish, 29. September 1932. In den Jahren 1932 und 1933 unterrichtete sie auch Englisch an der Berliner Handelshochschule.
19 In den Jahren 1932 und 1933 unterrichtete sie auch Englisch an der Berliner Handelshochschule.
20 Gotthilf Stecher, Direktor des Berliner Abendgymnasiums, 15. Mai 1936, zitiert nach Brüning, Mildred Harnack-Fish, S. 167.
21 Rudolf Holberg an Clara Leiser, 15. Mai 1949, Sammlung Leiser.
22 Maria-Dorothea Beck, «Erinnerungen an Mildred Harnack», *Die Andere Zeitung*, 14. September 1967.
23 Kortmann, «Zusammenarbeit mit Mildred und Arvid Harnack». Sammlung Rote Kapelle, GDW, Berlin.
24 Samson Knoll lieferte der Autorin bei mehreren Gesprächen Informationen über Mildred Harnack-Fish und das Abendgymnasium. Ich habe auch eine Kopie seiner Tagebucheintragungen für diese Zeit sowie die Mitschrift eines Vortrags, den er an der Mildred-Harnack-Schule in Berlin hielt, benutzt (Sammlung Waligora, Staatsbibliothek Berlin); beides schickte er als Beilage zu einem Brief an mich im November 1992.
25 Mildred Harnack-Fish an Georgina Fish, 18. Juni 1932. Richard Lowenthal, ein Journalist des Londoner *Observer*, sprach in einem Interview mit David Dallin davon, beim Treffen einer «Organisation von Intellektuellen» (möglicherweise des Abendgymnasiums) im Februar 1933 dabei gewesen zu sein, wo Arvid Harnack einen Vortrag über Wirtschaftsfragen hielt (Bestand Dallin). Nach Wilhelm Utech referierte Harnack Anfang 1933 auch vor Schülern des Abendgymnasiums über die sowjetische Planwirtschaft. Protokoll Utech, GDW.
26 Goebbels, Tagebücher (2. November 1932), Tl. 1, Bd. 2, S. 268.
27 Mildred Harnack-Fish an Georgina Fish, 12. Dezember 1932.
28 Mildred Harnack-Fish an Georgina Fish, 29. Januar 1933.

29 Wolfgang Havemann, «Über die notwendige Einheit von Theorie und Praxis bei der Anwendung des Marxismus-Leninismus» (Erinnerungen an Arvid Harnack aus den Jahren 1931–1942), S. 7, Sammlung Rote Kapelle, GDW.
30 Goebbels, Tagebücher (31. Januar 1933), Tl. 1, Bd. 2, S. 362.
31 Brüning, Mildred Harnack-Fish, S. 168, sowie Mitteilungen von Samson Knoll an die Autorin.
32 Karl Bonhoeffer, Lebenserinnerungen. Zitiert in: Bethge, Dietrich Bonhoeffer, S. 305f.
33 Clara Harnack, «Unermüdlicher Streiter für die Menschenrechte», in: *Neues Deutschland*, 17./18. Dezember 1977, S. 9.
34 Bethge, Dietrich Bonhoeffer, S. 307f.
35 Eine Übersicht über die Begleitumstände des Reichstagsbrands und die Schuldfrage bieten Uwe Bakes und andere, Reichstagsbrand – Aufklärung einer historischen Legende, München 1986; und Ulrich von Hehl, Die Kontroverse um den Reichstagsbrand, in: *Vierteljahreshefte für Zeitgeschichte* 36, 1988, S. 259–280.
36 Reichsgesetzblatt I, 1933, S. 151. Zitiert in Gostomski und Loch, Der Tod von Plötzensee, S. 54.
37 Zur politischen Entwicklung Schulze-Boysens, siehe Coppi, Harro Schulze-Boysen – Wege in den Widerstand.
38 Schulze-Boysen an seine Eltern, Postkarte vom 4. März 1933, zitiert bei Coppi, ibid., S. 120.
39 Coppi, ibid., S. 126f.
40 Ibid., S. 128.
41 Ibid., S. 127f.
42 Ernst von Salomon, Der Fragebogen, Hamburg 1985, S. 478.
43 Mildred Harnack-Fish an Georgina Fish, undatiert [zwischen Februar und März 1933].
44 Gießener Gelehrte in der Ersten Hälfte des 20. Jahrhunderts, Bd. 2, S. 608.
45 Heinrich-Maria Ledig-Rowohlt im Gespräch mit der Autorin.
46 Herman, The American Church in Berlin, S. 51.
47 Frau Turner hat das Manuskript leider nach dem Tode ihres Mannes vernichtet.
48 Mildred Harnack-Fish an Georgina Fish, 8. März 1933.
49 Bethge, Dietrich Bonhoeffer, S. 31, 316.
50 Stecher, Rede zum Abschluss des 6. Schuljahres am 29. Juni 1933, in: Handbuch des Berliner Abendgymnasiums, S. 7.
51 Mildred Harnack-Fish bezieht sich hier auf einen Brief vom 16. Oktober 1932 über den Roman «Winesburg, Ohio». Hierin erörtert sie Sherwood Andersons bissige Skizzen des Kleinstadtlebens: «Dies sind Geschichten, die von sehr einsamen Menschen handeln – Menschen, die gern Liebes- und Gefühlsbeziehungen mit anderen Menschen oder mit Gott eingehen würden ... und dann sind da jene, die das nicht können.» Anschließend zitiert sie aus Matthew Arnolds Gedicht «Dover Beach»: «We are here on a darkling plain. Swept by confused alarms of struggle and flight. Where ignorant armies clash by night ...» Sie schließt viel sagend: «Seit ich in Russland war, bin ich davon überzeugt, dass es eine Gesellschaft geben kann, in der die Menschen im allgemeinen Interesse geeint sind und daher einander lieben

und besser verstehen, eine Gesellschaft, in der auf intelligente Weise ständig von allen der Versuch gemacht wird, das Unnatürliche zu überwinden, lieblose Einschränkungen von Männern und Frauen zu nehmen, allen Menschen die Zeit zu geben, zärtlichere und bessere Freunde zu werden. Das setzt noch viel Arbeit voraus, es ist aber möglich.» Mildred Harnack-Fish an Georgina Fish, 2. Mai 1933.

52 10. Mai 1933, Bücherverbrennung, S. 11.

53 Stecher, Rede zum Abschluss des 6. Schuljahres, 29. Juni 1933, in: Handbuch des Berliner Abendgymnasiums, S. 7.

## KAPITEL 9: DIE GASTGEBERIN

1 «Hitler's Table Talk 1941 – 1944», with an Introductory Essay by Hugh R. Trevor-Roper, New York 1953, S. 84.

2 David Burke, *New York Daily News*, 1. September 1957.

3 Einige Briefe von Mildred Harnack an Martha Dodd befinden sich im Nachlass von William E. Dodd in der Library of Congress. Weitere Briefe von Martha Dodd an Greta Kuckhoff befinden sich im Archiv der [ehemaligen] Akademie der Künste [der DDR]. An der Humboldt-Universität existierte eine Zeit lang ein Dodd-Archiv, das nur mit einer Genehmigung von Klaus Fuchs-Kittowski, einem Neffen des Atomphysikers Klaus Fuchs, zugänglich war. Als die Autorin sich den Inhalt dieser Sammlung vorlegen ließ, bekam sie nur einen harmlosen Brief von Martha Dodd an Emil Fuchs, den Vater von Klaus Fuchs, zu sehen. Allem Anschein nach ist dieses Archiv irgendwann einmal «gesäubert» worden.

4 Martha Dodd Stern, «In Memory», unveröffentlichtes MS, Nachlass Martha Dodd Stern, LOC. Martha Dodd dürfte kaum von 1933 bis 1943 im deutschen Untergrund tätig gewesen sein. 1937 verließ sie ihre Eltern und Deutschland und ging in die Vereinigten Staaten. Dem Widerstand konnte sie ab diesem Zeitpunkt lediglich von außen her Beistand leisten.

5 Martha Dodd, Through Embassy Eyes, S. 41.

6 Martha Dodd Stern, Exposé für einen Film auf der Grundlage von «Through Embassy Eyes» und Botschafter Dodds Tagebuch, Nachlass Martha Dodd. Martha Dodd Sterns Korrespondenz befindet sich in der Library of Congress. Sie ist dort zum Teil im Nachlass ihres Vaters archiviert, zum größeren Teil aber unter Martha Dodd Stern.

7 Vanden Heuvel, «Grand Illusions», *Vanity Fair*, August 1991, S. 225.

8 Martha Dodd, Through Embassy Eyes, S. 22.

9 Jacob Beam, unveröffentlichtes Manuskript, S. 40, Nachlass Beam.

10 Mrs. W.E. Dodd an William E. Dodd Jr., 15. Dezember 1937, Nachlass William Dodd, LOC. Das State Department steigerte Dodds Verdruss, indem es zwei wohlhabende junge Männer nach Berlin versetzte, John White, den Schwager von Jay Pierrepont Moffat, dem Leiter der Abteilung für Westeuropäische Angelegenheiten im Department, als Gordons Nachfolger und Orme Wilson als neuen Zweiten Gesandtschaftsrat. Sie hatten den Auftrag, die Mängel des Botschafters auszugleichen und das Niveau der amerikanischen Diplomatie zu gewährleisten. Sehr bald schon langweilte Dodd Roosevelt und seinen Außenminister Cordell Hull mit handgeschriebenen Brie-

fen, in denen er die Verschwendungssucht und die Trägheit dieser «wohlhabenden» Mitarbeiter kritisierte. Die Herren «wollen Cocktailpartys am Nachmittag, Kartenspielrunden am Abend, und sie möchten am nächsten Tag um zehn Uhr aufstehen»; sie «denken mehr darüber nach, gut gekleidet zu sein, als gute Arbeit zu leisten»; sie «ahmen Ludwig XIV. auf lächerliche Weise nach». Dodd an Hull, 4. Oktober 1933, State Department, zitiert nach Dallek, Democrat and Diplomat, The Life of William E. Dodd, S. 206.

11 Die kritischen Äußerungen über die Sowjetbotschaft sind in der ostdeutschen Nachkriegsausgabe des Buches entfernt worden.

12 Martha Dodd an Thornton Wilder, Juli 1933, Nachlass Wilder, Beinecke Library, Yale University.

13 Martha Dodd und William Dodd Jr., Hrsg., Ambassador Dodd's Diary, S. 24.

14 Martha Dodd, «In Memory», unveröffentlicht, Nachlass Martha Dodd Stern.

15 Mildred Harnack-Fish an Georgina Fish, 12. November 1933.

16 Carl Sandburg an Martha Dodd, zitiert in Philip Metcalfe, 1933, S. 17.

17 Thornton Wilder an seine Familie, 26. Juni 1933, zitiert bei Harrison, The Enthusiast, A Life of Thornton Wilder, S. 131, und Thornton Wilder an Martha Dodd, undatiert, Nachlass Dodd.

18 Martha Dodd an Thornton Wilder, 25. September 1933.

19 Siehe Mildred Harnack-Fish und Martha Dodd (Wesley Repor): «Kurzrezensionen» (John Hampson, Saturday Night at the Greyhound; O Providence), 12. November 1933; (Albert Halper, Union Square), 26. November 1933; (Kay Boyle, Gentlemen, I Address You Privately), 4. Februar 1934; (Hervey Allen, Anthony Adverse), 18. Februar 1934; Book Nook (Aldous Huxley, Uncle Spencer and Other Stories), 18. Februar 1934. Zwischen Januar 1933 und Februar 1934 nannte sich das Blatt *Continental Post and Berlin Topics.* Danach hieß es *Continental News and Berlin Topics.* Mildred Harnack übersetzte eine Kurzgeschichte von Kay Boyle, «Your Body Is a Jewel Box» («Dein Leib ist ein Juwelenschrein»). Sie ist enthalten in: Neu Amerika, Zwanzig Erzähler der Gegenwart, hrsg. von Kurt Ullrich.

20 Mildred Harnack-Fish an Martha Dodd, Sunday night, undatiert, Nachlass Dodd.

21 Mildred Harnack-Fish an Georgina Fish, 1. August 1933.

22 Mildred Harnack-Fish an Martha Dodd, 14. Mai 1934, Nachlass Dodd.

23 Mildred Harnack-Fish an Georgina Fish, 12. November 1933.

24 Mildred Harnack-Fish an Martha Dodd, undatiert. Die Skizzen, auf die Mildred Harnack hier anspielt, waren wahrscheinlich «Prothalamion» und «Der Mond und das Saxophon».

25 Mildred Harnack-Fish an Martha Dodd, 4. Mai 1934, Nachlass Dodd.

26 Bridenthal et al., Hrsg., When Biology Became Destiny: Women in Weimar and Nazi Germany, S. 67f.; Focke und Reimer, Alltag unterm Hakenkreuz, S. 124.

27 Mildred Harnack-Fish an Georgina Fish, 1. August 1933. Aus Akten des State Department geht hervor, dass Mildred Harnacks Schwager Fred Esch sich an das amerikanische Konsulat in Berlin mit der Bitte, sie ausfindig zu machen, gewandt hatte. Mildred Harnack hatte seit ihrer Reise im Sommer nicht mehr geschrieben, und die Familie machte sich Sorgen. 1942 hatte Mildred Harnack eine Extrauterinschwangerschaft. Bei einem früheren Abortus mag es zur Beschädigung ihres Eileiters gekommen sein.

28 Mildred Harnack-Fish an Georgina Fish, 11. Dezember 1933.
29 *The (Paris) Herald*, 30. Juli 1931, zitiert bei Colwell, op. cit, S. 80.
30 Mildred Harnack-Fish an Georgina Fish, 29. November 1933.
31 Mildred Harnack-Fish an Georgina Fish, 12. November 1933.
32 Mildred Harnack-Fish an Georgina Fish, 5. Mai 1934.
33 Mildred Harnack-Fish an Georgina Fish, 29. November 1933.
34 Heym, Nachruf, S. 74. Heym emigrierte und kämpfte in der Armee der Vereinigten Staaten. Über seine Kriegserlebnisse schrieb er 1948 den Roman «Kreuzfahrer von heute», Leipzig 1950, und «Der bittere Lorbeer», München 1950. Das Werk galt als einer der besten Romane über den Zweiten Weltkrieg. Als Kommunist fürchtete Heym, Zielscheibe des McCarthyismus zu werden. Er emigrierte in die Tschechoslowakei, dann nach Polen und schließlich in die DDR, im Westen genoss er später einen gewissen Ruf als besonnener Dissident in Ostdeutschland. Nach der Wiedervereinigung gehörte er 1994 für kurze Zeit für die PDS dem Bundestag an.
35 Gottfried Bermann Fischer war der Schwiegersohn des Verlagsgründers Samuel Fischer. Zu den Autoren des S. Fischer Verlags zählten Thomas Mann, Hermann Hesse, Stefan Zweig und Gerhart Hauptmann. Ernst Rowohlt spezialisierte sich auf amerikanische Autoren, er verlegte unter anderem Sinclair Lewis, William Faulkner, Ernest Hemingway und Thomas Wolfe. Nach der Kristallnacht im November 1938 ging Rowohlt nach Brasilien, kehrte aber während des Krieges nach Deutschland zurück. Heinrich-Maria Ledig-Rowohlt war ein unehelicher Sohn von Ernst Rowohlt. Nach der Emigration seines Vaters übernahm er die Leitung des Verlages. Nach dem Krieg war er einer der erfolgreichsten deutschen Verleger. Er teilte die Vorliebe seines Vaters für amerikanische Autoren. (Siehe Kapitel 10). Max Tau war der Cheflektor von Ernst Cassierer. Ludwig Reindl war Chefredakteur der Zeitschrift *Die Dame*, Deutschlands anspruchsvollstem Frauenblatt, für das Mildred Harnack gelegentlich schrieb. Ernst von Salomon war zur Zeit von Mildred Harnacks Salon als Autor und Lektor mit dem Rowohlt Verlag verbunden. 1951 veröffentlichte Rowohlt von Salomons Aufsehen erregende Autobiografie, «Der Fragebogen», in der die Harnacks auftauchen. Max Mohr, Dramatiker, Schriftsteller und Arzt, starb 1937 im Exil in Shanghai. Adam Kuckhoff war Theaterregisseur, Dramatiker und Dramaturg; er publizierte 1937 den Roman «Der Deutsche von Bayrencourt» bei Rowohlt. Er lernte Greta Lorke, die seit ihrer Zeit in Wisconsin mit den Harnacks befreundet war, 1930 auf einem Theaterkongress kennen und heiratete sie 1937. Außerdem war er Mitglied des Berliner Abendgymnasiums. Otto Zoff war zeitweise Lektor bei Fischer, daneben arbeitete er als Romancier, Dramatiker und Regisseur. Nach Hitlers Machtübernahme ging Zoff, der österreichischer Staatsbürger war, nach Italien, wo er weiterhin publizierte. Er emigrierte 1941 in die Vereinigten Staaten. Franz Fein übersetzte William Faulkner ins Deutsche. Margret Boveri war außenpolitische Redakteurin des *Berliner Tageblatts*. Nach dem Krieg schrieb sie «Der Verrat im 20. Jahrhundert», ein Werk, das auch ein Kapitel über die Harnacks enthält. Mildred Harnacks Schüler Friedrich (Bodo) Schlösinger wurde während des Krieges Übersetzer für die russische und die englische Sprache. Nachdem er von dem Todesurteil gegen seine Frau Rose erfahren hatte, beging er im Februar 1943 an der Ostfront Selbstmord. Einige dieser

Namen finden sich in einem Brief an Martha Dodd vom 15. Mai 1934, andere auf einer undatierten Karte im Nachlass Dodd, Akte H.

36 Martha Dodd an Thornton Wilder, 14. Dezember 1933, Nachlass Wilder, Beineke Library, Yale University.

37 Der gemeinsame Nenner des Salons der Harnacks war die Literatur, nicht die Politik. Hier waren Konservative, Sozialdemokraten, Kommunisten und Liberale vertreten. Nur Gegner des Regimes wurden regelmäßig eingeladen. Von den Mitgliedern des literarischen Zirkels der Harnacks wurden nicht viele im Widerstand aktiv – die Kuckhoffs, die Schlösingers und Havemann. Bermann Fischer, Rowohlt, Tau, Franzen und Zoff verließen Deutschland. Viele der Gäste erfuhren erst nach dem Krieg, dass die Harnacks im politischen Widerstand gearbeitet hatten.

38 Martha Dodd, «In Memory», Nachlass Martha Dodd Stern.

39 Das Folgende stützt sich auf Schilderungen von Teilnehmern: Martha Dodd, Through Embassy Eyes, S. 83ff.; Heinrich-Maria Ledig-Rowohlt im Gespräch mit der Autorin; Briefe von Martha Dodd an Heinrich-Maria Ledig-Rowohlt, im Nachlass Dodd; zwei Briefe von Hans Fallada an Martha Dodd, datiert 8. und 18. Juni; die Erinnerungen von Martha Dodd an Mildred Harnack in der LOC; das Fallada-Tagebuch im Fallada-Archiv, Neu-Brandenburg. Eine Version des Gesprächs zwischen Mildred Harnack-Fish und Hans Fallada ist rekonstruiert in Crepon, Leben und Tod des Hans Fallada, S. 188-194.

40 Martha Dodd, Through Embassy Eyes, S. 84.

41 Martha Dodd, «In Memory», unveröffentlicht, Nachlass Martha Dodd Stern.

42 Mildred Harnack-Fish an Georgina Fish, 20. Februar 1934.

43 Mildred Harnack-Fish an Bob Fish, 16. Mai 1934, Nachlass Clara Leiser.

44 Mildred Harnack-Fish an Georgina Fish, 22. Mai 1934.

45 Mildred Harnack-Fish, «Reifender Mais», *Berliner Tageblatt*, 23. August 1934.

46 Mildred Harnack-Fish, «Variationen über das Thema Amerika», *Berliner Tageblatt*, 2. Dezember 1934. Zitiert nach Brüning, Mildred Harnack-Fish, S. 30 (Whitman), S. 31 (Benét), S. 32 (Sandburg).

47 Mildred Harnack-Fish an Georgina Fish, 30. August 1934.

48 Mildred Harnack-Fish an Georgina Fish, 20. Februar 1934.

49 Jane Donner Sweeney, Gespräch mit der Autorin.

50 Wolfgang Havemann, «Erinnerung an Mildred und Arvid Harnack», Havemann-Archiv, Städtische Bibliothek, Dresden.

51 Martha Dodd, «In Memory».

52 Martha Dodd an Thornton Wilder, 14. Dezember 1933, Nachlass Thornton Wilder, Beineke Library, Yale University.

53 Fred Oechsner, Telefonat mit der Autorin.

54 Martha Dodd an ihre Eltern, Postkarte im Nachlass Dodd.

55 Vanden Heuvel, «Grand Illusions», *Vanity Fair*, S. 248.

56 Martha Dodd an Thornton Wilder, 14. Dezember 1933, Nachlass Wilder, Beineke Library, Yale University.

57 Martha Dodd an Thornton Wilder, 25. September 1933, Nachlass Wilder.

58 Martha Dodd, Through Embassy Eyes, S. 63.

59 Shirer, Das Jahrzehnt des Unheils, S. 79.

60 Salomon, Fragebogen, S. 334f.

61 Metcalfe, 1933, S. 87.
62 Martha Dodd, Through Embassy Eyes, S. 52.
63 Martha Dodd an Thornton Wilder, 14. Dezember 1933, Nachlass Thornton Wilder, Beineke Library, Yale University.
64 Shirer an Martha Dodd, Mai 1969.
65 *New York Journal American*, N. D. Huss schreibt den Namen des Sowjetdiplomaten «Benogradov», das kyrillische Alphabet hat hier wohl Verwirrung ausgelöst.
66 Martha Dodd an Agnes Knickerbocker, 16. Juli 1969. In Sigrid Schultz' Tagebuch wird nicht erwähnt, dass Martha Dodd 1933 eine Weihnachtsfeier veranstaltete. Sie schrieb am 14. März 1970 an Martha Dodd, falls sie sich bei der Botschaftertochter getroffen hätten, dann bei einer Feier am 20. Januar 1934 (LOC). Ihr Tagebuch beweist jedoch, dass die Begegnung am 19. Januar 1934 stattfand. Schultz-Archiv, SHSW. In ihren Erinnerungen «Bright Journey into Darkness» deutet Martha Dodd an, dass sie Boris Winogradow erstmals beim Nürnberger Parteitag im September 1933 gesehen habe.
67 Martha Dodd an Agnes Knickerbocker, 16. Juli 1969.
68 Martha Dodd; Martha Dodds unveröffentlichte Erinnerungen an Boris Winogradow, «Bright Journey into Darkness», befinden sich im Nachlass Martha Dodd Stern, LOC.
69 Ibid.
70 Ibid.
71 Martha Dodd, Through Embassy Eyes, S. 41.
72 Bérard, Un ambassadeur se souvient: Au temps du danger allemand, S. 236. (Tatsächlich schreibt Martha Dodd in «Bright Journey into Darkness», dass Winogradows Tochter bei ihm in der Berliner Botschaft lebte, während seine Ehefrau in Moskau geblieben war.)
73 NKWD-Akte Dodd, S. 14449, 1:13; zitiert bei Weinstein und Vassiliev, The Haunted Wood, S. 51. Die Auslassungen gehen auf das Konto des Autors.
74 Katherine Smith, Gespräch mit der Autorin.
75 Martha Dodd, «Bright Journey into Darkness».
76 Wilbur Carr, vertrauliche Denkschrift vom 5. Juni 1935, Nachlass Wilbur Carr, Box 12 (LOC).
77 Mowrer, Journalist's Wife, S. 289.
78 Kershaw, Hitler 1889-1936, S. 641.
79 Martha Dodd, Through Embassy Eyes, S. 142f.
80 Ibid.; Bérard, Un ambassadeur se souvient: Au temps du danger allemand, S. 236ff.
81 Martha Dodd, Through Embassy Eyes, S. 157f.
82 Kershaw, Hitler 1889-1936, S. 650.
83 Bracher, Europa in der Krise, S. 173f.
84 Martha Dodd, Through Embassy Eyes, S. 170.
85 Diels wurde aus der Gestapo entfernt. Er überlebte aber den Krieg und sagte in Nürnberg für die Anklage aus. Unter dem Titel «Lucifer Ante Portas» veröffentlichte er beeindruckende Erinnerungen an die nationalsozialistische Zeit. Er starb 1957, als er sich beim Umgang mit einem Jagdgewehr unbeabsichtigt tötete.

86 Boris Winogradow an Martha Dodd, 11. Juli 1934, Nachlass Martha Dodd Stern.
87 Martha Dodd, Through Embassy Eyes, S. 169ff.
88 Mrs. John C. White, Gespräch mit der Autorin.
89 Mildred Harnack-Fish an Georgina Fish, 7. August 1934.
90 Mildred Harnack-Fish an Georgina Fish, 28. Juli 1934.
91 Dodd und Dodd, Ambassador Dodd's Diary, S. 126.
92 Martha Dodd, Through Embassy Eyes, S. 275.
93 Ibid., S. 53.
94 Ibid., S. 162; Salomon, Fragebogen, S. 107.
95 Orme Wilson, Denkschrift vom 9. November 1934, Nachlass Dodd, Box 59.
96 Martha Dodd an Thornton Wilder, 10. November 1934, Nachlass Wilder, Beineke Library, Yale University.
97 Martha Dodd an Thornton Wilder, 25. September 1933, Nachlass Wilder, Beineke Library, Yale University.
98 Agnes Knickerbocker an Martha Dodd, undatiert, LOC; und Weinstein und Vassiliev, The Haunted Wood, S. 51.
99 Akte 14449, S. 25, zitiert bei Weinstein und Vassiliev, ibid., S. 52.
100 William Shirer, Twentieth-Century Journey: A Native's Return, 1945-1988, S. 286.
101 Martha Dodd, Through Embassy Eyes, S. 275.
102 Martha Dodd, «Bright Journey into Darkness».

## KAPITEL 10: DIE LITERATIN

1 Nachlass Mildred Harnack-Fish, 40, 8, HU.
2 Salomon, Der Fragebogen, S. 334.
3 Fromm, Als Hitler mir die Hand küsste, S. 146.
4 William Shirer schildert den Stammtisch in der «Taverne» im Berliner Tagebuch (18. Juni 1935), S. 45f.
5 Margret Boveri war eine Gegnerin Hitlers und schrieb nach dem Krieg das mehrbändige Werk «Der Verrat im 20. Jahrhundert».
6 Fromm, Als Hitler mir die Hand küsste, S. 222.
7 Greta Kuckhoff, Vom Rosenkranz zur Roten Kapelle, S. 189.
8 Ibid., S. 193. Greta Kuckhoff nennt eine falsche Jahreszahl. Sie bringt zwei Gesellschaften durcheinander: eine für Wolfe und Donald Klopfer, die im Mai 1935 stattfand, und eine für Charles Lindberg und das Olympiateam, die am 4. September 1936 gefeiert wurde.
9 Edith Reindl, Gespräch mit der Autorin.
10 Greta Kuckhoff, Vom Rosenkranz zur Roten Kapelle, S. 190.
11 John Sieg schrieb unter dem Pseudonym Siegfried Nebel. Nach einer Phase der Arbeitslosigkeit seit 1933 und schlecht bezahlter Posten erhielt er 1937 eine Anstellung als Fahrdienstleiter bei der Reichsbahn. Daher war er später in der Lage, Sabotageakte an Zügen durchzuführen. 1941 zählte er zu den Herausgebern der illegalen Zeitung *Die innere Front*. Griebel, Coburger und Scheel, Erfasst?, Das Gestapo-Album, S. 192f.; Alexander Blank und Julius Mader, Rote Kapelle gegen Hitler, S. 72ff.

12 Ernst Niekisch gründete 1926 die Zeitschrift *Der Widerstand*. Hier nahm er scharf gegen die deutschen Reparationsverpflichtungen Stellung, die er als kapitalistische Erpressung bezeichnete. Wie Harnack trat er in der Außenpolitik für eine Ostorientierunng und eine Weltrevolution gegen den Kapitalismus ein. Niekisch ließ sich gern als «Nationalbolschewist» bezeichnen. Wichtige Mitglieder des Widerstands trafen sich in seiner Wohnung, die Linken in einem Raum, die Rechten in einem anderen. 1937 wurde Niekisch verhaftet, des Verrats angeklagt und zu einer lebenslänglichen Haftstrafe verurteilt. Er überlebte das Kriegsende. (Peter Hoffmann, Widerstand, Staatsstreich, Attentat, S. 35ff.)

13 Greta Kuckhoff, Vom Rosenkranz zur Roten Kapelle, S. 190f. In seinen Memoiren, Erinnerungen eines deutschen Revolutionärs, Bd. 1, S. 247, schreibt Ernst Niekisch: «Dann und wann begegneten sich in der amerikanischen Botschaft alle irgendwie bedeutsamen ‹Staatsfeinde›.» Er erwähnt aber John Sieg nicht.

14 Heinrich-Maria Ledig-Rowohlt, «Thomas Wolfe in Berlin», *American Scholar*, Frühjahr 1953, S. 186.

15 Martha Dodd an Thomas Wolfe, undatiert, Wisdom Collection, Houghton Library, Harvard University. Siehe auch Martha Dodd an Elizabeth Nowell, 2. Mai 1949.

16 Bracher, Stufen der Machtergreifung, S. 396f.

17 Mehring zitiert in: Grunfeld, Prophets without Honour, S. 206.

18 Focke und Reimer, Alltag unterm Hakenkreuz, Bd. 3, S. 23ff.

19 Effelberger, Umrisse der amerikanischen Kultur und Kunst, S. 157; zitiert in: Springer, The American Novel in Germany, S. 83.

20 Springer, ibid., S. 87. Auch Pusey, «William Faulkner's Works in Germany to 1940. Translations and Criticism», *Germanic Review*, Oktober 1955.

21 Mildred Harnack-Fish, in: *Berliner Tageblatt*, 5. August 1934. Enthalten in: Brüning, Mildred Harnack-Fish, S. 48-51.

22 Effelberger, Umrisse der amerikanischen Kultur und Kunst, S. 37; zitiert in: Springer, The American Novel in Germany, S. 27.

23 Brüning, Mildred Harnack-Fish, S. 91.

24 Mildred Harnack-Fish, in: *Berliner Tageblatt*, 5. August 1934. In: Brüning, Mildred Harnack-Fish, S. 26-29.

25 Mildred Harnack-Fish, «One of the Greatest of Younger American Authors in Berlin», *Continental Post*, 12. und 19. Mai 1935; «Thomas Wolfe», *Berliner Tageblatt*, 17. Februar 1935. «Einer der größten amerikanischen Autoren der jüngeren Generation in Berlin», in: Brüning, Mildred Harnack-Fish, S. 43-47; das längere Zitat im nächsten Absatz, ibid., S. 43.

26 Mildred Harnack-Fisch, «One of the Greatest of Younger American Authors in Berlin», ibid. Der letzte Abschnitt bezieht sich auf ein unglückliches Zusammentreffen am 18. Februar 1935 zwischen Wolfe und Sanderson Vanderbilt von der *New York Herald Tribune*. (Vanderbilt begann seinen Artikel mit den Worten: «[T. W.] trug eine zerknitterte Weste; zwischen deren unterem Rand und seiner ungebügelten Hose lugten die Zipfel seines blauen Hemdes hervor...) Siehe Thomas Wolfe Interviewed, 1929-1938, S. 21ff.

27 Donald, Look Homeward, S. 322.

28 Thomas Wolfe, Es führt kein Weg zurück, S. 522.

29 Martha Dodd, Through Embassy Eyes, S. 91.

30 Heinrich-Maria Ledig-Rowohlt, Thomas Wolfe in Berlin, S. 192.
31 Donald, Look Homeward, S. 323.
32 Thomas Wolfe an Martha Dodd, undatiert, Fotokopie in der LOC.
33 Thomas Wolfe, The Notebooks of Thomas Wolfe, S. 748.
34 Mildred Harnack-Fish an Maxwell Perkins, 19. September 1938, Archive of Charles Scribner's Sons, Princeton University Library.
35 Thomas Wolfe an Maxwell Perkins, 23. Mai 1935, in: Wolfe, The Letters of Thomas Wolfe, S. 460.
36 Martha Dodd, Through Embassy Eyes, S. 92.
37 Thomas Wolfe an Frank Wolfe, 27. Mai 1935, zitiert bei Donald, Look Homeward, S. 324.
38 Martha Dodd, «In Memory».
39 Thomas Wolfe an Maxwell Perkins, 23. Mai 1935, zitiert in: Wolfe, The Letters of Thomas Wolfe, S. 459.
40 Mildred Harnack-Fish an Maxwell Perkins, 21. März 1936, Verlagsarchiv Charles Scribner's Sons, Princeton University Library.
41 Maxwell Perkins an Mildred Harnack-Fish, 7. April 1936, Verlagsarchiv Charles Scribner's Sons, PUL.
42 Thomas Wolfe, «I Have a Thing to Tell You», *The New Republic*, 10. März 1937.
43 Salomon, Der Fragebogen, S. 480. Salomon gibt Gedanken seiner Frau über das Geschehen bei den Harnacks wieder: «Das habe ich gern! Da stehen da so Leute herum, gut angezogene, gut aussehende Leute, und plaudern von ‹Querverbindungen› ... Da sprechen sie von Hitler und Himmler und Rosenberg und Frick, als seien das ausgemachte Trottel, und erzählen mir, mir, ich kenne die Leute gar nicht, habe sie nie gesehen, außer Harnacks und Schulze-Boysens, mir erzählen sie ...» «Wissen Sie, gnädige Frau, ich weiß das aus todsicherer Quelle, ich habe da einen direkten Draht nach Zürich ... natürlich tauschen wir unsere Informationen aus! ... und dann» – so fährt seine Frau fort – «dann blinkert der Herr einem anderen Herrn zu und sagt: ‹Entschuldigen, gnädige Frau› und gibt dem anderen Herrn ein gelbes Kuvert und sagt: ‹Streng vertraulich!› und blinkert – und ich sitze da wie Frau Palm auf dem Sofa und habe das Gefühl, die ganze Stube ist voller Qualm, und ich frage rundum, wer ist das eigentlich, dieser gut aussehende Herr und jener, und ich erfahre, das ist ein Ministerialrat, und das ist ein Adjutant, und der ist in der SS und der ist Diplomat.»
44 Josephine Herbst in der *New York Post*, zitiert in: Langer, Josephine Herbst, S. 191. Herbst kam nach Berlin, um Mitglieder des deutschen Untergrundes aufzuspüren. Wiederholt traf sie Regimegegner auf Bahnsteigen und Parkbänken. Sie vermied es, das Telefon zu benutzen. Sie sammelte Geschichten über illegale Streiks, über Flugblätter aus dem Untergrund und über Widerstand in den Fabriken. All das stellte sie ihrem amerikanischen Publikum als Beleg für den Protest gegen die Diktatur dar. Wie Herbsts Biographin berichtet, war Hede Massing, eine immer noch aktive Kommunistin, die jetzt in den Vereinigten Staaten lebte und mit den Harnacks aus den Zeiten von ARPLAN befreundet war, diejenige, die Frau Herbst den Weg zeigte. Josephine Herbst war eine Bekannte von Ernest Meyer, Kolumnist der *New York Post*, der den Kontakt zu den Harnacks hergestellt haben könnte. Da Frau Herbst aus Vorsicht Namen, Telefonnummern und Adressen nicht auf-

schrieb, um ihre Gewährsleute nicht zu gefährden, kann man nur Vermutungen darüber anstellen, ob sie zu Mildred Harnack Kontakt aufnahm. Ihre gesammelten Berichte wurden in Buchform von der *Anti-Nazi Federation* in New York unter dem Titel «Behind the Swastika» publiziert.

45 Mildred Harnack-Fish, «Im Wald von Arden», *Die Dame,* Bd. 26 (1938), S. 12f., 68; «Sommersonnenwende», *Die Dame*, Bd. 12 (1939), S. 56; «Hochschule mit Lasso», *Die Dame*, Bd. 19 (1939), S. 8f.

46 Brüning, Mildred Harnack-Fish, S. 149.

47 Mildred Harnack-Fish an Maxwell Perkins, 21. März 1936, Verlagsarchiv Charles Scribner's Sons, Princeton University Library.

48 Clara Leiser, «The Atmosphere of Terror», unveröffentlichtes Manuskript, Nachlass Clara Leiser, Sammlung Anita Leiser.

49 Clara Leiser, «Just Try Prison Visiting in Naziland!», Manuskript im Nachlass Clara Leiser. Liselotte Hermann wurde im Juni 1937 vom Volksgerichtshof zum Tode verurteilt und im Juni 1938 in Plötzensee hingerichtet.

50 Emil Kortmann, «Zusammenarbeit mit Mildred und Arvid Harnack», Sammlung Rote Kapelle, GDW.

51 Thomas Wolfe, Es führt kein Weg zurück, S. 525.

52 Ibid., S. 524.

53 Ibid., S. 524.

54 Mildred Harnack-Fish an Georgina Fish, 12. Juni 1932.

55 Martha Dodd, Through Embassy Eyes, S. 212.

56 Zitiert bei Donald, Look Homeward, S. 386.

57 Thomas Wolfe, Es führt kein Weg zurück, S. 524.

58 Martha Dodd an Elizabeth Nowell, 18. Februar 1957, LOC.

59 Shirer, Berlin Diary, S. 69.

60 Thomas Wolfe, Es führt kein Weg zurück, S. 527ff.

61 Ibid., S. 586.

62 Höhne, Kennwort: Direktor, S. 70.

63 Perrault, Auf den Spuren der Roten Kapelle, S. 44.

## KAPITEL 11: DIE FREMDE

1 Der deutsche Text des Liedes findet sich im Nachlass Mildred Harnack, HU.

2 Fraser, Ornament and Silence: Essays on Women's Lives, S. 22.

3 Fischer und Lipson, Thinking about Science, S. 72ff.

4 Ibid.

5 Zur Diskussion über die Auswirkungen des Konformismus der Massen siehe Lüdtke, «The Appeal of Exterminating Others: German Workers and the Limits of Resistance», in: Geyer und Boyer, Hg., Resistance against the Third Reich.

6 California Institute of Technology oral history; «Max Delbrück – How it Was», Engineering and Science, S. 23.

7 Fischer und Lipson, Thinking about Science, S. 97.

8 Blank und Mader, Rote Kapelle, S. 66.

9 Historiker in der DDR haben behauptet, der Gedanke, in die NSDAP einzutreten, habe seinen Ursprung in Moskau. Die entsprechende Direktive sei

in Dimitrows Rede über die «Trojanischen Pferde» beim VII. Kongress der Kommunistischen Internationale enthalten gewesen. Da Arvid Harnack allerdings erst im Mai 1937 in die NSDAP eintrat, scheint er diesen Entschluss unabhängig von einer Anweisung aus Moskau getroffen zu haben.

10 Greta Kuckhoff, Lüneburg, Bd. 8, Blatt 131; zitiert bei Höhne, Kennwort: Direktor, S. 149.

11 Orlow, Handbook of Intelligence and Guerrilla Warfare, S. 15, 108ff.

12 Bestand Korse Nr. 34118, Bd. 1, S. 12; zitiert bei Zarew und Costello, Der Superagent, S. 117.

13 Ibid., S. 117.

14 Bestand Korse, Dokument 10, Brief von Dimitrow an Fitin, 12. April 1941; zitiert in: Chawkin, Coppi und Zorja, Russische Quellen zur Roten Kapelle, in: Rote Kapelle, hrsg. von Coppi, Danyel und Tuchel, S. 119.

15 Bestand Korse, Bd. 1, S. 37; zitiert bei Zarew und Costello, Der Superagent, S. 119.

16 Greta Kuckhoff, «Vom Rosenkranz zur Roten Kapelle», in *Aufbau*, Jg. 4, 1948, S. 31.

17 Adolf Grimme, zitiert in Rosiejka, Die Rote Kapelle, S. 43 [Zitat ohne Nachweis].

18 Dallin, Sowjet-Spionage, S. 278.

19 Akte 14449, Bd. 1, S. 27; zitiert in: Weinstein und Vassiliev, Sowiet Espionage in America, S. 54.

20 Ibid., Bd. 1, S. 17f.; zitiert in ibid., S. 53.

21 Zarew und Costello, Der Superagent, S. 117f.

22 Die Information stammt von den *Daughters of the American Revolution*. Nach einem Bericht der *Washington Post* vom 3. Dezember 1947 wurde Mildred Harnack Sekretärin der «Steuben-Gruppe». Der Stammbaum der Fish-Sippe, der im Mai 1936 durch den Generalkonsul der Vereinigten Staaten Raymond Geist offiziell zu den Akten genommen wurde, ermöglichte es Mildred, ihre «arische» Abstammung nachzuweisen. *U.S. State Department document* datiert 13. Mai 1936, Nachlass Mildred Harnack, HU.

23 Greta Kuckhoff, Vom Rosenkranz zur Roten Kapelle, S. 201.

24 Martha Dodd, Through Embassy Eyes, S. 276f.

25 Ibid., S. 279f.

26 Bestand Korse, Bd. 2, S. 77; zitiert in: Zarew und Costello, Der Superagent, S. 118.

27 Ibid.

28 Mildred Harnack-Fish, «Preface to a Study of American Literature», Nachlass Harnack, HU.

29 Mildred Harnack-Fish an William Ellery Leonard, 5. April 1936, Nachlass Clara Leiser.

30 William Ellery Leonard an Mildred Harnack-Fish, 29. Februar 1936, Nachlass Leonard.

31 Clara Leiser an William Ellery Leonard, 5. Januar 1936, Nachlass Leiser.

32 Clara Leiser an William Ellery Leonard, 11. Januar 1937.

33 Clara Leiser an William Ellery Leonard, 18. Januar 1937.

34 Ibid. In Mildred Harnacks Übersetzung von «Lust for Life» sind die ersten 13 Seiten des Textes fortgelassen, der Rest des Romans ist gekürzt. Selbst wenn man die Umstände in Deutschland berücksichtigt, die die Entfernung einer

sympathischen jüdischen Romangestalt unumgänglich machten, nahm Mildred Harnack doch zahlreiche andere Veränderungen vor. Besonders bezeichnend ist, dass die Übersetzerin Vincent van Gogh zu einem Helden der Arbeiterklasse machte. Sie war sich wohl sicher, den Helden besser als der Autor verstanden zu haben. Ihre Übersetzung «Vincent van Gogh: Ein Leben in Leidenschaft, wurde in Deutschland des öfteren aufgelegt.

35 Dorothy Meyer, in Gesprächen mit Eva Mekler und der Autorin.

36 Mildred Harnack-Fish an Thomas Wolfe, 29. Januar 1937, Sammlung Wisdom, Houghton Library, Harvard University.

37 William Ellery Leonard an Clara Leiser, 22. März 1937.

38 Ibid.

39 Empfehlungsschreiben, Nachlass Mildred Harnack, HU.

40 Mildred Harnack-Fish, Vortrag über William Faulkner, 5. September 1934 vor dem Longfellow Club, Berlin. Nachlass Mildred Harnack, HU.

41 Mildred Harnack-Fish an Bob und Jane Fish, 1. März 1937, Nachlass Leiser.

42 Marion Potter und Jane Donner Sweeney, Gespräch mit der Autorin.

43 Robert Fish, Telefongespräch mit der Autorin.

44 Francis Birch, Telefongespräch mit der Autorin.

45 Mildred Harnack-Fish an Falk Harnack, 1. Oktober 1937, Nachlass Falk Harnack, GDW.

46 Mildred Harnack-Fish an Clara Harnack, undatiert, Nachlass Falk Harnack, GDW.

47 Mildred Harnack-Fish an Maxwell Perkins, 19. September 1938, Verlagsarchiv Charles Scribner's Sons, Princeton University Library. Aus den Briefen in diesem Archiv ergibt sich, dass Perkins Mildred Harnack eine Kopie von Wolfes letztem Brief an ihn geschickt hat. Siehe Thomas Wolfe an Maxwell Perkins, 12. August 1938, in: Elizabeth Nowell, Hg., Letters of Thomas Wolfe, S. 777.

48 Franziska Heberle an Harriette Esch, 21. Dezember 1943, im Besitz der Autorin.

49 Rudolf Heberle, Gespräch mit der Autorin.

50 Rudolf Heberle an Ricarda Huch, 12. Oktober 1946, IfZ.

51 Mildred Harnack-Fish an Bob und Jane Fish, 7. Juni 1938. Arvid Harnack verbrachte den Sommer in Washington, wo er im Auftrag des Wirtschaftsministeriums zu tun hatte.

52 Franziska Heberle an Renate Dörner, 28. März 1965, Nachlass Falk Harnack.

53 Martha Dodd, Through Embassy Eyes, S. 16.

54 Fromm, Als Hitler mir die Hand küsste, S. 152.

55 William Dodd Jr., dessen Berliner Dissertation Greta Kuckhoff ins Deutsche übersetzt hat (Greta Kuckhoff, «Vom Rosenkranz zur Roten Kapelle», S. 194), war möglicherweise als Kurier für die Sowjetspionage tätig. 1936 war er für die Internationale Friedenskampagne (*Rassemblement Universel pour la Paix*) in Brüssel tätig, in deren Auftrag reiste er über Warschau (wo inzwischen Winogradow damals tätig war) und Moskau (William Dodd Jr. an Martha Dodd, 10. August 1936) nach Shanghai.

56 Weinstein und Vassiliev, Soviet Espionage in America, S. 54.

57 Denkschrift von Martha Dodd an Sluzki; zitiert bei Weinstein und Vassiliev, ibid., S. 56f.

58 Ibid., S. 55.
59 Dies zeigen die Stempel in Martha Dodds Diplomatenpass, Archiv Stern.
60 Schon bevor sie ihre Absicht verkündet hatte, «diesen Mann» zu heiraten, hatte ihre Mutter geschrieben: «Die Nachrichten über deine Zukunftspläne bedrücken uns. Ich hatte gehofft, du hättest unter all deinen Bekannten jemanden finden können, bei dem zwei Faktoren [ein wahrscheinlich verheirateter Mann und ein Sowjetbürger] nicht zusammenkommen, die dir später Sorgen bereiten dürften.» Martha Dodd senior an Martha Dodd junior, 3. Januar 1936.
61 Weinstein und Vassiliev, Soviet Espionage in America, S. 55.
62 Martha Dodd an Ilja Ehrenburg, 18. Oktober 1956, LOC.
63 Akte Dodd, S. 33f., zitiert bei Weinstein und Vassiliev, Soviet Espionage in America, S. 55.
64 Boris Winogradow an Martha Dodd, 15. Mai 1937, LOC.
65 Siehe Weinstein und Vassiliev, Soviet Espionage in America, S. 58.
66 Ibid., S. 58. Botschafter Dodd hatte ursprünglich beabsichtigt, bis März 1938 in Berlin zu bleiben. Aber nachdem Differenzen zwischen ihm und dem State Department über die Teilnahme seines Nachfolgers am Nürnberger Parteitag, den Dodd traditionell boykottiert hatte, an die Öffentlichkeit gelangt waren, wurde er bereits im November abberufen. Er verließ am 31. Dezember 1937 Deutschland. Auf die Berufung seines Nachfolgers Hugh Wilson scheint er keinen Einfluss gehabt zu haben. Nach seiner Rückkehr in die Heimat hielt Dodd viele Vorträge, in denen er sich kritisch mit dem Nationalsozialismus beschäftigte, auch trat er – möglicherweise unter dem Einfluss seiner Kinder – den *American Friends of the Spanish Democracy* bei.
67 Ibid., S. 53.
68 Ibid., S. 58.
69 Ibid., S. 59.
70 Ibid.
71 Wolkogonow, Stalin: Triumph und Tragödie, S. 399/400, stellt «vorsichtige Schätzungen» an: «In den Jahren 1937 und 1938 sind 3,5 bis 4,5 Millionen Menschen verfolgt worden. Von ihnen starben durch die Todesstrafe 600 000 bis 800 000. Sehr viele verschwanden für immer in Lagern und Gefängnissen.» Robert Conquest, Am Anfang starb Genosse Kirow, Säuberungen unter Stalin, S. 403-444 und S. 625-638, analysiert umfangreiches Zahlenmaterial und kommt zu dem Schluss, dass sich 1937/38 etwa 12 Millionen Menschen in Haft befanden, von denen 3 Millionen hingerichtet wurden oder in Lagern starben. Andrew und Gordiewsky, KGB, S. 180/81, schreiben: «Die Gesamtzahl der Opfer [...] wird [...] niemals [...] festgestellt werden können. Als Antwort auf eine geheime Anfrage des Politbüros präsentierte der KGB 1956 die Zahl von ungefähr neunzehn Millionen Verhaftungen in der Zeit zwischen 1935 und 1940. Davon wurden mindestens sieben Millionen erschossen oder starben im Gulag. Die wirkliche Zahl der Toten war vermutlich noch höher.»
72 Martha Dodd an Ilja Ehrenburg, 29. Oktober 1957.
73 Agnes Knickerbocker an Martha Dodd, 29. Juli 1969.
74 Agnes Knickerbocker an Martha Dodd, 4. Juni 1969.
75 Ibid.
76 Boris Winogradow an Martha Dodd, 29. April 1938.

77 Martha Dodd an Ilja Ehrenburg, 29. Oktober 1957.
78 Agnes Knickerbocker an Martha Dodd, 4. Juni 1967.
79 Ilja Ehrenburg an Martha Dodd, 31. Januar 1957.
80 Maclean, Eastern Approaches, S. 83ff.
81 Leonhardt, Die Revolution entlässt ihre Kinder, S. 65.
82 Maclean, Eastern Approaches, S. 86. Zu Bessonows Weigerung, ein Geständnis abzulegen, siehe Fischer, Men and Politics: An Autobiography, S. 520.
83 Weinstein und Vassiliev, Soviet Espionage in America, S. 54.
84 Zarew und Costello, Der Superagent, S. 120f.
85 Rudolf Heberle, Gespräch mit der Autorin.
86 Martha Dodd an Greta Kuckhoff, 19. Juni 1979.
87 Martha Dodd, «In Memory», S. 4.
88 Ursula, die berühmteste Gestalt unter den Geschwistern Kuczynski, lebte in einem Dorf in der Nähe von Oxford. Ihre Karriere begann 1930 in Schanghai. Dort gehörte sie derselben Gruppe wie Gerhard Eisler, Agnes Smedley und Richard Sorge an. Nachdem sie ihre Kinder 1939 in England untergebracht hatte, zog sie in die Schweiz, wo sie eine Organisation aufbaute, die die Gestapo die Rote Drei nannte. (Die Briten und Amerikaner sprachen vom «Lucy Ring.) Die Informationen, die dieser Ring beschaffte, gingen an die britischen, französischen und sowjetischen Spionagedienste zugleich. Während des Krieges wurde «Sonja» von der GRU (dem militärischen Nachrichtendienst) nach Großbritannien geschickt. Sie wurde die Verbindungsperson zu dem Atomspion Klaus Fuchs (den Jürgen Kuczynski rekrutiert hatte). «Sonjas» Netzwerk drang bis ins britische Kriegskabinett, die Royal Air Force und das Supreme Headquarters der Alliierten Expeditionsstreitkräfte (SHAEF) vor. Ihr Vater versorgte sie mit Geheiminformationen von hoch gestellten Persönlichkeiten wie dem Labour-Politiker Sir Stafford Cripps. Während der Kriegsjahre lebte «Sonja» auf einem Bauernhof in der Nähe von Oxford und schickte von da aus geheime Nachrichten an die Sowjets. (Teile des Funkgeräts hatte sie in den Teddybären ihrer Kinder versteckt.) «Sonja» starb hochbetagt am 7. Juli 2001 in Ost-Berlin. Siehe Williams, Klaus Fuchs, S. 50f. und Werner, Sonjas Rapport [passim].
89 Kuczynski, Memoiren, S. 257.
90 Alexander Hirschfeld war Boris' Nachfolger als Leiter der Presseabteilung in Berlin und später Erster Sekretär.
91 Williams, Klaus Fuchs, S. 49ff.

## KAPITEL 12: DIE WIDERSTANDSKÄMPFERIN

1 Zitiert in: Walter Laqueur, «Nazism and the Nazis», *Encounter.*
2 Klemperer, Die verlassenen Verschwörer, S. 10.
3 Hoffmann, Widerstand, Staatsstreich, Attentat, S. 32. «Nach einem Gestapobericht vom April 1939 gab es damals 162 734 aus politischen Gründen in Haft gehaltene ‹Schutzhäftlinge›, 27 369 politischer Vergehen Angeklagte und 112 432 wegen politischer Vergehen Verurteilte.»
4 Siehe Hoffmann, ibid.; Lamb, Der verfehlte Frieden; Deutsch, Verschwörung gegen den Krieg; Meehan, The Unnecessary War; Klemperer, Die verlassenen Verschwörer; Fest, Staatsstreich.

5 *Star*, Washington, D.C., 3. Dezember 1938.
6 Stewart Herman, Gespräch mit der Autorin.
7 J.A., Gespräch mit der Autorin.
8 Vertrauliche Notiz von George Messersmith an Hugh Wilson, 8. Juni 1938, State Department Documents RG 59, 123 H 353/216, NA.
9 Hugh Wilson an George Messersmith, 20. Juni 1938, State Department Documents RG 59, Confidential file 123 H 353/217, NA.
10 *State Department Telegram* von Ferdinand Mayer, Geschäftsträger, an den Außenminister, 13. August 1937, State Department Documents RG 59, 862.50, NA; Bericht über Spionage, 16. September 1937; Zitat aus dem *Völkischen Beobachter.*
11 George Messersmith an Herbert Feis, 4. Juni 1938, State Department Documents RG 59, 123 H 353/214, NA.
12 George Messersmith an Herbert Wilson, 8. Juni 1938, State Department Documents RG 59, Confidential file 123 H 353/216, NA.
13 Ibid.
14 Eine detaillierte Aufstellung der Tätigkeiten Arvid Harnacks im Referat für handels- und zollrechtliche Fragen im Länderreferat USA des Reichswirtschaftsministeriums in den Jahren 1935 bis 1942 befindet sich heute im Zentralen Staatsarchiv in Moskau (Sonderarchiv), Bestand Reichswirtschaftsministerium für die Jahre 1939 bis 1942 (1458-53-5), Akten des Länderreferats USA (1458-23).
15 Zitiert in: Falk Harnack, «Vom anderen Deutschland», GDW.
16 Herbert Feis an Wayne C. Taylor, Staatssekretär im Finanzministerium, 12. Mai 1938, State Department Documents RG 59, 862.5151/1884a, NA.
17 Weil die Anonymität von Heath' Informanten gewahrt worden ist, ist kaum festzustellen, welche Nachrichten von Harnack und welche aus anderen Quellen stammten, vor allem von Reichswirtschaftsminister Hjalmar Schacht (im Amt bis November 1937, dann pro forma Minister ohne Geschäftsbereich bis 1943), den Heath gewinnen konnte, sowie von Reichsbankdirektor Emil Puhl. Letzterer wird namentlich genannt, Schacht arbeitete nicht vor dem Berlinbesuch von Sumner Welles 1940 für die Amerikaner. Somit war Harnack allem Anschein nach die wichtigste Quelle in den Jahren 1938 bis 1940.
18 Botschafter Jacob Beam, ehemals Sekretär an der Berliner Botschaft unter Dodd und Wilson, bestätigte im Gespräch mit der Autorin, dass Heath der offizielle Kontaktmann für Harnack in der amerikanischen Botschaft war.
19 Siehe Heath' Bericht aus den Jahren 1939/40, State Department Documents RG 59, NA.
20 Otto Donner, Vernehmung durch Paul Katscher am 1. April 1947, Zusammenfassung Nr. 1755, RG 238, NA.
21 Heath an Morgenthau, 2. Mai 1939, Nachlass Morgenthau, Rolle 49, S. 284-288. Franklin Delano Roosevelt Library, Hyde Park.
22 Heath, Juli 1946, Sammlung Sue Heath Brown.
23 Akte Korsika, Bd. 1, S. 37. Eine Beschreibung findet sich in Zarew und Costello, Der Superagent, S. 119f.
24 Das Gewissen steht auf, S. 100.

25 Bennett, Nemesis of Power, S. 289.
26 Ian Kershaw, Hitler, 1889-1936, S. 659f.
27 Bethge, Dietrich Bonhoeffer, S. 703.
28 Klemperer, Die verlassenen Verschwörer, S. 97.
29 Greta Kuckhoff, «Vom Rosenkranz zur Roten Kapelle», in *Aufbau* Jg. 4, S. 32: «Von uns wünschte keiner einen Krieg. Wir waren nicht der Meinung, dass er die einzige Chance sei, Deutschland von der Terrorherrschaft zu befreien. Jeder, dem es um das wirkliche Wohl des eigenen und der andern Völker ging, musste den Krieg ablehnen oder höchstens als letzten Ausweg sehen. Uns schien es vielmehr notwendig, dass die großen Mächte den allerersten Versuchen Hitlers, seine Großraumpolitik vorzubereiten, energisch Halt geboten. Die Festigkeit ihrer Haltung hätte den Widerstandskämpfern innerhalb Deutschlands die Kraft gegeben, den klar als richtig erkannten Weg weiterzugehen und trotz der hohen, nicht vermeidbaren Opfer die Arbeit der verschiedenen Gegnergruppen zu koordinieren.»
30 Vernehmung von Otto Donner, Zusammenfassung Nr. 1755, S. 12, RG 238, NA.
31 Korsika-Akte, Bd. 1, S. 109, zitiert in: Zarew und Costello, Der Superagent, S. 123. Die Behauptung, der Harnack-Gruppe hätten sechzig Leute angehört, ist wohl übertrieben. Denn viele, die mit den Harnacks gesellschaftlich verkehrten und gegen den Nationalsozialismus eingestellt waren, teilten ihre politischen Ansichten nicht. Zu Harnacks Quellen zählten Akademiker – etwa Otto Donner und Egmont Zechlin, die beide keine Kommunisten waren – sowie auch einige frühere Schüler Mildred Harnacks, etwa Karl Behrens, Bodo Schlösinger und Paul Thomas. Während der NKWD ein Spionage-Netzwerk anstrebte, ging es Harnack um Regimegegner, die in einer Ära nach Hitler Führungspositionen übernehmen konnten. Viele der Quellen Harnacks waren eben Quellen und sonst nichts. Sie hatten mit dem kommunistischen Spionageapparat nichts zu tun.
32 Ibid.
33 Greta Kuckhoff, Lüneberg, VIII, S. 131. In ihrem Interview mit Lev Besymenski hat Frau Kuckhoff gesagt, sie habe das Ereignis in ihren bisherigen Stellungnahmen irrtümlich um ein halbes Jahr vorverlegt, der gesellschaftliche Kontakt habe 1940 begonnen. Nachlass Greta Kuckhoff, Gespräch mit Besymenski, S. 20, GDW.
34 Greta Kuckhoff, «Vom Rosenkranz zur Roten Kapelle», S. 231.
35 Ibid., S. 232.
36 Rudolf Behse, Gespräch mit David Dallin, 10. Februar 1953, S. 242, Archiv Dallin, NYPL, Ms Division.
37 Malek-Kohler, Im Windschatten des Dritten Reichs, S. 159.
38 Greta Kuckhoff, Vom Rosenkranz zur Roten Kapelle, S. 230; Malek-Kohler, ibid., S. 183.
39 Zu Libertas Schulze-Boysen, geborene Haas-Heye, siehe Coppi, Harro Schulze-Boysen, S. 150-161.
40 Griebel, Coburger und Scheel, Erfasst? Das Gestapo-Album, S. 66.
41 Johannes Haas-Heye, Gespräch mit der Autorin.
42 Höhne, Kennwort: Direktor, S. 138.
43 Harro Schulze-Boysen an seine Eltern, 26. Januar 1936; zitiert in: Coppi, Harro Schulze-Boysen, S. 156.

44 Libertas Schulze-Boysen an ihre Eltern, 29. April 1936; zitiert in: Coppi, ibid., S. 157.
45 Harro Schulze-Boysen an seine Eltern, 17. Oktober 1937; zitiert in: Coppi, ibid., S. 161.
46 Libertas Schulze-Boysen an ihre Eltern, Januar 1936, zitiert in: Coppi, ibid., S. 156.
47 Libertas Schulze-Boysen an die Reichsleitung der NSDAP, München, 17. Januar 1937, zitiert in: Coppi, Harro und Libertas Schulze-Boysen, in: Coppi, Danyel und Tuchel (Hg.), Die Rote Kapelle, S. 193 und S. 203 [Anm. 13].
48 Griebel, Coburger und Scheel, Erfasst?, Das Gestapo-Album, S. 303.
49 Marie-Luise Schulze, Aussage vom 5. Dezember 1948, Lüneburg, zitiert in: Dallin, Sowjet-Spionage, S. 283.
50 Harro Schulze-Boysen an Claude Chevalley, 24. August 1935; zitiert in: Coppi, Harro Schulze-Boysen, S. 179.
51 Harro Schulze-Boysen an seine Eltern, 12. April 1934; zitiert in: ibid., S. 142.
52 Irving, Die Tragödie der deutschen Luftwaffe, S. 246.
53 Günther Weisenborn, zitiert in: Griebel, Coburger und Scheel, Erfasst?, Das Gestapo-Album, S. 278.
54 Alexander Kraell, 6. August 1948, zitiert in: Dallin, Sowjet-Spionage, S. 283.
55 Dulles, Verschwörung in Deutschland, S. 129.
56 Niekisch, Gewagtes Leben: Erinnerungen eines deutschen Revolutionärs, Bd. 1, S. 356.
57 Harro Schulze-Boysen an seine Eltern, 24. Februar 1937; zitiert in: Coppi, Harro Schulze-Boysen, S. 183.
58 Weisenborn, Die Illegalen, S. 276.
59 Dissel, «Harro Schulze-Boysen: Freier, streitbarer Geist», *Junge Welt*, 2.-3. September 1989; zitiert in: Coppi, Harro Schulze-Boysen, S. 184.
60 Perrault, Auf den Spuren der Roten Kapelle, S. 214.
61 Buschmann, «De la résistance au defaitisme», *Les Temps Modernes 46-67* (1949); Hohne, Kennwort: Direktor, S. 172 nennt als Quelle nur «Mitteilung Buschmann» ohne zeitliche Angabe (ibid., Anm. 355, S. 307); der Begriff Beat taucht nicht vor Anfang der sechziger Jahre auf.
62 Weisenborn, Memorial, S. 13; Höhne, ibid., S. 142.
63 Ibid., S. 140f.
64 Ibid., S. 141.
65 Elfriede Paul, Gespräch mit Hanna Elling, Frauen im deutschen Widerstand, 1933-1945, S. 140ff.
66 Andreas-Friedrich, Der Schattenmann, S. 7.
67 Coppi, Harro Schulze-Boysen, S. 185.
68 Griebel, Coburger und Scheel, Erfasst?, Das Gestapo-Album, S. 66.
69 Die biografischen Daten der hier genannten Personen entstammen dem bereits öfter zitierten Werk «Erfasst?».
70 Wilhelm Utech, Protokoll, Sammlung Rote Kapelle, GDW.
71 Clara Behrens, Protokoll, Februar 1969, Sammlung Rote Kapelle, GDW.
72 Akte Korse, Nr. 34118, Bd. 1, S. 57–61; zitiert in: Zarev und Costello, Der Superagent, S. 121f.
73 Kuckhoff, Rote Kapelle, *Aufbau* Jg. 4, S. 34.

74 Utech, Protokoll (Dezember 1968), Sammlung Rote Kapelle, AST/RK 43/109, Bl. 7-10, GDW.
75 Ibid.
76 Behrens, Protokoll, Februar 1969, Sammlung Rote Kapelle, GDW.
77 Zu den Vorgehensweisen der Gestapo siehe Merson, Communist Resistance in Nazi Germany, S. 52ff.
78 Utech, Protokoll, Februar 1969, Sammlung Rote Kapelle, GDW.
79 Wolfgang Havemann, «Erinnerungen an Mildred und Arvid Harnack», März 1986, SLD; und «Erinnerungen an Arvid Harnack» (1931-1942), Sammlung Rote Kapelle, GDW.
80 Während seines Aufenthalts in Sachsenhausen kam beispielsweise Wilhelm Guddorf in Kontakt mit dem Hamburger Widerstandskreis um Robert Abshagen und Bernhard Bästlein.
81 Buschmann, «De la résistance au defaitisme», *Les Temps Modernes, 46-67* (1949), S. 265.
82 *Der Spiegel*, «Spionage: Das Geheimnis der V-Stoffe», 24 (1978): S. 90ff.
83 Paul, Ein Sprechzimmer der Roten Kapelle, S. 115-118.
84 Griebel, Coburger und Scheel, Erfasst?, Das Gestapo-Album, S. 166.
85 Behrens, Protokoll, Ast/RK 38, GDW.
86 Tau, Ein Flüchtling findet sein Land, S. 175; Auf dem Weg zur Versöhnung, S. 84.
87 Akte Korse, Bd. 1, S. 72. In den Akten des KGB wird diese Person Matulski genannt. Hier handelte es sich angeblich um ein Mitglied des Bundes der Geistesarbeiter (BGA) und der KPD, mit Hilfe der Frau von «Balte» (Harnacks Deckname beim NKWD) erhielt er ein Visum für die Vereinigten Staaten und konnte Deutschland in aller Stille verlassen. Unter dem Namen Arnold Motulski, den er in den Vereinigten Staaten trug, taucht er in den FBI-Akten über die Harnacks auf.
88 Wollheim, Gießen zu Beginn der dreißiger Jahre, GU.
89 Bonnie Kime Scott, Selected Letters of Rebecca West, S. 39Sf. West schrieb zu dieser Zeit an «The New Meaning of Treason». Siehe auch Dulles, «The Craft of Intelligence», S. 109f.
90 Poelchau, Die letzten Stunden, S. 69.
91 Bonnie Kime Scott, Selected Letters of Rebecca West, S. 395f. West schrieb zu dieser Zeit an «The New Meaning of Treason». Siehe auch Dulles, «The Craft of Intelligence», S. 109f.
92 Clara Leiser an William Ellery Leonard, 1. Februar 1939, Nachlass Leiser.
93 Greta Kuckhoff, «Und ich habe Deutschland so geliebt, Ein Stück Wirklichkeit mehr», S. 43.
94 Greta Kuckhoff, Vom Rosenkranz zur Roten Kapelle, S. 201f.
95 Mildred Harnack-Fish an Clara Harnack, November 1937, Nachlass Falk Harnack, GDW.
96 Otto Donner an Harriette Esch, 5. September 1945, Akten der Kommission zur Untersuchung von Kriegsverbrechen über Mildred Harnack, 12-2018, NA.
97 Mildred Harnack-Fish, «Durch Norge», S. 28; Original im Harnack-Archiv, HU.
98 Harro Schulze-Boysen an seine Mutter, 11. Oktober 1938, zitiert in: Höhne, Kennwort: Direktor, S. 140. Der Brief befindet sich im IfZ München, ED 335/2; vgl. Coppi, Harro Schulze-Boysen, S. 189.

99 Heath an Morgenthau, 2. Mai 1939, Rolle 49, S. 284–288, Morgenthau-Tagebuch, Franklin Delano Roosevelt Library, Hyde Park.
100 Ibid.
101 F. Taylor Ostrander im Gespräch mit der Autorin im August 2002 und Gedächtnisprotokoll vom 31. 7. 2002.
102 Harriette Esch an Clara Leiser, 12. 2. 1947, Nachlass Leiser.
103 Kuckhoff, Vom Rosenkranz zur Roten Kapelle, S. 243.
104 Utech-Protokoll, GDW.
105 Shirer, Das Jahrzehnt des Unheils, S. 322.
106 Malek-Kohler, op. cit., S. 180ff.
107 Buschmann, zitiert in Perrault, Auf den Spuren der Roten Kapelle, S. 220.
108 Elsa Boysen, Harro Schulze-Boysen, S. 17.
109 Wolkogonow, Stalin, S. 459/460.
110 Höhne, ibid., S. 10 und 67; Trepper, «Die Wahrheit», S. 77.
111 Kent-Protokoll, Archiv Russischer Auslandsnachrichtendienst.

## KAPITEL 13: EINE SPIONIN?

1 Arvid Harnack an Clara Harnack, 7. Januar 1940, Nachlass Falk Harnack, GDW.
2 Bethge, «Bonhoeffers Familie», S. 3.
3 Falk Harnack, Gespräch mit der Autorin. Eine andere Verwandte berichtet: Sogleich nach ihrer Verhaftung wurde Clara Harnack einem Richter vorgeführt, der sie fragte, ob sie Hitler wirklich einen «Scheißkerl» genannt habe. Ihre Antwort lautete: «Eine Frau wie ich benutzt solch ein Wort nicht.»
4 Stewart Herman, Gespräch mit der Autorin.
5 Von dem Werk ist nur Mildred Harnacks Dissertation erhalten geblieben. Sie enthält fünf Kapitel, die jeweils Sherwood Anderson, Thornton Wilder, Thomas Wolfe, William Faulkner und Theodore Dreiser gewidmet sind, einen Überblick über die amerikanische Literatur und einen Schlussteil. Auf Vorschlag ihres Doktorvaters wurden zwei Kapitel über Dreiser und Sandburg nicht aufgenommen; beide Schriftsteller waren wegen ihrer Beziehungen zur internationalen Linken zu kontrovers.
Mildred Harnack-Fish, Variationen über das Thema Amerika, S. 52-143 und S. 155-205.
6 Akte Harnack, Archiv der Guggenheim Foundation.
7 Notiz von John V. van Sickle, 30. November 1937, RG (allgemeine Korrespondenz) Akte Harnack, Archiv der Rockefeller Foundation.
8 Clara Harnack an Ricarda Huch, 31. Juli 1946, IfZ, München.
9 Falk Harnack, Gespräch mit der Autorin. Die Fahrkarte ist in dem letzten Bestandverzeichnis der Besitztümer Mildreds aufgeführt, das unmittelbar vor ihrem Tode aufgestellt wurde.
10 Der niederländische General Hendrik G. Winkelmann nannte Oster einen «erbärmlichen Kerl», zitiert in: Klemperer, Die verlassenen Verschwörer, S. 15.
11 Graml, «Der Fall Oster», *Vierteljahreshefte für Zeitgeschichte* 14, 1966, S. 39.
12 Bethge, Dietrich Bonhoeffer, S. 759.

13 Sie schrieb: «Ja, Goethe schlief hier, wo ich schlafe. – Das macht ihn mir sehr menschlich und zeigt mir auch, wie große Fähigkeiten, obwohl nicht voll entwickelt, jeder Mensch hat, der sich nachts zur Ruhe legt.» Mildred Harnack an Clara Harnack, 17. September 1940, GDW.
14 Zarew und Costello, Der Superagent, S. 121f.
15 Ibid., S. 120f. Fünf Geheimdienstagenten waren zurückbeordert und wegen angeblichen Verrats hingerichtet worden.
16 Zarew und Costello, Der Superagent, S. 122.
17 Das Feldurteil gegen Harnack beziffert den Betrag, den Erdberg kurz vor dem Angriff auf die Sowjetunion gezahlt habe, mit «8000 RM Geld»; Haase, Reichskriegsgericht, S. 109. In der Akte Korsika, Bd. 1, S. 194, heißt es, Korotkow habe Elisabeth Schumacher am 24. Juni zwanzigtausend Mark für die Gruppe gegeben; Akte Korse, Bd. 1, S. 194, RFIS.
18 Haase, Reichskriegsgericht, S. 109. 1993 veröffentlichte Norbert Haase einige Feldurteile gegen einige Mitglieder der Roten Kapelle: Haase, Reichskriegsgericht, S. 103-121. Haases Forschungen zur Praxis des Reichskriegsgerichts stützen sich auf neue Aktenfunde Anfang der neunziger Jahre in ostdeutschen Archiven und im Archiv des Militärhistorischen Instituts der damaligen Tschechoslowakischen Armee in Prag.
19 Hans-Jürgen Finck, Gespräch mit David Dallin, in: Dallin, Dokumente, NYPL, S. 180. Staatsanwalt Finck war nach dem Krieg Ankläger im Strafverfahren gegen Manfred Roeder. Er teilte Dallin mit: «Zuerst gab es Gespräche über das Thema Antifaschismus. Aber als sich beispielsweise Harnack weigerte, Spionage zu betreiben, und nur zur Widerstandsarbeit bereit war, bekam er von den Sowjets zu hören: ‹Die Gestapo wird sich sehr dafür interessieren.›»
20 Zitiert in: Epstein, Deception, The Invisible War between the KGB and the CIA, S. 88.
21 Erklärung von Eugen Schmitt, Lüneburg, Bd. 3, S. 510.
22 Akte Korse, Bd. 1, S. 112.
23 Ibid.
24 Ibid., S. 115. Siehe auch Korotkows schriftlicher Bericht über sein Treffen mit Harnack am 17. Januar 1941.
25 Zarew und Costello, Der Superagent, S. 123f.
26 Major Remer, Kommandeur des Wachbataillons Berlin, stellte sich am 20. Juli 1944 gegen den mitverschworenen Berliner Stadtkommandanten Paul von Hase und schlug sich auf die Seite der Machthaber. Steinbach, Widerstandsforschung im politischen Spannungsfeld, in: Widerstand gegen den Nationalsozialismus, S. 599f.
27 Ibid., S. 601f.
28 Klemperer, Die verlassenen Verschwörer, S. 74.
29 Höhne, Kennwort: Direktor, S. 278f.
30 Ibid., S. 279.
31 Falk Harnack, Gespräch mit der Autorin.
32 Zechlin, «Erinnerung an Arvid und Mildred Harnack», in: *Geschichte in Wissenschaft und Unterricht*, S. 400.
33 Der Kollege war Albrecht Haushofer, der später zum Kreis der Verschwörer des 20. Juli 1944 zählte; Hildebrandt, «Wir sind die Letzten», S. 150. Harnack und Schulze-Boysen waren von Ernst Niekisch und seiner Vorstellung

vom «Nationalbolschewismus» beeinflusst, der eine Brücke zwischen dem radikalen Sozialismus der Kommunisten und dem deutschen Nationalismus bilden sollte.

34 Zechlin, «Erinnerung an Arvid und Mildred Harnack», S. 400.
35 David Dallin, Gespräch mit Adolf Grimme, Notebook, 2, S. 170, Dallin-Dokumente, Ms. Division, NYPL.
36 Zarew und Costello, Der Superagent, S. 124.
37 Wolfgang Havemann, Gespräch mit der Autorin.
38 «Einige Stichpunkte über Arvid Harnacks Leben entsprechend einem Gespräch mit Falk», Nachlass Greta Kuckhoff, Bundesarchiv, Berlin. Zusätzliche Informationen lieferte ein Gespräch der Autorin mit Falk Harnack.
39 Arvid Harnack an Clara Harnack, 12. Oktober 1940, Archiv Falk Harnack, GDW.
40 Mildred Harnack-Fish an die Familie, Oktober 1940.
41 Diese Denkschrift ist nach den Feststellungen der Autorin verschollen.
42 Akte Korse, Bd. 1, S. 99.
43 Akte Korse, Bd. 1, S. 75.
44 Akte Korse, Bd. 1, S. 115f.
45 Akte Korse, Bd. 1, S. 108ff.
46 Akte Korse, Bd. 1, S. 73ff.
47 Brief von Georg Lukács an Renate Dörner, Nachlass Harnack, HU; Akte Korse, Bd. 1, S. 74. Siehe auch Brief von Georgi Dimitrow an P.N. Fitin, 12. April 1941 (495-74-27), Nachlass Dimitrow, Kominternarchiv.
48 Nach Donald Heath hatte Mildred Harnack der Familie Heath den Rat gegeben, eine Anzeige in die Zeitung zu setzen. Darauf habe sich Paul Thomas gemeldet. Heath junior und Thomas unternahmen lange gemeinsame Wanderungen. Dabei diskutierten sie über Dos Passos und Knut Hamsun, Karl Liebknecht und Rosa Luxemburg.
49 Korotkows Bericht über ein Treffen mit Karl Behrens Mitte April 1941 ist auf Russisch zitiert in: Petscherski MS, S. 145-156, Archiv Rote Kapelle, GDW. Das Original befindet sich im RFIS-Archiv, Moskau.
50 Zu den Informanten: Zarew und Costello, Der Superagent, S. 119 und Chawkin, Coppi und Zorja, Russische Quellen zur Roten Kapelle, in: Rote Kapelle, hrsg. von Coppi, Danyel und Tuchel, S. 115ff.
51 Akte Korse, Bd. 1, S. 93ff., 97 und 113.
52 Befragung von Otto Donner, 1. April 1947, durch Paul Katscher: Zusammenfassung Nr. 1755, RG 238, NA.
53 Akte Korse, Bd. 1, S. 109f.
54 Protokoll Wilhelm Utech, Dezember 1986, S. 16, AST/RK 43, GDW.
55 Akte Korse, Bd. 1, S. 206.
56 Ibid., S. 217.
57 Ibid., S. 206. Zwei Vorwürfe wurden gegen die Rote Kapelle erhoben: Sie habe ihre Aktivitäten – wie es auch viele andere kommunistische Gruppen taten – zwischen September 1939 und Mai 1941 eingestellt, und sie habe nicht mit dem Westen zusammengearbeitet. Beide Vorwürfe sind nicht gerechtfertigt.
58 Ibid., Bd. 1, S. 217.
59 Ibid., S. 221.

60 Chawkin, Coppi und Zorja, Russische Quellen zur Roten Kapelle, in: Rote Kapelle, hrsg. von Coppi, Danyel und Tuchel, S. 126.
61 Greta Kuckhoff, Gespräch mit Biernat, S. 267/2, Ast/RK 40, GDW.
62 CIA, «Rote Kapelle», Bd. 1, S. 242, NA.
63 Befragung von Otto Donner, 1. April 1947, durch Paul Katscher: Zusammenfassung Nr. 1755, RG 238, NA.
64 Befragung von Otto Donner. Donner zitiert bei seiner Vernehmung als Beweis ein Buch von Sumner Welles, dem Unterstaatssekretär im Außenministerium, The Time for Decision. Dort heißt es: «Welles berichtet über die sensationellen Auswirkungen der Nachrichten, die Ende 1940/Anfang 1941 im State Department hinsichtlich eines bevorstehenden Angriffs Hitlers auf Russland eingingen; er erörtert, wie der russische Botschafter in Washington schnellstens zu informieren sei.» In den NKWD-Akten wird erwähnt, dass diese Information Anfang Februar 1941 von Donner einging; siehe Chawkin, Coppi und Zorja, Russische Quellen zur Roten Kapelle, in: Rote Kapelle, hrsg. von Coppi, Danyel und Tuchel, S. 113.
65 Akte Korse, Nr. 34118, Bd. 1, S. 107, Funkspruch aus Berlin vom 20. Januar 1941.
66 Bericht von Korotkow an den sowjetischen Auslandsnachrichtendienst im NKWD, 9. März 1941; Akte Korse, Nr. 34118, Bd. 2, S. 24f.; zitiert in: Chawkin, Coppi und Zorja, Russische Quellen zur Roten Kapelle, in: Rote Kapelle, hrsg. von Coppi, Danyel und Tuchel, S. 114.
67 Ibid., Bd. 2, S. 23, zitiert in: Zarew und Costello, Der Superagent, S. 128.
68 Ibid., Bd. 2, S. 20ff., zitiert in: ibid., S. 130.
69 Ibid., Bd. 2, S. 23, zitiert in: Chawkin, Coppi und Zorja, Russische Quellen zur Roten Kapelle, in: Rote Kapelle, hrsg. von Coppi, Danyel und Tuchel, S. 113.
70 Ibid., Bd. 2, S. 32, zitiert in: ibid., S. 123.
71 Bericht Anfang April von Korotkow, zitiert in: Coppi, ibid., S. 123. Diese am 10. April 1941 aus Berlin eingetroffene Nachricht übermittelte der Volkskommissar für Staatssicherheit, Wsewolod Merkulow, an Stalin, Wjatscheslaw Molotow, Semjon Timoschenko und Lawrentij Berija.
72 Akte Korse, Bd. 1, S. 183f.; zitiert in: Zarew und Costello, Der Superagent, S. 132.
73 Akte Korse, Bd. 2, S. 31f. Siehe Zarew und Costello, ibid., S. 132.
74 Ibid., Bd. 2, S. 33; zitiert in: Chawkin, Coppi und Zorja, Russische Quellen zur Roten Kapelle, in: Rote Kapelle, hrsg. von Coppi, Danyel und Tuchel, S. 136.
75 Zitiert in: Gorodetsky, Die große Täuschung, S. 379.
76 Akte Korse, Bd. 1, S. 223; zitiert in: Zarew und Costello, Der Superagent, S. 132.
77 Der volle Text findet sich in *Iswestija*, Organ des Zentralkomitees der KPdSU, April 1990, zitiert in: Zarew und Costello, ibid., S. 132.
78 Gorodetsky, Die große Täuschung, S. 380.
79 Dimitrow-Tagebuch, 20. Februar 1941, zitiert in: ibid., S. 84.
80 Whaley, Codeword Barbarossa, schätzt (1973), dass Stalin mindestens 48 Warnungen erhalten habe. Andrew und Mitrochin, Das Schwarzbuch des KGB, S. 138, schreiben: «Spätere KGB-Historiker zählten über hundert Warnungen vor den deutschen Angriffsvorbereitungen, die Fitin zwischen dem 1. Januar und dem 21. Juni an Stalin weiterleitete.»

81 Gorodetsky, Die große Täuschung, S. 240.
82 Ibid., S. 236.
83 Ibid., S. 245.
84 Andrew und Gordiewsky, KGB, S. 332.
85 Tchernjawski, Geheimdienste, in: *Neue Zeit* 33 (1991), S. 15-16.
86 Orlov, Handbook of Intelligence and Guerilla Warfare, S. 10.
87 Nekritsch und Grigorenko, Genickschuss. Die Rote Armee am 22. Juni 1941, S. 190.
88 Trepper, Die Wahrheit, S. 102.
89 Ibid.
90 Beide Zitate ibid., S. 102 und 103.
91 Andrew und Gordiewsky, KGB, S. 337; und Gorodetsky, Die große Täuschung, S. 238 und 380.
92 Andrew und Gordiewsky, ibid.
93 Dallin, Die Sowjetspionage, S. 161.
94 Gorodetsky, Die große Täuschung, S. 82f.
95 Read und Fischer, The Deadly Embrace, S. 595.
96 Andrew und Mitrochin, Das Schwarzbuch des KGB, S. 439f. Siehe auch Gorodetsky, Die große Täuschung, S. 280f. und S. 469: «Für eine solche Aussage gibt es allerdings weder im Wortlaut noch in den nachfolgenden beiden Unterredungen [Schulenburgs und Dekanosows] irgendwelche Anzeichen.»
97 Akte Korse, Bd. 2, S. 29; zitiert in: Zarew und Costello, Der Superagent, S. 135.
98 Ibid., S. 135f.
99 Befehl des NKWD an Korotkow, 5. April 1941. Akte Korse, Bd. 1, S. 223; zitiert in: Chawkin, Coppi und Zorja, Russische Quellen zur Roten Kapelle, in: Rote Kapelle, hrsg. von Coppi, Danyel und Tuchel, S. 125f.
100 Gorodetsky, Die große Täuschung, S. 357f.
101 Akte Korse, Bd. 2, S. 23.
102 Ibid., Bd. 1, S. 97f.
103 Schulze-Boysen und Harnack führten einige Gespräche mit Leuten aus dem Kreis der Widerstandskämpfer des 20. Juli. In Harnacks FBI-Akte heißt es, dass es «direkte Kontakte mit den Leuten des 20. Juli gab». Wir haben Harnacks familiäre Beziehungen zu Klaus Bonhoeffer und Ernst von Harnack, die zum Kreis um Julius Leber zählten, bereits erwähnt. Zechlin hat ihn mit Albrecht Haushofer sowie den Diplomaten Adam von Trott zu Solz und Hasso von Etzdorf zusammengebracht. Siehe Scheel, «Die ‹Rote Kapelle› und der 20. Juli 1944», *Zeitschrift für Geschichtswissenschaft*, 33, 1985, S. 325-337; Hildebrandt, Wir sind die Letzten, S. 142-156.
104 Akte Korse, Bd. 2, S. 23.
105 Ibid., zitiert in: Chawkin, Coppi und Zorja, Russische Quellen zur Roten Kapelle, in: Rote Kapelle, hrsg. von Coppi, Danyel und Tuchel, S. 114.
106 Akte Korse, Bd. 2, S. 29; zitiert in: ibid., S. 126.
107 Ibid., S. 130.
108 Read und Fisher, ibid., S. 578.
109 Beevor, Stalingrad, S. 22.
110 Akte Korse, Bd. 1, S. 393.
111 Ibid., S. 116.

112 Kuckhoff, Gespräch mit Biernat, S. 93.
113 Akte Korse, Bd. 1, S. 249; Chawkin, Coppi und Zorja, Russische Quellen zur Roten Kapelle, in: Rote Kapelle, hrsg. von Coppi, Danyel und Tuchel, S. 126.
114 Akte Korse, Bd. 1, S. 385.
115 Ibid., Bd. 2, S. 17; Chawkin, Coppi und Zorja, Russische Quellen zur Roten Kapelle, in: Rote Kapelle, hrsg. von Coppi, Danyel und Tuchel, S. 126.
116 Ibid., Bd. 1, S. 345.
117 Chawkin, Coppi und Zorja, Russische Quellen zur Roten Kapelle, in: Rote Kapelle, hrsg. von Coppi, Danyel und Tuchel, S. 133.
118 Ibid., S. 135.
119 Ibid.
120 Radó, Dora meldet, S. 453.
121 Greta Kuckhoff hat den Vorfall mehrmals in unterschiedlichen Versionen geschildert, so in: «Vom Rosenkranz zur Roten Kapelle», Ausgabe von 1972, S. 279-282.
122 Kuckhoff-Brief, Lüneburg, Bd. 8, S. 132.
123 Greta Kuckhoff, Vom Rosenkranz zur Roten Kapelle, S. 283f.; Höhne, Kennwort: Direktor, S. 158.
124 Dallin, Die Sowjetspionage, S. 163f.; Bereshkow, Erlebte Geschichte, S. 75f.
125 Andrew und Mitrochin, Das Schwarzbuch des KGB, S. 140.
126 Whaley, Codeword Barbarossa, S. 20ff.
127 Akhmedov, In and Out of Stalin's GRU: A Tartar's Escape from Red Army Intelligence, S. 146ff.; Stalin and His Generals, hrsg. von Bialer, S. 214ff.
128 Stalin and His Generals, hrsg. von Bialer, S. 583, Anm. 40.
129 Bereshkow, Erlebte Geschichte, S. 91-96.
130 Kuckhoff, Gespräch mit Biernat, AST/RK 40, S. 93, Sammlung Rote Kapelle, GDW.
131 Chawkin, Coppi und Zorja, Russische Quellen zur Roten Kapelle, in: Rote Kapelle, hrsg. von Coppi, Danyel und Tuchel, S. 137.
132 Chawkin, Coppi und Zorja, Russische Quellen zur Roten Kapelle, in: Rote Kapelle, hrsg. von Coppi, Danyel und Tuchel, S. 135. In einer handschriftlichen Notiz vom 2. Februar 1942 heißt es: «Das Buch ‹Kurier nach Spanien› befindet sich nicht im Vorgang ‹Hans›. Ob es von der Berliner Residentur erhalten wurde, ist ungewiss.»
133 Chawkin, Coppi und Zorja, Russische Quellen zur Roten Kapelle, in: Rote Kapelle, hrsg. von Coppi, Danyel und Tuchel, S. 137; Schulze-Boysen, Dieser Tod passt zu mir, hrsg. von Coppi und Andresen, S. 336/37. Alle Angaben über weitere Funksprüche der Berliner Widerstandskreise Rote Kapelle sind quellenmäßig nicht nachweisbar. Coppi und Danyel, Abschied von den Feindbildern, in: Eva-Maria Buch und die «Rote Kapelle», S. 156.
134 Bericht von Alexander Kraell, Lüneburg, 6. August 1948, Bd. 3, S. 382, zitiert in: Höhne, Kennwort: Direktor, S. 159.

1 Diesen Funkspruch erwähnt erstmals Wilhelm Flicke in: «Spionagegruppe Rote Kapelle», S. 8/9; Heinz Höhne, «Kennwort: Direktor», S. 92. Der Funkspruch konnte bisher in keinem Archiv nachgewiesen werden (Coppi und Danyel, «Abschied von den Feindbildern», in: Eva-Maria Buch und die «Rote Kapelle», S. 156/157).

2 Flicke, Kriegsgeheimnisse im Äther, übersetzt als «War Secrets in the Ether», SRH-002 AFSA-14; unveröffentlichte Fassung in: NA (RG 319, ZA 020253).

3 Heinz Höhne, Kennwort: Direktor, S. 11, behauptet, das Wort ‹Kapelle› gehöre «zum Vokabular der Abwehr». Walter Schellenberg, SS-Brigadeführer im Reichssicherheitshauptamt, schreibt: «Wir gaben diesem Ring damals den Namen ‹Rote Kapelle›»; Schellenberg, Aufzeichnungen, S. 248. In der Nachkriegszeit wurde Rote Kapelle zu einem Synonym für sowjetische Spionage.

4 Gestapo-Abschlussbericht, S. 3 (RG 319, ZA 020253), NA; zu dem Bericht vgl. Tuchel, Johannes, Die Gestapo-Sonderkommission «Rote Kapelle», in: Rote Kapelle, hrsg. von Coppi, Danyel und Tuchel, S. 151/52; ferner ders., «Die Rote Kapelle im Widerstand», in: Eva-Maria Buch und die «Rote Kapelle», S. 144/145; und Sahm, «Rudolf von Feheliha», S. 304–311. Die Angaben über die Anzahl der Funksprüche der Roten Kapelle aus Westeuropa, die bisher in keinem Archiv nachgewiesen werden konnten, schwanken stark (Coppi und Danyel, «Abschied von den Feindbildern», in: Eva-Maria Buch und die «Rote Kapelle», S. 65 und 156/157). Nach Dallin, Die Sowjetspionage, S. 296, habe man im Dezember 1941 bei Mitgliedern des sowjetischen Nachrichtendienstapparates in Brüssel 120 verschlüsselte Texte gefunden.

5 Gespräch des sowjetischen Schriftstellers Lew Besymenski mit Greta Kuckhoff, S. 22 (Ast/RK35), GDW. Vergleiche auch ihr Gespräch mit Biernat, S. 39, 93, GDW.

6 Gestapo-Abschlussbericht, S. 35 (RG 319 ZA 020253).

7 Ibid., S. 36; Coppi, Junge Welt, 22. Dezember 1967.

8 Kahn, The Codebreakers, S. 660.

9 Für Funkmeldungen aus Berlin gibt es keine Belege. Höhne, der sich auf ein Exemplar des damals so genannten Gestapo-Abschlussberichtes zweifelhafter Echtheit (siehe Anm. 4) stützt, sagt, zwischen dem 14. Juni 1941 und dem 30. August 1942 habe die Gruppe 500 Funksprüche nach Moskau geschickt, die vor allem militärische Informationen enthielten (Höhne, Kennwort: Direktor, S. 271).
Grund für die Diskrepanz zwischen der Zahl der Nachrichten, von der in den Archiven des KGB und in jenen der Gestapo die Rede ist, kann sein, dass sich der sowjetische militärische Nachrichtendienst mit der zusammenbrechenden Front zurückzog; daher erreichten die Mitteilungen zwar die deutsche Funkabwehr, nicht aber die auf dem Rückmarsch befindlichen Russen.

10 Blank und Mader, Rote Kapelle gegen Hitler, S. 207; Gespräch von Greta Kuckhoff mit Biernat, S. 28ff.

11 Blank und Mader, ibid., S. 208. Das Hin und Her mit den Berliner Funkgeräten beruht auf nicht belegbaren Erzählungen der Nachkriegszeit.

12 Biernat, Interview mit Greta Kuckhoff (Sammlung Rote Kapelle, Ast/RK 40, GDW), S. 103; Kuckhoff berichtet Biernat: «Aber über Arvid weiß ich durch Mildred, aber auch durch ihn selbst, dass er es für richtig hielt, Technik und Inhalt des zu Übersendenden radikal voneinander zu trennen, um möglichst wenig Belastendes für den Partner und überhaupt für die Gruppe zu bieten. Er hat während der letzten Monate, soviel ich weiß, Tag und Nacht gearbeitet und war auch außerordentlich bis zu nervöser Erschöpfung belastet.»

13 Griebel, Coburger und Scheel, Erfasst?, Das Gestapo-Album, S. 136.

14 Dieses System war im Zweiten Weltkrieg bei den sowjetischen Nachrichtendiensten üblich. Ich habe David Kahn zu danken, dass er es mir erklärt hat.

15 In ihrem Gespräch mit Besymenski (S. 29) berichtete Greta Kuckhoff, die Gruppe habe den Angriffsbefehl und eine Liste der etwa ein Dutzend Orte, die zuerst angegriffen werden sollten, im Juni an Korotkow gegeben. Biernat, Interview mit Greta Kuckhoff (Sammlung Rote Kapelle, Ast/RK 40, GDW), S. 42; Kuckhoff berichtet Biernat: «Harro hatte Kenntnis von dem Aufmarschplan und Arvid von der Lieferung der Versorgungsgüter.» An anderer Stelle (S. 90) sagt sie: «Als wir dann später auf unserer großen Landkarte feststellten, dass in all den genannten Orten von Verteidigungskraft wenig zu merken war, haben Arvid, Harro und Adam in meinem Dabeisein damit zusammenhängende Zweifelsfragen geäußert, geprüft, verworfen und doch weiter darüber gegrübelt.» In diesem zweiten Interview berichtet Frau Kuckhoff, dass Libertas und Adam zu den Treffen gegangen seien (S. 91): «Es mussten jedoch zwei gehen, um möglichst nichts zu vergessen, aber vor allem, weil ein Paar weniger auffiel als ein Einzelner.»

16 Viele Angehörige der Gruppe um Rittmeister waren ehemalige Schüler der Heilschen Abendschule, die Eva Knieper besucht hatte.

17 Das Flugblatt ist publiziert in: Scheel, Heinrich, Rote Kapelle und 20. Juli 1944, in: *Zeitschrift für Geschichtswissenschaft* 33, 1985, S. 328-337; und in: Widerstand in Deutschland, hrsg. von Steinbach und Tuchel, S. 267-275. Ein Faksimile des Flugblattes liegt in der Gedenkstätte Deutscher Widerstand aus. Der Gestapo gelang es schließlich, 288 Exemplare der Schrift einzusammeln. Neben John Rittmeister und Schulze-Boysen waren Johannes Graudenz, Helmut Himpel und Maria Terweil an der Aktion beteiligt. Schulze-Boysen, Dieser Tod passt zu mir, hrsg. von Coppi und Andresen, S. 350.

18 Rosiejka, Die Rote Kapelle, S. 73f.

19 Ein «Offener Brief an die Ostfront (8. Folge)» ist publiziert in: Widerstand in Deutschland [...] Lesebuch, S. 171-174. Blank und Mader, Rote Kapelle gegen Hitler, S. 112, behaupten, es habe im Laufe von zwei Jahren 20 Ausgaben gegeben. Vgl. Sandvoß, Widerstand in Neukölln, S. 167-170.

20 Gestapo-Abschlussbericht, S. 60.

21 Greta Kuckhoff, Gespräch mit Biernat, S. 40ff.

22 Buschmann, «De la résistance au defaitisme», *Les Temps Modernes 46-67* (1949), zitiert in: Höhne, Kennwort: Direktor, S. 163f.

23 Krauss, Lüneburg, Bd. 10, S. 259, zitiert in: Höhne, ibid., S. 166.

24 Greta Kuckhoff, Gespräch mit Biernat, S. 55.

25 Schulze-Boysen, Dieser Tod passt zu mir, hrsg. von Coppi und Andresen, S. 352. Ein Stück Wirklichkeit mehr, hrsg. von Niemers, S. 54.
26 Weisenborn, «Harro und Libertas», in: Griebel, Coburger und Scheel, Erfasst?, Das Gestapo-Album, S. 279.
27 Kuckhoff, Gespräch mit Biernat, S. 48f.; Vom Rosenkranz zur Roten Kapelle, S. 320/21. Schulze-Boysen, Dieser Tod passt zu mir, hrsg. von Coppi und Andresen, S. 359/60.
28 Scheffler, Der Brandanschlag im Berliner Lustgarten, in: Jahrbuch des Landesarchivs Berlin 1984, S. 91-118; und Sandvoß, Widerstand in Mitte und Tiergarten, S. 169-172.
29 CIC-Akte Franz Six (G8 139007), NA.
30 Hachmeister, Gegnerforscher, S. 134ff.; und Schulze-Boysen, Dieser Tod passt zu mir, hrsg. von Coppi und Andresen, S. 291-294, 296, 311 und 314.
31 Schulze-Boysen, Dieser Tod passt zu mir, hrsg. von Coppi und Andresen, S. 319 und 357; und Feldurteil des Reichskriegsgerichts gegen Heilmann, in: Haase, Reichskriegsgericht, S. 113f.
32 Begegnungen und Rekonstruktion der Gespräche bei: Hildebrandt, Wir sind die Letzten, S. 142-156, die aber nirgendwo anders nachweisbar sind (Laak-Michel, Haushofer, S. 232). Zechlin, «Erinnerung an Arvid und Mildred Harnack», in: Geschichte in Wissenschaft und Unterricht, S. 401, schreibt nur, er habe einmal Arvid Harnack und Albrecht Haushofer zusammengebracht.
33 Griebel, Coburger und Scheel, Erfasst?, Das Gestapo-Album, S. 64/65; und Schulze-Boysen, Dieser Tod passt zu mir, hrsg. von Coppi und Andresen, S. 319.
34 Jane Donner Sweeney, Gespräch mit der Autorin.
35 Griebel, Coburger und Scheel, ibid., S. 244.
36 Feldurteil des Reichskriegsgerichts gegen Gollnow, in: Haase, Reichskriegsgericht, S. 110/11.
37 Ibid.
38 Gerhard Ranft, Aussage vom 7. März 1950, Lüneburg, Bd. 12, S. 87.
39 Falk Harnack, Gespräch mit der Autorin.
40 Strübing, Stellungnahme vom 18. Januar 1950, Lüneburg, Bd. 10, S. 197; Feldurteil gegen Gollnow, in: Haase, Reichskriegsgericht, S. 111.
41 Haase, Ibid.
42 Mildred Harnack-Fish an Clara Harnack, 3. Dezember 1941, Nachlass Falk Harnack, GDW.
43 Mildred Harnack-Fish an Ansa Harnack, Weihnachten 1941, Nachlass Falk Harnack, GDW.
44 Stewart Herman, Gespräch mit der Autorin und Tagebuch.
45 Mildred Harnack-Fish an Clara Harnack, 3. Dezember 1941 und Weihnachten 1941. Es handelte sich um die beiden Erzählungen «Der Notar in der Falle» und «Wie Joggeli eine Frau sucht».
46 Mildred Harnack-Fish an das Ehepaar Esch, 14. August 1942.
47 Mildred Harnack-Fish an Ursel Havemann, undatiert, Archiv Wolfgang Havemann, SBD.
48 Mildred Harnack-Fish an Clara Harnack, 7. Mai 1942.
49 Havemann, Vernehmung vom 13. Februar 1944, S. 15.

50 Die Nachricht nennt einen falschen Straßennamen. Die Kuckhoffs lebten in der Wilhelmshöherstraße 18, Friedenau.
51 Als Schulze-Boysen im Sommer 1941 in Wildpark-West in der Nähe von Potsdam stationiert war, hatte er im nahe gelegenen Marquardt ein Zelt stehen. Dort trafen sich seine Freunde während der Pfingstferien. Im Frühjahr 1941 war Elisabeth Schumacher die Mittelsperson zwischen Schulze-Boysen und Korotkow gewesen.
52 Chawkin, Coppi und Zorja, Russische Quellen zur Roten Kapelle, in: Rote Kapelle, hrsg. von Coppi, Danyel und Tuchel, S. 138.
53 Vernehmung von Pannwitz, zitiert in: Rote Kapelle, S. 485 (RG 319 ZA 020253), NA.
54 Kent-Protokoll, November 1953; Hans Coppi hat der Autorin eine Kopie zur Verfügung gestellt. Vgl. auch Zarew und Costello, Der Superagent, S. 142.
55 Ibid.
56 Ibid.
57 Chawkin, Coppi und Zorja, Russische Quellen zur Roten Kapelle, in: Rote Kapelle, hrsg. von Coppi, Danyel und Tuchel, S. 143.
58 Gestapo-Abschlussbericht, S. 32. Nach Zarew und Costello, Der Superagent, S. 142, war er nicht fähig, das Funkgerät zu ersetzen oder zu reparieren.
59 Feldurteil des Reichskriegsgerichts gegen Mildred Harnack-Fish, in: Haase, Reichskriegsgericht, S. 109f.; und Kraell, Lüneburg, Bd. 12, S. 111.
60 Chawkin, Coppi und Zorja, Russische Quellen zur Roten Kapelle, in: Rote Kapelle, hrsg. von Coppi, Danyel und Tuchel, S. 139/40; und Zarew und Costello, Der Superagent, S. 142f.
61 Kent an GRU, 15. November 1941; Akte Korse, Bd. 2, S. 54; und Zarew und Costello, ibid., S. 143.
62 Chawkin, Coppi und Zorja, Russische Quellen zur Roten Kapelle, in: Rote Kapelle, hrsg. von Coppi, Danyel und Tuchel, S. 140; und Zarew und Costello, ibid., S. 143.
63 Kent an GRU, 21. November 1941; Akte Korse, Bd. 2, S. 64ff., zitiert in: Zarew und Costello, ibid., S. 142f.
64 Aussage des Gestapobeamten Johannes Strübing vom 18. Januar 1950, Lüneburg, Bd. 12, S. 1. Die Nachkriegsaussagen Strübings seien «mit großer Skepsis» zu betrachten, so Tuchel, Die Gestapo-Sonderkommission, in: Rote Kapelle, hrsg. von Coppi, Danyel und Tuchel, S. 148.
65 Prittie, Deutsche gegen Hitler, S. 243.
66 Willi Weber, Brief an Höhne; zitiert in: Höhne, Kennwort: Direktor, S. 266.
67 Notiz vom 25. November 1941, Akte Korse, Bd. 2, S. 64ff.; zitiert in: Zarew und Costello, Der Superagent, S. 143f.
68 Höhne beschäftigt sich im achten Kapitel seines Buches vor allem mit der Frage, welche Rolle die Spionage im Russlandfeldzug gespielt habe. Obwohl seine Darstellungen zum großen Teil durch die Öffnung der KGB-Akten überholt ist, trifft seine Analyse, dass Nachrichten, die die Rote Kapelle geliefert habe, kaum Auswirkungen auf die sowjetische Militärstrategie gehabt hätten, wohl immer noch zu.
69 Rohleder, Aussage vom 2. Juli 1950, Lüneburg, Bd. 12, S. 193.
70 Ibid.
71 Ibid.

72 Gestapo-Abschlussbericht, S. 3,24. Was die Anzahl der Funksprüche angeht, mag das Problem zum Teil darauf zurückzuführen sein, dass die Gestapo, als sie Mitglieder der Gruppe (beispielsweise Wolfgang Havemann und Greta Kuckhoff) mit einem Stoß von Meldungen konfrontierte, keine unmittelbare Vorstellung von Zahl und Inhalt derselben hatte. Die Befragten haben möglicherweise gestanden, dass sie die Botschaften verschickt haben.
73 Stahlmann an Dallin, S. 214ff., Nachlass Dallin, MS. Division, NYPL.
74 Es existieren zahlreiche Darstellungen der Verhaftungen: siehe CIA, Harnack files, S. 27ff.; Dallin, Sowjetspionage, S. 184; Höhne, Kennwort: Direktor, S. 109-111; Perrault, Auf den Spuren der Roten Kapelle, S. 84-86; Trepper, Die Wahrheit, S. 124-126.
75 Zarew und Costello, Der Superagent, S. 145f.
76 Ibid., S. 146.
77 Ibid., S. 147; und Chawkin, Coppi und Zorja, Russische Quellen zur Roten Kapelle, in: Rote Kapelle, hrsg. von Coppi, Danyel und Tuchel, S. 147.
78 Chawkin, Coppi und Zorja, ibid., S. 142.
79 Flicke, der sein Buch 1949 schrieb, behauptet, bei dem Roman habe es sich um «Le miracle du Professeur Teramond» von Guy de Lecerf gehandelt, das Schlüsselwort habe «proctor» gelautet (Spionagegruppe Rote Kapelle, S. 147, 131). David Kahn (The Codebreakers, S. 1085, Anm. 658) glaubt, Flicke habe Autor und Titel des Buches durcheinander gebracht, der Titel habe «Le miracle du Professeur Lecerf» gelautet. Doch konnte Kahn das Wort «proctor» trotz aller Bemühungen in dem Buch nicht finden. Schellenberg, Aufzeichnungen (S. 280), gibt die Geschichte von Flicke wieder. Höhne folgt Perrault, der keine Quelle nennt, sich aber an Flicke orientiert.
80 Trepper, Die Wahrheit, S. 133.
81 Perrault, «Auf den Spuren der Roten Kapelle», S. 129; Höhne, Kennwort: Direktor, S. 120; Trepper, Die Wahrheit, S. 124-126.
82 Schulze-Boysen, Dieser Tod passt zu mir, hrsg. von Coppi und Andresen, S. 366; Höhne, Kennwort Direktor, S. 127/128; Trepper, Die Wahrheit S. 135/136; Kahn, The Codebreakers.
83 Tuchel, «Die Gestapo-Sonderkommission Rote Kapelle», in: «Rote Kapelle», hrsg. von Coppi, Danyel und Tuchel, S. 146.
84 Pannwitz im Verhör durch die sowjetische Spionageabwehr, Staatsarchiv (Sonderarchiv), Moskau.
85 Feldurteil gegen Heilmann: Haase, Reichskriegsgericht, S. 113.
86 Ibid.
87 Der Brief trug eine Schweizer Briefmarke. Otto Donner berichtete in einem Brief, der abgefangen wurde, als er sich in einem amerikanischen Internierungslager befand, er habe einen Brief und Nachrichten aus Schweden und der Schweiz zur Post gebracht (5. September 1945), NA.
88 Der Brief enthielt auch eine Strophe ihrer Übersetzung von «Wanderers Nachtlied» von Goethe:

Thou that cometh from the high
Stilling suffering and pain,

Whom despair is doubly nigh
Doubling quickening the rain,
Ah, I long for pain to cease
And for joy to give me rest!
Lovely peace,
Come, oh come to my breast.

89 Mildred Harnack an ihre Familie, 14. August 1942.
90 Ingeborg Havemann, «Mildred Harnack: Eine Erinnerung», *Heute und Morgen* 2 (150): S. 77f.
91 Falk Harnack, Berlin 1947, Nachlass Falk Harnack, GDW.
92 Egmont Zechlin, Erinnerungen an Arvid und Mildred Harnack, in: *Geschichte in Wissenschaft und Unterricht,* 33, 1982, S. 401 und zum Folgenden S. 395-404.

## KAPITEL 15: DIE FRAU IN ZELLE 25

1 Kuckhoff, Gespräch mit Besymenski, S. 48, GDW.
2 Griebel, Coburger und Scheel, Erfasst?, S. 335-339; der Gestapo-Abschlussbericht, S. 46f., spricht von «über 80» Verhaftungen (bis Dezember 1942).
3 Scheel in: Ein Stück Wirklichkeit mehr, hrsg. von Wiemer, S. 12.
4 Am 3. Dezember 1942 informierte Heinrich Müller, SS-Gruppenführer und Chef der Gestapo, Himmler über die Möglichkeit eines «Funkspiels» mit Moskau; bald darauf erhielt Müller ein Schreiben von Himmler: «Der Führer hat die Genehmigung gegeben für ein Funkspiel mit Moskau (...).» (BA, NS 19/2002. 23. 12. 1942; Kopie in: Sammlung Rote Kapelle, FDW.) Gestapo-Abschlussbericht, S. 19. Tuchel, Die Gestapo-Sonderkommission «Rote Kapelle», in: Rote Kapelle, hrsg. von Coppi, Danyel und Tuchel, S. 152 und 158.
5 Topographie des Terrors, S. 70.
6 Die Sonderkommission Rote Kapelle war möglicherweise das Ergebnis einer Vereinbarung von 1942 zwischen Generalleutnant Fritz Thiele, dem Leiter der Funkabwehr, Admiral Wilhelm Canaris, dem Chef des Amtes Ausland/Abwehr, Heinrich Müller, Chef des Amtes IV (Gestapo) im Reichssicherheitshauptamt, und SS-Brigadeführer Walter Schellenberg, Leiter des Amtes VI (Auslandsnachrichtendienst) im Reichssicherheitshauptamt. Tuchel, Die Gestapo-Sonderkommission «Rote Kapelle», in: Rote Kapelle, hrsg. von Coppi, Danyel und Tuchel, S. 146/147.
7 Strübing, 18. Januar 1950, Lüneburg, Bd. 10, S. 192ff.; Bd. 12, S. 7. Tuchel, ibid.
8 Strübing, Lüneburg, Bd. 10, S. 192.
9 Ina Ender; zitiert in: Molkenbur und Hörhold, Oda Schottmüller, S. 76. Ebenso Weisenborn, Memorial (1948), S. 77/78.
10 Eva Rittmeister an Pfarrer Harald Poelchau, in: Poelchau, Die letzten Stunden, S. 73.
11 Kuckhoff, Gespräch mit Besymenski, S. 48, Sammlung Rote Kapelle, GDW.
12 Havemann-Vernehmung, 13. Februar 1944; Hans Coppi beschaffte der Autorin eine Kopie.

13 Havemann-Vernehmung, S. 33, Sammlung Rote Kapelle, GDW.
14 Weisenborn, Memorial (1948), S. 93/94; und (1977), S. 56.
15 Es handelt sich wohl um das 1992 publizierte Album: Griebel, Coburger und Scheel, Erfasst?, Das Gestapo-Album [...].
16 Havemann-Vernehmung, S. 45, Sammlung Rote Kapelle, GDW, S. 538.
17 Kuckhoff, Lüneburg, Aussage vom 1. Februar 1947, Bd. 5, S. 628, zitiert in: Höhne, Kennwort: Direktor, S. 200/201.
18 Aussage von Carl Helfrich, September 1953, Auswärtiges Amt, Politisches Archiv; zitiert in: Sahm, Rudolf von Scheliha, S. 193. Bis Juli 1942 war die offizielle Leitlinie für verschärfte Verhöre umformuliert worden. Danach war jetzt der Einsatz von Gummiknüppeln, Reitpeitschen und Keulen erlaubt. Beim Vollzug solcher Strafen war gewöhnlich ein SS-Arzt anwesend, der die Auswirkungen der Folter auf den Gesundheitszustand des Delinquenten überwachte. Vgl. Tuchel und Schattenfroh, Zentrale des Terrors, S. 174/175 und 177; Tuchel, Die Gestapo-Sonderkommission «Rote Kapelle», in: Rote Kapelle, hrsg. von Coppi, Danyel und Tuchel, S. 149.
19 Der Begriff «Stalinzimmer» taucht in einem Bericht von Greta Kuckhoff aus dem Februar 1947 auf; zitiert in: Höhne, Kennwort: Direktor, S. 198.
20 «Collective Report of Survivors», S. 22 eines Dokuments mit dem Titel «USSR Military Intelligence: Penetration of the German Government during World War II.» AFSA 254, Fort Meade. Als Datum wird hier der 11. Oktober genannt, was den Schluss zulässt, dass Sieg und Grimme auf Grund der Misshandlung Kuckhoffs ergriffen wurden. Diese Information geht möglicherweise auf Greta Kuckhoff zurück, die dasselbe ausgesagt hat. Allerdings wurde Sieg am 11., Grimme dagegen erst am 12. Oktober festgesetzt. (Griebel, Coburger und Scheel, Erfasst?, Das Gestapo-Album, S. 193 und 203.)
21 Kuckhoff, Lüneburg, Bd. 8, S. 132. Greta Kuckhoff teilte mit, der Bericht über sein Geständnis habe ihr die Sprache verschlagen. Sie sei in diesem Fall stärker erschüttert gewesen als später beim Todesurteil gegen ihren Mann.
22 Tuchel, Die Gestapo-Sonderkommission «Rote Kapelle», in: Rote Kapelle, hrsg. von Coppi, Danyel und Tuchel, S. 148. Vgl. auch: Roeder, Gespräch mit David Dallin, S. 157, Nachlass Dallin, MS. Division, NYPL. Höhne, Kennwort: Direktor, S. 191f.
23 Thora zu Eulenburg, Erinnerungen an Libertas, S. 30.
24 Zitiert in: Höhne, Kennwort: Direktor, S. 192.
25 Roeder, Gespräch mit David Dallin, S. 157, Nachlass Dallin, MS. Division, NYPL.
26 Gertrud Breiter gab Höhne 1968 ein Interview für sein Buch. Gegen sie wurde nie ein strafrechtliches Ermittlungsverfahren eingeleitet.
27 Tuchel, Die Gestapo-Sonderkommission «Rote Kapelle», in: Rote Kapelle, hrsg. von Coppi, Danyel und Tuchel, S. 153.
28 Ibid., S. 153.
29 Ibid., S. 150.
30 Gestapo-Abschlussbericht, S. 68-70.
31 Tuchel, Die Gestapo-Sonderkommission «Rote Kapelle», in: Rote Kapelle, hrsg. von Coppi, Danyel und Tuchel, S. 150.

32 Chawkin, Coppi und Zorja, Russische Quellen zur Roten Kapelle, in: Rote Kapelle, hrsg. von Coppi, Danyel und Tuchel, S. 104 und 109.
33 Pannwitz-Vernehmung, CIA, Rote Kapelle (RG 319 ZA 020253), Bd. 1, S. 485ff. «Kent»-Vernehmung. Die Lebensgeschichten von Pannwitz und Gurewitsch sind eng miteinander verknüpft. Pannwitz dirigierte «Kent» beim «Funkspiel». Er begleitete ihn von Marseille nach Brüssel, Paris und Berlin, schließlich bei Kriegsende nach Moskau.
34 «Kent»-Vernehmung.
35 Im Gespräch mit der Autorin gab Falk Harnack zu, sich geirrt zu haben, als er behauptete, Mildred Harnack sei bei der Hinrichtung ihres Mannes dabei gewesen.
36 Mildred Harnack-Fish an Frau Müller, 19. September 1942, GDW.
37 Falk Harnack, Lüneburg, Aussage vom 3. Februar 1947, Bd. 5, S. 635.
38 Maria Grimme, Lüneburg, Bd. 8, S. 210.
39 Marie Luise von Scheliha, «Zelle 25», zitiert in: Sahm, Rudolf von Scheliha, S. 197/198.
40 Kuckhoff, Gespräch mit Biernat, S. 75f.
41 Roeder, Lüneburg, Bd. 8, S. 12ff.
42 VVN Akte, V 241/3/17, IML. Die Information scheint von Mildred Harnacks Anwalt Dr. Schwarz zu stammen. Weibliche Gefangene mussten oft Näharbeiten für die Wehrmacht erledigen. Es ist daher nicht auszuschließen, dass sich Mildred Harnack Nadeln beschaffen konnte.
43 Greta Kuckhoff an Martha Dodd, 3. Juli 1946, in: Bestand Martha Dodd Stern, Akademie der Künste, Berlin.
44 Strübing, Lüneburg, Bd. 12, S. 6. HStAH, Nds. 721 Lüneburg, Acc 69/76 Nr. 12, Blatt 6v.
45 Joy (Margarete) Weisenborn, 31. Juli 1949, eidliche Aussage, Lüneburg, Bd. 8, S. 19.
46 Zitiert in: Topographie des Terrors, S. 164.
47 Erich Edgar Schulze, 5. Dezember 1958, Lüneburg, Bd. 6, S. 73ff. Boysen, Elsa: Harro Schulze-Boysen. Schulze-Boysen, Dieser Tod passt zu mir, hrsg. von Coppi und Andresen, S. 72/73.
48 Harnack, Axel von, «Arvid und Mildred Harnack», in: *Die Gegenwart,* 31. Januar 1947, Nr. 26/27.
49 Ibid.
50 Falk Harnack an Clara und Ansa Harnack, 26. Oktober 1942, Nachlass Falk Harnack, GDW.
51 Zechlin, «Erinnerung an Arvid und Mildred Harnack», *Geschichte in Wissenschaft und Unterricht,* S. 398; Falk Harnack, Vom anderen Deutschland, Berlin 1947, unveröffentlicht, Nachlass Falk Harnack, GDW.
52 Falk Harnack, Vom anderen Deutschland.
53 Falk Harnack, Besuch im Reichssicherheitshauptamt, in: Tuchel und Schattenfroh, Zentrale des Terrors, S. 239-242.
54 Kraell, zitiert in: Perrault, Auf den Spuren der Roten Kapelle, S. 277.
55 Hassell; zitiert in: The Rote Kapelle. The CIA's History of Soviet Intelligence, S. 161/162.
56 Werner Krauss zitiert in: Weisenborn, Der lautlose Aufstand, S. 214.
57 Puttkamer-Bericht vom 30. September 1948, Lüneburg, Bd. 4, S. 536ff.

58 Himmler, Der Dienstkalender Heinrich Himmlers 1941/42, S. 577, 593 und 645.
59 Taylor und Shaw, The Third Reich Almanac, S. 389.
60 Kraell, Lüneburg; zitiert in: Dallin, Die Sowjetspionage, S. 302/303; auch Roeder bezeugte dieses Gespräch mit Dallin. Siehe auch Lüneburg, Bd. 4, S. 525.
61 Puttkamer, Lüneburg, Bd. 4, S. 537ff.
62 Brief Kraells vom 23. März 1951, zitiert in: Sahm, Rudolf von Scheliha, S. 203.
63 Roeder, Aussage vom 30. Juni 1949, Lüneburg, Bd. 8, S. 13ff. Bericht über das Ermittlungsverfahren gegen Dr. Manfred Roeder, S. 67ff.
64 Höhne, Kennwort: Direktor, S. 210/211.
65 Manvell und Fraenkel, The Canaris Conspiracy, S. 135; Müller, Josef, Bis zur letzten Konsequenz, S. 173.
66 Behse, Aussage vom 20. Februar 1950, Lüneburg, Bd. 1, S. 154.
67 Kraell, Aussage vom 14. März 1959, Lüneburg, Bd.12, S. 116; zitiert in: Höhne, Kennwort: Direktor, S. 211/212.
68 Eugen Schmitt. Aussage vom 22. September 1948, Lüneburg, Bd. 3, S. 510ff.; teilweise zitiert in: Höhne, ibid.
69 Harnack, Axel von «Arvid und Mildred Harnack», in: *Die Gegenwart* 26/27, 1947, S. 11.
70 Roeder, Lüneburg, Bd. 6, S. 810.
71 Roeder in: Die Reichszeitung vom 1. Juli 1951; zitiert in: Höhne, Kennwort: Direktor, S. 216.
72 J.A.; Gespräch mit der Autorin. Landesverrat – Spionage – ist das größere Vergehen und wird schwerer bestraft. Die Versendung von Funksprüchen in die Sowjetunion galt als Unterstützung des Feindes und also als Landesverrat.
73 Falk Harnack, Lüneburg, Bd. 10, S. 4ff.
74 Haase, Reichskriegsgericht, S. 133-136.
75 Harnack, Axel von «Arvid und Mildred Harnack», in: *Die Gegenwart,* 26/27, S. 10.
76 Weisenborn, Memorial (1948), S. 106/107; und (1977), S. 98.
77 Axel von Harnack an Clara Harnack, 5. Dezember 1942, und Falk an Clara und Ansa, 7. Dezember 1942, Nachlass Falk Harnack, GDW.
78 Deutsches Beamtengesetz §§ 53 und 60.
79 Arvid Harnack an Mildred Harnack-Fish, 14. Dezember 1942, Nachlass Falk Harnack, GDW. Hierzu schreibt Falk Harnack: «Diesen einzigen Brief von A. an M. während der Haftzeit, kurz vor Arvids Tode geschrieben, trug Mildred bis zum Ende verborgen an der Brust. Er ist fast unleserlich geworden. Wir erhielten ihn zehn Jahre nach Mildreds Tod durch eine Leidensgenossin, der Mildred ihn vor ihrem Tod übergab.»

## KAPITEL 16: SÜNDENBOCK FÜR STALINGRAD

1 Das Verfahren gegen Oberst Erwin Gehrts wurde von den übrigen abgetrennt.

2 Die Szene wurde rekonstruiert nach Kraell, Aussage vom 14. März 1950, Lüneburg, Bd. 3, S. 364ff.; Blank und Mader, Rote Kapelle, S. 151; Weisenborn, Memorial, S. 98f.

3 Kraell und zwei Berufsrichter, Ranft und Schmitt, bildeten gemeinsam mit den Generälen Mußhoff und Stutzer sowie Vizeadmiral Arps den 2. Senat; Schlussbericht, Lüneburg, S. 75.

4 Alexander Kraell war seit 1933 Mitglied der NSDAP. Er trat 1933 in den Justizdienst der Wehrmacht ein und wurde 1942 zum Präsidenten des 2. Senats des Reichskriegsgerichts ernannt. Nach Kriegsende wurde Kraell von den Amerikanern vernommen. Zwar stand er auf der Liste der Richter, die wegen «Kriegsverbrechen» gesucht wurden, er wurde aber wie andere Richter des Dritten Reichs nie bestraft. «Ein Unrechtsbewußtsein und eine kritische Bewertung ihrer Rolle im NS-Staat hat es auf seiten der beteiligten Juristen – von vereinzelten Ausnahmen abgesehen – nach 1945 nicht gegeben.» (Haase, Reichskriegsgericht, S. 53.)

5 Zwar hat Kraell darauf bestanden, dass die Verhandlungen von Stenographen protokolliert werden, die Mitschriften sind jedoch verloren gegangen. Sie sollen bei Kriegsende verschwunden sein und sind wohl auf dem «Scheiterhaufen» gelandet, mit dem der Nationalsozialismus im Sommer 1945 seinen Abgang zelebrierte. Ein hoher Gestapobeamter hat behauptet, ihr letztes Versteck sei die Gamburg im Taubertal gewesen, wo der SS-Hauptsturmführer und Kriminalrat Heinz Pannwitz, Leiter der Sonderkommission Rote Kapelle, alles vernichtet habe (Höhne, Kennwort: Direktor, S. 15). Kraell stellt die Sache anders dar; er behauptet, die Akten seien bei einem Luftangriff vernichtet worden, als man sie von Torgau, dem Ausweichquartier des Reichskriegsgerichts, wegschaffen wollte (Kraell, RK Dokument, CIA Rote Kapelle, S. 513 – RG 319 ZA 020253). Bis 1990 bestand das, was von den Prozessen übrig geblieben war, vermeintlich nur in Hitlers Bestätigung der Urteile, die auf Mikrofilm im Nationalarchiv der Vereinigten Staaten vorhanden war. Dann tauchten 1990 Kopien des Feldurteils des Hauptprozesses vom 15. bis 19. Dezember in den Akten des Instituts für Marxismus-Leninismus in Ost-Berlin auf. Andere Dokumente fanden sich im Militärgeschichtlichen Institut der Tschechoslowakischen Armee in Prag. (Nach Kriegsende zog es Pannwitz vor, sich an die Sowjetunion ausliefern zu lassen und nicht in der Haft der Amerikaner zu bleiben. Er hat einige Unterlagen nach Moskau mitgenommen.)

6 Befragung von Alexander Kraell, 11. Juli 1946, S. 3f., NA.

7 Haase, S. 126f., 131. (Ich folge den Prozessakten gegen Greta Kuckhoff, Günther Weisenborn und Karl Behrens. ) Behrens schrieb an seine Frau Clara über den Prozess vom 18. Januar 1943: «Nach der Anklageschrift des Staatsanwaltes steht das Todesurteil fest. Doch diese Anklageschrift ist so gewaltsam konstruiert, so willig zusammengestellt, dass ich etwas Hoffnung habe, dagegen ankämpfen zu können» (Ibid., S. 122).
Am 28. Januar 1943, nachdem das Todesurteil verkündet worden war, schrieb Behrens dann: «Mein Anwalt, der mir zugeteilt war, hat nichts getan, mich auch nicht verteidigt, [...] die Urteile standen scheinbar vorher fest.» (Haase, «Der Fall ‹Rote Kapelle› vor dem Reichskriegsgericht», in: Rote Kapelle, hrsg. von Coppi, Danyel und Tuchel, S. 165.)

8 Behse, Aussage vom 20. Februar 1950, Lüneburg, Bd. 12, S. 71ff.

9 Kraell, Aussage vom 14. März 1950, Lüneburg, Bd. 12, S. 106.
10 Zitiert in: Haase, Reichskriegsgericht, S. 110.
11 Ibid., S. 109.
12 Ibid., S. 109; Kraell, Bd. 3, S. 389.
13 Haase, Reichskriegsgericht, S. 112f.
14 Behse, Lüneburg, Bd. 12, S. 69.
15 Haase, Reichskriegsgericht, S. 111.
16 Telegramm im Nachlass Falk Harnack, GDW.
17 Inge Havemann an Clara Harnack, 20. Dezember 1942; Nachlass Falk Harnack, GDW.
18 Lehmann, Aussage vom 28. September 1948, Lüneburg, Bd. 4, S. 525ff.
19 Haase, Reichskriegsgericht, S. 121. In mehreren Interviews und in Briefen behauptete Clara Leiser: «Hitler hat persönlich entschieden, ‹lebenslänglich› sei eine Strafe, die ‹zu mild für die verdammte Amerikanerin› sei.» Es hat sich aber kein anderer Beleg für diese Aussage gefunden. Siehe Clara Leiser an Bennett Cerf, 18. Juli 1951, Nachlass Clara Leiser.
20 Beevor, Stalingrad, S. 278.
21 Notizen über Kurt Rheindorfs Gespräch mit Kraell, Nachlass Rheindorf, Bd. 305, S. 63, BA Koblenz.
22 Nachlass Falk Harnack, GDW; Weisenborn, Der lautlose Aufstand, S. 326f.
23 Weisenborn, Memorial (1948), S. 82.
24 Schulze-Boysen, Dieser Tod passt zu mir, S. 377.
25 Scheel, Vor den Schranken des Reichskriegsgerichts, S. 316.
26 Poelchau, Die letzten Stunden, S. 67f.
27 Falk Harnack, Bericht über die Hinrichtung von Dr. Arvid Harnack, Nachlass Falk Harnack, GDW.
28 Ende Dezember 1936 verfügte der Reichsjustizminister, dass Todesurteile künftig mit dem Fallbeil zu vollstrecken seien. Siehe Oleschinski, Gedenkstätte Plötzensee, S. 17.
29 Poelchau, Letzte Stunden, S. 86.
30 Falk Harnack, «Vom anderen Deutschland», S. 29f., Nachlass Falk Harnack, GDW. Pläne für ein Attentat auf Hitler nahmen im Winter 1942/43 Gestalt an. Carl Goerdeler reiste im Herbst 1942 nach Smolensk, um die Angelegenheit mit Generalfeldmarschall Günther von Kluge und Oberst Henning von Treskow zu erörtern; Goerdeler, Olbricht und Treskow trafen sich in Berlin. Schon im März 1942 hatte die Gruppe um Ludwig Beck, Ulrich von Hassell, Oster und Friedrich Olbricht mit Hinzuziehung von Goerdeler und Jessen beschlossen, alle Fäden der Verschwörung sollten bei Beck zusammenlaufen (Hoffmann, Widerstand, Staatsstreich, Attentat, S. 319f. [Taschenbuchausgabe 1970]); im Kreisauer Kreis trafen sich seit 1940 oppositionell gesinnte Männer und Frauen, um «Grundsätze für eine Neuordnung» Deutschlands auszuarbeiten (Lexikon des Widerstandes, S. 119f. mit Literatur). Im Januar 1944 traf sich Adam von Trott mit Allen Dulles, dem Chef der OSS, in Bern, er drängte auf direkte Kontaktaufnahme zwischen dem deutschen Widerstand und den Alliierten (Klemperer, Die verlassenen Verschwörer, S. 274f.).
31 Poelchau, Letzte Stunden, S. 73.
32 Falk Harnack, «Über die Hinrichtung von Dr. Dr. Arvid Harnack», Nachlass

Falk Harnack, GDW. In den Akten des FBI findet sich eine leicht abweichende Version.

33 Falk Harnack, Vom anderen Deutschland, S. 31f., Nachlass Falk Harnack, GDW.

34 Falk Harnack, Lüneburg, Bd. 1, S. 115ff.

35 Zechlin, Erinnerungen an Arvid und Mildred Harnack, S. 395.

36 Axel von Harnack, «Arvid und Mildred Harnack», in: *Die Gegenwart,* 31. Januar 1947, S. 11.

37 Gespräch mit Falk Harnack.

38 Inge Havemann, «World War II Underground Movements», Akte Mildred und Arvid Harnack, Hoover Institution.

39 Diese Zitate und die folgenden entstammen zwei Briefen von Gertrude Lichtenstein an Clara Harnack, 8. Oktober und 9. November 1952, Nachlass Falk Harnack, GDW.

40 Auf Grund eines Zeitungsartikels, den Clara Harnack geschrieben hatte, konnte Frau Lichtenstein sie ausfindig machen und ihr den Brief zurückgeben.

41 Heinrich Scheel, Vor den Schranken des Reichskriegsgerichts, S. 317.

42 Haase, «Der Fall ‹Rote Kapelle› vor dem Reichskriegsgericht», in: Rote Kapelle, hrsg. von Coppi, Danyel und Tuchel, S. 166.

43 Aussage von Bastian am 14. Juli 1949, Lüneburg, Bd. 8, S. 20.

44 Schmauser, Lüneburg, Bd. 12, S. 187ff.

45 Ibid.

46 Ibid.

47 Ibid.

48 Mildred Harnack besaß die doppelte Staatsangehörigkeit. Durch Heirat mit Arvid Harnack hatte sie automatisch die deutsche Staatsangehörigkeit erlangt. Sie behielt daneben ihren amerikanischen Pass und ließ ihn regelmäßig verlängern.

49 Schmauser, Aussage vom 9. September 1950, Lüneburg, Bd. 12, S. 187ff.

50 Ibid.

51 Ibid.

52 Ibid.

53 Roeder, Gespräch mit Dallin, S. 159, Nachlass Dallin, MS. Division, NYPL.

54 Schmauser, wie Anm. 49, S. 187ff.

55 Brief (Kassiber) Erika von Brockdorffs an ihren Ehemann Cay Graf von Brockdorff, undatiert, Kopie im Besitz der Autorin.

56 Puttkamer, Lüneburg, Bd. 4, S. 187ff.

57 Beevor, Stalingrad, S. 454.

58 Höhne, Kennwort: Direktor, S. 217.

59 Strübing, Lüneburg, Bd. 10, S. 198.

60 Brief von Libertas Schulze-Boysen an ihre Mutter, vom 22. Dezember 1942, AST/RK 9/13, Bd. II, Blatt 360, GDW.

61 Herlemann, Die Rote Kapelle und der kommunistische Widerstand, in: Rote Kapelle, hrsg. von Coppi, Danyel und Tuchel, S. 84f.

62 Greta Kuckhoff, Vom Rosenkranz zur Roten Kapelle, S. 231.

63 Anna Beyer, Gespräch aus dem Jahr 1982; zitiert in: Herlemann Die Rote Kapelle und der kommunistische Widerstand, in: Rote Kapelle, hrsg. von Coppi, Danyel und Tuchel, S. 85.

64 Greta Kuckhoff, Vom Rosenkranz zur Roten Kapelle, S. 309.
65 Kamlah an Axel von Harnack, 14. Februar 1947, Nachlass Falk Harnack, GDW.
Die Verfasserin erhielt einen Brief mit Datum vom 21. Februar 1993 von Prof. Franko Griese aus San Francisco, worin die Briefautorin mitteilt, sie glaube, sie sei die junge Frau gewesen, die die Zelle mit Mildred Harnack teilte. Sie schreibt gerne, sie erinnere sich, im Gefängnis «eine Anzahl ‹neuer› englischer Lieder» gelernt zu haben.
66 Ingeborg Havemann, Mildred Harnack, Eine Erinnerung, *Heute und Morgen* 2 (1950): S. 77f.
67 Mildred Harnack-Fish, Variationen über das Thema Amerika, S. 30.
68 Mildred Harnacks Exemplar der «Geschichte der Alten Welt» befindet sich im Nachlass Falk Harnack, GDW.

## EPILOG

1 Einige der Akten behandeln die Untersuchungen durch Roeder gegen die Mitarbeiter der Abwehr, Hans von Dohnanyi, Dietrich Bonhoeffer und Joseph Müller und ihre Mitverschworenen.
2 Lexikon des Widerstandes 1933-1945, S. 166.
3 Das Gedicht hat zehn Strophen, zitiert nach: Harro Schulze-Boysen, Dieser Tod passt zu mir, S. 373f.
4 Grimme, Lüneburg-Schlussbericht, S. 162.
5 Ibid., S. 76, 82.
6 Falk Harnack, Lüneburg, Bd. 1, S. 115. Die Anschuldigung, Mildred Harnack sei gefoltert worden, stammte von Professor Stieve, der ihren Leichnam nach der Hinrichtung untersucht haben will und Falk Harnack darüber berichtet hat. Die Behauptung, Mildred Harnack habe bei der Hinrichtung ihres Mannes dabei sein müssen, stimmt nicht. Hitler ordnete persönlich einen zweiten Prozess gegen Mildred an. Die außerordentliche Grausamkeit Roeders gegen Angehörige der Angeklagten und seine Beschimpfungen derselben reichten für Finck nicht aus, Roeder anzuklagen.
7 Kuckhoff, Lüneburg, Bd. 8, S. 131f.
8 CIC-Dokument, Akte Roeder, 19. Januar 1848, NA. Die amerikanische Untersuchung gegen Roeder wurde von Robert Kempner und Fred Rodell vom *Office of the Counsel for War Crimes* durchgeführt. Siehe S. 404, CIA-Akte Rote Kapelle (RG 319 ZA 020253), NA.
9 CIA-Akte Rote Kapelle, Bd. 1, 1973, S. 166, RG 319 ZA 020253, NA.
10 Finck an Roeder, 8-11. Juli 1949, S. 35; Auszüge der Lüneburger Untersuchungen in IfZ München. Kuckhoff, *Neues Deutschland,* 12. April 1947.
11 Finck, Schlussbericht, S. 622, zitiert in: Höhne, Kennwort: Direktor, S. 22.
12 Sahm, Rudolf von Scheliha, S. 301.
13 Ibid., S. 302.
14 Marie-Luise Schulze an Günther Weisenborn, 11. Juni 1951. Nachlass Weisenborn, Akademie der Künste, Berlin.
15 CIA-Akte Rote Kapelle, Bd. 1, S. 166, RG 319 ZA 020253, NA.
16 Tuchel, «Die Gestapo-Sonderkommission ‹Rote Kapelle›» in: Rote Kapelle, hrsg. von Coppi, Danyel und Tuchel, S. 155.

17 Falk Harnack, Gespräch mit der Autorin.
18 Coppi und Danyel, Abschied von den Feindbildern, in: Eva-Maria Buch und die «Rote Kapelle», hrsg. von Kurt Schilde, S. 161.
19 Brief von Richard Lloyd Jones an William J. Campbell, 22. Dezember 1947, UWA.
20 Senator Wiley an Frank Holt, Mitarbeiter der Universität von Wisconsin, 8. Januar 1948, UWA. Siehe auch C.G. Blankeney, Oberst, GSC, an Senator Wiley, 30. Dezember 1947, UWA.
21 Notiz von Verbindungsoffizier Albert R. Perry junior an Hauptmann Sloan, *War Crimes Group U.S. Army*, War Crimes File RG 153 12-2262 NA. Aus diesen Akten ergibt sich der Eindruck, dass nur ein Überlebender befragt wurde, nämlich Günther Weisenborn, der niemals mit den Harnacks zusammengetroffen ist. Weisenborn behauptete, durch Kassiber, die zwischen Libertas Schulze-Boysen und Mildred Harnack in der Haft ausgetauscht worden seien, habe sich ergeben, dass sie aktiver mitgewirkt habe, als die Gestapo ursprünglich annahm. Aus Weisenborns Aussage ergibt sich der Eindruck, dass die Wachmannschaften die Kassiber konfisziert haben.
22 Notiz von Verbindungsoffizier Albert R. Perry junior vom 13. Dezember 1946 an Hauptmann H. H. Sloan, *War Crimes Group U.S. Army,* RG 153 12-2262 NA.
23 CIA, Rote Kapelle, Bd. 1, S. 247, NA.
24 Agnes von Zahn-Harnack, in: Gustav-Adolf von Harnack, Ernst von Harnack, S. 242.
25 Brief von Lloyd A. Wagener, State Commander, Wisconsin American Legion, 18. März 1987 (in den Akten von Arthur Heitzer).
26 Hans Monath, «Statt Grotewohl Linden und Pappeln», *Die Tageszeitung*, 17. Februar 1993.
27 Die Notiz fußt wohl auf einem Zeitungsartikel, in dem Stieve zitiert wird: «Die Leiche von Mildred Harnack konnte ich unseziert verbrennen lassen.» In: *Frankfurter Rundschau*, 31. Dezember 1945 (Kopie im Nachlass Falk Harnack, GDW).

## POSTSKRIPTUM

1 In Marthas FBI-Akte finden sich Mitschriften ihrer Telefongespräche mit Lillian Hellman. Es ist denkbar, dass Martha, die sich damals mit Mildreds Geschichte sehr beschäftigte, Frau Hellman darüber berichtete. Das Schicksal Mildreds mag Frau Hellman als Hintergrund für ihre «Julia» gedient haben.
2 Vanden Heuvel, «Grand Illusions», *Vanity Fair*, September 1991, S. 248.
3 In dieser Eigenschaft traf sich Korotkow 1948 mit Morros in Genf. Als das Gespräch auf die Sterns kam, soll Korotkow gesagt haben, Martha sei «von beträchtlichem Wert für sie [die Sowjets] und die Sache». Darüber hinaus soll Korotkow in den Jubelruf ausgebrochen sein: «Was für eine wunderbare kleine Werberin! Tausend von ihrer Sorte, und wir gewinnen den Kampf.» Morros, My Ten Years as a Counterspy, S. 82.
4 Sigrid Schulz an Martha Dodd, 9. März 1970, LOC.
5 Chawkin, Coppi und Zorja, Russische Quellen zur Roten Kapelle, in: Rote Kapelle, hrsg. von Coppi, Danyel und Tuchel, S. 104 und 109.

# Abkürzungen

ARPLAN: Arbeitsgemeinschaft zum Studium der sowjetrussischen Planwirtschaft
BA: Bundesarchiv
CIA: Central Intelligence Agency
CIC: Counter Intelligence Corps
FBI: Federal Bureau of Information
FOI: Freedom of Information
GDW: Gedenkstätte Deutscher Widerstand
GRU: [übersetzt] Militärischer Nachrichtendienst [der Sowjetunion]
GU: Hessische Landesuniversität [Justus-Liebig-Universität], Gießen
HU: Humboldt-Universität, Berlin
IfZ: Institut für Zeitgeschichte
KGB, GPU, NKGB, NKWD: verschiedene Bezeichnungen für die Behörde der sowjetischen Staatssicherheit
Komintern: Kommunistische Internationale
LOC: Library of Congress
OSS: Office of Strategic Services [Vorgänger der CIA]
SLB: Sächsische Landesbibliothek, Dresden
VVN: Vereinigung der Verfolgten des Naziregimes

# Archive

Akademie der Künste, Berlin: Bestand Martha Dodd Stern; Bestand Günther Weisenborn.

Archiv des Auslandsnachrichtendienstes der Russischen Föderation [ehemals KGB-Archiv], Moskau: Dossiers Korse, Senior, Beamer und Alter Mann; Bestand Martha Dodd.

Archiv des Präsidenten der Russischen Föderation, Moskau: Akten Harnack und Schulze-Boysen.

Bundesarchiv, Berlin und Koblenz: Harnack (NSDAP-Akte, ehemals Berlin Document Center); Bestand Greta Kuckhoff; Material Kopkow; Nachlass Kurt Rheindorf.

Central Intelligence Agency, Langley: Arvid und Mildred Harnack Archiv.

California Institute of Technology: Max Delbrück Archiv.

City of Milwaukee Register, Milwaukee, Wisconsin.

Columbia University, Oral History (Marjorie Nicolson und John White), Manuscript Collection: Knickerbocker Akten.

Daughters of the American Revolution, Washington, D. C.: Harnack Archiv.

Exekutivkomitee der Kommunistischen Internationale (Komintern), Moskau: Bestand Dimitrow.

Federal Bureau of Information, Washington, D. C.: Arvid Harnack, Mildred Harnack, Ernest L. Meyer, Martha Dodd Stern, Thomas Wolfe, Friedrich Lenz, Lillian Hellman Akten.

Franklin Delano Roosevelt Library, Hyde Park: Bestand und Tagebuch Morgenthau; Treasury Department, Akten Heath.

Gedenkstätte Deutscher Widerstand, Berlin: Sammlung Rote Kapelle; Nachlass Falk Harnack; Bestände der Arbeitsstelle Schulze-Boysen/Harnack bei der Akademie der Wissenschaften der DDR.

George Washington University Archive.

Goucher College Archiv.

Guggenheim Foundation.

Hans-Fallada-Archiv, Feldberg.

Harvard, Houghton Library: Wisdom collection of Thomas Wolfe papers.

Heitzer Archives, Milwaukee, Wisconsin.

Hessische Landesuniversität [Justus-Liebig-Universität], Gießen: Bestand Arvid und Mildred Harnack; Bestand Mona Wollheim.

Hoover Institution, Stanford University: Inge Havemann material.

Humboldt-Universität, Berlin: Nachlass Mildred Harnack.

Institut für Zeitgeschichte, München: Bestand Rote Kapelle.

The Johns Hopkins University Archive.

Leo Beck Institute, New York.

Library of Congress, Washington, D. C.: Archiv Martha Dodd Stern und William Dodd; Wilbur J. Carr papers; John Campbell White.

Milwaukee Historical Society: Mildred Harnack Akten.

Milwaukee School for the Arts: Archives of West Division High School.

National Archives, Washington, D. C.

New York Public Library, Manuscript Division: David Dallin Akten.

Niedersächsisches Hauptstaatsarchiv, Hannover: Akten der Staatsanwaltschaft Lüneburg des Prozesses gegen Roeder.

Politisches Archiv des Auswärtigen Amts, Berlin und Bonn.

Princeton University Library: Charles Scribner's Sons, Maxwell Perkins Akten.

Rockefeller Foundation.

Russisches Zentrum für die Aufbewahrung und Erforschung von Dokumenten der neuesten Geschichte, Moskau: Bestände Dimitrow, BGA, ARPLAN; Akten über Harnacks Tätigkeit im Reichswirtschaftsministerium.

Sächsische Landesbibliothek, Dresden: Bestand Wolfgang Havemann.

Staatsbibliothek zu Berlin Preußischer Kulturbesitz: Sammlung Reimund Waligora.

State of Wisconsin Historical Society: Louis Lochner, John R. Commons, Sigrid Schultz papers.

Stiftung Archiv der Parteien und Massenorganisationen der DDR im Bundesarchiv, Berlin: Sammlung VVN; Bestand Rote Kapelle.

Summer Archives, Washington, D. C.: Western High Archive.

U. S. Intelligence and Security Command, Fort Meade.

U. S. National Archives, Washington, D. C.: Captured German documents; State Department; CIC, OSS Akten.

University of Wisconsin Archives: Projekt Mildred Harnack; William Ellery Leonard, Margery Latimer, Oral History, German Department Akten.

Yale University, Beineke Rare Book und Manuscript Library: Thornton Wilder, Margery Latimer Akten.

# Literatur

Abshagen, Karl Heinz, *Canaris. Patriot und Weltbürger*, Stuttgart 1950.

Accoce, Pierre, und Pierre Quet, *A Man Called Lucy. 1939-45*, New York 1966.

Akhmedov, Ismail, *In and Out of Stalin's GRU. A Tartar's Escape from Red Army Intelligence*, Frederick 1984.

Amory, Cleveland, *Who Killed Society?*, New York 1960.

Andreas-Friedrich, Ruth, *Der Schattenmann. Tagebuchaufzeichnungen 1938-1946*, neue Aufl., Frankfurt am Main 1986 [erstmals Berlin 1947].

Andrew, Christopher, und Oleg Gordiewsky, *KGB. Die Geschichte seiner Auslandsoperationen von Lenin bis Gorbatschow*, München 1990.

Andrew, Christopher, und Wassili Mitrochin, *Das Schwarzbuch des KGB. Moskaus Kampf gegen den Westen*, Berlin 1999.

Auden, Wystan Hugh, *Collected Poems*, New York 1976.

Austin, H. Russell, *The Milwaukee Story. The Making of an American City*, Milwaukee 1946.

The Badger. 1912-1925, *Yearbook of the University of Wisconsin.*

Bailey, George, Sergej A. Kondraschow und David Murphy, *Die unsichtbare Front. Der Krieg der Geheimdienste im geteilten Berlin*, Berlin und Frankfurt am Main 1997.

Balfour, Michael, *Withstanding Hitler in Germany, 1933-45*, London 1988.

Balzer, Karl, *Der 20. Juli und der Landesverrat. Eine Dokumentation über Verratshandlungen im deutschen Widerstand*, Göttingen 1967.

–, *Verschwörung gegen Deutschland*, Oldendorf 1976.

Beam, Jacob D., *Multiple Exposure*, New York 1978.

Beck, Earl R., *Under the Bombs. The German Home Front, 1942-1945*, Lexington 1986.

Beevor, Antony, *Stalingrad*, München 1999.

Bérard, Armand, *Un ambassadeur se souvient*, Bd. 1: *Au temps du danger allemand*, Paris 1976.

Bereshkow, Valentin, *Erlebte Geschichte, 1940 bis 1943. Dolmetscher und Diplomat gegen Faschismus und Krieg*, Frankfurt am Main 1986.

Bergschicker, Heinz, *Deutsche Chronik, 1933-1945. Ein Zeitbild der faschistischen Diktatur*, Berlin 1981.

Besymenski, Lew, *Die Schlacht um Moskau 1941*, Köln 1981 [*Die Zähmung des Taifuns*, Berlin (Ost) 1981].

Bethge, Eberhard, *Dietrich Bonhoeffer. Theologe, Christ, Zeitgenosse*, 7. Aufl., München 2001.

Bethge, Eberhard, Renate Bethge und Christian Grammels (Hrsg.), *Dietrich Bonhoeffer. A Life in Pictures*, London 1986.

Bethge, Renate, *Bonhoeffers Familie und ihre Bedeutung für seine Theologie, Beiträge zum Widerstand 1933-1945*, 2. Aufl., Berlin 1995.

Beuys, Barbara, *Vergesst uns nicht. Menschen im Widerstand, 1933-1945*, Hamburg 1987.

Bialer, Seweryn, siehe *Stalin and his Generals.* [...].

Bielenberg, Christabel, *Ride Out the Dark. The Experiences of an Englishwoman in Wartime Germany*, New York 1971.

Biernat, Karl Heinz, und Luise Kraushaar, *Die Schulze-Boysen/Harnack-Organisation im antifaschistischen Kampf*, Berlin 1970.
Billinger, Karl [Pseudonym: Paul Massing], *Fatherland*, New York 1935.
Blackstock, Paul W., *The Secret Road to World War II. Soviet versus Western Intelligence 1921-1939*, Chicago 1969.
Blank, Alexander S., und Julius Mader, *Rote Kapelle gegen Hitler*, Berlin 1979.
Bockmann, Vera, *Full Circle. An Australian in Berlin 1930-46*. Netley, 1986.
Boehm, E., *We Survived. The Stories of Fourteen of the Hidden and Hunted of Nazi Germany*, New Haven 1949.
Bonhoeffer, Dietrich, *Gesammelte Schriften*, hrsg. von Eberhard Bethge, Bd. 1-6 [verschiedene Aufl.], München 1958-1975.
–, *Widerstand und Ergebung. Briefe und Aufzeichnungen aus der Haft*, hrsg. von Eberhard Bethge, 17. Aufl., Gütersloh 2002 [erstmals 1962].
Boveri, Magret, *Der Verrat im 20. Jahrhundert,* Bd. 2: *Für und gegen die Nation, Das unsichtbare Geschehen*, Hamburg 1956.
Boyle, Andrew, *The Climate of Treason*, London 1979.
Boysen, Elsa, *Harro Schulze-Boysen. Das Bild eines Freiheitskämpfers*, Neudruck, Koblenz 1992 [erstmals 1947].
Bracher, Karl Dietrich, *Europa in der Krise. Innengeschichte und Weltpolitik seit 1917*, Berlin und Frankfurt am Main 1979.
–, *Stufen der Machtergreifung,* (*Die nationalsozialistische Machtergreifung,* Bd. 1), Frankfurt am Main 1974.
Bräutigam, Walter, und John Rittmeister, *Leben und Sterben*, Ebenhausen 1987.
Bridenthal, Renata, Atina Grossman und Marion Kaplan, Hrsg., *When Biology Became Destiny. Women in Weimar and Nazi Germany*, New York 1984.
Broun, Heywood Hale, Hrsg., *Collected Edition of Heywood Broun*, New York 1941.
Brown, A. D., und C. B. MacDonald, *On a Field of Red. The Communist International and the Coming of World War II*, New York 1981.
Brüning, Eberhard, siehe Harnack-Fish, Mildred, *Variationen* […].
Buber-Neumann, Margarete, *Als Gefangene bei Stalin und Hitler. Eine Welt im Dunkel*, Stuttgart 1958.
–, *Kriegsschauplätze der Weltrevolution. Ein Bericht aus der Praxis der Komintern 1919-1943*, Stuttgart 1967.
–, *Under Two Dictators*, New York 1949.
–, *Von Potsdam nach Moskau*, Stuttgart 1957.
Buch, Eva-Maria, *Eva-Maria Buch und die «Rote Kapelle»*, hrsg. von Kurt Schilde, 2. Aufl., Berlin 1993.
Bucholz, Arden, *Hans Delbrück and the German Military Establishment. War Images in Conflict,* Iowa City 1985.
Bülow, Bernhard Fürst von, *Denkwürdigkeiten,* Bd. 1-4, Berlin 1930/31.
Bullock, Alan, *Hitler und Stalin. Parallele Leben*, München 1993.
Carell, Paul, *Verbrannte Erde. Schlacht zwischen Wolga und Weichsel*, Berlin 1978 [zahlreiche Aufl.].
Carpozi, George, *Red Spies in the U. S.*, New Rochelle 1963.
Carr, Edward Hallett, *The Comintern and the Spanish Civil War*, New York 1984.
–, *Twilight of the Comintern, 1930-1935*, New York 1982.
Cartarius, Ulrich, *Opposition gegen Hitler. Ein erzählender Bildband*, aktualisierte Neuausg., Berlin 1994.

Caute, David, *The Fellow-Travellers. A Postscript to the Enlightenment*, New York 1973.
Central Intelligence Agency, *The Rote Kapelle. The CIA's History of Soviet Intelligence and Espionage Networks in Western Europe, 1936-1945*, Washington 1979.
Cerruti, Elisabetta, *Ambassador's Wife*, London 1951.
Chickering, Roger, *Imperial Germany and a World without War. The Peace Movement and German Society, 1882-1914*, Princeton 1975.
Childers, Thomas, *The Nazi Voter. The Social Foundations of Fascism, 1919-1933*, Chapel Hill, N.C., 1983.
Chowaniec, Elisabeth, *Der Fall Dohnanyi 1943-1945. Widerstand, Militärjustiz, SS-Willkür*, München 1991.
Clements, Barbara Evans, *Bolshevik Feminist. The Life of Aleksandra Kollontai*, Bloomington 1979.
Commons, John R., *Myself*, New York 1934.
Conquest, Robert, *Der große Terror. Sowjetunion 1934-1938*, München 1992 [Neuausg. von *Am Anfang starb Genosse Kirow. Säuberungen unter Stalin*, Düsseldorf 1970].
–, *Harvest of Sorrow*, New York 1986.
–, *Inside Stalin's Secret Police. NKVD Politics, 1936-1939*, London 1985.
Conrad, Will C., Kathleen Wilson und Dale Wilson, *The Milwaukee Journal: The First Eighty Years*, Madison 1964.
Constantinides, George C., *Intelligence and Espionage. An Analytical Bibliography*, Boulder 1983.
–, *Spy Trade*, New York 1971.
Cookridge, Edward Henry [das ist Edward Spirol], *The Net That Covers the World*, New York 1955.
Coppi, Hans, *Harro Schulze-Boysen – Wege in den Widerstand. Eine biographische Studie*, 2. Aufl., Koblenz 1995.
Coppi, Hans, und Geertje Andresen, *Dieser Tod* […] siehe Schulze-Boysen, Harro, […].
Coppi, Hans, Jürgen Danyel und Johannes Tuchel, siehe Die *Rote Kapelle.* […].
Costello, John, *The Mask of Treachery*, New York 1988.
–, *Ten Days to Destiny*, New York 1991.
–, und Oleg Zarew, siehe Zarew, Oleg, […].
Craig, Gordon A., *Deutsche Geschichte 1866 – 1945*, 2. Aufl., München 1999.
Craig, Gordon A., und Felix Gilbert, Hrsg., *The Diplomats 1919-1939*, Princeton 1953.
Crepon, Tom, *Leben und Tode des Hans Fallada*, 2. Aufl., Halle 1978.
Crossmann, Richard, siehe *Ein Gott, der keiner war* […].
Curti, Merle, und Vernon Carstensen, *The University of Wisconsin, A History, 1848-1925*, Madison 1949.
Dallek, Robert, *Democrat and Diplomat. The Life of William E. Dodd*, New York 1968.
Dallin, David J., *Die Sowjet-Spionage. Prinzipien und Praktiken*, Köln 1956.
Davidson, Eugene, *Reaching Judgment at Nuremberg*, New York 1977.
Deak, Istvan, *Weimar Germany's Left-Wing Intellectuals. A Political History of the Weltbühne and Its Circle*, Berkeley 1968.
Deakin, F.W., und G. R. Storry, *The Case of Richard Sorge*, London 1966.
Delmer, Sefton, *Trail Sinister*, London 1961.

Denson, Robert Louis, und Michael Warnder, Hrsg., *Venona*, Washington 1996.
Deutsch, Harold C., *Verschwörung gegen den Krieg. Der Widerstand in den Jahren 1939-1940*, München 1969.
*Das Deutsche Führerlexikon, 1934/35*, Berlin 1934.
*Deutsche Widerstandskämpfer 1933-1945. Biographien und Briefe* [verfasst von Luise Kraushaar], hrsg. vom Institut für Marxismus-Leninismus beim Zentralkomitee der SED, Bd. 1-2, Berlin 1970.
Diels, Rudolf, *Lucifer ante Portas. Zwischen Severing und Heydrich*, Zürich 1969.
Dippel, John V., *Two against Hitler*, New York 1992.
*Documents on German Foreign Policy, 1918-1945*, Washington 1983.
Dodd, Martha, *The Searching Light*, New York 1955.
–, *Sowing the Wind*, New York 1945.
–, *Through Embassy Eyes*, New York 1939.
Dodd William, *Ambassador Dodd's Diary*, hrsg. von William E. Dodd Jr. und Martha Dodd, New York 1941.
Donald, David Herbert, *Look Homeward. A Life of Thomas Wolfe*, New York 1987.
Duhnke, Horst, *Die KPD von 1933 bis 1945*, Köln 1972.
Dulles, Allen Welsh, *Verschwörung in Deutschland*, Kassel 1948.
Dumbach, Annette E., und Judd Newborn, *Shattering the German Night*, Boston 1986.
Dziak, John, *Chekisty. A History of the KGB*, New York 1988.
Earle, Edward Mead, Gordon Craig und Felix Gilbert, *Makers of Modern Strategy. Military Thought from Machiavelli and Hitler*, Princeton 1943.
Eckardt, Wolf von, *Bertolt Brecht's Berlin*, Garden City 1975.
Effelberger, Hans, *Umriß der amerikanischen Kultur und Kunst*, Frankfurt am Main 1937.
Ehrenburg [Erenburg], Ilja, *Menschen, Jahre, Leben. Autobiographie,* Bd. 1-3, München 1962 und 1965.
Elbe, Joachim von, *Witness to History. A Refugee from the Third Reich Remembers*, Madison 1988.
Elling, Hanna, *Frauen im deutschen Widerstand, 1933-45*, Frankfurt am Main 1981.
Elon, Amos, *Journey through a Haunted Land. The New Germany*, New York 1967.
Engelmann, Bernt, *Im Gleichschritt marsch. Wie wir die Nazizeit erlebten*, Köln 1982.
–, *In Hitler's Germany. Daily Life in the Third Reich*, New York 1986.
Epstein, Edward, *Deception. The Invisible War between the KGB and the CIA*, New York 1989.
Epstein, Leon D., *Politics in Wisconsin*, Madison 1958.
Eulenburg, Thora zu, *Erinnerungen an Libertas*, n.d.
Felix, David, *Protest. Sacco-Vanzetti and the Intellectuals*, Bloomington 1965.
Ferber, Edna, *Dawn O'Hara*, New York 1911.
Fest, Joachim, *Das Gesicht des Dritten Reiches*, 7. Aufl., München 1980.
–, *Hitler. Eine Biographie*, Berlin und Frankfurt am Main 1973 [zahlreiche Aufl.].
–, *Staatsstreich. Der lange Weg zum 20. Juli*, Berlin 1994.
Fischer, Ernst Peter, und Carol Lipson, *Thinking about Science. Max Delbrück and the Origins of Molecular Biology*, New York 1988.
Fischer, Louis, *Men and Politics. An Autobiography*, New York 1941.
Fischer, Ruth, *Stalin und der deutsche Kommunismus*, Frankfurt am Main 1948.

–, *Stalin and German Communism*. Cambridge 1948.
Fischer, Walther, *Amerikanische Prosa vom Bürgerkrieg bis zur Gegenwart 1863-1922*, Leipzig 1926.
Fischer, Walther, *Die englische Literatur der Vereinigten Staaten von Nordamerika* (Handbuch der Literaturwissenschaft, Bd. 19,2), Wildpark-Potsdam 1929.
FitzGibbon, Constantine, *20 July*, New York 1956.
Fitzpatrick, Sheila, *The Russian Revolution*, Oxford 1982.
Flannery, Harry W., *Assignment to Berlin*, New York 1941.
Fleischhauer, Ingeborg, *Die Chance des Sonderfriedens. Deutsch-sowjetische Geheimgespräche, 1941-1945*, Berlin 1986.
Flicke, Wilhelm F., *Agenten funken nach Moskau*, München 1957.
–, *Die Rote Kapelle*, Hilden am Rhein 1949.
–, *Spionagegruppe Rote Kapelle*, Kreuzlingen 1958.
Focke, Harald, und Uwe Reimer, *Alltag unterm Hakenkreuz. Wie die Nazis das Leben der Deutschen veränderten*, Hamburg 1995 [erstmals 1979].
Fogelmann, Eva, *Conscience and Courage*, New York 1994.
Foote, Alexander, *Handbook for Spies*, Garden City 1949.
Foster, Jane, *An Unamerican Lady*, London 1980.
François-Poncet, André, *Als Botschafter im Dritten Reich. Die Erinnerungen des französischen Botschafters in Berlin September 1931 – Oktober 1938*, 3. Aufl., Mainz 1980.
Fraser, Kennedy, *Ornament and Silence. Essays on Women's Lives*, New York 1996.
Freeman, Clive, und Gwynne Roberts, *Der Kälteste Krieg. Professor Frucht und das Kampfstoff-Geheimnis*, Berlin 1982.
Friedrich, Otto, *Morgen ist Weltuntergang. Berlin in den zwanziger Jahren*, Berlin 1998.
Fromm, Bella, *Als Hitler mir die Hand küßte*, Berlin 1993.
Frucht, Maria, und Adolf-Henning Frucht, *Briefe aus Bautzen II*, hrsg. von Helmut Wonschick, Berlin 1992.
Gallin, Alice, *Midwives to Nazism. University Professors in Weimar Germany, 1925-1933*, Macon 1986.
Gallo, Max, *Night of the Long Knives*, New York 1973.
Gardiner, Muriel, *Code Name: Mary*, New Haven 1983.
Gay, Peter, *Die Republik der Außenseiter. Geist und Kultur der Weimarer Zeit in 1918-1933*, Frankfurt am Main 1989.
Gehlen, Reinhard, *Der Dienst. Erinnerungen 1942-1971*, Mainz 1971.
*Germans against Nazism. Nonconformity, Opposition and Resistance in the Third Reich*, Essays in Honour of Peter Hoffmann, hrsg. von Francis R. Nicosia, New York 1990.
*Das Gewissen steht auf, Lebensbilder aus dem deutschen Widerstand 1933-1945*, neu hrsg. von Karl Dietrich Bracher, Mainz 1984 [gesammelt und erstmals hrsg. von Annedore Leber].
Geyer, Michael und John W. Boyer, siehe *Resistance* [...].
*Gießener Gelehrte in der ersten Hälfte des 20. Jahrhunderts*, hrsg. von Hans Georg Gundel, Peter Moraw und Volker Press, Tl. 2, Marburg 1982.
Giles, Geoffrey J., *Students and National Socialism in Germany*, Princeton 1985.
Gilligan, Carol, *In a Different Voice. Psychological Theory and Women's Development*, Cambridge, MasS., 1982.
Gisevius, Hans Bernd, *Bis zum bitteren Ende. Vom 30. Juni 1934 zum 20. Juli*

*1944*, Berlin 1964 [erstmals 1946].
Glanz, David M., *The Role of Intelligence in Soviet Military Strategy in World War II*, Novato 1990.
Glanz, David M., und Jonathan House, *When Titans Clashed. How the Red Army Stopped Hitler*, Lawrence 1995.
Glees, Anthony, *The Secrets of the Service. A Story of Soviet Subversion of Western Intelligence*, New York 1987.
Goddard, Donald, *The Last Days of Dietrich Bonhoeffer*, New York 1976.
Goebbels, Joseph, *The Goebbels Diaries, 1939-1941*, hrsg., übersetzt und eingeleitet von Fred Taylor, London 1982.
–, *Die Tagebücher*, Teil 1: *Aufzeichnungen 1924-1941*, Bd. 1-4, München 1987.
–, *The Goebbels Diaries, 1939-1943*, hrsg. und übersetzt von Louis P. Lochner, New York 1992.
–, *Tagebücher, 1924-1945*, hrsg. von Ralf Georg Reuth, Bd. 1-5, München und Zürich 1992.
Görlitz, Walter, siehe Keitel, Wilhelm [...].
Gorodetsky, Gabriel, *Die große Täuschung. Hitler, Stalin und das Unternehmen Barbarossa*, Berlin 2001.
–, *Stafford Cripps' Mission to Moscow, 1940-42*, Cambridge 1984.
Gostomski, Victor von, und Walter Loch, *Der Tod von Plötzensee. Erinnerungen–Ereignisse–Dokumente, 1942-1944*, Frankfurt am Main 1993.
*Ein Gott, der keiner war. Arthur Koestler, André Gide, Ignazio Silone, Louis Fischer, Richard Wright, Stephen Spender schildern ihren Weg zum Kommunismus und ihre Abkehr*, hrsg. von Richard Crossmann, Zürich und Stuttgart 1950.
Grabowski, Stefan, und Valentin Tomin, *Die Helden der Berliner Illegalität*, Berlin 1967.
Graml, Hermann, siehe *Widerstand im Dritten Reich.* [...].
Gramont, Sanche de, *The Secret War. The Story of International Espionage since World War II*, New York 1961.
Gregory, Horace, *The House on Jefferson Street. A Cycle of Memories*, New York 1971.
Griebel, Regina, Marlies Coburger und Heinrich Scheel, *Erfasst? Das Gestapo-Album zur Roten Kapelle, Eine Fotodokumentation*, Halle an der Saale 1992.
Grimme, Adolf, *Briefe*, Heidelberg 1967.
Gross, Babette, *Willi Münzenberg, Eine politische Biographie* (Schriftenreihe der Vierteljahrshefte für Zeitgeschichte), Stuttgart 1967 [Neuausg., Leipzig 1991].
Grunberger, Richard, *The Twelve-Year Reich. A Social History of Nazi Germany*, 1933-1934, New York 1971.
Grunfeld, Frederic, *Prophets without Honour. A Background to Freud, Kafka, Einstein, and Their World*, New York 1996.
Gundel, Hans Georg, Peter Moraw und Volker Press, siehe *Gießener Gelehrte* [...].
Haase, Norbert, *Das Reichskriegsgericht und der Widerstand gegen die nationalsozialistische Herrschaft.* Katalog zur Sonderausstellung der Gedenkstätte Deutscher Widerstand in Zusammenarbeit mit der Neuen Richtervereinigung, Berlin 1993.
Hachmeister, Lutz, *Der Gegnerforscher. Die Karriere des SS-Führers Franz Alfred Six*, München 1998.

Haller, Johannes, *Aus dem Leben des Fürsten Philip zu Eulenburg-Hertefeld*, Berlin 1924.
–, *Philip Eulenburg. The Kaiser's Friend*, New York 1930.
Hamerow, Theodore S., *On the Road to the Wolf's Lair. German Resistance to Hitler*, Cambridge, MasS., 1997.
Hamilton, Richard, *Who Voted for Hitler?*, Princeton 1982.
*Handbuch des Berliner Abendgymnasiums*, 2. Ausg., Berlin 1934.
Hanfstaengl, Ernst, *Unheard Witness*, Philadelphia 1957.
Harnack, Arvid, *Die vormarxistische Arbeiterbewegung in den Vereinigten Staaten. Eine Darstellung ihrer Geschichte*, Jena 1931.
Harnack, Axel von, *Ernst von Harnack 1888-1945. Ein Kämpfer für Deutschlands Zukunft*, Schwenningen 1951.
Harnack, Clara, *An die Lebenden. Lebensbilder und letzte Briefe deutscher Widerstandskämpfer*, Bremen 1960.
Harnack, Gustav Adolf von, *Ernst von Harnack. Jahre des Widerstands 1942-1945*, Pullingen 1989.
Harnack-Fish, Mildred, *Variationen über das Thema Amerika. Studien zur Literatur der USA*, hrsg. von Eberhard Brüning, Berlin und Weimar 1988.
Harrison, Gilbert, *The Enthusiast. A Life of Thornton Wilder*, New York 1983.
Hart, Basil Liddell, *Die Rote Armee*, Bonn 1956.
Hart-Davis, Duff, *Hitler's Games. The 1936 Olympics*, New York 1986.
Hartshorne, Edward, *The German Universities and National Socialism*, Cambridge 1937.
Hassell, Ulrich von, *The Von Hassell Diaries*, London 1948.
–, *Die Hassell-Tagebücher, 1938-1944. Aufzeichnungen vom anderen Deutschland*, Berlin 1988.
Haushofer, Albrecht, *Moabiter Sonette*, Berlin 1975.
Hawthorne, Nathaniel, *Miscellanies. Biographical and Other Sketches*, Boston 1900.
Haynes, John Earl, und Harvey Klehr, *Venona. Decoding Soviet Espionage in America*, New Haven 1999.
Heideking, Jürgen, und Christof Mauch, Hrsg., *American Intelligence and the German Resistance to Hitler*, Boulder 1996.
Henderson, Sir Neville, *Failure of a Mission*, London 1940.
Herf, Jeffrey, *Zweierlei Erinnerung. Die NS-Vergangenheit im geteilten Deutschland*, Berlin 1998.
Herlemann, Beatrix, *Auf verlorenem Posten. Kommunistischer Widerstand im Zweiten Weltkrieg*, Die Knöchel-Organisation, Bonn 1986.
Herman, Stewart W., *The American Church in Berlin. A History*, 1978.
Heym, Stefan, *Nachruf*, München 1988.
Hildebrandt, Rainer, *Wir sind die Letzten. Aus dem Leben des Widerstandskämpfers Albrecht Haushofer und seiner Freunde*, Berlin 1947.
Hilger, Gustav, und Alfred Meyer, *The Incompatible Allies. A Memoir History of German-Soviet Relations, 1918-1941*, New York 1953.
–, *Wir und der Kreml. Deutsch-sowjetische Beziehungen 1918-1941, Erinnerungen eines deutschen Diplomaten*, 2. Aufl., Frankfurt am Main 1956.
Himmler, Heinrich, *Der Dienstkalender Heinrich Himmlers, 1941/42*, Hamburg 1999.
Hitler, Adolf, *Hitler's Secret Conversation, 1941-1944,* mit einer Einführung von Hugh R. Trevor-Roper, New York 1953.

Hitler, [Adolf], *Reden, Schriften, Anordnungen*, hrsg. von Christian Hartmann (Institut für Zeitgeschichte), Bd. 3, Tl. 3, München 1995.
Höhne, Heinz, *Kennwort: Direktor. Die Geschichte der Roten Kapelle*, Frankfurt am Main 1970.
–, *Der Krieg im Dunkel. Macht und Einfluß des deutschen und russischen Geheimdienstes*, Gütersloh 1985.
–, siehe Zolling, Hermann [...].
Hodos, George, *Show Trials. Stalinist Purges in Eastern Europe, 1948-1954*, New York 1987.
Hofer, Walther, siehe *Der Reichstagsbrand*. [...].
–, *Der Reichstagsbrand*, bearbeitet und neu hrsg. von Alexander Bahar, Freiburg im Breisgau 1992.
Hoffmann, Peter, *Klaus Schenk Graf von Stauffenberg und seine Brüder*, 2. Aufl., Stuttgart 1992.
–, *Widerstand, Staatsstreich, Attentat. Der Kampf der Opposition gegen Hitler*, 4. Aufl. (neu überarbeitet und ergänzt), München 1985.
Housden, Martyn, *Resistance and Conformity in the Third Reich*, London 1997.
Howarth, Stephen, *August '39*, San Francisco 1989.
Hull, Isabel, *The Entourage of Kaiser Wilhelm II, 1888-1918*, Cambridge 1981.
Irving, David, *Göring*, München 1987.
–, *Die Tragödie der deutschen Luftwaffe. Aus den Akten und Erinnerungen von Feldmarschall Milch*, Frankfurt am Main und Berlin 1970
Isherwood, Christopher, *The Berlin Stories*, New York 1954.
–, *Christopher and His Kind*, New York 1976. [Deutsche Ausgabe: *Christopher und die seinen*, Berlin 1992.]
Italiaander, Rolf, und Willy Haas, *Berliner Cocktail*, Hamburg 1957.
John, Otto, *Twice through the Lines*, New York 1971.
Johnson, Paul, *Modern Times. The World from the Twenties to the Eighties*, New York 1983.
Jones, Howard Mumford, *The Theory of American Literature*, Ithaca 1965.
Kändler, Klaus, Helga Karolewski und Ilse Siebert, *Berliner Begegnungen. Ausländische Künstler in Berlin 1918 bis 1933, Aufsätze–Bilder–Dokumente*, Berlin 1987.
Kahn, David, *The Codebreakers. The Story of the Secret Writing*, New York 1996.
–, *Hitler's Spies. German Intelligence in World War II*, New York 1978.
Kaltenborn, Carl Jürgen, *Adolf von Harnack als Lehrer Bonhoeffers*, Berlin 1973.
Kaplan, Justin, *Lincoln Steffens. A Biography*, New York 1974.
Kaplan, Karel, *Dans les archives du Comité Central. Trente ans de secrets du bloc soviétique*, Paris 1978.
Kegel, Gerhard, *In den Stürmen unseres Jahrhunderts. Ein deutscher Kommunist über sein ungewöhnliches Leben*, Berlin 1983.
Keitel, Wilhelm, *Generalfeldmarschall Keitel, Verbrecher oder Offizier? Erinnerungen, Briefe, Dokumente*, hrsg. von Walter Görlitz, Göttingen 1961.
Kempowski, Walter, *Das Echolot. Fuga furiosa. Ein kollektives Tagebuch Winter 1945 [Januar und Februar]*, Bd. 1-4, München 1999.
–, *Das Echolot. Barbarossa '41. Ein kollektives Tagebuch*, München 2002.
Kempton, Murray, *Part of Our Time. Some Monuments and Ruins of the Thirties*, New York 1955.
Kennan, George F., *Memoiren eines Diplomaten*, Stuttgart 1968.

Kennedy, Richard S., und Paschal Reeves, siehe Thomas Wolfe, *The Notebooks* [...].
Kern, Erich, *Verrat an Deutschland. Spione und Saboteure gegen das eigene Vaterland*, Göttingen 1963.
Kershaw, Ian, *Hitler.* [Bd. 1] 1889-1936, Stuttgart 1998.
–, *Hitler.* [Bd. 2] 1936-1945, Stuttgart 2000.
Kessler, Harry Graf, *Tagebücher 1918-1937*, Frankfurt am Main 1961.
Kiaulehn, Walther, *Berlin. Schicksal einer Weltstadt*, München 1958.
Klemperer, Klemens von, *Die verlassenen Verschwörer. Der deutsche Widerstand auf der Suche nach Verbündeten 1938-1945*, Berlin 1994.
Klemperer, Victor, *Ich will Zeugnis ablegen bis zum letzten. Tagebücher 1933-1945*, Bd. 1-2, Berlin 1995.
Knight, Amy, *Who Killed Kirov? The Kremlin's Greatest Mystery*, New York 1999.
Knightley, Phillip, *The Master Spy. The Story of Kim Philby*, New York 1989.
Koch, Stephen, *Double Lives*, New York 1994.
Koestler, Arthur, *Die Geheimschrift. Bericht eines Lebens 1932-1940* [Tl. 2], Wien und München 1955.
–, siehe *Ein Gott, der keiner war.* [...].
–, *Pfeil ins Blaue. Bericht eines Lebens 1905-1931* [Tl. 1], Wien und München 1953.
Koonz, Claudia, *Mothers in the Fatherland*, New York 1987.
Korolkow, Jun, *Die innere Front*, Berlin 1974.
Kraushaar, Luise, *Berliner Kommunisten im Kampf gegen den Faschismus*, 1936-1942, Berlin 1981.
–, siehe *Deutsche Widerstandskämpfer 1933-1945.* [...].
Krivitsky, Walter G., *In Stalin's Secret Service*, New York 1939.
Kuckhoff, Adam, *Traditionen und Aufgaben*, hrsg. von Karlheinz Jackstel, Halle an der Saale 1977.
Kuckhoff, Greta, *Adam Kuckhoff zum Gedenken. Novellen, Gedichte, Briefe*, Berlin 1946.
–, *Vom Rosenkranz zur Roten Kapelle - Ein Lebensbericht*, Berlin 1972 und 1986.
Kuczynski, Jürgen, *Dialog mit meinem Urenkel. Neunzehn Briefe und ein Tagebuch*, Berlin 1983.
–, *Memoiren. Die Erziehung des J. K. zum Kommunisten und Wissenschaftler*, Berlin 1983.
Kurtz, Peter, *American Cassandra. The Life of Dorothy Thompson*, Boston 1990.
Laack-Michel, Ursula, *Albrecht Haushofer und der Nationalsozialismus*, Stuttgart 1974.
Lamb, Richard, *Der verfehlte Frieden. Englands Außenpolitik 1935-1945*, Frankfurt am Main und Berlin 1989.
Lamphere, Robert J., und Tom Schachtman, *The FBI-KGB War. A Special Agent's Story*, New York 1986.
Langer, Elinor, *Josephine Herbst*, Boston 1984.
Laqueur, Walter, *Stalin. Abrechnung im Zeichen von Glasnost*, München 1990.
–, *Weimar. Die Kultur der Republik*, Frankfurt am Main und Berlin 1989.
Large, David C., Hrsg., *Contending with Hitler. Varieties of German Resistance in the Third Reich*, Cambridge 1991.
Latimer, Margery, *Guardian Angel and Other Stories*, New York 1932.
–, *This Is My Body*, New York 1930.

Leber, Annedore, siehe *Das Gewissen steht auf.* [...].
Leibholz-Bonhoeffer, Sabine, *Vergangen, erlebt, überwunden. Schicksale der Familie Bonhoeffer*, 6. Aufl., Gütersloh 1990.
Lenz, Friedrich, *Wirtschaftsplanung und Planwirtschaft*, Berlin 1948.
Leonard, William Ellery, *The Locomotive God*, New York 1917.
–, *Poems 1914-1916*, Selbstverlag 1916.
–, *Two Lives*, London 1940.
Leonhard, Wolfgang, *Die Revolution entläßt ihre Kinder*, Köln 1990.
Lesy, Michael, *Wisconsin Death Trip*, New York 1973.
Leverkuehn, Paul, *German Military Intelligence*, London 1954.
Lewis, Flora, *Red Pawn. The Story of Noel Field*, New York 1965.
*Lexikon des deutschen Widerstandes*, hrsg. von Wolfgang Benz und Walter H. Pehle, Frankfurt am Main 1994.
*Lexikon des Widerstandes 1933-1945*, hrsg. von Peter Steinbach und Johannes Tuchel, 2. Aufl., München 1998.
Lochner, Louis P., *Always the Unexpected*, New York 1956.
–, *What about Germany?,* New York 1942.
Loring, Allison, *Frauen. German Women Recall the Third Reich*, New Brunswick 1993.
Louis Ferdinand, *Prinz von Preußen, The Rebel Prince*, New York 1951.
MacKinnon, Janice, und Stephen MacKinnon, *Agnes Smedley. The Life and Times of an American Radical*, Berkeley 1988.
Maclean, Fitzroy, *Eastern Approaches*, London 1951.
McKinsey, Elizabeth, *Niagara Falls. Icon of the American Sublime*, New York 1985.
Magi, Aldo P., und Richard Walser, siehe Thomas Wolfe, *Interviewed* [...].
Maier, Charles S., *The Unmasterable Past. History, Holocaust and German National Identity*, Cambridge, MasS., 1988.
Malek-Kohler, Ingeborg, *Im Windschatten des Dritten Reiches*, Freiburg 1986.
Malone, Henry O., *Adam von Trott zu Solz. Werdegang eines Verschwörers, 1909-1938*, Berlin 1986.
Mandell, Richard D., *The Nazi Olympics*, New York 1971.
Mann, Golo, *Erinnerungen und Gedanken. Eine Jugend in Deutschland*, Frankfurt am Main 1986.
Manvell, Roger, und Heinrich Fraenkel, *The Canaris Conspiracy*, New York 1969.
Massing, Hede, *This Deception*, New York 1951.
Masur, Gerhard, *Das kaiserliche Berlin*, München 1971.
Maxwell, Margaret, *Narodniki Women*, New York 1990.
Meehan, Patricia, *The Unnecessary War*, London 1992.
Mendelssohn, Peter de, *Zeitungsstadt Berlin. Menschen und Mächte in der Geschichte der deutschen Presse*, erweiterte Aufl., Berlin 1982.
Merson, Alan, *Communist Resistance in Nazi Germany*, New York 1984.
Metcalfe, Philip, *1933*, Sag Harbor 1988.
Meyer, Ernest L., *Bucket Boy. A Milwaukee Legend*, New York 1947.
–, *Making Light of the Times*, Madison 1928.
Milwaukee Public Schools, *Our Roots Grow Deep*, Milwaukee 1968.
Mitgang, Herbert, *Dangerous Dossiers*, New York 1989.
Modin, Yuri, *My Cambridge Friends*, New York 1994.

Molkenbur, Norbert, und Klaus Hörhold, *Oda Schottmüller. Tänzerin, Bildhauerin, Antifaschistin. Eine Dokumentation*, Berlin 1983.
Mommsen, Hans, *Von Weimar nach Auschwitz. Zur Geschichte Deutschlands in der Weltkriegsepoche*, Stuttgart 1999.
Morley, Felix, *For the Record*, New York 1979.
Morros, Boris, *My Ten Years as a Counterspy*, New York 1959.
Moss, Norman, *Klaus Fuchs. The Man Who Stole the Atom Bomb*, New York 1987.
Mosse, George L., *Ein Volk, ein Reich, ein Führer. Die völkischen Ursprünge des Nationalsozialismus*, Königstein im Taunus 1979.
–, *Der nationalsozialistische Alltag. So lebte man unter Hitler*, Königstein im Taunus 1978.
Mowrer, Edgar Ansel, *Germany Puts the Clock Back*, New York 1939.
Mowrer, Lillian, *Journalist's Wife*, New York 1939.
Muggeridge, Malcolm, *Chronicles of Wasted Time*, Teil 1: *The Green Stick*, London 1972.
Müller, Ingo, *Hitler's Justice. The Courts of the Third Reich*, Cambridge 1991.
Müller, Josef, *Bis zur letzten Konsequenz. Ein Leben für Frieden und Freiheit*, München 1975.
Musser, Frederick O., *The History of Goucher College, 1930-1985*, Baltimore 1990.
Nekritsch, Alexander, und Pjotre Grigorenko, *Genickschuss. Die Rote Armee am 22. Juni 1941*, Wien und Frankfurt am Main 1969.
Nicosia, Francis R., siehe *Germans against Nazism* [...].
Niekisch, Ernst, *Erinnerungen eines deutschen Revolutionärs*, Bd. 1: *Gewagtes Leben 1889-1945*, Köln 1974.
Noakes, J., und G. Pridham, Hrsg., *Nazism. The Rise to Power*, Bd. 1, Exeter 1983.
Nollau, Günter, und Ludwig Zindel, *Gestapo ruft Moskau. Sowjetische Fallschirmagenten im 2. Weltkrieg*, München 1979.
Nowell, Elizabeth, siehe Thomas Wolfe, *The Letters* [...].
–, *Thomas Wolfe. A Biography*, Garden City 1960.
Oleschinski, Brigitte, *Gedenkstätte Plötzensee*, hrsg. von der Gedenkstätte Deutscher Widerstand, 2. Aufl., Berlin 1995.
Oliner, Samuel und Pearl M. Oliner, *The Altruistic Personality. Rescuers of Jews in Nazi Europe*, New York 1988.
Orlov, Alexander, *A Handbook of Intelligence and Guerrilla Warfare*, Ann Arbor 1962.
–, *The Secret History of Stalin's Crimes*, New York 1954.
Overy, Richard J., *War and Economy in the Third Reich*, Oxford 1994.
Pauck, Wilhelm, *Harnack and Troeltsch. Two Historical Theologians*, New York 1968.
Paul, Elfriede, *Ein Sprechzimmer der Roten Kapelle*, Berlin 1987.
Pechel, Rudolf, *Deutscher Widerstand*, Erlenbach 1947.
Perrault, Gilles, *Auf den Spuren der Roten Kapelle*, Wien und München 1994.
Persico, Joseph, *Piercing the Reich. The Penetration of Nazi Germany by American Secret Agents during World War II*, New York 1979.
Petrow, Wladimir, siehe Nekritsch, Alexander [...].
Peukert, Detlev J. K., *Inside Nazi Germany. Conformity, Opposition and Racism in Everyday Life*, New Haven 1987.
Picker, Henry, *Hitlers Tischgespräche im Führerhauptquartier*, eingeleitet von Percy Ernst Schramm, Stuttgart 1963.

Picker, Henry, und Heinrich Hoffman, *Hitlers Tischgespräche im Bild*, Oldenburg 1969.

Piekalkiewicz, Janusz, *Weltgeschichte der Spionage*, München 1988.

Pincher, Chapman, *Their Trade Is Treachery*, London 1981.

–, *Too Secret Too Long*, New York 1984.

–, *Traitors. The Anatomy of Treason*, New York 1987.

Poelchau, Harald, *Die letzten Stunden. Erinnerungen eines Gefängnispfarrers*, Berlin 1949 [Neuausg., Köln 1987].

–, *Die Ordnung der Bedrängten. Autobiographisches und Zeitgeschichtliches seit den zwanziger Jahren*, Berlin 1963.

Porter, Katherine Anne, *The Never Ending Wrong*, Boston 1977.

Prittie, Terence, *Deutsche gegen Hitler. Eine Darstellung des deutschen Widerstands gegen den Nationalsozialismus während der Herrschaft Hitlers*, Tübingen 1965.

Radó, Sándor, *Dora meldet*, Berlin 1974.

Radzinsky, Edvard, *Stalin*, New York 1966.

Rakosi, Carl, *The Collected Prose of Carl Rakosi*, Orono 1983.

Read, Anthony, und David Fisher, *The Deadly Embrace. Hitler, Stalin and the Nazi-Soviet Pact, 1939-1941*, New York 1988.

–, *Operation Lucy*, New York 1981.

*Der Reichstagsbrand. Eine wissenschaftliche Dokumentation*, hrsg. von Walther Hofer, Bd. 1-2, Berlin 1972 und München 1978.

Regler, Gustav, *The Owl of Minerva. The Autobiography of Gustav Regler*, New York 1960.

Reitlinger, Gerald, *Die SS. Tragödie einer deutschen Epoche*, München 1957.

*Resistance against the Third Reich*, 1933–1990, hrsg. von Michael Geyer und John W. Boyer, Chicago 1994.

Ribbentrop, Annelies von, *Die Kriegsschuld des Widerstandes. Aus britischen Geheimdokumenten, 1938/39*, Leoni am Starnbergersee 1975.

Rickett, Peggy, *Sketches from My Life*, Privately printed, n.d.

Ringer, Fritz, *The Decline of the German Mandarins. The German Academic Community, 1890-1933*, Cambridge 1969.

Ripley, LaVerne J., *The German Americans*, Boston 1976.

Ritter, Gerhard, *Carl Goerdeler und die deutsche Widerstandsbewegung*, 4. Aufl., Stuttgart 1984 [Erstausgabe Stuttgart 1954].

Robins, Nathalie, *Alien Ink. The FBI's War on Freedom of Expression*, New York 1992.

Roeder, Manfred, *Die Rote Kapelle*, Hamburg 1951.

Romerstein, Herbert, und Stanislav Levchenko, *The KGB against the Main Enemy. How the Soviet Intelligence Service Operates against the United States*, Lexington 1989.

Roon, Ger van, Hrsg., *Europäischer Widerstand im Vergleich. Die Internationalen Konferenzen Amsterdam*, Berlin 1985.

–, *Neuordnung im Widerstand. Der Kreisauer Kreis innerhalb der deutschen Widerstandsbewegung*, München 1967.

–, *Widerstand im Dritten Reich. Ein Überblick*, 6. Aufl., München 1994.

Rosenbaum, Alan S., *Prosecuting Nazi War Criminals*, Boulder 1993.

Rositzke, Harry, *The CIA's Secret Operations*, New York 1977.

Rosiejka, Gert, *Die Rote Kapelle. Landesverrat als antifaschistischer Widerstand*, Hamburg 1986.

*Die Rote Kapelle im Widerstand gegen den Nationalsozialismus*, hrsg. von Hans Coppi, Jürgen Danyel und Johannes Tuchel [Schriften der Gedenkstätte Deutscher Widerstand], Berlin 1994. [Siehe Aufsätze: Tuchel, Die Gestapo-Sonderkommission [...]; Brysac, Mildred and Arvid Harnack [...]; Chawkin, Coppi und Zorja, Russische Quellen [...]; Haase, Der Fall Rote Kapelle [...]; Herlemann, Die Rote Kapelle [...].
Rothfels, Hans, *Die deutsche Opposition gegen Hitler*, Zürich 1994 [Erstausgaben englisch 1948, deutsch 1949].
Rovere, Richard, *Senator Joe McCarthy*, New York 1959.
Rückerl, Adalbert, *NS-Verbrechen vor Gericht. Versuch einer Vergangenheitsbewältigung*, 2. Aufl., Heidelberg 1984.
Rürup, Reinhard, siehe *Topographie des Terrors* [...].
Russell, Francis, *Sacco and Vanzetti. The Case Resolved*, New York 1986.
Sahm, Ulrich, *Rudolf von Scheliha, 1897-1942. Ein deutscher Diplomat gegen Hitler*, München 1990.
Salomon, Ernst von, *Der Fragebogen*, Hamburg 1951 [zahlreiche Neuaufl.].
Sandvoß, Hans-Rainer, *Widerstand in Mitte und Tiergarten* (Schriftenreihe Widerstand in Berlin 1933-1945, Bd. 8), Berlin 1994.
–, *Widerstand in Neukölln* (Schriftenreihe Widerstand in Berlin 1933-1945, Bd. 4), Berlin 1990.
Sanford, Gregory, *From Hitler to Ulbricht. The Communist Reconstruction of East Germany, 1945-1946*, Princeton 1983.
Schäfer, Hans Dieter, *Berlin im Zweiten Weltkrieg*, München 1985.
Scheel, Heinrich, *Schulfarm Insel Scharfenberg*, Berlin 1990.
–, *Vor den Schranken des Reichskriegsgerichts. Mein Weg in den Widerstand*, Berlin 1993.
Schellenberg, Walter, *Aufzeichnungen. Die Memoiren des letzten Geheimdienstchefs unter Hitler*, Wiesbaden und München 1979.
Schilde, Kurt, siehe Buch, Eva-Maria, *Eva-Maria Buch und die «Rote Kapelle»*, [...].
Schlabrendorff, Fabian von, *Offiziere gegen Hitler*, neue, durchgesehene und erweiterte Ausgabe von Walter Bußmann, Berlin 1984 [Erstausgabe Zürich 1946].
Schneider, Ulrich, *Marburg, 1933-1945. Arbeiterbewegung und Bekennende Kirche gegen den Faschismus*, Frankfurt am Main 1980.
Schönemann, Friedrich, *Amerikakunde. Eine zeitgemäße Forderung*, Bremen 1921.
Schramm, Wilhelm Ritter von, *Der Geheimdienst in Europa 1937 bis 1945*, 3. Aufl., München 1979.
–, *Verrat im Zweiten Weltkrieg*, Düsseldorf 1967.
Schröter, Heinz, *Stalingrad*, Berlin 1961.
Schukow, Georgi K., *Erinnerungen und Gedanken*, Stuttgart 1969.
Schulze-Boysen, Harro, *Dieser Tod passt zu mir. Harro Schulze-Boysen – Grenzgänger im Widerstand, Briefe 1915 bis 1942*, hrsg. von Hans Coppi und Geertje Andresen, Berlin 1999.
Sears, John F., *Sacred Places. American Tourist Attractions in the Nineteenth Century*, New York 1989.
Serge, Victor, *Beruf: Revolutionär, Erinnerungen*, Frankfurt am Main 1967.
Shirer, William L., *Aufstieg und Fall des Dritten Reichs*, Köln 1961.
–, *Berliner Tagebuch, Aufzeichnungen 1934-1941*, Leipzig und Weimar 1991.

–, *Das Ende, 1944-1945*, Leipzig 1994.
–, *Das Jahrzehnt des Unheils. Meine Erlebnisse und Erfahrungen in Deutschland und Europa 1930-1940*, Bern und München 1989.
Sieg, John, *Einer von Millionen spricht. Skizzen, Erzählungen, Reportagen, Flugschriften*, Berlin 1989.
Simpson, Christopher, *Blowback*, New York 1988.
Slaughter, Gertrude, *Only the Past Is Ours*, New York 1963.
Slaughter, Jane, und Robert Kern, Hrsg., *European Women on the Left. Socialism, Feminism and the Problems Faced by Political Women, 1880 to the Present*, Westport 1981.
Smith, Howard K., *Last Train from Berlin*, New York 1942.
Smith, Truman, *Berlin Alert. The Memoirs and Reports of Truman Smith*, Stanford 1984.
Spender, Stephen, *World within World*, New York 1978.
Springer, Anne M., *The American Novel in Germany*, Hamburg 1960.
*Stalin and his Generals. Soviet Military Memoirs of World War 2*, hrsg. von Seweryn Bialer, New York 1969 und Boulder 1984.
Steinbach, Peter, und Johannes Tuchel, siehe *Lexikon des Widerstandes* [...].
–, siehe *Widerstand gegen den Nationalsozialismus* [...].
–, siehe *Widerstand in Deutschland* [...].
Steinberg, Michael, *Sabers and Brown Shirts. The German Student? Path to National Socialism, 1918-35*, Chicago 1977.
Stephenson, Jill, *Women in Nazi Society*, London 1975.
Stern, Fritz, *Einstein's German World*, Princeton 1999.
–, *Kulturpessimismus als politische Gefahr. Eine Analyse nationaler Ideologien in Deutschland*, Bern und Stuttgart 1963.
–, *Der Traum vom Frieden und die Versuchung der Macht. Deutsche Geschichte im 20. Jahrhundert*, 2. Aufl., Berlin 1988.
Still, Bayrd, *Milwaukee. The History of a City*, Madison 1948.
*Ein Stück Wirklichkeit mehr. Zum 25. Jahrestag der Ermordung von Adam Kuckhoff*, hrsg. von Gerald Wiemers, Berlin 1968.
Sudoplatov, Pavel, und Anatoli Sudoplatov mit Jerrold L. und Leona P. Schechter, *Special Tasks*, Boston 1994.
Suvorov, Viktor, *Ice Breaker. Who Started the Second World War?*, London 1990.
–, *Soviet Military Intelligence*, London 1986.
Sykes, Christopher, *Adam von Trott. Eine deutsche Tragödie*, Düsseldorf und Köln 1969.
Tarrant, V. E., *The Red Orchestra. The Soviet Spy Network inside Nazi Europe*, New York 1995.
Tau, Max, *Auf dem Weg zur Versöhnung*, Hamburg 1968.
–, *Ein Flüchtling findet sein Land*, Hamburg 1964.
–, *Das Land, das ich verlassen mußte*, Hamburg 1961.
Taylor, A. J. P., *The Origins of the Second World War*, New York 1961.
Taylor, James, und Warren Shaw, *The Third Reich Almanac*, New York 1987.
Tetens, T. H., *The New Germany and the Old Nazis*, London 1961.
Thomas, Hugh, *Der spanische Bürgerkrieg*, Berlin 1962.
Tobias, Fritz, *Der Reichstagsbrand*, Rastatt 1962.
Tomin, Valentin, und Stefan Grabowski, *Die Helden der Berliner Illegalität*, Berlin 1967.

*Topographie des Terrors. Gestapo, SS und Reichssicherheitshauptamt auf dem Prinz-Albrecht-Gelände*, hrsg. von Reinhard Rürup, 13. Aufl., Berlin 2001 [1. Aufl. 1987].
Trepper, Leopold, *Die Wahrheit. Autobiographie des Grand Chef der Roten Kapelle*, Freiburg im Breisgau 1995 [Nachdruck von Trepper, *Die Wahrheit*, München 1975].
Trevor-Roper, Hugh R., siehe Hitler, Adolf, *Hitler's sekret Conversation* [...].
Tuchel, Johannes, und Reinhold Schattenfroh, *Zentrale des Terrors. Prinz-Albrecht-Straße 8: Hauptquartier der Gestapo*, Berlin 1987.
Tucker, Robert C., *Stalin in Power. The Revolution from Above, 1928-1941*, New York 1990.
–, und Stephen Cohen, Hrsg., *The Great Purge Trials*, New York 1965.
Turel, Adrian, *Ecce Superhomo*. Self-published, n.d.
Turner, Henry Ashby, *Germany from Partition to Reunification*, New Haven 1992.
–, *Die Großunternehmen und der Aufstieg Hitlers*, Berlin 1985.
–, *Hitlers Weg zur Macht. Der Januar 1933*, München 1997.
Voegelin, Erich, *Über die Form des amerikanischen Geistes*, Tübingen 1918.
Wahl, Volker, *Jena als Kunststadt, 1900-1933*, Leipzig 1988.
Waller, John, *The Unseen War in Europe*, New York 1996.
Weinstein, Allen, und Alexander Vassiliev, *The Haunted Wood*, New York 1999.
Weisenborn, Günther, *Die Clowns von Avignon und Klopfzeichen. Zwei nachgelassene Stücke*, Berlin 1981.
–, *Die Illegalen. Drama aus dem deutschen Widerstand*, in: Weisenborn, *Historien der Zeit*, Berlin 1947.
–, *Der lautlose Aufstand. Bericht über die Widerstandsbewegung des deutschen Volkes, 1933-1945*, Frankfurt am Main 1953.
–, *Memorial*, Frankfurt am Main 1977 [Erstausg. Berlin 1948].
–, und Joy Weisenborn, *Einmal laß mich traurig sein. Briefe, Lieder, Kassiber, 1942-1943*, Zürich 1984.
Weiss, Peter, *Die Ästhetik des Widerstands*, Bd. 1-3, Frankfurt am Main 1981/82.
–, *Notizbücher. 1960-1971*, Bd. 1-2, Frankfurt am Main 1982.
–, *Notizbücher. 1971-1980*, Bd. 1-2, Frankfurt am Main 1981.
Welles, Sumner, *Jetzt oder nie!*, Stockholm [bei Beermann-Fischer] 1944.
Wells, John, *This Is Milwaukee*, Garden City 1970.
Werner, Ruth, *Sonyas Rapport*, Berlin 1977.
Werth, Alexander, *Rußland im Krieg. 1941-1945*, München 1965.
West, Rebecca, *The New Meaning of Treason*, New York 1964.
–, *Selected Letters*, hrsg. von Bonnie Kime Scott, New Haven 2000.
–, *A Train of Powder*, London 1955.
Whaley, Burton, *Codeword Barbarossa*, Cambridge 1974.
Wheeler-Bennet, John W., *Die Nemesis der Macht. Die deutsche Armee in der Politik 1918-1945*, Düsseldorf 1954.
Whitney, Craig R., *Spy Trader. Germany's Devil's Advocate and the Darkest Secrets of the Cold War*, New York 1993.
Whymant, Robert, und Richard Sorge. *Der Mann mit den drei Gesichtern*, Hamburg 1999.
*Widerstand. Ein Problem zwischen Theorie und Geschichte*, hrsg. von Peter Steinbach, Köln 1987.
*Widerstand gegen den Nationalsozialismus*, hrsg. von Peter Steinbach und Johannes

Tuchel, Schriften der Bundeszentrale für politische Bildung, Bd. 323, Bonn 1994.
*Der Widerstand gegen den Nationalsozialismus. Die deutsche Gesellschaft und der Widerstand gegen Hitler*, hrsg. von Jürgen Schmädeke und Peter Steinbach, München und Zürich 1985.
*Widerstand im Dritten Reich. Probleme, Ereignisse, Gestalten*, hrsg. von Hermann Graml, Frankfurt am Main 1984.
*Widerstand in Deutschland, 1933-1945. Ein historisches Lesebuch*, hrsg. von Peter Steinbach und Johannes Tuchel, München 1994.
*Widerstandsgruppe Schulze-Boysen/Harnack. Männer und Frauen des illegalen antifaschistischen Kampfes* [verfasst von Klaus Lehmann], Berlin 1948.
Wiemers, Gerard, siehe *Ein Stück Wirklichkeit mehr.* [...].
Williams, Robert Chadwell, *Klaus Fuchs. Atom Spy*, Cambridge 1987.
Wilson, Edmund, *The American Earthquake*, Garden City 1958.
–, *Red, Black, Blond and Olive. Studies in Four Civilizations: Zuni, Haiti, Soviet Russia, Israel,* New York 1956.
–, *Travels in Two Democracies*, New York 1936.
Winks, Robin, Cloak und Gown. *Scholars in the Secret War, 1939-1961*, New York 1987.
Wolfe, Thomas, *Es führt kein Weg zurück*, Hamburg 1950.
–, *Interviewed, 1929-1938*, hrsg. von Aldo P. Magi und Richard Walser, Baton Rouge 1985.
–, *The Letters of Thomas Wolfe*, hrsg. von Elizabeth Nowell, New York 1956.
–, *The Notebooks of Thomas Wolfe*, hrsg. von Richard S. Kennedy und Paschal Reeves, Chapel Hill, N. C., 1970.
–, *Nun will ich dir was sagen...*, [das ist das VI. Buch des Romans *Es führt kein Weg zurück,* Hamburg 1950].
–, *Uns bleibt die Erde. Die Geschichte eines Romans*, Hamburg 1951.
Wolkogonow, Dimitri, *Stalin. Triumph und Tragödie*, Düsseldorf 1989.
Wolton, Thierry, *Le grand recrutement*, Paris 1993.
–, *Le KGB en France*, Paris 1986.
WPA, Wisconsin. *A Guide to the Badger State*, New York 1941.
Zahn-Harnack, Agnes von, *Adolf von Harnack*, 2. Aufl. Berlin 1951.
Zarew, Oleg und John Costello, *Der Superagent. Der Mann, der Stalin erpreßte*, 2. Aufl., Wien 1993.
[Zehnter] *10. Mai 1933, Bücherverbrennung in Deutschland und ihre Folgen*, hrsg. von Ulrich Walberer, Frankfurt am Main 1983.
Zeller, Eberhard, *Geist der Freiheit. Der zwanzigste Juli*, München 1963.
Zhukov, Georgi K., siehe Schukow, Georgi K. [...].
Zoller, Albert, *Hitler privat. Erlebnisbericht seiner Geheimsekretärin*, Göttingen 1964.
Zolling, Hermann, und Heinz Höhne, *Pullach intern. General Gehlen und die Geschichte des Bundesnachrichtendienstes*, Hamburg 1971.
[Zwanzigster] *20. Juli 1944*, hrsg. von Hans-Adolf Jacobsen und Erich Zimmermann [zahlreiche Aufl.], Bonn 1969.

## AUFSÄTZE


Anderhub, Andreas, Die Gießener Studenten in der Schlußphase der Weimarer Republik oder wie Mildred und Arvid Harnack zu Gegnern des Nationalsozialismus wurden, in: *Mitteilungen des Oberhessischen Geschichtsvereins*, 65, 1980.

Andrews, Dorothea, Martyr Held Type of DAR Sterner Stuff. Mildred F. Harnack, Nazi Victim, Is Paid Tribute at Services, in: *Washington Post*, April 24, 1948.

Eine Armee stirbt durch Verrat, in: *Der Hausfreund in Stadt und Land*, November-Dezember 1951.

Astor, David, Why the Revolt against Hitler was Ignored. On the British Reluctance to Deal with German Anti-Nazis, in: *Encounter*, 6, 1996.

Baum, Marie, Zum Gedächtnis von Arvid und Mildred Harnack, in: *Rhein-Main-Zeitung*, 27.-28. Dezember 1951.

Beck, Maria-Dorothea, Erinnerungen an Mildred Harnack, in: *Die Andere Zeitung*, 14. September 1967.

Besymenski, Lew, Geheimmission in Stalins Auftrag? David Kandelski und die sowjetisch-deutschen Beziehungen Mitte der dreißiger Jahre, in: *Vierteljahrshefte für Zeitgeschichte*, 40, 1992.

Brüning, Eberhard, Berlin als persönliche Erfahrung und literarischer Gegenstand amerikanischer Schriftsteller (1890 bis 1940), in: *Sitzungsberichte der Akademie der Wissenschaften der DDR*, 2, 1988.

–, Mildred Harnack-Fish als Literaturwissenschaftlerin, in: *Sitzungsberichte der Akademie der Wissenschaften der DDR*, 1983.

–, Mildred Harnack - eine mutige Antifaschistin, die im Kampf für eine gerechte Sache ihr Leben ließ, in: *Neuer Tag*, 10. September 1981.

–, Zwei Professionen einer Frau. Mildred Harnack-Fish – Antifaschistin und Literaturwissenschaftlerin, in: *Spectrum*, 2, 1982.

Brysac, Shareen Blair, Die innere Front gegen Hitler, in: *Der Tagesspiegel*, 2. Februar 1993.

–, She Spied, but Hitler Was the Traitor, in: *New York Times*, 20. Februar 1993.

–, Mildred and Arvid Harnack. The American Connection, in: *Die Rote Kapelle im Widerstand gegen den Nationalsozialismus*, hrsg. von Hans Coppi, Jürgen Danyel und Johannes Tuchel [Schriften der Gedenkstätte Deutscher Widerstand], Berlin 1994.

Buschmann, Hugo, De la résistance au défaitisme, in: *Les Temps modernes*, 46-47 (August-September), 1949.

Chawkin, Boris, Hans Coppi und Juri Zorja, Russische Quellen zur Roten Kapelle, in: *Die Rote Kapelle im Widerstand gegen den Nationalsozialismus*, hrsg. von Hans Coppi, Jürgen Danyel und Johannes Tuchel [Schriften der Gedenkstätte Deutscher Widerstand], Berlin 1994.

Coolidge, Calvin, Enemies of the Republic, in: *Delineator*, Juni 1912.

Coppi, Hans, Das Gesicht des Helden, in: *Süddeutsche Zeitung*, 20./21. April 1996.

–, Gespräche über die Rote Kapelle, in: *Die Weltbühne*, 9, 1989.

–, Die «Rote Kapelle» – ein Geschichtsbild verändert sich, in: *Geschichte Erziehung Politik*, 7-8, 1994.

–, Die «Rote Kapelle» im Spannungsfeld von Widerstand und nachrichten-

dienstlicher Tätigkeit. Der Trepper-Report vom Juni 1943, in: *Vierteljahrshefte für Zeitgeschichte*, 44, 1996.
–, Schokoreklame tarnte Flugblätter. Die Gestapo bezeichnete Schulze-Boysen/Harnack-Gruppe als «Rote Kapelle», in: *Junge Welt*, 22. Dezember 1967.
–, Der Spion, der den Tod brachte, in: *Süddeutsche Zeitung*, 13.-14. Juli 1996.
Coppi, Hans, und Jürgen Danyel, Abschied von den Feindbildern, in: *Eva-Maria Buch und die «Rote Kapelle»*, hrsg. von Kurt Schilde, 2. Aufl., Berlin 1993.
Davies, Peter, No Nameless Heroes, in: *Christian Century*, 16. April 1975.
D.C. Woman Was Beheaded on Hitler's Order, Husband Executed on Christmas Eve of 1942, in: *Washington Times Herald*, 3. Dezember 1947.
Dissel, Werner, Harro Schulze-Boysen. Freier, streitbarer Geist, in: *Junge Welt*, 2.-3. September 1989.
Don't Write – Never Forget Me, in: *Wisconsin Alumnus*, Dezember 1947.
Falkowski, Hrsg., Berlin in Crimson, in: *New Masses*, März 1930.
Frauen im roten Spiel, in: *Heidebote*, 1951.
Garson, Sandra, Better Not Write but Don't Forget Me, in: *Wisconsin Alumnus*, Mai-Juni 1986.
Gittler, L. F., Ambassador Extraordinary: A Close-up Portrait of William E. Dodd, in: *Survey Graphic*, Juli 1938.
Graml, Hermann, Der Fall Oster, in: *Vierteljahrshefte für Zeitgeschichte*, 14, 1966.
Haase, Norbert, Der Fall «Rote Kapelle» vor dem Reichskriegsgericht, in: *Die Rote Kapelle im Widerstand gegen den Nationalsozialismus*, hrsg. von Hans Coppi, Jürgen Danyel und Johannes Tuchel [Schriften der Gedenkstätte Deutscher Widerstand], Berlin 1994.
Grimme, Adolf, Rote Agenten mitten unter uns, Brief an den Redakteur, in: *Stern*, 20, 1951.
Harnack, Axel von, Arvid und Mildred Harnack. Erinnerungen an ihren Prozeß 1942/43, in: *Die Gegenwart*, 31. Januar 1947.
Harnack, Clara [gestorben 1962], Unermüdlicher Streiter für die Menschenrechte. Die Mutter Arvid Harnacks über ihren Sohn und die Schwiegertochter Mildred, in: *Neues Deutschland*, 17./18. Dezember 1977.
Havemann, Ingeborg, Mildred Harnack. Eine Erinnerung, in: *Heute und Morgen*, 2, 1950.
Hayes, Elliot, Harnack Deaths Covered Trail of German Horde, in: *Washington Evening Star*, 4. Dezember 1947.
Herlemann, Beatrix, Die Rote Kapelle und der kommunistische Widerstand, in: *Die Rote Kapelle im Widerstand gegen den Nationalsozialismus*, hrsg. von Hans Coppi, Jürgen Danyel und Johannes Tuchel [Schriften der Gedenkstätte Deutscher Widerstand], Berlin 1994.
Hitler Beheaded American Woman as a Personal Reprisal in 1943, in: *New York Times*, 1. Dezember 1947.
Hofmann, Hermann, Kein Spionagering für die Sowjetunion, in: *Frankfurter Allgemeine Zeitung*, 8. Juni 1993.
Holborn, Hajo, A Wilsonian in Hitler's Realm, in: *Yale Review*, Frühling 1941.
Holman, C. Hugh, Thomas Wolfe's Berlin, in: *Saturday Review*, 11. März 1967.
Hunter, John Patrick, Germany Shouldn't Forget State Heroine, in: *Capital Times*, 2. März 1993.
Ihde, Horst, Mildred Harnacks wissenschaftliches Erbe, in: *Neues Deutschland*, 6. Mai 1989.

Kappstein, Theodor, Review of Adolf von Harnack, by Agnes von Zahn-Harnack, in: *Die Literatur,* 38, Nr. 11, 1936.
Kraushaar, Luise, Als Kundschafter und Kämpfer im Widerstand, in: *Neues Deutschland*, 2./3. Mai 1981.
Kuckhoff, Greta, Ein Abschnitt des deutschen Widerstandskampfes, in: *Die Weltbühne*, 3-4, 1948.
–, Arvid Harnack, in: *Die Weltbühne*, 44, 1969.
–, Jenseits der Front, in: *Neue Zeit*, 22, 1965.
–, Meine Freundin Mildred. Einer tapferen Frau zum Gedächtnis, in: *Berliner Zeitung*, 11. Mai 1947.
–, Rote Kapelle, in: *Aufbau. Kulturpolitische Monatsschrift*, 4, 1948.
Kuckhoff, Greta, «Und ich habe Deutschland so geliebt». In memoriam Mildred Harnack-Fish, in: *Ein Stück Wirklichkeit mehr. Zum 25. Jahrestag der Ermordung von Adam Kuckhoff*, hrsg. von Gerald Wiemers, Berlin 1968.
Lamb, Richard, How Hitler Might Have Been Stopped. Review of *The Unnecessary War* by Patricia Meehan, in: *Spectator*, 5. September 1991.
Ledig-Rowohlt, Heinrich-Maria, Thomas Wolfe in Berlin, in: *American Scholar*, 22 (Frühling), 1953.
Leiser, Clara, Wisconsin Writers IV. William Ellery Leonard, in: *Wisconsin Journal of Education*, Februar, 1916.
–, William Ellery Leonard. Some Memories and New Poems, in: *Tomorrow Magazine*, 1. Mai 1949.
Lietzmann, Hans, Gedächtnisrede auf Adolf von Harnack, in: *Sitzungsberichte der Preußischen Akademie der Wissenschaften*, 22. Januar 1931.
Lovett, Robert Morss, Cassandra. Ambassador to the Third Reich, in: *New Republic*, 3. März 1941.
Martini, Winfried, Deutsche Spionage für Moskau, 1939-1945, in: *Die Welt*, 15., 17., 18. und 27. Oktober 1966.
Mathieu, Gus, And to Remind the Living, in: *OMGUS Observer*, 27. September 1946.
Meyer, Ernest L. Glenn Frank. Journalist on Parole, in: *American Mercury*, Februar 1934.
–, Twilight of a Golden Age, in: *American Mercury*, August 1933.
–, William Ellery Leonard, in: *American Mercury*, Juli 1934.
Meyer, Helga, Im Dienste des Friedens als Kundschafterin tätig. Mildred Harnack – ein Leben für den Fortschritt, in: *Neues Deutschland*, 18./19. September 1982.
Monath, Hans, Statt Grotewohl Linden und Pappeln. 400 ehemalige DDR-Schulen im Ostteil der Stadt müssen sich neue Namen suchen. In Lichtenberg wurde gestern eine Schule erneut nach der Widerstandskämpferin Mildred Harnack benannt, in: *Die Tageszeitung*, 17. Februar 1993.
Mueller, Theodore, Milwaukee's German Cultural Heritage, in: *Milwaukee History 10*, Nr. 3, 1987.
Myers, R. David, The Wisconsin Idea. Its National and International Significance, in: *Wisconsin Academy Review*, Herbst 1991.
Nazis Confiscate Estate, in: *New York Times*, 15. Mai 1943.
Nazi's Victim Has Kin Here. Her Sister Is Resident, in: *Milwaukee Journal*, 18. Mai 1943.
Nestler, Paul, Wisconsin Must Not Honor Communist, in: *Milwaukee Journal*,

29. September 1986.
Norris, Tim, Hard Lesson: Martyr of Nazi Period Recalled, in: *Milwaukee Journal*, 17. Dezember 1990.
Oberschule erhielt Namen «Mildred Harnack», in: *Neues Deutschland*, 17. September 1976.
Pampel, Joachim, Schule heißt wieder «Mildred Harnack», in: *Neues Deutschland*, 17. Februar 1993.
Paul, Elfriede, Frauen aus der Widerstandsbewegung, in: *Aufbau. Kulturpolitische Monatsschrift*, 2, 1947.
Petscherski, Vladimir, Rasvetschik usnik Gestapo i EEK, in: *Sovetskaja Rossija*, 16. Dezember 1990.
–, The Moscow Dossier. Tajna Krasnoi Kapelle, in: *Novy Vremya*, 11-13, 1994.
Piepe, Harry, Ich jagte rote Agenten, in: *Der Mittag*, 11. Februar – 15. März 1953.
Pusey, William W., The German Vogue of Thomas Wolfe, in: *Germanic Review*, 23 (April), 1948.
Pusey, William W., William Faulkner's Works in Germany to 1940. Translations and Criticism, in: *Germanic Review*, Oktober 1955.
Rassow, Hermann, Einige Züge aus dem Leben Adolf von Harnacks, in: *Die Christliche Welt*, 44, 1930.
Trevor-Roper, Hugh R., Review of *After Long Silence* by Michael Straight, in: *New York Review of Books*, 31. März 1983.
Rybak, Timothy W., Letters from the Dead, in: *New Yorker*, 1. February 1993.
Scheel, Heinrich, Kampfbedingungen und Kunsterfahrungen «drinnen» und «draußen». Erinnerungen an Mitstreiter im antifaschistischen Widerstand, in: *Weimarer Beträge*, Juni 1979.
–, Mit ganzem Einsatz gegen den kriegsbesessenen Faschismus, in: *Neues Deutschland*, 13. Dezember 1987.
–, Die Rote Kapelle und der 20. Juli 1944, in: *Zeitschrift für Geschichtswissenschaft*, 33, 1985.
–, Ein Schulungsmaterial aus dem illegalen antifaschistischen Widerstand der Roten Kapelle, in: *Zeitschrift für Geschichtswissenschaft*, 32, 1984.
–, Vereint im Widerstand gegen den Faschismus. Aus der Geschichte der Roten Kapelle, in: *Spektrum*, 5, 1975.
–, Wesen und Wollen der Widerstandsorganisation Schulze-Boysen/Harnack, in: *Neues Deutschland*, 19. Juni 1968.
Scheffler, Wolfgang, Der Brandanschlag im Berliner Lustgarten, in: *Berlin in Geschichte und Gegenwart. Jahrbuch des Landesarchivs*, Berlin 1984.
Schulze-Boysen, Hartmut, Ein Deutscher, der Patriotismus anders verstand als die Mehrheit, in: *Frankfurter Rundschau*, 5. Juni 1993.
Schumann, Frank, Die Geheime Front. Widerstand in der Faschistenzentrale, in: *Junge Welt*, 5. November 1981.
Stecher, Gotthilf, Rede zum Schluß des 6. Schuljahres und zur Verabschiedung der Abiturienten am 29. Juni 1933, in: *Handbuch des Berliner Abendgymnasiums*, Berlin 1934.
Steinbach, Peter, 50 Jahre danach, in: *Zeitschrift für Geschichtswissenschaft*, 41, 1993.
–, Widerstandsdiskussion und Widerstandsforschung im Spannungsfeld politi-

scher Entwicklung, in: *Kirchliche Zeitgeschichte*, 1, 188. [Jetzt in:] Steinbach, Peter, *Widerstand im Widerstreit. Der Widerstand gegen den Nationalsozialismus in der Erinnerung der Deutschen* [Aufsatzsammlung], 2. Aufl., Paderborn und München 2001.

–, Widerstandsorganisation Harnack/Schulze-Boysen: die «Rote Kapelle», ein Vergleichsfall für die Widerstandsgeschichte, in: *Geschichte in Wissenschaft und Unterricht*, 3, 1991. [Jetzt in:] Steinbach, Peter, *Widerstand im Widerstreit. Der Widerstand gegen den Nationalsozialismus in der Erinnerung der Deutschen* [Aufsatzsammlung], 2. Aufl., Paderborn und München 2001.

Stover, Frances, Albert Shong and West Division, in: *Historical Messenger*, März 1957.

Tschernjawski, Vitali, Nato gegen «Rote Kapelle», in: *Neue Zeit* (Moskau), 5, 1981.

–, Geheimdienste. Macht und Ohnmacht der sowjetischen Aufklärung, in: *Neue Zeit* (Moskau), 33, 1991.

Tuchel, Johannes, Die Gestapo-Sonderkommission «Rote Kapelle», in: *Die Rote Kapelle im Widerstand gegen den Nationalsozialismus*, hrsg. von Hans Coppi, Jürgen Danyel und Johannes Tuchel [Schriften der Gedenkstätte Deutscher Widerstand], Berlin 1994.

–, Motive und Grundüberzeugungen des Widerstands der Harnack/Schulze-Boysen-Organisation, in: *Eva-Maria Buch und die «Rote Kapelle»*, hrsg. von Kurt Schilde, 2. Aufl., Berlin 1993.

–, Die «Rote Kapelle» im Widerstand gegen den Nationalsozialismus. Anmerkungen zum Forschungsstand 1993, in: *Eva-Maria Buch und die «Rote Kapelle»*, hrsg. von Kurt Schilde, 2. Aufl., Berlin 1993.

–, Weltanschauliche Motivationen in der Harnack/Schulze-Boysen-Organisation («Rote Kapelle»), in: *Kirchliche Zeitgeschichte*, 2, 1988.

Vanden Heuvel, Katrina, Grand Illusions, in: *Vanity Fair*, September 1991. [Eine unveröffentlichte deutsche Übersetzung des Aufsatzes befindet sich im Archiv der Gedenkstätte Deutscher Widerstand.]

Vogel, Ursula, Zeugnis eines reichen Lebens (Mildred Harnack), in: *Für Dich*, 36, 1976.

Voight, Frieda, Kurt Baum. German Poet in Milwaukee, in: *Historical Messenger*, 24, Nr. 3, 1968.

Von Harnack's Son Slain, in: *New York Times*, 11. April 1943.

Ward, James J., German Communist Efforts to Counter Nazis. In: *Central European History*, 14, Nr. 4, 1981.

Weisenborn, Günther, Harro und Libertas, in: *Der gespaltene Horizont*, 1964.

–, Leserbrief, in: *Der Stern*, 10. Juni 1951.

Wisconsin Girl Beheaded by Hitler, Magazine Says, in: *Washington Post*, 2. Dezember 1947.

Woehrmann, Paul, Milwaukee German Immigrant Values. An Essay, in: *Milwaukee History*, Herbst 1987.

Woman Dead, a Nazi Victim. Native of Milwaukee, in: *Milwaukee Journal*, 6. Oktober 1943.

Yarbrough, Charles, Victim of Nazi Ax Lived Here, in: *Washington Post*, 3. Dezember 1947.

Yezhkov, Dimitry, Vozrashchenie k Zhivym, Kto Predal «Krasnuyu Kapellu»? (Return to the living, who betrayed «the Red Orchestra»?), in: *Sovershenno Secretno*, 9, 1993.

Zechlin, Egmont. Erinnerung an Arvid und Mildred Harnack, in: *Geschichte in Wissenschaft und Unterricht*, 33, 1981.

## UNVERÖFFENTLICHTE QUELLEN

Akten der Staatsanwaltschaft Lüneburg [1 Js 16/49], betrifft Ermittlungsverfahren gegen den ehemaligen Generalrichter der Luftwaffe, Dr. Manfred Roeder [Nds. 721 Lbg. Acc. 69/76], Niedersächsisches Hauptstaatsarchiv, Hannover.

Akten der Staatsanwaltschaft Lüneburg [1 Js 16/49], Bericht [1951, Verfasser Hans-Jürgen Finck] über das Ermittlungsverfahren gegen Dr. Manfred Roeder [Nds. 721 Lbg. Acc. 52/87], Niedersächsisches Hauptstaatsarchiv, Hannover.

Beam, Jacob, Manuskript.

Behrens, Clara, Protokoll. Sammlung Rote Kapelle, Ast/RK 38, Gedenkstätte Deutscher Widerstand, Berlin.

Besymenski, Lew, Interview with Greta Kuckhoff. Sammlung Rote Kapelle, Ast/RK 35, Gedenkstätte Deutscher Widerstand, Berlin.

Biernat, Karl-Heinz, Interview mit Greta Kuckhoff. Sammlung Rote Kapelle, Ast/RK 40, Gedenkstätte Deutscher Widerstand, Berlin.

Bonhoeffer, Karl, Lebenserinnerungen. Für die Familie vervielfältigt.

Colwell, James Lee, The American Experience in Berlin during the Weimar Republic. Ph. D. diss., Yale University, 1961.

Gurewitsch, Anatoli (KENT), Protokoll. [Kopie], Sammlung Rote Kapelle, Gedenkstätte Deutscher Widerstand, Berlin.

Gutmann, Henning, A Conservative in the Third Reich. Hjalmar Schacht and the German Economy, 1933-39. M.A. Thesis, Harvard University, 1981.

Harnack, Falk, Vom anderen Deutschland. Teilbericht über die Harnack/Schulze-Boysen-Widerstandsorganisation. Berlin, 1947. Nachlass Falk Harnack, Gedenkstätte Deutscher Widerstand, Berlin.

Havemann, Inge, Material in Hoover Institution on War, Revolution and Peace, Stanford University.

Havemann, Wolfgang, Erinnerung an Mildred und Arvid Harnack. März 1986. Sächsische Landesbibliokek, Dresden.

–, Über die notwendige Einheit von Theorie und Praxis bei der Anwendung des Marxismus-Leninismus (Erinnerungen an Arvid Harnack aus den Jahren 1931-1942). Sammlung Rote Kapelle, Gedenkstätte Deutscher Widerstand, Berlin.

Leiser, Clara, The Atmosphere of Terror. Clara Leiser Papers, Anita Leiser, New York.

–, Just Try Prison Visiting in Naziland! Clara Leiser Papers, Anita Leiser, New York.

Rascher, Heinz, Meine Freundschaft mit Arvid Harnack (1901-1942) im Jahre 1921. Hamburg, 22. Dezember 1969. Kopie im Besitz der Autorin.

Rheindorf, Prof. Dr. Kurt, Nachlass im Bundesarchiv [BA, NL 263, Bd. 303], enthält eine Kopie des Berichts über das Ermittlungsverfahren gegen Dr. Manfred Roeder, Berlin [1951, Verfasser Hans-Jürgen Finck].

Schulze, Marie-Louise, Warum ich im Jahre 1933 Parteigenossin geworden bin.

N. d.
Smith, Katherine, Unpublished autobiography. Hoover Institution of War, Revolution and Peace, Stanford University.
Stern, Martha Dodd, In Memory. Memoirs of Mildred Harnack and Boris Vinogradov. LOC, Martha Dodd Stern Papers (LOC).
Trepper, Leopold, Protokoll. [Kopie], Sammlung Rote Kapelle, Gedenkstätte Deutscher Widerstand, Berlin.
U.S. Army (Counter Intelligence Corps) Interrogations: Otto Donner, Alexander Kraell, Louis Lochner, Heinz Pannwitz, Manfred Roeder. National Archives, Washington, D. C.
Utech, Wilhelm, Protokoll. Sammlung Rote Kapelle, AST/RK 43/109, Gedenkstätte Deutscher Widerstand, Berlin.
Wolheim, Mona, Gießen zu Beginn der dreißiger Jahre. MS Neue Serie, 401, fol. 21, Universitätsbibliothek, Gießen.

## MILDRED HARNACK-FISH, VERÖFFENTLICHTE WERKE

Harnack-Fish, Mildred, The Friend Has It, in: *Wisconsin Literary Magazine*, Dezember 1911.
-, In the Library, in: *Wisconsin Literary Magazine*, Dezember 1911.
-, Silver and Gold, in: *Wisconsin Literary Magazine*, Februar 1913.
-, I Do Wander, in: *Wisconsin Literary Magazine*, Juni 1913.
-, And Still You Weep, in: *Wisconsin Literary Magazine*, Oktober 1913.
-, Mechanism, in: *Wisconsin Literary Magazine*, Oktober 1913.
-, Superiority, in: *Wisconsin Literary Magazine*, Oktober 1913.
-, University Education, in: *Wisconsin Literary Magazine*, Oktober 1913.
-, Philomel, in: *Comet*, 1918.
-, The Happiness Path, in: *Comet*, 1918.
-, «Our Boys», «Class Poem». Trail Blazer, in: *1919 Yearbook of Western High School*, Washington, D.C.
-, und Wesley Repor [Martha Dodd], Brief Reviews (Edna Ferber), in: *Berlin Topics*, 29. Oktober 1933.
-, Brief Reviews (John Hampson, *Saturday Night at the Greyhound, Providence*), in: *Berlin Topics*, 12. November 1933.
-, Brief Reviews (Albert Halper, *Union Square*), in: *Berlin Topics*, 26. November 1933.
-, Brief Reviews (Pearl Buck, *The First Wife*), in: *Berlin Topics* 24. Dezember 1933.
-, Brief Reviews (Kay Boyle, *Gentlemen I Address You Privately*), in: *Berlin Topics*, 4. Februar 1934.
-, Brief Reviews (Hervey Allen, *Anthony Adverse*), in: *Berlin Topics*, 18. Februar 1934.
-, Book Nook (Aldous Huxley, *Uncle Spencer and Other Stories*), in: *Berlin Topics*, 21. Januar 1934.
-, Drei junge Dichter aus USA: Thornton Wilder, Thomas Wolfe und William Faulkner, in: *Berliner Tageblatt*, 5. August 1934.
-, Der Epiker der Südstaaten: William Faulkner, in: *Berliner Tageblatt*, 23. August 1934.

–, Variationen über das Thema Amerika, in: *Berliner Tageblatt*, 2. Dezember 1934.
–, Amerikanische Schulmädchen, in: *Berliner Tageblatt*, 10. April 1934.
–, Reifender Mais, in: *Berliner Tageblatt*, 30. August 1934.
–, Der Mond und das Saxophon, in: *Die Dame*, 7, 1935.
–, Thornton Wilder, Idealist und Puritaner, in: *Berliner Tageblatt*, 28. April 1935.
–, John Hampson. Ein junger englischer Dichter, in: *Berliner Tageblatt*, 17. Februar 1935.
–, Thomas Wolfe, in: *Berliner Tageblatt*, 26. Mai 1935.
–, One of the Greatest of Younger American Authors in Berlin. Interview with Thomas Wolfe, in: *Continental Post*, 12. und 19. Mai 1935.
–, William Faulkner: Ein amerikanischer Dichter aus großer Tradition, in: *Die Literatur*, November 1935.
–, Im Wald von Arden, in: *Die Dame*, 26, 1938.
–, Sommersonnenwende, in: *Die Dame*, 19, 1939.

## MILDRED HARNACK-FISH, ÜBERSETZUNGEN INS DEUTSCHE

Boyle, Kay, Dein Leib ist ein Juwelenschrein, in: *Neues Amerika. Zwanzig Erzähler der Gegenwart*, hrsg. von Kurt Ullrich, Berlin 1937.
Baroness Orczy, *Eine Frau unter Tausenden*, Hamburg 1938.
Edmonds, Walter D., *Pfauenfeder und Kokarde*, Berlin 1936 [Neuausg. Berlin 1947 und Berlin, Darmstadt und Wien 1963].
Sheridan, Glare, *Arabisches Zwischenspiel*, Berlin 1938.
Stone, Irving, *Ein Leben in Leidenschaft*, Berlin 1936.
Zugsmith, Leane, *Kein Platz in der Welt*, Berlin 1937.

# Danksagung

Viele Menschen haben dieses Buch durch ihre großzügige Hilfe und ihr generöses Interesse möglich gemacht. Für zwei unter ihnen gilt das ganz besonders: Mein Ehemann Karl E. Meyer hat seinen Glauben an die Autorin und ihr Buch trotz der Verzögerungen, Enttäuschungen und Wechselfälle des Publikationsprozesses nie verloren. Eine weitere unentbehrliche Kollegin, die bis zur letzten Zeile dabei blieb, ist Beth Jackson Berman aus Durham, North Carolina, die höchste Autorität für Übersetzungen aus dem Deutschen in der englischen Ausgabe dieses Buches. Ihr Gespür für Nuancen in der Bürokratensprache des Dritten Reichs war gefestigt und aufschlussreich.

Stets habe ich durch den Austausch von Dokumenten, Gedanken und Kritik mit Hans Coppi und Jürgen Danyel profitiert, zwei deutschen Gelehrten, die, was die Harnack/Schulze-Boysen-Gruppe angeht, ebenso beschlagen wie engagiert sind. Samson Knoll, ehemals am Monterey Institute of International Studies, hat nicht nur Frühformen meines Manuskripts gelesen und kommentiert, er hat mir auch von seinen Erinnerungen an Mildred als Lehrerin berichtet und mir seine frühere Studentin Beth Jackson Berman als Übersetzerin empfohlen. Larisa Gajdasic, Lisa Whitmore und Christina Sickert haben mir zuerst bei Forschungen mit deutschem Material geholfen. Soweit nicht anders vermerkt, stammen die Übersetzungen aus dem Russischen von Ann Dunnigan, Jürgen Danyel und Hans Coppi. Irina Scherbakowa von der Universität Moskau sowie die Russlandexperten Susan Heuman und George Feifer haben mich bei der Interpretation sowjetischen Materials scharfsinnig beraten.

Mildreds Nichte Jane Donner Sweeney stellte Kopien von Mildreds Briefen zur Verfügung und kommentierte die frühen Versionen des Manuskripts. Mit Hilfe und Ermutigung geizte sie nicht, viel zu früh starb sie 1994. Ihr Sohn Neal Donner übernahm das Interesse der Familie an Onkel und Tante. Mildreds Neffen, David Carlson und Robert Fish, sowie ihre Nichte, Marion Potter, waren gleichermaßen ansprechbar. Sue Heath Brown und Donald Heath teilten mir ihre kostbaren Erinnerungen an Arvid und Mildred in Berlin mit. Dorothy Meyers Ausführungen in New York und Ernie Meyers Kolumnen in der *Capital Times* riefen die besondere Stimmung von Madison, Wisconsin, in den zwanziger Jahren ins Gedächtnis. Meine Schwägerin Susan Meyer stellte ihr Material über ihren Vater zur Verfügung und unterstützte mich bei der Beschaffung von Abbildungen. Bercie Frohman stellte die Bücher und Fotos von Mildred zur Verfügung, die ihre Mutter Grace Carlsruh über die Jahre bewahrt hatte. Grace Yalkurt erinnerte sich besonnen an ihre Ehe mit William Ellery Leonard, dem Gelehrten und Dichter aus Wisconsin. Allenthalben schulde ich Marion Greene vom Editorial Department der *New York Times* für viele Freundlichkeiten und ein offenes Ohr besonderen Dank.

Dank auch an Arthur Heitzer, Rechtsanwalt in Milwaukee; wer sich für die Harnacks interessiert, findet bei ihm eine Informationszentrale und ein Archiv. Er hat dafür gesorgt, dass der Staat Wisconsin ein Gesetz verabschiedete, das den 16. September zum Mildred Harnack Day bestimmte. Sandra Garson stellte ihre ältere Arbeit über Mildred zur Verfügung, und Gert Rosiejka in Berlin teilte den Ertrag seiner Forschung über die Rote Kapelle mit. Ich folgte den

Spuren von Eberhard Brüning, einem Leipziger Amerikanisten und frühen Harnack-Biografen, der die gewaltige Aufgabe übernahm, während der Zeit der deutschen Teilung die verstreuten Archivbestände über Mildred zu erfassen. Besonderen Dank schulde ich dem verstorbenen John Costello und Oleg Zarew. Sie haben es mir ermöglicht, die Originaldokumente über die Rote Kapelle aus den russischen Archiven zu erhalten. Zu jenen, denen ich primäres Quellenmaterial verdanke, gehören auch Stephen Koch, Herbert Mitgang und Adrien Schriel. Timothy Naftali und Carl Rakosi versorgten mich dankenswerterweise mit anderen Informationen. Robert Ryley stellte mir die Korrespondenz zwischen Kenneth Fearing and Margery Latimer zur Verfügung. Anita Leiser, die den Nachlass von William Ellery Leonard und Clara Leiser verwaltet, war stets äußerst großzügig. Philip Metcalfe, Katrina Vanden Heuvel, John Fox und Douglas Wheeler halfen bei der Beschaffung von schwer zugänglichen Informationen über Martha Dodd Stern. Jacob Beam und Katherine Smith liehen mir die Entwürfe ihrer unveröffentlichten Memoiren und teilten mir Erinnerungen an ihre Berliner Zeit mit.

Unter jenen, die mir ihre Reminiszenzen zugänglich machten, danke ich für Schilderungen des Lebens in Milwaukee und Madison: John Patrick Hunter, Gertrude Bruns, dem verstorbenen Porter Butts, Dorothy Whipple Clague, Anne Campbell Davis, Lowell Frautschi, der verstorbenen Mildred Gilman, Sender Garlin, Uta Hagen, der verstorbenen Dorothy Knaplund, Stella Revell, Francesca Paratore, der verstorbenen Gertrude Wilson, der verstorbenen Peggy Rickett Ramsperger, der verstorbenen Hazel Briggs Rice, Frank Zeidler, dem verstorbenen Leonard Silk, der verstorbenen Clara Leiser, Leslie Fiedler und Mark Perlman. Lorraine Obst erinnerte sich an ihren Lieblings-Babysitter. Der verstorbene Francis Birch dachte an die Tage in Washington zurück; Lucy Turner-High und Karl Heider berichteten mir von Mildreds erster Liebe; meine Expertin für Jena war Cornelia Cotton. Mrs. John C. White erinnerte sich an ihre Tage in der Berliner US-Botschaft unter Dodd, von Nutzen war mir auch ein Telefonat mit Robert Dallek über Botschafter Dodd. Sylvia Crane, die verstorbene Letitia Ide und der verstorbene Jürgen Kuczynski teilten Eindrücke über Martha Dodd Stern mit; und Martha Turner und Stewart Herman waren eine große Hilfe, wenn es um die American Church in Berlin ging. Während meiner verschiedenen Aufenthalte in Berlin sprach ich mit dem verstorbenen A. H. Frucht, dem verstorbenen Falk Harnack, Clarita von Trott und Lillian Joachmczyk; in Dresden begegnete ich Arvids Neffen Wolfgang Havemann; in Selent verbrachte ich einen wunderbaren Tag, an dem ich Anneliese Zechlin und ihrem inzwischen verstorbenen Mann Egmont lauschte, zu erwähnen ist auch ein sehr angenehmer Nachmittag mit der verstorbenen Edith Reindl am Ufer des Bodensees. In Bonn äußerten sich Hartmut Schulze-Boysen und Johannes Haas-Heye über Angelegenheiten der Familien von Harro und Libertas Schulze-Boysen. Bei einer Reise nach Louisiana sprach ich mit dem inzwischen verstorbenen Ehepaar Franziska und Rudolf Heberle. Zu Beginn meiner Arbeit an diesem Buch teilte mir auch Inge Malek-Kohler Erinnerungen an ihre Freunde im deutschen Widerstand mit. Norbert Haase stellte sein Wissen über das NS-Justizsystem zur Verfügung. Herman Weiss und Robert Kempner erwiesen sich als Kenner der Person Manfred Roeder. Telefongespräche mit George Fischer und Joe Gould sorgten für nützliche Hintergrundinformationen. Eva Mekler war so großzügig, mir das von ihr gesammelte Material über

Mildred sowie ein Interview mit Dorothy Meyer zu geben.

In den National Archives in Washington war John Taylor wie für so viele Interessierte der unerlässliche Wegweiser durch den Dschungel der Geheimdienstdokumente. Er machte Vorschläge und gab Mut, manchmal rief er an, wenn gerade Körbe von Material freigegeben worden waren. Ich habe auch seinem Kollegen Robert Wolfe zu danken, der mich auf viele Aufzeichnungen von Verhören zum Zweiten Weltkrieg hinwies. Agnes Peterson, Kuratorin der Hoover Institution an der Stanford University, schickte einiges Material über Inge Havemann, das ich ansonsten vielleicht übersehen hätte. Mrs. Max Delbrück hat mir großzügigerweise erlaubt, die relevanten Dokumente aus dem Nachlass ihres Mannes am California Institute of Technology zu kopieren. Frank Cook, Archivar der University of Wisconsin Library, und die Mitarbeiter der Milwaukee County Historical Society, die German History Society (London) und Faith Mirade von der Wisconsin Academy of Science, Arts, and Letters halfen zu Beginn der Recherchen. Entscheidend aber war, dass Dr. Leerhoff vom Niedersächsischen Hauptstaatsarchiv in Hannover mir Zugang zu Dokumenten über die Verhöre von Manfred Roeder in der Nachkriegszeit gewährte, was damals durchaus nicht üblich war. Dank gebührt auch Dr. M. Mühlner von der Sächsischen Landesbibliothek in Dresden für Zugang zum Material über Wolfgang Havemann in seiner Sammlung. David Marwell, früher am Berlin Document Center, gewährte mir eine instruktive und facettenreiche Einführung in die Geschichte seines Archivs. Ich danke auch Ute Stiepani von der Gedenkstätte Deutscher Widerstand, die mir bei der Suche nach Fotos und deren Bearbeitung half. Weitere Hilfe verdanke ich Brian Harrington vom Archiv der Johns Hopkins University und F. O. Musser am Goucher College. Die Kanzlei Paul Gitlin Associates gewährte Zugang zum Thomas-Wolfe-Archiv in Harvard. Ich danke auch Ilona Kolb und Klaus Fuchs-Kittowski für Zugang zu Material über Martha Dodd im Archiv der Humboldt-Universität.

Es ist für jeden Autor ein Glück, Zugang zum Frederick Lewis Allen Room an der New York Public Library zu haben. Die Bibliothekare Danielle Carriera und David Cappiello an der Pequot Library in Southport, Connecticut, besorgten mir klaglos vieles über die Fernleihe – besonderen Dank auch an ihre Chefin Mary Freedman.

Mehrere deutsche Diplomaten, besonders Hennecke Graf von Bassewitz, Karl Paschke, Hans Wiessmann und Gisela Libal, verdienen besonderen Dank für Hilfe bei Bewerbungen um Fördermittel, Beschaffung von Büchern und Zugang zu Archiven. Besonderen Dank auch für meine Begleiter von Inter Nationes, vor allem Ilse Beck und Gert Rosiejka, sowie an Ursula Bender und Joachim Zepelin, die für mich in Berlin Interviews arrangierten und mich dabei begleiteten. 1989 erlaubte mir ein Stipendium des DAAD, mein Deutsch zu verbessern. Ein großer Gewinn war für mich auch als Gattin eines Fellow ein Jahr am Wissenschaftskolleg zu Berlin nach der Wiedervereinigung der Stadt.

Dank auch an den verstorbenen Heinrich Scheel, ehemals Leiter der Arbeitsstelle Geschichte der Widerstandsorganisation Schulze-Boysen/Harnack. Thomas Simon und Ginga Eichler, früher Liga für Völkerfreundschaft der DDR, förderten meine Arbeit, indem sie mich bei Erika und Martin Herzig einführten, bei denen ich während meiner Besuche in Ostberlin wohnte. Dieter Weigert unterstützte mich zu Beginn meiner Arbeit, er ermöglichte mir einen denkwürdigen Besuch bei Vera und Rainer Küchenmeister.

Die Mitarbeiter der Gedenkstätte Deutscher Widerstand Berlin waren immer eine große Hilfe. Peter Steinbach und Johannes Tuchel ertrugen meine vielen Fragen und Bitten mit großer Geduld. Zu den Gastgebern während meiner Reisen gehörten auch Eve Joan und Jim Zucker, Joseph und Marilyn Hahn in Milwaukee; Diane Steffan und Scott Cutlip in Madison; Martha und Bob Lewis, Nikki Szulc und Lucy Komisar in Washington; Inge und Henry Bondi in Princeton; Gillian Darley und Michael Horowitz, Jane Perlez und Ray Bonner in London; Ingeborg Kruse in Hannover; der verstorbene Heinrich-Maria Ledig-Rowohlt und seine Frau Jane in Lausanne; und schließlich Barbara Gasch und June Erlick in Berlin.
Ein Dankesgruß gilt auch Henry Bondi, Erika Herzig, David Kahn, Gabriel Gorodetsky, Arden Bucholz, Hartmut Schulze-Boysen, Dona Munker, Gwen Robyns und dem verstorbenen Bruno Schachner, der verstorbenen Ann Dunnigan, dem verstorbenen Peter Forbath, dem verstorbenen Peter Wyden, dem verstorbenen John Allenby und der verstorbenen Jo Kaufmann, die das Manuskript ganz oder teilweise lasen. Ihre Kommentare haben mir sehr geholfen. Für alle eventuell noch verbliebenen Fehler, ob sie nun Fakten oder Interpretationen betreffen, trage allein ich die Verantwortung.
Dieses Buch wäre ganz anders ausgefallen ohne meine Teilnahme am Women's Biography Seminar, zunächst an der New York University, später am Graduate Center der City University of New York. Allzeit an mir interessiert waren Beatrice Steinmann-Smith und das «Kränzchen» in Weston, Connecticut.
Dank auch am Ende an meine literarischen Agenten Anne Engel und zuvor Tom Wallace. Bei Oxford University Press unterstützten mich Helen Mules und Rudy Faust höchst kompetent. Peter Ginna war ein vorbildlicher Lektor, wie es ihn heute angeblich nicht mehr gibt. Nicht zuletzt möchte ich auch dem Team danken, das über einen Zeitraum von zwei Jahren den Text mit der größtmöglichen Sorgfalt und Genauigkeit aus dem Englischen ins Deutsche übertragen hat – eine wirklich anspruchsvolle Arbeit, weil eine Großzahl der Zitate aus deutschen Quellen stammt oder aus englischen Übersetzungen deutscher Originaltexte, deren ursprünglicher Wortlaut wieder recherchiert werden musste. Ich danke Klaus Kochmann, Ferdinand Schwenkner, Wolfgang Seidel, Sandra Läderach, Therese Graf, Christa Friedli und Dörthe Binkert.

Für folgende Nachdruckrechte habe ich mich zu bedanken:

Aus *Deadly Illusions* von John Costello und Oleg Zarew, © 1993 by Nimbus communications, Inc. und Oleg Zarew, mit Erlaubnis von Crown Publishers, a division of Random House, Inc.

Aus *The Haunted Wood* von Allen Weinstein und Alexander Vassiliev, © 1998 by Alexander Vassiliev, mit Erlaubnis von Random House, Inc.

Aus *You Can't Go Home Again* von Thomas Wolfe, mit Erlaubnis von Harper Collins

Aus den nicht veröffentlichten Papieren von David J. Dallin, mit Erlaubnis von Manuscripts and Archives Division, the New York Public Library, Astor, Lenox and Tilden Foundations

Aus den nicht veröffentlichten Briefen von Martha Dodd und der Familie Dodd, mit Erlaubnis von Dr. S. Myslil, Verwalter des Nachlasses Martha Dodd Stern

Aus den nicht veröffentlichten Briefen und Manuskripten von Mildred Harnack, mit Erlaubnis der verstorbenen Jane Donner Sweeney and Marion Potter

Für die Erlaubnis, unpubliziertes Material der Familie Harnack zu zitieren, danke ich der verstorbenen Käthe Braun-Harnack

Aus nicht veröffentlichten Briefen von Franziska und Rudolf Heberle zitiere ich mit Erlaubnis des verstorbenen Rudolf Heberle

Aus nicht veröffentlichten Briefen von Clara Leiser und William Ellery Leonard zitiere ich mit Erlaubnis von Anita Leiser

Für den nicht veröffentlichten Brief von Maxwell Perkins liegt die Erlaubnis von Charles Scribner III vor

Für den nicht veröffentlichten Brief von Thornton Wilder liegt die Erlaubnis des Wilder Family LLC vor. All rights reserved.

Es ist alles versucht worden, Erlaubnisse der Copyright-Besitzer einzuholen. Wir bedauern jede unbeabsichtigte Unterlassung.

Shareen Blair Brysac
Juli 2003

# Personenregister